그동안 성경에 대한 새로운 시각을 열어, 한국교회 목회자들과 성도들에게 기쁨을 안겨준 저자의 또 다른 책이 출간되었습니다. 구약 전체를 관통하는 언약신학의 관점에서 노아의 사건을 다루는 이 책을 통하여 독자들은 성경의 백두대간을 탐험하는 기쁨을 맛보게 될 것입니다. 특히 저자는 탁월한 신학자이며, 동시에 성도의 삶의 현장을 간파하여 여러 문제들을 성경적 원리로 풀어내는 흡인력 있는 설교자입니다. 매 페이지마다 담겨 있는 그의 신학자로서의 열정과 설교자의 따뜻함을 느낄 수 있을 것입니다.

- 오정호 목사 새로남교회, 제자훈련목회자협의회(CAL-NET) 이사장

구약학자인 저자가 내놓는 책들은 항상 기대감을 가지게 합니다. 노아 이야기에 담긴 신학적 이해의 깊이를 하나씩 흥미롭게 풀어가는 열정에 놀라지 않을 수 없습니다. 노아 홍수 사건에 숨겨진 다양한 주제들과 현대의 삶이 서로 깊이 연결된다는 점에서 눈길이 갑니다. 목회자는 물론 평신도들에게도 유익한 내용과 적용점들이 넘쳐납니다. 이 책을 목회자들과 일반 성도들에게도 기꺼이 추천하는 바입니다.

- 이규현 목사 수영로교회

학자의 혀와 목자의 심정으로 시대를 살고 있는 김지찬 교수님의 책은 신학을 전공하는 신학생들뿐만 아니라 현장에서 사역하고 있는 저와 같은 목회자들에게도 여름날의 시원한 얼음 냉수와 같습니다. 이 책에 나오는 '하나님의 기억하심이 왜 노아 홍수의 전환점인가'를 비롯한 22개 질문만 보아도 빨리 책을 읽고 싶어집니다. 이 책을 우리교회 동역자들과 장로님들에게도 한 권씩 드려서 함께 읽고 싶은 마음입니다.

- 조현삼 목사 광염교회

저는 김지찬 교수님의 글을 좋아합니다. 깊이 있는 학적인 생각을 누구나 이해할 수 있는 표현과 형식에 담아 전달할 수 있다는 것이 참으로 놀랍습니다. 이전까지 제가 알고 있던 노아 언약의 안에 담긴 특징은 임마누엘 개념과 가정의 중요성이었습니다. 그런데, 이 책은 놀랍도록 풍성한 노아 언약의 세계를 모조리 맛보도록 해 줍니다. 왜 예수님은 종말의 때를 노아의 때와 연결하셨을까? 왜 노아는 한마디 질문도 없이 오직 순종함으로 절대적 순종의 모델이 되었을까? 이 책은 이런 질문들에 대한 명료한 답을 독자들에게 주고 있습니다.

- 한규삼 목사 충현교회

너와 네 온 집은
방주로 들어가라

: 노아 언약의 신학적 이해

너와 네 온 집은
방주로 들어가라
: 노아 언약의 신학적 이해

ⓒ 생명의말씀사 2019

2019년 3월 20일 1판 1쇄 발행
2022년 8월 26일   2쇄 발행

펴낸이 | 김창영
펴낸곳 | 생명의말씀사

등록 | 1962. 1. 10. No.300-1962-1
주소 | 서울시 종로구 경희궁1길 6 (03176)
전화 | 02)738-6555(본사)·02)3159-7979(영업)
팩스 | 02)739-3824(본사)·080-022-8585(영업)

지은이 | 김지찬

기획편집 | 구자섭, 이은정
디자인 | 조현진
인쇄 | 영진문원
제본 | 보경문화사

ISBN 978-89-04-03168-9 (03230)

저작권자의 허락없이 이 책의 일부 또는 전체를
무단 복제, 전재, 발췌하면 저작권법에 의해 처벌을 받습니다.

"Go into the ark, you and your whole family"

너와 네 온 집은 방주로 들어가라

: 노아 언약의 신학적 이해

김지찬 지음

생명의말씀사

서문

필자가 노아 홍수 내러티브에 관심을 갖게 된 것은 미국과 네덜란드에서 유학하던 시절부터이므로 매우 오래되었다고 할 수 있다. 노아에 관심을 갖게 된 데에는 여러 가지 이유가 있었다.

그 중 가장 오래된 첫째 이유는 '언약 신학'(Covenant Theology)에 대한 관심 때문이었다. 구약(옛 언약)과 신약(새 언약)이라는 성경의 명칭에서 볼 수 있듯이 성경 자체를 잘 이해하기 위해서도, 그리고 노아 언약을 최초의 언약으로 강조한 존 칼빈으로부터 이어져 온 장로교 개혁주의 신학과 웨스트민스터 신앙고백의 언약 신학적 틀을 계승 발전시키기 위해서도, 마지막으로 언약을 현대 신학과 구약 신학의 중요 주제로 강조한 칼 바르트(Karl Barth)와 발터 아이히로트(Walter Eichrodt) 같은 현대 신학자들을 이해하기 위해서라도, '언약 신학' 연구는 매우 필요한 일이었다.

노아에 관심을 갖게 된 둘째 이유는 성경의 '시초론'(protology; 창 1–11장)의 중요성 때문이었다. '시초론은 종말론'이라는 것은 시초부터 종말이 알려져 있다는 이론인데, 성경 자체의 진리 구조일 뿐 아니라 현대 신학계의 중요한 발견이었다. 게다가 성경의 시초론은 단지 '과거'에 대한 관심이나 '종말'에 대한 기대 때문이 아니라 궁극적으로는 '현재'를 '밝혀주기에' 필자에게는 중요한 것이었다.

노아 스토리에 관심을 갖게 된 셋째 이유는 '종교적 담론'인 노아 스토리를 '과학적 담론'으로 바꾸는 현대의 대중적인 해석 경향 때문이었다. 노아 홍수 스토리는 일차적으로는 모세가 하나님의 계시를 받아 이스라엘 백성들에게 전하기 위해 광야에서 기록한 하나님의 말씀이다. 그렇다면 노아 스토리는 일차적으로는 '듣고 순종'해야 할 신의 '계시'이며, 따라서 '종교적 담론'으로 풀어야지 과학적 설명으로 해석해서는 안 된다는 것이 필자의 확신이었다.

노아에 대한 책을 쓰게 된 넷째 이유는 예술가나 영화 감독이나 소설가 등 다른 분야의 전문가들이 노아 홍수 스토리를 매번 새롭게 창의적으로 해석해 내는 것을 보면서 신학을 전공했다는 사람으로서 부끄러운 마음이 들었기 때문이었다.

필자가 노아 홍수에 관한 책을 쓰기로 한 다섯째 이유는 노아의 하나님과 노아와 대홍수의 성격에 대한 지대한 편견과 심각한 오해가 일반인들은 물론 교계와 그리스도인들 안에도 널리 퍼져 있기 때문이다. 노아의 하나님은 자신이 만든 피조물을 무자비하게 파괴하는 심판주로, 노아는 쉰들러(Schindler)보다 못한 냉혈한으로, 노아 홍수는 전 지구적 홍수가 아니라 지역적 홍수이며, 노아의 방주는 당시의 기술로는 만들 수 없었을 것이며, 공룡은 들어갈 수 없었을 것이라는 등의 근거 없는 해석들이 난무하고 있는 상황을 조금이라도 개선하고 싶었다.

그러나 필자가 노아 스토리에 관심을 갖게 된 가장 중요한 이유는 오늘날 우리가 처한 상황은 노아 때와 다르지 않기 때문이다. 노아 홍수 '전'의 인간 삶의 상황과 노아 홍수 '후'의 삶의 조건이 '오늘 우리 세계'의 삶의 상황이나 삶의 조건과 너무나도 유사하다. 노아 '홍수 전'의 '삶의 상황'이 '오늘 우리'의 '삶의 상황'과 유사하다는 점을 이미 주님께서 명백하게 지적하셨다.

"노아의 때에 된 것과 같이 인자의 때에도 그러하리라 노아가 방주에 들어가던 날까지 사람들이 먹고 마시고 장가들고 시집가더니 홍수가 나서 그들을 다 멸망시켰으며"(눅 17:26-27).

필자는 여기서 의문이 들었다. 사람들이 먹고 마시고 장가들고 시집가는 것은 너무나 당연한 일이요, 이로 인해 땅을 정복하고 땅에 충만하라는 하나님의 명령을 수행할 수 있는 것이 아닐까? 그런데도 주님은 왜 노아의 때처럼 인자의 때에도 먹고 마시고 장가들고 시집가는 상황이 문제라는 것일까? 이를 알려면 노아 홍수 스토리를 깊이 살피지 않을 수 없었다.

그뿐이 아니었다. 우리는 지금 '노아 홍수 후 시대'를 살고 있는데, 노아 홍수 후의 삶의 '조건'이 우리의 삶의 '조건'을 규정하고 있기 때문이다. 노아 스토리를 살펴보면 인간의 마음이 계획하는 바가 항상 악할 뿐인 삶의 조건은 홍수 '전'이나 홍수 '후'나 바뀐 것이 조금도 없다. 단지 홍수 '후'에는 하나님께서 다시는 홍수로 세상을 진멸하지 않겠다고 약속하셨을 뿐이다. 이제 하나님께서는 인간의 마음이 항상 악할 뿐이라 해도 더 이상 이런 식의 우주적 심판으로 세상에 개입하지 않을 것이라고 선언하셨다. 그렇다면 이제 많은 것이 인간의 손에 맡겨질 것이 분명하였다.

아니나 다를까, 노아는 포도주에 취해 벌거벗고 누웠고, 아들 함은 부친의 벌거벗음을 보고도 덮어주지 않았다. 노아를 보면, 아니 특별히 함을 보면 악으로 굽는 인간의 경향성은 변화된 것이 없어 보인다.

그러나 그런 악한 경향성 가운데서도 놀랍게도 셈과 야벳은 부친의 벌거벗음을 보지 않으려고 뒷걸음질쳐 들어가 옷으로 치부를 덮어주었다. 마침내 노아는 함이 자신에게 행한 일을 알고는 함의 아들 가나안을 저주했고, 셈과 야벳은 축복했다. 저주를 받느냐 축복을 받느냐는 인간의 손에 달려 있음이 드러났다. 게다가 홍수 '전'까지는 하나님께서 축복하시거나 저주하셨지만, 이제 홍수 '후'에는 인간인 노아가 축복하거나 저주한다.

노아 홍수 스토리는 인류 역사의 많은 부분이 인간의 손에 달리게 되었음을 보여준다. 비록 인간의 마음이 계획하는 바가 어려서부터 악하더라도 항상 함처럼 행동할 수밖에 없는 것은 아님을 보여준다. 얼마든지 셈과 야벳처럼 행동할 수도 있음을 이야기한다. 인간은 이제 자신의 행동에 책임을 지는 삶의 길을 택해야 했다. 어떤 행동을 하든 그것이 축복과 저주의 갈림길이 될 수 있기 때문이라는 점을 노아 내러티브는 우리에게 알려준다.

물론 노아가 술을 먹고 취해 벌거벗은 것 역시 문제가 된다. 노아는 이런 행동으로 아들들 가운데 하나를 저주받게 하는 일을 야기했기 때문이다. 그렇다면 노아의 술 취함 역시 축복과 저주의 갈림길을 야기한 행동이라 하지 않을 수 없다. 어찌되었든 이런 악으로 경도된 삶의 조건에서 노아의 후손들은 어떤 모습을 보였는가? 함은 부친의 벌거벗음을 보고 이를 형제들에게 이야기함으로 저주의 길을 택하였다. 반면에 셈과 야벳은 부친의 옷을 들고 뒷걸음질쳐 들어가 벌거벗음을 보지 않음으로 축복을 택하였다. 이것이 노아 홍수 '후'의 '삶의 조건'이다.

그런데 '노아 홍수 후'의 삶의 조건은 현대의 '우리' 삶의 조건과 너무나 비슷하다. 전 세계에서 벌어지는 대규모의 인종 말살 정책들과 국가 간의 참혹한 전쟁은 노아 홍수 시대 전후의 현상, 인간의 마음이 계획하는 바가 어려서부터 악한 모습을 보여준다. 민족과 민족이, 나라와 나라가, 심지어는 나라 안의 부족끼리 상대방을 몰살시키는 일들을 서슴지 않으면서 마치 노아 홍수 시대처럼 '폭력'이 땅에 가득 차고 있다.

예를 들어 1993년 르완다에서 내전 중에 후투족이 투치족을 집단 학살한 일이 일어났는데, 르완다 정부는 이 학살에서 100일 동안 100만 명 이상이 살해당한 것으로 추정한다. 르완다의 살육 현장을 목격한 한 선교사는 "지옥에는 더 이상 악마가 남아 있지 않다."(There are no devils left in the Hell)고 절규하였다(1994년 5월 16일자 Time). 지옥에 더 이상 악마가 남아 있지 않은 이유는 무엇일까? 지옥의 모든 악마들이 이 세상 위로 올라왔기 때문이라는 것이다.

르완다 대학살은 극단적인 예일 뿐 오늘날 크고 작은 수준에서 형제 살해로 땅이 오염되고 부패하게 되었고, 자본주의의 탐욕으로 인해 부와 권력과 지위를 차지하기 위해 행해지는 '폭력'이 땅에 가득하게 된 모습은 노아 홍수 시대를 연상시킨다.

그뿐 아니라 지금도 노아 시대처럼 소위 '신의 아들들'이 사람의 딸들(여신급의 미모를 지닌)의 아름다움을 보고 자기들이 좋아하는 모든 여인을 아내로 삼아 자녀를 낳고 이 자녀들을 명문대학에 보내고 신의 직장에 들어가게 하는 일에 올인하고 있다. 이 자녀들이 또한 신의 아들이나 여신이 되어 명문 가문을 이루고 이들이 고대의 네피림처럼 유명한 용사들의 '신화'를 만들어내는 사회가 되었다.

최근에 한 종편 방송에서 지상파 드라마를 뛰어넘는 시청률을 올린 〈SKY 캐슬〉이라는 드라마가 있었다. 대학병원 의사들과 로스쿨 교수들이 모여 사는 타운하우스인 SKY 캐슬 안에서 남편은 왕으로, 자식은 왕자와 공주로 키우고 싶은 사모님들의 욕망을 보여주는 드라마였는데 인기가 많았다. 이 드라마를 보면 명문 의대를 보내기 위해 부모들이 수억 원 내지 수십억 원을 내고 입시 코디네이터를 고용하는 모습이 등장한다.

소위 '신의 아들'이 여신 급의 미모의 여인을 취하여 아내를 삼아 자녀를 낳고, 그 자녀를 명문대 보내고 신의 직장에 들어가게 하여 고대의 유명한 용사들인 '네피림' 같은 인물들을 만들려고 한다. 심지어는 교육부 장관까지도 "과도한 부분이 있지만 어쨌든 현실을 반영한 것 같다."고 평가한 것을 보면 노아의 때나 지금이나 사람들은 먹고 마시고 장가들고 시집가면서 명문 가문을 만드는 것을 삶의 목표로 삼고 있음을 알 수 있다.

오늘 우리는 매일매일 어떻게 살아야 진정한 축복을 받을 수 있는지 깊이 성찰하며 살아야 한다. 왜냐하면 노아 홍수 후 시대에는 정말로 많은 것이 인간의 손에 달려 있기 때문이다. 그러나 이런 사실을 알지 못한 채 현대인들은 그저 달리고 있다.

어떤 길이 진정한 생명의 길이요 축복의 길인지 깨닫지 못한 채 현대인들은 끊임없이 상향성의 길을 질주하고 있다. 그 길이 죽음의 길이요 저주의 길인지 알지 못한 채 그저 무작정 달리고 있다. 영화 감독 장진이 언젠가 언론 인터뷰에서 한 말이 기억난다: "도착해 보니 지옥이었다. 여기까지 오는 동안 너무나 많은 추월을 했다."

필자는 본서의 초고를 2019년 1월 7일 오전에 생명의말씀사 편집부로 보내고, 같은 날 밤 성지언어연구소장의 자격으로 총신대학교 신학대학원 원우들의 성지 답사팀을 인솔하며 요르단과 이스라엘을 둘러보는 여정을 시작하였다. 요르단을 거쳐 여리고로 입성하여 맛사다 요새와 사해를 경험한 후 곧바로 갈릴리로 이동하여 이틀을 보내었다. 특별히 갈릴리 바닷가에서 주님의 지상 사역 이후 수천 년간 변함없이 파도치는 푸른 물을 한동안 바라보며 필자는 과거의 삶을 돌아보고 앞으로 어떻게 살아야 할지를 심각하게 성찰하는 귀한 시간을 가질 수 있었다.

2,000여 년 전 이곳을 거닐던 주님의 육성을 직접 듣고 예수님의 발자국의 흔적을 직접 확인할 수는 없었다. 그러나 예루살렘으로 십자가를 지러 올라가시기 전까지 사역했던 이방 땅 갈릴리의 흙을 발로 밟고, 소위 '베드로 고기'도 먹어 보고, 바다에서 불어오는 바람을 온몸으로 느끼고, 눈으로 게네사렛 호수를 바라보고, 파도 물결 소리를 귀로 들으면서, 필자의 삶 역시 노아 시대 사람들처럼 먹고 마시고 장가들고 시집가면서 명문 가문을 이루려는 '상향성의 길'을 달려온 것이 아닌가 하는 생각이 들었다.

갈릴리 바다 위에서 배를 타고 직접 '선상 성찬식'을 집례하며 필자는 제자들과 함께 주님의 죽으심을 기억하는 기회를 갖게 되었다. 주님은 "근본 하나님의 본체시나 하나님과 동등됨을 취할 것으로 여기지 아니하시고 오히려 자기를 비워 종의 형체를 가지사 사람들과 같이 되셨고 사람의 모양으로 나타나사 자기를 낮추시고 죽기까지 복종하셨으니 곧 십자가에 죽으시는"(빌 2:6-8) 극단적인 '하향성의 길'을 택하셨음을 성찬식을 통해 깊이 마음에 되새기게 되었다. 이제 갈릴리를 떠나 예루살렘에 들어온 필자는 예수님이 걸으셨던 '비아 돌로로사'(십자가의 길)를 걸으며, 이 극단적인 하향성의 길을 다시 느끼게 될 것이다.

2019년 1월 14일 이른 새벽에 일어나 책의 서문을 마무리하면서 주님이 지상 사역을 감당하셨던 이곳 예루살렘 땅에서, 필자는 '노아의 때에 된 것과 같이 인자의 때도 그러하리라'고 하신 주님의 말씀이 그 어느 때보다 절실하게, 새롭게 들려져야 할 때라는 생각을 다시 한번 강하게 느끼게 되었다.

이런 의미에서 최근까지 구약학자들이 노아 홍수 스토리에 대해 문자적-문예적-역사적-정경적-신학적 해석 방법으로 연구한 결과물들을 바탕으로 설교자들과 신학생들과 교우들에게 도움이 되었으면 하는 바람으로 이 책을 내놓게 되었다. 필자는 본서를 질문하고 답하는 형식으로 풀어나갔다. 예를 들어 "노아 홍수의 하나님은 후회하고 진노하는 분이신가?"라는 질문을 던지고 이에 답하는 방식으로 책을 집필하였다.

이런 식의 문답 형식을 취한 것은 인생에서 대부분 그렇듯이 삶의 진리는 연역적으로가 아니라 귀납적으로 얻게 되기 때문이다. 따라서 노아 홍수 이야기를 읽으면 자연히 생각하게 되는 22개의 질문을 던지고, 성경 본문을 상세히 살펴보면서 답을 찾아보는 과정에서 독자들은 성경의 진리를 스스로 깨닫게 되는 '발견의 드라마'를 경험하게 될 것이다.

본서를 집필하는 과정에서 필자는 다른 이들의 도움이 없었으면 이 일을 이루어 내지 못했을 것이다. 우선 모교인 총신대학교 신학대학원에서 교수로 사역할 수 없었다면 필자가 안정된 환경에서 연구와 집필에 전념할 수 없었을 것이다. 이 점에서 모교인 총신대학교의 모든 구성원들에게 깊은 감사의 마음을 표하고 싶다.

특별히 강의를 경청하고 열정적인 반응을 보인 후배들이 없었다면, 필자의 서적들을 읽고 다음 번 책은 언제 나오느냐고 물어보는 신학생들과 제자 목회자들이 없었다면 집필할 생각을 하지 못했을 것이다. 최근에는 책을 PDF로 만들어 돌려보는 일부 얄미운 독자들이 있어 책을 쓰고 싶은 마음이 사라질 때도 있었는데, 그때마다 그런 일은 괘념치 말고 오직 '하나님의 말씀의 진리를 드러내는 사명'만을 생각하라고 독려했던 아내가 없었더라면 본서를 집필할 엄두도 내지 못했을 것이다.

필자가 쓴 『데칼로그: 십계명 어떻게 이해할 것인가』를 읽고 "아빠가 왜 그렇게 살려고 애를 썼는지" 이해가 된다는 자녀들의 고백이 없었다면 집필의 기쁨은 확실히 반감되었을 것이다. 지금도 끊임없이 아들을 위해 기도하는 어머님 우은희 권사님을 비롯한 형제 자매들의 영적 지지, 그리고 큰 딸이 결혼하여 새로운 식구가 된 사돈 어른 남승석-박정주 권사님 댁 가족들의 후원과 기도가 없었다면 필자는 어쩌면 지금처럼 하나님의 은혜로 설 수 없었는지도 모른다.

이 모든 분들께 감사하며, 마지막으로 영육으로 후원해 주시는 수영로 교회 이규현 목사님과 늘 후원을 아끼지 않으신 생명의말씀사에 감사를 드린다.

2019년 1월 14일
예루살렘의 라마다 호텔에서

프롤로그

1. 노아는 그저 성경 동화 속의 인물이 아니다

'노아', 하면 독자들은 무엇이 떠오르는가? 그리스도인이 아니라도 노아가 만든 방주와 모든 동물과 새들이 그 방주로 모여드는 모습 그리고 모든 인류와 생물을 진멸시킨 대홍수를 떠올릴 것이 너무나 분명하다. 왜냐하면 노아 홍수 스토리는 단순하게 읽으면 등장하는 인물들의 성격 묘사가 간략하고 플롯이 단선적일 뿐 아니라 핵심 주제와 메시지 역시 간단명료해 보이기 때문이다. 인간이 지은 죄로 인해 하나님이 대홍수로 모든 인류와 호흡하는 생물들을 진멸시키기로 결심하신 반면에, 노아에게 방주를 만들라고 해서 노아와 그의 가족 7명과 생물들을 구원하셨다는 이야기가 전부처럼 보인다.

그러다 보니 간략하고 명확해 보이는 스토리 안에 별다른 이야기가 들어 있을까 라고 생각하고, 성경을 문자적으로 믿는 경건한 그리스도인들조차도 그저 옛날 이야기라고 생각하고 노아 홍수 이야기에는 별 관심을 보이지 않는다. 주일학교 아이들이나 어린 자녀에게 성경 인물에 대해 이야기할 때 사용하는 단편적인 주제일 뿐, 어른이 되어서는 주로 '성경 속 동화' 같은 아련한 옛날 스토리로만 간주한다. 심지어는 설교자들조차 노아 홍수 내러티브 안에 무슨 심오한 신학적 메시지가 있

을까라는 생각에 주로 종말론적 심판을 이야기할 때를 제외하고는 설교 본문으로 삼지 않는 경향이 있다.[1]

2. 언약 신학에 대한 관심

필자는 학창 시절 이후 오랫동안 노아 홍수 스토리에 관심이 있었다. 필자가 노아에 관심을 갖게 된 데에는 여러 이유가 있었다. 가장 오래된 첫 번째 이유는 '언약 신학'(Covenant Theology)에 대한 관심 때문이었다. 우리가 다 알다시피 교회가 성경의 두 부분을 가리키는 명칭을 '구약'(Old Testament)과 '신약'(New Testament)으로 붙인 데서 알 수 있듯이[2] 교회는 이미 오래 전부터 언약을 성경 전체의 핵심 개념으로 인

---

[1] 그런데 세상이 오히려 노아 홍수 이야기에 관심을 갖는다. 옛날 성경 모티브를 동원하여 사치품을 파는 일에 열을 올리고 있다. 구찌가 2019 크루즈 컬렉션의 캠페인 '구찌 고딕'(Gucci Gothic)을 발표했는데, 이 캠페인은 '노아의 방주'를 테마로 삼고 있다. 한 인터넷 언론은 "목조선과 여러 동물들 그리고 알레산드로 미켈레의 미학으로 재탄생한, 화려하고도 빈티지한 고딕 룩을 입은 모델 군단이 등장한다. 구찌는 고즈넉한 농촌 풍경과 이를 가로지르며 동물과 음식을 모으는 모습 그리고 쏟아지는 폭우 속에서 드넓은 바다를 바라보는 장면을 연출해 구약 성서 속 이야기를 현대적으로 재현, 신비로움이 감돈 컬렉션의 아름다움을 완벽하게 표현했다."고 소개하고 있다.
[2] 영어의 Testament는 고대 영어에서는 Covenant의 개념으로 사용되었다.

식하였다. 실제로 성경 안에는 역사적으로 매우 중요한 전략적 지점마다 하나님께서 인류와 자기 백성과 언약을 맺는 모습이 자주 등장한다. 노아 언약, 아브라함 언약, 모세 언약, 다윗 언약, 새 언약과 같은 굵직한 언약 외에도 비느하스(제사장) 언약, 레위 언약, 소금 언약 등이 등장한다.

게다가 역사적으로 칼빈의 전통을 따르는 개혁주의 교회의 교리에서 가장 중요한 개념은 '하나님의 나라'와 함께 '언약 신학'이었다. 개혁주의 신학의 역사적 고백 문서인 웨스트민스터 신앙고백은 그 틀이 언약 신학으로 되어 있다. 웨스트민스터 신앙고백은 언약을 행위 언약과 은혜 언약으로 구분하고, 은혜 언약 아래 율법 전 시대, 율법 시대, 율법 후 시대로 나눌 만큼 언약 신학이 가장 중요한 틀이었다. 이런 웨스트민스터 신앙고백의 고전적 언약 신학의 틀은 오늘날까지도 개혁주의와 장로 교회의 신학적 프레임을 제공해 준다.

또한 현대에 들어오면서 진보적인 비평 학계에서조차 언약을 강조함으로써 '현대 신학'을 이해하는 데 있어서도 언약은 중요한 의미를 지니게 되었다. 근대에 들어서서 구약 안에 '통일된 신학'은 찾기 어렵고, 오직 이스라엘 종교사의 발전 과정의 흔적들만 들어 있다는 주장이 한동안 유럽의 성경 학계를 풍미하게 되었다. 이런 역사 비평 학자들의 견해를 거부하고 조직 신학자인 칼 바르트(Karl Barth)가 '절대 타자'이신 하나님의 계시로서의 구약을 강조하면서 언약을 강조하게 되었다. 이에 영향을 받은 독일의 구약학자인 발터 아이히로트(Walther Eichrodt)는 구약의 어느 부분을 자르든지 그 횡단면에는 언약이 나타난다고 주장하게 되었다. 그래서 그의 구약 신학 방법을 '횡단면 방법'(cross-section method)이라고 부른다. 아이히로트는 구약의 제사장직과 왕직과 선지자직 같은 제도와 제사법과 시민법과 도덕법 같은 율법을 언약의 개념으로 해석하면서 비평 학계 내에서 언약 신학을 정당한 위치로 회복시키는 데 기여하였다.

어찌되었든 성경 자체를 더 잘 이해하기 위해서도, 그리고 개혁주의 신학을 계승 발전시키기 위해서도, 마지막으로 현대 신학을 소화해 내기 위해서라도 '언약 신학' 연구는 구약 학도에게 필수 사항이다. 따라서 필자는 학창시절부터 언약 신학에 관심을 갖게 되었고, 1993년에 미국과 네덜란드에서 유학을 마치고 귀국한 후에 학생들을 가르치면서 언약 신학에 대해 더 깊이 연구할 마음을 갖게 되었다.

그리하여 은혜 언약의 첫 번째 언약은 노아 언약이기에 노아에 대해 초기부터 관심을 갖게 되었다. 특별히 종교 개혁자 존 칼빈이 언약 신학을 행위 언약에서 시작하지 않고, 노아 언약에서 시작한 것이 필자에게는 큰 깨우침의 계기가 되었다. 가능하면 성경적 용어로 성경 본문의 원래 의도를 해석하고 종합하여 성경 전체의 신학적 메시지를 균형있게 체계화하여 제시하는 것이 성경 신학의 과업이다. 이 점을 염두에 두고, 칼빈이 노아 언약으로 언약 신학을 시작하는 것을 보면 칼빈을 왜 성경에 가장 근접한 조직 신학자라고 부르는지 알 수 있다. 왜냐하면 성경에서 언약이라는 단어(히브리어로 베리트[בְּרִית])는 노아 홍수 스토리에 처음 등장하기 때문이다. 이런 점에서 존 칼빈은 성경적인 근거 위에 조직 신학적 접근을 시도한 탁월한 해석자이며, 그 후예들은 칼빈의 입장을 견지하고 존중해야 한다.

물론 조직 신학자들이 성경 신학의 연구 결과를 수용하고, 교회사의 성경 해석들을 염두에 두면서 창세기 1-3장에 행위 언약(자연 언약, 창조 언약)이라고 부를 수 있는 신학적 개념이 있다고 한다면 필자는 이를 반대할 마음이 전혀 없다. 단지 성경 신학을 하는 학도로서 성경이 왜 노아 홍수 스토리에서부터 '언약'이란 단어를 쓰기 시작했는지를 연구하고, 성경적인 언어로 성경 신학적인 언약 신학을 쉽게 써보고 싶을 뿐이다.

마침내 2001년 안식년을 얻어 미국칼빈신학교에서 '방문 교수'(visiting professor)로 연구를 하면서 구약의 언약 신학 전체에 대해 책을 쓰기로 결심하였다. 그러나 일 년 안에 성경의 모든 언약들을 포함하는 '성경적 언약 신학'을 쓴다는 것은 그야말로 '미션 임파서블'이었다. 구약 안에 등장하는 언약만 하더라도, 노아 언약, 아브라함 언약, 모세 언약, 다윗 언약, 새 언약이 있고, 비느하스의 제사장 언약과 레위 언약 등을 합치면 너무나 그 내용이 방대하기 때문이다.

게다가 구약의 언약이 어떻게 구약 안에서 발전했으며 신약에서 어떻게 성취되었는지를 살피려고 했기 때문에 이는 처음부터 불가능한 기획이었다. 예를 들어 다윗 언약은 다윗의 아들을 하나님의 아들로 입양하여 하나님 나라의 왕위를 하사하는 것이 핵심이다. 그런데 필자는 여기서만 멈추지 않고 하나님의 아들(Son of God)인 예수께서 다윗의 자손(Son of David)으로 오셨다는 신약의 가르침은 무엇을 의미하며, 왜 예수께서는 자신을 인자(Son of Man)로 이해하신지를 탐구하려고 했다. 그러나 이런 시도는 일 년 만의 연구로는 물리적인 시간의 한계로 그 자체가 불가능한 시도였다.

 그러다 보니 이런 여러 언약들에 대한 기본적 연구만 한 채 안식년을 마칠 수밖에 없었고 구약의 언약 신학에 관한 책을 쓰는 것은 미래의 과제로 남겨두었다. 그러면서도 '노아 언약'이 첫 언약이기에 안식년과 그 이후 시간이 날 때마다 노아 홍수 스토리에 대한 최근의 연구 결과를 살펴보며 연구를 진행하였다. 그러나 모든 구약의 언약들을 집약하여 한 권의 책으로 제시하는 것은 쉽지 않음을 최근 다시 느끼게 되었고, 다시금 미래의 요원한 과제가 되었다.

 필자는 구약 신학이나 신약 신학을 왜 '유고(遺稿)의 학문'이라고 불렀는지 최근에 다시 분명하게 인식하게 되었다. 성경 본문 전체에 대한 주해가 끝나야, 구약이나 신약의 진리를 체계적으로 제시하는 소위 '구약 신학'이나 '신약 신학'이 가능하므로, 한 학자가 죽어서야 비로소 제자들이 선생의 연구 결과들을 모아 구약 신학이나 신약 신학이라는 이름으로 출판하게 되는 것임을 알게 되었다.

 이에 필자는 '언약 신학'이라는 거대한 제목의 책은 나중에 쓰기로 하고 '노아 언약'에 대해서만 책을 쓰기로 하였다. 그러나 이것 또한 쉽지 않음을 차츰 알게 되었다. 왜냐하면 노아 언약을 소위 언약 신학이라는 체계 안에서 이해하기 전에 '노아 홍수 내러티브' 안에서 이해하는 것이 선행되어야 하기 때문이다. 다시 말해 노아 언약을 이해하기 위해서는 노아 홍수 스토리 자체를 이해하는 것이 우선되어야 한다는 사실을 절실하게 느끼게 된 것이다. 이것이 필자가 '노아 언약'이 아니라, '노아 홍수 스토리'에 대한 책을 내게 된 첫 번째 이유이다.

3. 시초론은 종말론이다

 필자가 노아에 대해 관심을 갖게 된 두 번째 이유는 성경의 '시초론'(protology)에 대한 관심 때문이었다. 많은 해석자들과 독자들이 구약 성경의 앞 부분인 창세기 1-11장의 중요성을 잘 이해하지 못하고 있는 것이 현실이다. 필자 또한 구약으로 박사 학위를 받았음에도 전공인 역사서(여호수아서에서부터 에스더까지)를 연구하는 일에 집중하다 보니 한동안은 시초론의 중요성을 깨닫지 못하였다. 그러나 귀국하여 모교에서 구약을 가르치기 시작하면서 그리고 교회에서 성경을 설교하면서, 시초론이 얼마나 중요한지 깨닫게 되었다. 시초론은 단지 성경의 시초이기 때문에 중요한 것이 아니었다. 모든 것의 시작을 다루고 있기 때문에 중요하다고 할 수 있지만, 단지 '세상의 처음이 어떻게 시작했을까?'에 대한 관심에 머문다면 아직은 시초론의 중요성을 깨닫지 못하는 것이다.

시초론이 중요한 것은 그 지향점이 미래의 종말론(eschatology)을 향해 나아가고 있기 때문이다. 필자는 본서의 초고를 2019년 1월 7일 오전에 생명의말씀사 편집부에 보낸 후 바로 그날 밤에 성지언어연구소장으로서 이스라엘과 요르단을 연결하는 성지 탐사팀 인솔을 위해 총신대학교 신학대학원 원우들과 함께 아랍에미레이트의 국영항공사인 '에티하드' 비행기에 몸을 실었다. 10시간의 긴 비행 끝에 아부다비 공항에 도착하여 보안 검색대를 통과하기 위해 긴 복도를 걷고 있었는데 한쪽 벽에 그려진 거대한 사진 속의 한 글귀가 강렬하게 다가왔다.

"과거가 없는 나라는 현재나 미래도 없는 나라이다."
(The nation without the past is the nation without the present or without the future)

이 문장을 보는 순간 나는 "시초를 모르는 하나님의 백성은 현재도 모르고 미래도 모르는 백성이다."(The people of God without the protology is the people of God without the present or without the eschatology)라는 문구가 영감처럼 떠올랐다.

그동안 구약학자들은 '시초론은 종말론이다.'라는 말을 좋아했다. 성경의 시초론 안에 세상의 종말이 어떨지 미리 알려져 있기 때문이다. 그러나 성경의 시초론은 단지 과거에 대한 관심이나 종말에 대한 기대 때문이 아니라 오히려 '현재'를 '밝혀 주기에' 중요하다. 시초론은 이런 점에서 과거를 드러내고 미래를 보여줌으로 현재 하나님의 백성의 정체성과 사명과 운명을 정의하는 가장 중요한 핵심 가르침이다.

한마디로 시초론인 노아 이야기는 인류의 종말을 미리 보여줌으로써 어떻게 미래를 준비해야 되는지 뿐만 아니라, 하나님의 백성으로서 오늘을 어떻게 살아야 하는지를 보여주는 하나님의 수행 명령과 지령을 담은 말씀이라고 정의할 수 있다.

필자는 노아 홍수 스토리를 통해 왜 시초론이 종말론인지 그리고 시초론이 현재를 살아가는 하나님의 백성들에게 왜 지금 여기서 시급히 지켜야 할 수행 명령인지 보여주고 싶었다. 이것이 필자가 본서를 집필하게 된 두 번째 이유이다.

4. 과학적 담론에서 종교적 담론으로

필자가 노아에 대해 관심을 갖게 된 세 번째 이유는 '종교적 담론'인 노아 스토리를 '과학적 담론'으로 바꾸는 현대의 대중적인 해석 경향 때문이다. 노아 홍수 스토리는 수천 년 전의 과거 이야기이긴 하지만 그렇다고 일차적으로 고고학적-역사적 관심이나 과학적 연구의 대상이 되어서는 안 된다. 일차적으로는 모세가 하나님의 계시를 받아 이스라엘 백성들에게 전한, 광야에서 기록한 하나님의 말씀이기 때문이다. 그렇다면 일차적으로는 듣고 순종해야 할 신의 계시이며, 따라서 종교적 담론으로 풀어야 한다.

그런데 노아에 관해 인터넷에 떠도는 이야기들이나 노아에 대한 서적들을 살펴보면 노아 홍수에 대한 담론들은 종교적이고 신학적인 메시지를 전하는 것들이 아니다. "노아 홍수가 지역적인가, 아니면 전 지구적인가? 과연 전 지구를 덮을 수 있는 물이 하늘과 지하에 있었을까? 노아의 방주를 과연 노아와 세 아들들이 만들 수 있었을까? 방주에 기린이 들어갈 수 있었을까? 공룡은 방주에 들어갈 수 있었을까?"라는 질문들을 던지고, 이를 지지하고 반대하는 이들이 나누는 과학적-역사적 담론들이 대부분이다.

물론 이런 질문들은 역사적이거나 고고학적이거나 과학적인 호기심으로 얼마든지 던질 수 있는 의문들이다. 그러나 문제는 이런 질문들은 호기심을 자극하고 흥미를 불러일으키는 데에는 도움이 될지 모르지만 노아 홍수 스토리를 그 자체로 이해하는 데는 도움이 되지 않는다. 오히려 성경 본문에 대한 이해를 방해할 뿐 아니라 자칫 성경을 왜곡하고 곡해하게 만들기 십상이다.

왜냐하면 성경은 말씀 한마디로 지구와 우주와 그 안의 모든 생물과 인간을 창조하신 분의 계시이기 때문이다. 1000억 개의 별이 모인 것을 '은하'라고 부르는데, 이런 은하들이 1,000-2,000억 개 이상이 된다는 것이 천문학자들의 주장이다. 아니 최근에는 이런 은하들이 그 열 배인 2조가 된다고 주장하는 학자들도 있다. 어찌되었든 이런 무한 광대한 우주를 창조하신 하나님 앞에서 우리는 경탄을 넘어 경외감과 거룩함을 느껴야 마땅하다.

이것은 노아 홍수도 마찬가지이다. 노아 홍수는 그저 구름을 통해 비가 내리거나 지하수가 터져 생긴 재앙이 아니다. 창조적이고 우주적인 용어인 '하늘의 창문들'과 '깊음의 샘들'이란 언어들을 사용하여 하나님이 창조하신 온 세상을 해체하는 수준에서 진행된 우주적 재앙이다.

이것이 사실이라면 '하늘의 창문들'을 열고 '깊음의 샘들'을 터뜨려 땅 위에 사는 모든 호흡하는 생물을 땅과 함께 멸하시는 심판주 앞에서 우리가 보여야 할 태도는 '놀라움'과 '경탄'과 '경외감'이 되어야 하지 않을까? '하늘의 창문들'이나 '깊음의 샘들'은 천문학적-기상학적 용어나 지구과학적-지리적 용어가 아니라 '창조적-우주적' 용어이기 때문이다.

따라서 하나님의 놀라우신 일을 담고 있는 종교적 담론을 고고학적 담론과 과학적 담론으로 바꾸는 것은 비록 의도가 성경의 역사성을 지지하려는 선한 의도에서 출발했다 해도 자칫 성경에 대한 우리의 믿음과 하나님을 향한 우리의 사랑을 경감시킬 위험성이 크다는 점을 잊어서는 안 된다. 필자는 노아 홍수 스토리를 그 원래의 목적에 따라 '종교적 담론'으로 다룰 때 어떤 감동과 전율로 다가오는지를 보여주려는 것이 본서를 집필한 세 번째 이유이다.

5. 예술가와 영화 감독과 동화 작가들에 대한 부끄러움

필자가 노아 홍수 스토리에 대한 책을 쓰려고 한 네 번째 이유는 매우 실존적인 것이다. 필자는 다른 분야의 전문가들이 노아 홍수 스토리를 매번 새롭게 창의적으로 해석해 내려고 애쓰는 것을 보면서 신학을 전공했다는 사람으로서 자주 부끄러운 마음이 들었다.

우선 필자는 시스티나 성당의 천장벽화인 미켈란젤로의 걸작 '천지 창조'에 그려진 노아 홍수 그림 3개를 보면서, 미술가로서 노아 홍수를 시각적으로 해석해 내려 했던 그의 노력에 감동을 받았다. 천지 창조에 나오는 이 3개의 그림을 로마에서 직접 보지는 못했지만, 사진이나 영상으로, 때로는 미술평론가의 해설을 들으며, 노아 홍수 스토리를 재현해 낸 미켈란젤로의 그림에서 깊은 감동과 영감을 얻게 되었다. 한 천재적 미술가의 예술적 재현은 성경의 스토리가 인류의 문화 유산에 어떤 영향을 끼칠 수 있는지, 성경을 창조적으로 해석하려는 한 사람의 예술적 노력이 인류의 정신사에 어떤 기여를 할 수 있는지 보여주는 강력한 도전이었다.

그뿐 아니라 노아 홍수라는 성경의 소재로 끊임없이 영화를 만들어내는 영화 감독들의 모습 역시 필자에게는 피할 수 없는 도전이었다. 톰 새디악(Tom Shadyac) 감독이 2007년에 개봉한 〈에반 올마이티〉(Evan Almighty)라는 영화나 대런 아르노프스키(Darren Aronofsky) 감독이 2014년에 개봉한 〈노아〉란 영화는 노아 홍수 스토리를 현대에 맞게 재해석하려는 영화 감독들의 창의적 노력이 어떤 것인지를 보여 주었다.

물론 성경의 플롯이나 등장 인물들과는 너무나 다르게 각색하는 바람에 경건한 그리스도인들에게는 혹평을 받았지만, 현대 대중들에게는 과거의 전설이나 신화같이 느껴지는 노아 홍수의 소재로 현대인들이 흥미 있게 볼 수 있는 주제와 메시지를 지닌 영화를 만든 것은 성경 본문이 언급하지 않은 부분들을 채워 넣지 않으면 불가능한 작업이다. 그럼에도 성경의 소재를 끊임없이 되살려내 현대 사회에 메시지를 전하려는 영화 감독들의 노력은 정말 대단하다.

게다가 이젠 꽤 시간이 지났지만 스티븐 스필버그(Steven Spielberg)의 영화 〈쉰들러 리스트〉(Schindler's List)는 대량살상(예를 들어 홀로코스트의 600만 유대인 학살)과 폭력(핵무기와 대량살상 무기)으로 점철된 광기의 시대를 그리스도인들이 어떻게 이해하고 어떻게 해결해야 하는지를 보여주려는 놀라운 시도라고 할 수 있다. 그런데 이 영화가 오스트레일리아 소설가 토머스 케닐리(Thomas Keneally)가 쓴 소설 『쉰들러의 방주』(Schindler's Ark)라는 원작 소설을 영화화한 것임을 염두에 두면 노아 방주 스토리는 끊임없이 소설가나 영화 감독에 의해 인간의 삶의 문제를 해결하는 삶의 근원적 지혜로 인식되고 이용되고 있음을 알 수 있다.

이런 예술가들과 영화 감독들과 소설가들의 창조적 노력을 보면서, 노아 홍수 스토리를 통해 현대에 적합하고 시의적절한 신학적-종교적 담론을 제공해야 할 사명과 과업을 가진 필자와 같은 신학자들은 좀더 근원적이고 심도 있는 성경 해석을 제공하지 못하고 있는 것은 아닌가라는 자괴심을 필자는 갖게 되었다. 따라서 노아 홍수 내러티브에 대한 과학적, 고고학적 담론이 횡행하는 이때에 그동안의 구약 학계의 연구 결과물들을 바탕으로 종교적-신학적 담론을 제안하기 위해 본서를 집필하게 되었다.

6. 노아 홍수 스토리에 대한 오해

마지막으로 필자가 노아 홍수에 관한 책을 쓰기로 한 것은 노아 내러티브에 등장하는 하나님과 노아와 대홍수에 대한 편견과 오해가 일반인들은 물론 교계 안에 널리 퍼져 있기 때문이었다.

많은 사람들은 노아 홍수 스토리를 대충 읽은 다음, 노아의 하나님은 자신이 창조한 인간과 생물을 무자비하게 홍수로 진멸하는 잔인한 심판주로 해석한다. 그러나 노아 홍수 이야기를 읽어보면 '하나님이 진노하셨다.'는 언급이 단 한 번도 나오지 않는다. 아니 '진노'와 관련된 어떤 명사나 어떤 동사도 쓰이지 않았다. 본문을 상세히 읽어보면 홍수 기사는 노아의 하나님을 오히려 '마음'에 '근심하시고' '고통당하시는' 하나님으로 묘사한다.

성경 본문의 언어적 데이터와 플롯을 상세히 살펴보면 성경 기자는 인간의 '마음'이 계획하는 바가 '항상' '악할' '뿐'임을 보시고 '마음'에 '근심하시고' 그로 인해 '뜻을 바꾸셔서' 인간을 홍수로 멸하시지만, 홍수 후에는 비록 인간의 '마음'의 생각이 '악한' 것이 전혀 변화되지 않음에도 불구하고 다시는 홍수로 멸하지 않으시겠다고 다시 '마음'을 '바꾸시는' 하나님의 모습을 그리고 있다. 인간의 변하지 않는 악한 마음과 끊임없이 고통을 느끼시며 뜻을 바꾸시는 하나님의 마음이 대조되어 있다. 그럼에도 불구하고 성경을 피상적으로 읽는 사람들은 하나님을 그저 진노로 세상을 진멸하는 하나님으로만 오해한다.

노아에 대해서도 이런 식의 오해가 널리 퍼져 있다. 성경은 "노아는 의인이요 당대에 완전한 자라 하나님과 동행하였다"고 분명히 밝히고 있다. 그런데 피상적으로 읽으면 실제로 노아 홍수 스토리에 그려진 노아의 모습과는 거리가 있어 보인다. 그저 방주만 만들었을 뿐 아무런 경고도 하지 않았다. 홍수로 죽어가는 이들에 대한 어떤 동정심도 보이지 않는다. 그러다 보니 많은 사람들은 노아가 의인이라는 말을 자기 나름대로 해석한다.

성경에 보면 세상에 "의인은 없나니 하나도 없으며"(롬 3:10)라고 했으므로 노아는 그런 의미에서 의인은 아닐 것이라고 해석한다. 다시 말해 '의인은 죄를 짓지 않는다.'라고 사전적이거나 교리적으로 정의한 다음에, 노아 역시 인간이기에 죄를 짓지 않았다는 점에서 '의인'은 아니라고 해석한다. 그러고는 노아는 '당대에' 완전한 자라고 했으니 그 당대 사람들과 비교해 보았을 때 의인이었을 뿐이라고 평가절하 한다.

그러나 '노아가 의인'이라는 것은 '의인'이란 단어의 '사전적' 의미나, '교리적' 개념으로 정의되어서는 안 된다. 왜냐하면 '의인'과 '완전한'이란 두 단어는 성경에서 여기에 처음 사용되었기 때문이다. 노아가 '의인이요 완전한 자'라는 것은 노아 스토리가 '이야기되는 방식'에 의해 정의되어야 한다. 다시 말해 노아 스토리 자체의 플롯의 전개나 노아의 성격 묘사 등의 방법을 통해 노아를 왜 '의인이요 완전한 자'라고 하는지 스토리의 서술의 논리를 먼저 살펴보아야 한다.

7. 새로운 접근 방식으로

이렇게 스토리가 이야기되는 내러티브 방식에 따라 노아를 살펴볼 때, 노아에 대한 새로운 이해에 도달할 수 있다. 노아는 죄를 짓지 않은 존재라는 점에서 의인이나 완전한 자가 아니라, '철저하게 하나님의 말씀만 신뢰하는 자', 그로 인해 '한 사람의 순종으로 많은 사람을 복 되게 한 자', 한 사람의 '순종'으로 많은 이들을 '의롭게 한' 인물이었음이 드러난다.

결국 성경 본문의 언어적 데이터와 문예적 장치들을 상세히 살펴보지 않고, 노아 스토리가 이야기되는 방식에 대한 이해가 없었으므로 그동안 노아 내러티브에 대한 척박한 이해와 피상적 해석과 심지어는 의도적 곡해마저 생기게 된 것이다.

그뿐 아니라 노아 홍수 스토리를 제대로 이해하려면 고대 근동 아시아의 다른 홍수 설화들과 비교해 보아야만 당시에 이 말씀이 이스라엘 백성들에게 어떤 의미로 다가 왔는지 이해할 수 있다. 성경 말씀은 역사적으로 실제 일어난 일에 근거하므로 당시의 역사적 배경을 이해하지 못하면 성경 진리의 실존적 의미를 알 수 없다.

노아 홍수 내러티브는 성경 전체의 문맥에서 이해해야 한다. 왜냐하면 이 스토리는 창조-타락-구속이라는 거대한 메타 역사 드라마의 한 부분이기 때문이다. 창조에서 종말에 이르는 위대한 구속의 드라마의 일부로서 전체 드라마를 이해하지 못하면 노아 스토리의 참 의미를 놓칠 수밖에 없다. 따라서 우리는 끊임없이 노아 홍수 스토리에 나오는 단어와 개념과 주제가 어떻게 성경 전체를 따라 흘러가며 변주되고 있는지도 살펴야 한다.

이에 필자는 고대 근동의 홍수 설화의 역사적 문맥과 성경 전체의 정경적 문맥을 배경으로 하고, 성경 본문 자체의 언어적-문예적 장치들을 고려하면서 스토리가 이야기되는 방식인 플롯과 성격 묘사에 주의하면서 노아 홍수 스토리를 하나님의 무오한 계시의 말씀으로, 종교적-신학적 담론으로 풀어내려고 한다. 물론 이 담론은 필자가 그동안의 구약 학계의 연구 결과물을 바탕으로 한국 독자들에게 제시하는 것으로서 이전의 구약학자들과 신학자들의 도움에 빚졌음을 밝힌다.

서문에서 밝혔듯이 본서의 레이아웃은 질문하고 답하는 형식으로 되어 있다. 예를 들어 1장에서는 "왜 하필 지금 노아 홍수 이야기인가?"라는 질문을 던지고 이에 답하는 방식으로 책을 집필했다. 노아 홍수 이야기를 읽으면 자연히 들게 되는 22개의 질문을 아래와 같이 던졌다.

2장 노아 홍수의 하나님은 후회하고 진노하는 분이신가?(창 6:5-8)
3장 의인은 하나도 없다는데, 노아는 어찌하여 의인인가?(창 6:8-9)
4장 어떻게 인간의 모든 계획은 항상 악할 뿐인가?(창 6:9-13)
5장 하나님은 왜 인간을 '땅과 함께' 멸하시는가?(창 6:9-13)
6장 노아의 방주는 어떻게 생겼고, 왜 만들었을까?(창 6:14-22)

7장 방주에 들어간 짐승은 암수 한 쌍씩인가, 암수 일곱 쌍씩인가?(창 6:18-7:5)
8장 노아 홍수는 '지역적' 홍수인가, 아니면 '전 지구적' 홍수인가?(창 7:6-24)
9장 하나님의 기억하심이 왜 노아 홍수의 전환점인가?(창 8:1-5)
10장 까마귀는 과연 방주로 돌아오지 않았는가?(창 8:6-7)
11장 노아는 왜 세 번이나 비둘기를 보냈을까?(창 8:8-14)
12장 땅이 말랐는데도 노아가 바로 방주에서 나가지 않은 이유는 무엇인가?(창 8:15-19)
13장 노아가 홍수 후 제사를 드린 이유는 무엇인가?(창 8:20-22)
14장 하나님은 왜 다시는 홍수로 세상을 멸하지 않기로 결심하셨는가?(창 8:20-22)
15장 땅의 짐승이 인간을 무서워하는 이유는 무엇인가?(창 9:1-3)
16장 하나님은 왜 고기를 피째 먹지 말라고 하셨는가?(창 9:3-4)
17장 노아 언약은 사형제도를 지지하는가?(창 9:5-7)
18장 하나님은 왜 성경에서 노아와 처음으로 언약을 맺으셨을까?(창 9:8-17)
19장 노아 언약의 표징은 왜 무지개인가?(창 9:8-17)
20장 노아는 최초의 포도 재배자인가?(창 9:18-19)
21장 노아는 왜 술을 마시고 취하여 옷을 벗었을까?(창 9:20-21)
22장 아버지의 벌거벗음을 본 것뿐인데, 왜 함이 문제인가?(창 9:22-23)
23장 노아는 왜 '함'이 아니라 함의 '아들' 가나안을 저주했는가?(창 9:24-29).

이런 식의 문답 형식을 취한 것은 인생에서 대부분 그렇듯이 삶의 진리는 연역적으로가 아니라 귀납적으로 얻게 되기 때문이다. 또한 학문(學問)이라는 한자어의 뜻이 무엇인가? 배울 학(學), 질문할 문(問)이 아닌가? 학문이란 '질문하는 법을 배우는 것'이다. 따라서 노아 홍수 이야기를 읽으면서 생기게 되는 질문들을 제시하고, 독자들과 함께 성경 본문을 상세히 살펴보고 답을 찾아보는 과정에서 독자들이 직접 성경의 진리를 깨닫게 되는 '발견의 드라마'를 경험하게 될 것이다. 그리고 신학도들과 설교자들은 학문하는 방법과 학문의 즐거움을 체험하게 될 것이다.

마지막으로 서문에서 밝혔듯이, 노아 스토리에 관심을 갖게 된 가장 중요한 이유는 오늘날 우리가 처한 상황이 노아 때와 다르지 않기 때문이다. 노아 홍수 '전'의 인간 삶의 상황과 노아 홍수 '후'의 삶의 조건은 '오늘 우리 세계'의 삶의 상황이나 삶의 조건과 참으로 유사하다. 주님이 "노아의 때에 된 것과 같이 인자의 때도 그러하리라"(눅 17:26)고 하신 말씀이 그 어느 때보다 절실하고 새롭게 들려져야 할 때라고 생각한다. 이런 의미에서 본서가 설교자들과 신학생들과 교우들에게 도움이 되었으면 한다.

목차

서문 · 04
프롤로그 · 12

1장   왜 하필 지금 노아 홍수 이야기인가? · 39

    1. 노아 스토리에 대한 세상의 관심 · 40
    2. 노아에 대한 신학계의 상대적 무관심 · 51
    3. 노아 스토리의 중요성 · 54
    4. 노아 스토리 안에서 해답을 찾을 수 있다 · 59

2장   노아 홍수의 하나님은 후회하고 진노하는 분이신가? · 69
창 6:5-8

    1. 서론적 이야기 · 70
    2. 신인동형론적 표현인가? · 74
    3. '한탄하다.'는 동사 '나함'의 의미 · 75
    4. 하나님은 왜 마음을 바꾸시는가? · 78
    5. 홍수는 '진노'가 아닌 하나님의 '근심'의 산물 · 83
    6. 결론 : 신학적 메시지 · 85
    7. 부록 : '하나님의 변하심'에 대한 치숌의 연구 · 89

3장 의인은 하나도 없다는데, 노아는 어찌하여 의인인가? • 99
창 6:8-9

1. 서론적 이야기 • 100
2. 해석사에 나타난 노아에 대한 평가 • 103
3. 노아의 '성격 묘사'에 관심을 기울이라 • 105
4. 노아에 대한 성격 묘사 • 107
5. '의인'(צַדִּיק; 차디크)이란 누구인가? • 110
6. 완전함(תָּמִים; 타밈)의 의미 • 114
7. 결론 : 신학적 메시지 • 118

4장 어떻게 인간의 모든 계획은 항상 악할 뿐인가? • 127
창 6:9-13

1. 들어가는 이야기 • 128
2. 노아 홍수의 원인들 • 131
3. 사람들이 가득하니 죄악이 가득해짐 • 134
4. '사람의 죄악'이 많아짐 • 139
5. 하나님의 영이 함께 하지 아니함 • 142
6. 결론 : 신학적 메시지 • 146
7. 부록 : 그들의 날은 120년이 되리라 • 149

5장 하나님은 왜 인간을 '땅과 함께' 멸하시는가? • 157
창 6:9-13

1. 들어가는 이야기 • 158
2. '땅'의 반복과 땅의 '부패' • 161
3. '땅'을 반복한 이유? • 162
4. 땅의 부패는 무엇을 의미하는가? • 164
5. 폭력/포악함의 주체 • 167
6. '하나님의 형상' 대신 '폭력'이 가득 • 169
7. 결론 : 신학적 메시지 • 171

6장 노아의 방주는 어떻게 생겼고, 왜 만들었을까? • 181
창 6:14-22

1. 서론적 이야기 • 182
2. 방주를 만들어라 • 185
3. 방주는 어떻게 생겼을까? • 189
4. 방주의 목적 : 홍수 대비 생명 보존 • 195
5. 방주 : 너와 네 집을 구원하는 '언약'의 공간 • 197
6. 방주 : 인간과 동물의 '공동' 공간 • 200
7. 노아의 순종 • 205
8. 결론 : 신학적 메시지 • 207
9. 부록 : 방주의 모형론 • 213

7장 방주에 들어간 짐승은 암수 한 쌍씩인가, · 223
암수 일곱 쌍씩인가? 창 6:18-7:5

1. 서론적 이야기 · 224
2. 문제 제기 · 231
3. 정한 것과 부정한 것의 구분은 태고로부터 · 232
4. 정한 동물이 더 많아야 할 필요 · 236
5. 자연스런 읽기 가능 · 238
6. 평화로운 방주 왕국 · 239
7. 결론 : 신학적 메시지 · 241

8장 노아 홍수는 '지역적' 홍수인가, · 247
아니면 '전 지구적' 홍수인가? 창 7:6-24

1. 서론적 이야기 · 248
2. 노아 홍수의 '우주적' 표현들 · 254
3. 노아 홍수는 '창조의 해체' · 259
4. 결론 : 신학적 메시지 · 264

9장 하나님의 기억하심이 왜 노아 홍수의 전환점인가? • 275
창 8:1-5

1. 서론적 이야기 • 276
2. 하나님의 기억하심 • 279
3. 하나님이 노아를 기억하심 • 282
4. 하나님의 '바람/영'이 불다 • 283
5. 깊음의 샘과 하늘의 창문이 닫힘 • 285
6. 물이 제자리로 돌아감 • 286
7. 결론 : 신학적 메시지 • 288

10장 까마귀는 과연 방주로 돌아오지 않았는가? 창 8:6-7 • 295

1. 서론적 이야기 • 296
2. '까마귀'에 대한 전통적 해석 • 298
3. '까마귀'의 왕래를 어떻게 해석할까? • 301
4. 결론 : 신학적 메시지 • 306

11장 노아는 왜 세 번이나 비둘기를 보냈을까? 창 8:8-14 • 313

1. 서론적 이야기 • 314
2. 노아의 비둘기 실험 • 317
3. 발 붙일 곳이 없어서 돌아온 비둘기 • 319
4. 두 번째 비둘기 • 323
5. 세 번째 비둘기 • 325
6. 새 시대를 알리는 노아 연대기 • 326
7. 결론 : 신학적 메시지 • 331
8. 부록 1 : 정교한 숫자의 구조 • 335
9. 부록 2 : 전체 연대기 • 336

12장 땅이 말랐는데도 노아가 바로 방주에서 • 339
나가지 않은 이유는 무엇인가? 창 8:15-19

1. 서론적 이야기 • 340
2. 하나님의 명령 : 방주에서 나오라 • 342
3. 가족의 중요성 • 344
4. 결론 : 신학적 메시지 • 347

13장 노아가 홍수 후 제사를 드린 이유는 무엇인가? • 351
창 8:20-22

1. 홍수 전후에 누가 변화되었는가? • 352
2. 제사를 드린 노아 • 355
3. 노아의 제사의 성격 • 357
4. 하나님이 향기를 흠향하심 • 359
5. 결론 : 신학적 메시지 • 365

14장 하나님은 왜 다시는 홍수로 • 373
세상을 멸하지 않기로 결심하셨는가? 창 8:20-22

1. 서론적 이야기 • 374
2. 하나님의 '마음'의 불가역적 변화 • 377
3. 피조물을 향한 하나님의 언약적 헌신 • 380
4. 결론 : 신학적 메시지 • 383

15장 땅의 짐승이 인간을 무서워하는 이유는 무엇인가? • 393
창 9:1-3

1. 서론적 이야기 • 394
2. 생육하고 번성하여 땅에 충만하라 • 395
3. 인간과 동물의 새로운 관계 • 398
4. 동물을 인간에게 음식으로 주심 • 402
5. 결론 : 신학적 메시지 • 406

16장 하나님은 왜 고기를 피째 먹지 말라고 하셨는가? • 413
창 9:3-4

1. 서론적 이야기 • 414
2. 고기를 피째 먹지 말라 • 415
3. 인간 생명의 존엄함 • 421
4. 결론 : 신학적 메시지 • 425

17장 노아 언약은 사형제도를 지지하는가? 창 9:5-7 • 431

1. 서론적 이야기 • 432
2. 내가 반드시 너희 피를 찾으리라 • 435
3. 신적 형벌의 인간 대행자 • 440
4. 결론 : 신학적 메시지 • 443

18장 하나님은 왜 성경에서 노아와 처음으로 • 449
언약을 맺으셨을까? 창 9:8-17

1. 서론적 이야기 • 450
2. 노아 언약의 예고 • 453
3. 노아 언약의 내용 • 454
4. 노아 언약의 주체 • 459
5. 노아 언약의 대상 • 461
6. 노아 언약의 성격 : 하늘 대왕의 하사품 • 464
7. 결론 : 신학적 메시지 • 468

19장 노아 언약의 표징은 왜 무지개인가? 창 9:8-17 • 475

　1. 서론적 이야기 • 476
　2. '내 무지개'를 구름 속에 두었나니 • 482
　3. '활 표징'의 의미 • 485
　4. 결론 : 신학적 메시지 • 489

20장 노아는 최초의 포도 재배자인가? 창 9:18-19 • 497

　1. 서론적 이야기 • 498
　2. 노아의 세 아들 • 500
　3. 노아가 포도 농사를 최초로 시작한 것인가? • 502
　4. '땅의 사람' 노아 • 507
　5. 결론 : 신학적 메시지 • 512

21장 노아는 왜 술을 마시고 취하여 옷을 벗었을까? • 521
창 9:20-21

　1. 문제 제기 • 522
　2. 전통적인 부정적 해석 • 523
　3. 긍정적 해석의 등장 • 524
　4. 창조와 타락의 문맥 안에서 읽어야 • 526
　5. 결론 : 신학적 메시지 • 531

22장 아버지의 벌거벗음을 본 것뿐인데, 왜 함이 문제인가? • 537
   창 9:22-23

   1. 서론적 이야기 • 538
   2. 함은 무슨 행동을 한 것인가? • 540
   3. 하체를 '본 것'이 함의 문제 • 545
   4. 셈과 야벳의 행위 • 548
   5. 결론 : 신학적 메시지 • 549

23장 노아는 왜 '함'이 아니라 함의 '아들' 가나안을 • 557
   저주했는가? 창 9:24-29

   1. 서론적 이야기 • 558
   2. 함은 막내 아들? • 559
   3. 노아는 왜 저주를 했을까? • 565
   4. 왜 함 대신 아들 가나안이 저주를 받을까? • 570
   5. 저주의 내용은 무엇인가? • 575
   6. 노아의 삶의 마지막 • 581
   7. 결론 : 신학적 메시지 • 584

에필로그 • 588

"Deluge" by Michelangelo from Wikimedia Commons

"Go into the ark, you and your whole family"

1장

왜 하필 지금
노아 홍수 이야기인가?

1. 노아 스토리에 대한 세상의 관심

1.1 미켈란젤로의 천지 창조

노아 홍수 이야기에 독자 여러분은 흥미를 느끼는가? 지난 역사를 살펴보면 노아 이야기는 미술가나 영화 제작자 그리고 어린아이들에게는 영감을 불러일으키는 스토리인 반면에 신학자들과 설교자들과 성인 교인들에게는 그렇게 흥미있는 이야기는 아니다. 우리는 이런 사실을 역사 가운데서 몇 가지 예만 들어보아도 쉽게 입증할 수 있다.

미술가들은 노아 홍수에 대한 그림을 많이 그렸다. 그런데 그 중에서 가장 유명한 것은 미켈란젤로 부오나로티(Michelangelo Buonarroti; 1475-1564)가 로마의 바티칸시티 안의 시스티나 성당 천장에 그린 '천지 창조'에 나오는 세 개의 그림이다. 자신은 조각가이기에 그림을 그리지 않겠다던 미켈란젤로를 설득하여 이 대작을 그리게 한 사람은 교황 율리우스 2세(Julius II; 1443-1513)였다.

대작 '천지 창조'는 길이 41미터 폭 13미터 전체 면적 약 330평 크기의 성당 천장에 그린 총 49개의 작품으로 이루어져 있고 그 중앙에는 가장 중요한 그림들이 배치되어 있다. 창조부터 노아 홍수, 예수의 탄생을 다루지만, 6개의 그림이 창조와 관련된 그림이므로 '천지 창조'란 제목이 붙은 것이다. 천지 창조와 관련한 그림은 '빛과 어둠의 분리', '해와 달의 창조', '물과 땅의 분리', '아담의 창조', '하와의 창조', '아담과 하와의 원죄와 에덴에서의 추방'이다. 한편 노아 홍수와 관련한 그림은 '노아의 제물', '대홍수', '술 취한 노아' 세 개로 이루어져 있다.

미켈란젤로는 '천지 창조' 그림들 중에서 노아 홍수와 연관된 그림 세 개를 제일 먼저 그렸다고 한다. 시스티나 성당의 입구 부분에 있는 노아 홍수 관련 그림들과 주변의 8개의 나체상을 1509년 9월 15일에 처음 완성했다. 노아 홍수 그림 세 개도 시간 순서상으로 보면 '대홍수'가 '노아의 제물'보다 먼저이지만 '대홍수' 그림이 크고 등장 인물도 많이 나오기 때문에 순서를 바꾼 것으로 보인다.

'대홍수' 그림에는 60명 이상의 사람들이 거의 벌거벗은 상태로 피신하는 모습이 그려져 있다. 고지대로 도피하는 사람들, 방주에 사닥다리를 놓고 올라가려는 사람들, 섬에 세운 천막으로 달려가는 사람들, 배를 타고 가는 사람들의 다양한 군상들이 묘사되어 있다. 왼쪽에는 잎이 다 떨어진 나무 뒤로 노아의 방주가 보이는데 방주에는 비둘기가 그려져 있다. 왜 미켈란젤로는 '천지 창조' 중 노아 홍수의 이야기를 처음으로 그렸을까? 이동희의 해석을 들어보자.

"홍수는 미켈란젤로에게 언제나 섬뜩한 의미를 가졌다. 독실한 신앙인이던 그는 험악한 날씨가 빚어내는 온갖 재난을 진노한 하느님이 내리는 징벌로 간주했다. 미켈란젤로는 젊은 시절에 그 유명한 피렌체의 괴승 사보나롤라의 설교를 들은 적이 있었다. 사보나롤라는 신들린 설교로 피렌체 시민들의 마음을 사로잡아 피렌체를 지배한 인물이었다. 그는 프랑스 왕 샤를 8세가 알프스를 넘어 피렌체를 공격해 오자, 그것을 대홍수로 비유했다. 그리고 대홍수를 피하려면 노아인 자신에게 그리고 자신의 방주인 산타 마리아 델 피오레로 오라고 설교했다(그림 5). 프랑스 왕 샤를 8세는 피렌체를 점령하고, 교황 알렉산더 6세와의 담판을 위해 로마로 떠났다. 그때 로마에는 티베르 강이 범람해 로마를 물바다로 만들었다. 이러한 사건을 미켈란젤로는 사춘기 시절에 겪었고 그에게 지울 수 없는 경험이었다. 이런 경험을 미켈란젤로는 '대홍수'에 그려 넣었다(206)."[1]

---

1) 이동희, "사람의 죄악과 하느님의 후회: 대홍수 이야기", 『기독교사상』 53/5 (2009. 5), 206.

미켈란젤로의 대홍수 그림은 미술가들에게 노아의 대홍수가 얼마나 흥미있는 주제인지를 잘 보여준다. 미켈란젤로 외에도 구스타프 도레(Gustave Dore) 등의 많은 미술가들이 노아 홍수에 대한 그림을 그렸다.[2]

1.2 영화 〈에반 올마이티〉

미술가들뿐 아니라 영화 제작자들 역시 노아에 많은 관심을 보이고 있다. 에반 올마이티(Evan Almighty)는 톰 새디악 감독이 2007년에 개봉한 '현대판 노아 방주' 이야기이다. 영화의 내용은 하원의원이 된 '에반'이 갑자기 신에게 미션을 받아 워싱턴 한가운데에 방주를 만드는 이야기이다. 에반 올마이티는 2003년에 나온 영화 〈브루스 올마이티〉(Bruce Almighty)의 후속편이다. "신은 인간이 기도하는 대로 들어주면 된다."고 불평하는 브루스에게 갑자기 신의 능력과 책임을 맡아보는 게 어떻겠냐는 제안이 들어오고 이 제안을 받아 사람들의 모든 기도를 들어주자 생기는 혼란상을 다룬 코믹한 영화이다.

그런데 〈브루스 올마이티〉의 후속편으로 만든 〈에반 올마이티〉는 비록 흥행에는 실패했지만, 노아 홍수와 방주 이야기를 단순히 '신의 분노와 심판'으로 풀지 않고 오히려 '러브스토리와 사랑'으로 풀고 있다는 점에서 매우 흥미로운 영화이다. 신의 역할을 하는 모건 프리먼이 커피숍에서 에반의 부인 역을 맡은 로렌 그레이엄과 대화를 나누는 대목이 이런 주제를 잘 보여준다.

> 신(프리먼) : "전 이야기를 좋아해요. 사실 전 제가 훌륭한 스토리텔러라고 생각하죠".
> 에반의 아내(그레이엄) : "뉴욕의 노아라고 들어봤나요?"
> 신(프리먼) : "방주를 만드는 남자말이군요"
> 에반의 아내(그레이엄) : "제 남편이에요."
> 신(프리먼) : "그 이야기를 좋아해요. 많은 사람들이 중요한 걸 놓치고 있죠. 사람들이 신의 분노 등을 얘기하죠. …신의 분노를 얘기하는 게 좋나봐요."

---

[2] 이동희, "사람의 죄악과 하느님의 후회: 대홍수 이야기", 『기독교사상』 53/5 (2009. 5), 201-212. http://www.womeninthebible.net/bible-paintings/noah-and-the-flood/에 들어가면 노아 홍수를 그린 미술가들과 그림이 소개되어 있다.

에반의 아내(그레이엄) : "그럼 방주 얘기는 뭔가요?"

신(프리먼) : "제 생각엔 러브 스토리 같아요. 서로 살아가는 것 말이에요. 동물들이 쌍으로 나타난 건 알고 계시죠? 서로 돕습니다. 서로 나란히 말이죠. 노아와 그의 가족들처럼요. 방주 안에 있는 모두는 서로 나란히였죠."

에반의 아내(그레이엄) : "하지만 남편 말로는 하느님이 시키셨다고 했어요. 왜 그러신걸까요?"

신(프리먼) : "제가 하나 물어보도록 하죠. 누가 인내를 달라고 기도하면 신은 그 사람에게 인내심을 줄까요? 아니면 인내를 발휘할 수 있는 기회를 주시려 할까요? 용기를 달라고 하면 용기를 주실까요? 아니면 용기를 발휘할 수 있는 기회를 주실까요? 만일 누군가 가족이 좀 더 가까워지게 해달라고 기도하면 하느님이 뽕하고 묘한 감정이 느껴지도록 할까요? 아니면 서로 사랑할 수 있는 기회를 마련해 주실까요?"

교회는 물론 일반 대중들이 노아 홍수와 방주 이야기를 대부분 '신의 진노와 심판'으로 해석하는 가운데 톰 새디악 감독이 '러브스토리와 사랑'으로 푼 것은 단순히 영화 감독의 영화적 상상력에서 나온 것이 아니다. 실제로 창세기 6-9장의 노아 스토리를 세밀하게 살펴보면 노아 홍수 이야기는 '세상을 향한 하나님의 신실하심과 사랑의 스토리'이기 때문이다. 이런 점에서 설교자들과 교회 교우들보다 때로는 영화 감독들이 성경의 핵심 메시지를 더 잘 찾아낸다는 것은 아이러니가 아닐 수 없다. 영화 감독들이나 소설가들이나 예술가들이 구약을 전공한다는 필자보다 더 예리하게 성경의 핵심 사상을 알아낼 때에는 종종 창피함을 느끼기도 한다.

1.3 영화 〈노아〉

영화 감독의 노아에 대한 관심은 2014년에도 이어진다. 유대인 출신 대런 아르노프스키는 배우 러셀 크로우를 주인공으로 〈노아〉란 영화를 만들었는데, 반기독교적이라는 평가를 들으며 센세이션을 일으켰다. 대런 아르노프스키는 유엔이 주최한 창작 시 대회에서 13살에 노아 스토리를 주제로 시를 써서 수상한 후에 줄곧 노아 이야기에 천착했다고 한다. 영화 〈노아〉가 미국은 물론 한국에서 거센 반발을 불러 일으켰는데, 그 이유는 영화가 성경에 기록된 내용과 너무 다르기 때문이었다.

성경에서는 '의인이요 당대에 완전한 자요 하나님과 동행한 인물'인 노아가 영화에서는 인간을 멸망시키겠다는 신의 의지에 방해가 되는 사람은 누구나 살해하는 비인격적인 존재로 그려진다. 이 '영화 속의 노아'는 인간을 홍수로 진멸시키겠다는 신의 의지 안에는 노아와 그의 가족도 포함된다고 믿는다. 단지 자신의 가족을 택한 것은 신이 만든 생물을 보호하기 위한 '관리자'로 선택된 것뿐이라고 생각한다.

인간의 타락은 하나님의 형상을 오직 정복과 지배로 오해한 데서 시작되었다고 본 영화 감독 대런 아르노프스키는 '두발가인'이란 인물을 등장시켜 '고기와 무기를 탐하는 욕망의 화신'으로 그린다. 여기서 노아의 '방주'란 두발가인이 맹신하는 힘의 논리를 뒤엎는 '인간과 동물 사이의 새로운 화해의 공간'을 보여주는 상징이라고 영화 평론가들은 말한다.

이렇게 영화 〈노아〉는 성경의 노아 홍수 스토리와는 너무나 다른 성격의 인물들이 등장할 뿐 아니라, 플롯의 구조가 전혀 다르고, 심지어는 이질적인 신화적 배경까지 나오기 때문에 대부분의 경건한 기독교인들이 이질감과 거부감을 느끼는 것은 너무나 당연하다.

그럼에도 불구하고 왜 영화 감독은 이런 식으로 노아 이야기를 영화적 상상력으로 재현하려고 했을까? 노아 홍수 이야기를 그저 노아와 그의 가족이 구원받은 이야기, 인간의 죄에 대한 하나님의 심판 스토리로만 주로 해석하는 것에 만족해 온 대중 설교자들과 일반 교우들에게 제기하는 예술가들과 영화 감독들의 '해석학적 도전'이라고 볼 수는 없을까?

'하나님의 형상'을 다스림과 지배권으로만 이해하고 피조 세계의 동물들의 권리를 무시한 그동안의 인간들의 행태는 잘못이라는 점을 지적하기 위해, 성경 스토리의 인물의 성격과 플롯마저도 바꾸어 버린 것이 과연 잘한 것인지는 모르겠지만, 최소한 노아 스토리에 대한 영화 감독 대런 아르노프스키의 해석의 독창성은 눈여겨 보아야만 한다. 이 점을 잘 지적한 구미정의 말을 들어보자.

"기독교인들조차 의심없이 자명한 진리로 받아들이는 이런 식의 인간중심주의를 〈노아〉는 송두리째 뒤흔들어 버린다. 방주는 사람을 구원하기 위한 용도가 아니다. 사람을 멸절시키려는 하나님의 심판 계획에서 면제된 동물들을 위한 것이다. 영화에서 노아는 자신이 신의 도구로 선택된 것은 선해서도 의로워서도 아니라고 고백한다. 정직히 들여다 보건대 자기 안에도, 또 자기 가족 구성원의 각자의 내면에도 하나님이 역겨워하시는 악이 분명히 뿌리를 틀고 있다. 그러므로 사람을 지면에서 쓸어버리겠다는 하나님의 결단은 자기와 자기 가족까지 포함해야 맞다. 아무리 생각해도 도무지 제외될 명분이 없다. 그럼에도 자기가 방주를 만드는 자로 선택되고, 또 자기와 자기 가족이 방주에 탑승하게 된 것은 어디까지나 무죄한 동물의 종(種)이 멸절되지 않도록 돌보고 보살피기 위함이지, 다른 뜻이 아니다."[3]

"이러한 의미에서 노아의 방주는 타락한 세계에 대한 전복적 은유로 손색이 없다. 타락은 하나님의 형상에 대한 오해와 그 결과로 빚어진 인간의 권리남용에서 비롯된다. 영화 〈노아〉가 다소 무리한 설정이나마 '두발가인'이라는 인물에 집요하게 천착하는 것도 이 점을 강조하기 위한 의도적 조치로 보인다. 성경이 '구리와 쇠로 여러 가지 기구를 만드는 자'(창 4:22)라고 묘사하는 두발가인은 이른바 가인의 후예로서 청동기 문명의 시조인 동시에 제국주의 전쟁의 아버지다. 영화가 생생하게 그리듯, 그의 권력은 '무기'와 '고기'에서 나온다. 이 두 가지는 인간의 끝없는 탐욕을 드러내고 또 부추기는 상징인바, 그가 만든 세상이란 철저히 강자 중심의 왕국, 곧 약자에 대한 강자의 약탈과 착취, 억압과 정복의 권리가 무제한 허용되는 세계다.

이에 반해 방주는 두발가인이 맹신하는 힘의 논리를 뒤집어엎는다. 방주 안에서는 이른바 이사야의 비전, '이리가 어린 양과 함께 살며 표범이 어린 염소와 함께 누우며 송아지와 어린 사자와 살진 짐승이 함께 있어 어린아이에게 끌리는'(사 11:6) 꿈이 성취된다. 인간에게 지식과 지혜가 있어 이런 일이 가능하게 된 것은 맞지만, 또 그런 한에서 인간은 '힘'을 가졌다고 말할 수 있지만, 그것의 사용은 철저히 제한적이다. 말하자면 동일한 힘을 지니지 못한, 그래서 그 힘에 의존하지 않으면 안 되는 보다 약한 생명을 살리기 위한 '섬김'으로써만 발휘되어야 한다."[4]

---

3) 구미정, "동물의 권리와 하나님의 형상", 『생명연구』 33 (2014), 29-30.
4) 구미정, "동물의 권리와 하나님의 형상", 『생명연구』 33 (2014), 34-35.

이런 영화 〈노아〉의 영화적 상상력은 성경 내러티브의 흐름을 망가뜨려 신실한 그리스도인들의 마음에 부담을 주는 것은 사실이지만, '고기'를 더 많이 생산하고 '고기'를 더 많이 먹으려고 하면서 광우병과 구제역과 조류독감이라는 재앙을 만들어내는 현대 자본주의 세상을 '노아 홍수 스토리'의 재해석을 통해 맹렬히 비판하는 것만은 칭찬해야 한다는 구미정의 말에는 귀를 기울일 필요가 있다. 최소한 성경 스토리와 메타포가 아직도 세상에 영향을 미치는 것만은 분명하기 때문이다. 구미정의 말을 더 들어보자.

"도대체 어찌된 세상인가? 돼지들이 구제역으로 '살처분'을 당하고, 닭과 오리 등이 조류독감으로 '생매장'을 당하다니! '고기'에 대한 인간의 무분별한 탐욕과 그 탐욕을 부채질하는 무자비한 전 지구적 축산자본주의가 빚어낸 재앙이다. …그러니까 채식이 답일까? 일견 올바른 정치적 실천처럼 보이지만, 윤리적으로나 신학적으로는 그렇게 간단하지 않다. 가죽 사용이든 동물 실험이든 동물 사육이든, 기본적으로 동물 희생 위에 서 있는 현대 문명의 광범위한 불의 구조를 외면한 채로 오로지 채식 하나에만 몰두하는 것도 일종의 자기 기만일 수 있다. …성서는 하나님이 모든 동물을 인간에게 먹거리로 주셨다고 말한다(창 9:3a). 그러나 여기에는 단서조항이 붙어 있다. 고기를 그 생명되는 피째 먹지 말란다(창 9:3b). 피는 생명을 상징하기에 그렇다. 그리고 생명은 태초로부터 영원까지 하나님의 소관이다. …

그러니 인간과 동물의 관계는 지위니 권리니 따위의 인류학적 개념으로 환원될 성질의 것이 아니다. 오히려 비록 진부하지만 은혜니 자비니 따위의 신학적 개념으로 접근해야 비로소 온전해질 터다. 은혜는 인간으로 하여금 창조세계 안에서 인간 종이 차지한 독특한 지위를 자랑하거나 오용 및 남용하지 못하도록 하는 신학적 장치다. 그런가 하면 자비는 '하나님의 형상'으로서 인간이 사랑을 실천하되, 동류를 넘어 '타자'에게까지 도저히 용납할 수 없는 존재에게까지 그 대상을 확장하도록 요청하는 윤리적 장치다."[5]

---

5) 구미정, "동물의 권리와 하나님의 형상", 「생명연구」 33 (2014), 36-37.

〈노아〉의 영화적 상상력은 노아 홍수 내러티브와 전혀 무관한 것이 아니다. 노아 홍수 내러티브의 표층적 스토리를 이 영화가 와해시킨 것은 사실이고, 이것이 현대 그리스도인들에게 불편한 것은 사실이지만, 노아 홍수 이야기를 제대로 주해하고 신학적으로 깊이 살펴보면 이런 영화의 메시지가 성경 안에도 들어 있음을 알 수 있다.

그렇다고 이런 식의 영화를 만들어도 된다는 것은 아니다. 단지 성경 해석자들이나 설교자들이 노아 홍수 스토리를 너무 피상적으로 해석하다 보니, 이런 식의 해석학적 상상력으로 영화를 만드는 것이 아닌가라는 점을 이야기하는 것이다. 이런 점에서 설교자들이나 신학자들은 노아 홍수 본문의 근원적인 삶의 지혜를 신학적으로 해석하고 현대의 문화와 사회에 도전하는 일을 게을리해서는 안 된다.

1.4 영화 〈쉰들러 리스트〉(쉰들러의 방주)

이런 영화 감독들의 상상력은 1993년 스티븐 스필버그로 하여금 〈쉰들러 리스트〉란 영화를 만들게 했다. 아카데미상 7개 부분을 휩쓴 영화 〈쉰들러 리스트〉(Schindler's List)는 현대사의 가장 큰 재앙인 홀로코스트의 비극을 현대인의 양심 앞에 생생하게 재현했다. 필자 역시 영화를 본 지 20년이 넘었는데도 생생하게 뇌리에 남아 있다.

독자들은 노아 이야기를 하다가 왜 뜬금없이 영화 〈쉰들러 리스트〉를 언급하는지 의문을 갖겠지만, 이 영화의 원작 소설의 제목을 보면 그 이유를 알 수 있을 것이다. 이 영화의 원작은 오스트레일리아 소설가 토머스 케닐리(Thomas Keneally)가 쓴 소설 『쉰들러의 방주』(Schindler's Ark)이기 때문이다.[6] 소설의 제목인 '쉰들러의 방주'는 제목 자체가 '노아의 방주'를 가리키며 노아 홍수 사건을 연상시키고 있지 않은가?

영화 〈쉰들러 리스트〉는 폴란드의 '크라카우'라는 작은 도시에서 일어난 실화를 근거로 한다. 크라카우 시는 홀로코스트가 일어나기 600년 전 흑사병을 피해 몰려온 유대인들이 중심이 되어 여러 방면에서 성장하는 도시였으나 독일의 나치 침공으로 빛을 잃게 되었다. 1941년에는 폴란드 내 모든 유대인들이 크라카우 시내 게

---

[6] 호주에서 1982년에 출간된 『쉰들러의 방주』는 'The Booker Prize' 상을 수상했다. 그 후 미국에서는 『쉰들러 리스트』란 제목으로 출판되었다.

토로 강제 이송되었고, 1943년 3월에는 플라초프 수용소로, 독일이 패망하기 7개월 전에는 아우슈비츠 수용소로 이송되어 모두 독가스실에서 살해되었다.

이 과정에서 독일인 사업가 오스카 쉰들러는 사교성을 십분 발휘해 독일군 장교들을 포섭했고, 파산한 공장을 인수해 군용식기 공장으로 개조하고, 값싼 유대인 노동자를 고용하는 한편, 그동안 확보한 군 인맥을 통해 제품을 주문받음으로 막대한 재산을 얻게 되었다.

그러는 사이에 독일 나치 정부는 모든 유대인들을 아우슈비츠 수용소로 옮기라는 명령을 내린다. 쉰들러는 번민 끝에 자신의 재산을 털어 유대인을 구해내기로 결심한다. 쉰들러는 독일군 장교에게 구출할 사람의 명수대로 뇌물을 주는 방법으로 유대인 구조 계획을 세우고, 구해낼 유대인들의 명단, 이른바 '쉰들러 리스트'를 만든다. 쉰들러는 이런 방법으로 무려 1,100명의 유대인들을 구해낸다. 7개월 후 독일이 항복하자 유대인들은 자유인이 되고 쉰들러는 도망자 신세가 된다. 이별의 순간, 유대인들이 금니를 빼서 만든 금반지를 그에게 선물하는데, 그 반지에는 탈무드에 나오는 한 글귀가 새겨져 있었다.

"한 사람의 생명을 구하는 자는 온 세상을 구하는 것이다."
(Whoever saves one life, saves the world entire)

쉰들러는 반지에 새겨져 있는 이 글귀를 보고 손에 반지를 끼며, 통곡하며 외친다.

쉰들러 : "더 살릴 수도 있었을 거야. 좀더 구해낼 수 있었어."
유대인 : "보세요. 당신 덕에 일천 일백 명이 살았어요. 보세요."
쉰들러 : "돈을 좀 더 벌었다면, 난 너무 많은 돈을 버렸어요. 당신은 상상도 못해."
유대인 : "사장님 덕에 많은 후손이 생겨날 거예요."
쉰들러 : "이 차 거트가 사준 건데, 왜 이 차를 안 팔았지? 최소한 열 명은 구했을텐데. 열 명이나 말이야. 왜 이 금뱃지를 팔지 못했지? 금이니까 두 명은 구했을 거야. 한 사람, 한 사람을 더 구했을 거야. 한 사람을 말이야. 최소한 한 명은 더 구할 수 있었어. 내가 안 한 거야. 내가 더 구할 수도 있었다구. 그런데 내가 안 했다구…."

쉰들러가 이렇게 절규하는 장면이 지나고 나면 "오늘날 폴란드에 살아남아 있는 유대인은 4천 명이지만, 쉰들러 유대인의 후손은 6천 명 이상이다."라는 문구가 나온다.

스필버그가 토머스 케닐리의 저작 『쉰들러의 방주』를 접한 것은 1982년이었다고 한다. 〈ET〉라는 영화의 촬영을 막 끝낸 시점이었는데, 스필버그는 이 책을 읽고서는 잠을 이루지 못했다고 한다. 그때부터 그는 〈쉰들러 리스트〉에 대한 구상에 들어갔고 영화가 완성되기까지 준비기간만 10년이 걸렸다고 한다.

스필버그 감독은 모든 영화를 컬러로 만들던 시대에 흑백으로 제작을 해야 한다고 동료 제작자들을 설득했다고 한다. 그런데 그의 의도대로 거의 모든 장면이 흑백인 〈쉰들러 리스트〉는 컬러 화면으로는 보여줄 수 없는 비극미를 실감있게 드러내었다. 특별히 이 영화의 첫 장면부터 등장하는 '메인 테마곡'은 세계적인 유대인 바이올리니스트인 이작 펄만(Itzhak Perlman)이 직접 연주했는데 그 선율이 애절하기 그지 없어 많은 이들의 사랑을 받고 있다.

이렇게 노아의 방주는 소설가나 영화 감독들의 끊임없는 영감의 소재인 반면에, 놀랍게도 신학자들이나 설교자들에게는 그저 교리적인 신학의 재료나 설교의 재료로만 사용되고 있는 것 같은 느낌이 든다. 왜냐하면 노아에 대한 신학적 서적이나 설교가 비교적 성경의 다른 인물들에 비해 상대적으로 너무 적기 때문이다.

1.5 노아의 방주는 아이들의 흥미있는 이야기 소재

한편 노아의 방주는 아이들에게는 온갖 상상과 영감을 불러일으키는 멋진 스토리이다. 노아의 방주 이야기가 얼마나 아이들에게 인기 있는지는 주변의 성경 동화 그림책을 보면 금방 알 수 있다. 노아 방주 이야기가 인기 있는 이유를 최나야는 이렇게 해석한다.

"(노아의 방주 이야기는) 단순하면서 기승전결이 뚜렷해 이해하기 쉬운 플롯을 가지고 있고 등장 인물이 매력적이며, 특히 어린이들에게 친숙한 각종 동물들이 등장하기 때문에 오랫동안 사랑받아 왔다. 이러한 특성으로 말미암아 노아 이야기는 천주교, 개신교, 유대교 등 종교에 국한되지 않고 각종 매체, 심지어 상업적인 인쇄물의 내용으로도 자주 이용되었다. 성경의 이야기로서뿐 아니라 일반적인 이야기 책 중에서도 노아의 방주 이야기는 어린이들이 손꼽는 인기작에 해당한다."[7]

그림책들도 영화들과 마찬가지로 성경의 방주 이야기는, 성경 원문 내용이 "비교적 적은데다 사건의 중요성과 극적인 특성에 비해 공란이 많기 때문에 작가에 의한 공란 메우기 작업이 필수적이다."[8] 예를 들어 "사람들이 어떤 행동을 했기에 타락했다고 하는지, 노아가 방주를 짓는 데 들인 시간과 노력은 얼마인지, 주변 사람들이 노아를 조롱했거나 심지어 방주를 짓는다는 사실을 알아채기는 했는지, 노아가 그들을 설득하려고 했는지, 동물들이 방주에 어떻게 들어갔는지, 남은 사람들과 동물들은 결국 어떻게 되었는지" 등의 정보가 성경 원문에는 결여되어 있다. 따라서 어린이들이 "스스로 적극적으로 공란을 메우려는 시도를 하지만, 작가들 역시 상당 부분의 공란을 미리 메워두려 한다."는 것이다.[9]

그러다 보니 전 세계적으로 작가들에 의해 독창적으로 공란을 메우는 흥미있는 노아 스토리들이 끊임없이 새롭게 재탄생되고 있는 것이 사실이다. 로버트 존스턴(Robert K. Johnston)에 의하면 1831년부터 2013년까지 출간된 33권의 어린이 성경을 분석한 결과 노아 스토리와 예수 탄생(크리스마스) 스토리가 가장 인기가 많아서 400번 이상 언급되어 있다고 한다. 노아 홍수 이야기는 심지어는 '십자가 사건'이나 '부활 스토리'는 물론 '탕자' 이야기나 '다윗과 골리앗' 스토리보다 더 인기가 있었다고 한다.[10] 이런 통계는 노아 홍수와 방주 이야기가 어린아이들의 상상력을 자극하는 최고의 소재임을 보여준다.

최나야는 노아 스토리가 어떻게 새로운 상상력으로 재탄생되고 있는지를 보여주기 위해 2002년에 출간된 *Noah's Wife-The Story of Naamah*의 스토리를 예로 든다.[11]

---

7) 최나야, "'노아의 방주' 그림책의 형식과 내용에 나타난 다양성", 『어린이미디어연구』 제10권 1호 (2011), 25.
8) 최나야, "'노아의 방주' 그림책의 형식과 내용에 나타난 다양성", 25.
9) 최나야, "'노아의 방주' 그림책의 형식과 내용에 나타난 다양성", 26.
10) Robert K. Johnston, "The Biblical Noah, Darren Aronofsky's Film *Noah*, and Viewer Response to *Noah*," *Ex Auditu* 30 (2014), 88.
11) Sandy Eisenberg Sasso, *Noah's Wife-The Story of Naamah*, pictured by Behanne Anderson (Jewish Lights Publishing, 2002).

"*Noah's Wife-The Story of Naamah*는 유대교의 미드라시로부터 시작된 독특한 발상의 이야기를 담고 있다. 방주에 탄 동물들이 구원을 받았다면 식물들은 어떻게 되었을까? 라는 질문에서 출발한 이야기의 소재는 홍수 후에 새로운 생명을 얻은 식물들이다. 노아는 하느님의 명령으로 방주를 지어 동물들을 태우고 그의 아내인 남마는 식물들을 모으는 임무를 맡는다. 모든 나무와 씨앗, 꽃과 열매들을 모아 방주 안의 정원을 가꾼 남마는 세상이 다시 시작할 때가 되자 씨앗을 바람에 날려보내고 화분들은 땅에 옮겨 심는다. 쉬지 않고 일하는 남마의 모습에 하느님은 그녀가 모든 식물의 수호자가 되게 하시고 '씨앗의 어머니'라는 이름을 내리신다. 이 이야기는 대홍수의 긴장감 대신, 여주인공의 섬세함과 다시 번성한 식물들의 생명성을 보여준다."[12]

노아 방주 이야기는 이렇게 어린아이들이 좋아하는 온갖 모티브를 담은 스토리로서 많은 동화작가들이 지금도 새롭게 노아를 해석해 내는 소재이기도 하다.

2. 노아에 대한 신학계의 상대적 무관심

예술가와 영화 감독과 작가들은 노아의 방주 이야기와 홍수 스토리에서 영감과 감동을 얻고 새로운 작품을 끊임없이 만들어내면서 세상에 자신들의 메시지를 활발하게 전하는 것을 볼 수 있다. 반면에 신학계와 교계는 상대적으로 노아에 대한 관심이 적은 것이 사실이다.

2.1 진보적인 성경 비평 학계의 노아 언약에 대한 무관심

우선 지난 수십년 동안 진보적인 학계에서는 노아 언약에 대해 무관심했다. 노아 언약은 성경에 아브라함 언약은 물론 이스라엘과 맺은 시내산 언약과 나란히 나옴에도 불구하고, 모든 인류와 맺은 영원한 언약인 노아 언약에 대해서는 별로 많은 주의를 기울이지 않았다.[13] 예를 들어 독일의 탁월한 구약학자인 게르하르트 폰 라

---

12) 최나야, "'노아의 방주' 그림책의 형식과 내용에 나타난 다양성", 39.
13) L. Dequeker, "Noah and Israel," in C. Brekelmans, *Questions disputées d'Ancien Testament: Methode et*

트(G. von Rad)는 두 권짜리 『구약 신학』(Old Testament Theology)을 저술했으면서도, 노아 언약을 소제목으로도 다루지 않았을 뿐 아니라 노아 언약에 대한 설명 단락이 단 한 군데도 없다.

그 이유가 무엇일까? 노아 언약은 '구속사'에 속하는 것으로 보지 않았기 때문이다. 폰 라트(G. von Rad)는 구속사(saving history)는 족장들, 즉 이스라엘의 선택과 더불어 시작되는 것으로 본다. 한마디로 말해 폰 라트의 구약 신학에서는 아담에서 바벨탑 스토리에 이르는 세계 역사, 우리가 '시초사'라고 부르는 역사는 구속사의 구조에서는 특별한 의미가 없는 그저 '서곡'으로 간주되고 있다. 구원의 전승사를 추적하는 것을 구약 신학의 중심으로 보는 폰 라트의 입장에서 보면 충분히 그럴 만하다는 느낌을 받지만, 비평주의 학계가 노아 언약을 중시하지 않았음을 보여주는 충분한 예가 된다.

우리가 앞으로 살펴보겠지만 구속사를 이해하는 데 있어서 노아 언약에 대한 이해는 필수적이다. 왜냐하면 노아 언약 안에 하나님이 언약을 맺으시는 이유, 하나님이 세상과 관계를 맺으시는 기본적인 태도가 무엇인지 드러나 있기 때문이다.

2.2 노아에 대한 주석적 결과물을 보기가 힘듦

이것은 복음주의적인 교계나 보수적인 신학계도 비슷하다. 물론 노아 홍수 스토리를 끊임없이 설교하고 신학적으로 해석한 것은 사실이지만, 실제로 설교집이나 주해 결과물을 보면 다른 성경 본문들에 비해 노아 홍수 스토리에 대한 결과물들은 그리 많지 않다. 물론 창세기를 다루는 주석들에서 홍수 스토리를 지속적으로 주해한 것은 사실이다. 그러나 복음주의적 입장에서 단독적으로 노아 홍수 내러티브를 다룬 전문 학술 서적은 물론, 대중적인 신학 서적이나 심지어 설교집조차도 많지 않다. 이런 연구물들이 있어도 대부분은 성경 본문에 비평적인 학계의 연구물들이 대부분이다.

Théologie (Leuven Univ. Press, 1974), 115-129.

2.3 '적용 위주의 해석'이 너무 많음

그러다 보니 노아 홍수 스토리는 다른 성경 본문과 마찬가지로 다양한 해석들이 난무하고 있다. 이렇게 해석이 다양한 것은 앞에서 언급한 대로 노아 홍수 스토리에 대한 건전한 주석적 결과물들이 부족하기 때문이다. 그러나 이보다는 교계 내에서 성경 본문을 '적용 중심'으로 해석하는 경향이 있기 때문이다. 서구 유럽이나 북미의 교계보다는 한국 교계가 '성경의 역사적 배경 안에서 본문의 문자적-문예적-정경적-신학적 의미를 찾아내는 과정을 통해 원래의 성경 저자의 의도를 찾고 이에 근거하여 현대의 삶에 적용하는 해석적 건전성'이 매우 약하다.

우리의 현실의 삶에 너무 빨리 적용하다 보니 우선 성경을 역사적으로 해석하는 일에 많은 시간과 에너지를 쓰지 않는다. 우리의 현실에 적용하는 일을 중시하면 적용을 잘 할 수 있을 것처럼 보이지만 오히려 그와는 정반대이다. 구체적인 역사 안에서 생성된 성경 본문을 그 구체적인 역사적 배경 안에서 이해하지 않으면, 적용이 구체성과 현실성을 상실한 채 뜬구름 잡는 이야기가 될 가능성이 오히려 크다.

성경의 본문을 그 역사적 상황 가운데서 해석해내는 역사적 해석이 없다면, 역사적 존재로서 현실을 살아가는 우리에게 적실하게 적용하기가 어렵기 때문이다. 물론 설교자가 탁월한 심리적 실존적 해석으로 교우들의 삶에 적용하여 교우들이 은혜를 받고 감동을 받았다고 해도, 실제로는 성경의 진리와 상관없는 적용을 한 것이 된다.

한국 교회의 설교자들은 본문이 전체 성경 안에서 어떤 정경적 의미가 있는지, 그리고 조직 신학 전체 안에서 어떤 의미가 있는지에 대해 신학적 해석을 하지 않고, 본문에서 바로 교인의 삶에 적용하려는 경향을 보이면서 끝내는 성경 본문을 지나치게 '심리화'하거나 지나치게 '개인화'하는 경향을 보인다. 그런 점에서 오늘날 설교자들은 신학적 해석에 매우 약한 편이다.

성경에 대한 신학적 해석은 성경 본문을 하나님으로부터 온, 하나님에 관한 메시지로 보는 데서 나온 당연한 귀결이다. 따라서 설교를 하기 위해서는 성경 본문 안에 들어 있는 이 '신학적' 메시지를 이해하도록 애써야 한다. 설교 본문으로 택한 개별 성경 본문은 '부분적'(partial)이고 '상황적'(occasional)인 것이다. 따라서 설교자는 성경의 개별 본문을 해석할 때 성경 전체의 신학을 염두에 두고 해석해야 한다.

결론적으로, 노아 홍수 본문의 원래적 의미를 찾기 위해서는 노아 홍수를 당시의 역사적 배경과 고대 근동의 홍수 설화를 염두에 두고, 먼저 본문의 언어층(linguistic stratum)과 문예층(literary stratum)을 상세하게 살펴야 한다. 그리고 나서 노아 홍수 본문의 앞뒤의 근접 문맥, 즉 창세기 1–11장의 시초사의 문맥을 염두에 둘 뿐 아니라 구약과 신약으로 이루어진 정경 전체의 원접 문맥을 전망하면서 해석하는 정경적–신학적 접근 방법을 취해야 한다.

그동안 노아 스토리에 대한 문법적–문예적–역사적–정경적–신학적 분석이 부족했으니 이제는 노아 스토리의 원래적 의미를 찾고 이를 현대 교회와 사회에 적용하는 일을 해야 할 것이다. 이것이 필자가 본서를 집필한 의도이다.

3. 노아 스토리의 중요성

3.1 시초론의 중요성

노아 스토리에 대해 그동안 우리가 무관심했기에 노아 홍수 본문을 연구할 필요가 있음을 살펴보았다. 그러나 우리가 노아 스토리에 주목해야 하는 이유는 이것이 전부가 아니다. 이보다 더 중요한 이유가 있다.

노아 이야기는 성경의 '시초사' 가운데 가장 중요한 본문 가운데 하나인데, '시초론'(protology)을 몰라서는 '종말론'(eschatology)은 물론 성경 전체를 이해하기 어렵기 때문이다. 성경의 하나님은 "알파와 오메가요 처음과 마지막이요, 시작과 마침"이시라고 자신을 계시하신다(계 22:13). 이것은 태초의 하나님이나 종말의 하나님은 같은 분이시라는 선포이다. 태초의 하나님이 종말의 하나님이라는 것은 하나님께서 태초부터 이미 종말을 내다보시고 말씀하시는 하나님이라는 뜻이다. 알파와 오메가 되시는 하나님은 신약에 처음 나타나는 것이 아니라 이미 이사야 선지자를 통해 선포되었다.

"너희는 옛적 일(רִאשֹׁנוֹת מֵעוֹלָם; 리쇼노트 메올람)을 기억하라 나는 하나님이라 나 외에 다른 이가 없느니라 나는 하나님이라 나 같은 이가 없느니라 내가 시초(רֵאשִׁית; 레에쉬트)부터 종말(אַחֲרִית; 아하리트)을 알리며 아직 이루지 아니한 일을 옛적부터 보이고 이르기를 나의 뜻이 설 것이니 내가 나의 모든 기뻐하는 것을 이루리라 하였노라"(사 46:9-10).

우리가 왜 옛적 일(רִאשֹׁנוֹת מֵעוֹלָם; 리쇼노트 메올람)을 기억해야 하는가? 여호와 하나님은 '시초'(רֵאשִׁית; 레에쉬트)부터 '종말'(אַחֲרִית; 아하리트)을 알리시고, 그에 따라 모든 일을 자신의 뜻대로 움직이는 분이시기 때문이다. 그렇다면 성경의 첫 부분을 알아야 성경의 나중 부분을 알 수 있는 것이다. 다시 말해 성경의 시초론을 알아야 성경의 종말론을 알 수 있다. 한마디로 요약하면 '시초론이 곧 종말론'이다.

3.2 시초론이 곧 종말론

"성경 역사의 시작과 끝 사이에 근본적인 상호 의존성"(the fundamental interdependence between the beginning and ending of biblical history)이 있으며 "시초론이 곧 종말론"이란 사실을 강조한 인물은 독일 비평주의 구약학자 헤르만 궁켈(Hermann Gunkel)이었다. 그는 1895년에 출판한 『시초와 종말 안의 창조와 혼돈』(Schöpfung und Chaos in Urzeit und Endzeit)이란 저서에서 "이런 상호 의존 관계에 대한 함축적인 언급은 베드로후서 3:6-7에 나타나는 반면에, 명시적인 언급은 마태복음 24:37에 나타난다."고 보았다.[14]

"이로 말미암아 그때에 세상은 물이 넘침으로 멸망하였으되 이제 하늘과 땅은 그 동일한 말씀으로 불사르기 위하여 보호하신 바 되어 경건하지 아니한 사람들의 심판과 멸망의 날까지 보존하여 두신 것이니라"(벧후 3:6-7).

"노아의 때와 같이 인자의 임함도 그러하리라"(마 24:37).

그러나 궁켈은 시초론이 종말론이라는 점을 강조했으면서도 시초론과 종말론 사이가 어떤 성격의 관계를 맺고 있는지에 대해서는 밝혀낼 수 없다고 인정했다고 한

---

14) Warren Austin Gage, *The Gospel of Genesis: Studies in Protology and Eschatology* (Carpenter Books, 1984), 7. 시초론과 노아 스토리에 관한 아래 논의는 대부분 Gage에게 의존한 것이다.

다.[15) 이런 이유로 시초론에 대한 연구가 부진했고, 결국은 종말론에 대한 이해의 부족으로 나아가게 되었다고 워런 게이지(Warren Austin Gage)는 지적한다. 게이지는 시초론이 곧 종말론이라는 틀 안에서 『창세기의 복음 : 시초론과 종말론의 연구』라는 연구 저서를 펴냈다. 여기서 노아 스토리가 왜 중요한지 이유를 밝히고 있다.

"이스라엘의 기원에 대한 연대기를 쓰려는 것이 창세기 기자의 핵심적인 의도이지만, 이스라엘의 민족사는 보편적 인류 역사의 틀 안에 놓여 있다. 보편사는 이스라엘의 운명에 대한 저자의 해석의 역사적 지평을 제공하는 더 큰 문맥이기 때문이다. 이 보편사의 서론적 연대기(창 1-11)는 전체 역사의 방향을 추론할 수 있고 실제 펼쳐지는 방향을 알 수 있는 틀로 제시된다.

홍수 이전 역사는 다섯 개의 근본적 신학적 스토리로 이루어져 있는데, 각 스토리는 홍수 이후의 세계의 역사(그리고 예언) 안에서 연속적이고 종합적인 평행 스토리를 볼 수 있다. 결국 창세기의 첫부분의 역사를 이해하면 성경의 시초사와 종말사의 관계를 이해할 수 있을 것이다.

이 근본적 신학적 스토리 가운데 첫 번째는 혼돈으로부터 세상을 처음으로 창조한 이야기이다. 이 이야기는 신학 본론의 기초에 해당하며, 노아의 홍수로부터 세상을 재창조하는 홍수 후 역사 속에서 평행을 볼 수 있다. 둘째 내러티브는 아담에게 소명을 주는 이야기인데 인간론의 기초이며, 노아에게 새롭게 소명을 주는 이야기 속에 평행이 보인다. 셋째 이야기는 아담의 범죄인데, 죄론의 기초로서 노아의 범죄 속에 평행이 나타난다. 넷째 이야기는 아담의 후손들 사이의 관계를 다룬다. 에녹의 악한 성 안에 있는 가인의 후손들과 여호와를 경배하는 셋의 후손들을 묘사한다. 이 구속사적 역사는 노아의 후손들 사이에서 보인다. 악한 바벨 공동체 사람들과 여호와를 섬기는 아브라함의 후손들이 대조를 보인다. 다섯 번째 스토리는 하나님의 아들들과 사람의 딸들 사이의 이야기인데 이들의 결혼이 고대 세계에 보편적 심판을 야기하게 만들었다. 이것은 홍수 후

---

15) Gage, *The Gospel of Genesis*, 7.

역사 안에 나타나는 배도와 우주적 재앙을 예표한다. 이 연구의 과제는 홍수 후 역사가 홍수 전 역사의 근본적인 복제라는 점을 드러내도록 의도되고 그렇게 표현된 기록이라는 것을 입증하는 데 있다."16)

게이지는 성경의 시초론에서 중요한 노아 스토리를 이해하게 되면 성경의 신론, 인간론, 구원론, 심판론을 이해하고 끝내는 성경의 종말론까지 알게 된다고 주장하고 있다. 신학을 제대로 한 사람이라면 게이지의 말이 무슨 뜻인지 금방 알 수 있다.

3.3 노아 언약의 중요성

우리가 노아 스토리에 주목하는 이유는 성경의 언약 신학에서 노아 언약이 첫 언약으로 매우 중요하기 때문이다. 물론 개혁 신학에서는 언약 신학이 무엇보다 중요하기에 노아 언약을 빠뜨린 적은 없다. 그러나 그동안 일부 신학계와 교계에서는 노아 언약을 중요하게 생각하지 않았다. 앞서 살핀 대로 독일의 구약학자인 게르하르트 폰 라트는 그의 두 권짜리 『구약 신학』에서 노아 언약을 소제목으로도 다루지 않았고, 노아 언약에 대한 특별한 단락도 한 군데도 없다. 그러나 비록 언약을 다룬다고 해도 많은 역사 비평주의 학계 내의 학자들이나 설교자들은 노아 언약을 다른 언약들과 같은 비중으로 다루지 않았다.

비평주의 학계 내에서 발터 아이히로트(Walther Eichrodt)가 비로소 '언약'을 중심으로 구약 신학을 쓰면서 노아 언약과 아브라함 언약을 '두 개의 동심원'으로 보았다. 아브라함과 맺은 언약은 모든 인류와 연관된 노아 언약이 없었으면 불가능한 것이라고 주장한 것이다.

"하나님과 인간의 관계는 두 개의 동심원 안에서 실현된다. 즉 전 인류를 위한 노아 언약과, 이스라엘만을 위한 아브라함 언약이란 두 개의 동심원 말이다."17)

---

16) Gage, *The Gospel of Genesis*, 8–9.
17) Walther Eichrodt, *Theology of the Old Testament*, Vol. 1 (Westminster Press, 1961), 58.

"이스라엘뿐 아니라 이방인들도 하나님과의 관계를 규정하는, 하나님이 주신 삶의 질서 안에 놓여 있다. 첫째 모든 사람들과 연관된 노아 언약 안에서 비로소 아브라함 언약이 설정되는 것이다."[18]

아이히로트가 잘 지적한 대로, '노아 언약'은 인류의 구속사에서 단지 '준비 단계'가 아니다. 노아 언약은 구속사의 중요한 단계요, 아브라함과 이스라엘과 맺은 언약을 가능케 하는 존재론적 근거가 된다. 이 같은 사실은 개혁주의 언약 신학 안에서는 처음부터 강조되어 왔다. 칼빈은 언약 신학을 노아 언약부터 시작하고 있기 때문이다.

노아 언약이 성경의 다른 모든 언약의 존재론적 근거가 된다는 말은 노아 언약이 없었다면 아브라함과 이스라엘은 존재조차 할 수 없었다는 뜻이다. 노아 언약은 인간의 사악함에도 불구하고 창조질서의 보존과 자연의 항시성을 보장하는 하나님의 신실하신 약속이다. 인간의 사악함으로 인해 혼돈의 물이 언제라도 들어와 피조세계가 창조 이전의 혼돈으로 돌아간다면 인류의 구원은커녕 인류의 보존 자체가 불가능하기 때문이다. 따라서 아브라함 언약이나 모세 언약은 노아 언약의 틀 안에서만 존재론적 근거를 얻을 수 있다.

게다가 노아 언약은 하나님이 하사하신 모든 언약의 본질적 관계가 무엇인지 드러내므로 중요하다. 하나님이 인간과 짐승과 맺는 관계의 본질적 성격이 노아 언약 안에 처음으로 드러나기 때문에 노아 언약은 언약 신학의 중심이 되어야 한다. 노아의 하나님은 아브라함의 하나님이요, 이스라엘의 하나님이시다. 노아와 언약을 맺은 하나님은 아브라함과 언약을 맺으신 바로 그분이시며 시내산에서 이스라엘과 언약을 맺으신 당사자이시다. 따라서 노아 언약은 성경의 언약 신학을 이해하는 데 있어서 매우 중요한 언약이다.

특별히 노아 언약은 단순히 하나님의 백성들과만 맺은 언약이 아니라 온 인류와 모든 생물들과 맺은 언약이다. 따라서 우리는 노아 언약을 교회 안에서만 이해하려고 해서는 안 되며 열방과 모든 피조물을 위한 언약으로 이해할 줄 알아야 하며 마

---

18) Eichrodt, *Theology of the Old Testament*, 414

땅히 그렇게 해석해야 한다. 노아 언약은 인류와 모든 생물과 하나님이 맺으신 영원한 언약이기 때문에 오늘날에도 교회는 물론 전 인류와 모든 생물과 우주를 이해하는 데 있어서 근원적 지혜를 제공한다.

4. 노아 스토리 안에서 해답을 찾을 수 있다

4.1 인류의 대재앙의 위협

우리가 노아의 홍수 스토리와 방주 이야기에 관심을 가져야 하는 더욱 현실적인 이유가 하나 더 있다. 그것은 현대가 인류를 멸절시킬지도 모르는 여러 가지 대재앙 앞에 놓여 있기 때문이다. 우선 지구 온난화로 지구에 대재앙이 몰아닥칠지도 모른다는 경고가 끊임없이 나오고 있다. 또한 핵무기의 개발로 인간은 최대의 위기 앞에 서 있다.

독일 나치 정권이 600만명의 유대인들을 아우슈비츠 같은 수용소에서 집단으로 가스로 독살한 사건은 현대사의 가장 큰 비극이자 이 일을 방관한 기독교에는 수치가 아닐 수 없다. 윤응진은 아우슈비츠 사건이 왜 현대사의 비극인지 다음과 같이 요약한다.

"나치독일의 조직적 테러에 의하여 희생된 유대인들, 즉 독가스에 의하여 집단학살되거나 총살당한 유대인들, 맞아죽거나 굶주려 죽은 유대인들이 모두 약 6백만 명에 달하였다. 이러한 유대 종족 말살을 위한 대량 학살은 모든 지적, 물적, 기술적 수단들, 즉 기독교적, 종족이론적 이데올로기들, 과학기술들과 의학적 지식들, 매스콤, 대량 수송수단인 철도 등이 총동원된 인류 역사 이래 전대미문의 범죄였다. 그러나 대부분의 교회들과 신학자들은 이 범죄 행위에 대하여 적극적으로 참여하였거나 혹은 방관자였다."[19]

"그러나 유대인들은 그 모진 박해에도 불구하고 살아남았다. 나치의 강제수용소에서의

---

19) 윤응진, "'쉰들러 리스트'의 기독교 교육적 의의", 『신학연구』 35 (1994. 6), 184.

착취와 대학살에도 불구하고 스스로 목숨을 끊었던 유대인들은 몇 명 안 되었다. 그들은 그 모든 고난에도 불구하고 살아남으려 했던 것이다. …기독교인들이 쉽게 세속 권력과 타협한 것과는 전혀 대조적인 삶의 자세를 보여주었다. 그들은 예수가 빌라도와 타협할 수 없었던 그 길, 그리고 바울이 요구한 바대로 세상을 본받지 않는 길(롬 12:1), 그 길을 걸어갔다. 기독교 교회들과 교인들은 예수의 길을 버리고 유대인들은 그 비타협의 길을 걸었다. 이것은 우리에게 놀라운 일이 아닐 수 없다.

기독교는 피안의 세계로 관심을 옮겨놓음으로써 삶으로부터 도피하도록 충동질하였으나, 유대인들은 이 고난의 역사 한복판에서, 삶의 한 가운데에서 살아남기 위하여 몸부림쳤다."[20]

반면에 유대인들은 나치의 민족 멸절 전쟁에서 살아남았다. 윤응진은 아우슈비츠가 기독교인들에게 주는 교훈을 이렇게 요약한다.

"우리는 아우슈비츠 이후에 살고 있다. 그러나 '히로시마' 이후의 역사 속에서-의식하든 하지 않든-인류는 유대인들이 겪었던 아우슈비츠의 위기 안에서 살고 있다. 인류는 핵무기나 고성능의 재래식 무기들이 인류의 종말을 고할지도 모르는 새로운 위기들에 직면하고 있는 것이다. 인류의 종말을 초래할지도 모르는 이러한 상황에서 기독교적 실존은 어떤 것이어야 하는가? 기독교 교육을 행한다는 것은 어떤 의미를 지녀야 하는가?"[21]

그렇다면 "핵재앙 같은 위기 앞에서 도대체 노아 홍수 스토리가 무슨 관련이 있는가?"라는 식의 질문을 할 수 있다. 그러나 노아 홍수의 원인은 폭력임을 상기한다면 노아 스토리야말로 핵재앙 같은 인류 멸절의 위기를 극복할 수 있는 해결책이 된다.

---

20) 윤응진, "'쉰들러 리스트'의 기독교 교육적 의의", 『신학연구』 35 (1994. 6), 194-195.
21) 윤응진, "'쉰들러 리스트'의 기독교 교육적 의의", 『신학연구』 35 (1994. 6), 200.

"그때에 온 땅(אֶרֶץ; 에레츠)이 하나님 앞에 부패하여 포악함(חָמָס; 하마스)이 땅에 가득한지라(מָלֵא; 말레) 하나님이 보신즉 땅이 부패하였으니 이는 땅에서 모든 혈육 있는 자의 행위가 부패함이었더라 하나님이 노아에게 이르시되 모든 혈육 있는 자의 포악함(חָמָס; 하마스)이 땅(אֶרֶץ; 에레츠)에 가득하므로(מָלֵא; 말레) 그 끝 날이 내 앞에 이르렀으니 내가 그들을 땅과 함께 멸하리라"(창 6:11-13).

위 본문에서 반복되는 단어는 '땅'(אֶרֶץ; 에레츠)과 '폭력'(חָמָס; 하마스)이란 명사와 '가득하다.'(מָלֵא; 말레)는 동사이다. '포악함'이라고 번역된 히브리어 '하마스'(חָמָס)는 보통 '폭력'(violence)으로 번역된다. '땅'과 '폭력'과 '가득하다.'가 반복되면서 '폭력'이 땅에 가득한 것이 홍수를 일으킨 원인임을 성경 기자는 강조하고 있다. 왜 폭력이 땅에 가득한 것이 문제인가?

원래 땅은 하나님의 형상인 사람으로 가득 차도록(מָלֵא; 말레) 의도된 장소이기 때문이었다(창 1:27-28). 하나님의 형상으로 지음받은 인간이 가득 차야 할 '땅'이, 하나님의 형상 대신 '폭력'으로 가득 차게 된 것이 문제였다. 이것이 세상에 끝 날(종말)이 다가온 이유이다.

이것은 우리 세계도 마찬가지이다. 온 세상이 하나님의 형상으로 가득 차기는커녕 폭력과 포악함으로 가득 차 있다. 일례로 폭탄 하나가 수십만 명, 수백만 명을 몰살시킬 수 있는 핵무기가 지구 위에 깔려 있다. 독일의 탁월한 기독교 윤리학자요 걸출한 설교가인 헬무트 틸리케(Helmut Thielicke)는 2차 세계 대전의 핵무기의 위협을 겪은 후에 노아 홍수 이야기가 왜 우리에게 중요한지를 이렇게 말했다.

"노아의 홍수 이야기가 우리에게 흥미를 주는 진정한 이유는 어디에 있습니까? 원자(핵)로 인한 대파멸과 같은 세계의 전체적인 파멸이 묘사되어 있기 때문입니까? 이 이야기는 불이나 치명적인 광선에 의해서 생긴 파멸을 이야기하는 것이 아니라 단지 물에 의해 생긴 파멸을 이야기하고 있는데 이 사실을 제외하고는 홍수로 인한 피해는 원자(핵)로 인한 피해와 다를 바가 없습니다."[22]

---

22) 헬무트 틸리케, 『세상이 어떻게 시작되었는가』, 이진희 역 (컨콜디아사, 1994), 236.

4.2 노아의 문제, 오늘날 우리의 문제

캐럴 옥스(Carol Ochs)는 『노아의 역설 : 짐으로서의 시간, 축복으로서의 시간』이란 책에서 노아의 문제가 왜 오늘날 우리의 문제인지를 잘 설명하고 있다.

"우리는 인류 역사상 전대미문의 시기를 살아가고 있다고 생각한다. 전 세계를 멸망시킬 수 있는 힘을 인간이 소유한 시기는 없었다고 말이다. 이러한 위협에 우리가 어떻게 반응해야 할지 모른다고들 말한다. 그러나 전 세계의 멸망의 가능성에 직면한 세대는 우리가 처음이 아니다. 창세기를 읽어보면 가인과 아벨 이후에, 노아는 대홍수를 경험하였고, 이로 인해 그의 전 문명이 진멸을 당하였기 때문이다. 우리는 노아 스토리를 통해서 우리가 당한 인류 멸망의 위협에 대응하는 일에 도움을 얻을 수 있다. 또한 우리는 우리 자신의 경험과 두려움을 사용해서 이 스토리를 이해하는 데 도움이 될 수 있다. 본문을 읽으면서 우리는 노아가 그가 살고 있는 사회를 날카롭게 비평했겠지만, 그럼에도 그가 그 사회가 진멸되는 것을 원치 않았음을 알게 된다. 그는 단지 변화되기를 원한 것이다. 노아가 그가 자란 세상을 아무리 경멸했더라도, 이것이 그가 아는 세계요 그가 상상할(envision) 수 있는 유일한 세계인 것이다.

홍수로 노아는 삶의 방식, 문화적 유산, 사회의 멤버로서 자기 이해를 모두 상실하였다. 노아는 그가 친구라고 생각한 친구들과 사람들을 잃었다. 그러나 무엇보다도 큰 것은 그가 더 이상 존재하지 않는 세상을 뒤로 하고 떠난 것(leave behind)이다. 노아는 이 세상의 좋은 것이 상실이나 두려움 없이 그저 자기가 온전히 누릴 수 있는 것이라는 생각은 더 이상 할 수 없게 되었다. 홍수 물이 감해지자 노아는 방주에서 나와 과거에 '고향'이었던 모든 경계표들이 사라진 세계 안으로 걸어나왔다. 노아는 사회를 재창조하고 재건설하라는 명령을 하나님께로부터 받았다. 비록 그를 도울 수 있는 것이라고는 치명적인 결함을 가지고 있었던 세계에 대한 기억과, '더 나은 세계로의 꿈'이라는 모호한 상상뿐이었다. …

제2차 세계 대전의 대학살의 살아남은 자로서 우리는 노아가 서 있던 곳에 서게 되었다. 우리가 흠이 있는 존재이며 우리의 삶은 일련의 고통과 지속되는 투쟁이라는 사실을 인식하고 서 있다. 우리는 노아의 고통을 느끼고 있으나, 노아의 해결책은 거부해야 한다. 이런 상황에서 우리가 보여야 하는 응답은 무엇인가?"[23]

그렇다! 노아 홍수 스토리는 인류 멸절의 위기에서 어떻게 해야 하는지 우리에게 알려주는 비밀의 이야기이다.

4.3 '노아 씨앗 창고'

이미 자연과학자들은 노아 스토리에 영감을 받아 인류를 전 세계적 재앙의 위기로부터 극복하려는 노력을 하고 있다. 그 중에 하나가 노아 씨앗 창고와 냉동 동물원(Frozen Zoo)이다. '노아 씨앗 창고'(Noah's Seed Vault)란 별명이 붙어 있는 스발바르 국제종자저장고는 "핵전쟁을 포함하여 기후 변화, 천재지변으로부터 주요 농작물의 멸종을 막고 유전자 자원을 보호하려고" 만든 것으로 "구약 성서에 나오는 '노아의 방주'와 마찬가지로 인류 '최후의 날'에 대비한 종자 은행"이다. "3개로 구획된 120미터 깊이의 지하 저장고에는 모두 450만 종류의 씨앗 샘플을 보관할 수 있는 시설이 갖추어져" 있는데 현재 84만 종류의 종자가 보관되어 있고 한국 역시 국내 작물 5,000종을 보관했다고 한다.[24] 시리아 내전으로 인해 자체적으로 보관하던 씨앗이 바닥이 나자, 처음으로 국제건조지역농업연구센터가 여기에 맡겨놓았던 씨앗 샘플의 일부를 되찾아갔다고 한다.

이와 비슷한 개념으로 "동물 유전자를 보존하는 '냉동 동물원'도 세계 곳곳에 운영되고" 있는데, "동물 종족의 DNA와 정자, 난자, 배아, 생체 피부조직 등을 수집해 보존하고 있다가 멸종 위기에 마주치면 다시 꺼내 쓰도록" 하려는 취지에서 운영되고 있다고 한다. 허영섭은 이런 인류의 노력을 언급하면서 이렇게 경고한다.

"대규모 홍수에 대비해 방주를 만들어 동물들을 대피시켰던 노아의 역할이 바로 그런 것이었다. 성서에서 제시됐던 동식물 멸종 위기의식이 21세기의 현실에서도 그대로 느

---

[23] Carol Ochs, *The Noah Paradox: Time as Burden, Time as Blessing* (Notre Dame: University of Notre Dame Press, 1991).
[24] 허영섭, "'노아 씨앗 창고'의 경고", 『대한토목학회지』 63 (2015), 76-77.

껴지고 있다는 얘기다. 지식이 확대되고 과학문명이 발달할수록 위협의 정도가 더욱 커지고 있다는 사실이 문제다. 그런 점에서 스발바르 종자저장고는 인류의 미래에 대한 경고나 마찬가지다."[25]

4.4 워런 버핏의 '노아의 법칙'

그러나 많은 사람들이 아직도 노아 홍수 스토리에서 어떤 영감이나 도전도 받지 못한다. 심지어는 그리스도인들도 '먹고 마시고 장가들고 시집가면서 홍수가 임할 것을 알지 못했던' 노아의 때처럼 예수 그리스도께서 이 땅에 심판주로 재림하실 그 날을 미리 준비하지 못하고 있다.

그런데 놀랍게도 투자의 귀재라고 불리며 20세기를 대표하는 미국의 사업가이자 투자가인 워런 버핏(Warren Buffett)이 노아의 법칙을 이야기하고 있다. 주식시장의 흐름을 정확히 꿰뚫는 눈을 가졌다 하여 '오마하의 현인'(그가 태어난 곳이 네브래스카 주 오마하이므로)이라는 별칭을 가지고 있는 워런 버핏이 이렇게 말했다.

"나는 노아의 법칙을 위반했다. 비를 예측하는 것은 중요하지 않다. 방주를 만드는 것이 중요하다"(I violated the Noah rule: Predicting rain doesn't count; building arks does).

'노아의 법칙'(the Noah rule)이라니 무슨 뜻인가? 워런 버핏이 소유하고 있는 버크셔 헤이서웨이의 2001년 연례 보고서(Berkshire Hathaway's annual report for 2001)에서 주식투자자들에게 한 서신에 나오는 말이다. 2001년에 미국 뉴욕의 세계 무역 센터 쌍둥이 빌딩을 테러분자들이 비행기를 납치해 폭파시킨 일이 있었는데, 그때 최악의 투자 손실을 겪었다. 바로 전 해와 비교할 때 무려 76%나 이익이 감소되었다. 2001년 9월 11일 형태의 대참사가 일어날 가능성을 알았느냐는 질문에 대해 이렇게 말했다.

"여러분이 9월 11일 이전에 이런 일들을 인식하고 있었느냐고 묻는다면 나는 이렇게 답

---

25) 허영섭, "'노아 씨앗 창고'의 경고", 78.

하겠다. 나는 슬프게도 그런 가능성을 인지하고 있었으나, 이를 행동으로 옮기지 못하였다. 나는 노아의 법칙을 위반했다. 비를 예측하는 것은 중요하지 않다. 방주를 만드는 것이 중요하다."

워런 버핏의 말은 인터넷을 보면 사방에서 볼 수 있다. 특별히 금융이나 투자 사업에 관심있는 분들이 많이 인용한다. 방주를 만들지 않는다면 비가 올 것을 아는 것은 중요하지 않다. 비가 올 것을 안다면 당장 배를 만들어야 한다는 것이다. 그래서 "투자를 해라. 만능 금고를 만들어라. 노후를 대비해라. 보험을 들어라."고 말한다. 이렇게 세상은 '노아의 법칙'이란 말마저 만들어내며 자신의 육신적 미래를 준비한다. 그런데 교회는 생각보다 심각하게 주님의 재림을 준비하지 못하고 있는 것은 아닌가라는 의문이 들 때가 한두 번이 아니다.

이런 점에서 노아의 홍수 내러티브는 예수를 모르는 일반인들이나 그리스도인들 모두가 심각하게 읽고 고민해야 하는 스토리이다. 노아는 대재앙의 위기 속에서 '살아남은 자'로서 장차 임할 '불의 심판'으로부터 어떻게 살아남을 수 있는지를 보여주는 인류 구속의 드라마이기 때문이다.

이제부터 필자와 함께 노아 홍수 스토리를 진지하게 해석해 가면서 인류 구원의 대하 드라마 속에 숨겨진 삶의 비밀들과 인간 역사의 근원적 진리들을 맛보는 '개안(開眼)의 체험 현장'으로 들어가 보도록 하자.

"The Evening of the Deluge" (1828) by John Martin from Wikimedia Commons

"Go into the ark, you and your whole family"

2장

노아 홍수의 하나님은
후회하고 진노하는 분이신가?

창 6:5-8

1. 서론적 이야기

1.1 노아 홍수의 하나님은 그저 진노의 심판주이신가?

독자들은 노아 홍수의 하나님 하면 어떤 모습이 떠오르는가? 대부분의 사람들은 무시무시하고 잔혹한 심판의 하나님을 떠올린다. 40일간 물 폭탄을 퍼부어 자신이 창조한 모든 인간을 호흡하는 모든 생물과 함께 진멸한 하나님의 모습을 떠올리면 자연히 격노한 심판주를 상상하는 것은 그리 어렵지 않다. 따라서 노아 홍수의 해석사를 살펴보면 노아의 하나님은 주로 '무서운 심판의 하나님'으로만 해석되어 온 것이 사실이다.

예를 들어 유대인으로 태어나 유대인 포로 수용소에 갇혔다가 살아나 『흑야』(*Night*)라는 자서전을 비롯해 57권의 저술을 남겼고 1986년에 노벨평화상을 수상한 엘리 위젤(Elie Wiesel; 1928-2016)은 노아 홍수의 하나님은 1막을 보고 자신의 작품이 마음에 들지 않자 2막으로 들어가기도 전에 종료해버린 극작가의 모습과 유사하다고 주장한다.[1] 다시 말해 하나님은 자신이 직접 계획하여 창조한 세상의 서막이 열

---

1) Elie Wiesel, *Sages and Dreamers: Portraits and Legends from the Jewish Tradition* (New York: Touchstone Book, 1991), 19; Graham B. Walker Jr., "Noah and the Season of Violence: Theological Reflections on

리자마자 바로 종료를 선언한 감독과 같다는 것이다.

일반인들에게 노아라는 인물에 대해 이야기해 보라면 주로 홍수 심판을 떠올릴 뿐, 노아의 무지개 언약을 떠올리는 경우는 드물다. 심지어는 그리스도인들조차도 하나님께서 "사람의 죄악이 세상에 가득함과 그의 마음으로 생각하는 모든 계획이 항상 악할 뿐임을 보시고 땅 위에 사람 지으셨음을 한탄하사 마음에 근심하시고 이르시되 내가 창조한 사람을 내가 지면에서 쓸어버리기로"(창 6:5-7) 하셨다는 점을 주로 기억할 뿐 하나님께서 "내가 다시는 사람으로 말미암아 땅을 저주하지 아니하리니 이는 사람의 마음이 계획하는 바가 어려서부터 악함이라 내가 전에 행한 것 같이 모든 생물을 다시 멸하지 아니하리니"(창 8:21)라고 맹세한 부분은 잘 기억하지 못한다.

1.2 놀랍게도 '진노'와 관련된 단어는 하나도 나오지 않음

과연 노아 홍수의 하나님은 진노하심으로 세상을 멸하셨는가? 노아 홍수 스토리를 대강 읽으면 하나님이 심히 진노하셨을 것이라고 추측한다. 그러나 이미 학자들이 지적했지만 우리가 흔히 생각하는 것과는 달리 노아 홍수 내러티브에는 '진노'란 단어는 물론 '진노와 관련된 어떤 단어'도 나오지 않는다.

학자들에 의하면 하나님의 진노를 가리킬 때 가장 자주 사용되는 명사가 '아프'(אַף)나 '헤마'(חֵמָה)인데,[2] 이 두 단어가 노아 스토리에 나오지 않을 뿐 아니라 진노의 개념을 가진 그 어떤 명사도 사용되지 않았다. 게다가 '진노하다.'는 의미로 쓰이는 가장 흔한 동사인 '아나프'(אָנַף)나 '하라'(חָרָה) 동사[3]도 사용되지 않았다. 학자들에 의하면 성경에서 진노에 관한 명사는 10개이고, 하나님을 주어로 하나님의 진노를 묘사하는 동사는 6개인데 노아 홍수 스토리에는 이런 단어가 단 한 번도 사용되지 않았다.

그렇다면 이는 우연이 아니다. 노아 홍수 스토리는 근본적으로 하나님의 진노의

Genesis 6:5-9:17 and the Work of Rene Girard," *Review and Expositor* 103 (2006), 371-390에서 재인용.

2) Scott A. Ashmon, "The Wrath of God: A Biblical Overview," *Concordia Journal* 31/4 (2005), 348-349. 노아 홍수 시 하나님께서 모든 인간을 홍수로 진멸한 것을 진노로 해석하면서 마음에 '탄식'한 것을 진노가 함축된 것으로 해석하는 학자들도 있다.

3) Ashmon, "The Wrath of God," 349.

감정에서 나온 심판의 이야기가 아니라고 할 수 있다.

1.3 '한탄', '후회' 단어가 반복됨

그렇다면 노아 홍수는 하나님이 도대체 어떤 감정에서 일으키신 사건인가? 이를 위해 우리는 성경 본문을 상세하게 살펴보아야 한다. 대강 읽은 다음에 느낀 감정이나 이전의 해석들에서 나오는 선입견을 가지고 대충 해석해서는 안 된다. 먼저 성경 본문을 꼼꼼하게 읽어 보자.

"여호와께서 사람의 죄악이 세상에 가득함과 그의 마음으로 생각하는 모든 계획이 항상 악할 뿐임을 보시고 땅 위에 사람 지으셨음을 한탄하사(נחם; 나함) 마음에 근심하시고 이르시되 내가 창조한 사람을 내가 지면에서 쓸어버리되 사람으로부터 가축과 기는 것과 공중의 새까지 그리하리니 이는 내가 그것들을 지었음을 한탄함(נחם; 나함)이니라 하시니라 그러나 노아는 여호와께 은혜를 입었더라"(창 6:5-8).

위 본문을 보면 하나님께서는 노아 시대의 사람들에 대해 진노하신 것이 아니라, '한탄하사'라고 되어 있다. 특별히 한 번도 아니고 두 번씩이나 하나님께서 사람 지으셨음을 '한탄하셨다.'고 적고 있다(6,7절). 그렇다면 홍수 심판을 일으키실 때 하나님의 정서적 감정은 '진노'가 아니라 '한탄'이라고 할 수 있다.

그러나 하나님께서 '한탄하셨다니' 대체 무슨 의미인가? 표준국어대사전에 의하면 '한탄하다.'는 "원통하거나 뉘우치는 일이 있을 때 한숨을 쉬며 탄식하다."로 정의되어 있다. '한탄하다.'는 한글의 의미가 '원망하다, 뉘우치다, 한숨쉬다.'의 의미를 지니기 때문에 마치 하나님께서 자신이 한 일을 후회하고 원망하는 느낌이 든다. 실제로 최근의 한글 번역본들(새번역, 바른성경, 쉬운성경)은 모두 하나님이 '후회하셨다.'라고 번역했다. 이것은 영어번역본들도 마찬가지여서 대부분 'regret'(후회하는; ESV; NIV) 아니면 'repent'(뉘우치는; KJV) 아니면 'sorry'(미안하게 생각하는; RSV) 등으로 번역했다.

1.4 노아의 하나님은 후회하고 한탄하는 분이신가?

과연 하나님께서는 인간을 지으셨음을 '후회/한탄하고 뉘우치신' 것인가? 이렇게 많은 성경 번역본들이 하나님이 '후회하신다.'(한탄하신다)는 식으로 번역하는 이유는 히브리어 원문이 '마음을 바꾸다.'는 뜻을 일차적 의미로 가지고 있는 동사(נחם; 나함)를 사용한 데다가, 문맥상 그렇게 번역하는 것이 자연스럽기 때문이다.

물론 '한탄/후회하시는' 하나님은 '진노함으로 무자비하게 심판하시는' 하나님보다는 정서적으로 받아들이기 쉽다. 그러나 '한탄/후회하시는 하나님'이란 개념도 받아들이기 어려운 것은 마찬가지이다. 왜냐하면 '한탄하다.'는 단어가 "원통하거나 뉘우치는 일이 있을 때 한숨을 쉬며 탄식하다."이기 때문이다. 그렇다면 하나님이 과연 뉘우치며 한숨 쉬고 탄식하는 분이신가?

이 질문이 얼마나 심각한 것인지는 존 월튼(John Walton)의 이야기를 들으면 금방 알게 된다.

> "하나님이 탄식하는 모습은 분노하시는 모습보다 훨씬 바람직해 보일지는 모르지만, 그래도 상당한 난제를 제공하는 원인이 되고 있다. 일부 번역본들에서는 하나님이 인간을 만드신 일을 후회했다는 식으로 번역하고 있다(예, NKJV). 만약 우리가 어떤 일을 한 것에 대해 후회한다면, 논리적으로 우리는 당연히 그 일을 두 번 다시 하지 않으려고 할 것이다. 그러한 슬픔을 통해 우리는 문제가 되고 있는 그 행동을 결코 하지 말았어야 했다는 것을 대개 표현한다. 따라서 하나님이 후회하신다거나, 반성하신다거나, 마음을 바꿔 먹었다는 식의 용어를 사용하는 본문들은 신학적인 혼란과 당황과 논쟁을 불러일으키는 원인이 되어 왔다."[4]

노아 홍수를 일으킨 하나님의 주요 정조는 '분노'나 '진노'가 아니라 '후회'와 '한탄'이라는 점이 확인되었다. 그렇다면 하나님이 '한탄하신다/후회하신다.'는 표현은 도대체 무엇을 의미하는가?

---

[4] 존 월튼 (John H. Walton), 『창세기: NIV 적용주석』 (성서유니온선교회, 2007), 450.

2. 신인동형론적 표현인가?

2.1 복음주의 진영에서 흔히 들을 수 있는 이론

이런 문제에 대해 일부 전통적인 학자들은 하나님은 후회하지 않으시지만, 단지 하나님의 행동을 의인화해서 '신인동형론적 표현'을 사용해 '후회하신 것'처럼 표현한 것뿐이라고 말한다. 이런 식의 접근이 그동안 복음주의나 개혁주의 진영에서 지금까지 주로 사용한 방식인 것이 사실이다. 『IVP 성경난제주석』을 보면 이런 식의 접근을 볼 수 있다.

"하나님이 후회하신다고 말할 때, 그 핵심은 하나님의 성품이나 그분의 뜻이 변했다는 것이 아니다. 도리어 우리가 보는 것은 완벽하게 선하고 필수적인 하나님의 행동을 언급하기 위해 사용된 (다소 부정확한) 인간의 언어다. 그런 말은 '신인동형론적 표현'이라고 불린다.

하나님이 후회하신다고 성경이 말할 때 핵심 개념은 그분의 행동 대상의 일부 혹은 (대개 하나님 자신의 지시와 계획에 따라) 중간에 개입한 어떤 중재자가 변했을 때 그에 상응하여 어떤 사람이나 집단을 향한 하나님의 감정이 변했다는 것이다. 하나님의 후회를 선언하는 바로 그 같은 본문에서 하나님의 계획이나 목적, 성품이 결코 변하지 않는다고 단호하게 표명하는 경우가 종종 있다. 그래서 사무엘상 15:29은 '이스라엘의 지존자는 거짓이나 변개함이 없으시니 그는 사람이 아니시므로 결코 변개하지 않으심이니이다'라는 점을 우리에게 상기시킨다. 그런데 사무엘이 이렇게 진술한 것은 하나님이 사울을 왕으로 삼은 것을 후회한다고 사무엘에게 말씀하신(삼상 15:11) 다음 날이었다.

따라서 우리 인간의 관점에서 볼 때 이 단어의 사용은 하나님이 자신의 목적을 바꾸셨음을 시사하는 것처럼 보인다. 하지만 하나님과 관련하여 사용될 때 '후회하다.'라는 표현은 신인동감동정론적 표현(즉 인간의 감정과 정서를 담은 언어로 하나님을 묘사하는 것)이다.

창세기 6:6에서 하나님의 후회는, 보응 없이 계속되는 이 세상의 죄악에 대한 하나님의 합당한 반응이다. 병행 어구는 죄가 하나님의 마음을 고통으로 가득 채웠다고 말한다. 이것은 그분의 목적이나 성품의 변화를 암시하지 않는다. 이 표현은 단지 하나님이 감정과 정서를 지니고 계시고 하나님은 좋든 나쁘든 우리가 으레 받아야 할 반응을 보이실 수 있고 그렇게 하신다는 것을 입증할 뿐이다."[5]

위의 주장의 핵심은 하나님이 후회하셨다고 묘사되었지만 실제로는 하나님이 후회하신 것은 아니라는 것이다. 다소 부정확한 인간의 언어로 하나님을 묘사하려다 보니 '후회하셨다.'는 표현을 쓸 수밖에 없었다는 것이다. 이런 식의 설명은 어느 정도는 일리가 있고, 따라서 복음주의 진영에서 자주 볼 수 있는 해석이다.

2.2 '신인동형론적' 표현으로 치부하고 넘어가서는 안 된다

그러나 엄밀히 말하면 '신인동형론적' 표현으로 보는 해석은 성경 본문 말씀을 더 잘 이해하는 데 큰 도움이 되지 않는다. 비록 신인동형론적 표현이라도 '하나님이 후회하셨다.'고 하면 도대체 이를 통해 전달하려는 의미가 무엇인지 정확하게 알아내야 한다. 하나님은 후회하지 않으시지만, 단지 하나님의 행동을 의인화해서 신인동형론적 표현을 사용해 '후회하신 것'처럼 표현한 것이라고 치부하고 넘어가서는 안 된다. 이렇게 되면 성경의 메시지를 오해할 가능성이 크다.

그리고 더 나아가 '후회하셨다.'로 번역된 원문의 단어가 과연 그렇게 번역하는 것이 최선인지도 다시 한번 확인해 보아야 한다. 만일 원어가 후회하신다는 의미가 아니라면, 달리 번역해야 오해를 막을 수 있기 때문이다.

3. '한탄하다.'는 동사 '나함'의 의미

3.1 '한탄하다.'로 번역된 동사 '나함'(נחם)의 사전적 의미

우리가 하나님이 후회하시는가란 질문에 답을 하려면 앞서 살핀 대로 한글개역

---

[5] 월터 카이저 외, 『IVP 성경난제주석』, 김지찬 외 역 (IVP, 2017), 101-102.

성경에서 '한탄하다.', '후회하다.'로 번역된 '나함'(נחם) 동사의 사전적 의미와 용례를 먼저 살펴야 한다. 그런데 댈러스 신학교 교수인 로버트 치솜(Robert B. Chisholm) 이 '나함'(נחם)의 용례를 잘 연구해 놓았다.

그는 하나님을 주어로 '나함' 동사가 사용되었을 때에, 그 기본 의미는 "마음을 바꾸다."라는 결론을 내렸다.[6]

"나함 동사는 하나님이 **전형적으로**(typically) 마음을 바꾸시는 데(렘 18:5-10; 욜 2:13; 욘 4:2) 사용되거나, **실제로** 하나님이 마음을 바꾸시는 장면을 묘사하거나(출 32:14; 암 7:3, 6; 욘 3:10), 최소한 하나님이 마음을 바꾸실 수 있는 **가능성**(might)을 언급하는 데(렘 26:3; 욜 2:14; 욘 3:9) 사용되고 있다(강조는 의역한 후 필자가 첨가)."[7]

후회한다고 번역된 동사 나함의 기본 의미가 '뜻을 돌이키다. 마음을 바꾸다.'라고 한다면, 문제의 관건은 '하나님은 변하시는가?', 아니면 '변하지 않으시는가?'이다.

3.2 과연 하나님은 변하지 않으시는가?

그런데 많은 사람들은 별 고민 없이 '하나님은 변하지 않으신다.'라고 기본적으로 전제한다. 하나님의 불변성은 하나님의 근본 속성이며, 그렇지 않으면 우리가 하나님을 의지할 수 없다는 것이다. 따라서 하나님은 불변하시므로 후회하지 않으신다고 믿는 사람들이 상당히 많다. 이렇게 믿는 사람들은 민수기 23:19의 말씀을 인용한다.

"하나님은 사람이 아니시니 거짓말을 하지 않으시고 인생이 아니시니 후회가 없으시도다(נחם; 나함) 어찌 그 말씀하신 바를 행하지 않으시며 하신 말씀을 실행하지 않으시랴"(민 23:19).

---

6) Robert B. Chisholm Jr., "Does God Change His Mind," *Bibliotheca Sacra* 152 (1995), 387-399.
7) Chisholm Jr., "Does God Change His Mind," 387.

그런데 문제는 노아 홍수 스토리에서 사람의 죄악으로 인해 하나님이 '한탄하다.', '후회하다.'로 번역된 히브리어는 '나함'(נחם) 동사인데, 민수기 23:19에서도 동일한 '나함' 동사가 사용되었다는 것이다. 민수기에서는 하나님이 후회가 없으시다고 했는데 홍수 스토리에서는 하나님이 후회하신다고 했기에 서로 상충되고 있다. 그렇다면 상충되는 것처럼 보이는 두 본문을 어떻게 이해해야 하는가?

문제는 단지 위에서 언급된 두 본문이 전부가 아니라는 데 있다. 같은 '나함'(נחם) 동사가 사용되었는데 어떤 성경 본문에서는 하나님은 뜻을 돌이키지 않으실 것이라는 의미로 쓰인 반면에, 다른 성경 본문에서는 하나님께서 뜻을 돌이키실 것이라는 의미로 쓰인 곳이 여럿 있다. 그 중에 한 예를 들어보자.

"이스라엘의 지존자는 거짓이나 변개함이 없으시니 그는 사람이 아니시므로 결코 변개하지(נחם; 나함) 않으심이니이다 하니"(삼상 15:29).

"하나님이 그들이 행한 것 곧 그 악한 길에서 돌이켜 떠난 것을 보시고 하나님이 뜻을 돌이키사(נחם; 나함) 그들에게 내리리라고 말씀하신 재앙을 내리지 아니하시니라"(욘 3:10).

사무엘서 기자는 하나님은 결코 뜻을 돌이키지 않으신다고 선언한 반면에 요나서 기자는 하나님이 뜻을 돌이켜서 니느웨에 대한 심판을 거두어들이셨다고 말하는데, 두 본문 모두에 동일한 '나함'(נחם) 동사가 사용되고 있다.

그렇다면 우리는 질문을 던지지 않을 수 없다. "우선 하나님은 마음을 바꾸시는 분이신가? 아니면 마음을 정하면 절대로 불변하시는 분이신가?" 또한 한 걸음 더 나아가 질문을 던져야 한다. "만일 하나님이 마음을 바꾸신다면 하나님은 자신이 하신 일을 후회하는 분이신가?"

3.3 '작정'과는 달리 '섭리'의 영역에서는 마음을 바꾸신다

치솜은 "하나님께서 마음을 바꾸시는가?"란 질문에 대해 '작정'(decree)의 영역에서는 하나님이 뜻을 바꾸지 않으시지만 '섭리'(providence)의 영역에서는 하나님은 뜻을 바꾸신다고 말한다.[8] 다시 말해 하나님은 자신의 섭리를 선포한 후에 인간의 반응에 따라 마음을 바꾸시기도 한다는 것이다. 치솜은 하나님의 '작정'은 무조건적 선언으로서 듣는 인간들의 반응과 상관이 없으므로 하나님은 마음을 바꾸시지 않는다고 표현한다는 것이다. 반면에 '섭리'에 있어서는 하나님의 조건적 의도를 전하므로 인간들의 반응에 따라 하나님이 마음을 바꾸실 수 있다는 것이다.

따라서 하나님께서는 '마음을 바꾸지 않으신다.'고 할 때에는 '작정'과 관련한 표현으로 보아야 한다는 것이다. 그의 말을 직접 들어보자.

"만일 하나님께서 작정을 선포하셨다면, 그는 결코 그의 마음을 바꾸거나 변경하지 않으신다. 그러나 대부분의 하나님의 의도가 담긴 진술들(섭리란 단어를 사용하지 않았지만 섭리를 가리킴-필자 첨가)은 작정이 아니다. 하나님께서는 이런 진술은 변경할 수 있고 실제로 변경하신다. 이런 경우에 하나님께서는 '그의 마음을 바꾸신다.' 최소한 당분간은 하나님께서 자신이 계획하신 것이나 자신의 의도라고 선언한 것을 하지 않기로 결정하시기 때문이다."[9]

4. 하나님은 왜 마음을 바꾸시는가?

4.1 하나님은 후회하면서 바꾸지 않으심

우리는 지금까지 '작정'의 영역이 아닌 '섭리'의 영역에서는 인간의 반응 여부에 따라 하나님께서 마음을 바꾸신다는 사실을 살펴보았다. 그렇다면 하나님은 자의적으로 또는 변덕에 의해 또는 자신의 일을 후회하면서 마음을 바꾸시는가?

하나님이 마음을 바꾸시는 이유를 살펴보면 성경 어디에서도 '자의적으로' 변덕 때문에 그러신 적이 없다. 게다가 자신이 앞서 한 일을 '후회하시면서' 마음을 바꾸지도 않으신다. 하나님이 마음을 바꾸시는 유일한 이유는 '자비롭고 은혜롭고 노하기를 더디하시는 하나님의 성품' 때문이다. 이 같은 사실은 요엘서와 요나서를 보면

---

8) Chisholm Jr., "Does God Change His Mind," 387-388.
9) Chisholm Jr., "Does God Change His Mind," 388.

알 수 있다.

우선 요엘서부터 살펴보자. 요엘 시대에 이스라엘은 여호와의 크고 두려운 날의 징조로서 거대한 메뚜기 떼 재앙과 가뭄을 경험하게 되었다. 이에 여호와께서는 모든 백성들에게 회개를 요청하면서 지금이라도 돌아오면 마음을 돌이키실 것이라고 선언하신다.

> "너희는 옷을 찢지 말고 마음을 찢고 너희 하나님 여호와께로 돌아올지어다 그는 은혜로우시며 자비로우시며 노하기를 더디하시며 인애가 크시사 뜻을 돌이켜(נחם; 나함) 재앙을 내리지 아니하시나니 주께서 혹시 마음과 뜻을 돌이키시고(נחם; 나함) 그 뒤에 복을 내리사 너희 하나님 여호와께 소제와 전제를 드리게 하지 아니하실는지 누가 알겠느냐"(욜 2:13-14).

여호와께로 돌아오라고 요청하면서 여호와께서 혹시 마음을 돌이키실지 모른다는 희망의 근거가 무엇인가? '은혜로우시며 자비로우시며 노하기를 더디하시며 인애가 크신' 하나님의 성품이었다. 하나님께서 '섭리'의 영역에서 마음을 돌이키시는 경우에는 오직 한 가지 이유뿐이다. 하나님은 변덕스럽거나 자의적이거나 툭 하면 진노하시는 분이 아니라, 언제나 '은혜로우시며 자비로우시며 노하기를 더디하시며 인애가 크신' 하나님이시기 때문이다.

이것은 요나서의 경우도 마찬가지이다. 요나가 니느웨 성으로 가서 "사십 일이 지나면 니느웨가 무너지리라"(욘 3:4)고 선언하자, 왕이 백성들에게 조서를 내리며 금식하고 하나님께 부르짖으라고 했다. 그 이유가 무엇인가? 왕의 말을 들어보자.

> "하나님이 뜻을 돌이키시고(נחם; 나함) 그 진노를 그치사 우리가 멸망하지 않게 하시리라 그렇지 않을 줄을 누가 알겠느냐 한지라"(욘 3:9).

하나님이 뜻을 돌이키실 수 있다는 근거에서였다. "사십 일이 지나면 니느웨가 무너지리라"(욘 3:4)는 선언은 겉으로 보기에는 작정 같지만, 실제로는 '만일…회개하지 않으면'이란 조건이 함축되어 있다. 따라서 왕이 회개하라고 조서를 내린 것이다. 그런데 놀랍게도 하나님께서는 이런 회개의 반응에 뜻을 돌이키셨다.

"하나님이 그들이 행한 것 곧 그 악한 길에서 돌이켜 떠난 것을 보시고 하나님이 뜻을 돌이키사(נחם; 나함) 그들에게 내리리라고 말씀하신 재앙을 내리지 아니하시니라"(욘 3:10).

4.2 하나님이 마음을 바꾸시는 이유

그렇다면 하나님께서 뜻을 돌이키신 이유가 무엇인가? 요나의 기도 속에 답이 들어 있다.

"여호와께 기도하여 이르되 여호와여 내가 고국에 있을 때에 이러하겠다고 말씀하지 아니하였나이까 그러므로 내가 빨리 다시스로 도망하였사오니 주께서는 은혜로우시며 자비로우시며 노하기를 더디하시며 인애가 크시사 뜻을 돌이켜(נחם; 나함) 재앙을 내리지 아니하시는 하나님이신 줄을 내가 알았음이니이다"(욘 4:2).

요나는 이미 알고 있었다. 주께서는 '은혜로우시며 자비로우시며 노하기를 더디 하시며 인애가 크시므로' '뜻을 돌이켜 재앙을 내리지 아니하실' 것임을 확신하고 있었다. 결국 하나님께서 뜻을 돌이키시는 것은 하나님의 자비와 은혜와 사랑이란 불변의 성품 때문이었다.

이런 하나님의 성품은 요나에게 처음 주어진 새로운 계시가 아니라 출애굽기 34:6-7에 이미 드러나 있다.

"여호와께서 그의 앞으로 지나시며 선포하시되 여호와라 여호와라 자비롭고 은혜롭고 노하기를 더디하고 인자와 진실이 많은 하나님이라 인자를 천 대까지 베풀며 악과 과실과 죄를 용서하리라 그러나 벌을 면제하지는 아니하고 아버지의 악행을 자손 삼사 대까지 보응하리라."

하나님은 죄를 범하면 아버지의 악행을 삼사 대까지 보응하시는 것이 사실이다.

백성들이 죄를 범하면 선을 행하실 수 없으시다. 따라서 인간들이 악을 행하면 선을 행하시려는 하나님의 계획을 철회할 수밖에 없다는 것이다.

> "만일 그들이 나 보기에 악한 것을 행하여 내 목소리를 청종하지 아니하면 내가 그에게 유익하게 하리라 한 복에 대하여 뜻을 돌이키리라(נחם, 나함)"(렘 18:10).

4.3 하나님이 마음을 바꾸시지만 신뢰할 수 있는 이유

결국 노아 시대에 사람들의 죄악으로 인해 하나님은 마음을 바꾸실 수밖에 없으셨다. 그러나 이때에도 하나님은 '자비롭고 은혜롭고 노하기를 더디하고 인자와 진실이 많은 하나님'이시라는 사실은 불변이다. '인자를 천 대까지 베풀며 악과 과실과 죄를 용서'하시는 하나님의 성품도 불변이다. 따라서 '자비롭고 은혜롭고 노하기를 더디하고 인자와 진실이 많은 하나님'의 성품은 변하지 않으시기에 백성들이 다시 여호와께로 돌아오기만 한다면 섭리의 영역에서는 언제나 자신의 뜻을 돌이키고 마음을 바꾸는 분이시다. 따라서 우리는 하나님께서 종종 자신의 뜻을 바꾸신다고 해도, 하나님을 언제나 신뢰하고 의지할 수 있다. 왜냐하면 하나님의 자비로우시고 은혜로우시며 노하기를 더디하시고 인자와 진실하심은 변함이 없기 때문이다.

이에 탁월한 개혁주의 구약학자인 브루스 월키(Bruce Waltkey)는 이렇게 해설한다.

> "홍수 때에 인간에 대한 하나님의 마음의 변화는 그분의 변치 않는 성품과 전적으로 일치하는 것이다. 하나님은 변덕스럽지 않으시다. 하나님은 그의 마음을 바꾸지 않으신다(민 23:19; 삼상 15:19). 하나님께서는 항상 인간의 반응에 따라 선을 행하거나 악을 행하시려는 원래의 의도를 재고려하시기에 의지할 수 있는 것이다."[10]

하나님이 마음을 바꾸시거나 뜻을 돌이키시는 것은 하나님의 변치 않는 성품, 사랑과 은혜와 인자하심과 노하기를 더디하시는 성품에서 나온 것이다.

---

10) Bruce K. Waltkey, *Genesis: A Commentary* (Zondervan, 2001), 119.

4.4 '하나님이 뜻을 돌이키셨다.'가 더 좋은 번역

따라서 하나님이 '한탄하셨다.'거나 '후회하셨다.'는 식으로 창세기 6:6을 번역하는 것은 적절치 못하다. '한탄이나 후회'라는 개념을 전제하지 말고 그냥 중립적으로 '하나님이 뜻을 돌이키셨다.'고 번역하는 것이 더 적절해 보인다. 이런 이유에서 월튼은 '나함' 동사는 후회 등과는 아무 상관없는 상황 교정의 의미라고 주장한다.

"필자는 이 단어를 회계 용어로 볼 때 가장 잘 이해할 수 있다고 생각한다. 부기에서 원장부들은 항상 일치해야 한다. 즉 차변 기입액과 대변 기입액이 똑같아야 한다. 만약 그 장부들이 대차가 맞지 않다면 무언가를 조정해야 한다. 거래가 있을 때마다 거기에 맞춰 기입도 정확히 이루어져야 한다. 나함의 니팔형(수동형-필자 첨가)은 개인적 국가적 혹은 우주적 원장부들과 균형을 유지하려는 행위로 볼 수 있다.

…하나님은 처벌의 과정을 정하실 때, 이따금씩 대사면을 통해 처벌을 취소하시고 '원장부'를 정상으로 되돌려 놓으심으로 균형을 유지할 수 있다(렘 26:13; 욘 3:9-10). 사람들이 계속해서 죄를 짓고 또 자신들의 악함으로 장차 도래하게 될 불균형의 결과들에 대하여 경고를 받았는데도 회개하여 원장부의 균형을 회복하기를 거부했을 때, 하나님의 마음에 동요가 일어난다(렘 8:6). 하나님은 그 원장부에 악이 적혀 있는 것을 허락하지 않으시고 오히려 은혜와 자비로(욜 2:13; 욘 4:2) 혹은 처벌로(렘 18:10) 그 원장부의 균형을 맞추시는 하나님으로 알려져 있다.

…이제 우리가 제시하고자 하는 입장은 창세기 6:6-7에 나오는 '나함'이 후회, 슬픔, 유감 등과는 아무런 상관이 없다는 것이다. 여호와께서는 그 상황을 교정하고자 노력하고 계신다. 하나님은 인간을 만드셨기에 그 계좌들을 감사하고 계신 셈이다."[11]

---

11) 월튼, 『창세기: NIV 적용주석』, 452-453.

5. 홍수는 '진노'가 아닌 하나님의 '근심'의 산물

5.1 하나님께서 근심하셨다!

우리는 이 학자의 주장에 상당한 일리가 있음을 볼 수 있지만, '나함'(נחם)이란 동사에 슬픔이나 유감 같은 감정이나 정서가 내포되지 않았다고 보는 것은 너무 지나치다고 할 수 있다. 왜냐하면 바로 뒤에 하나님이 근심하셨다고 했기 때문이다.

그러나 지금까지 우리가 살펴본 '나함' 동사의 용례와 하나님께서 마음을 바꾸시는 이유가 자비롭고 은혜롭고 노하기를 더디하고 인자와 진실이 많은 하나님의 성품에서 나온 것임을 염두에 두면, 최소한 하나님께서 후회하셨다고 볼 수는 없다는 점만은 분명하다. 따라서 '땅 위에 사람 지으신 것에 대해 하나님이 뜻을 돌이키시고 마음에 근심하셨다.' 정도로 번역하는 것이 더 좋아 보인다.

결론적으로 우리는 하나님이 후회하셨다는 표현을 인간 언어의 표현의 한계로 인해 아니면 그저 인간적인 용어로 하나님을 묘사한 신인동형론적 표현으로 이해하고 넘어가서는 안 된다. 왜냐하면 결국은 하나님은 자신이 한 일을 후회하시는 분이란 잘못된 인상을 남기기 때문이다. 하나님은 자신이 하신 일에 대해 결코 후회하거나 한탄하지 않으신다. 단지 인간의 반응을 보고 마음에 고통을 느끼고 근심하시면서 뜻을 돌이키는 것뿐이다.

5.2 마음을 바꿀 때 '고통'을 느끼심

우리는 나함 동사가 단순히 어떤 감정도 없이 단지 '마음을 바꾸다.' 혹은 '뜻을 돌이키다.'란 기본 의미로만 사용되는 것이 아님을 주목해야 한다. 치숌은 구약 성경에서 '나함'(נחם)이 사용된 최소 아홉 구절(창 6:6-7; 출 13:17; 삿 21:6, 15; 삼상 15:11; 욥 42:6; 렘 31:19)에서는 "정서적인 고통이나 약함을 경험하다."(to experience emotional pain or weakness)란 의미를 갖는다고 본다.[12] 이것이 사실이라면 '고통을 느끼고 마음을

---

12) Chisholm Jr., "Does God Change His Mind," 388. 치숌은 위 논문에서 구약 성경에서 (1) 나함이 사용된 최소 아홉 구절에서는 "정서적인 고통이나 약함을 경험하다."(to experience emotional pain or weakness)란 의미를 갖는다고 본다. 그는 창세기 6:6-7; 출애굽기 13:17; 사사기 21:6, 15; 사무엘상 15:11; 욥기 42:6; 예레미야 31:19을 예로 든다. 이 중에서 다섯 구절에서는 슬픔의 이유를 '키'(כי) 왜냐하면)라는 접속사 뒤에 진술하고 있다는 것이다. (2) 나함 동사는 총 열세 구절에서는 "위로받다."(to be comforted) 혹은 "스스로 위로하다."(to comfort oneself)란 의미(종종 보복을 함으로써)를 가진다(창 24:67, 27:42, 37:35, 38:12; 삼하 13:39; 시 77:3, 119:52; 사 1:24; 렘

바꾸다.'로 번역하는 것이 좋다.

치솜은 창세기 6:6의 '나함'이 이런 용례로 쓰인 것으로 본다. 만일 이것이 사실이라면 그럴 가능성이 많은데, 하나님께서는 인간의 악함에 대하여 '진노'의 감정보다는 '고통'의 감정을 더 많이 느끼신다. 만일 이것이 사실이라면 하나님께서 모든 인류를 홍수로 멸하신 것은 분노하셨기 때문이 아니다. 오히려 마음 가운데 심각한 통증을 경험하신 것이다.

5.3 하나님의 '마음'의 고통

하나님께서는 이 같은 인간의 악함으로 인해 후회하시고, 마음에 근심하셨다. 구약 성경 기자는 하나님께서 진노하신 것이 아니라 근심하셨다고 묘사한다. 하나님께서는 분노하신 것이 아니라 마음에 고통을 느끼신 것이다. 우리가 나중에 더 상세히 살펴보겠지만, 인간의 마음으로 생각하는 바가 어려서부터 악하기 때문에 하나님께서는 마음에 통증을 느끼신 것이다. 월터 브루그만(Walter Brueggemann)이 지적한 대로, 노아 홍수 이야기는 그저 무지비한 하나님의 심판의 문제가 아니라, 인간과 하나님 사이에 "마음과 마음"의 문제(heart to heart between humankind and God)이다.13) 이것은 히브리어 원문에서 '마음'이란 용어인 '레브'(לב)가 한 번은 '인간 편의 마음의 악'을 가리킬 때, 한 번은 '하나님 편의 마음의 근심'을 가리킬 때 사용된 것을 보면 잘 알 수 있다.

> "여호와께서 사람의 죄악이 세상에 가득함과 그의 마음으로(לב; 레브) 생각하는 모든 계획이 항상 악할 뿐임을 보시고 땅 위에 사람 지으셨음을 한탄하사 [그의] 마음(לב; 레브)에 근심하시고"(창 6:5-6).

인간의 '마음'(לב; 레브)과 하나님의 '마음'(לב; 레브)이 부딪힌 것이다. 인간의 '마음'

31:15; 겔 5:13, 14:22, 31:16, 32:31)고 본다. (3) 총 열 구절에서는 "이미 진행 중인 행동 경로를 바꾸시는" 하나님의 모습을 묘사하는 데 사용되었다고 본다(참조 신 32:36=시 135:14; 삿 2:18; 삼하 24:16=대상 21:15; 시 90:13, 106:45; 렘 8:6, 20:16, 42:10). (4) 네 번째로 "마음을 바꾸다.", "이미 선언된 행동 경로를 바꾸다."의 의미로 쓰였다(출 32:12, 14; 민 23:19; 삼상 15:29; 시 110:4; 사 57:6; 렘 4:28, 15:6, 18:8, 10, 26:3, 13, 19; 겔 24:14; 욜 2:13-14; 암 7:3, 6; 욘 3:9-10, 4:2; 슥 8:14)고 본다.

13) Walter Brueggemann, *Genesis* (John Knox, 1982), 77.

으로 생각하는 계획이 항상 악할 뿐임을 보시고, 하나님의 '마음'에 근심이 생긴 것이다. 앞에서 언급한 대로 하나님의 마음에 통증이 생긴 것이다. 심지어는 땅 위에 사람 지으셨음을 한탄할 만큼 마음이 아프신 것이다. 아니 더 나아가 자신이 만든 모든 피조물을 진멸하기로 결정하실 정도로 마음에 큰 고통을 느끼신 것이다.

여기서 우리는 하나님의 감정의 주조는 '진노와 분노'가 아니라 '근심과 고통'임을 알아야 한다. 하나님께서 "내가 창조한 사람을 내가 지면에서 쓸어버리되 사람으로부터 가축과 기는 것과 공중의 새까지"(창 6:7) 쓸어버리겠다고 결정하셨기 때문이다. 그러나 하나님의 마음의 통증은 그 주요 정서가 분노나 진노가 아니었다. 하나님이 느끼시는 마음의 통증은 '근심'이었다는 사실을 우리는 잊어서는 안 된다.

6. 결론 : 신학적 메시지

6.1 마음에 근심하시는 하나님

우리가 서론 부분에서 살핀 대로, 노아 홍수의 하나님은 40일간 물 폭탄을 퍼부어 자신이 창조한 모든 인간을 지구에서 호흡하는 생물과 함께 진멸하는 복수의 심판주로 오해해 온 것이 사실이다. 인간의 악을 무자비하게 기계적으로 보복하는 잔인한 하나님으로 생각한 것이 사실이다.

그러나 본문을 상세히 살펴보면 노아의 하나님은 진노와 분노의 신이 아니시다. 오히려 성경이 말하는 노아의 하나님은 사람의 죄악과 인간의 사악한 생각에 대해 마음에 고통을 느끼고 근심하는 분이시다. 마음으로 항상 악한 계획을 세우는 인간을 하나님은 근심하는 마음으로 대하신다. 하나님은 인간을 선하게 창조하셨지만 인간의 마음의 생각이 어려서부터 악한 경향으로 흘러가기만 하자 마음에 근심하시고 바꾸시기로 결심한 것이다.

비록 창조한 사람을 지면에서 쓸어버리기로 하셨지만 이 일은 진노의 감정이나 무자비한 보복의 심정에서 나온 것이 아니다. 마음에 고통을 느껴 근심하시고 바꾸기로 결심하신 것이다. 따라서 현대 번역본들이 "땅 위에 사람 지으셨음을 한탄하사 (נחם; 나함) 마음에 근심하시고"(창 6:6)라고 번역하기보다는 '땅 위에 사람 지으셨음을 근심하시고 마음을 바꾸시기로 하셨다.'고 번역하는 것이 더 좋아 보인다.

하나님은 후회하시는 분도, 진노로 세상을 진멸하는 분도 아니시다. 이것이 바로 복음이 아닌가! 노아 홍수 스토리를 깊이 살펴보기 전에는 필자도 노아 홍수의 하나님은 '심판주'라고 주로 생각했다. 그러나 노아의 하나님은 분노하시는 분이 아니라 근심하시는 분이셨다. 하나님의 주요 정조는 분노가 아니라 근심이었다. 노아의 하나님은 단순히 자신의 잘못을 한탄하시는 분이 아니라, 인간의 사악한 마음에도 불구하고 마음에 근심하시는 분이셨다.

한마디로 악행에 처벌로 기계적으로 보응하시는 분이 아니라, '마음'(לֵב; 레브)에 '마음'(לֵב; 레브)으로 응답하는 분이셨다. 우리는 노아의 하나님을 생각할 때 진노하심으로 진멸하는 무지막지한 심판주가 아니라 '마음에 근심하시는 하나님'을 생각해야 한다.

6.2 노아의 하나님은 '골고다'의 하나님

이런 점을 염두에 두고 독일의 탁월한 기독교 윤리학자이자 설교자인 헬무트 틸리케의 설교를 들으면 가슴이 울린다.

> "후회하는 하나님은 도대체 어떤 하나님이며 또한 그의 파산지경에 이른 작품(역사)을 단지 없애버리려 대홍수를 일으켜 그것들을 거기에 던져버린 하나님은 도대체 어떠한 하나님이란 말입니까? 전 우주의 모든 피조물들에 그 나름대로의 자리를 마련해 주신 하나님께서 인간이 죄를 범했다고 해서 무죄한 나무들과 꽃들, 동물들을 멸절시켰으니 이게 웬 말인가요? 우리는 여기에서 골고다, 즉 하나님께서 고통당하시고 무기력하고 '신과 같지 않은' 것처럼 보였던 골고다에서의 이상한 파멸에 대한 서곡을 보지 않습니까?"[14]

헬무트 틸리케는 노아 홍수에서 "갈보리 산상에서 절정에 달했던 하나님의 고난의 시작"[15]을 본다. 그렇다면 어떤 의미에서 노아의 하나님이 갈보리의 하나님인

---

14) 헬무트 틸리케, 『세상이 어떻게 시작되었는가』, 이진희 역 (컨콜디아사, 1994), 236.
15) 헬무트 틸리케, 『세상이 어떻게 시작되었는가』, 252.

가? 하나님께서 주신 자유와 풍요와 에너지와 지식을 가지고 인간들이 남용하고 악용하며 오용하는 것을 보고는 고통하지 않으실 수 없다는 것이다.

"왜 하나님께서 염려를 하시고 근심을 하시고 후회를 하셔야만 했는가를 이해합니까? …그분은 마음 아파하시며 어떻게 우리가 갖고 있는 것들이 우리의 손에서 왜곡되어졌고 부패하였는가를 지금 보고 계십니다. '어떻게 성(sex)의 쾌락이 야비한 발정으로 화하게 되었는가? 어떻게 우리의 이성이 음란한 매춘부로 변하게 되었는가? 그리고 어떻게 피조물의 에너지들과 요소들에 대한 지식을 이와 똑같은 피조물을 산산조각내는 데 사용하는가?' 하는 것을 하나님께서 발견하시고 괴로워하십니다.
우리가 갖고 있는 제일 좋은 것을 누군가에게 아낌없이 주었는데도 그가 우리가 아끼는 그것을 욕되게 한 다음 우리의 발 앞에 내동댕이친다면 이보다 더 큰 고통이 있겠습니까? …우리 인간들이 하나님에게 문제거리가 되었기 때문에 하나님께서는 우리가 행한 일로 인해서 가슴을 찢는 듯한 아픔을 마음에 지니고 계십니다. 그분의 마음은 곧 아버지의 마음입니다.

여기에서 하나님께서 '후회한다.'라고 하는 것은 실상 하나님께서는 우리들의 '상실'로 연민의 정에 사로잡혀 계시며 대홍수에 대해 유감을 나타내시는 것이라는 것을 우리에게 말해주고 있다는 것은 이해할 만하며 동시에 깊은 감동을 주고 있습니다."[16]

헬무트 틸리케는 여기서 '볼품없고 무기력한 노인 같은' 선한 하나님이 아니라, 신의 분노를 정복하시는 탕자의 아버지 같은 하나님, 자기 자신과 투쟁하시는 하나님으로 해석하므로, 매우 탁월한 통찰이 아닐 수 없다.

"그렇습니다. 지금 여기에서 벌어지고 있는 일은 기적입니다. 이 기적은 그의 사랑에 의하여 하나님께서 하나님 자신의 분노(ira dei)를 정복케 하신 바로 그 기적입니다. 여기에서 고통과 고민이 하나님 자신 안에서 요동을 하고 있습니다. 그러므로 여기에서 다시

---

16) 헬무트 틸리케, 『세상이 어떻게 시작되었는가』, 253-254.

한번 전율하며 사랑하며 불쌍히 여기며 고통을 겪는 마음이 나오며 함께 고동칩니다. 이것은 단순한 사랑의 격률(principle)이 아닙니다. 이것은-파스칼이 그렇게 불렀던 것처럼- 철학자들의 하나님도 아닙니다. 여기에는 하나님의 사랑의 마음 이외에는 아무 것도 없습니다."[17]

헬무트 틸리케는 현대 그리스도인들이 "이러한 놀라우신 하나님에 대해 두려움과 전율을 거의 느끼지 못하기" 때문에 "복음이 더 이상 새로운 소식이 아니게" 되었다고 지적한다.

"하지만 홍수 사건 이후에의 새로운 시대의 출현과 그리스도 안에서의 새로운 에이온(aeon; 시대-필자 첨가)의 시작은 이런 놀라운 경이, 기적, 새로운 것-그 누구도 요구하거나 기대할 수 없는 그러한 것-에 그 기반을 두고 있다는 것을 안다는 것은 중요한 일입니다. 이러한 기적은 '하나님의 후회'입니다. 이제 하나님께서는 그분의 자녀들의 문제로 인하여 고통을 당하시고 계십니다. 그리고 모든 기대와는 달리 이렇게 말씀하십니다. '그럼에도 불구하고 나는 너를 버리지 않을 것이다.'라고. 먼 나라로 떠나버린 탕자에게 하신 말씀처럼 말입니다."[18]

헬무트 틸리케는 하나님의 후회라는 단어를 쓰고 있지만, 이런 의미로 후회란 단어를 쓴다면 아무런 어려움이 없다. 하나님의 근심에서 나오는 후회를 하나님의 고통에서 나오는 한탄과 하나님의 사랑에서 나오는 변화라고 한다면 무엇이 문제가 될까? 이런 하나님의 고통과 근심을 이해하지 못한 사람들이 하나님은 후회하시는 분이라고 단정적으로 말하는 것이 문제가 아닌가!

우리가 노아의 하나님에서 갈보리 언덕의 하나님을 발견하는 것은 복음은 구약과 신약을 가로지르는 가장 큰 메시지임을 다시 한번 확인하는 계기가 된다. 어떻게 보면 이것이 노아 홍수의 가장 큰 신학적 메시지가 아닌가! 그 어떤 대재앙 가운데서도 하나님의 약속의 말씀을 붙잡는다면 희망이 있고, 살아남을 수 있다는 것,

---

17) 헬무트 틸리케, 『세상이 어떻게 시작되었는가』, 254.
18) 헬무트 틸리케, 『세상이 어떻게 시작되었는가』, 255.

이것이 우리가 선포해야 할 새로운 소식, 복음이 되어야 한다. 노아의 하나님은 무자비한 복수의 심판주가 아니라, 우리로 인해 마음에 고통당하시며 끝내 자신의 분노를 이겨내시고 근심으로 우리를 대하시는 사랑의 하나님이시라는 메시지를 끊임없이 전해야 한다.

7. 부록 : '하나님의 변하심'에 대한 치솜의 연구

7.1 '한탄하다.'는 동사 '나함'의 의미

댈러스 신학교 교수인 로버트 치솜이 '나함'(נחם)의 용례를 연구했다. 그는 하나님을 주어로 '나함' 동사가 사용되었을 때의 기본 의미는 "마음을 바꾸다."라는 결론을 내렸다.[19]

"나함 동사는 '하나님이 **전형적으로**(typically) 마음을 바꾸시는 데(렘 18:5-10; 욜 2:13; 욘 4:2) 사용되거나, **실제로** 하나님이 마음을 바꾸시는 장면을 묘사하거나(출 32:14; 암 7:3, 6; 욘 3:10), 최소한 하나님이 마음을 바꾸실 수 있는 **가능성**(might)을 언급하는 데(렘 26:3; 욜 2:14; 욘 3:9) 사용되고 있다'(강조는 의역한 후 필자가 첨가)."[20]

그렇다면 하나님께서 마음을 바꾸시는가? 치솜은 "하나님께서 마음을 바꾸시는가라는 질문에 대한 답은 '그것은 때와 형편에 따라 달라요.'(it all depends)가 되어야 한다."[21]고 말한다. 여기서 치솜은 작정(decree)이란 단어는 사용하지만 섭리(providence)란 단어는 사용하지 않으며 작정과 섭리를 구분한다. 치솜은 "섭리"란 단어 대신 "신적 수준에서의 선언"(an announcement at the divine level)을 사용한다.[22] 필자는 독자들의 이해를 돕기 위해 작정과 섭리란 개념을 사용하여 치솜의 연구 결과를 설명해 보려고 한다.

---

19) Robert B. Chisholm Jr., "Does God Change His Mind," *Bibliotheca Sacra* 152 (1995), 387-399.
20) Chisholm Jr., "Does God Change His Mind," 387.
21) Chisholm Jr., "Does God Change His Mind," 387.
22) Chisholm Jr., "Does God Change His Mind," 387.

치솜은 하나님의 '작정'은 한 번 선포되면 변화되지 않는다고 말한다. 그러나 대부분의 하나님의 말씀은 하나님의 '섭리'의 선포이므로 인간의 반응에 따라 달라질 수 있고, 또한 인간의 반응을 보고 하나님의 의도나 진술은 변경하실 수 있으며, 어떤 때에는 실제로 변경도 하신다는 것이다. 그의 말을 직접 들어보자.

> "만일 하나님께서 작정을 선포하셨다면, 그는 결코 그의 마음을 바꾸거나 변경하지 않으신다. 그러나 대부분의 하나님의 의도가 담긴 진술들은 작정이 아니다. 이런 진술은 하나님께서 변경할 수 있고 실제로 변경하신다. 이런 경우에 하나님께서는 '그의 마음을 바꾸신다.' 최소한 당분간은 하나님께서 자신이 계획하신 것이나 자신의 의도라고 선언한 것을 하지 않기로 결정하시기 때문이다."[23]

치솜은 하나님의 작정은 무조건적 선언으로서, 듣는 인간들의 반응과 상관이 없으므로 변할 수 없다고 본다. 따라서 하나님께서는 작정과 관련해서는 마음을 바꾸지 않으신다는 것이다. 반면에 섭리에 있어서는 하나님의 조건적 의도를 전하므로 인간들의 반응에 따라 하나님이 마음을 바꾸실 수 있다는 것이다. 그의 설명은 아래와 같다.

> "우리는 신적인(신학적인) 수준에서 작정(decree)과 선언(announcement)을 구분할 수 있다. 하나님의 작정(맹세)은 무조건적인 선언이다. 이것은 반드시 일어나기 마련이므로, 듣는 청자의 반응이 이를 바꿀 수 없다. 물론 앞으로 보게 되겠지만 성취의 정확한 시점이 조건적일 수는 있다. 반면에 선언은 청자나 이익 당사자의 반응에 따라 실현 여부가 달려 있는 표현으로서 하나님의 의도가 담긴 조건적 진술이다."[24]

우리는 치솜의 작정과 섭리(신적 수준에서의 선언)의 구분은 매우 적절하며, "하나님이 마음을 바꾸시는가?"란 질문에 답을 하는 데 매우 중요한 관건이 된다고 본다.

---

23) Chisholm Jr., "Does God Change His Mind," 388.
24) Chisholm Jr., "Does God Change His Mind," 388.

7.2 작정의 영역에서 하나님은 변하지 않으신다

치숌은 하나님의 '작정'에는 진술 자체 안에나 근접 문맥 안에 무조건성이 들어 있고, 종종 맹세라는 단어가 등장한다고 본다. 따라서 작정의 경우 하나님은 절대로 마음을 바꾸지 않으신다고 말한다. 하나님이 자신의 존재를 걸고 아브람을 축복하시겠다고 맹세하는 경우가 한 예라는 것이다.

"이르시되 여호와께서 이르시기를 내가 나를 가리켜 맹세하노니 네가 이같이 행하여 네 아들 네 독자도 아끼지 아니하였은즉 내가 네게 큰 복을 주고 네 씨가 크게 번성하여 하늘의 별과 같고 바닷가의 모래와 같게 하리니 네 씨가 그 대적의 성문을 차지하리라 또 네 씨로 말미암아 천하 만민이 복을 받으리니 이는 네가 나의 말을 준행하였음이니라 하셨다 하니라"(창 22:16-18).

이것은 다윗에게 준 영원한 왕조의 약속에도 해당되는데, 다윗에게 준 약속 역시 맹세로 불리며, 영원하고 변경치 못할 것으로 묘사되고 있다.

"그러나 나의 인자함을 그에게서 다 거두지는 아니하며 나의 성실함도 폐하지 아니하며 내 언약을 깨뜨리지 아니하고 내 입술에서 낸 것은 변하지 아니하리로다 내가 나의 거룩함으로 한 번 맹세하였은즉 다윗에게 거짓말을 하지 아니할 것이라 그의 후손이 장구하고 그의 왕위는 해같이 내 앞에 항상 있으며 또 궁창의 확실한 증인인 달같이 영원히 견고하게 되리라 하셨도다(셀라)"(시 89:33-37).

따라서 하나님의 작정의 영역에서는 하나님이 마음을 바꾸거나 뜻을 돌이키거나 변하지 않으신다는 것이다.

치숌은 사무엘상 15:29에서 "이스라엘의 지존자는 거짓이나 변개함이 없으시니 그는 사람이 아니시므로 결코 변개하지 않으심이니이다(נחם; 나함)"라는 사무엘의 선언은 하나님의 작정을 변개하지 않으실 것이라는 문맥에서 한 것이라고 본다. 사울이 아말렉인들을 진멸하라는 명령에 순종하지 않고 아각 왕을 살려준 데 대해 여호와께서는 사울을 버리셨다고 사무엘은 선언한다.

"이는 거역하는 것은 점치는 죄와 같고 완고한 것은 사신 우상에게 절하는 죄와 같음이라 왕이 여호와의 말씀을 버렸으므로 여호와께서도 왕을 버려 왕이 되지 못하게 하셨나이다 하니"(삼상 15:23).

이때 사울이 용서를 빌면서 사무엘의 겉옷자락을 붙잡자 옷이 찢어졌다. 이때 사무엘이 사울에게 '하나님은 변개하지 않으실 것'이라고 선언한다.

"여호와께서 오늘 이스라엘 나라를 왕에게서 떼어 왕보다 나은 왕의 이웃에게 주셨나이다 이스라엘의 지존자는 거짓이나 변개함(נחם; 나함)이 없으시니 그는 사람이 아니시므로 결코 변개하지(נחם; 나함) 않으심이니이다"(삼상 16:28, 29).

치숌은 사무엘을 통한 하나님의 선포는 하나님의 작정을 보여준다며 이렇게 결론을 내린다.

"여호와는 거짓말하거나 마음을 바꾸지 않으신다는 점을 강조하는 결론 어구는 공식적으로 사무엘의 선언이 무조건적임을 공식적으로 보여준다. …여호와께서는 사울의 몰락을 결정하셨고, 그 무엇도 그의 결정을 변경할 수 없다."[25]

결국 하나님이 변개하지 않으신다거나 변하지 않으신다는 선포는 하나님의 작정의 영역으로 보아야 한다.

그렇다고 처음부터 사울의 운명이 작정으로 결정되었다는 것은 아니다. 사울이 처음 불순종했을 때부터 작정을 선포한 것이 아니다. 사울이 사무엘을 기다리다 지쳐서 직접 제사를 드렸을 때 사무엘이 무엇이라고 선포했는가?

"왕이 망령되이 행하였도다 왕이 왕의 하나님 여호와께서 왕에게 내리신 명령을 지키지 아니하였도다 그리하였더라면 여호와께서 이스라엘 위에 왕의 나라를 영원히 세우셨을

---

25) Chisholm Jr., "Does God Change His Mind," 393.

것이거늘 지금은 왕의 나라가 길지 못할 것이라 여호와께서 왕에게 명령하신 바를 왕이 지키지 아니하였으므로 여호와께서 그의 마음에 맞는 사람을 구하여 여호와께서 그를 그의 백성의 지도자로 삼으셨느니라"(삼상 13:13-14).

치숌은 "이런 책망은 매우 결정적이고 무조건적으로" 보이지만 "진술의 어조가 종종 애매한 것이 사실"이라고 한다. 그의 말을 들어보자.

"어쩌면 사무엘의 책망은 사울로 하여금 정신차리고 다시 순종하도록 하는 의도였는지 모른다. 결국 하나님께서는 아직 새로운 후보자에게 기름을 붓기는커녕 그가 누구인지 드러내지도 않으셨다. 사무엘이 길갈에서 떠났을 때(15절), 그의 말이 작정인지, 아니면 암시적인 조건적 선언인지 분명하지 않았다. 사울(그리고 그의 왕조)의 운명이 이미 봉해진 것인가, 아니면 하나님께서 가엽게 여기실 기회가 남아 있었는가?

이 질문에 무엇이라고 답하든지 간에, 사무엘상 14-15장에 기록된 사울의 이후 행동들은 그가 불안하게 행동하였음이 분명하다. 사울은 여호와께서 이전 예언에 대해 마음을 바꾸실 만한 동기가 될 만한 어떤 행동도 하지 않았다. 사실상 그의 어리석음과 불순종은 우리로 하여금 최악의 시나리오를 예상케 한다. 사무엘이 두 번째로 길갈에서 사울을 만났을 때, 이전의 모호성은 사라졌다. 사울이 용서를 구할 때 사무엘이 거절한 것은 이 두 번째 책망이 실제로 작정(decree)임을 보여준다."[26]

치숌은 하나님의 작정의 선포인지, 아니면 섭리의 선포인지를 미리 예단하지 않고 성경 스토리의 문맥에 따라 해석하는 지혜를 보인다. 어찌되었든 하나님의 작정의 영역에서는 하나님이 뜻을 돌이키는 일은 없으시다는 것이다. 또한 치숌이 이 점은 논문에서 언급하지 않았지만, 하나님의 기본 성품의 영역에서도 하나님은 변하지 않으신다는 점을 우리는 주목해야 한다.

---

[26] Chisholm Jr., "Does God Change His Mind," 393.

7.3 섭리의 영역에서 하나님은 변하신다

한편 치솜은 작정의 영역과는 달리 섭리(providence)의 영역에서는 하나님이 마음을 바꾸신다고 보고 이 점을 모세의 중보 기도를 통해 보여주려고 한다. 이스라엘 백성이 금송아지를 만들어 숭배하자, 하나님께서는 이스라엘 백성을 진멸하고 모세를 통해 새로운 백성을 세우겠다고 하셨다: "그런즉 내가 하는 대로 두라 내가 그들에게 진노하여 그들을 진멸하고 너를 큰 나라가 되게 하리라"(출 32:10). 치솜은 이 선언은 진술의 형식[27]을 볼 때 하나님의 작정이 아니라 섭리의 선포라고 본다. 하나님은 "작정을 선포하신 것이 아니라 자기 백성을 향한 하나님의 좌절을 드러내신" 것이다.[28] 이것은 모세의 중보로 인해 하나님의 마음이 바뀌신 것을 보면 알 수 있다.

"어찌하여 애굽 사람들이 이르기를 여호와가 자기의 백성을 산에서 죽이고 지면에서 진멸하려는 악한 의도로 인도해 내었다고 말하게 하시려 하나이까 주의 맹렬한 노를 그치시고 뜻을 돌이키사(נחם; 나함) 주의 백성에게 이 화를 내리지 마옵소서…여호와께서 뜻을 돌이키사(נחם; 나함) 말씀하신 화를 그 백성에게 내리지 아니하시니라"(출 32:12, 14).

치솜은 "하나님께서는 작정을 선포한 것이 아니라, 단지 심판으로 위협했기에 모세가 성공할 수 있었다."고 결론을 내린다.[29] 이렇게 섭리의 영역에서 '나함'(נחם)이 나오는 본문의 용례를 살핀 후의 최종 결론을 살펴보자.

"하나님은 기존 선언을 취소할 수 있으시고 종종 그렇게 하셨음을 성경 본문은 이야기 한다. 두 구절(욜 2:13-14; 욘 3:9-10, 4:2)은 이런 마음의 변화를 하나님의 가장 근본적인 속성의 하나로 본다. 이런 변화의 가능성이 이야기되고 실제로 변화가 묘사되고 있는 모든 경우에는 하나님께서 아직 행동이나 결과를 작정하신 것이 아니다. 대신에 하나님

---

27) 진술의 형식이 Imperative +Jussive +Cohortative+Cohortative(명령형+단축형+권유형+권유형)로 되어 있다고 본다.
28) Chisholm Jr., "Does God Change His Mind," 396.
29) Chisholm Jr., "Does God Change His Mind," 396.

께서는 자신의 경고가 백성들로 하여금 정신을 차리게 만들어서 심판이 불필요하게 될 것을 희망하면서 단지 기다리고 계신 것이다."30)

치솜의 '나함' 동사의 사전적 의미와 용례에 대한 연구는 하나님의 성품과 하나님의 섭리를 이해하는 데 큰 도움이 된다.

---

30) Chisholm Jr., "Does God Change His Mind," 399.

"Noah and His Ark" (1819) by Charles Willson Peale from Wikimedia Commons

"Go into the ark, you and your whole family"

3장

의인은 하나도 없다는데, 노아는 어찌하여 의인인가?

창 6:8-9

1. 서론적 이야기

1.1 현대의 '쉰들러'보다 못한 노아?

노아는 그리스도인들에게는 언제나 의인이요 사랑스러운 존재이지만, 일반인들에게는 한없이 괴이한 인물로 보이기도 한다.

딸의 불치병으로 인해 회심하고 2007년 7월 24일 세례를 받고 그리스도인이 된 문학 비평가 이어령 씨는 20대 때에는 저항과 분노의 실존주의자였다고 한다. 따라서 이어령 박사는 대홍수에서 홀로 살아남은 구약 성경의 노아를 도저히 이해할 수가 없었다고 한다.

"노아에게 진짜 사랑이 있었다면 물에 뛰어들었을 것이다. 다시는 하나님을 위해 양을 잡아주지 말자."[1]

노아를 의인이요 당대의 완전한 자로 이해하는 그리스도인들에게는 20대의 이어

---

1) http://news.chosun.com/site/data/html_dir/2007/07/26/2007072600105.html

령 박사의 의문이 선뜻 이해가 되지 않는다. 그러나 이런 반응을 보인 이유를 곰곰이 생각해 보면 나름대로 그럴 만한 이유가 있음을 알 수 있다. 왜냐하면 노아가 홍수로 진멸된 사람들을 위해 한 일이 전혀 없어 보이기 때문이다. 노아 스토리를 읽어보면 노아는 방주만 만들었을 뿐, 당대 사람들에게 다가올 재앙을 미리 선포했다는 언급조차 단 한 번도 나타나지 않기 때문이다.

따라서 어떤 사람들은 노아와 1,100명의 유대인을 구한 독일인 오스카 쉰들러 (Oskar Schindler, 1908-1974)를 비교하면서, 자기 가족들만 구한 노아보다 쉰들러가 훨씬 더 훌륭한 인물이라고 본다. 실제로 이 영화를 본 사람들은 한 독일인 사업가가 천여 명의 유대인을 구해내는 모습에 깊은 감동을 받게 된다. 그러다 보니 여러 사람들이 이 영화를 보고 쉰들러와 노아를 비교하게 된 것이다. 실제로 노아 홍수 스토리에 대한 적절한 해석을 접하지 못한 이들은 쉰들러에 비해 노아가 자기의 가족만 돌본 것은 문제라고 얼마든지 비난할 수 있다. 이런 비난은 고대 근동 아시아의 다른 홍수 설화와 비교해 보면 더욱 첨예해진다.

1.2 고대 근동 홍수 설화의 주인공보다 못한 노아?

예를 들어 고대 근동의 바벨론 홍수 이야기의 유일한 생존자인 우트나피쉬팀 (Utnapishtim)과 노아를 비교해 보자. 성경 홍수 스토리의 노아처럼 바벨론 홍수 스토리에서는 우트나피쉬팀이 주인공이자 생존자인데 홍수 후에 죽은 자들에 대해 눈물을 흘리며 다음과 같이 무한한 동정을 드러낸다.

"바다를 바라보니, 모든 것이 잠잠하고
인간들은 모두 진흙으로 바뀌었네.
평평한 지붕처럼 평평하게 변했네.
내가 창문을 여니, 빛이 내 얼굴에 비취었네.
나는 몸을 굽히고 앉아서 울었네.
눈물이 하염없이 뺨 위로 흘러내렸네."[2]

---

2) *The Epic of Gilgamesh*, Tablet XI, lines 132-137 (ANET, 94).

겉으로 볼 때에 우트나피쉬팀의 이런 태도는 인지상정이요 너무나 당연해 보인다. 수많은 이들이 물에 수장되었는데 이를 보고 눈물을 흘리지 않는 인간이 있을 수 있을까?

그러나 바벨론 홍수 스토리 자체 안에서 보면 이 같은 우트나피쉬팀의 동정적 태도는 이해하기가 매우 어렵다. 거의 모든 학자들이 바벨론 홍수 이야기 안에는 도덕적이고 윤리적인 동기가 강하게 나타나지 않는다고 보기 때문이다. 예를 들어 신들이 서로에게 거짓될 뿐 아니라 인간들에게도 거짓된 모습을 보이고 있다. 게다가 주인공이 홍수 후에 희생 제사를 드리자 이들이 굶주린 파리떼처럼 희생 제사 위에 몰려들었다고 묘사할 정도이다.

이런 점을 염두에 두면, 우트나피쉬팀이 죽은 자에 대해 눈물을 흘렸다는 것은 이해할 수가 없다. 어찌되었든 도덕적인 교훈이 강하게 나오지 않는 바벨론 홍수 스토리조차도 살아남은 주인공이 홍수로 죽은 자들에 대해 최소한의 동정심과 슬픔을 보이고 있는 데 반해, 노아는 죽어가는 자들에 대해서 일말의 동정이나 눈물을 보이지 않는다는 점은 특기할 만하다.

1.3 노아의 유일한 말은 홍수 후에 한 저주가 전부

실제로 성경을 세심하게 읽어보면 실제로 노아는 홍수 스토리 자체 안에서는 단 한 번도 말을 하지 않는다. 그렇다고 노아가 창세기에서 한 번도 말을 하지 않는 것은 아니다. 노아는 홍수 후에야 비로소 입을 열어 말을 하는데 그것도 단 한 번뿐이다. 그것도 누군가를 축복하는 말이 아니라 저주하는 말이다. 아들인 함이 자신의 벌거벗음을 보고도 덮어주기는커녕 밖에 나가서 형제들에게 말을 했다는 이유로 함을 저주한 것이 노아가 뱉은 유일한 말이다: "가나안은 저주를 받아 그의 형제의 종들의 종이 되기를 원하노라"(참조 창 9:24-27). 어떻게 보면 노아는 정말 인간성이 없는 차디찬 인물처럼 느껴진다.

2. 해석사에 나타난 노아에 대한 평가

2.1 상상을 통한 해석적 첨가

그런데 성경 기자는 노아 스토리를 읽으면 갖게 되는 통속적인 느낌과는 정반대로 노아를 '순백의 의인'으로 묘사한다. "노아는 의인이요 당대에 완전한 자라 그는 하나님과 동행하였으며"(창 6:9). 그렇다면 도대체 어떻게 된 것인가? 내레이터의 노아에 대한 성격 묘사와 실제 스토리의 전개에서 나타난 노아의 모습은 다른 것처럼 느껴진다. 그러다 보니 해석자들이 성경 스토리에 없는 내용을 첨가하면서 해석하는 경향을 보인다.

예를 들어 성경은 노아가 정죄받고 죽어가는 이들에게 어떤 감정을 가지고 있었는지, 어떤 말을 했는지 한마디도 언급하지 않지만, 해석자들은 노아가 방주를 짓는 오랜 세월 동안 주변 사람들에게 아무 말도 하지 않았을 가능성은 없다고 본다. 또한 실제로 홍수가 일어나는 동안에 물에 빠져 허둥대며 죽어가는 이들에게 노아는 어떤 동정심도 느끼지 않았을 가능성은 없으며 도와 달라는 이들의 외침에 아무런 응답을 하지 않았을 리 없다는 것이다.

2.2 기독교적 옹호

따라서 일부 해석자들은 노아를 옹호하며 노아가 죽어가는 자들을 향해 후회와 동정의 눈물을 흘렸다고 본다. 이런 식으로 해석하는 한 목회자의 설교문을 인용해 보자.

"오늘도 물은 빠지지 않았다. 지독히도 비가 내린다. 이 땅에 살아 있는 생명체라곤 우리밖에 없다니…. 우리와 친하게 살던 이웃을 생각하니 가슴이 미어진다. 그들이 내 말에 조금이라도 귀를 기울였다면 좋았으련만. 하나님은 이 방법밖에 없었을까? 수많은 주검이 물에 떠내려간다. 그들을 바라보고 있노라니 가슴이 찢어진다. 아! 내가 왜 좀더 적극적으로 그들에게 홍수 심판에 대해 경고하지 못했던고…."

홍수 심판에서 유일하게 살아남은 노아의 가족은 과연 방주에서 구원의 기쁨에 겨워 즐거워했을까? 물론 지구상에 상상할 수 없는 많은 비가 내리자 노아와 그의 가족은 그동안 이웃들로부터 당했던 수모를 생각하며 의기양양했을 것이다. 자신들을 구원해주신 성실하신 하나님께 감사 드리며 그들은 생명을 이어주는 방주에서 생활을 시작했다. 그러나 그들은 방주에서 물에 떠내려가는 무수한 주검을 보았을 것이다. 그 주검들을 보면서도 과연 노아는 자신만의 구원을 기뻐했을까? 그러지 않았을 것이다. 노아는 날마다 그들을 끝까지 구원하지 못했던 자신의 책임을 한탄하면서 피눈물을 흘렸을지 모른다. 이웃들이 다 죽어가는 마당에 자신만 구원받은 것이 무슨 의미가 있는지 고민했을 수 있다.

스티븐 스필버그 감독이 만든 '쉰들러 리스트'의 마지막 장면에서 쉰들러는 자신의 가락지 등 귀중품들을 보면서 절규한다. '아! 이것들로 1명의 목숨을 구할 수 있었을 텐데….' 쉰들러는 자신의 직분을 이용해 무수한 유대인들을 나치로부터 구했지만 더 많은 생명을 구하지 못한 회한에 눈물 짓는다. 노아도 쉰들러와 마찬가지로 방주에서 절규했을 것이다. '내가 조롱과 멸시를 참으면서 좀더 큰 소리로 이웃들에게 홍수 심판에 대해서 알려야 했는데….'"[3]

2.3 유대교적 비판

이렇게 노아를 변호하는 해석자들이 있는가 하면, 어떤 해석자들은 오히려 노아의 침묵과 차가움을 강조하며 노아를 비난한다. 노아를 비난하는 해석자들은 주로 랍비들인데, 이들은 노아를 그렇게 칭찬할 만한 인물로 보지 않는다.

노르만 콘(Norman Cohn)에 의하면 랍비들은 홍수가 나자 방주에 들어오려는 자들을 노아가 냉정하게 거부한 것으로 해석했다고 한다. 홍수가 시작되자 맹수들이 방주 밖에 모여들었고, 회개하지 않은 70만 명의 남녀 노소가 몰려들어 방주에 들어가도록 해달라고 요청했다고 한다. 그런데 노아는 이를 단칼에 거절했고, 그러자 맹수들이 이들을 공격하여 많은 수를 죽였다는 것이다.[4] 이때 랍비들이 상상해 낸

---

3) http://www.joy153.org/bbs/zboard.php?id=can&page=1&sn1=&divpage=1&sn=off&ss=on&sc=on&select_arrange=headnum&desc=asc&no=774&PHPSESSID=ebfa26c38f008a4d884c7afcd1778459
4) Norman Cohn, *Noah's Flood: The Genesis Story in Western Thought* (New Haven and London: Yale Univ. Press, 1996), 35.

노아의 말은 그가 얼마나 동정심이 없는지를 잘 보여준다.

"그대들은 '하나님이 없다.'고 하면서 하나님께 반역한 자들이 아닌가? 이에 하나님께서 그대들에게 재앙을 내리고 지면에서 그대들을 쓸어버리려고 하는 것이네. 지난 120년 동안 내가 이것을 그대들에게 전하지 않았는가? 그럼에도 그대들은 하나님의 음성에 귀를 기울이지 않지 않았는가? 그런데 이제 살기를 원하다니…그러므로 이제 하나님께서 그대들의 부르짖음에 귀를 기울이지 않을 것일세. 아무것도 그대들은 이루지 못할 것일세."[5]

과연 노아는 이렇게 후회와 동정의 눈물을 흘렸을까? 성경 본문 어디에도 이런 부분에 대한 언급이 없는데, 설교자들은 이 정도의 행간 읽기와 묵상은 용납해도 되는가? 이렇게 해석을 하면 성경의 원래 의미를 전달하는 데 도움이 될까? 우선 우리는 독자로서 성경을 변증하려고 해서는 안 된다는 점을 분명하게 해야 한다. 성경 스스로 말하게 해야 한다. 루터는 이런 원리를 "'성경의 영'으로 성경을 해석하는 것"이라고 말한다. 우리가 어줍잖게 성경을 변증하는 것은 성경의 영이 성경 스스로 말하게 하는 것을 방해할 수 있음을 잊어서는 안 된다.

3. 노아의 '성격 묘사'에 관심을 기울이라

3.1 내러티브의 의미 창출 메커니즘

노아는 일부 설교자들의 주장처럼 죽어가는 자들을 동정한 인물인가, 아니면 랍비 전승에서처럼 차디찬 인물인가? 우리가 이런 질문에 답을 하려면 노아 홍수 내러티브에 등장하는 노아에 대한 '성격 묘사'(characterization)에 주목해야 한다. 노아 홍수 스토리는 장르상 내러티브로서 내러티브는 나름의 의미 창출 메커니즘이 있다. 내러티브는 등장 인물, 플롯, 분위기, 어조로 이루어져 있는 담론인데, 이 네 가

---

[5] L. Ginzberg, *The Legends of The Jews* (Philadelphia: The Jewish Publication Society of America, 1909), 1: 158.

지 내러티브의 요소가 나름대로 의미 창출을 하면서 전체 스토리의 의미를 결정짓기 때문이다.

3.2 성격 묘사 방법

일반적으로 등장 인물을 묘사하는 방법은 직접적인 묘사와 간접적인 묘사가 있다. 등장 인물의 직접 묘사는 보통 두 가지로 나뉜다. 첫째는 외모나 의복을 묘사하는 방법이며, 둘째는 등장 인물의 도덕성이나 인격을 직접적으로 묘사하는 방법이다. 우리가 다 알다시피 노아의 외모나 의복에 대한 직접 묘사는 성경에 나오지 않는다. 대신에 노아의 내적 인격에 대해 직접적으로 묘사한다.

등장 인물의 내적 인격에 대해서는 두 가지 종류의 직접적 진술이 있다. 하나는 성품(character traits) 혹은 도덕적 특징에 관한 진술이라면, 다른 하나는 정신적 상황(mental states)에 관한 진술이다. 전자를 흔히 협의의 직접적 성격 묘사(direct characterization)라고 부른다. 노아 홍수 이야기 안에는 노아의 외모와 의복에 대한 언급은 전혀 없는 반면에 노아의 인격은 직접적으로 내레이터에 의해 언급된다.

"그러나 노아는 여호와께 은혜를 입었더라 이것이 노아의 족보니라 노아는 의인이요 당대에 완전한 자라 그는 하나님과 동행하였으며 세 아들을 낳았으니 셈과 함과 야벳이라"(창 6:8-10).

노아 홍수 스토리에서 노아에 대한 직접적인 성격 묘사 가운데 하나님이 직접적으로 노아의 도덕적 특성을 묘사하셨다는 점이 독특하다. 우리는 하나님의 입에서 나온 등장 인물의 성격 묘사를 접할 때 특별한 주의를 기울여야 한다. 하나님의 성격 묘사는 절대적 타당성을 지닌 것으로 내레이터의 성격 묘사보다 더 권위가 있다: "네가…의로움을 내가 보았음이니라"(창 7:1).

놀랍게도 하나님께서는 직접 노아의 의로움을 보았다고 명시적으로 언급하신다. 그렇다면 노아의 의로움에 대해서는 왈가왈부해서는 안 된다. 전지 전능한 하나님께서 노아를 의롭다고 칭하셨기 때문이다.

간접적 방법은 등장 인물의 내면을 가리키는 외부의 모습, 즉 대화나 행동을 통한 방법이다. 다시 말해 간접적인 성격 묘사 방법은 행동이나 대화를 통해 극적으로 인물의 성격을 묘사하므로 '극적인 방법'(dramatic method)이라고 부를 수도 있다. 극적인 방법은 인물을 생생하게 묘사할 수 있으므로 독자는 기자의 설명을 들을 필요 없이 바로 등장 인물과 접하게 된다. 현대에는 리얼리즘의 문학 사조가 팽배해짐에 따라 등장 인물들이 작품 속에서 하는 행동과 대화를 작가가 그냥 제시하는 소설이 많아졌다. 그런데 흥미로운 것은 성경 내러티브 안에는 직접적 묘사보다 간접적 성격 묘사가 더 많이 사용되고 있다는 점이다. 한 인물의 성격에 대한 간접적 묘사는 다른 인물과의 대조 또는 유사성을 통해 표현되기도 하고, 시간적 공간적 배경을 밑그림으로 해서 표현되기도 한다.

등장 인물의 성격 묘사의 직접적인 방법은 분명하고 확실하므로 그 질적인 면에서 중요하나, 간접적인 방법은 그 양 때문에 중요하다. 이것은 성경에는 등장 인물에 대한 간접적 묘사가 직접적 묘사보다 많다는 것을 의미한다. 따라서 성경에 나오는 등장 인물에 대한 성격 묘사는 간접적 방법에 더 많이 의존한다. 이것은 홍수 스토리에 나오는 노아에 대해서도 마찬가지이다.

따라서 우리는 홍수 스토리에 대한 개략적인 개요나 독서 후의 느낌을 통해 노아를 평가해서는 안 되며 세심하게 성경 기자가 노아를 어떻게 성격 묘사하고 있는지를 상세하게 살펴보아야 한다.

4. 노아에 대한 성격 묘사

4.1 내레이터의 노아 묘사

성경 기자는 노아를 처음 소개하면서, 대화나 행동을 통한 간접적인 방법이 아니라, 도덕적 성격을 처음부터 언급하는 '직접적인 묘사 방법'을 동원한다. 그것도 매우 강한 용어들로 노아를 의인으로 묘사한다.

"이것이 노아의 족보니라 노아는 의인이요 당대에 완전한 자라 그는 하나님과 동행하였으며"(창 6:9).

노아에 대한 내레이터의 직접적인 성격 묘사를 보면 놀라지 않을 수가 없다. 노아에 대한 평가가 지나치다 싶을 정도로 완벽하기 때문이다. 이에 미국 웨스트민스터 구약 교수인 브루스 월키는 내레이터가 "여기서 노아를 순백(pure white)으로, 그리고 노아의 세상을 순흑(pitch black)으로 묘사"하면서 "적대적 세상에서 경건의 모델로 제시"하고 있다고 본다.6) 노아를 '순백으로' 묘사하는 어구는 크게 세 가지이다: (1) 노아는 의인(אִישׁ צַדִּיק; 이쉬 차디크); (2) 당대에 완전한(תָּמִים; 타밈) 자; (3) 그가 하나님과 동행함. 이런 삼중 묘사는 노아가 완벽한 인물이라는 느낌을 주기에 충분하다.

이런 노아에 대한 내레이터의 평가를 대하면 의문이 생기지 않을 수 없다. '의로움'에 대한 언급은 많은 주석가들을 당혹스럽게 만든다. 과연 이렇게 의롭고 완전한 인물이 있을 수 있을까? 특히 모든 인간은 죄인이라고 고백하는 정통파(칼빈주의와 루터파) 교인들은 노아가 의롭고 완전한 인물이었다는 것을 받아들이기가 쉽지 않다. 특히 홍수 후에 포도주에 취해 발가벗고 누웠다가 아들에게 발견된 모습을 볼 때, 노아를 '의로운 동시에 완전한' 인물로 보기는 쉽지 않다. 『IVP 성경난제주석』은 이 묘사가 야기하는 질문을 잘 표현하고 있다.

"창세기 6:9은 노아가 윤리적-영적 완전함을 달성했다고 암시하는 듯 보이기 때문에 어려운 말씀이다. 어떻게 노아는 타락 이후에 태어났는데도 그토록 고결한 완성 상태에 도달할 수 있었을까? 노아는 모든 인류가 물려받은 죄된 본성과 타락으로 기우는 성향을 공유하지 않았는가?"7)

4.2 상대적으로만 완전한 인간인가?

그러다 보니 노아의 '의인'됨을 상대적으로 평가하려는 해석이 등장했다. 내레이터가 아무 조건 없이 완전한 자라고 한 것이 아니라 '당대에'(בְּדֹרֹתָיו; 베도로타우) 완전한(תָּמִים; 타밈) 자'라고 한 점을 학자들은 주목한다. 다시 말해 '당대에'(בְּדֹרֹתָיו; 베도로타우)라는 어구를 "그 당시의 사람들과 비교해서", "그 시대의 사람들과 견주어 보았을

---

6) Waltkey, *Genesis*, 133.
7) 월터 카이저 (외), 『IVP 성경난제주석』 (IVP, 2017), 102.

때"란 의미로 해석하는 것이다. 다시 말해 노아는 "동시대 사람들과 비교해 보았을 때", 즉 단지 상대적으로만 의인이요 완전한 자였다는 것이다.[8]

이런 해석은 이미 오래 전 유대교 랍비들의 해석 가운데서도 살펴볼 수 있다. 노르만 콘에 따르면, 일부의 랍비적 해석은 노아에게 가혹할 정도이다.

"심지어는 노아도 당대의 악인들과 비교할 때만 의로운 것이었다. 모세나 심지어는 사무엘과 비교한다면 노아는 의롭지 않았을 것이다(Genesis Rabbah 30.9). 일부 랍비들은 노아는 믿음이 부족했다고 말한다. 물이 발목에 도달하자 노아는 방주에 들어갔다는 것이다. 다른 랍비들은 노아가 한 온스보다 작은 공로만 가졌을 뿐이라고까지 말한다. 그런데 하나님께서 그를 구원하신 것은 모세가 그의 후손이 될 운명이었기 때문이라는 것이다(Genesis Rabbah 26.6; 29.1)."[9]

4.3 문제 제기

그러나 이런 식으로 해석하는 것은 노아의 문제를 회피하는 것이다. 그저 당대에 완전한 자일 뿐 대단한 의인은 아니라는 식으로 해석하면 안 된다. 내레이터가 월키의 말대로 "노아를 순백으로, 그리고 노아의 세상을 순흑으로 묘사"하면서 노아를 "적대적 세상에서 경건의 모델로 제시"하고 있기 때문이다. 게다가 하나님께서도 "너와 네 온 집은 방주로 들어가라 이 세대에서 네가 내 앞에 의로움을 내가 보았음이니라"(창 7:1)고 노아의 의를 칭찬하셨다. 에스겔 선지자도 자기의 공의로 생명을 건질 수 있는 사람으로 다니엘과 욥과 함께 노아를 언급한다(겔 14:14).

따라서 노아를 '당대의 의인' 정도로 평가절하하기보다는, 노아를 묘사한 용어들, 즉 '의로움'(צַדִּיק; 차디크), '완전함'(תָּמִים; 타밈), '하나님과 동행함'이 무엇을 의미하는지

---

8) Shamai Gelander, *The Good Creator: Literature and Theology in Genesis 1-11* (Atlanta: Georgia, Scholars Press, 1997), 74, fn. 34: "Midrash Rabbah, *Genesis*, 30, 9. Rashi가 Midrash Rabbah, *Genesis*, 30.6, 9를 가리키는 방식을 보라. 현대 학자들 가운데는 B. Jacob, *Genesis* (1934), 184를 참조하라. 메소포타미아 홍수 설화에서는 한 인물에 신적인 호의가 주어지는 이유가 나오지 않는다. *Gilgamesh* XI. 20, 21에서는 우트나피쉬팀(Utnapishtim)이 구원받은 이유는 Ea 신이 Enlil 신을 이기려고 한 데서 선택한 것뿐이다. 참조 Ziusudra가 신의 통지를 받는 방식을 보라. Petersen, "Flood" (1976), note 10. חֵן은 호의를 받은 인물의 도덕적 자질을 가리키는 경우가 거의 드물다고 본다. 이 어구의 다양한 해석 가능성에 대해서는 Speiser, *Genesis* (1964), LXVII-LXVII를 참조하라. 겔란더는 "이런 견해는 본문에 노아의 의에 대한 어떤 지적이나 세목이 없는 데서 기인한 것으로 보인다." 고 결론을 짓는다.
9) Cohn, *Noah's Flood*, 33.

연구해 보는 것이 더 필요해 보인다.

5. '의인'(צַדִּיק; 차디크)이란 누구인가?

5.1 '절대적 의미에서' 의인은 하나님 한 분뿐

우선 의인이란 어떤 사람을 가리키는지 살펴보자. 성경에서는 오직 한 분 여호와만 의로우신 분이라고 고백한다(시 145:17): "여호와께서는 그 모든 행위에 의로우시며(צַדִּיק; 차디크) 그 모든 일에 은혜로우시도다." 따라서 의의 유일한 기준은 '여호와의 성품과 그분의 뜻'이며, 완전한 의미에서 의인은 오직 하나님 한 분뿐이시다.

그럼에도 불구하고 성경은 여러 사람들을 '의인'이라고 부르고 있다. 예를 들어 법적 소송에서 이긴 사람을 의인이라고 부른다. 신명기 25:1은 시비가 붙어 재판을 하게 될 때, 옳은 사람은 의인으로 부르고, 그른 사람은 악인이라고 정죄하라고 지시한다: "사람들 사이에 시비가 생겨 재판을 청하면 재판장은 그들을 재판하여 의인(צַדִּיק; 차디크)은 의롭다 하고 악인은 정죄할 것이며." 우리가 다 알다시피 이 경우에 의인이라고 불리운 사람은 항상 의로운 사람이 아니다. 단지 그 사건에 해당해서만 옳은 사람이다. 그런데도 의인이라고 부른다.

사적인 인간 관계에서도 자신보다 나은 행동을 한 사람을 자신보다 의롭다고 한다. 사울은 자신이 죽이려 한 다윗이 자기를 죽일 기회가 있음에도 불구하고 그렇게 하지 않자, "나는 너를 학대하되 너는 나를 선대하니 너는 나보다 의롭도다"(צַדִּיק; 차디크)(삼상 24:17)고 선언한다.

위의 경우만 살펴보더라도 '의인'이란 우리가 흔히 추측하는 대로 '윤리적으로 아무런 죄를 짓지 않았다.'는 의미로 사용되지 않고 있음을 주목해야 한다. 특정한 사건이나 특정한 행위와 연관해서 한 사람을 의롭다고 칭하고 있기 때문이다. 실제로 아브라함의 경우에도 여러 실수와 허물이 있었으나 "아브람이 여호와를 믿으니 여호와께서 이를 그의 의(צְדָקָה; 체다카)로 여기시고"(창 15:6)라고 했다. 여기서 아브람의 의(צְדָקָה; 체다카)는 하나님의 약속을 신뢰하는 믿음을 가리킨다.

5.2 의인을 정의할 때 '스토리가 이야기되는 방식'이 중요

따라서 우리는 '의인'(אִישׁ צַדִּיק; 이쉬 차디크)이라고 했을 때 '의로운'이란 형용사 '차디크'(צַדִּיק)의 사전적 의미를 찾아서 해석하는 방법보다는 노아 스토리 내에서 노아가 어떤 점에서 의인인지를 찾아 해석하는 방법을 취해야 한다. 노아의 의로움은 '의로운'이란 형용사의 개념에 의해서 일차적으로 정의되는 것이 아니라, '스토리가 이야기되는 방식'에 의해 정의되기 때문이다.

그러나 지금까지는 차디크(צַדִּיק)의 사전적 의미를 찾아서 해석하는 방식을 선호한 것이 사실이다. 이렇게 사전적 의미를 찾으면 "윤리적이거나 도덕적인 기준에 일치함"(conformity to an ethical or moral standard)이며 구약에서 도덕적 기준은 "하나님의 성품과 뜻"(the nature and will of God)[10]이라는 것이 학자들의 거의 일치된 견해이다.

그러나 이런 방식으로 노아가 의인인지 아닌지를 묻기 시작하면 그 누구도 평생 의인인 사람은 없다. 윤리적으로나 도덕적으로 하나님의 성품과 뜻에 따라 산 사람이 아무도 없기 때문이다.

따라서 우리는 사전적 관점에서 의인의 뜻을 살핀 후에, 노아를 그 관점으로 해석하기보다는 노아를 의인이라고 부르는 스토리의 이야기 방식을 염두에 두고 해석해야 한다. 왜냐하면 사실 노아는 '의인'이라고 부른 성경의 첫 번째 인물이기 때문이다. 오히려 '의인'의 사전적 의미를 정하기 위해서는 노아가 스토리에서 왜 의인으로 묘사되고 있는지 그 이야기 방식을 먼저 살펴보아야 한다. 이를 위해서는 노아에 대한 간접적인 성격 묘사에 주의해야 한다.

5.3 하나님의 명령에 순종한 사람

우리가 앞서 살핀 대로 등장 인물의 성격 묘사는 직접 묘사와 간접 묘사로 나뉜다. 노아가 의롭고 완전하며 여호와와 동행했다는 내레이터와 여호와의 평가는 노아에 대한 직접적인 성격 묘사이다. 그렇다면 과연 이런 노아의 삶에 대한 직접적인 평가는 노아의 말과 행동과 삶에 대한 내레이터의 간접 묘사와 일치하는가? 만일 일치하고 있다면 노아가 의로운 사람이라는 의미가 노아의 행동에 대한 간접 묘

---

10) R. Laird Harris, *Theological Wordbook of the Old Testament* (Moody Press, 1980), 752.

사를 통해 분명해질 것이다.

그런데 노아 홍수 스토리를 읽어보면 노아는 한마디 말도 하지 않는다. 따라서 대화를 통한 간접 묘사는 없다. 내레이터는 노아의 행동만을 묘사할 뿐이다. 흥미로운 것은 노아가 하나님이 명하신 대로 행했다는 묘사만 네 번 반복되고 있다.

(1) 방주 만들라 : "노아가 그와 같이 하여 하나님이 자기에게 명하신 대로 다 준행하였더라"(창 6:22).
(2) 방주로 들어가라 : "노아가 여호와께서 자기에게 명하신 대로 다 준행하였더라"(창 7:5).
(3) 짐승들이 들어감 : "하나님이 노아에게 명하신 대로 암수 둘씩 노아에게 나아와 방주로 들어갔으며"(창 7:9).
(4) 짐승들이 들어감 : "들어간 것들은 모든 것의 암수라 하나님이 그에게 명하신 대로 들어가매 여호와께서 그를 들여보내고 문을 닫으시니라"(창 7:16).

그렇다면 '하나님이 명하신 대로 준행한 것'을 노아를 의인이라고 부른 이유라고 보아야 한다. 의인이란 대홍수가 올 어떤 조짐도 보이지 않는데 하나님이 명하신 대로 120년 동안 방주를 만든 사람을 가리킨다. 노아는 방주를 만든 후에 방주로 들어가라는 명령에 순종했고, 짐승들을 위해 먹을 것을 준비하라는 명령에 순종했으며, 짐승들을 방주에 들이라는 명령에도 순종했다. 노아는 이런 명령에 대해 한마디도 대꾸하지 않았다. 그저 하나님이 명하신 대로 순종했다.

노아는 홍수 이후에 말을 한 번 했을 뿐, 홍수 이전에는 단 한 번도 말을 하지 않았다. 성경의 주요 인물들 가운데 말을 하지 않은 유일한 인물이라고 볼 수 있다. 이런 성격 묘사는 '하나님이 말씀하시는 것에 절대적으로 순종한 사람'이라는 점을 강조하기 위해서이다. 그리고 이것이 바로 성경이 말하는 '의인'의 첫 번째 정의이다.

5.4 많은 사람을 행복하게 한 사람

그뿐만이 아니라 스토리의 이야기 방식을 상세히 살펴보면 노아는 그 자신 때문에 인류는 물론 호흡하는 모든 생물을 구원해 낸 인물로 묘사된다. 내레이터는 노아를 모든 혈육 있는 생명이 홍수로부터 보존되게 만든 사람, 120년 동안 방주를 만들어 인류와 호흡 있는 땅의 모든 짐승을 살려낸 사람, 방주에서 나와 제사를 드림으로 다시는 물로 심판하지 않으시겠다는 영원한 언약을 맺게 한 사람으로 묘사한다. 이런 스토리의 이야기 방식을 고려해 본다면 의인이란 '그 한 사람을 통해 많은 사람들이 유익을 얻은 사람'이라고 할 수 있지 않을까?

흥미롭게도 브루스 월키는 의인을 다른 이들에게 유익을 끼친 사람으로 정의한다.

"의로운 자는 하나님의 피조물(참조 창 8:9, 12:10), 이웃들(참조 겔 18:5-9), 하늘의 왕을 위하여 자신의 불이익을 기꺼이 감수한다. 예수 그리스도는 이런 의인의 최고 본보기다. 반대로 악인은 하나님 및 이웃과 상관없이 자기 자신을 위하여 산다. 악인은 자기들의 이익을 위하여 남에게 불이익을 끼친다."[11]

이런 점을 염두에 두고 성경 전체를 읽어보면 의인은 그 한 사람을 통해 많은 사람이 행복과 생명을 누린 자인 반면에, 악인은 그 한 사람을 통해 많은 사람이 고통과 죽음을 경험하게 된 자임을 알 수 있다. 바울은 로마서에서 의인과 죄인을 이런 식으로 명쾌하게 해석한다.

"그러나 이 은사는 그 범죄와 같지 아니하니 곧 한 사람의 범죄를 인하여 많은 사람이 죽었은즉 더욱 하나님의 은혜와 또한 한 사람 예수 그리스도의 은혜로 말미암은 선물은 많은 사람에게 넘쳤느니라 또 이 선물은 범죄한 한 사람으로 말미암은 것과 같지 아니하니 심판은 한 사람으로 말미암아 정죄에 이르렀으나 은사는 많은 범죄로 말미암아 의롭다 하심에 이름이니라 한 사람의 범죄로 말미암아 사망이 그 한 사람을 통하여 왕 노릇 하였은즉 더욱 은혜와 의의 선물을 넘치게 받는 자들은 한 분 예수 그리스도를 통하여 생명 안에서 왕 노릇 하리로다…한 사람이 순종하지 아니함으로 많은 사람이 죄인 된 것같이 한 사람이 순종하심으로 많은 사람이 의인이 되리라"(롬 5:15, 16, 17, 19).

---

[11] 브루스 월키, 『구약 신학』, 김귀탁 역 (부흥과개혁사, 2012), 339.

이렇게 노아 스토리를 읽어보면 내레이터는 노아를 의인이라고 했을 때 우리가 흔히 교리적으로 생각하는 것처럼 '윤리적으로나 도덕적으로 죄를 짓지 않은 인물'로 묘사하지 않는다. 노아를 '하나님의 명령에 순종한 사람', '이 순종으로 다른 사람을 행복하게 만든 사람', '순종함으로 다른 사람을 의인되게 한 사람'으로 묘사한다.

6. 완전함(תָּמִים; 타밈)의 의미

6.1 사전적 의미로만 접근해선 안 된다

우리는 지금까지 스토리의 이야기 방식을 통해 왜 노아가 '의인'이라고 불렸는지를 살펴보았다. 이것은 노아를 '당대에 완전한 자'라고 한 묘사에도 마찬가지로 적용된다. 노아를 완전한 자라고 했을 때 '완전한'이란 의미로 사용된 히브리어는 '타밈'(תָּמִים)인데, 욥을 완전한 자라고 했을 때에는 유사어인 '탐'(תָּם)이 사용되었다. 구약에서 타밈은 91회, 탐은 15회 사용되고 있는데 이 두 단어의 사전적 의미는 신체적으로는 "온전한, 완전한, 무결한" 의미이며, 도덕적으로는 "경건한, 성실한, 정직한"이란 의미이다.12) '온전한'(perfect), '흠이 없는'(blameless) '전체적인'(complete) 의미인데 인간과 관련해서 사용되는 경우는 그리 흔하지 않다. 주로 제사용 짐승과 관련되어 사용되기 때문이다.

이렇게 사전적 의미로만 보면 노아가 완전한 자라는 것은 질문을 야기시킨다. 어떻게 흠이 없는 자가 있을 수 있을까? 『IVP 성경난제주석』은 완전한 자의 최상의 본보기인 욥조차 자신의 죄를 인정했기에 "'흠이 없다.' 혹은 '완전하다.'라는 단어의 용례는 그가 완전함 혹은 더 이상 죄를 범하지 않는 상태에 도달했다는 뜻이 아니다."라고 결론을 내린다.13) 성경 기자가 "온전하고(תָּם; 탐) 정직하여 하나님을 경외하며 악에서 떠난 자"(욥 1:1)로 욥을 묘사하고 있으나 욥도 자신을 죄인으로 인정하기 때문이라는 것이다: "진실로 내가 이 일이 그런 줄을 알거니와 인생이 어찌 하나님 앞에 의로우랴"(욥 9:2).

---

12) 빌헬름 게제니우스, 『히브리어 아람어 사전』(생명의말씀사, 2007), 880.
13) 『IVP 성경난제주석』, 103.

6.2 욥기에서의 '완전함'이 단서

우리는 교리적으로 인간은 모두 죄인이니까, 욥은 죄인일 것이라고 추론해서는 안 된다. 욥이 어떤 의미에서 완전하다고 했는지 알려면 우선 욥기 전체의 문맥을 고려하면서 흠이 없다는 말이 무슨 말인지 답을 찾아야 한다. 욥기를 살펴보면 욥이 죄를 저지르지 않았다(sinless)고 이야기하지 않는다. 욥은 자신의 도덕적 순전성을 방어하고 있긴 하지만, 자신이 죄인임은 인정하고 있다.

그렇다면 도대체 내레이터와 여호와께서 언급하는 욥의 온전함은 무엇을 의미하는가? 이를 알기 위해서 우리는 욥기 전체에서 온전함과 연관된 용어들의 용례를 살펴보아야 한다. 욥이 온전한 사람이라고 했을 때 '탐'(תָּם)이란 단어가 사용되고 있는데, 욥기 스토리가 전개되면서 욥의 온전함을 이야기하는 결정적인 핵심 단어는 '툼마'(תֻּמָּה)이다. '툼마'는 '탐'(תָּם)이란 용어와 같은 어근의 단어이다.

욥이 사탄의 시험으로 모든 소유물과 열 자녀를 하루 아침에 잃었음에도 불구하고, 하나님을 욕하거나 입술로 범죄하지 않자 여호와께서는 사탄에게 "네가 나를 충동하여 까닭 없이 그를 치게 했어도 그가 여전히 자기의 온전함(תֻּמָּה; 툼마)을 굳게 지켰느니라"고 지적하신다. 여기서 온전함이란 단어는 히브리어로 '툼마'(תֻּמָּה)인데, 욥기에서는 4번 쓰였고 욥기 전체를 관통하는 주제를 드러낸다. 이를 구조화하면 아래와 같다.

A 하나님의 평가 : "그가 여전히 자기의 온전함(תֻּמָּה; 툼마)을 굳게 지켰느니라"(욥 2:3)

  B 아내의 도전 : "당신이 그래도 자기의 온전함(תֻּמָּה; 툼마)을 굳게 지키느냐 하나님을 욕하고 죽으라"(욥 2:9)

  B' 인간들을 향한 욥의 결심 : "나는 결코 너희를 옳다 하지 아니하겠고 내가 죽기 전에는 나의 온전함(תֻּמָּה; 툼마)을 버리지 아니할 것이라"(욥 27:5)

A' 하나님을 향한 욥의 희망 : "하나님께서 나를 공평한 저울에 달아보시고 그가 나의 온전함(תֻּמָּה; 툼마)을 아시기를 바라노라"(욥 31:6)

위의 구조를 보면 욥기 전체에서 이야기하는 욥의 온전함이 무엇인지를 알 수 있다. 1차 시험에서 모든 재산과 자녀를 잃은 후에도 욥이 하나님을 저주하지도 입술로 범죄하지도 않자, 여호와께서는 A(2:3)에서 욥의 온전함을 칭찬하셨다. 그러나 사탄이 다시 욥의 뼈와 살을 치면 여호와를 욕할 것이라면서 2차 내기를 걸게 되면서, 욥은 온 몸에 퍼진 피부병으로 생명까지 위태로운 고통에 시달리게 되었다.

이에 B(2:9)에서 욥의 아내는 "당신이 그래도 자기의 온전함(תֻּמָּה; 툼마)을 굳게 지키느냐 하나님을 욕하고 죽으라"고 도전했다. 이제 욥은 아내로부터 받은 이런 모진 고통과 고난 속에서도 온전함을 지킬 수 있을 것인지 시험을 받게 된다. 어디 아내뿐인가? 욥의 세 친구들은 지치지도 않고 욥에게 죄를 회개하고 하나님을 찾으라고 요구했다. 욥의 고난은 욥이 온전하지 않은 증거라면서 정죄의 손가락질을 멈추지 않았다.

친구들이 4장부터 25장까지 번갈아가면서 욥이 온전하지 않다고 비판을 했음에도 불구하고, 욥은 B'(27:5)에서 인간들을 향한 자신의 결심을 굽히지 않았다 : "나는 결코 너희를 옳다 하지 아니하겠고 내가 죽기 전에는 나의 온전함(תֻּמָּה; 툼마)을 버리지 아니할 것이라."

그러나 욥의 결백 주장은 친구들과의 논쟁으로 해결할 문제가 아니었다. 끝내 욥의 온전함을 알아주시고 판단하실 마지막 재판관은 하나님 한 분이셨다. 따라서 욥은 A'에서(31:6) "하나님께서 나를 공평한 저울에 달아보시고 그가 나의 온전함(תֻּמָּה; 툼마)을 아시기를 바라노라"고 희망하고 있는 것이다.

이렇게 본다면 온전함은 단순히 '도덕적 무흠결'이나 '인내심'이란 사전적 의미 보다는 '끈질김, 변함없음, 한결같음'의 용례로 쓰인 것이 분명하다. 결국 온전함이란 단어의 반복을 통해서 우리는 욥의 온전함은 단순히 수동적인 인내가 아님을 알 수 있다. 욥기는 오히려 상상할 수 없는 고난 가운데서도 욥이 어떻게 변함없이 끈질기게 하나님을 신뢰함으로 온전했는지를 보여준다.[14]

6.3 노아가 '완전한 사람'인 이유

성경에서 '온전한/완전한'으로 번역되는 히브리어 '탐'(תָּם)이나 '타밈'(תָּמִים)의 의미

---

14) 야고보 사도가 "욥의 인내를 너희가 들었다"(약 5:11)고 했을 때 인내란 단어 '후포모네'(ὑπομονή)의 일차적 의미는 우리가 흔히 생각하는 '참을성, 인내심'이 아니라고 학자들은 말한다. 이는 '큰 시련과 엄청난 고통 가운데서도 충성심과 의지에 변화가 없음'을 가리키는 단어이다. 다시 말해 '끈질김, 변함없음, 한결같음, 타협하지 않음'의 의미가 훨씬 크다.

를 '끈질김, 변함없음, 한결같음'으로 이해하면 노아를 왜 완전한 사람이라고 했는지 잘 알 수 있다. 끈질김과 변함없음은 노아 스토리에 나타난 노아의 모습과 너무나도 잘 들어맞기 때문이다. 노아는 120년 동안 방주를 짓는 동안에 변함이 없었다. 하나님의 명령에 순종하는 일에는 한결같았다. 독일의 구약학자 베스터만(Westermann)의 말을 들어보자.

"많은 성경 외 홍수 내러티브들은 특별히 메소포타미아의 홍수 설화들은 명령을 순행하는 것을 상세히 묘사한다. 길가메쉬 서사시 XI은 특별히 생동감 넘치며 화려하다. 일의 성공을 위해 제사를 드리는 것으로 시작하여(11.50-51), 노아가 축제 시에 일꾼들에게 제공한 다양한 포도주와 기름을 열거한다(11.70-73).

이 모든 것이 성경 본문에는 빠져있다. 여기서는 오직 한 가지만이 중요하다. 노아가 하나님이 명하신 것을 행하였다는 점만. 이 문장은 대단한 장엄함으로 선포된다. 마치 음악의 쉼처럼. 우리는 처음으로 [성경 문서] 전체에 마치 정기적인 박자처럼 흐르는 것을 처음 본다. 하나님께서 명하시면, 이를 수행하는 주제 말이다. 이것은 아브라함(창 17장)에게나 모세(출 24:25 이하)에게도 마찬가지이다. 역사의 경로를 결정하는 모든 사건이 하나님이 명하시고 인간이 순종함으로 시작되는 것이다. 역사의 운동에 대한 이런 기본적 이해는 창조 스토리 안에 그 기초가 있다. 하나님께서 말씀하시니 그대로 되니라."[15]

노아는 이런 점에서 당대에 완전한 자였다. 먹고 마시고 장가들고 시집가는 것이 전부인 것처럼 살아가는 세대에서 노아는 끊임없이 하나님의 명령을 순종하여 방주를 짓는 일에 변함없는 의지를 보였다. 이 점을 강조하기 위해 내레이터는 '노아가 하나님과 동행하였다.'고 묘사한 것으로 보인다.

---

15) Westermann, *Genesis*, 424.

7. 결론 : 신학적 메시지

7.1 신뢰하며 청종하는 사람이 되라

우리가 앞서 살핀 대로 의인이란 말이나 완전한 사람이란 표현은 도덕적으로 무결점이란 뜻이 아니다. 우리가 내린 결론과 유사하게, 헬무트 틸리케는 '신뢰하며 청종하는 사람'이란 점에서 노아는 의인이요 완전한 자였다고 말한다.

"노아가 '도덕적으로 올바른' 사람이었다는 말입니까? 노아는 그 시대의 도덕적인 모범자였습니까? 그것이 사실이라면, 그렇다면 분명히 그것이 그가 살아남게 된 비밀이 아닙니다. 비밀은 다른 곳에 있습니다. 노아는 청종하는 자였고 세심한 주의를 기울이는 자였으며 하나님께서 요구하실 때에는 비록 그것이 범상한 것이 아니라 할지라도 행하였던 자입니다. 예를 들어 설명하자면 그는 방주를 만들었습니다. 실제적인 방주를 해가 쨍쨍 내리쬘 때에 만들었던 것입니다. 바다나 강으로부터는 멀리 떨어져 있는 땅에다가 말입니다. 이유는 단지 하나님께서 그에게 그렇게 하도록 명하셨기 때문입니다."16)

헬무트 틸리케는 노아는 의인이요 완전한 자라는 성격 묘사를 성경적 용어와 개념으로 이해한 후에 설교자적 상상력으로 해석해 낸 탁월한 설교자였다.

"노아는 일상 생활의 매사에 있어서, 비록 하잘것없는 작은 일에 있어서조차도 하나님과 연관을 시켜서 생각하고 행동했습니다. 노아는 큰 일만을 위해서 기도하지는 않았습니다. 오히려 방주를 만들 판자조각들과 방들의 분배…방주의 방수제로 쓰이게 될 역청들에 대하여 하나님과 이야기를 나누었습니다. …

우리들의 경우에 있어서도 마찬가지입니다. 세계의 평화라든지 자녀들의 장래 문제와 같은 거창한 테마들에 관하여 하나님과 함께 이야기를 나눌 때뿐만이 아니라, 우리를

---

16) 헬무트 틸리케, 『세상이 어떻게 시작되었는가』, 255-256.

괴롭히는 치통에 관하여 우리가 써야만 하는 편지에 관하여, 스포츠 축제의 참여에 관하여, 꽃병 속의 꽃에 관하여 이야기를 나눌 때-그때만 우리는 우리의 심령 속에 하나님을 끊임없이 모시게 되는 것입니다. 그때야만이 우리는 범사를 하나님과 함께 나누게 되는 것입니다. 왜냐하면 결국 우리네 인생이라고 하는 것은 작은 일들이 모여 이루어지는 것이기 때문입니다.

바로 이러한 것, 그렇습니다. 이러한 것만이 노아의 덕성입니다. 즉 그는 신뢰하는 사람이었고 크든 작든 간에 어떤 일이나 다 결코 자기 마음대로 결정하지 않았습니다. 오히려 그는 스스로를 하나의 도구로서 만들었던 것이 바로 그의 덕성이라 하겠습니다."[17]

7.2 저주받은 땅에서 위로가 되라

이렇게 신뢰하며 청종하는 사람, 노아로 인해 저주받은 세상에서 위로가 가능한 것이다. 라멕은 아들을 낳고 이름을 노아라고 부른 이유를 이렇게 설명한다.

"라멕은 백팔십이 세에 아들을 낳고 이름을 노아라 하여 이르되 여호와께서 땅을 저주하시므로 수고롭게 일하는 우리를 이 아들이 안위하리라 하였더라"(창 5:28-29).

여호와께서 저주하시므로 '땅'에서 수고하지 않을 수 없는 상황에서 라멕은 아들의 이름을 '노아'라고 불렀는데, 이렇게 부른 이유는 이 아들을 통해 저주받은 땅에서 위로를 받고 싶었기 때문이었다. 그렇다면 어떻게 이런 위로가 가능할까? 노아라는 아들을 통해 이런 일이 가능해질 것임을 바라보며 미래의 구원에 대한 희망을 표현한 것이다. 이런 희망이 사람이 번성하기 시작한 이 저주받은 '땅'에서 어떻게 이루어질지를 다루는 이야기가 바로 노아 홍수 스토리이다. 그런데 놀랍게도 저주받은 땅에서 끝내 저주를 받게 된 인간들과는 달리 노아는 여호와께 은혜를 입게 된다.

---

[17] 헬무트 틸리케, 『세상이 어떻게 시작되었는가』, 256-257.

7.3 믿음으로 의의 후사가 되라

월키(Waltkey)는 "믿음으로 노아는 아직 보이지 않는 일에 경고하심을 받아 경외함으로 방주를 예비하여 그 집을 구원하였으니 이로 말미암아 세상을 정죄하고 믿음을 따르는 의의 상속자가 되었느니라"는 히브리서 11:7을 근거로 이렇게 해석한다.

"이 어구는 노아가 믿음으로 살았음을 강조한다(히 11:7). 그러나 이에 연관된 엄청난 노력과 투자는 언급하지 않는다. 필요한 수많은 나무들을 자르고, 이를 건조 장소까지 옮기고 거대한 널빤지들을 연결시키는 일들을 하는 데 오랜 세월이 걸렸을 것이다. 더욱이 이토록 거대한 크기의 배를 건조하고, 그렇게 많은 동물들의 다양하고 충분한 음식을 준비하려면 엄청난 돈이 들었을 것이다. 메소포타미아 스토리는 영웅의 행동에만 초점을 맞추는 반면에(*ANET*, 93-94, lines 53-86, 131-37), 창세기는 하나님의 행동과 노아의 순종에 초점을 맞추고 있다."[18]

야고보 사도가 가르쳐 준 대로 노아가 의인인 것은, 믿음으로 아직 보이지 않는 일에 경고하심을 받아 경외함으로 방주를 준비했기 때문이다. 이런 순종이 '세상을 정죄하고 믿음을 좇는 의'이다. 그리고 노아는 이런 순종을 보였기에 의인인 것이다.

오늘날 현대 그리스도인들은 과연 주님의 재림을 갈망하여 방주를 예비하고 있는 의인인가?

워런 버핏이 말한 대로 주님의 재림은 알지만 방주를 실제로 예비하지도 못하고 '노아의 법칙'도 따르지 못하고 있는 것은 아닌가?

"나는 노아의 법칙을 위반했다. 비를 예측하는 것은 중요하지 않다. 방주를 만드는 것이 중요하다."

---

18) Waltkey, *Genesis*, 137.

7.4 '그러나' 노아는 은총의 대상

마지막으로 성경 기자의 목적은 노아의 장점들을 칭찬하려는 것이 아니다. 성경 기자에겐 그보다 더 중요한 신학적 메시지가 있었다. 왜냐하면 창세기 5장의 족보를 제외하고, 홍수 스토리 안에서 노아가 처음 소개되는 창세기 6:8을 보면 노아를 그의 세대와는 전혀 대조적인 인물로 묘사하면서 강력하게 노아는 은총의 대상임을 강조하고 있기 때문이다.

"여호와께서 사람의 죄악이 세상에 가득함과 그의 마음으로 생각하는 모든 계획이 항상 악할 뿐임을 보시고 땅 위에 사람 지으셨음을 한탄하사 마음에 근심하시고 이르시되 내가 창조한 사람을 내가 지면에서 쓸어버리되 사람으로부터 가축과 기는 것과 공중의 새까지 그리하리니 이는 내가 그것들을 지었음을 한탄함이니라 하시니라"(6:5-7).

"그러나 노아는(ונח; 웨노아흐) 여호와께 은혜를 입었더라"(6:8).

"이것이 노아의 족보니라 노아는 의인이요 당대에 완전한 자라 그는 하나님과 동행하였으며"(6:9).

학자들은 '그러나(ו; 웨) 노아는 여호와께 은혜를 입었더라'에서 '그러나'에 주의한다. 이는 히브리어로 '웨'(ו)인데, 접속사로서 '그리고', '그러나' 또는 '즉'의 여러 의미로 쓰이지만 여기서는 '그러나'가 가장 잘 맞는다.

알리스터 맥그래스(Alister McGrath)는 이 '그러나'와 관련하여 멋진 신학적 통찰력을 제공한다.

"성경은 종종 이 '그러나'라는 말을 극적 반전이 이루어지는 장면에서 사용하곤 한다. 이럴 때 이 말은 어쩌면 꿈이 아닌가 싶은 새 장면이 펼쳐지게 될 것임을 미리 알려주는 역할을 한다. 우리는 바로 이런 종류의 '그러나'를 여기 8절에서 발견한다: '그러나 노아는 여호와께 은혜를 입었더라.' 하나님은 쓸쓸히 의인을 찾고 계신다. 그렇게 의인을 찾으시는 하나님의 일은 하나님이 예수 그리스도 안에서 당신 자신을 그 의인으로 나타내실 때 절정에 이르게 된다. 하지만, 여기서는 의인을 찾으시는 하나님의 시선이 노아에게 초점을 맞추고 있다. 노아는 이제 소망과 구원의 표지가 된다."[19]

설교자들은 물론 일반 그리스도인들도 '그러나'라는 접속사 하나가 심오한 신학적 메시지와 실존적 적용점을 줄 수 있다는 사실을 놓쳐서는 안 된다. 성경 본문을 읽다 보면 노아 세대의 사람들은 마음으로 생각하는 모든 계획이 항상 악할 뿐이지만, '노아는 의인이요 당대에 완전한 자라 그는 하나님과 동행'했다고 대조될 것으로 충분히 기대된다. 그런데 갑자기 그 안에 '그러나 노아는 여호와께 은혜를 입었더라'가 들어가 있다. 노아가 당시 사람들과는 다른 존재라는 점을 이야기하기 전에 노아는 하나님의 은총의 대상이라는 점을 강조한다.

노아가 하나님의 은혜를 입은 것이 무엇을 의미하는지 한 설교자가 잘 설명해 준다.

"그런데 단 한 사람 노아만이 하나님의 은총을 입었다. 8절을 직역하면 '노아는 야웨의 눈에서 은총을 발견했다.'이다. …노아는 하나님의 눈에서 은총을 발견한 사람이었다. 발견하는 것은 그 대상이 이미 있을 때 가능하다. 즉 하나님의 은총이 먼저 있었다. 그리고 노아는 그 은총을 볼 수 있는 눈을 가졌다. 하나님의 은총을 발견한 자는 그 은총을 볼 수 있는 눈, 볼 수 있는 마음을 가진 사람이다. …세상의 강자들이 힘과 권세를 추구할 때 노아만은 하나님의 은총을 찾았다. …그러나 하나님은 많은 것이 아닌, 강성한 것들이 아닌, 하나님의 눈에서 은총을 발견한 단 한 사람 노아로부터 다시 시작하신 것이다. '노아'라는 이름은 '멎다.', '쉬다.'라는 뜻이다. 은총을 찾는 사람은 심판을 멈추게 한다. 그리고 참 쉼을 준다. …아무리 악이 가득한 세상일지라도 사람이 하는 짓이라고는 악한 행위와 마음뿐이지만 하나님은 하나님의 은총을 찾는 한 사람을 찾으신다. 하나님은 하나님의 눈에서 은총을 발견한 한 사람, 노아와 그 눈을 맞추신다. 그리고 무지개 영롱한 세상을 시작하신다. 사람만이 희망이기 때문이다."[20]

---

[19] 알리스터 맥그래스, 『구속사로 본 핵심 주석』, 박규태 역 (국제제자훈련원, 2008), 30.
[20] 김종수, "하나님의 후회와 홍수 심판 그리고 노아 한 사람", 『기독교사상』 703 (2017. 7), 137-138.

일부 학자들은 노아가 하나님의 은총을 받은 것은 자의적인 것이 아니라, 노아가 의인이었기 때문에 가능한 것이라고 해석한다. 그러나 그렇게 보아서는 안 된다. 물론 노아가 의인이요 당대에 완전한 자요 하나님과 동행한 인물이기는 하지만, 이것보다 더 중요한 것은 하나님의 은총을 받은 자라는 것이다. 하나님께서 노아를 택한 1차적 원인은 하나님의 은총이다. 하나님의 은혜가 아니었다면 노아를 포함해서 모든 인간은 진멸을 당해 마땅한 존재였을 것이다. "'그러나' 노아는(נֹחַ; 웨노아흐) 여호와께 은혜를 입었더라"(6:8).

그렇다! 복음은 '그러니까'의 논리가 아니다. 노아는 의인이요 당대에 완전한 자이다. '그러니까' 하나님께서 그를 홍수로부터 구원하신 것이라는 식은, 결코 복음의 논리가 아니다. '그러니까'의 논리는 바리새인들의 논리이며, 자칫하면 사탄의 논리일 수 있다.

반면에 복음의 논리는 '그러나'이다. 사람의 마음으로 생각하는 모든 계획이 항상 악할 뿐임을 보시고 창조한 사람을 지면에서 쓸어버리기로 하셨으나, '그러나' 노아는 여호와께 은혜를 입었다! 이것이 복음의 논리이다. 우리가 아직 죄인 되었을 때, '그러나' 예수께서는 경건치 않은 우리를 위해 죽으신 것이다.

"우리가 아직 연약할 때에 기약대로 그리스도께서 경건하지 않은 자를 위하여 죽으셨도다 의인을 위하여 죽는 자가 쉽지 않고 선인을 위하여 용감히 죽는 자가 혹 있거니와 우리가 아직 죄인 되었을 때에 그리스도께서 우리를 위하여 죽으심으로 하나님께서 우리에 대한 자기의 사랑을 확증하셨느니라"(롬 5:6-8).

"노아의 때에 된 것과 같이 인자의 때에도 그러하리라 노아가 방주에 들어가던 날까지
사람들이 먹고 마시고 장가들고 시집가더니 홍수가 나서 그들을 다 멸망시켰다"

눅 17:26–27

"World Destroyed by Water" by Gustave Dore from Wikimedia Commons

"Go into the ark, you and your whole family"

4장

어떻게 인간의 모든 계획은 항상 악할 뿐인가?

창 6:9-13

1. 들어가는 이야기

1.1 홍수의 원인이 막연하게 인간의 죄라고 하면 안 된다

노아 홍수 스토리를 읽어보면 홍수를 일으킨 이유가 성경에 분명하게 명시되어 있다. 그런데 많은 독자들이나 성경 해석자들이 성경 본문을 상세히 읽지 않고 막연하게 '인간의 범죄와 타락'이 대홍수를 보낸 이유라고 말한다. 물론 인간의 죄가 대홍수를 보낸 이유라고 말한다고 해서 틀린 것은 아니다. 그러나 이런 일반적인 해석은 성경의 독특한 메시지를 드러내지 못한다. 왜냐하면 동서고금을 막론하고 대홍수의 이야기 뒤에는 거의 항상 인간의 죄가 홍수의 원인으로 등장하기 때문이다.

컬럼니스트인 이규태 씨는 이 점을 잘 지적한다.

"대홍수가 없었던 나라는 동서고금 어느 한 나라도 없다. 한데 그 많은 홍수의 원인은 오로지 한 가지였다. 천심이나 인심에 거역했을 때 노여움이 홍수로 표출되었다는 점이다. …우리나라 호수나 연못 포구(浦口)의 형성 설화도 홍수에 의한 것인데 돈 많은 부자가 동냥 온 걸승에게 시주를 않고 말똥을 퍼주거나 오누이상간(相姦) 등 인간 타락이 있을 때 그 집이나 마을을 홍수가 덮치게 하여 수몰시킨 것으로 돼 있다."[1]

홍수와 같은 재해가 있을 때 그 원인으로 인간의 죄를 지적하는 것은 어쩌면 인간 사고의 원형적 패턴인지 모른다. 2004년 12월 26일 서남아시아에 지진과 해일로 수많은 사람들이 익사를 당한 사건이 일어났을 때에 한 개신교 목사가 "서남아시아 쓰나미에서 희생된 사람들은 예수를 제대로 믿지 않는 자들"이라는 취지의 주장을 해서 여론의 질타를 받았다. "8만 5천 명이나 사망한 인도네시아 아체라는 곳은 2/3가 무슬림이고 반란군에 의해 많은 그리스도인들이 학살당한 곳"이라고 말한 데 이어 "3-4만 명이 죽은 인도의 첸나라는 곳은 힌두교도들이 창궐한 곳이다."[2]라고 설교했다고 한다.

예나 지금이나 자연 재해 뒤에 인간의 죄를 찾으려는 인간의 근원적 심리를 잘 보여준다. 그러나 이런 식으로 노아 대홍수도 인간의 죄가 문제라고 막연하게 설명하면 성경을 이해하는 데 도움이 되기는커녕 오히려 성경 본문을 오해하거나 곡해하게 만든다. 따라서 우리는 본문에서 홍수의 원인을 무엇이라고 말하는지 상세히 살펴보아야 한다.

1.2 '땅'과 '땅의 부패' 강조

그런데 노아 홍수의 원인을 묘사하는 대목을 읽다 보면 매우 의아한 대목이 나온다. 사람의 죄악도 언급되어 있지만 이보다는 '땅'이 여러 번 반복되면서 '땅의 부패'를 오히려 더 강조하는 것처럼 보이기 때문이다.

"당시에 땅(אֶרֶץ; 에레츠)에는 네피림이 있었고 그 후에도 하나님의 아들들이 사람의 딸들에게로 들어와 자식을 낳았으니 그들은 용사라 고대에 명성이 있는 사람들이었더라 여호와께서 사람의 죄악이 세상(원문은 땅; אֶרֶץ)에 가득함과 그의 마음으로 생각하는 모든 계획이 항상 악할 뿐임을 보시고 땅(אֶרֶץ) 위에 사람 지으셨음을 한탄하사 마음에 근

---

[1] 이규태, "한반도 홍수설", 『조선일보』 2005년 9월 13일자 이규태 코너, http://www.chosun.com/editorials/news/200509/200509130400.html

[2] http://www.chosun.com/national/news/200501/200501120300.html

심하시고"(창 6:4, 5, 6).

"그때에 온 땅(אֶרֶץ)이 하나님 앞에 부패하여 포악함이 땅(אֶרֶץ)에 가득한지라 하나님이 보신즉 땅(אֶרֶץ)이 부패하였으니 이는 땅(אֶרֶץ)에서 모든 혈육 있는 자의 행위가 부패함이었더라 하나님이 노아에게 이르시되 모든 혈육 있는 자의 포악함이 땅(אֶרֶץ)에 가득하므로 그 끝 날이 내 앞에 이르렀으니 내가 그들을 땅(אֶרֶץ)과 함께 멸하리라…내가 홍수를 땅에 일으켜 무릇 생명의 기운이 있는 모든 육체를 천하에서 멸절하리니 땅(אֶרֶץ)에 있는 것들이 다 죽으리라"(창 6:11, 12, 13, 17).

위의 본문을 보면 짧은 본문 안에 무려 '땅'(אֶרֶץ; 에레츠)이 10번이나 반복되어 있다. 이렇게 땅을 여러 번 집중 반복하는 이유는 무엇일까? 어떤 학자들은 '땅'은 '인간들'을 가리킨다면서 별 의미없는 것으로 치부한다. 그러나 짧은 본문 안에 이렇게 한 단어가 집중적으로 나올 때에는 그 이유를 살펴보아야 한다. 게다가 하나님께서는 모든 혈육 있는 자를 '땅과 함께' 멸하리라고 하셨다. 도대체 땅이 무슨 잘못을 했기에 땅과 함께 모든 육체를 천하에서 멸절하시는 것일까?

하나님께서는 땅이 부패했기 때문이라고 그 이유를 명시하신다. 도대체 땅(אֶרֶץ; 에레츠)이 '부패하였다.'(שָׁחַת; 샤하트)는 것은 무슨 뜻일까? 물론 '모든 혈육 있는 자'의 행위가 부패했다고 바로 뒤에 밝히고 있긴 하지만(6:13), 굳이 '땅'이 부패했다고 두 번이나 언급하는 이유는 무엇인가? 홍수의 원인은 '땅의 부패'라는 것을 강조하기 위해서이다.

"그때에 온 땅이 하나님 앞에 부패하여(נִשְׁחָתָה; 샤하트[שָׁחַת]의 니팔[수동]형) 포악함이 땅에 가득한지라 하나님이 보신즉 땅이 부패하였으니(נִשְׁחָתָה; 샤하트[שָׁחַת]의 니팔[수동]형) 이는 땅에서 모든 혈육 있는 자의 행위가 부패함이었더라(הִשְׁחִית; 샤하트[שָׁחַת]의 히필[사역]형) 하나님이 노아에게 이르시되 모든 혈육 있는 자의 포악함이 땅에 가득하므로 그 끝 날이 내 앞에 이르렀으니 내가 그들을 땅(אֶרֶץ; 에레츠)과 함께 멸하리라(מַשְׁחִיתָם; 샤하트[שָׁחַת]의 히필[사역]형)"(창 6:11-13).

여기서 우리는 '부패하다.'는 히브리어 '샤하트'(שחת)가 이 짧은 단락 안에 무려 4번이나 반복되고 있음을 주목해야 한다.³⁾ 그만큼 '땅의 부패'가 노아 홍수의 이유임을 강조하는 것이다. 따라서 우리는 그냥 홍수의 원인은 '인간의 죄'라든지, 아니면 혹자의 주장대로 '예배를 등한시 여겼기 때문'이라든지 식으로 막연하게 해석해서는 안 된다. 우리는 성경 본문의 언어적 데이터와 문예적 데이터의 디테일들을 세심하게 살피면서 첫째 '땅'(ארץ; 에레츠)이 도대체 무슨 잘못을 한 것인지, 둘째 '땅의 부패'가 도대체 어떤 것이기에 하나님께서 모든 혈육 있는 자를 '땅과 함께' 멸하시는지를 살펴보도록 하자.

2. 노아 홍수의 원인들

2.1 홍수의 원인을 두 번 언급함

노아 홍수 스토리는 홍수의 원인에 대해 무엇이라 말하는가? 노아 홍수 이야기를 읽어보면 홍수를 일으킨 이유와 홍수를 보내기로 결심하는 내용이 두 번이나 반복되어 나온다. 한 번은 6:5-6에 나오고 다른 한 번은 6:11-13에 나온다.

  A 홍수의 이유
    (1) "여호와께서 사람의 죄악이 세상[땅]에 가득함과
    (2) 그의 마음으로 생각하는 모든 계획이 항상 악할 뿐임을 보시고"(5절)
      B 홍수를 보내기로 결심
      "땅 위에 사람 지으셨음을 한탄하사 마음에 근심하시고 이르시되 내가 창조한 사람을 내가 지면에서 쓸어버리되 사람으로부터 가축과 기는 것과 공중의 새까지 그리하리니 이는 내가 그것들을 지었음을 한탄함이니라 하시니라"(6-7절)
  A' 홍수의 이유
    (3) "그때에 온 땅이 하나님 앞에 부패하여 포악함이 땅에 가득한지라"

---

3) 홍수 전체 내러티브에는 모두 7번 나온다.

(4) "하나님이 보신즉 땅이 부패하였으니 이는 땅에서 모든 혈육 있는 자의 행위가 부패함이었더라"(11-12절)

B' 홍수를 보내기로 결심

"하나님이 노아에게 이르시되 모든 혈육 있는 자의 포악함이 땅에 가득하므로 그 끝 날이 내 앞에 이르렀으니 내가 그들을 땅과 함께 멸하리라"(13절)

이렇게 보면 홍수의 이유가 두 번(A와 A') 나오고 홍수를 보내기로 결심한 내용(B와 B')이 두 번 나오게 된다. 홍수의 원인은 하나는 '인간'과 관련된 것이고 하나는 '땅'과 관련된 것으로 크게 두 가지이다. 그런데 인간과 관련된 원인은 두 가지 이유로 다시 나누어지는데 (1) 사람의 죄악이 땅에 가득함과 (2) 그의 마음으로 생각하는 모든 계획이 항상 악할 뿐이기에 홍수를 일으키셨다는 것이다. 그리고 땅과 관련해서 역시 두 가지 이유가 나오는데 (3) 온 땅이 하나님 앞에 부패한 것과 포악함이 땅에 가득한 것 (4) 땅에서 모든 혈육 있는 자의 행위가 부패함이 홍수의 원인으로 나온다.

그런데 흥미로운 것은 홍수의 원인을 두 번 밝히면서 '인간'과 '땅'이 긴밀하게 연결되어 '불가분리의 관계'에 있는 것처럼 묘사되고 있다는 점이다. '인간'의 문제를 언급할 때 '땅'이 들어가고, '땅'의 문제를 언급할 때 '인간'이 들어가는 방식으로 말이다. 그렇다면 우리는 홍수의 두 가지 원인을 분리해서 해석해서도 안 되며, 땅과 인간을 구분해서 홍수의 원인을 이해해서도 안 된다.

2.2 비평 학자들의 견해

그렇다면 이렇게 홍수를 일으킨 이유와 홍수를 보내기로 결심하는 내용이 두 번이나 반복되는 것을 어떻게 해석해야 하는가?

그동안 역사 비평 학자들은 이 두 가지 이유를 종합적으로 이해하기보다는 두 개의 독자적인 문서가 결합된 것으로 해석하여 구분해서 해석해 왔다. 아래의 분석은 독일학자 클라우스 베스터만(Claus Westermann)의 구분이다.[4]

---

4) Westermann, *Genesis 1-11*, 412.

	J(야웨) 문서	P(제사장) 문서
인간의 타락	6:5	6:11, 12
진멸의 결정	6:6–7	6:13
하나님이 노아에게 한 명령	7:1–4	6:13–21
노아의 반응	7:5	6:22

베스터만은 이렇게 두 개의 문서를 구분한 다음에 각 문서의 기자들의 특징을 이렇게 대조한다.

"이로써 P기자가 경건한 사람 노아를 묘사하면서(족보로-필자 첨가) 이야기를 시작하였는지 더욱 분명해지고 있다. 여기에 경건한 노아가 있다. 세상은 부패하였다. 노아에게 주어진 명령이 사건을 실제로 움직이는 원동력이다. 진멸하시겠다는 결정이 노아에게 한 17절의 연설에서 주어진다. 명령과 집행의 순서가 전체 사건을 장악하고 있다는 점은 홍수의 재앙에 의해서도 간섭되지 않는다. 이것은 J기자의 제시와는 너무나 다르다. 6:5–8(J)에서는 초점이 진멸하시겠다는 하나님의 결정이 끼칠 영향에 있다. 하나님이 슬퍼하시고 한탄하셨다는 점. 그러나 P기자에게는 이런 징후가 없다. 인간은 부패하였고 마땅히 진멸되어야 했다. 그러나 노아는 경건한 사람으로 인류를 대표한다. 그를 보존하겠다는 명령의 말씀이 그에게 나갔고, 그 말씀은 실행에 옮겨졌다. 이것이 P기자의 핵심 메시지이다."[5]

이렇게 두 개의 별개 문서가 하나로 합쳐졌다고 해서 홍수의 원인과 진멸의 결정이 두 번 반복되는 현상이 제대로 설명되는 것이 아니다. 왜냐하면 이런 '발생론적' 설명은 입증될 수가 없다. 입증이 되지 않는다 해도 최종 본문을 더 잘 이해하는 데 도움이 된다면 모를까 본문 이해에 도움이 되기는커녕 자연스러운 본문 읽기에 오히려 방해가 된다.

설령 두 개의 문서가 결합되었다 해도 최종 기자가 두 문서를 연결시켰을 때에는

---

5) Westermann, *Genesis 1-11*, 413.

나름의 신학적 목적이 있는 것이 아닌가? 따라서 최종 성경 본문을 있는 그대로 놓고 해석을 해야지, 이전에 두 개의 개별적 문서가 있었다는 식으로 전제하고 해석해서는 안 된다.

따라서 이런 식으로 '외과적' 수술을 해서는 안 된다. 현재의 최종 본문을 놓고 홍수의 이유를 모두 고려해야 한다. 이렇게 모두 열거해 보면 4가지로 볼 수 있는데 크게 두 가지로 나누인다.

1. 사람의 죄악과 악함
   (1) 사람의 죄악이 세상에 가득함
   (2) 그의 마음으로 생각하는 모든 계획이 항상 악할 뿐임

2. 땅의 부패와 포악함
   (3) 온 땅이 하나님 앞에 부패함 & 땅에서 모든 혈육 있는 자의 행위가 부패함
   (4) 포악함이 땅에 가득한지라 & 모든 혈육 있는 자의 포악함이 땅에 가득

크게 두 가지 이유 가운데서 이번 장에서는 '사람의 죄악과 악함'에 대해서만 살펴보고, 다음 장에서 '땅의 부패와 포악함'에 대해 살펴보도록 하자.

3. 사람들이 가득하니 죄악이 가득해짐

3.1 사람의 죄악이 가득해진 것이 문제

홍수의 첫 번째 이유는 "사람의 죄악이 세상에 가득함"(רַבָּה רָעַת הָאָדָם בָּאָרֶץ; 랍바 라아트 하아담 바아레츠) 때문이라고 내레이터는 밝히고 있다.

"여호와께서 사람의 죄악(רָעַת הָאָדָם; 라아트 하아담)이 세상에 가득함(רַבָּה; 랍바)과 그의 마음으로 생각하는 모든 계획이 항상 악할 뿐임을 보시고 땅 위에 사람 지으셨음을 한탄하사 마음에 근심하시고 이르시되 내가 창조한 사람을 내가 지면(הָאֲדָמָה; 하아다마)에

서 쓸어버리되 사람으로부터 가축과 기는 것과 공중의 새까지 그리하리니 이는 내가 그것들을 지었음을 한탄함이니라 하시니라"(창 6:5-7).

내레이터는 우선 홍수의 이유는 '사람의 죄악'(רָעַת הָאָדָם; 라아트 하아담)이라고 분명하게 밝힌다. 그저 '몇 사람'의 큰 죄악이 문제가 아니라, 사람의 죄악이 세상에 '가득한'(רַבָּה; 랍바) 것이 문제였다.

여기까지는 읽어내는 데 큰 어려움이 없다. 그런데 문제는 사람의 죄악이 세상에 가득했기에 "내가 창조한 사람을 내가 지면(הָאֲדָמָה; 하아다마)에서 쓸어버리겠다."고 선언한 데 있다. 우리는 이미 학자들이 제기한 것처럼, "사람의 죄악이 세상에 가득한 것과 사람을 지면에서 쓸어버리겠다는 결심 사이에 특별한 관련이 있는가?"라는 질문을 하지 않을 수 없다. 죄악이 세상에 가득한 것과 지면 사이에는 무슨 관련이 있는가?

3.2 사람의 죄악과 '지면'과의 관계

이 질문에 답을 하려면 성경 본문을 상세히 살펴보아야 한다. 사람의 죄악이 세상에 가득하게 된 이유가 무엇인지 근접 문맥에서 살펴야 한다. 그리고 왜 하필이면 '지면에서' 사람을 쓸어버리기로 하셨는지 본문에서 '언어적 단서'를 살펴야 한다. 성경 본문의 모든 내용은 그것이 역사적이든 신학적이든 '언어'로 표현되어 있기 때문이다. 본문의 가장 밑의 기저 층은 '언어층'(linguistic stratum)임을 잊어서는 안 된다. 언어적 근거 없이 성경 본문을 마음대로 해석해서는 안 된다.

우리가 언어층에서 단서를 알아내기 위해선 먼저 동일한 단어가 반복되고 있는지 근접 문맥을 먼저 살펴야 한다. 그런데 이미 여러 학자들이 지적했듯이, 흥미롭게도 '사람의 죄악이 세상에 가득하다.'라고 했을 때 '가득하다.'란 어근(רָבַב, 라바브; רַב, 라브)과 '지면'(הָאֲדָמָה; 하아다마)이란 두 단어가 창세기 6:1-2과 6:5-7 사이에 반복되고 있음을 볼 수 있다.

"사람이 땅(지면; הָאֲדָמָה; 하아다마) 위에 번성하기(רָבַב; 라바브) 시작할 때에 그들에게서 딸들이 나니 하나님의 아들들이 사람의 딸들의 아름다움을 보고 자기들이 좋아하는 모든 여자를 아내로 삼는지라"(창 6:1-2).

"여호와께서 사람의 죄악이 세상에 가득함(רַב; 라브)과 그의 마음으로 생각하는 모든 계획이 항상 악할 뿐임을 보시고 땅 위에 사람 지으셨음을 한탄하사 마음에 근심하시고 이르시되 내가 창조한 사람을 내가 지면(הָאֲדָמָה; 하아다마)에서 쓸어버리되 사람으로부터 가축과 기는 것과 공중의 새까지 그리하리니 이는 내가 그것들을 지었음을 한탄함이니라"(창 6:5-7).

창세기 6:1의 "사람이 땅 위에 번성하기"에서 '땅'이라고 번역된 단어는 6:7에 쓰인 '지면'(הָאֲדָמָה; 하아다마)과 동일한 단어이고, '번성하다.'로 번역한 단어는 사람의 죄악이 '가득하다.'(רַב; 라브)와 동일한 어근의 '라바브'(많아지다란 의미; רַב)이다. 그러므로 '사람의 죄악'이 땅에 '가득한'(רַב; 라브) 이유는 사람이 '지면'(הָאֲדָמָה; 하아다마) 위에 '가득해'(רָבַב; 라바브)졌기 때문이다.

이렇게 본문의 언어층을 분석하면 '사람의 죄악이 세상에 가득한 것과 사람을 지면에서 쓸어버리겠다는 결심 사이에 불가피한 관계'가 있음을 알 수 있다. 학자들은 '지면'(הָאֲדָמָה; 하아다마)에 사람이 '많아지면서'(רָבַב; 라바브) 죄악도 '많아지자'(רַב; 라브) 하나님께서는 사람을 '지면'(הָאֲדָמָה; 하아다마)에서 쓸어버리지 않을 수 없었다고 해석한다. 하나님께서는 고대 근동의 홍수 설화에 나오는 것처럼 신의 자의적인 변덕에서 홍수를 보내신 것이 아니었다. '지면'에 사람이 '많아지면서' 죄악이 '많아지자' '지면으로부터' 사람을 쓸어버리기로 하신 것이다.[6]

3.3 아들들과 딸들을 낳았기 때문

내레이터는 지면에 사람이 많아진 것이 문제의 발단이라고 지적한다. 그렇다면 어떻게 해서 사람들이 지면에서 많아졌는가? 딸들이 나자 하나님의 아들들이 사람들의 딸들의 아름다움을 보고 모든 여자를 아내로 삼으면서 사람이 많아지게

---

[6] 학자들은 '보다.'(רָאָה; 라아)는 동사의 반복을 보면 더 분명히 알 수 있다고 말한다: "하나님의 아들들이 사람의 딸들의 아름다움을 보고(רָאָה; 라아) 자기들이 좋아하는 모든 여자를 아내로 삼는지라"(창 6:2); "여호와께서 사람의 죄악이 세상에 가득함과 그의 마음으로 생각하는 모든 계획이 항상 악할 뿐임을 보시고(רָאָה; 라아)"(창 6:5).

(רָבַב; 라바브) 되었고, 그로 인해 사람의 죄악이 세상에 가득하게(רַב; 라브) 되었다는 것이다(5절). 실제로 5장의 셋의 족보를 보면 아담부터 딸들을 낳았음을 분명히 밝히고 있다.

"아담은 셋을 낳은 후 팔백 년을 지내며 자녀들을 낳았으며(בָּנִים וּבָנוֹת; 바님 우바노트)"(창 5:4).

'자녀'라고 번역되었지만 원문은 '아들들'(בָּנִים; 바님)과 '딸들'(בָּנוֹת; 바노트)이라고 되어 있다. 그런데 창세기 5장의 셋의 족보를 보면 무려 8번이나 아들들과 딸들을 낳았다는 점을 강조하고 있다.

(1) "셋은 에노스를 낳은 후 팔백칠 년을 지내며 아들들과 딸들(בָּנִים וּבָנוֹת; 바님 우바노트)을 낳았으며"(6, 7절).

(2) "에노스는…게난을 낳은 후 팔백십오 년을 지내며 아들들과 딸들(בָּנִים וּבָנוֹת; 바님 우바노트)을 낳았으며"(9, 10절).

(3) "게난은…마할랄렐을 낳은 후 팔백사십 년을 지내며 아들들과 딸들(בָּנִים וּבָנוֹת; 바님 우바노트)을 낳았으며"(12, 13절).

(4) "마할랄렐은…야렛을 낳은 후 팔백삼십 년을 지내며 아들들과 딸들(בָּנִים וּבָנוֹת; 바님 우바노트)을 낳았으며"(15, 16절).

(5) "야렛은…에녹을 낳은 후 팔백 년을 지내며 아들들과 딸들(בָּנִים וּבָנוֹת; 바님 우바노트)을 낳았으며"(18, 19절).

(6) "에녹은…므두셀라를 낳은 후 삼백 년을 하나님과 동행하며 아들들과 딸들(בָּנִים וּבָנוֹת; 바님 우바노트)을 낳았으며"(21, 22절).

(7) "므두셀라는…라멕을 낳은 후 칠백팔십이 년을 지내며 아들들과 딸들(בָּנִים וּבָנוֹת; 바님 우바노트)을 낳았으며"(25, 26절).

(8) "라멕은 노아를 낳은 후 오백구십오 년을 지내며 아들들과 딸들(בָּנִים וּבָנוֹת; 바님 우바노트)을 낳았으며"(30절).

창세기 5장을 보면 마치 후렴처럼 아들들과 딸들(בָּנִים וּבָנוֹת; 바님 우바노트)을 낳았다는 점만 반복해서 언급한다. 아담의 후손들은 마치 '한 일이라고는 결혼하고 아들들과 딸들을 낳은 것'이 전부인 양 묘사되고 있다. 딸을 하나만 낳은 족장은 하나도 없다. 최소한 두 명 이상의 딸을 둔 것이다.

3.4 얼마나 많은 아들들과 딸들을 낳았을까?

그렇다면 얼마나 많은 아들들과 딸들을 낳은 것인가? 보통 팔백 년을 살았으면 도대체 몇 명의 아들들과 딸들을 낳은 것일까? 아담의 경우 130세에 자기 형상과 같은 아들을 낳아 이름을 셋이라 하고 그 후 800년을 살며 자녀를 계속 낳았다고 한다. 이에 따르면 아담의 수명은 930년이나 된다. 930년 동안 몇 명의 아들들과 딸들을 낳은 것인가? 신학자들은 이런 질문을 좀체 던지지 않는다. 이에 반해 소설가들은 이런 질문을 던지고 소설가적 상상력을 발휘한다. 신학을 하여 목사이기도 한 소설가 조성기 씨의 말을 들어보자.

"130세에 셋을 낳았으니 아담은 130세까지 성생활이 가능했다는 말이 된다. 그리고 그 후에도 일정 기간 동안은 성생활이 가능하였으니 자녀들을 계속 더 낳을 수 있었을 것이다. 이브가 아담의 배필로 천년해로를 했다면 이브가 낳은 자녀 수는 얼마나 될까? 산아제한도 없던 시대였으니 적어도 수백 명은 낳았을 것이다. 한 여자의 몸에서 수백 명이 태어났다는 것은 참으로 그로테스크한 일이다. …성서에서는 '노아가 500세 된 후에 셈과 함과 야벳을 낳았더라'고 하였다. 노아는 적어도 500세까지 왕성하게 성생활을 했다는 말이다. 물론 그 후에도 수백 년 동안 더 성생활을 했다. 노아는 950세에 죽었다."[7]

아담과 하와가 수백 명의 자녀를 낳았다는 주장은 확인할 바 없으나 조성기 씨가 스스로 말한 대로 '그로테스크'하다. 어찌되었든 사람들이 이런 식으로 지면에 많아지게 된 것만큼은 부인할 수 없다.

---

[7] 조성기 "노아는 500세까지 '죽어도 좋아'", 『주간동아』 411 (2003년 11월 27일), 68–69.

4. '사람의 죄악'이 많아짐

4.1 '사람의 죄악'이란?

이렇게 사람들이 지면에 많아지면서 '사람의 죄악'도 많아졌다는 것이 창세기 기자가 이야기하고자 하는 스토리의 핵심이다. 그렇다면 사람이 많아지면서 자동적으로 사람의 죄악도 많아졌다는 말인가? 옛날 우리 선조들이 말한 것처럼 "사는 게 죄지"라는 의미로, 사는 것 자체가 죄악투성이란 말인가? 아니다. 삶 자체가 죄악 때문도 아니며, 사람들이 무엇을 몰라서 무지로 잘못을 저지른 때문이 아니다. 인간이 의도적으로 악을 저지르는 것이 문제이다. 이것을 성경 기자는 '사람의 죄악'(רָעַת הָאָדָם; 라아트 하아담)이라고 묘사한 것이다. 그렇다면 도대체 '사람의 죄악'이라는 것은 무엇을 의미하는 것인가?[8]

우리는 우선 '사람의 죄악'(רָעַת הָאָדָם; 라아트 하아담)이란 그 표현상 '사람이라면 누구나 지을 수밖에 없는 죄'란 의미가 아닐까라고 추론할 수 있다. 한편 사람이 지면에 많아지면서 사람의 죄악이 많아졌다면 하나님의 아들들이 사람의 딸들의 아름다움을 보고 아내를 삼은 것과 연관되어 있다. 예수님께서는 노아 시대의 사람들의 죄악을 '먹고 마시고 장가들고 시집가는' 것으로 해석하셨다.

> "노아의 때에 된 것과 같이 인자의 때에도 그러하리라 노아가 방주에 들어가던 날까지 사람들이 먹고 마시고 장가들고 시집가더니 홍수가 나서 그들을 다 멸망시켰으며"(눅 17:26-27).

남자와 여자가 만나 결혼하고 자녀를 낳는 것은 인간이라면 누구나 하는 것이고 너무나 당연한 인지상정인데 왜 이것을 '사람의 죄악'(רָעַת הָאָדָם; 라아트 하아담)이라고 하는 것일까? 이를 알려면 본문의 언어적 데이터를 살펴보아야 한다.

---

[8] '사람의 죄악'(רָעַת הָאָדָם; 라아트 하아담)을 검색하면 전도서 8:6에 한 번 쓰였는데, '사람에게 임하는 화'로 번역된다: "무슨 일에든지 때와 판단이 있으므로 사람에게 임하는 화가 심함이니라"(חֵפֶץ יֵשׁ עֵת וּמִשְׁפָּט כִּי־רָעַת הָאָדָם רַבָּה עָלָיו כִּי־לֹא; 키 르콜-헤페츠 예쉬 에트 우미쉬파트 키-라아트 하아담 랍바 알라우). 여기서는 히브리어 라아(רָעָה)가 '악'과 '재앙'이라는 이중의미를 가지고 있기 때문에 재앙/화의 의미로 번역한 것이다. '사람의 악'(רָעָה; 라아)은 때가 되면 판단(심판)을 받고 '사람의 재앙'(רָעָה; 라아)을 받아야 하는 것이다.

4.2 사람의 죄악=사람의 원죄

하나님의 아들들이 사람의 딸들과 결혼하여 자녀를 낳았다는 본문을 상세히 보면 '보다.'(רָאָה; 라아), '좋다.'(טוֹב; 토브), '취하다.'(לָקַח; 라카흐)는 세 개의 동사가 나오는데, 많은 구약학자들이 지적했듯이 하나님의 아들들이 하는 행동은 창세기 3:6의 하와의 원죄(보고…좋아서…취하는)의 패턴과 동일하다.

A 하나님의 아들들의 행위

(1) 보고 : 하나님의 아들들이 보고(רָאָה; 라아)

(2) 좋아서 : 사람의 딸들의 아름다움(טוֹב; 토브)을

(3) 취함 : 자기들이 좋아하는 모든 여자를 아내로 삼는지라(לָקַח; 라카흐)

B 하와의 행위

(1) 보고 : 여자가 그 나무를 본즉(רָאָה; 라아)

(2) 좋아서 : 먹음직도(טוֹב; 토브) 하고 보암직도 하고 지혜롭게 할 만큼 탐스럽기도 한 나무인지라

(3) 취함 : 여자가 그 열매를 따먹고(לָקַח; 라카흐) 자기와 함께 있는 남편에게도 주매 그도 먹은지라

'보고 좋으면 마음대로 취하는' 것이 인간의 원죄이며 다시 말해 '사람의 죄악'(רָעַת הָאָדָם; 라아트 하아담)이다. 우리가 앞서 살핀 대로 아담과 하와의 원죄는 에덴 동산에서 쫓겨날 만큼 큰 죄이며, 하나님께서 자신이 창조한 인간을 진멸하려는 결정을 내리게 만들 만큼 노아 시대의 '사람의 죄악'은 심각했다.

4.3 '사람의 죄악'은 반복적인 인간 삶의 조건

하나님의 아들들은 사람의 딸들을 보고 그들이 (먹기에) 좋았기에 자기들이 선택한 여자들은 누구나 아내로 취한 것이다. 사람의 딸들의 매력은 금단의 열매처럼 손을 내밀어 딸 만큼 매혹적이었다. 이런 점에서 창세기 6:1-4은 '고립된 인간들의 스토리'가 아니라 '반복적인 인간의 삶의 조건'을 보여주는 스토리라고 학자들은 본다.

독일 구약학자 베스터만이 이 점을 통찰력 있는 언어로 잘 설명한다.

"내러티브는 인간 현상(a human phenomenon)을 다루고 있다. 미의 욕망(the desire of beauty)은 인간 조건(the human condition)의 한 부분이다. 그러나 이것이 특정한 경계를 넘어서게 되면, 제한된 상태에 있는 한 사람을 위험하게 만든다. 내레이터가 관심을 가진 진정한 인간사는 인간 존재가 위험에 처하는 위기의 순간이다. 이것은 남자가 여인의 아름다움을 욕망한 결과일 수 있다. 욕망 자체가 죄와 연관되는 것은 아니다. 욕망은 인간의 위대한 원동력의 하나임이 입증되었다. 그러나 인간 실존의 불가피한 요소인 경계를 넘을 수 있는 능력(the capacity to burst the bounds that are a necessary part of human existence)이 인간에게 주어졌다는 사실이 결국은 죄를 범하게 하고 하나님의 간섭을 야기하게 하는 것이다."9)

'보고 좋으면 마음대로 취하는' 사람의 죄악(רַעַת הָאָדָם; 라아트 하아담)은 아담과 하와의 원죄의 반복으로 에덴 동산에서 쫓겨날 만한 죄요, 끝내는 지면으로부터 제거되어야 할 만큼 심각한 죄인 것이다. 노아 홍수를 야기한 '사람의 죄악'은 단지 한두 사람의 죄가 아니라, 인류 역사에서 반복적으로 일어나고 진멸의 정죄를 당할 수밖에 없는 죄로 거듭 경험된 현상으로서 아담과 하와의 원죄의 반복으로 볼 수 있다.

4.4 마음의 '모든' 생각이 '항상' 악할 '뿐'

내레이터는 이런 사람의 죄악이 어쩔 수 없는 인간의 조건으로만 이야기하지 않는다. 오히려 이런 죄악은 매우 의도적이고 지속적인 악임을 강조한다.

"그의 마음으로 생각하는 모든(כֹּל; 콜) 계획이 항상(כָּל־הַיּוֹם; 콜-하욤) 악할(רַע; 라아) 뿐(רַק; 라크)임을 보시고"(창 6:5하).

여기서 '악하다.'는 동사 '라아'(רָעַע)는 '나쁘다.'(to be bad)는 뜻으로 상태를 가리키

---

9) Westermann, *Genesis 1-11*, 367.

는 상태 동사이다. '상태 동사'는 구체적인 악한 행동을 묘사하는 '동작 동사'와는 달리, 사악한 '상태'를 가리키는 동사이다. 인간의 마음의 생각과 계획이 항상 악한 '상태'에 놓여 있음을 보여준다.

게다가 여기에 등장하는 '모든'(כֹּל; 콜), '항상'(כָּל-הַיּוֹם; 콜-하욤), '뿐'(רַק; 라크)이란 단어들은 인간의 생각의 악한 상태가 얼마나 심각한지를 보여준다. 학자들이 이미 지적했듯이, 인간의 사악함의 묘사는 너무 극단적이고 과격해서 액면 그대로 받아들이기가 어려울 정도이다. 마음으로 생각하는 모든 계획이 항상 악할 뿐일 수 있을까? 그러나 성경 기자는 극한적 용어를 세 개나 사용하여 인간의 악한 상태가 '절대적 부패임'을 보여준다.

결국 노아 시대의 인간의 악은 단지 무지의 죄이거나, 생략의 죄가 아니다. 마음으로 생각하는 모든 계획이 악한 것이 문제이다. 홍수의 원인은 인간의 의도적인 도덕적 악이다. 그것도 생각의 모든 계획이 항상 악한 것이 문제이다. 과연 인간의 마음의 사악함을 이보다 더 분명히 묘사할 수 있을까! 인간이 얼마나 절대적으로 부패했는지를 단적으로 보여준다. 그렇다면 "인간의 절대 부패(total corruption)는 절대 정결(total cleansing)로서만 상쇄가 가능하다."는 학자들의 말에 귀를 기울여야 한다.10)

5. 하나님의 영이 함께 하지 아니함

5.1 육신이 되었기에

결국 하나님께서는 노아 시대의 사람들에 대해 이렇게 선언하셨다.

"여호와께서 이르시되 나의 영이 영원히 사람과 함께 하지 아니하리니 이는 그들이 육신(בָּשָׂר; 바사르)이 됨이라"(창 6:3).

하나님의 아들들과 사람의 딸들이 결합하여 끝내는 육신이 되었기에 하나님께서

---

10) Gelander, *The Good Creator: Literature and Theology in Genesis 1-11*, 73.

는 자신의 영이 사람과 함께 하지 않겠다고 선언하신 것이다. 여기서 문제가 되는 단어는 '육신'이다. 결국 육신이라고 번역된 히브리어 '바사르'(בָּשָׂר)를 어떻게 해석하느냐가 관건이다.

성경 번역자들은 흔히 이 단어를 너무 추상적으로 이해하여 번역하는 경향이 있었다. 따라서 '바사르'(בָּשָׂר)를 '죽을 운명'(mortal)을 가리키는 의미로 이해하거나, 은유적으로 인간의 죄악성 내지 부패성을 가리키는 의미로 이해한다. NIV 성경은 "he is mortal"로 번역하고 있다.

그러나 '바사르'(בָּשָׂר)는 '살덩어리'[11]란 의미로 사용되면서, '뼈'와 함께 인간의 몸을 가리키는 기본 용어이다.[12] 또한 성적으로 부부가 한 몸이 되는 것(창 2:24)을 가리킴으로써 남녀의 생식 활동까지도 가리키는 의미로 사용된다. 그뿐 아니라 구약성경에서는 '바사르'(בָּשָׂר)가 성기를 가리키기도 한다(겔 23:20). '바사르'(בָּשָׂר)는 '동물'을 가리키는 의미로도 사용된다(창 6:19). 이렇게 본다면 노아 시대에 인간들은 먹고 마시고 장가들고 시집가는 일들만을 하면서 점차 동물로 바뀌어간 것이다.

5.2 그들의 날은 120년이 되리라

하나님의 영이 함께 하지 않는다면 인간은 동물과 마찬가지로 살덩어리에 지나지 않는다. 결국 육신이 된 인간들이 모든 생물들과 함께 죽는 것은 당연하다. 그러나 하나님께서는 나의 영이 함께 하지 않을 것이라고 선언하신 후에 '그들의 날은 120년이 되리라.'고 선포하셨다.

그렇다면 '그들의 날은 120년이 되리라'의 의미는 무엇인가? 지금까지 교회 해석사를 보면 크게 두 가지 해석이 있었다. 하나는 인간의 수명을 단축시켜 최대 수명이 120년이 되게 하겠다는 해석이고, 다른 하나는 홍수가 내리기 전까지 유예 기간이 120년이 되게 할 것이라는 해석이다. 120년의 의미에 대해서는 주석자들마다 정말 의견이 분분하다.

그런데 영국 셰필드 대학의 구약 교수인 데이비드 클라인즈(David J. A. Clines)는

---

11) 가톨릭 200주년 기념 성경: "사람들은 살덩어리일 따름이니." 일반적으로 이렇게 옮기지만 히브리어 본문의 뜻이 분명한 것은 아니다. 여기서 살덩어리는 유한하고 무력한 존재로서의 인간을 가리킨다(50, 각주 4).
12) *TWOT*, vol. 1, 136.

120년을 심판의 유예 기간으로 보는데 필자도 이에 동의한다.[13] 우선 클라인즈는 "하나님의 영을 거두어들이겠다."는 위협은 수명과 연관된 죽음이라기보다는 "앞으로 일어날 어떤 사건과 연관"되어 있을 개연성이 더 크다고 본다.[14]

하나님께서 거두어들이시겠다는 여호와의 '영'(רוח; 루아흐)이 무엇인지를 먼저 살펴야 한다는 것이다. 클라인즈는 이 영은 "창조 시에 인간의 코에 불어넣었던 호흡(נשמה; 네샤마)"으로 볼 수 있다고 한다(창 2:7). 그런데 노아 홍수가 바로 "그 코에 생명의 호흡이(נשמת־רוח חיים; 니쉬마트-루아흐 하임) 있는 모든 존재(코에 생명의 기운의 숨이 있는 것)를 진멸하는 것"이라는 것이다. 이렇게 본다면 6:3의 선언과 7:22의 묘사는 "원인과 결과의 관계"로 해석할 수 있다.[15]

원인 :

"여호와께서 이르시되 나의 영(רוח; 루아흐)이 영원히 사람과 함께 하지 아니하리니 이는 그들이 육신이 됨이라 그러나 그들의 날은 백이십 년이 되리라 하시니라"(창 6:3).

결과 :

"육지에 있어 그 코에 생명의 기운의 숨이 있는(נשמת־רוח חיים; 니쉬마트-루아흐 하임) 것은 다 죽었더라"(창 7:22).

우리는 성경을 해석할 때 자연스럽게 앞뒤 본문과 연결시켜 문맥으로 이해해야 한다. 최근에 많은 학자들이 120년을 뒤에 나오는 홍수 스토리로 연결시키면서 심판의 유예이거나 은혜의 기간으로 보는 것은 어쩌면 너무나 당연한 것인지 모른다.[16] 필자는 120년을 홍수 전까지의 유예 기간에 기울면서도, 인간 수명의 한계와 홍수 전까지의 유예 기간을 통합적으로 볼 수 있지 않을까라는 생각이 든다.

---

13) David J. A. Clines, "The Significance of the 'Sons of God' Episode" (Genesis 6:1-4) in the Context of the Primeval History (Genesis 1-11), *JSOT* 13 (1979), 33-46.
14) Clines, "The Significance of the 'Sons of God' Episode," 42.
15) Clines, "The Significance of the 'Sons of God' Episode," 42.
16) 참조, Victor P. Hamilton, *The Book of Genesis Chapters 1-17* (Eerdmans, 1990), 269; Waltkey, *Genesis*, 117.

5.3 고대 근동 홍수 설화와는 너무나 다름

어찌되었든 고대 근동의 홍수 설화와 비교해보면 노아 홍수 스토리는 은혜로운 이야기로 가득 차 있다. 길가메쉬 서사시에는 인간에게 회개할 기회를 주지 않는다. 알렉산더 하이델의 말을 들어보자.

"길가메쉬 서사시에는 인간에게 회개할 기회를 준다는 사상이 없었다. 그곳에서는 인류에게 예정된 멸망이 은밀히 감추어진 신들의 비밀이었다. 그것이 너무나도 거역할 수 없는 비밀이었기에 에아(Ea)처럼 위대한 신조차도 감히 그것을 자신의 사랑하는 우트나피쉬팀에게 직접적으로 전달하지 않고 꿈으로 경고하여 우트나피쉬팀으로 하여금 신들의 결정 내용을 추측할 수 있게 함으로써 핑곗거리를 미리 마련하지 않을 수 없었다고 느꼈던 것이다."[17]

아니 더 나아가 길가메쉬 서사시를 보면 우트나피쉬팀은 홍수의 징후는 멸망의 표시가 아니라 축복의 표시가 될 것이라고 거짓말로 속이라는 지시를 받는다.

"또한 우트나피쉬팀이 꿈을 통해 그가 섬기는 신 에아에게 자신의 동료 시민들이 배를 건조하며 준비하는 목적에 대해 물을 경우 무엇이라고 대답하여야 할지를 물었을 때에 에아는 그들이 진실을 알고 우트나피쉬팀과 마찬가지로 피할 것을 두려워하여, 우트나피쉬팀에게 그들을 속이라고 지시하였다. 우트나피쉬팀은 실제적으로 그들에게 이렇게 말하여야 한다는 것이었다. '나는 엔릴이 나를 미워하므로 더 이상 여러분들의 도시 가운데 거할 수 없으리라는 사실을 깨달았소. 그러므로 나는 여기를 떠나 나의 수 에아(Ea)와 함께 살려고 하오. 그러면 엔릴은 여러분에게 은혜와 호의를 가지고 대할 것이며 또 폭풍우 치는 저녁에 밀을 마치 비를 내리듯 내려주기 시작할 것이오"(토판 XI: 32-47).

이와 비교할 때 노아 홍수 스토리는 하나님의 오래 참으심과 자비가 잘 드러난다.

---

[17] 알렉산더 하이델, 『고대 근동의 창조 설화 홍수 설화와 구약 성경의 비교』(도서출판 엠마오, 1992), 99.

6. 결론 : 신학적 메시지

6.1 사람의 죄악은 본질상 아담의 원죄

사람들이 지면에 많아지면서 '사람의 죄악'도 많아졌다는 것이 노아 홍수의 원인이다. 이는 하나님의 아들들이 사람의 딸들의 아름다움을 보고 아내를 삼은 것과 연관되어 있음을 살펴보았다.

하나님의 아들들이 사람의 딸들과 결혼하여 자녀를 낳았다는 본문을 상세히 보면 '보다.'(רָאָה; 라아), '좋다.'(טוֹב; 토브), '취하다.'(לָקַח; 라카흐)는 세 개의 동사가 나오는데, 많은 구약학자들이 지적했듯이 하나님의 아들들이 하는 행동은 창세기 3:6의 하와의 원죄(보고…좋아서…취하는)의 패턴과 동일하다는 점을 다시 기억해야 한다. '보고 좋으면 마음대로 취하는' 것이 인간의 원죄이며 다시 말해 '사람의 죄악'(הָאָדָם רָעַת; 라아트 하아담)이다. 아담과 하와의 원죄는 에덴 동산에서 쫓겨날 만큼 큰 죄이며, 하나님께서 자신이 창조한 인간을 진멸하려는 결정을 내리게 만들 만큼 노아 시대의 '사람의 죄악'은 심각했다. 노아 홍수를 야기한 '사람의 죄악'은 단지 한두 사람의 죄가 아니라, 인류 역사에서 반복적으로 일어나고 진멸의 정죄를 당할 수밖에 없는 죄로 거듭 경험된 현상으로서 아담과 하와의 원죄의 반복으로 볼 수 있다.

내레이터는 이런 사람의 죄악이 어쩔 수 없는 인간의 조건으로만 이야기하지 않고 오히려 매우 의도적이고 지속적인 악임을 강조한다.

"그의 마음으로 생각하는 모든(כֹּל; 콜) 계획이 항상(כָּל־הַיּוֹם; 콜-하욤) 악할(רַע; 라아) 뿐(רַק; 라크)임을 보시고"(창 6:5하).

6.2 하나님의 '영'이 떠나면 인간은 '살덩이'에 불과

성경 기자는 노아 시대를 한마디로 미인과 용사들의 시대였다고 말한다. 즉 하나님의 아들들이 사람의 딸들의 아름다움을 보고는 매혹되어 결혼하고 자녀들을 낳았는데, 이들이 용사들이요 유명한 사람들이 되었던 것이다. 오늘날도 이와 마찬가지로 미인들과 영웅들의 시대라 할 수 있다. 현대인들은 아름다워지기 위해 성형을 한다. 심지어 한국 여성 중 절반은 성형을 했다는 이야기가 있을 정도이다. 그뿐 아니라 명문 대학에 들어가고 신의 직장에 들어가 미인들과 결혼하여 '신의 아들들'이 되려는 이들로 넘쳐나고 있다.

그러나 노아 시대는 물론 현대도 겉으로 보기에는 용사들과 미인들의 시대인 것처럼 보이지만 하나님이 보시기에는 '육신'의 시대에 지나지 않은 것이다. 이렇게 하나님의 아들들이 사람의 딸들의 아름다움을 보고 아내를 삼아 고대에 유명한 용사들인 '네피림'(נְפִלִים)을 낳았다는 내용의 에피소드는 겉으로 보기에는 단순한 이야기처럼 보이지만, 그 안에는 노아 시대뿐 아니라 일반적인 인간 현상과 인간 조건이 무엇인지가 드러나는 멋진 스토리이다.

그렇다! 인간은 영원한 존재가 아니다. 인간은 하나님의 영이 함께 하지 않는 한 유한한 존재이다. 아니 하나님의 영이 함께 하지 않는다면 인간은 '육신'에 불과한 존재요 '몸뚱아리'에 지나지 않기에 결국은 '짐승'과 다를 바가 없는 존재이다. 따라서 아무리 미인이요 용사들이라 해도 인간이 먹고 마시고 장가들고 시집가는 일만 한다면 이는 동물에 지나지 않는 것이다. 아무리 용사요 고대에 유명한 자라 해도 '네피림'(נְפִלִים), 즉 넘어진 자에 지나지 않는 것이다.[18]

"당시에 땅에는 네피림(נְפִלִים)이 있었고 그 후에도 하나님의 아들들이 사람의 딸들에게로 들어와 자식을 낳았으니 그들은 용사라 고대에 명성이 있는 사람들이었더라"(창 6:4).

6.3 종교적인 용어로만 종말론적 심판을 선포해선 안 된다

우리는 인류를 홍수로 인한 대재앙으로 이끌고 간 죄를 종교적인 용어로 해석해서는 안 된다. 인류를 진멸시킨 것은 하나님의 형상으로 지음받은 인간들이 먹고 마시고 장가들고 시집가면서 육신으로 바뀌었을 뿐 아니라 마음으로 생각하는 모든 계획이 항상 악했기 때문이다. 여기서 나훔 사르나(Nahum Sarna)의 말을 들어보자.

"창세기에 기록된 홍수 스토리는 종교사에 이정표로 매우 중요하다. 인간의 죄가 사회의 상태로 표현되며, 하나님은 인간과 사회에 책임을 묻는다는 개념은 고대 세계에서는

---

[18] 네피림(נְפִלִים)은 '넘어지다.'는 동사 나팔(נָפַל)에서 파생된 것으로 '넘어진 자'란 뜻이다.

혁명적인 것이다. 성경은 비이스라엘인들을 다루면서 그들의 죄를 우리가 흔히 오용하고 있는 용어인 '종교적'인 용어를 사용하여 고소하지 않았다. 다시 말해 우상숭배나 제의적 범죄로 기소하지 않았다. 홍수 세대의 죄는 엄격히 사회적-도덕적 죄였다."[19]

노아 언약은 그리스도인과만 맺은 언약이 아니다. 노아 언약은 모든 인류와 땅에 있는 호흡하는 모든 생물과 맺은 언약이다. 따라서 노아 홍수와 노아 언약을 설명할 때에는 성경의 방식대로 해야 한다. 성경이 노아 시대의 죄를 종교적인 죄로 설명하지 않았다면, 노아 시대의 문제를 종교적인 죄의 문제로 제시해서는 안 된다.

예수님께서도 인자의 때를 노아의 때와 비교하면서 종교적 용어를 사용하지 않으셨다.

"노아의 때와 같이 인자의 임함도 그러하리라 홍수 전에 노아가 방주에 들어가던 날까지 사람들이 먹고 마시고 장가들고 시집가고 있으면서 홍수가 나서 그들을 다 멸하기까지 깨닫지 못하였으니 인자의 임함도 이와 같으리라"(마 24:37-39).

노아 시대의 문제는 '홍수 전에 노아가 방주에 들어가던 날까지 사람들이 먹고 마시고 장가들고 시집가고 있으면서 홍수가 나서 그들을 다 멸하기까지 깨닫지 못하였다.'는 데 있는 것이다. 이것은 주님의 재림 때도 마찬가지라는 것이다. 따라서 우리 역시 주님의 재림을 선포하면서 지나치게 종교적 언어를 사용하는 것이 아닌지 돌아보아야 한다. 주님의 재림은 단지 인류뿐 아니라 모든 피조물과 연관된 우주적 사건이 될 것이기 때문이다. 불신자들에게 주님의 재림과 최후 심판을 이야기할 때 우리는 지나치게 교회적 용어로 메시지를 전하는 우를 범해서는 안 된다.

6.4 지금은 은혜받을 만한 때

하나님께서는 먹고 마시고 장가들고 시집가는 일을 하면서 동물로 전락한 노아 시대의 인간들을 위해서 120년간의 유예 기간을 주었다. 하나님은 항상 형벌과 심

---

[19] Nahum Sarna, *Understanding Genesis* (Schocken Books, 1970), 53.

판 이전에 회개를 촉구하신다. 노아 대홍수 이전에 하나님께서는 분명히 회개의 기회를 주셨고, 120년은 은혜의 기간이었다. 이것은 오늘날도 마찬가지이다.

"우리가 하나님과 함께 일하는 자로서 너희를 권하노니 하나님의 은혜를 헛되이 받지 말라 이르시되 내가 은혜 베풀 때에 너에게 듣고 구원의 날에 너를 도왔다 하셨으니 보라 지금은 은혜받을 만한 때요 보라 지금은 구원의 날이로다"(고후 6:1-2).

미국의 저명한 구약학자인 월터 브루그만(Walter Brueggemann)은 이렇게 말한다.

"하나님께서 그분의 세상을 어지럽힌 자들을 살리기 위해 끊임없이 영원히 그분의 생명을 주시는 영을 허락하지 않으실 것이다. 생명의 호흡은 언제든지 그가 주시기도 하고 거두기도 하시는 것이다(창 2:7; 시 104:29-30)."[20]

그럼에도 불구하고 노아 시대의 사람들은 은혜의 때를 깨닫지 못하고 먹고 마시고 장가가고 시집가는 일로 소진했다. 문제는 노아 시대의 사람들이 아니다. 오늘 우리가 문제이다. 오늘 우리는 어떤가? 먹고 마시고 사고 팔고 심고 집을 지으면서 자기 목숨을 보존하고자 하는 것은 아닌가? "무릇 자기 목숨을 보전하고자 하는 자는 잃을 것이요 잃는 자는 살리라"(눅 17:33)고 하신 주님의 말씀을 잊어서는 안 된다.

7. 부록 : 그들의 날은 120년이 되리라

7.1 문제 제기

하나님께서는 하나님의 아들들이 사람의 딸들의 아름다움을 보고 각자 자기들이 좋아하는 대로 아내를 얻게 되자 "나의 영이 영원히 사람과 함께 하지" 않겠다고 하신 후에 "그들의 날은 120년이 되리라"고 선포하셨다.

---

20) Brueggemann, *Genesis*, 72.

"여호와께서 이르시되 나의 영이 영원히 사람과 함께 하지 아니하리니 이는 그들이 육신이 됨이라 그러나 그들의 날은 백이십 년이 되리라 하시니라"(창 6:3).

그렇다면 '그들의 날은 120년이 되리라'의 의미는 무엇인가? 교회 해석사를 보면 크게 두 가지 해석이 있다. 하나는 인간의 수명을 단축시켜 최대 수명이 120년이 되게 할 것이라는 해석과 다른 하나는 홍수가 내리기 전까지 유예 기간이 120년이 되게 할 것이라는 해석이 있다.

7.2 '인간 수명의 단축' 이론

성경 해석사를 살펴보면 120년은 노아 홍수 후에 인간 수명의 최대 한계가 120년이 될 것임을 가리킨다는 해석이 꽤 강한 흐름을 형성하고 있다. 왜냐하면 본문상에 이런 가능성을 암시하는 요소들이 여럿 있기 때문이다.

우선 학자들은 120년이란 숫자가 죽음과 관련된 진술 가운데 나오기 때문에 수명의 제한으로 보아야 한다는 것이다. 물론 결정적으로 해석하기 어렵지만 '나의 영이 영원히 사람과 함께 하지 아니하리니'라는 문장이 죽음과 관련된 진술이라는 것은 분명하다는 것이다.[21] 여기에 '육신이 됨이라'는 표현이나 '그들의 날'이라는 어구 역시 수명의 제한과 관련된 해석을 선호하게 만든다고 학자들은 말한다.[22] 게다가 노아 홍수 후에 인간들의 수명이 급격하게 줄어든 것이 사실이기 때문이다.

학자들에 의하면 120 혹은 110이란 숫자는 고대 근동 아시아에서는 '이상적인 수명'이었다고 한다. 고대 애굽의 기록을 보면 110세가 이상적인 수명이었다. 요셉이 110세에 죽은 것은 애굽인의 관점에서는 하나님이 내리신 복이었다(창 50:22). 이에 비해 모세는 120년을 꽉 채워 살았다(신 31:2, 34:7). 어찌되었든 120세가 고대 근동의 이상적인 나이였을 가능성이 크다.

그러나 이런 해석에 대해 일부 학자들은 창세기에 나오는 많은 이들이 120세 이상을 산 것을 보면 수명의 한계로 보기 어렵다고 해석한다. 아래 도표를 보면 홍수 후에도 셈으로부터 10대 이후인 아브라함은 물론 그 후 야곱까지도 모두 120세 이

---

21) 『IVP 성경배경주석』, 50-51.
22) 월튼, 『창세기』, 433.

상을 훨씬 뛰어 넘어 살았다.

이름	첫 아들을 낳을 때 나이	그 후 생존 기간	수명
셈	100	500	600
아르박삿	35	403	438
셀라	30	403	433
에벨	34	430	464
벨렉	30	209	239
르우	32	207	239
스룩	30	200	230
나홀	29	119	148
데라	70	135	205
아브라함	100	75	175
이삭	60	120	180
야곱	91	56	147

심지어 셈은 600년을 살았고, 아르박삿과 셀라와 에벨은 400년 이상을 살았다. 그렇다면 이를 어떻게 해결할 것인가? 수명의 한계로 이해하는 학자들 중 어떤 이들은 수명을 120년으로 제한한 선언이 즉각적으로 집행되지 않았을 수도 있고 형벌이 경감되었을 수도 있었을 것이라고 해석한다.[23] 다른 이들은 "족장들은 하나님의 선택을 받은 사람들이기에 하나님의 영을 더 오랫동안 받음으로써 생명을 얻는 은총을 누렸다."고 해석한다.[24]

세일해머(Sailhamer)는 120년을 '수명의 단축'으로 보면서 이렇게 신학적 해석을 한다.

"여기에서의 초점은 인간에 대한 하나님의 두 언급 사이에서 저자가 그 수명이 이 사람의 일백이십 년의 수명과 크게 대조를 이루는 열 명의 유명한 사람들의 목록을 제시하고 있다는 것이다.

---

23) Wenham, *Genesis* 1-15, 142.
24) 월튼, 『창세기』, 433-434.

이러한 서술의 배열이 의미하는 바는 그들에게 긴 수명을 주는 것은 그들 자신의 '육체'(창 6:3)가 아니라 그들과 함께 거하는 하나님의 신이라는 사실이다. 이 서술에 있어서의 비극적인 사실은 그러한 긴 수명이 인류 전체에게 주어지지 않고 오직 다른 세대에게만 속한다는 점이다. 그러므로 5장에서의 유명한 사람들의 긴 수명은 규칙적이기보다는 예외적으로 제시되고 있다. 그 이후로 인간의 수명은 오직 '일백이십 년'이 될 것이다. 앞장의 긴 수명과 비교해 볼 때에 이처럼 짧은 수명은 인간의 타락과 그들의 창조주로부터의 분리를 표시한다.

이 점을 유지함에 있어서 저자는 모세오경이 나머지 부분을 통하여 노아의 자손들의 수명을 계속해서 제시함으로써 그들의 수명이 점차적으로 짧아졌음을 보여준다(11:10-26 참조). 우리는 오직 모세오경의 마지막 부분에서 불신으로 인한 하나님의 심판으로 말미암아 광야에서 120세에 죽은 모세의 수명에 접하게 된다(민 20장). 그는 아직 강건할 때에 죽었다(신 34:7)."[25]

7.3 '유예 기간' 이론

그러나 루터와 칼빈은 120년을 심판의 유예 기간으로 본다. 루터 성경은 "내가 아직 120년의 유예 기간을 주길 원하노라"라고 되어 있다.

영국 학자 클라인즈(Clines)가 120년을 유예로 보는 근거는 고대 근동의 홍수 이야기인 아트라하시스(Atrahasis) 스토리이다.[26] 이 스토리에 보면 "홍수로 절정에 이르는 재앙들 가운데 1200년의 기간이 삽입"되어 있다는 것이다.

> "1200년이 지나지도 않아서였다(Twelve hundred years had not passed when…).
> 사람이 거주하는 땅은 넓어졌고, 사람들은 많아졌다.
> 땅은 황소처럼 울부짖었다.

---

25) 세일해머, 『서술로서의 모세오경 상』 (크리스챤 서적, 2005), 233-234.
26) 배철현, "노아 홍수 이야기", 『기독교사상』 2002년 9월호, 195. 배철현은 '아트라하시스'란 '너무 똑똑한' 이란 뜻으로 "길가메쉬 서사시에서 우트나피쉬팀의 별명으로 언급된 적이 있으며", "기원전 1,700년경에 고대 바빌로니아어로 쓰여진 여덟 개 단으로 이루어진 토판 문서"라고 설명한다.

신들이 이들의 소음으로 괴로움을 당했다(Atrahasis, I. 352)."27)

클라인즈는 만일 성경의 120이란 숫자와 아트라하시스 스토리의 1200이란 숫자를 "바벨론의 60진법(sexagesimal system)에서 나온 것으로 본다면", 노아 홍수 스토리에서 "120년은 유예 기간"으로 볼 수 있다는 것이다. 아트라하시스 스토리는 성경의 태고사의 패턴과 유사하게 "창조, 인간 번성, 홍수의 순서"로 되어 있기에 아트라하시스 스토리처럼 120년을 일종의 유예 기간으로 보는 것도 얼마든지 가능하다는 것이다.28)

이런 먼 평행 근거가 설득력이 부족해 보일 수 있기에 클라인즈는 차일즈(B. S. Childs)의 견해를 소개한다.29)

"원래 120년의 의미가 무엇이든지간에 상관없이, 현재 위치에서 우리는 다가오는 재앙 앞에 두어진 은혜의 기간과 연관이 있는 것으로 볼 수밖에 없다"(Myth and Reality, 58).

현재 최종 본문 형태에서 창세기 6:1-5은 노아 홍수 스토리 앞에 위치하므로 재앙 앞에 주어진 은혜와 회개의 기간으로 보아야 한다. 탁월한 개혁주의 구약학자인 브루스 월키(Bruce Waltkey) 역시 심판의 유예 기간으로 본다.

"이것은 한 인간 개인의 최대 수명으로 보기보다는 아마도 이 선언과 홍수 사이의 기간을 가리키는 것으로 보인다(참조 5:32, 7:6). 하나님의 심판은 은혜가 첨가된다(참조 벧전 3:20). 120년간의 연기는 사람들이 회개할 시간과, 노아와 그의 거대한 방주를 통해 다가오는 심판을 증언할 수 있는 시간을 주려는 데 목적이 있다."30)

---

27) A. R. Millard, "A New Babylonian 'Genesis' Story," *Tyndale Bulletin* 18 (1967), 11; 배철현, "노아 홍수 이야기", 『기독교사상』 2002년 9월호, 195도 참조하라.
28) Clines, "The Significance of the 'Sons of God' Episode," 42.
29) Clines, "The Significance of the 'Sons of God' Episode," 41-42.
30) Waltkey, *Genesis*, 117.

"The Subsiding of the Waters of the Deluge"(1829),
a painting by the American painter Thomas Cole from Wikimedia Commons

5장

하나님은 왜 인간을 '땅과 함께' 멸하시는가?

창 6:9-13

1. 들어가는 이야기

1.1 홍수의 원인은 진정한 예배가 없었기 때문인가?

대재앙 노아 홍수의 이유는 무엇일까? 많은 해석자들이 노아 홍수 스토리에서 제시한 재앙의 이유를 살피지 않고 마음대로 상상의 나래를 편다. 아래는 강해 설교자로 알려진 모 목사의 설교의 일부분이다.

"노아 홍수가 일어나게 된 결정적인 원인은 놀랍게도 하나님이 택한 백성들의 타락에 있었습니다. 다시 말해서 교회의 부패가 바로 보편적인 심판을 불러온 것입니다. …

노아 당시에 살던 경건한 후손들은 아름다운 여인들과 결혼해서 행복하게 사는 것이 하나님이 주시는 복보다 더 중요하다고 생각했습니다. 재미없는 피 제사를 매일 드리는 것보다 이 세상에 뛰어들어서 같이 음악을 연주해가며 재미있게 어울려 사는 것이 훨씬 더 복되다는 결론을 내린 것입니다. 그래서 그들은 그 딸들과 결혼했고 결혼한 이후로는 더 이상 아벨의 제사를 드리지 않습니다. 이처럼 피의 제사를 포기하자 그들의 마음은 완전히 해방되었습니다. …

그러나 이들이 알지 못했던 것이 무엇입니까? 그들은 자신들이 여태껏 드리고 있었던 아벨의 피 제사가 이 세상을 향한 하나님의 진노를 막고 있었다는 사실을 알지 못했습니다. …그러나 피 제사를 드리던 하나님의 아들들이 세상 여자들의 육체적인 아름다움을 보게 되고 세상이 너무너무 재미있는 것을 알게 되었을 때 그들은 이 예배를 버렸습니다. 그리고 그때부터 하나님의 진노의 심판을 막을 수 있는 것이 없어져 버렸습니다.

왜 이 세상에 무서운 홍수 심판이 임했습니까? 하나님의 진노를 막을 수 있는 진정한 예배가 없어졌기 때문입니다. 경건한 자들이 세속적인 여인들과 결혼한 이후 더 이상 예배를 드리지 않게 되자 그로부터 얼마 되지 않아 이 무서운 심판이 임했습니다. … 오늘날 믿는 사람들도 예배를 점점 더 소홀하게 생각하고 있습니다. 하나님의 아들들이 드리는 진정한 예배는 이 세상의 심판을 막는 보루였는데, 그것을 지키기 싫어하고 희생하기 싫어하며 죄 문제에 대해 정직해지기 싫어했을 때 모든 인류가 망해 버렸습니다."

과연 노아 홍수 스토리는 진정한 예배가 없어졌기 때문에 홍수가 임했다고 말하는가? 노아 스토리가 홍수의 원인을 분명하게 명시하는데도 성경 본문의 문자적 의미를 건너뛰면서 이렇게 해석하는 이유는 무엇일까? 본문의 원래 의미를 찾는 것보다, 적용에 주안점을 두는 해석을 하기 때문이다. 그러다 보니 본문의 언어층(linguistic stratum)을 무시하고 행간을 읽으며 상상의 나래를 펴는 것이다.

1.2 랍비들의 해석

노아 스토리의 언어 데이터에 충실한 문자적 해석을 하기보다는 상상의 날개를 펴고 행간을 읽는 경향은 유대 랍비들의 해석에서도 살펴볼 수 있다. 노르만 콘이 노아 시대의 죄악에 대한 랍비적 해석들을 다음과 같이 잘 요약했다.

"홍수 이전의 시기는 번영과 안락의 시기였다고 한다. 늘 봄 사회였다는 것이다. 위험한 동물도 없고, 씨앗도 40년에 한 번만 뿌리면 되었다(Genesis Rabbah 34.11). 여인들은 임신 하루만에 아이들을 낳았으며, 아이들은 태어나는 순간부터 말하고 걸었다. 불행하게도 사람들은 이런 축복에 대해 감사할 줄 몰랐다. 심지어 사람들은 전능자가 누구이길래 우리가 그를 섬겨야 하는가라고 떠들어댔다(Genesis Rabbah 38.6). 그러나 무엇보다도 하나님의 심기를 건드린 것은 이들의 음란(unchastity)이었다. "하나님께서는 부도적한 삶을 제외하고 모든 죄에 인내를 보이신다." 음란함은 끝이 없다. 남자들이 나무와 돌에 대고 수음을 하고, 다른 이의 아내와 자기 딸들과, 다른 남자들과, 그리고 동물들과 동침하였다. 남자들은 두 아내를 취하고, 그 중 하나를 불임으로 만들어 임신의 위험 없이 관계를 즐기려고 하였다. 동성애와 수간을 위해 결혼 노래를 짓기도 하였다(Genesis Rabbah 26.4-5; 30.2; 23.2). 무질서가 모든 종으로 퍼진 것은 놀랄 바가 못되었다. 인간이 짐승과 교미하듯이, 개가 이리와, 닭이 공작과 교미를 하였다(Genesis Rabbah 28.8). 일부 랍비들은 모든 육체를, 다시 말해 인간은 물론 동물들을 진멸하기로 결심한 것은 이런 우주적 부패에 대한 자연적 반응에 불과하다고 주장한다(인간이 사라지면 동물은 아무런 소용이 없기에 동물도 죽인 것이라는 견해를 동일한 확신으로 주장할 수 있는 것도 사실이다).

게다가 사람들은 강도 짓을 범하였다. 예를 들어 농부가 한 바구니의 채소를 시장으로 가져오면 도적들이 형법으로 기소되지 않을 만큼 조금씩 훔쳐갔다. 그러나 오래가지 않아 농부의 채소는 팔 것이 남지 않게 되었다(Genesis Rabbah 31.5). 해뜰 때부터 해질 때까지 인간 안에는 선한 것이 없었다. 물론 밤에도 더 낫지 않았다(Genesis Rabbah 27.2-3). 심지어는 노아가 임박한 홍수를 경고하였지만, 그것도 120년 동안 그리했지만 사람들은 미동도 하지 않았다. 결국 물이 깊음으로부터 터져 나온다면, 땅을 철판으로 덮으면 될 것이요, 하늘에서 물이 내려온다면 그에 대한 대책도 알고 있다고 주장하였다. 인간들은 회개하기는커녕 점차 악해졌다."[1]

이런 다양한 해석들이 나오는 것은 노아 홍수 스토리가 생각보다 매우 간략하고 함축적이기 때문이다. 따라서 스토리의 간격과 갭을 메우면서 인간의 삶에 교훈적 메시지를 만들려다 보니 이런 해석들이 나오게 된 것이다.

---

[1] Norman Cohn, *Noah's Flood: The Genesis Story in Western Thought* (New Haven and London: Yale Univ. Press, 1996), 32-33.

1.3 노아 홍수의 원인들

그렇다면 노아 홍수 스토리 자체는 홍수의 원인에 대해 무엇이라 말하는가? 우리가 앞장에서 살펴보았듯이, 노아 홍수 이야기를 읽어보면 홍수를 일으킨 이유와 홍수 보내기로 결심하는 내용이 두 번 반복되어 나온다. 한 번은 6:5-6에 나오고 다른 한 번은 6:11-13에 나온다. 이 두 본문 안에 언급된 홍수의 원인을 모두 열거해 보면 4가지로 볼 수 있는데 크게 두 가지로 나뉜다.

1. 사람의 죄악과 악함
   (1) 사람의 죄악이 세상에 가득함
   (2) 그의 마음으로 생각하는 모든 계획이 항상 악할 뿐임

2. 땅의 부패와 포악함
   (3) 온 땅이 하나님 앞에 부패함 & 땅에서 모든 혈육 있는 자의 행위가 부패함
   (4) 포악함이 땅에 가득한지라 & 모든 혈육 있는 자의 포악함이 땅에 가득

크게 두 가지 이유 가운데서 이전 장에서는 '사람의 죄악과 악함'에 대해서 살펴보았기에 이번 장에서는 '땅의 부패와 포악함'에 대해 살펴보도록 하자.

2. '땅'의 반복과 땅의 '부패'

우리가 앞장에서 살펴보았듯이 성경 기자는 홍수의 원인으로 사람의 죄악과 함께 '땅의 부패'를 강조하고 있다. '사람'보다는 '땅'을 더 많이 반복하는 것을 보면 '땅의 부패'를 더 강조하고 있는 것처럼 보인다.

"여호와께서 사람의 죄악이 세상(땅; אֶרֶץ; 에레츠)에 가득함과 그의 마음으로 생각하는 모든 계획이 항상 악할 뿐임을 보시고 땅(אֶרֶץ) 위에 사람 지으셨음을 한탄하사 마음에 근심하시고"(창 6:5, 6).

"그때에 온 땅(אֶרֶץ)이 하나님 앞에 부패하여 포악함이 땅(אֶרֶץ)에 가득한지라 하나님이 보신즉 땅(אֶרֶץ)이 부패하였으니 이는 땅(אֶרֶץ)에서 모든 혈육 있는 자의 행위가 부패함이었더라 하나님이 노아에게 이르시되 모든 혈육 있는 자의 포악함이 땅(אֶרֶץ)에 가득하므로 그 끝 날이 내 앞에 이르렀으니 내가 그들을 땅(אֶרֶץ)과 함께 멸하리라…내가 홍수를 땅에 일으켜 무릇 생명의 기운이 있는 모든 육체를 천하에서 멸절하리니 땅(אֶרֶץ)에 있는 것들이 다 죽으리라"(창 6:11, 12, 13, 17).

위의 본문을 보면 짧은 본문 안에 무려 '땅'(אֶרֶץ; 에레츠)을 9번이나 반복하고 있다. 이렇게 땅을 여러 번 집중 반복하는 이유는 무엇일까? 게다가 성경 기자가 '땅'(אֶרֶץ; 에레츠)이 '부패하였다.'고 2번이나 명시하고 있다: "그때에 온 땅이 하나님 앞에 부패하여(שָׁחַת; 샤하트) 포악함이 땅에 가득한지라 하나님이 보신즉 땅이 부패하였으니 (שָׁחַת; 샤하트) 이는 땅에서 모든 혈육 있는 자의 행위가 부패함이었더라."

물론 '모든 혈육 있는 자'의 행위가 부패했다고 뒤에서 언급하고 있지만(6:13), 굳이 인격체가 아닌 '땅'이 부패했다고 밝히는 이유는 무엇인가?

어떤 학자들은 '땅'은 '인간들'을 가리킨다면서 별 의미없는 것으로 치부한다. 그러나 짧은 본문 안에 이렇게 한 단어가 집중적으로 나올 때에는 그 이유를 세심하게 살펴보면서 성경 본문의 서술의 논리를 파악해야 한다. 우리는 성경 본문의 언어층과 문예층의 디테일들을 세심하게 살피면서 '땅'(אֶרֶץ; 에레츠)이 도대체 무슨 잘못을 했길래, 땅의 부패가 도대체 어떤 것이길래 '땅과 함께' 모든 혈육 있는 자를 멸하는지 살펴보도록 하자.

3. '땅'을 반복한 이유?

3.1 '부패'와 포악함은 '보편적' 상황

여기서 우리는 '땅'의 집중적 반복이 무엇을 가리키는지부터 살펴볼 필요가 있다. 로버트 포레스트(Robert W. E. Forrest)는 "실락원 : 홍수 스토리 안의 폭력과 순종"이란 논문에서 이 점을 잘 보여준다. 땅의 집중 반복은 인간은 물론 땅 역시 폭력과 부패의 과정에 동참한 능동적 참여자라는 것이 포레스트의 핵심 주장이다. '땅'의 집중 반복은 죄가 온 땅 위에 걸쳐 있는 보편적 현상임을 가리키는 것이라는 것이다.[2] 부패한 것과 포악함은 특정한 지역의 개별적 상황이 아니라 온 땅에 퍼져 있는 보편적 상황임을 보여주는 것이라고 한다.

우선 포레스트는 "땅(אֲדָמָה; 아다마)의 저주 상태와 인간(אָדָם; 아담)과 땅(אֶרֶץ; 에레츠)의 관계는 우주 안에 지속적인 문제를 야기"하기 때문에 "폭력은 단지 인간에게만 국한된 것이 아니다."라고 지적한다.

"홍수는 창조 안에 나타난 보편적 폭력(the universal 'violence'[חָמָס] in creation)에 대한 하나님의 응답이었다. 이 폭력은 인간의 죄와 악한 경향의 결과라고 성경은 말한다(6:5-6). 이 폭력의 궁극적 원천은 '땅 안에'(in the earth) 있다. 땅과 '아다마'(지면 혹은 흙)는 하나님이 제공한 길 외에 다른 길들을 제안하는 타락의 과정에서 능동적인 행위자들(active participants in the process of degeneration offering alternative 'ways' to those provided by God)이다."[3]

왜 포레스트는 갑자기 여기서 하나님이 제공한 '길' 외에 다른 길들을 이야기하는가? 창세기 6:12의 히브리어 원문을 보면 "모든 혈육 있는 자의 행위가 부패함이었더라"에서 '행위'로 번역된 단어는 '길'(דֶּרֶךְ; 데레크)이기 때문이다. 포레스트는 하나님이 제공한 길 외에 다른 길들을 모든 혈육 있는 자들이 취했는데, 땅과 지면이 이 길들을 제안하며 타락의 과정에 능동적으로 영향을 미쳤다는 것이다. "폭력으로 가득 찼다고 반복적으로 묘사된 땅 자체 역시 이런 일반적 부패의 과정에 동참한 능동적 참여자"라는 것이다.[4]

3.2 홍수는 '보편적 악과 폭력'의 제거 수단

포레스트는 이런 점이 창세기 1-11장에 잘 드러나 있다고 본다. 창세기 3장에서

---

2) Robert W. E. Forrest, "Paradise Lost Again: Violence and Obedience in the Flood Narrative," *JSOT* 62 (1994), 3-18. 이번 장의 대부분의 논의는 주로 포레스트의 해석에 빚진 것이다.
3) Forrest, "Paradise Lost Again: Violence and Obedience in the Flood Narrative," 6.
4) Forrest, "Paradise Lost Again: Violence and Obedience in the Flood Narrative," 8.

땅을 저주하고, 아담과 하와를 동산에서 내어 쫓고 가인을 추방시키는 것만으로는 이 땅의 폭력을 통제하는 것이 부족하기에 새로운 수단이 필요했고 그것이 바로 전지구적 홍수라는 것이다. 홍수를 통해 땅(그리고 창조 세계)에서 보편적 악과 폭력을 제거하는 것이 하나님의 목적이라고 본다.[5] 포레스트의 말을 더 들어보자.

"'땅'의 정확한 의미가 무엇인지는 현대어로 정하기가 어렵다. 어쩌면 인간 본성(human nature)을 가리키는 것인지도 모른다. 그러나 이것은 히브리 표현 모드와는 다른 추상적인 표현이다. 창세기 1장에서 땅을 보시기에 '좋다.'고 했는데 이제는 상당한 수정을 거쳐야 할 정도로, 아니 상당한 정도로 퇴락한 것 같다. 여기서 '좋다.'는 것은 도덕적으로 수용할 만한, 미학적으로 수용할 만한 것 이상을 가리키는 것 같다. 오직 아담의 창조 때에만 좋다는 표현이 없다. 어쩌면 인간의 창조는 언약(covenant)과 궁극적으로 토라(Torah)가 공급될 때에만 '좋은' 것이기 때문인지 모른다."[6]

포레스트는 "폭력의 뿌리는 땅이나 흙(אֶרֶץ, 에레츠; אֲדָמָה, 아다마)에서 발견되며, 이것이 불순종을 촉발시키는 것"이라고 본다.[7] 결국 이 폭력과 부패 때문에 홍수 재앙이 일어난 것이라면 모든 혈육 있는 자들을 '폭력의 뿌리'인 '땅과 함께' 진멸하는 것은 당연하다.

4. 땅의 부패는 무엇을 의미하는가?

4.1 땅의 부패＝폭력(חָמָס; 하마스)

물론 포레스트는 성경 본문 안에 "'땅'의 의미와 '폭력'이 충분히 정의되어 있지 않기 때문에 독자들이 그 의미를 문맥과 다소 애매한 증거에서 찾아내야 한다."는 점을 인정한다.

---

5) Forrest, "Paradise Lost Again: Violence and Obedience in the Flood Narrative," 6.
6) Forrest, "Paradise Lost Again: Violence and Obedience in the Flood Narrative," 8.
7) Forrest, "Paradise Lost Again: Violence and Obedience in the Flood Narrative," 9.

그렇다면 우리 역시 문맥을 유심히 살펴보아야 하는데, 흥미롭게도 '부패'라는 의미의 히브리어 '샤하트'(שָׁחַת)가 이 짧은 단락 안에 무려 4번이나 반복되고 있음을 볼 수 있다.[8] 그만큼 '땅의 부패'가 노아 홍수 이유를 보여주는 중요한 핵심 개념임이 분명하다.

그렇다면 땅이 '부패'했고 모든 혈육 있는 자의 행위가 '부패'했다는 말이 무슨 의미인가? 이를 알기 위해서 우리는 우선 '부패하다.'는 동사 샤하트(שָׁחַת)의 사전적 의미를 살펴보아야 한다. 샤하트(שָׁחַת) 동사는 수동형(니팔)으로 쓰이면, "썩다, 부패되다, 상하다."로 쓰이고 강의형(피엘)이나 사역형(히필)으로 쓰이면 "망하게 하다, 못쓰게 만들다."이다.[9] 현재 우리 본문에서는 이 동사가 수동형과 사역형으로 사용되었다.

한편 이 동사가 사용되어 부패하게 된 대상은 성경에 다양하게 나타난다. 샘물이 더러워졌다(잠 25:26)는 의미로, 혁대가 썩었다(렘 13:7)는 의미로, 진흙이 터졌다(렘 18:4)는 의미로 다양한 대상이 등장한다.[10] '부패'의 대상이 이렇게 다양하기에 성경기자가 땅이 부패했다고 표현한 것은 이상하거나 특이한 것이 아니다.

그렇다면 땅이 부패했다는 말은 무슨 의미인가? 부패란 '물리적-화학적 변형이나 망가짐'을 가리키지만 여기서는 이런 의미에서 땅이 부패했다고 한 것은 아닌 것 같다. 이렇게 사전적 의미만으로는 부패했다는 단어의 의미를 정확히 이해하기가 쉽지 않을 때에는 근접 문맥이 도움이 된다.

"그때에 온 땅이 하나님 앞에 부패하여(שָׁחַת, 샤하트의 수동형) 포악함(חָמָס; 하마스)이 땅에 가득한지라."

문맥을 보면 '부패함'이 '포악함'(חָמָס; 하마스)이라는 단어와 평행으로 쓰인 것을 볼 수 있다. 그렇다면 이미 학자들이 지적한 대로, 여기서 '부패'란 단순히 물리적 변형

---
8) 홍수 전체 내러티브에는 모두 7번 나온다.
9) 빌헬름 게제니우스, 『게제니우스 히브리어 아람어 사전』 (생명의말씀사, 2007), 821.
10) 우물: "의인이 악인 앞에 굴복하는 것은 우물이 흐려짐과 샘이 더러워짐(מָקוֹר מָשְׁחָת; 마코르 마쉬하트)과 같으니라" (잠 25:26); 혁대: "내가 유브라데로 가서 그 감추었던 곳을 파고 띠를 가져오니 띠가 썩어서(נִשְׁחַת הָאֵזוֹר; 니쉬하트 하에조르) 쓸 수 없게 되었더라"(렘 13:7); 그릇의 재료인 진흙: "진흙으로 만든 그릇이 토기장이의 손에서 터지매(כְּלִי נִשְׁחָת; 니쉬하트 하켈리) 그가 그것으로 자기 의견에 좋은 대로 다른 그릇을 만들더라"(렘 18:4).

이나 망가짐이 아니라 "도덕적 행동과 그 결과"를 가리키는 단어인 것 같다.[11]

4.2 '포악함'(חָמָס; 하마스)이란 무엇인가?

'땅의 부패'는 '포악함'과 평행으로 쓰이기에 우리는 '포악함'(חָמָס; 하마스)의 의미를 살펴야 한다. 학자들은 '포악함'으로 번역된 하마스(חָמָס)를 "폭력을 종종 사용하여" "약자를 힘들게 하는 강자의 박해, 부자가 가난한 자를 괴롭게 하는 행위(암 6:1-3), 꾀많은 자가 순진한 자를 이용하는 짓(잠 16:29)"을 가리키는 전문 용어로 본다.[12]

'하마스'(חָמָס)는 창세기 6:11, 13에서 처음 사용되었지만, 학자들은 창세기 4:1-16의 가인과 아벨의 스토리와 창세기 4:23-24의 라멕의 보복의 스토리의 절정이 바로 창세기 6장이라고 본다. 어떻게 해서 창세기 6장이 가인과 라멕으로 이어지는 폭력의 절정인가?

가인은 자신의 제사를 하나님께서 받지 않으셨다는 이유 하나만으로 아우를 폭력으로 살해했다. 게다가 라멕은 단지 자신을 상처냈다는 이유만으로 젊은이를 살해하는 개인적 보복을 감행하면서 하나님이 정하신 7배의 형벌마저 우습게 생각하며 오만한 자랑을 했다.

> "나의 상처로 말미암아 내가 사람을 죽였고 나의 상함으로 말미암아 소년을 죽였도다 가인을 위하여는 벌이 칠 배일진대 라멕을 위하여는 벌이 칠십칠 배이리로다"(창 4:23-24).

라멕은 자신에게 상처주는 자들을 가만히 두지 않을 것이라고 협박한다. 가인의 폭력과 비교해볼 때 11배나 심각한 폭력을 행사할 것이라고 엄포를 놓고 있다. 결국 땅이 부패하게 된 것은 이런 폭력(חָמָס; 하마스) 때문이다. 이런 폭력이 땅에 가득 차게 된 것이 홍수의 원인인 것이다.

---

11) Waltkey, *Genesis*, 134.
12) Wenham, *Genesis*, 171.

5. 폭력/포악함의 주체

5.1 모든 혈육 있는 자

그렇다면 폭력/포악함(חָמָס; 하마스)의 주체는 누구인가? 하나님께서는 '모든 혈육 있는 자'가 폭력의 주체라고 선언하신다.

"하나님이 노아에게 이르시되 모든 혈육 있는 자(כָּל־בָּשָׂר; 콜-바사르)의 포악함(חָמָס; 하마스)이 땅에 가득하므로 그 끝 날이 내 앞에 이르렀으니 내가 그들을 땅과 함께 멸하리라"(창 6:13).

여기 '모든 혈육 있는 자'(כָּל־בָּשָׂר; 콜-바사르)에서 혈육이라고 번역된 바사르(בָּשָׂר)는 일차적 의미로 동물이나 인간의 '육체'(flesh)를 가리킨다. 따라서 '모든 혈육 있는 자'란 인간을 포함해서 새와 짐승 등 육체가 있는 모든 생물을 가리키는 어구이다. '모든 혈육 있는 자의 포악함'이 땅에 가득한 것이 문제라고 하나님은 지적하신다. 우리는 여기서 땅을 멸망시키게 된 원인은 모든 혈육 있는 자의 포악임을 주목해야 한다. 그렇다면 인간 못지않게 새와 짐승들도 포악을 행했다는 말인가?

일부 해석자들은 "여기서 모든 혈육 있는 자들"은 오직 "모든 인류"를 가리키는 것으로 본다.[13] 그러나 노아 홍수 스토리에서는 '모든 혈육 있는 자들'을 인간들로만 보아서는 안 된다. 왜냐하면 창세기 9:9-16에서 언약은 단지 인간과 맺는 것이 아니라 새와 가축과 땅의 모든 생물과 맺기 때문이다.

"내가 내 언약을 너희와 너희 후손과 너희와 함께 한 모든 생물 곧 너희와 함께 한 새와 가축과 땅의 모든 생물(כָּל־חַיַּת הָאָרֶץ; 콜-하야트 하아레츠)에게 세우리니 방주에서 나온 모든 것 곧 땅의 모든 짐승(כָּל־חַיַּת הָאָרֶץ; 콜-하야트 하아레츠)에게니라 내가 너희와 언약을 세우리니 다시는 모든 생물(כָּל־בָּשָׂר; 콜-바사르)을 홍수로 멸하지 아니할 것이라 땅을 멸할 홍수가 다시 있지 아니하리라"(창 9:9-11).

---

13) Westermann, *Genesis 1-11*, 416.

창세기 6:13의 '모든 혈육 있는 자'(all flesh; כָּל־בָּשָׂר; 콜–바사르)는 창세기 9:9-11에서 새와 가축과 땅의 모든 생물(כָּל־חַיַּת הָאָרֶץ; 콜–하야트 하아레츠)과 평행어로 사용되고 있다. 따라서 학자들은 모든 혈육 있는 자는 인류만을 가리키는 것이 아니라, 새와 가축과 땅의 모든 생물을 포함하는 의미로 본다. 학자들은 땅의 모든 생물이 어떻게든 땅의 부패와 포악함과 연관되어 있는 것으로 본다.[14]

5.2 가장 큰 책임은 인간

그렇다면 어떻게 땅의 모든 생물이 땅의 부패와 포악함과 연관되어 있을까? 이에 대해서는 미국의 구약학자 버나드 앤더슨(Bernhard W. Anderson)이 멋지게 설명한다.

"이 용어(모든 혈육 있는 자)는 폭력(violence)이 동일한 '집'(오이코스)에 사는 모든 존재, 인간과 비인간 모두를 오염시킨 병임을 암시한다. 오늘날 우리가 잘 알 듯이 폭력에 근거한 삶의 스타일은 갇혀 있거나 제한될 수 없다. 폭력은 인간에만 영향을 미치는 것이 아니라, 동물과 새와 물고기의 비인간 영역에까지 영향을 미친다. 폭력은 지구 환경을 오염시킨다. 우리는 여기서 권력의 문제(the problem of power), 즉 부패시키는 권력의 문제(power that corrupts)를 다루고 있는 것이다."[15]

그렇다면 이런 폭력(violence)이 왜 땅이라는 동일한 '집'(오이코스)에 사는 모든 존재, 인간과 비인간 모두를 오염시킨 병이 되었을까? 누구의 책임이 가장 큰가? 이에 대해 앤더슨은 이렇게 답한다.

"홍수 스토리는 폭력이 모든 육체를 오염시켰다고 하면서도, 폭력이 비인간 피조물, 즉 '자연'에 뿌리박은 것으로는 이야기하지 않는다. 자연 세계는 무서운 힘을 드러낸다. 지진, 바람, 불, 병, 역병, 괴질 등을 보라. 현재의 자연관에 따르면 폭력(힘)은 본질적으로 적자생존이라는 진화 과정에 속한 것이다. 그러나 성경 내러티브는 자연의 폭력적 측면은 거의 언급하지 않는다. 심지어는…자연 재앙을 상기시키는 홍수 자체도 자연적 악을

---

14) Wenham, *Genesis*, 171; Hamilton, *Genesis 1-17*, 279.
15) B. W. Anderson, *From Creation to New Creation* (Minneapolis: Fortress, 1994), 158.

보여주는 것이 아니라, 하나님의 심판을 강조하는 내러티브적 상징으로 쓰이고 있는 것이다. …성경 스토리는 우리로 하여금 달갑지 않은 진리에 직면하게 한다. '모든 육체'를 더럽힌 폭력은 하나님의 피조물 가운데 영장이라는 인간에게서 나온 것이다.

여기서는 창조에서 홍수에 이르는 상세한 이야기를 할 겨를이 없다. …에덴 동산에서 첫 인간 부부는 하나님처럼 되려고 함으로써 창조주에 반역하였으며, 이로 인해 서로의 관계에 해를 끼쳤고, 그들이 취함을 받고 나중에는 돌아가야 할 땅과의 관계에도 해를 끼쳤다(창 2:4하-3:24). 가인은 동생 아벨을 살해하였다(4:1-16). 라멕은 권력의 탐욕으로 무자비한 복수를 자랑한다(4:17-24). 하나님의 아들들인 천상적 존재는 인간 딸들과 결혼함으로써 하늘과 땅의 구분을 무너뜨렸다(6:1-4). …결국 폭력의 문제는 하나님이 주신 자유의 오용(the misuse of God-given freedom)에 있음이 드러났다. 그리고 이런 부패는 인간의 권력 사용 가운데 분명히 드러난다. 또한 이런 권력의 부패는 인간 영역으로부터 비인간 영역으로 확산된다. 이에 인간을 통해 '모든 혈육 있는 자의 포악함이 땅에 가득하게' 된 것이다(창 6:13)."[16]

앤더슨이 지적한 대로 땅의 모든 생물들이 땅의 부패와 포악함에 연관되어 있지만, 가장 큰 책임은 하나님의 형상으로 지음받은 인간이 자유를 오용한 것에 있다.

6. '하나님의 형상' 대신 '폭력'이 가득

6.1 폭력이 땅에 가득함

아니나 다를까 성경 기자는 하나님의 형상으로 지음받은 인간이 가득해야 할 땅에 폭력이 가득한 것이 문제라고 밝힌다.

"그때에 온 땅(אֶרֶץ; 에레츠)이 하나님 앞에 부패하여 포악함(חָמָס; 하마스)이 땅(אֶרֶץ)에 가

---

[16] B. W. Anderson, *From Creation to New Creation* (Minneapolis: Fortress, 1994), 158-159.

득한지라(מָלֵא; 말레) 하나님이 보신즉 땅(אֶרֶץ)이 부패하였으니 이는 땅(אֶרֶץ)에서 모든 혈육 있는 자의 행위가 부패함이었더라 하나님이 노아에게 이르시되 모든 혈육 있는 자의 포악함(חָמָס; 하마스)이 땅(אֶרֶץ)에 가득하므로(מָלֵא; 말레) 그 끝 날이 내 앞에 이르렀으니 내가 그들을 땅(אֶרֶץ)과 함께 멸하리라"(창 6:11–13).

홍수의 원인을 밝히는 단락에 '땅'(אֶרֶץ; 에레츠)과 '폭력'(חָמָס; 하마스)이란 명사와 '가득하다.'(מָלֵא; 말레)는 동사가 반복되고 있다는 점을 주목해야 한다. '땅'과 '폭력'과 '가득하다.'가 반복되면서 '폭력'이 땅에 가득한(מָלֵא; 말레) 것이 홍수를 일으킨 원인임을 성경 기자는 강조한다. 왜 폭력이 땅에 가득한 것이 문제인가? 원래 땅은 하나님의 형상인 사람으로 가득 차도록(מָלֵא; 말레) 의도된 장소이기 때문이다.

"하나님이 자기 형상 곧 하나님의 형상대로 사람을 창조하시되 남자와 여자를 창조하시고 하나님이 그들에게 복을 주시며 하나님이 그들에게 이르시되 생육하고 번성하여 땅에 충만하라(מָלֵא; 말레), 땅을 정복하라, 바다의 물고기와 하늘의 새와 땅에 움직이는 모든 생물을 다스리라 하시니라"(창 1:27–28).

하나님의 형상으로 지음받은 인간이 가득 차야 할 '땅'이, 하나님의 형상 대신 '폭력'으로 가득 차게 된 것이 문제였다. 결국 노아 홍수는 신의 변덕스러움에서 생긴 것도 아니요, 그렇다고 자연적 재앙도 아니었다. 폭력이 땅에 가득한 것이 문제였다.

6.2 창조의 역전

우리는 창세기 6:12에서 "하나님이 보신즉"(רָאָה; 라아) 땅이 부패했고 땅이 폭력으로 가득 찼다고 묘사되어 있음을 주목해야 한다. 여러 학자들이 지적하듯이 하나님이 '보신즉' 땅이 부패했다는 언급은 땅과 모든 피조물이 '하나님 보시기에'(רָאָה; 라아) 좋았다는 창세기 1:10, 31을 암시하고 있음이 분명하다.

"하나님이 뭍을 땅(אֶרֶץ; 에레츠)이라 부르시고 모인 물을 바다라 부르시니 하나님이 보시기에(רָאָה; 라아) 좋았더라"(창 1:10).

"하나님이 지으신 그 모든 것을 보시니 보시기에(רָאָה; 라아) 심히 좋았더라 저녁이 되고 아침이 되니 이는 여섯째 날이니라"(창 1:31).

"하나님이 보신(רָאָה; 라아)즉 땅(אֶרֶץ; 에레츠)이 부패하였으니 이는 땅(אֶרֶץ; 에레츠)에서 모든 혈육 있는 자의 행위가 부패함이었더라"(창 6:12).

이런 암시는 노아 시대에 이르러 '창조의 역전'이 일어났음을 지적한다. 하나님이 보시기에 좋았던 땅과 지으신 모든 것이 이제 부패했고 폭력으로 가득 차게 되었다. 하나님이 만드신 세상의 조화로움과 평화가 그만 인간의 포악함으로 인해 일그러지고 망가진 것이다. 결국 노아 홍수는 폭력이 땅을 너무나 부패시켰으므로 세상을 정결케 하시기 위해 하나님이 심판으로 보내신 불가피한 조치였다.

7. 결론 : 신학적 메시지

7.1 인간이 스스로 초래한 재앙

우리는 이미 홍수 심판은 하나님의 자의적 변덕의 결과가 아니라 인간이 스스로 자초한 무덤이라는 사실을 살펴보았다. 하나님께서 땅을 멸하신 것은 이미 땅이 스스로를 멸하게 한 것에 가속도를 더하게 한 것뿐이다. 이미 땅이 하나님 앞에 패괴했으며, 땅의 모든 혈육 있는 자가 그 길을 패괴케 했으므로 그래서 비로소 하나님께서 땅을 패괴케 하기로 결심하신 것이다.

"그때에 온 땅이 하나님 앞에 부패하여(שָׁחַת, 샤하트의 수동형) 포악함이 땅에 가득한지라 하나님이 보신즉 땅이 부패하였으니(שָׁחַת, 샤하트의 수동형) 이는 땅에서 모든 혈육 있는 자의 행위가 부패함이었더라(שָׁחַת, 샤하트의 사역형) 하나님이 노아에게 이르시되 모든 혈육 있는 자의 포악함이 땅에 가득하므로 그 끝 날이 내 앞에 이르렀으니 내가 그들을 땅과 함께 멸하리라(שָׁחַת, 샤하트의 사역형)."

우리는 여기서 동사 '샤하트'(שחת)가 니팔형(수동형)으로 쓰이면 '부패하다.'는 의미로, 히필형(사역형)으로 쓰이면 '멸하다.'는 의미로 사용된다는 점을 주목해야 한다. 성경 기자는 동일한 동사를 가지고 두 가지 형(수동형과 사역형)으로 사용하면서 땅이 '샤하트'(부패)했기에, 땅을 '샤하트'할(멸할) 수밖에 없었다고 밝힌다. 그렇다면 하나님께서는 스스로 만든 피조물을 얼마 지나지 않아 스스로 파괴하는 무자비하고 변덕스런 심판주가 아니다. 땅이 멸망당한 것은 땅이 부패했기 때문이다. 땅이 부패했다면 땅을 완전히 부패시킬 수밖에 없는 것 아닌가! 이것은 어쩔 수 없는 철칙이다!

7.2 폭력의 길은 망하기 마련

피상적으로 읽으면 매우 단순해 보이는 대홍수 이야기 안에 얼마나 인간에 관한 근원적 통찰이 들어 있는지 알 수 있다. '폭력'(חמס)이 땅에 '가득하였다.'(מלא; 말레)는 두 번의 언급은 얼마든지 그냥 스쳐 지나갈 수 있는 작은 디테일처럼 보이지만, 실제로는 '땅과 인간과 폭력이 만들어내는 악의 드라마' 가운데서 어떻게 하나님께서 '인간과 땅'을 구속해 내는지를 보여주는 핵심 열쇠인 것이다. 포레스트(Forrest)는 '함'(חם)의 이름이 폭력이란 단어 '하마스'(חמס)와 소리에 있어서 연결되어 있다고 보며 이렇게 해석한다.

> "'함'(חם)의 이름은 비록 어원적으로 엄밀하게 '하마스'(חמס; 폭력)와 연결되어 있는 것은 아니지만 하마스의 메아리처럼 들리며, 임박한 재앙의 뉘앙스를 갖게 한다. 타락과 홍수로 이어지는 모든 요소들과 조건들이 다시 나타난다: 폭력(하마스), 함, 벌거벗음, 감각을 만족시키는 노아의 땅과의 직접적인 연관성(3:6, 6:2), 길의 파괴와 부적절한 관계. 결국 우주의 파멸이 다시 불가피해 보인다."[17]

그렇다면 어떻게 해서 이런 일이 생기는가? 땅과 지면은 폭력의 경향성이 있고, 폭력의 뿌리는 땅에 있기 때문이라는 것이다. 함의 저주 에피소드를 보면 비록 대

---

17) Forrest, "Paradise Lost Again: Violence and Obedience in the Flood Narrative," 15.

홍수로 인해 땅이 부패와 폭력으로부터 정결케 되었지만 인간에 의해 폭력과 부패로 오염될 가능성이 드러난다는 것이다. 포레스트의 말을 들어보자.

"땅 혹은 지면 그리고 그 본질적 위험이 내레이터의 마음속에 분명히 들어 있었다. 6:7에서 내레이터는 하나님께서 온 땅의 부패함 때문에 '사람'(הָאָדָם; 하아담)을 내가 지면(הָאֲדָמָה; 하아다마)에서 쓸어버리리라고 선언하셨다고 적고 있다. 홍수는 인간(הָאָדָם; 하아담)을 지면(הָאֲדָמָה; 하아다마)에서 분리해 내는 것이다. 아담의 존재의 기본 구성 요소 (2:7)인 땅과의 연관성과 땅과의 접촉이 역사적으로 창조 세계를 위험에 빠뜨렸음이 드러났기에 이것이 필요하게 된 것이다."[18]

이제 우리는 성경 기자가 왜 6:4-11의 짧은 본문 안에 무려 땅(אֶרֶץ; 에레츠)을 10번이나 반복했는지 이해할 수 있다. 왜 포레스트가 "홍수는 보편적 폭력(חָמָס; 하마스)에 대한 하나님의 반응"이며 "폭력(חָמָס; 하마스)은 땅에서 파생한 것"[19]이라고 주장했는지 알 수 있게 되었다.

이미 학자들이 지적했듯이 노아 홍수의 심판 때 사용된 '끝(날)', '강포', '이르렀으니', '가득하므로'와 같은 용어는 후에 에스겔 선지자가 예루살렘 멸망을 묘사할 때 사용되고 있다.[20]

"너 인자야 주 여호와께서 이스라엘 땅에 관하여 이같이 말씀하셨느니라 끝났도다(קֵץ; 케츠) 이 땅 사방의 일이 끝났도다 이제는 네게 끝(קֵץ; 케츠)이 이르렀나니(בָּא; 보) 내가 내 진노를 네게 나타내어 네 행위를 심판하고 내 모든 가증한 일을 보응하리라…포학(חָמָס; 하마스)이 일어나서 죄악의 몽둥이가 되었은즉 그들도, 그 무리도, 그 재물도 하나도 남지 아니하며 그 중의 아름다운 것도 없어지리로다…너는 쇠사슬을 만들라 이는 피 흘리는 죄가 그 땅에 가득하고(מָלֵא; 말레) 포악이 그 성읍에 찼음이라"(겔 7:2, 3, 11, 23).

---

18) Forrest, "Paradise Lost Again: Violence and Obedience in the Flood Narrative," 14.
19) Forrest, "Paradise Lost Again: Violence and Obedience in the Flood Narrative," 7.
20) 참조 Wenham, *Genesis 1-15*, 172.

7.3 순종의 길만이 폭력의 대안

그렇다면 이렇게 퇴락하고 부패한 땅을 어떻게 원상태로 회복시킬 것인가? 포레스트(Forrest)는 땅의 사람이요 순종의 사람인 노아를 통해 그 가능성을 볼 수 있다고 해석한다.

"창세기 2장에서 인간(아담)은 땅의 흙(עָפָר מִן־הָאֲדָמָה; 아파르 민 하아다마; of dust from the ground)으로부터 만들어졌다. 반면에 노아는 이쉬 하아다마(אִישׁ הָאֲדָמָה; 땅의 사람; a man of the soil)라고 불린다(한글개역개정은 '노아가 농사를 시작하여'로 번역-필자 첨가). 이것이 땅 위에서 부패함으로부터 생긴 전면적 폭력과는 반대로 그의 순종이 탁월하게 드러나는 노아의 세계이다. 이 새로운 순종적인 아담이 저주받은 땅에 쉼을 허락해 줄 것이라고 기대된다. 사실상 노아는 포도주를 공급함으로 이 일이 일어났는데, 그와 함께 수반되는 문제도 있었다."[21]

포레스트는 새로운 아담인 노아를 통해 폭력을 땅에서 제거하시는 계획을 하나님이 세우셨다고 본다. 그의 말을 들어보자.

"대홍수를 통해 우주를 원래 상태로 되돌려 놓을 것이고 노아와 아내는 새로운 아담이 될 것이다. 이 수단을 통해 폭력이 땅에서 제거될 것이며, 땅의 저주가 경감될 것이라고 기대되었다. 하나님께서는 인간 폭력은 신적 폭력으로 대응해야 한다고 결정하셨다. 그때에만 비로소 새로운 세상이 부패에 의해 물들지 않고 태어나기 때문이다. 하나님이 의도하신 길을 보존하려면 세상은 원래 상태로 되돌아가야 하며 창조는 새롭게 다시 시작되어야 할 필요가 있다. 이 새로운 시나리오에서 '순종'(노아)은 폭력과 맞서게 될 것이다."[22]

그렇다면 어떻게 순종의 길이 땅의 폭력을 해결할 수 있을까? 노아 홍수 스토리에 드러난 노아의 모습을 보면 이 질문에 답할 수 있다고 포레스트는 말한다.

---

21) Forrest, "Paradise Lost Again: Violence and Obedience in the Flood Narrative," 8.
22) Forrest, "Paradise Lost Again: Violence and Obedience in the Flood Narrative," 9.

"노아가 정말로 모범적인 성경 인물이라는 점은 논란의 여지가 없다. 첫 아담과 비교해 보아도 노아가 인류에 대한 하나님의 확신을 입증해 줄 가능성은 확실해 보였다. 둘째 아담으로 노아의 운명은 저주받은 땅에 약간의 '위로'(נֹחַ; 쉼)를 제공하는 것이었다(5:29). 저주는 아담이 처음으로 야기한 것이며, 후에 가인과 그 밖의 인물들로 인해 추가적으로 악화되었다. 이전 사람들과는 달리 노아는 성경적인 올곧음의 이상이다. 노아는 '의인이요 당대에 완전한 자요 하나님과 함께 동행하였다.' 성경적 용어로 최대의 언어만 골라 썼다. 하나님과 동행하는 자로서 노아는 폭력을 행사하는 자들과는 달리, 땅 위에서 그분의 길(דֶּרֶךְ; 데레크)을 파괴할 리 없는 자였다. 심지어는 음흉한 뱀조차 노아의 덕을 건드리지 못하는 것처럼 보인다. 노아는 이 세상의 것들에 전혀 마음을 빼앗기지 않았다.

그렇다고 노아는 단순히 수동적인 경건의 소유자는 아니었다. 오히려 그는 옳은 것은 능동적으로 행하였으며 그 세대에서는 완전한 자였다. 방주를 지으라는 하나님의 명령을 즉각적으로 순종한 것을 보면 그는 하나님의 뜻에 온전하게 순종했음을 알 수 있다: '노아가 그와 같이 하여 하나님이 자기에게 명하신 대로 다 준행하였더라'(창 6:22). 노아는 처음부터 끝까지 후대의 인물인 아브라함과 욥처럼 의문을 던지지 않고 하나님의 뜻에 순종한 신실한 인물로 남아 있었다. 하나님의 명령이 다소 엉뚱해 보였음에도 노아의 감정은 전혀 나타나지 않기에 노아는 마치 자신의 뜻이 없는 것처럼 보인다. 노아가 방주에서 나와 즉시 희생제사를 드리고 포도밭을 심기까지는 털끝만큼의 자율도 보이지 않는다."[23]

포레스트는 "노아가 땅으로부터 인간에게 '쉼', 혹은 '위로'(נֹחַ; 노아흐)를 줄 인물로 묘사되었을 때 이는 인간의 타락 이후 저주받은 상황으로부터의 쉼을 의도했을 것"이라고 말한다.[24]

"이름을 노아(נֹחַ; 노아흐)라 하여 이르되 여호와께서 땅을 저주하시므로 수고롭게 일하는 우리를 이 아들이 안위하리라(יְנַחֲמֵנוּ; 예나하메누) 하였더라"(창 5:29).

---

23) Forrest, "Paradise Lost Again: Violence and Obedience in the Flood Narrative," 10–11.
24) Forrest, "Paradise Lost Again: Violence and Obedience in the Flood Narrative," 13.

포레스트는 홍수 스토리의 주요 관심은 "만연한 폭력의 길 외에 이제 땅 안에서 하나님의 '길'이 무엇인지를 보존하고 설명하는 데(the preservation and delineation of God's way in the earth) 있다."고 주장한다.25)

7.4 그러나 노아의 순종만으론 부족

그러나 포레스트는 홍수 후에 술 취해 벌거벗은 노아의 에피소드를 살펴보면 "심지어 노아의 탁월한 미덕도 땅의 권세를 이길 수 있는 충분한 보호가 되지 못한다."고 주장한다.26)

"9:20에서 노아는 땅의 경작자로서(הָאֲדָמָה אִישׁ; 이쉬 하아다마) 땅과 연관을 갖게 되었고, 땅의 불명예를 염두에 둔다면 웬지 불길한 냄새가 난다. 창세기 3장에서 뱀을 소개하면서 인간의 벌거벗음(아롬/아룸)과 연관시킬 때 불길한 재앙을 예시했다면, 여기서도 둘째 아담인 노아의 행동과 이어지는 그의 벌거벗음은 미래에 좋은 징조가 되지 못한다: '노아가 농사를 시작하여 포도나무를 심었더니 포도주를 마시고 취하여 그 장막 안에서 벌거벗은지라'(9:20-21)[본문 필자 첨가]. 노아(נֹחַ; 노아흐)와 '안위하리라'(יְנַחֲמֵנוּ; 예나하메누) 사이의 워드플레이는 함(חָם)이라는 인물을 통해 폭력(חָמָס; 하마스)이 인간(אָדָם; 아담)에게 되돌아오는 마지막 장면을 예기한다."27)

따라서 포레스트는 이런 이유에서 노아 언약과 율법이 필요한 이유가 무엇인지 노아 홍수 스토리가 보여준다고 결론을 내린다.

"심지어는 노아의 선함조차도 폭력을 방지하지 못하였다. 이것은 땅에 거주하는 뱀을 영원히 추방하지 못하는 것과 마찬가지이다. 창조 세계가 폭력의 원천(땅과 인간들)으로부터 보호받으려면 적절한 보호책이 있어야 하듯이, 창조 세계가 위험에 빠지지 않으려면 인간 폭력 역시 다른 쪽으로 방향이 틀어져야 했다.

---

25) Forrest, "Paradise Lost Again: Violence and Obedience in the Flood Narrative," 10.
26) Forrest, "Paradise Lost Again: Violence and Obedience in the Flood Narrative," 13.
27) Forrest, "Paradise Lost Again: Violence and Obedience in the Flood Narrative," 13.

따라서 이제 노아 언약이 제공되고, 동물에 대한 폭력—인간에 대한 폭력이 아니라—이 합법화된 것이다. 창조 세계의 생존을 위해서 창조 세계에 수정이 필요하게 되었고, 이를 위해서 마지못해 폭력을 재가한 것이다. 폭력이 이제 인간(그리고 신적?) 조건의 일부로 인지되었기에 이제는 폭력을 적절한 수단으로 통제할 필요가 생긴 것이다. 결국 노아 언약은 질서의 보존을 위해 필요한 제도가 된 것이다. 그러나 창세기 내러티브의 나머지 부분이 보여주듯이 심지어는 언약 자체도 깨어지기 쉬운 제도이다. 아브라함의 후손의 결여, 이삭에 대한 제사 시도, 야곱의 거친 모습, 이 모든 것은 언약의 연약성을 보여준다. 결국 폭력을 방지할 뿐 아니라 에덴으로의 회귀가 가능해지려면 이보다 강하고 포괄적인 수단이 필요했다. 이것이 바로 율법/토라인 것이다. 앞서 언급했듯이 창세기의 내러티브는 이제 이 방향으로 흘러가게 마련이다."[28]

노아 홍수 후에 고기를 피째 먹지 말라고 한 명령은 피상적으로 홍수 스토리를 읽으면 잘 이해가 되지 않는다. 왜 갑자기 고기를 피째 먹지 말라고 한 것인지 알 수가 없다.

"그러나 고기를 그 생명 되는 피째 먹지 말 것이니라 내가 반드시 너희의 피 곧 너희의 생명의 피를 찾으리니 짐승이면 그 짐승에게서, 사람이나 사람의 형제면 그에게서 그의 생명을 찾으리라 다른 사람의 피를 흘리면 그 사람의 피도 흘릴 것이니 이는 하나님이 자기 형상대로 사람을 지으셨음이니라"(창 9:4-6).

그러나 땅이 '폭력'으로 가득 찼기에 홍수기 난 것을 상기해 보면 이런 명령은 나름 이해가 된다. 웬함(Wenham)의 말대로 "9:4-6은 인간과 동물의 폭력을 제한하려고 한 시도임이 분명하다."[29] 모든 혈육 있는 자들의 폭력이 땅과 함께 모든 생명을 진멸케 만들었기에, 이제 폭력을 제한할 필요가 있는 것이다.

---

28) Forrest, "Paradise Lost Again: Violence and Obedience in the Flood Narrative," 16-17.
29) Wenham, *Genesis* 1-15, 171.

"노아의 때에 된 것과 같이 인자의 때에도 그러하리라 노아가 방주에 들어가던 날까지

사람들이 먹고 마시고 장가들고 시집가더니 홍수가 나서 그들을 다 멸망시켰다"

눅 17:26-27

"An artist's depiction of the construction of the Ark",
from the Nuremberg Chronicle(1493) from Wikimedia Commons

"Go into the ark, you and your whole family"

6장

노아의 방주는 어떻게 생겼고, 왜 만들었을까?

창 6:14-22

1. 서론적 이야기

1.1 방주에 대한 여러 가지 의문점

노아 홍수 스토리에서 사람들이 가장 흥미를 갖는 부분은 뭐니뭐니 해도 노아의 방주이다. 혹자는 배 중에서는 타이타닉 호를 제외하고는 노아의 방주가 역사적으로나 문학적으로나 예술적으로 가장 유명한 배일 것이라고 말한다.[1] 그러다 보니 사람들은 노아의 방주에 대해 여러 가지 의문점을 가진다.

(1) 노아의 방주를 노아와 세 아들들이 과연 만들었을까?
(2) 노아의 방주는 어떻게 생겼을까?
(3) 노아의 방주는 1년 이상 파도와 폭풍우를 견딜 만큼 튼튼했을까?
(4) 노아의 방주에 부정한 동물 1쌍씩, 정한 동물 7쌍씩 과연 탈 수 있었을까? 코끼리나 기린 같은 거대한 동물들이 탈 수 있었을까?
(5) 노아의 방주는 이 엄청난 동물들이 먹을 수 있는 음식들을 비축할 수 있는 공

---

1) 편집부 제공, "노아의 방주", 『성경과 고고학』 46 (2005, 6), 22.

간이 있었을까?

(6) 공룡이 노아의 방주에 탔을까?

특히 어린아이들은 마지막 질문 "공룡이 노아의 방주에 탔을까?"라는 질문을 많이 던진다고 한다. 그러다 보니 '공룡이 멸종한 이유는?'이란 난센스 퀴즈도 나왔다. 그 답이 무엇일까? 답은 '노아의 방주에 들어갈 수 없었기 때문'이다. 어찌되었든 위의 질문들은 노아의 방주에 흥미를 느끼는 사람이라면 누구나 충분히 제기할 수 있는 질문이라고 할 수 있다.

우선 방주의 크기에 대해서는 월튼(Walton) 같은 학자들은 다음과 같이 주장한다.

"1규빗을 45센티미터와 같다고 봤을 때, 노아의 방주는 길이가 약 137미터이며, 너비가 약 23미터이며, 높이가 약 14미터이다. 만약 바닥이 평평했다면 총배수량은 43,000톤 정도로 축구 경기장의 1.5배 정도를 덮을 수 있었을 것이다."[2]

만일 이런 제원이 맞는다면 그 다음에는 "과연 이렇게 큰 선박을 당시의 기술로 만들 수 있었는가?" 그리고 "이 선박이 당시의 기준으로 아무리 커도 땅의 모든 생물이 다 탈 수 있었는가?"라는 질문을 던지게 마련이다. 이런 류의 질문은 고고학적이고 역사적인 관심에서 나온 것이며 조금이라도 성경의 역사성에 관심과 의문이 있는 사람들이라면 누구나 던질 수 있는 질문이다.

1.2 랍비들의 상상력

이런 의문은 단지 현대인들만 가지고 있는 것이 아니다. 방주에 대해서는 유대 랍비들도 오만 가지 상상을 했다. 서양 사상에서 홍수 스토리의 해석사를 다룬 노르만 콘은 다음과 같이 랍비적 해석들을 요약한다.

---

[2] 월튼, 『창세기』, 455. 해밀턴(Hamilton)은 배수량이 4,3000톤이었을 것으로 보며 "노아의 방주가 퀸 엘리자베스 2호(Queen Elizabeth II)나 현대의 해양선보다는 작지만, 콜롬버스의 배들(Nina, Pinta, Santa Maria)보다는 더 큰 것으로 본다." Hamilton, *Genesis 1-17*, 282.

"방주의 제원에 대해서도 일치가 없었다. 한 랍비는 방주가 330개의 방으로 이루어져 있었는데, 각 방은 사방이 10규빗으로, 4줄로 배열되어 있었고, 4규빗 되는 낭하로 나누어져 있었다고 주장한다. 그리고 외부에는 한 규빗 넓이의 통로(gangway)가 있었다고 한다. 방주는 올라가면서 안으로 좁아들고, 위층은 방이 3줄로 배열되어 있었다는 것이다. 그러나 다른 랍비들은 무려 900개의 방이 있었고, 사방이 6규빗 되는 방이 6줄로, 그리고 4규빗 되는 낭하가, 그리고 밖에는 두 규빗되는 통로가 있었다고 한다. 이 방주는 옆은 일직선으로 되어 있었으나, 한 규빗 높이의 지붕이 있었다고 본다.

쓰레기를 버리는 장소가 맨 꼭대기인가 바닥인가도 논란 거리였다. 부정한 동물의 수용도 마찬가지였다. 맨 위층인가? 아니면 바닥인가? 이런 모든 다양한 견해들이 속출하였다(Genesis Rabbah, 31.11)."[3]

그러나 이런 류의 질문들은 현재 우리가 가지고 있는 성경의 최종 본문의 데이터로는 답할 수가 없다. 우리가 다 알다시피 성경은 '인간의 구원에 관심이 있는 계시'이지, '고고학적 탐구나 역사적 관심을 가지고 기록한 문헌'이 아니기 때문이다.

1.3 신학적 메시지가 중요

우리가 노아 홍수 스토리를 정경 전체의 문맥에서 살펴보면, 성경 기자는 방주 건조 명령을 후에 있을 광야의 장막(더 나아가 솔로몬 성전 건축) 명령과 연결시키면서 하나님의 백성들을 위한 구원의 메시지를 던지려고 노아 내러티브를 서술하고 있음을 알 수 있다.

많은 학자들이 이미 지적했듯이 모세오경에 여호와께서 지으라고 한 구조물은 방주와 광야 장막 두 가지뿐이다. 노아가 하나님의 지시대로 방주를 지음으로 혼돈의 물로부터 구원을 받은 것처럼 장막과 성전을 하나님의 지시대로 짓고 그 안에서 하나님의 임재를 경험해야 이스라엘 백성이 구원을 얻을 수 있다는 점을 가르침으로써 하나님의 백성이 어떻게 살아야 하며 어떻게 행동해야 하는지를 알려주는 데

---

3) Cohn, *Noah's Flood*, 33-34.

목적이 있는 것이다. 이 점을 월키(Waltkey)는 잘 지적했다.

"더욱이 여호와께서 방주의 건축을 위한 디자인을 독특하게 알려준 것처럼(창 6:14), '광야 장막과 솔로몬의 성전을 알려줄 것'이며, '방주가 혼돈의 물을 통해 노아의 언약 가족을 보전한 것'처럼 '이 후대의 구조들(장막과 성전)은 혼돈의 열방 가운데서 언약 백성을 보호하게 될 것이다.'"4)

구약 성경은 정보를 전달하려는 것이 목적이 아니라 하나님의 백성들에게 무엇인가를 하도록 지시하는 것이 서술의 목적이다. 한마디로 말해 성경은 '정보전달적인' 문서가 아니라(not informative) '수행적'이며 '지령적인'(performative and directive) 하나님의 계시이다. 따라서 우리는 노아의 방주에 대한 고고학적이고 역사적인 관심은 잠시 내려놓고, 성경 본문이 말하는 바에 먼저 귀를 기울이도록 하자.

2. 방주를 만들어라

2.1 하나님의 명령 : 너를 위해 방주를 만들라

하나님께서는 노아에게 명하셨다.

"너는 고페르나무로 너를 위하여 방주(תֵּבָה; 테바)를 만들되."

우선 '방주'라고 번역된 히브리어 '테바'(תֵּבָה)는 구약에서 총 28번 사용되었는데, 홍수 기사에서 26번5) 그리고 모세 스토리에서 2번(출 2:3, 5) 사용되었다.

"더 숨길 수 없게 되매 그를 위하여 갈대 상자(תֵּבָה; 테바)를 가져다가 역청과 나무 진을

---

4) Waltkey, *Genesis*, 152.
5) 월키(Waltkey)는 방주를 만들라는 지시(6:14-19) 안에 이 단어가 7번, 그리고 물이 빠지는 내용을 담은 기사(8:1-14) 안에 7번 사용되었다고 한다(Waltkey, *Genesis*, 135).

칠하고 아기를 거기 담아 나일 강 가 갈대 사이에 두고…바로의 딸이 목욕하러 나일 강으로 내려오고 시녀들은 나일 강 가를 거닐 때에 그가 갈대 사이의 상자(הַתֵּבָה; 테바)를 보고 시녀를 보내어 가져다가"(출 2:3, 5).

우리는 여기서 노아와 모세가 모두 방주로 인해 물로부터 구원받았다는 사실을 주목해야 한다. 물론 노아의 방주는 어마어마한 크기의 선박인 반면에, 모세의 방주는 아기가 들어가는 갈대로 만든 상자에 불과한 것이 사실이다. 그러나 성경의 중요한 인물인 노아와 모세가 '방주'로 인해 물로부터 구원받았다는 사실은 모세오경 전체의 메시지를 이해하는 데 매우 중요하다. 왜냐하면 태고사에서 일어난 노아 방주는 이스라엘의 구속사의 근원인 출애굽 스토리에서 모세를 구원하는 방주를 예기하고 있기 때문이다. 그리고 이런 연결은 장차 방주를 '교회의 모형'으로 보는 교회론적 해석을 가능케 한다.

또한 우리는 하나님께서 노아에게 배를 만들라고 하실 때 매우 간략하게 명하셨다는 점을 주목해야 한다.

"너는 고페르나무로 너를 위하여 방주를 만들되."

히브리어 원문으로는 다섯 단어이다. 방주를 만들어야 하는 이유와 그 밖의 방주에 관한 교훈적 내용은 조금도 나오지 않는다. 그냥 너를 위해 고페르나무로 방주를 만들라고 한 것이 전부이다.

이와 정반대로 길가메쉬 서사시는 매우 교훈적이다. '길가메쉬 서사시' 토판 11을 보자.[6]

24행 이 집을 무너뜨리고, 배를 지어라
25행 재산을 포기하고 생명을 찾으라
26행 (세속적) 재물들을 버리고, 영혼을 살리는 일을 하라

---

6) *ANET*, 93.

27행 배를 탈 때 살아 있는 모든 생물의 씨앗을 가져가라

28행 네가 만들 배는

29행 그 제원을 재도록 하라

30행 너비와 길이는 같은 길이로 하라

31행 압수(Apsu)처럼 네가 지붕을 씌우라

2.2 성경 스토리의 문체 : 함축적이고 암시적

길가메쉬 서사시는 배를 만들라고 하면서 매우 교훈적인 메시지를 첨가하고 있다. '재산을 포기하라, 생명을 찾으라, 영혼을 살리는 일을 하라.'는 식의 명령을 노골적으로 언급하고 있다. 이에 반해 성경의 홍수 스토리는 노골적인 교훈적 태도를 지양하고 스토리 자체로 메시지를 전하는 방식을 택하고 있다. 우리는 여기서 고대 서사시와 성경 스토리의 문체를 비교한 에리히 아우얼바하(Erich Auerbach)의 말을 들어볼 필요가 있다. 물론 고대 근동의 홍수 서사시와 노아 홍수 스토리의 문체를 비교한 것이 아니라, 호머(Homer)의 서사시와 아브라함의 이삭 희생 스토리의 문체를 비교한 것이다.

"똑같이 고대의 것이며 똑같은 서사시인 이들 두 개의 문체보다 더욱 대조적인 문체를 상상하기는 어렵다. 한쪽으로는 구체화되고 균등하게 조명되었으며 시간과 장소가 일정하게 명시되어 있으며, 늘상 전경 속에서 아무런 틈서리도 없이 연결되어 있는 현상들이 있다. 생각과 감정은 완전히 표현되어 있으며, 사건은 서스펜스 없이 느릿느릿 일어난다. 다른 한쪽에는 얘기의 목적을 위해서 필요한 현상만이 구체화되어 있고 다른 모든 것은 어둠 속에 묻혀 있다. 얘기의 결정적인 순간만이 강조되어 있고, 그 사이에는 아무것도 없는 것이나 진배없다. 시간과 장소는 명시되어 있지 않고, 해석을 필요로 한다. 생각과 감정은 드러나 있지 않으며 침묵과 단편적인 대화에 의해서 암시되어 있을 뿐이다. 몹시 긴박한 서스펜스로 차있고, 단일한 목표(그리고 그러한 한에서는 훨씬 통일적인)를 지향하고 있는 전체는 불가사의하고 전경을 내포하고 있다."[7]

---

[7] 에리히 아우얼바하, 『미메시스: 서구문학에 나타난 현실묘사(고대-중세편)』, 김우창·유종호 역 (민음사, 1995), 21-22.

호머의 서사시와 아브라함의 이삭 희생 스토리를 비교한 것이지만, 이는 동일하게 고대 근동의 홍수 서사시와 노아 홍수 스토리에도 해당된다고 본다. 앞으로 기회가 있으면 살펴보게 되겠지만 고대 근동의 홍수 설화들은 노골적으로 교훈적이기에 때로는 눈물을 자아내기 위한 의도적인 장치를 살펴볼 수 있다. 반면에 성경은 매우 함축적이며 암시적이고 장중하다.

2.3 방주는 '의인을 위한 성소'

이미 오래 전부터 여러 학자들이 지적했듯이 방주는 장막과 함께 오경 안에 하나님께서 지으라고 명령한 유일한 건축물들이다. 방주와 장막은 구원의 하나님이 백성과 만나는 장소이다. 하나님의 구속사는 에덴 동산에서 시작해서 방주를 거쳐 장막 성전을 넘어서 예루살렘에 성전을 세우는 것으로 절정에 이른다. 방주는 출애굽기에 나올 성막과 마찬가지로 "의인을 위한 성소"(a sanctuary for the righteous)로 의도되었음을 알 수 있다.[8]

미국 칼빈 신학교 유학시절 필자의 잊을 수 없는 구약 선생님이셨던 존 스텍(John Stek)은 방주를 "응급 상황의 에덴 동산"(emergency Garden of Eden)이라고 정의한다.

> "위대한 창조주인 왕은 그의 종들이 지상 세계를 무질서로 가득 채웠기 때문에, 그의 창조의 호의적인 질서를 해체시킨다. 그러나 인류 가운데 천상의 왕의 눈에 은총을 입은 한 사람이 있었다. …하나님께서는 이 사람을 살려주셨다. 하나님께서는 그를 불러 그와 그의 가족 및 원래의 동산에 있었던 모든 생물을 살릴 수 있는 일종의 응급 조치로서 에덴 동산(emergency Garden of Eden)을 짓도록 하셨다. 또한 하나님께서는 그와 더불어 '언약을 세우실 것'을 약속하셨다."[9]

태고사에서 '방주'는 이스라엘 백성의 구속사에서 '장막'에 상응한다. 방주로 인해 인류가 보존되고 자연 피조물이 구원받았듯이 바로 이 노아의 하나님이 이스라엘을 통해 인류를 구원하시기 위해 성막을 건설하게 하신 것이다. 그렇다면 하나님

---

8) Wenham, *Genesis 1-15*, 172.
9) 존 스텍, "개혁 신학에서의 언약 강조 현상", 『구약 신학』, 류호준 편역 (솔로몬, 2000), 100-101.

께서 그의 백성 가운데 거하시는 성막과 성전은 성경의 구속사의 목표이며, 노아의 방주는 이를 보여주는 강력한 모형(type)이다.

3. 방주는 어떻게 생겼을까?

3.1 방주의 모습을 그리기가 어려움

방주를 만들라며 준 구체적인 명령은 창세기 6:14-16에 나오는데, 시각적으로 그 모습을 상상하기가 어려운 부분이 있다.

"너는 고페르나무로 너를 위하여 방주를 만들되 그 안에 칸들을 막고 역청을 그 안팎에 칠하라 네가 만들 방주는 이러하니 그 길이는 삼백 규빗, 너비는 오십 규빗, 높이는 삼십 규빗이라 거기에 창을 내되 위에서부터 한 규빗에 내고(그 방주에는 지붕을 만들되 한자 치켜 올려서 덮고; 표준새번역) 그 문은 옆으로 내고 상 중 하 삼층으로 할지니라"(창 6:14-16).

우선 본문을 상세히 살펴보면 방주의 제원은 모두 7항목으로 아래와 같다.

(1) 방주의 소재 : 고페르나무로 하라.
(2) 내부 구조 : 칸들(방들)을 막으라.
(3) 방수 : 역청을 그 안팎에 칠하라.
(4) 제원 : 길이 300규빗, 너비 50규빗, 높이 30규빗으로 하라.
(5) 보호막 혹 환기 : 지붕(창)을 만들라.
(6) 문 : 안쪽으로 문을 내라.
(7) 전체 구조 : 3층으로 하라.

3.2 지붕인가? 창인가?

위의 방주에 대한 정보만으로는 정확히 방주를 재구성하기가 어렵다. 이미 학자들이 언급한 대로 특히 16절에서 '거기에 창(지붕)을 내되 위에서부터 한 규빗에 내고'는 해석하기가 어렵다. 이미 학자들이 언급한 대로 왜냐하면 한글로 창이라고 번역된 단어는 '초하르'(צֹהַר)인데 구약 성경에서 한 번밖에 쓰이지 않은 단어이기 때문이다. 그런데 지금까지는 주로 '창'으로 번역한 것이 사실이다. 왜냐하면 '초하르'(צֹהַר)는 구약에서는 '정오'란 의미로 쓰이기 때문이다. 다시 말해 햇빛을 방주 안으로 끌어들이는 데 쓰이는 창문일 가능성을 염두에 둔 것이다.10) 여러 학자들이 지적했듯이 방주에 창이 있었던 것은 분명하다. 창세기 8:6-7에 보면 창문이 언급되어 있기 때문이다.

"사십 일을 지나서 노아가 그 방주에 낸 창문(חַלּוֹן; 할론)을 열고 까마귀를 내놓으매 까마귀가 물이 땅에서 마르기까지 날아 왕래하였더라."

그런데 창문이란 단어가 서로 다르다. 창세기 8장에 나오는 창문은 구약에서 흔히 쓰이는 창문(חַלּוֹן; 할론)인 반면에 6장에 나온 단어는 한 번도 창문이란 의미로 다른 곳에서 쓰인 적이 없는 단어인 '초하르'(צֹהַר)이다.

따라서 다른 학자들은 배에 지붕이 있었던 것으로 묘사하는 고대 근동 아시아의 다른 홍수 스토리들을 근거로 '초하르'(צֹהַר)를 지붕이라고 번역한다. 최근에 영어 성경 번역본들은 주로 '지붕'(roof)으로 번역하고 있다(예를 들어 ESV: Make a roof for the ark, and finish it to a cubit above). 표준새번역도 "그 방주에는 지붕을 만들되 한자 치켜 올려서 덮고"라고 번역한다.

40일 동안 비가 내릴 때 비로부터 보호하려면 방주에는 당연히 지붕이 있어야 했을 것이고, 환기를 위해 창문도 있었을 것이라고 추정할 수 있다. 어떤 학자는 지붕이란 더 평범한 언어 '가그'(גַּג)가 있는데 이를 사용하지 않은 것은 이 단어가 평평한 지붕을 가리키기 때문이라고 본다. 따라서 초하르(צֹהַר)는 "둥근 지붕이거나 경사진 지붕"(a pitched or vaulted roof)을 가리키는 것으로 본다.11) 이런 저런 근거로 초하르는 '지붕'으로 번역하는 것이 더 좋아 보인다.

---

10) 월튼, 『창세기』, 455-456; Hamilton, *Genesis 1-17*, 282.
11) Hamilton, *Genesis 1-17*, 282-284; 월튼, 『창세기』, 456.

3.3 방주의 소재와 방수 : 고페르나무와 역청

그렇다면 방주의 소재와 내부 구조는 어떻게 되는가?

"너는 고페르(גֹפֶר; 고페르)나무로 너를 위하여 방주를 만들되 그 안에 칸들(קֵן; 켄)을 막고 역청(כֹּפֶר; 코페르)을 그 안팎에 칠하라."

이전 한글개역은 잣나무라고 되어 있었는데, 개역개정에서는 고페르(גֹפֶר)나무로 번역하였다. 그런데 고페르나무는 구약에서 오직 한 번만 사용된 단어이기에 정확히 어떤 나무인지 알지 못한다. 영역본은 고펠나무(gopher wood) 혹은 사이프러스나무(cypress wood)로 번역한다.

선박을 만들려면 매우 강하고 견고한 나무여야 하기에 성경 번역자들이 사이프러스나무 혹은 고페르나무란 단어를 택한 것으로 보인다. 알렉산더 대왕이 이 사이프러스나무로 배를 건조했고, 1593년에 완성된 바티칸의 성베드로 성당에 쓰인 이 사이프러스나무는 지금까지 썩지 않고 있기 때문에[12] 영역본은 사이프러스나무로 번역한다.

어찌되었든 고대 근동의 홍수 설화인 아트라하시스(Atrahasis) 스토리에서는 갈대(reeds)로 배를 만들었다고 되어 있다. 갈대에 비하면 고페르나무로 만든 방주는 많은 생물들을 태우기에 더 적합한 선박 재료로 보인다.

그리고 방주 안에는 여러 칸막이 방을 만들라고 여호와께서 노아에게 지시하셨다. 한글개역개정에서 '칸'이라고 번역된 히브리어는 '켄'(קֵן)이다. 이 단어는 구약 성경에서 총 13번 사용되었는데, 주로 새의 보금자리(nests)를 가리킨다(신 22:6, 32:11; 욥 39:27; 잠 27:8 등). 노아의 방주는 단순하게 만든 큰 원형 경기장 같은 배가 아니라, '보금자리' 같은 선실들로 이루어진 배였음이 틀림없다고 학자들은 말한다. 비록 혼돈의 물 위를 1년 이상 떠도는 배였지만, 노아의 방주는 홍수가 침범하지 못하는 견고한 보금자리였다.

여호와께서는 배 안에 칸들을 막은 다음 안팎으로 역청을 칠하라고 하셨다. 여기

---

12) 김준, 『과학자의 눈으로 본 창세기』 (두란노, 2016), 222.

서 역청이라고 번역된 단어는 '코페르'(כֹפֶר)로서 성경에서 단 한 번밖에 쓰이지 않았다. 역청의 목적은 방수를 위함이었다.

우리는 방주와 역청이라는 단어가 아기 모세를 물에서 구원하는 스토리에도 나온다는 점을 주목해야 한다.

"더 숨길 수 없이 되매 그를 위하여 갈대 상자(תֵּבָה; 테바)를 가져다가 역청(חֵמָר; 헤마르)과 나무 진을 칠하고 아기를 거기 담아 나일 강 가 갈대 사이에 두고"(출 2:3).

물론 여기서 '역청'이란 단어 '헤마르'(חֵמָר)는 홍수 스토리에서 역청으로 번역된 '코페르'(כֹפֶר)와는 다르다. 그러나 '방주'란 단어(תֵּבָה; 테바)는 동일하고 '역청'이란 '재료'는 동일하기에 우리는 얼마든지 노아 홍수 스토리와 모세 스토리를 연결할 수 있고 연결해야 한다. 왜냐하면 하나님께서는 '폭력'이 가득한 세상을 심판하기 위해 역청 바른 방주를 지어 노아를 구원하신 것처럼, 이제 '폭력'으로 제국을 건설한 애굽을 심판하기 위해 역청 바른 갈대 상자를 만들어 모세를 구원하셨기 때문이다. 이것은 오늘날 교회도 마찬가지이다. 폭력과 광기의 세상을 심판하기 위해 하나님께서는 교회를 세우셨고, 교회를 통해 자신의 백성을 구원해 가신다.

3.4 방주의 크기

어찌되었든 노아에게 방주를 만들 것을 명하신 후에 하나님께서는 직접 방주의 제원을 이야기하신다.

"네가 만들 방주는 이러하니 그 길이는 삼백 규빗, 너비는 오십 규빗, 높이는 삼십 규빗이라."

위의 배의 제원은 비록 구체적이고 매우 분명한 입체적 그림을 그릴 수 있을 정도로 충분한 정도는 아니지만 노아의 방주가 어떠했을지에 대한 일반적인 그림은 얻을 수 있다. 방주의 크기에 대해서는 월튼(Walton)의 추정을 보자.

"1규빗을 45센티미터와 같다고 봤을 때, 노아의 방주는 길이가 약 137미터이며, 너비가 약 23미터이며, 높이가 약 14미터이다. 만약 바닥이 평평했다면 총 배수량은 43,000톤 정도로 축구 경기장의 1.5배 정도를 덮을 수 있었을 것이다. 그에 비해 길가메쉬 서사시의 바빌로니아 판에 나오는 우트나피쉬팀이 건조한 배는 입방체나 지구라트 형태로 (120×120×120규빗) 창세기의 방주보다 세 배 혹은 네 배의 배수량을 가지고 있다."13)

1규빗을 45센티미터로 보는 월튼의 추정과 방주의 크기에 대해서는 많은 학자들이 의견을 같이 하고 있다. 손가락 끝에서 팔꿈치 끝까지의 길이를 1규빗으로 보기 때문이다. 이 정도의 크기의 배가 고대 근동 아시아에서 어느 정도를 의미하는지를 그냥 보아서는 알 수가 없다. 『IVP 성경배경주석』을 살펴보자.

"지중해의 거친 바다를 헤치고 선원들과 짐을 실어 나를 수 있는 항해용 배가 발명되기 전에는 대부분의 배가 가죽이나 갈대로 만들어졌으며 습지를 헤치고 혹은 강기슭을 따라 항해하도록 되어 있었다. 그 배들은 낚시나 사냥에 사용되었으며 길이는 3미터를 넘지 않았을 것이다. 51미터에 이르는 진짜 항해용 배는 이집트 구왕국 미술에 처음으로 표현되어 있으며(주전 약 2,500년), 우가릿(주전 1,600-1,200)과 페니키아(주전 1,000-500) 문헌에도 묘사되어 있다. 주전 2,000년 중반(청동기 시대)에 난파된 배의 유물도 지중해에서 발견되었다."14)

주전 2,500년에 만들어진 배의 길이가 51미터였다고 한다면 이보다 거의 3배나 긴 노아의 방주는 당시에는 상상하기 어려울 만큼의 거대한 선박이었음을 알 수 있다.

3.5 방주에는 '키'와 '선장'이 없음

많은 학자들이 이미 지적했듯이 방주의 묘사에는 '키'나 '돛'은 물론 방주를 운행

---

13) 월튼, 『창세기』, 455. 해밀턴(Hamilton)은 배수량이 4,3000톤이었을 것으로 보며 "노아의 방주가 퀸 엘리자베스 2호(Queen Elizabeth II)나 현대의 해양선보다는 작지만, 콜롬버스의 배들(Nina, Pinta, Santa Maria)보다는 더 큰 것으로 본다." Hamilton, *Genesis 1-17*, 282.
14) 『IVP 성경배경주석』, 51-52.

하는 '선장'이나 '선원들'이 언급되어 있지 않다.15) 우리가 다 알다시피 노아는 '뱃사람'이 아니었다. 노아는 '땅의 사람'(הָאֲדָמָה אִישׁ; 잇쉬 하아다마)이었다.16) 그렇다면 선장이나 선원들이 있어야 했는데 그렇지 않았다.

이에 비해 고대 근동의 홍수 설화를 보면 주인공 우트나피쉬팀에게는 선장(푸즈르-아무리; Puzur-Amurri)과 선원들이 있었다. 여러 학자들이 이미 지적했듯이 선장과 선원이 노아의 방주에 없다는 것은 노아의 방주가 어떤 목적지를 향해 나아가도록 고안된 항해용 선박이 아님을 보여준다. 일부 학자들은 이것이 고대 근동의 홍수 설화와 성경의 홍수 스토리 사이의 가장 큰 대조라고 본다.

"내게는 메소포타미아의 홍수 설화와 성경의 홍수 기사 사이의 가장 큰 대조는 사르나가 지적한 것 같다. 길가메쉬 서사시에서는 우트나피쉬팀이 배를 짓고 배를 저을 사공을 고용한다. 성경은 노나 어떤 항해 도구 없이 항해하는 방주를 이야기한다. 따라서 노아의 구원은 전적으로 하나님의 뜻에 달려 있는 것으로 묘사된다(Cassuto, *Genesis*, 1961, 301-307; Sarna, *Genesis*, 49). 성경 홍수 내러티브 전체의 틀의 성격과 이것이 잘 들어맞는다. 틀은 모든 중요한 행동을 하나님께로 연결시키고 있다. 노아는 전적으로 결정할 아무런 책임도 없다. 노아의 행동은 그저 '40일 끝까지' 명령을 지키면 되는 것이다. 40일 끝에 까마귀를 노아가 내어 보낸 것이다."17)

노아는 뱃사람이 아니라 땅의 사람으로 당연히 선원이나 선장이 있어야 함에도 불구하고 선원이나 선장이 없다는 것은 다른 선장이 계셨음을 보여준다. 하나님이 노아의 방주의 '선장'이셨던 것이다. 다시 말해 선원들이나 선장이 있어야 함에도 불구하고 선원들이나 선장이 없었다는 것은 방주의 운명과 방주 안의 인간과 생물들의 미래는 오직 '하나님의 뜻'에 달려 있음을 보여준다. 나중에 알게 되지만 노아가 방주에 들어가서 스스로 문을 닫은 것이 아니었다. 하나님께서 방주의 문을 닫

---

15) 월튼, 『창세기』, 455.
16) "노아가 농사(הָאֲדָמָה אִישׁ; 잇쉬 하아다마)를 시작하여 포도나무를 심었더니"(창 9:20). 한글개역개정은 농사라고 되어 있지만, 원문대로 "땅의 사람, 노아가 포도나무를 심기 시작하였다."고 번역하는 것이 제일 좋다.
17) Shamai Gelander, *The Good Creator: Literature and Theology in Genesis 1-11* (Atlanta: Georgia, Scholars Press, 1997), 70.

아 걸으셨다: "하나님이 그에게 명하신 대로 들어가매 여호와께서 그를 들여보내고 문을 닫으시니라"(창 7:16). 이 또한 방주의 선장은 하나님이심을 보여준다.

4. 방주의 목적 : 홍수 대비 생명 보존

4.1 홍수를 땅에 일으킬 것임

그렇다면 방주의 목적은 무엇인가?

"내가 홍수(מַבּוּל; 마불)를 땅에 일으켜 무릇 생명의 기운이 있는 모든 육체를 천하에서 멸절하리니 땅에 있는 것들이 다 죽으리라"(창 6:17).

여호와께서 방주를 만들라고 한 이유는 홍수를 대비하기 위해서이다. 여기서 홍수라고 번역된 단어는 '마불'(מַבּוּל)이다. 이 단어는 구약에 총 13번 사용되었는데 창세기에서 노아 홍수와 연관하여 12번 쓰였고 창세기 밖에서는 시편 29:10에서만 오직 한 번 사용되었다.

"여호와께서 홍수(מַבּוּל; 마불) 때에 좌정하셨음이여 여호와께서 영원하도록 왕으로 좌정하시도다"(시 29:10).

성경에서 '마불'(מַבּוּל)이 노아 홍수와 연관해서만 사용되었다는 점을 염두에 두면 시편 29:10에서도 마불은 노아 홍수를 가리키는 것이 분명하다.

성경에서 '마불'(מַבּוּל)이 노아 홍수만 가리키고 항상 정관사와 함께 쓰인다는 점 (הַמַּבּוּל)[18]은 그저 일반적인 홍수를 가리키는 정도가 아니라 전무후무한 대홍수, 태고사의 모든 이들이 다 아는 대재앙의 홍수를 가리키는 것이 분명하다. 따라서 어떤 학자는 '마불'(מַבּוּל)을 아예 노아 홍수를 가리키는 '전문 용어'(technical term)라고 말

---

18) 정관사와 함께 쓰이지 않은 곳이 두 군데인데(창 9:11, 15), 앞으로 홍수가 없을 것이라고 선언하는 대목이다. 따라서 이전에 잘 알려진 홍수가 아니라 앞으로 있을 홍수를 가리키므로 정관사가 쓰여서는 안 된다.

한다.19)

'마불'(מַבּוּל)이 전무후무한 대홍수를 가리킨다는 것은 이어지는 본문에서도 확실히 알 수 있다: "무릇 생명의 기운이 있는 모든 육체를 천하에서 멸절하리니 땅에 있는 것들이 다 죽으리라." '마불'(מַבּוּל)은 땅에 사는 생명의 기운이 있는 모든 육체를 멸절할 정도의 홍수를 가리키는 단어이다. 앞으로 살펴보겠지만 '마불'은 하늘의 창이 열리고 깊음의 샘이 터져서 생긴 홍수를 가리킨다. 따라서 일부 학자들은 '마불'(מַבּוּל)이 '천상의 바다'를 가리킨다고 본다.

4.2 홍수로부터 생명을 지키는 수단

만일 천상의 바다가 하늘의 창문을 통해 쏟아져 내려온다면 무슨 일이 벌어질까? 게다가 태고의 바다인 깊음의 샘마저 터진다면 하늘 아래 어떤 육체도 살아남을 수 없다. 따라서 하나님께서는 "하늘(שָׁמַיִם; 샤마임) 아래에 있는(한글개역개정은 천하에서) 무릇 생명의 기운이 있는 모든 육신(כָּל־בָּשָׂר אֲשֶׁר־בּוֹ רוּחַ חַיִּים; 콜-바사르 아셰르-보 루아흐 하임)을 멸절하리니 땅(אֶרֶץ; 에레츠)에 있는 것들이 다 죽으리라"(창 6:17, 사역)고 선언하신 것이다. 하늘과 땅이 인클루지오(inclusio; 한 사물의 양극단을 언급하면서 전체를 가리키는 기법)를 이루면서 하늘 아래 땅에 있는 모든 생명이 죽을 것임이 강조되어 있다. 결국 방주는 홍수로부터 생명을 지키는 수단이다.

우리는 여기서 특별히 모든 생명을 가리키면서 '무릇 생명의 기운(רוּחַ; 루아흐)이 있는 모든 육신(בָּשָׂר; 바사르)'이라고 상세히 묘사한 것을 주목해야 한다. 그냥 생명이라고 해도 될 것을 굳이 이렇게 길게 묘사한 이유가 무엇인가?

이를 알기 위해서 우리는 창세기 6:3 "여호와께서 이르시되 나의 영(רוּחַ; 루아흐)이 영원히 사람과 함께 하지 아니하리니 이는 그들이 육신(בָּשָׂר; 바사르)이 됨이라 그러나 그들의 날은 일백이십 년이 되리라 하시니라"에서 두 핵심 단어가 반복됨을 주목해야 한다. 여호와께서 인간들이 육신(בָּשָׂר; 바사르)이 되었기에 나의 영(רוּחַ; 루아흐)이 영원히 함께 하지 않겠다고 선언하신 후에 홍수로 생명의 영(רוּחַ; 루아흐)을 지닌 모든 육신(בָּשָׂר; 바사르)을 진멸시키는 계획을 세우신 것이다.

---

19) W. C. Kaiser, "מַבּוּל, flood" in *Theological Wordbook of the Old Testament*, eds. by R. Laird Harris, et al, Vol. 1 (Moody Press, 1980), 489.

5. 방주 : 너와 네 집을 구원하는 '언약'의 공간

5.1 언약(בְּרִית; 베리트)이란?

"하늘 아래에 있는 무릇 생명의 기운이 있는 모든 육신을 멸절하리니 땅에 있는 것들이 다 죽으리라"(창 6:17, 사역)고 선언했다면, 노아의 가족은 어떻게 되는가? 이어지는 하나님의 말씀 안에는 이 질문에 대한 답이 들어 있다.

"그러나 너와는 내가 내 언약(בְּרִית; 베리티)을 세우리니"(창 6:18).

여호와께서는 놀랍게도 노아와는 '언약'(בְּרִית; 베리트)을 맺겠다고 약속하셨다. 그런데 바로 이곳이 언약(בְּרִית; 베리트)이라는 단어가 구약 성경에 처음 등장하는 곳이다. 홍수로 하나님이 자신이 창조한 땅에 있는 모든 생물을 진멸하기로 한 다음에 비로소 '언약'이 등장하는 까닭은 무엇인가?

언약(בְּרִית; 베리트)이란 다른 곳에서 상세히 살펴보겠지만 '하나님께서 맹세로 자신의 약속을 보증하시는 것'이다. 그렇다면 하나님께서 맹세로 자신의 약속을 보증하시는 이유는 무엇인가? 그것은 이 세상이 불확실하기 때문이다. 물론 이 불확실성은 하나님의 불신실성에서 기인하는 것이 아니라, 인간의 연약함에서 기인하는 것이다. 인간의 악함과 사람이 마음으로 계획하는 모든 것이 어려서부터 악함으로 인해 땅이 부패해진 것이다. 따라서 창조 때에 정해 놓은 물의 경계를 무너뜨리시고 홍수로 세상을 진멸하실 수밖에 없게 되었으므로 이 세상의 불확실성이 야기되는 것이다. 하나님께서는 노아를 포함한 하나님의 백성이 불확실성으로 가득 찬 세상에서 하나님을 신뢰하며 살아갈 수 있도록 하기 위해 '약속하시고 이를 맹세로 보증' 하시는 것이다. 이것이 바로 언약(בְּרִית; 베리트)이다.

그러나 바로 이 시점에서 하나님께서 노아와 언약(בְּרִית; 베리트)을 맺으신 것이 아니다. 창세기 9:9에 가서야 언약 체결이 나온다. 여기서는 노아를 방주에 들이심으로 구원하시겠다는 약속을 언약(בְּרִית; 베리트)으로 설명하고 있다. 독일의 구약학자 베스터만의 말을 들어보자.

"이어지는 문장은 베리트(בְּרִית)가 무엇으로 구성되었는지를 보여준다: 노아에게 방주로 들어가라는 명령말이다(18하-21절도 포함해서). 노아는 방주에 들어감으로 구원을 받는다. 이 명령은 창세기 1:28의 '번성하여 땅에 충만하라'가 축복을 함축하듯이 구원을 함축한다. 하나님의 명령은 태고사 사건에서 성경(P) 기자에게는 그의 구원의 행동과 축복에 첨가된 무엇이 아니다. 양자는 철저하게 서로 연결되어 있다. 하나님은 명령 가운데 구원하시고, 명령 가운데 축복하신다. 노아에게 하신 명령-베리트라고 불리는데-안에서 그 절정에 도달하는 것은 바로 이 구원의 행동이다. 땅 위에 있는 모든 생물을 진멸하기 위해 홍수를 일으키신 하나님은 동시에 방주에 들어가라고 명하심으로써 노아를 구원하시겠다고 약속하셨다. 이것이 베리트(בְּרִית)의 의미이다. 베리트(בְּרִית)란 단어는 노아를 향한 하나님의 구원의 행동의 신학적 의미를 장엄하게 강조한다(a solemn underscoring of the theological meaning of God's saving action toward Noah). 이것은 언약을 체결하는 특별한 행동이 아니다. 오히려 일어난 일을 신학적으로 설명한 것(a theological explanation of what is happening)이다."[20]

5.2 언약 안의 노아의 식구들

노아는 의인이요, 당대에 완전한 자이며, 하나님과 동행했고, 하나님의 눈에 은혜를 입었기에 언약을 맺고 홍수로부터 구원을 받는다고 치자. 그렇다면 그의 식구들은 어찌되는가? 땅의 모든 생물은 하나도 남김 없이 진멸당한다면 의인인 노아를 제외하고 다 죽어야 하는가? 하나님의 이어지는 말씀은 인류의 소망이 어디에 있는지를 보여준다.

"너는 네 아들들과 네 아내와 네 며느리들과 함께 그 방주로 들어가고"(창 6:18하).

언약은 단지 한 개인 노아와만 맺은 것이 아니라, '노아의 식구들'과 맺은 것임이 드러난다. 언약의 후사는 노아이지만, 언약의 대상은 식구들이다. 우선 언약은 한 개인과 맺는 것이 아니고, 그 개인과 그의 아내와 그의 아들들과 그의 며느리들까

---

20) Westermann, *Genesis 1-11*, 422.

지 포함된다. 언약은 한 개인이 아니라, 그 개인의 아들과 손자까지 소위 3-4대와 맺는 것이다.

십계명을 보더라도 "나 네 하나님 여호와는 질투하는 하나님인즉 나를 미워하는 자의 죄를 갚되 아버지로부터 아들에게로 삼사 대까지 이르게 하거니와"(출 20:5)라고 되어 있다.

신약에서는 "너와 네 온 집이 구원받을 말씀"(행 11:14)으로 복음을 선포하면서 언약적 사고에는 개인과 가족 전체가 들어 있음을 잘 보여준다. 우리는 이런 언약적 사고가 얼마나 큰 행복이요 위로가 되는지 알 수 없다. 단지 나 개인만이 아니라 내 아내와 내 아들딸과 사위들과 며느리들까지 그리고 손주들에게까지 언약의 축복을 베풀어 주신다니 이보다 더 큰 기쁨이 어디에 있는가?

5.3 인류를 보존하려면 최소한 두 세대가 필요

게다가 인류를 보존하려면 최소한 두 세대로 이루어진 가족이 있어야 하기에, 하나님께서는 노아와 아내, 노아의 세 아들과 세 며느리들을 방주에 태우신 것이다. 독일 구약학자 베스터만의 이야기를 들어보자.

"노아의 가족들, 그의 아내와 아들들과 며느리들이 노아와 함께 구원받기 위해 방주에 들어가야 했다. 우리는 여기서 가족의 개념이 족장 시대로부터 그 후에 이르기까지 어떤 의미를 갖는지를 알 수 있다. 우리들처럼 부모와 자녀들이 아니라, 부모와 결혼한 아들들이 가족인 것이다. 부모로부터 시작된 생명이 (결혼한) 아들들을 통해서 지속될 때에 가족은 완전한 것이다. 다른 모든 생명이 홍수로 진멸된다면, 두 세대로 이루어진 가족만이 구원을 가능케 하기 때문이다. 그렇지 않다면 근친상간 외에는 생명이 지속될 수 없기 때문이다(창 19:30-38)."[21]

---

21) Westermann, *Genesis 1-11*, 423.

6. 방주 : 인간과 동물의 '공동' 공간

6.1 생물들을 위한 공간

하나님께서는 단지 노아의 가족뿐 아니라 혈육 있는 모든 생물 한 쌍씩을 방주로 이끌어들여 생명을 보존하게 하셨다.

"혈육(בָּשָׂר; 바사르) 있는 모든 생물(חַי; 하이)을 너는 각기 암수 한 쌍씩 방주로 이끌어들여 너와 함께 생명을 보존하게(חָיָה; 하야) 하되"(창 6:19-20).

위에서 '생물'이라고 번역된 히브리어 '하이'(חַי)는 창세기 1장의 창조기사에 4번 나온다.

"하나님이 이르시되 물들은 생물(נֶפֶשׁ חַיָּה; 네페쉬 하야)을 번성하게 하라 땅 위 하늘의 궁창에는 새가 날으라 하시고 하나님이 큰 바다 짐승들과 물에서 번성하여 움직이는 모든 생물(נֶפֶשׁ חַיָּה; 네페쉬 하야)을 그 종류대로, 날개 있는 모든 새를 그 종류대로 창조하시니 하나님이 보시기에 좋았더라…하나님이 이르시되 땅은 생물(נֶפֶשׁ חַיָּה; 네페쉬 하야)을 그 종류대로 내되 가축과 기는 것과 땅의 짐승을 종류대로 내라 하시니 그대로 되니라"(창 1:20, 21, 24).

위의 창조기사를 보면 인간 외에도 생명을 지닌 피조물들이 있었다. 새와 물고기와 가축과 기는 것과 땅의 짐승이 생물(נֶפֶשׁ חַיָּה; 네페쉬 하야)로 언급된다.

흥미로운 것은 제3일에 창조된 "풀과 씨 맺는 채소와 각기 종류대로 씨 가진 열매 맺는 나무"(창 1:11)를 '생물'(נֶפֶשׁ חַיָּה; 네페쉬 하야)이라고 부르지 않는다는 점이다. '생물'은 풀과 채소와 나무와는 다른 존재임을 보여준다. 풀과 채소와 나무는 '생물(נֶפֶשׁ חַיָּה; 네페쉬 하야)에게 식물로 준 것이다.

"하나님이 이르시되 내가 온 지면의 씨 맺는 모든 채소와 씨 가진 열매 맺는 모든 나무를 너희에게 주노니 너희의 먹을 거리가 되리라 또 땅의 모든 짐승과 하늘의 모든 새와 생명(נֶפֶשׁ חַיָּה; 네페쉬 하야)이 있어 땅에 기는 모든 것에게는 내가 모든 푸른 풀을 먹을 거리로 주노라 하시니 그대로 되니라"(창 1:29-30).

우리는 위의 본문에서 새와 물고기, 가축과 기는 것과 땅의 짐승들은 모두 '생물들'(נֶפֶשׁ חַיָּה; 네페쉬 하야)로서 인간과 공통점이 있다는 점을 알 수 있다. 구체적으로 네 가지 점에서 공통점을 지닌다.

(1) 모두 생물이라고 불린다. 새와 물고기와 가축과 기는 것과 땅의 짐승이 생물(נֶפֶשׁ חַיָּה; 네페쉬 하야)인 동시에 인간도 생물이다: "여호와 하나님이 땅의 흙으로 사람을 지으시고 생기를 그 코에 불어넣으시니 사람이 생령(נֶפֶשׁ חַיָּה; 네페쉬 하야)이 되니라"(창 2:7).
(2) 인간과 짐승은 땅에 거주하는 존재들로 땅을 공동으로 점유하고 있다.
(3) 인간과 짐승은 모두 혈육(בָּשָׂר; 바사르)으로 만들어져 있고 부부 관계나 암수 한 쌍의 교미로 자녀와 새끼를 생산한다.
(4) 식물을 음식으로 삼는다.

따라서 방주 역시 생물인 인간과 새와 물고기와 가축과 기는 것과 땅 짐승들의 '공동의 집'의 역할을 해야 하는 것이다. 이에 하나님께서는 "혈육(בָּשָׂר; 바사르) 있는 모든 생물(חַי; 하이)을 너는 각기 암수 한 쌍씩 방주로 이끌어들여(תָּבִיא; 타비) 너와 함께 생명을 보존하게(חָיָה; 하야) 하되"(창 6:19-20)라고 명하신 것이다.

6.2 어떻게 많은 생물을 모아들일 수 있었을까?

그렇다면 노아는 어떻게 많은 생물들을 모아들일 수(תָּבִיא; 타비) 있었을까? 여호와께서는 그 비결을 알려주셨다.

"새가 그 종류대로, 가축이 그 종류대로, 땅에 기는 모든 것이 그 종류대로 각기 둘씩 네게로 나아오리니(יָבֹאוּ; 야보우) 그 생명을 보존하게 하라"(창 6:20).

여호와께서는 생물들이 노아에게 각기 둘씩 나아오게 될 것이라고 말씀하신다. 앞 절에서는 노아에게 생물들을 '이끌어들이라.'(הָבֵא; 타비)고 하셨는데, 여기서는 생물들이 네게로 나아올(יָבֹאוּ; 야보우) 것이라고 말씀하신다. '오다.'(בּוֹא; 보)는 같은 동사가 한 번은 사역형(הָבֵא; 타비)으로 '오게 하다.'로, 한 번은 기본형(יָבֹאוּ; 야보우)으로 '스스로 나오다.'의 의미로 사용되고 있다. 어쩌면 생물들이 알아서 방주로 나아왔는지도 모른다. 노아 홍수의 현대판 영화인 〈에반 올마이티〉를 보면 생물들이 주인공인 에반이 움직이는 대로 따라다니는 모습을 보여준다.

6.3 동일한 '생물', 동일한 '방주', 동일한 '운명'

그러나 이 이상으로는 노아가 어떻게 모든 생물을 모아들였는지 알 수 없다. 독일 구약학자인 베스터만은 이렇게 말한다.

> "노아가 어떻게 그 생물들을 다 모아들였느냐고 질문한다면 매우 큰 어려움에 봉착하게 된다. 델리취(F. Delitzsch)의 주석이 이를 보여준다. '노아가 많은 생물을 어떻게 모아들였는지에 대해 이런 생각을 해볼 수 있다. 임박한 재앙의 느낌이 동물의 왕국을 감싸게 되었고 동물들을 노아에게 오게 하였다. …그러나 어떻게 해서 노아가 하나도 그들을 놓치지 않았을까?'

> 델리취는 해석의 매 단계에서 태고사 사건들을 실제 역사적으로 입증할 수 있는 사건으로 설명하려고 애를 쓴다. 그러나 '땅의 동물들'은 방주 밖에서도 보존되었을 것이라고 말함으로써 결론을 짓는다. 홍수는 오직 국지적이었던 것이다.

> 그러나 우리가 홍수를 태고사 사건으로 이해한다면, 노아가 어떻게 모든 생물을 모아들였는지, 그리고 방주에 어떻게 이들을 수용했는지의 질문은 한가한(otiose) 질문이며, 내러티브의 범위 밖에 있는 것이다. 스토리는 다른 종류의 실제(another sort of reality)에 대해 이야기하고 있다. 인간과 동물은 생명을 위협하는 재앙 앞에 함께 서 있다. 창조 때에 그러했던 것처럼. 여기서 실재는 이중적이다. 동물들이 인간과 함께 멸망하고, 동물과 인간이 함께 구원을 받는다. 이것은 인간과 동물의 역사에서 가장 중요한 의미를 지

닌다."[22)]

그런데 창세기 1장에서 생물이라고 언급한 대상 가운데 물고기는 빠져 있다. 물고기는 물이 거주지이고, 물에 의해 위협받지 않으므로 여기에서 언급되지 않았다. 오히려 방주에 수족관을 만들어 물고기를 보존하는 것이 더 이상했을 것이다.

여러 학자들이 이미 지적했듯이 생물로 창조된 인간과 동물은 땅(אֶרֶץ; 에레츠; 지구)이라는 '동일한 집'을 공유할 뿐 아니라 구속을 받을 때에도 '동일한 방주'를 공유한다는 것이 매우 독특하다. 인간과 새와 동물이 함께 방주에 거주하며 혼돈의 물로부터 보호를 받는 모습은 피조물과 인간이 함께 구속을 기다린다는 바울의 선포가 무슨 의미인지 이해할 수 있도록 도와준다(롬 8:19-23).

"피조물이 고대하는 바는 하나님의 아들들이 나타나는 것이니 피조물이 허무한 데 굴복하는 것은 자기 뜻이 아니요 오직 굴복하게 하시는 이로 말미암음이라 그 바라는 것은 피조물도 썩어짐의 종 노릇 한 데서 해방되어 하나님의 자녀들의 영광의 자유에 이르는 것이니라 피조물이 다 이제까지 함께 탄식하며 함께 고통을 겪고 있는 것을 우리가 아느니라 그뿐 아니라 또한 우리 곧 성령의 처음 익은 열매를 받은 우리까지도 속으로 탄식하여 양자 될 것 곧 우리 몸의 속량을 기다리느니라"(롬 8:19-23).

혈육 있는 모든 생물이 땅의 부패에도 인간과 연관되어 있듯이, 구속에 있어서도 인간과 깊이 연루되어 있나.

6.4 먹을 양식을 준비하라

하나님께서는 마지막으로 노아에게 지시하셨다.

"너는 먹을 모든 양식을 네게로 가져다가 저축하라 이것이 너와 그들의 먹을 것이 되리라"(창 6:21).

---

22) Westermann, *Genesis 1-11*, 423-424.

방주 안에서 노아와 노아의 가족과 모든 생물이 1년 이상을 버티려면 당연히 먹을 양식이 필요하고 이를 저축해야 한다.23)

과연 노아는 어떤 음식을 준비했을까? 현대인들은 대부분 그냥 지나치지만 랍비들은 방주에서 무엇을 먹었는지에 대해서도 상상력을 발휘했다.

"방주에서 먹은 음식의 성격도 논란의 대상이었다. 오직 마른 무화과만 먹었다는 랍비들이 있는가 하면, 다른 랍비들은 각 동물들에게 적합한 음식을 배에 실었다고 주장한다. 코끼리에게는 가지를, 타조에게는 풀 등. 물론 포도나무나 무화과나무나 감람나무의 순도 장차 심기 위해 배에 실었다."24)

한편 방주에 인간과 모든 생물이 먹을 음식을 준비하라는 하나님이 명령이 지니는 신학적 메시지를 독일 구약학자 베스터만이 잘 보여준다.

"우리가 18-21절을 살펴보면, 성경 기자는 물론 그의 뒤에 있는 전승 안에서 인류의 보존의 의미가 무엇인지가 분명해진다. 인간에 대한 이해는 객관적이고 독립적으로 이해하는 서양 사고와 다르다. 서양에서는 육체적이고 심리적인 특징에 따라 정의된 물체, 즉 합리적 동물의 존재로 본다. 그러나 홍수 내러티브는 이런 식의 존재에 관심이 없다. 거대한 세계적 재앙으로부터 구원받은 인간은 관계로만 존재하는 인간들이다. 이런 관계가 구원의 행동 안에 포함되어 있다. 인간들은 공동체 안의 존재(beings in community)이다. 즉 인간들은 한 식구의 멤버들이며, 동물들과 관계를 맺는 자들이며 동물들에게 음식을 제공해야 하는 존재인 것이다(they are members of a family, have relationships with the animals and must provide food).

이것이 인간이 창조된 방식이다. …하나님의 피조물이란 이런 관계를 가진 인간일 때만이다(It is only a person with theses relationships that is God's creature). 인간의 창조와,

---

23) Waltkey, *Genesis*, 137: "식물 세계는 방주 안에서 그 주인들을 지속적으로 섬긴다(참조, 1:26, 29-30). 홍수에도 불구하고, 노아가 방주를 나오기 전에 새롭게 된 땅에서 나온 '감람 새 잎사귀'는 식물 세계가 방주 밖에서 살아남았음을 보여준다."
24) Cohn, *Noah's Flood*, 34.

세계 재앙으로부터의 구원은 여기서는 하나이다. 이것이 구약 안에 인간 개념의 건전한 기초를 형성한다. 한 인간이 하나님이 의도한 피조물이 되는 것은 오직 이런 관계를 가질 때만이다(it is only with these relationships that a person is the creature that God is intended)."[25]

우리는 노아 방주 스토리에서 인간의 정체성이 무엇인지 알게 된다. 인간은 공동체적 존재로서, 동물들과 관계를 맺고 동물들에게 음식을 제공해야 하는 존재로 지음받은 것임이 분명히 드러난다. 따라서 노아 스토리를 그저 무자비한 하나님의 심판 이야기로 해석하는 것은 잘못이다.

7. 노아의 순종

과연 노아는 하나님의 이런 명령들에 어떤 반응을 보였을까? 독자들은 노아의 반응을 자세히 알고 싶어 할 것이다. 그러나 내레이터는 단 한 문장으로 이렇게 묘사한다.

"노아가 그와 같이 하여 하나님이 자기에게 명하신 대로 다 준행하였더라"(창 6:22).

원문으로 보면 총 아홉 단어이다. 현대인들이 그렇게 궁금해 하는 노아의 방주를 어떻게 만들었는지, 얼마나 걸렸는지, 생물들을 어떻게 모아들였는지, 식물은 어떻게 모아서 어떻게 저장했는지에 대해서는 전혀 언급하지 않고 그저 아홉 단어로 '하나님이 자기에게 명하시는 대로 다 준행하였더라'는 것이 전부이다.

이에 비해 고대 근동의 설화들은 주인공이 무슨 일을 했는지 상세히 묘사하는 편이다. 베스터만은 노아 스토리와 고대 근동의 홍수 설화를 비교한다.

---

[25] Westermann, *Genesis 1-11*, 424.

"많은 성경 외 홍수 내러티브들은 특별히 메소포타미아의 홍수 설화들은 명령을 순행하는 것을 상세히 묘사한다. 길가메쉬 서사시 XI은 특별히 생동감 넘치며 화려하다. 일의 성공을 위해 제사를 드리는 것으로 시작하여(11.50-51), 노아가 축제 시에 일꾼들에게 제공한 다양한 포도주와 기름을 열거한다(11.70-73)."[26]

베스터만은 이런 화려한 묘사들이 성경 기사에는 빠져 있다는 것을 주목해야 한다고 한다.

"오직 한 가지만이 여기선 중요하다. 노아가 하나님이 명하신 것을 행했다는 점만. 이 문장은 마치 음악에서 쉼(musical pause)처럼 장엄하게 선포된다. 우리는 처음으로 성경 안에 마치 규칙적인 박자(regular beat)처럼 흐르는 것을 처음 본다. 하나님께서 명하시면, 명령받은 자가 명령을 수행하는 주제가 규칙적으로 등장한다. 이것은 아브라함(창 17장)에게도, 모세(출 24:25 이하)에게도 마찬가지이다. 역사의 경로를 결정하는 모든 사건들은 하나님이 명하시고 인간이 순종함으로 시작된다. 역사의 운동에 대한 이런 기본적 이해는 창조 스토리 안에 기초가 놓여 있다: 하나님께서 말씀하시니 그대로 되니라."[27]

우리는 주인공인 노아가 홍수가 끝날 때까지 왜 단 한마디도 하지 않는지 그 이유를 알 수 있다. 노아는 한마디로 '순종의 사람'이었다. 탁월한 개혁주의 구약학자인 월키는 이렇게 주석한다.

"이 어구는 노아가 믿음으로 살았음을 강조한다(히 11:7). 그러나 이에 연관된 엄청난 노력과 투자는 언급하지 않는다. 필요한 수많은 나무들을 자르고, 이를 건조 장소까지 옮기고 거대한 널빤지들을 연결시키는 일들을 하는 데 오랜 세월이 걸렸을 것이다. 더욱이 이토록 거대한 크기의 배를 건조하고, 그렇게 많은 동물들의 다양하고 충분한 음식을 준비하려면 엄청난 돈이 들었을 것이다. 메소포타미아 스토리는 영웅의 행동에만 초점을 맞추는 반면에(*ANET*, 93-94, lines 53-86, 131-37), 창세기는 하나님의 행동과 노아

---

26) Westermann, *Genesis 1-11*, 424.
27) Westermann, *Genesis 1-11*, 424.

의 순종에 초점을 맞추고 있다."[28]

8. 결론 : 신학적 메시지

8.1 홍수 위에 좌정하신 분만 신뢰하라

이런 무서운 홍수를 당할 때 우리는 어떻게 해야 하는가? 홍수와 대재앙 앞에서 대부분의 사람들은 두려움에 사로잡힌다. 고대 근동 아시아의 홍수 설화를 보면 홍수가 통제를 벗어나게 되자, 심지어는 신들마저 두려움에 사로잡힌다.

길가메쉬 서사시 토판 11

113행 신들이 홍수로 두려움에 사로잡혔다.
114행 뒤로 물러나면서 이들은 아누의 하늘로 올라갔다.
115행 신들은 개들처럼 움츠러들었고
116행 외벽에 몸을 기대고 숨어들었다.[29]

그러나 노아의 하나님은 홍수를 통제하지 못하는 분이 아니시며, 홍수 앞에 두려워하는 보잘것없는 신이 아니시다. 시편 29편 기자는 노래한다.

"여호와께서 홍수(מַבּוּל; 마불) 때에 좌정하셨음이여(יָשַׁב; 야샤브) 여호와께서 영원하도록 왕으로(מֶלֶךְ; 멜레크) 좌정하시도다(יָשַׁב; 야샤브)"(시 29:10).

시편 기자는 여호와를 홍수 위에 좌정하시는 분으로 노래한다. 홍수 위에 좌정하신다는 뜻이 무엇인가? 홍수를 통제하시는 분이라는 것이다. 마치 왕이 백성들을 다스리듯이 여호와께서는 왕으로 홍수 위에 좌정하신다. 결국 여호와는 홍수 위에

---

[28] Waltkey, *Genesis*, 137.
[29] *ANET*, 94.

좌정하시고 홍수를 통제하는 영원하신 왕이시다.

물론 하나님이 물 위에 좌정하시는 개념은 시편 104:3에도 나온다: "물에 자기 누각의 들보를 얹으시며 구름으로 자기 수레를 삼으시고 바람 날개로 다니시며." 이에 우리는 이 하나님을 믿고 노아처럼 믿음의 방주를 예비해야 한다. 물론 이제는 하나님께서 물로 세상을 심판하지 않고 불로 심판할 것이지만, 노아가 방주를 예비하여 구원받았듯이 우리 역시 마지막 불심판으로부터 보호받을 믿음의 방주를 예비해야 한다.

8.2 순종의 사람이 되라

세일해머는 노아를 순종의 사람으로 해석한다.

"방주 건축 기사와 모세오경 안의 다른 두 서술 곧 창세기 1장의 창조 기사와 출애굽기 25-39장의 성막 건축 기사 사이에는 유사성이 있는데 이는 매우 중요하다. 이 세 기사는 눈에 띄는 패턴을 지닌다: 하나님께서 말씀하신 후에, 명령이 떨어지면, 그 후에 하나님의 뜻에 따라 명령이 실행되는 패턴이 나타난다. 특별히 각 내러티브는 하나님의 축복으로 끝이 난다(창 1:28, 9:1; 출 39:43). 그리고 노아 방주 기사와 성막 건축 기사는 언약이 주어진다(창 6:8; 출 34:27). …모세와 마찬가지로 노아도 하나님의 명령을 신실하게 수행하였으며 그렇게 함으로 언약 안에서 구원과 축복을 얻었다.

이런 예들 가운데서 오경 기자가 의도하는 메시지가 무엇인지 찾는 것은 어렵지 않다. …창세기 6장에서 성경 기자가 방주 건축의 구체적인 부분들을 묘사하고 있는 이유는 성막 건축의 상세한 묘사의 의도와 마찬가지로 독자들로 하여금 방주나 성막이 어떻게 생겼는지를 볼 수 있도록 하려는 데 있는 것이 아니라, 이 경건하고 모범적인 인물들이 얼마나 세심하게 하나님의 뜻에 순종하려고 하였는지를 보여주려는 데 있는 것이다. 이들은 '온 마음을 다해' 하나님께 순종한 것이다."[30]

---

30) Sailhamer, *The Pentateuch as Narrative*, 125 (한글번역, 『서술로서의 모세오경 상』, 239-240).

8.3 노아, '마른 땅의 선박의 제독'
헬무트 틸리케는 노아를 '마른 땅의 선박의 제독'이라고 부른다.

"날씨가 그렇게 청명했을 때 노아는 방주를 지으라는 명령을 받았습니다. 그의 친구들과 이웃들은 날씨가 이렇게도 좋은데 그리고 예언자들과 정치적인 예언자들이 태평성대를 예시하고 있는 이때에 맨 땅 위에서 방주를 만들려고 하는 것을 보고는 의아해 했을 것입니다. 저녁에 쌍쌍들이 달빛을 받으며 이 해괴한 배를 보기 위해 산책 나왔습니다. 사람들은 먹고 마시고 즐기며 결혼하고 하였습니다. 그리고 이 별난 늙은 성자를 보고 조소를 보냈습니다.

…물론 노아는 수차례에 걸쳐 자기가 바보나 몽상가가 아닌지 자문해 보았을 것임에 틀림없습니다. 그래서 이 이상한 하나님의 이상한 명령에 맹목적으로 순종하고 있는 것이 아닌가 하고 자신에게 질문해 보았던 것입니다. …그를 둘러싸고 있는 사람들-합리적이며 상식적인 사람들-의 조소는 실제로 그의 신경을 자극했을 것입니다. 햇빛은 쨍쨍 내리쬐고 있으며, 땅은 메말라 있는데, 노아는 방주를 짓고 있었던 것입니다. 노아, 그는 마른 땅의 선박의 제독이었습니다."[31]

8.4 씨앗은 결실하기까지 시간이 필요
틸리케는 노아가 방주를 만드는 데는 믿음과 시간이 필요했다고 한다.

"노아가 새로운 세계에 나와서 맨 처음 제단을 쌓은 것으로 보아 우리는 그가 대홍수 이전의 세계의 종말에 있어서 그의 믿음을 간직하고 있었음을 볼 수 있습니다. 그의 삶은 모두가 조각으로 이루어졌으며, '그의 순수성은 한 가지만 의지(willing)했다는 데 있습니다(키에르케고르).'"[32]

120년 동안 방주를 지으면서 노아는 그가 뿌린 씨앗이 끝내 결실을 맺을 것이라

---
31) 틸리케, 『세상이 어떻게 시작되었는가』, 262.
32) 틸리케, 『세상이 어떻게 시작되었는가』, 262.

고 믿었을 것이다. 그런 믿음이 없었다면 아무런 홍수의 조짐이 없는데 120년 동안 방주를 지을 수 있었을까?

그러나 믿음은 씨앗과 같아서 결실하기에는 시간이 필요하다고 틸리케는 말한다. 따라서 아무런 홍수 조짐이 없을 때에도 방주를 만드는 씨앗을 뿌려야 홍수가 올 때 결실할 수 있다.

"경고 사인이 미리 주어지기만 했더라면 그리고 조그만 폭풍 구름이라도 지평선에 나타나기만 했더라면! 하지만 하늘은 맑기만 했고 더군다나 휴가철이었습니다. 죽은 자들 중의 한 명이 그 부자의 다섯 형제들에게 경고를 해 주기 위해 오지는 않았습니다(눅 16:27ff 참조). 예수가 그것에 대해 말씀하셨을 때 그 사람은 '모세와 예언자들'만을 갖고 있었을 뿐이며 그들의 말에 귀를 기울일 것인가, 말 것인가의 여부에 대해 결정을 해야만 했습니다.

무시할 수 없는 믿음에 대한 문제들은 매우 은밀하게 그리고 거의 알아들을 수 없게 우리들에게 전해집니다. 그 문제들은 천둥 울음소리와 프로파겐다를 동반하지 않습니다. …진실로 매우 깊은 샘물이 터져나오고 하늘의 창문들이 열려졌을 때 사람들은 소리치며 하나님에게 기도하였습니다. 누가 울부짖지 않았으며, 울부짖지 않고 있는가요? 폭탄이 터지던 그 날 밤에 지하실에서 지내던 일을 기억하고 있지 않은가요? …하지만 이상한 일은 위험이 닥쳐왔을 때에 비로소 하는 기도는 바람직한 기도가 못된다는 것입니다.

그러한 기도는 결코 방의 천정을 벗어나지 못하며 내가 울부짖고 있는 하나님에게 상달되지 못합니다. 그러한 기도는 걱정을 제거해주고 마음의 평정을 가져다주는 대신 오히려 그 순간의 크나큰 걱정으로 인하여 정복당하게 하고 말 것입니다.

왜냐하면 믿음은 추수 때에 결실을 맺기 위해 자라나야만 하는 한 알의 씨앗과도 같기 때문입니다. 이것은 서서히 이루어지며 시간을 요합니다. 모든 목회자는 사람들의 임종시에 일어나는 많은 어려움들에 익숙해져 있습니다. 임종하는 사람들은 목숨이 얼마 남지 않았을 때 목회자가 위로의 말을 해주길 기대합니다. 여기에서 그는 그 죽어가는 사람이 좋아하던 말씀을 인용해서 위로를 주고 싶어 합니다. 하지만 어떻게 동시에 씨앗을 뿌리고 거기에서 열매를 거두어들일 수가 있겠습니까?"[33]

8.5 지금은 무슨 방주를 지어야 하는가?

그리스도인들은 지금 무슨 방주를 지어야 하는가? 이미 교회가 방주가 아닌가? 그렇다면 교회 공동체를 잘 보살피면 되는 것인가? 아니면 아직도 지어야 할 방주가 남아 있는가? 이런 질문을 염두에 두고 12세기의 신학자인 위그 드 생-빅토르(Hugues de Saint-Victor)의 아래 문장을 읽으면 독자들은 무슨 느낌이 드는가?

"그러므로 이제 네 마음속 가장 깊은 곳으로 들어가서 하나님을 위한 거처를 만들라. 하나님께 성전을 지어드려라. 집을 지어드려라. 성막을 지어드려라. 계약궤를 지어드려라. 홍수 때의 방주를 지어드려라. 네가 그것을 무엇이라고 부르든, 그것은 모두 하나님을 위한 집이다."[34]

마음속에 하나님의 집을 만들라는 권면은 어떻게 느껴지는가? 우리가 깊이 고민해야 할 적절한 도전으로 느끼는가? 아니면 중세의 지나친 영적 해석이라고 느끼는가? 만일 후자라면 우리는 계몽주의의 영향을 너무 많이 받아 중세를 암흑의 시대로 생각하기 때문일 가능성이 크다. 그러나 계몽주의자들이 자신들의 인본주의 운동을 강조하기 위해 중세를 암흑의 시대라고 규정한 것은 이제 알 만한 사람들은 다 알고 있다. 중세는 모든 것이 그저 '암흑의 시대'만은 아니었다. 물론 성경 해석에 있어서 오류도 많이 범하긴 했지만, 특별히 영적인 해석에 있어서는 초대 교회와 중세 교회는 오늘날 우리에게 놀라운 통찰력을 제공한다.

12세기의 가장 영향력 있는 신학자요, 당대에 '제2의 아우구스티누스'라고 불린 위그 드 생-빅토르가 노아의 방주를 삼중 의미로 읽어내는 것을 우리는 주목할 필요가 있다. 아래 논의는 서종원, "위그 드 생-빅토르의 『노아 방주』에 나타난 영적

---

33) 틸리케, 『세상이 어떻게 시작되었는가』, 263-264.
34) De archa Noe, I, iii, p. 9,10-13; 서종원, "위그 드 생-빅토르의 『노아 방주』에 나타난 영적 상승과 하나님의 형상의 회복", 『한국교회사 학회지』 28집 (2011), 137에서 재인용.

상승과 하나님의 형상의 회복", 115-164에서 가져온 것이다.

어떤 사람이 다른 사람을 잘 알려면 먼저 친구 관계를 맺고 집을 자주 방문해야 하는데, 만일 하나님을 사랑하고자 하면 하나님의 집을 자주 찾아야 한다고 위그 드 생-빅토르는 주장한다. 첫째 하나님의 집은 온 세계이며, 둘째는 공교회이며, 셋째는 개인의 내밀한 영혼이라고 한다. 그리스도인들은 삼중의 방식으로 하나님의 집에 거할 뿐 아니라, 각자가 하나님의 집이 되어야 한다는 것이다. 신자들의 영혼이 하나님의 집에 거하고, 신자들의 영혼 안에 하나님이 거하셔야 하나님의 사랑을 알고 진정한 마음의 평온을 유지할 수 있다는 것이다.[35]

여기서 위그 드 생-빅토르는 노아의 방주를 하나님의 집의 중요한 영적 구조물의 샘플로 제시하면서 방주 역시 세 가지 차원의 의미를 가진다고 주장한다. 감신대의 서종원 교수의 말을 들어보자.

"위그는 이에 따라 세 가지 차원의 방주를 구별하는데, 첫째는 성서 본문이 지닌 문자적 의미가 지시하는 바, 노아가 나무와 역청을 재료로 삼아 만든 선박으로서의 방주이다. 둘째는 우의적-교의적 의미에 따라 상징하는 바, 그리스도께서 열방을 단일한 신앙고백으로 불러 모아서 만드신 교회의 방주를 가리킨다. 셋째는 수덕적 의미가 지향하는 바 하나님의 말씀을 매일 묵상함으로 우리의 마음속에 지어가는 지혜의 방주를 의미한다."[36]

우리는 여기서 위그 드 생-빅토르는 노아의 방주를 단순히 '문자적이고 역사적인 차원'에서 어떤 의미인지에 머물지 않고 있음을 볼 수 있다. 오늘날 많은 사람들이 노아 방주에 대해 고고학적 역사적 관심을 가지는 것은 적절하지만, 여기서만 멈춘다면 아쉽기 그지 없다. 왜냐하면 이 노아의 방주는 머리이신 그리스도를 중심으로 열방의 모든 민족으로 구성된 그리스도의 몸된 교회를 가리키기 때문이다. 그러나 노아의 방주에 대한 궁극적인 관심은 '그리스도인 각자가 자신의 영혼 안에 어떻게

---

35) 서종원, "위그 드 생-빅토르의 『노아 방주』에 나타난 영적 상승과 하나님의 형상의 회복", 136.
36) 서종원, "위그 드 생-빅토르의 『노아 방주』에 나타난 영적 상승과 하나님의 형상의 회복", 138. 우리는 여기서 삼중 의미가 중세의 사중 의미로 나아가는 전 단계임을 볼 수 있다: "히스토리아(문자 내지 역사적 의미), 알레고리아(우의 내지 교리적 의미) 및 트로폴로기아(도덕 내지 수덕적 의미)" 여기에 아나고기아(지복; 천상적 의미)가 첨가되면 중세의 4중 의미가 된다.

하나님의 집을 만들어가야 하는가?'로까지 나아가야 한다는 것이 위그 드 생-빅토르의 주장이다. 서종원 교수의 말을 들어보자.

> "위그는 특히 방주에 대한 세 번째 트로폴로기아적 읽기에 집중하고 있는 바, 인간의 영혼은 창조주인 하나님을 사랑하지 않고 피조물을 욕망하는 무질서한 사랑으로 인하여 그 통합성을 상실하고 흩어졌을 뿐 아니라 홍수의 격랑과도 같은 불안정에 시달리게 되었다. 따라서 사람이 다시 하나님에 대한 관상으로 돌아가 안식을 얻기 위해서는 구원의 방주인 교회로 들어갈 뿐 아니라 성서의 묵상을 통하여 영적 진보의 각 단계를 수련함으로써 영혼 안에 지혜의 방주를 지어가고 이로써 하나님에 대한 사랑을 회복해야 한다."[37]

오늘날 현대의 구약 해석은 역사적 의미나 구속사적 의미에만 머물러 있는 경우가 많다. 본문을 역사적 의미와 정경적-구속사적 의미를 근거로, 이를 넘어서서 우리의 삶에 다가와 충성과 복종을 요구하시는 현재의 도덕적 의미(트로폴로기아적 의미)를 드러내지 못한다면 성경 해석은 그 목적을 달성하지 못한 것이다. 따라서 중세의 모형론적 해석이나 영적 해석은 폐기해야 하는 대상이 아니라, 우리가 배울 수 있는 교회의 영적 자산으로 간주해야 한다.

9. 부록 : 방주의 모형론[38]

9.1 신약의 노아와 방주 해석

초대 기독교 저자들은 구약에 기록된 사건들이 실제로 일어났었다고 보았다. 그러나 이들의 관심사는 역사적 사건의 재구성에 있지 않았다. 과거 역사 가운데서 "현재와 미래를 보여주는 예표"를 찾는 데 관심이 있었다. 이런 종류의 주석을 우리는 흔히 모형론(typology)이라 부른다. 아우구스티누스가 말한 대로 "구약 안에 신약

---

[37] 서종원, "위그 드 생-빅토르의 「노아 방주」에 나타난 영적 상승과 하나님의 형상의 회복", 155-156.
[38] 노아와 방주에 대한 모형론의 아래 논의는 Norman Cohn, *Noah's Flood: The Genesis Story in Western Thought* (New Haven and London: Yale Univ. Press, 1996), 23-31에서 가져온 것이다.

이 숨겨져 있고, 신약 안에서 구약의 의미가 분명해진다."39) 따라서 이런 모형론은 오랫동안 교회 역사에서 중요한 성경 해석의 한 방법이 되었다.

그러나 이런 모형론은 초대 교회에 처음 생긴 것이 아니라 이미 신약 기자들 안에서 볼 수 있다. 신약 성경은 노아와 방주를 모형론적 원리에 따라 해석했다. 마태복음 기자는 노아의 때를 인자의 때를 보여주는 모형으로 본다.

"노아의 때와 같이 인자의 임함도 그러하리라 홍수 전에 노아가 방주에 들어가던 날까지 사람들이 먹고 마시고 장가들고 시집가고 있으면서 홍수가 나서 그들을 다 멸하기까지 깨닫지 못하였으니 인자의 임함도 이와 같으리라"(마 24:37-39).

베드로는 홍수를 인자의 재림 때에 임할 "불의 홍수를 예표하는" 것으로 보았다. 40)

"이는 하늘이 옛적부터 있는 것과 땅이 물에서 나와 물로 성립된 것도 하나님의 말씀으로 된 것을 그들이 일부러 잊으려 함이로다 이로 말미암아 그때에 세상은 물이 넘침으로 멸망하였으되 이제 하늘과 땅은 그 동일한 말씀으로 불사르기 위하여 보호하신 바 되어 경건하지 아니한 사람들의 심판과 멸망의 날까지 보존하여 두신 것이니라"(벧후 3:5-7).

히브리서 기자는 이제 홍수를 넘어서서 노아란 인물을 믿는 신자를 가리키는 상징으로 보기 시작했다. 다시 말해 항상 마지막 심판을 염두에 두고 사는 택함받은 신자를 가리키기에는 노아가 가장 좋은 본이 아닐까?

"믿음은 바라는 것들의 실상이요 보이지 않는 것들의 증거니…믿음으로 노아는 아직 보이지 않는 일에 경고하심을 받아 경외함으로 방주를 준비하여 그 집을 구원하였으니 이로 말미암아 세상을 정죄하고 믿음을 따르는 의의 상속자가 되었느니라"(히 11:1, 7).

노아가 믿음의 본보기로 제시된 이유는 무엇일까? 비가 올 가능성이 없음에도 마

---

39) Cohn, *Noah's Flood*, 23. 아래의 방주에 대한 모형론적 논의는 Cohn의 해석에 의존한 것이다.
40) Cohn, *Noah's Flood*, 23.

른 땅에 배를 짓는 무조건적인 순종이 노아를 '믿음을 따르는 의의 상속자'로 보게 한 것이다.[41] 결국 이런 이유로 노아는 '의의 상속자'를 넘어서 '의의 설교자'로까지 해석되기 시작했다.

"옛 세상을 용서하지 아니하시고 오직 의를 전파하는 노아와 그 일곱 식구를 보존하시고 경건하지 아니한 자들의 세상에 홍수를 내리셨으며"(벧후 2:5).

물론 창세기의 노아 홍수 내러티브에는 그 어디에도 노아가 설교했다는 언급이 없다. 그러나 베드로는 노아를 "의를 전파하는 설교자"의 모형으로 본 것이다.[42] 2-3세기의 해석자들은 한 걸음 더 나아갔다고 콘(Cohn)은 말한다.

"하나님께서 노아에게 딸랑이를 만들어서 무심한 사람들의 주목을 끌게 하라고 지시하셔서 그렇게 하였다. 노아는 거듭해서 설교하였으며, 백 년 이상 설교를 하였으나 헛수고였다. 아무도 귀를 기울이지 않았다. 모두가 죄와 살인과 전쟁과 간음과 무절제와 온갖 악에 빠져 있었다."[43]

9.2 초대 교회의 방주 해석

이런 모형론적 해석은 초대 교회에서도 지속되었다. 콘(Cohn)에 따르면, 라틴 교부 가운데 최고인 아우구스티누스(Augustine, 어거스틴)는 『하나님의 도성』에서 방주의 모형론을 이같이 펼친다.

"방주가 역사 안에서 순례하는 하나님의 도성의 상징이라는 것은 의심의 여지가 없다. 방주는 하나님과 인간 사이의 중보자이신 예수 그리스도가 매달리신 나무에 의해 구원받은 교회를 보여주는 예표이다. 심지어는 방주의 길이와 높이와 너비의 치수마저도 예수께서 장차 인간으로 오실 때 입으실 인간 몸의 실재를 가리키도록 의도된 것이다. 정

---

41) Cohn, *Noah's Flood*, 24.
42) Cohn, *Noah's Flood*, 24.
43) Cf. Augustine, *De catechizandis rudibus XIX*. 32 [PL 40,334]; John Chrysostom, In *Epistolam I Thessalonicenses Commentarius cap. 4 Homilia VIII*.2 [PG 62, 442]; Cohn, *Noah's Flood*, 24-25에서 재인용.

상적인 인간 몸의 길이는 옆구리에서 옆구리까지의 너비의 6배이며, 배에서 등까지 두께의 10배이다. 땅에 엎드려 있는 사람의 치수를 재어보라. 머리에서 발끝까지의 길이는 옆구리에서 옆구리까지의 너비의 6배이며, 배에서 등까지의 10배이다. 방주가 길이가 300규빗, 너비가 50규빗, 높이가 30규빗인 것은 이 때문이다. 옆에 있는 문에 대해서 살펴보면, 문은 십자가에 달리신 분의 옆구리에 난 뚫린 창자국을 상징한다. 그리스도에게로 오는 자들은 누구나 이리로 들어오는 문을 가리키는데, 신자들은 이 상처에서 나오는 성찬을 통해 교회 안으로 들어오는 것이다. 법궤는 네모난 목재로 만들도록 명령하였다. 이것은 거룩한 삶의 사각형의 안정성을 보여주는 상징이다. 마치 입방체처럼 아무리 돌려도 안정적이다. 이것은 방주 구조의 어떤 다른 세목에도 마찬가지이다. 이 모든 것은 교회 안의 어떤 것에 대한 상징이다."[44]

방주의 제원을 예수 그리스도의 몸에 난 상처와 연결시키는 것은 현대 독자들의 입장에서 보면 지나친 것처럼 보일 수 있다. 그러나 현대 그리스도인들은 방주를 그리스도와 잘 연결시키지 못하고 있을 뿐 아니라 일부 해석자들은 연결시키려는 시도조차 하지 않는다. 그런 점에서 아우구스티누스가 방주를 신약의 '그리스도의 모형'으로 연결시키려고 하는 시도는 배워야 한다.

아우구스티누스는 방주를 그리스도를 넘어서서 '하나님의 교회의 모형'으로 연결시킨다.

"홍수를 묘사한 저자의 마음을 움켜잡는 해석은 이 스토리와 하나님의 도성 사이의 연결을 인식해야 한다. 이 사악한 세상에서 하나님의 도성은 마치 홍수의 물 위에 떠있는 방주처럼 떠밀려 다니게 마련이다.… 예를 들어보자. 방주는 '아래 층, 중간 층, 3층으로'(한글개역은 상 중 하 삼층) 만들라고 했는데, 이 단어들은 교회에 적용해 볼 수 있다. 교회는 모든 열방에서 모여든 자들이며 따라서 이층으로 이루어져 있다. 할례받은 자와 할례받지 않은 자의 두 종류의 방이 있기 때문이다. …그러나 교회는 홍수 후에 모든 인류가 노아의 세 아들들의 후손이기에 3층이라고도 할 수 있다."[45]

---

44) Augustine, *De Civitate Dei XV*. 24; Cohn, *Noah's Flood*, 28-29에서 재인용.
45) Augustine, *De Civitate Dei XV*. 24; Cohn, *Noah's Flood*, 28-29에서 재인용.

아우구스티누스의 방주 3층에 대한 해석은 성경 본문의 언어적 근거가 분명한 것은 아니다. 그러나 구약 본문의 문자적 의미에만 멈추지 않고 신약과 연결시켜 모형론적으로 해석하려는 시도는 본받아야 한다. 구약의 문자적 의미를 파헤친 후에 끊임없이 신약과의 연결성을 찾아야 한다.

아우구스티누스는 이제 신약과의 연관성을 찾는 모형론적 해석을 넘어서서 노아와 방주가 해석자들 각 개인에게 어떤 의미가 있는지를 살핀다.

"이제 누구든지 그가 말하는 것이 신앙의 규칙에 조화를 이룰 때에만, 무엇인가를 말할 수 있는 자격이 주어지는 것이다. 이와 같이 하나님은 방주가 하층뿐 아니라 중층과 상층을 가지도록 함으로써 아래부터 꼭대기까지 살 공간을 갖게 하셨다. 이 층들은 사도 바울이 칭찬한 세 가지 덕을 함축하는 것으로 해석할 수 있다: 믿음, 소망, 사랑. 그러나 복음서에 나오는 세 가지 추수의 양으로 해석하는 것이 더 나은 적용이다. 30배 60배 100배의 결실로 말이다. 교회에서 가장 낮은 층은 경건한 결혼이며, 그 다음 층은 경건한 과부이며, 마지막 가장 높은 층은 처녀의 순결을 가리키는 것으로 해석할 수 있다."[46]

노아의 방주가 3층으로 이루어진 것이 갖는 도덕적 의미를 믿음, 소망, 사랑으로 연결시킨 것도 현대 독자들에게는 받아들이기 쉽지 않을 수 있다. 그러나 성경 본문이 지금 나에게 아무런 의미도 없을 수 있을까? '신앙의 규칙'(analogia fidei), 다시 말해 교회의 믿음의 핵심을 담은 교리가 허락한다면 방주의 제원으로부터 믿음, 소망, 사랑의 세 가지 덕을 언급하는 것이 잘못일까?

오늘날 현대 그리스도인들은 문자적 이미에만 미물러 있는 우를 범하고 있다. 역사적 배경을 살피고 원문의 역사적 의미를 찾는 것은 무엇보다 중요하지만, 단지 역사적 의미, 즉 과거의 의미에만 머물러서는 안 된다. 성경 말씀은 지금도 우리에게 복종과 충성을 요구하며 다가오는 말씀이기 때문이다.

이런 점에서 우리는 아우구스티누스의 성경 해석에서 배울 줄 알아야 한다. 노르만 콘은 이 점을 아래와 같이 잘 지적한다.

---

46) Augustine, *De Civitate Dei XV*. 24.; Cohn, *Noah's Flood*, 28-29에서 재인용.

"아우구스티누스는 예수 뒤 400년 후에 글을 쓴 인물이다. 그런데 최후 심판은 아직 오직 않았다. 구원과 정죄는 더 이상 임박한 종말의 배경 안에서 상상할 수가 없었다. 세상은 그대로 남아 있고, 세상과 함께 교회는 구원의 영원한 중개자로 남아 있었다. 따라서 홍수 스토리는 이에 맞게 재해석되었다. 하나님께서 남은 인류를 구원하신 방주는 하나님께서 그리스도인들을 구원하시는 교회를 상징한다. 오직 한 방주만이 있다는 사실은 오직 한 교회만이 있을 뿐임을 보여준다. 교회 밖의 모든 일은 멸절될 수밖에 없다: '이것은 노아의 방주이다. 그 안에 있지 않은 자는 홍수가 임할 때 멸절될 것이다.'"[47]

초대 교회 해석자들은 한 걸음 더 나아간다. "현재의 실제가 이를 예표하는 모형보다 한 수 위라는 것이 모형론적 교리의 특징"인데 4세기의 콘스탄티노플의 감독인 요한 크리소스톰(John Chrysostom)은 이렇게 주장한다.[48]

"바다 한가운데 있는 방주가 그 안에 있는 자들을 구원한 것과 똑같이, 교회는 옆길로 가는 모든 자들을 구원한다. 그러나 방주는 단지 구원만 하는 반면에 교회는 그 이상을 한다. 예를 들어 방주는 이성이 없는 동물들을 구원하지만 이들에게는 이성이 계속 없다. 반면에 교회는 이성이 없는 인간들을 받아들여, 계속 그대로 내버려 두지 않고, 이들을 변화시킨다."[49]

방주를 교회의 모형으로 보는 해석은 교회 역사를 걸쳐 지속되며, 앵글리칸 교회의 세례 문답식에도 나타난다.[50]

"전능하시고 영원하신 하나님, 큰 자비로 방주 안의 노아와 그의 가족을 물로 멸망치 않으시고 구원하신 하나님이시여…우리가 당신께 비나이다. 당신의 크신 자비로 이 자녀를 긍휼히 여기시고…당신의 진노 가운데서 구원하셔서 그리스도의 교회의 방주 안으로 용납하여 주소서. 믿음 안에서 굳건하게 하시고, 희망 가운데 기쁘게 하시고, 사랑

---

47) Cohn, *Noah's Flood*, 29.
48) Cohn, *Noah's Flood*, 29.
49) John Chrysostom, *De Lazaro Concio VI* [PG 47, 1037–8]; Cohn, *Noah's Flood*, 29–30에서 재인용.
50) Cohn, *Noah's Flood*, 30.

안에 뿌리를 박아, 이 고통스런 세상의 풍파를 견뎌내고 마침내 영원한 생명의 땅에 도달하게 하소서."51)

9.3 노아는 그리스도의 모형

노르만 콘에 의하면, 초대 교회 일부 해석자들은 노아를 그리스도의 모형으로 해석했다고 한다.

"일부 진영에서는 그리스도의 모형으로까지 해석되었다. 그의 살아남과 방주에서 나옴은 그리스도의 부활과 무덤에서 나옴을 예표하는 것으로 보았다. 영생으로의 부활은 모든 그리스도인들의 희망이었다. 일부 해석자들은 이런 해석을 더끌고 나갔다. 그리스도처럼 노아는 새로운 중생된 인종의 머리가 아닌가? 오리게누스에게 있어서 노아는 새로운 우주의 창건자요, 새로운 홍수 인간의 머리였다(Origen, *Homilia in Ezechielem IV*. 9 [PG 13, 703]; idem *Contra Celsum IV*. 41 [PG 11, 1096]).

노아는 '이전 세대의 마지막이요 올 세대의 시작'(the end of the foregoing generations and the beginning of those that were to come)으로 불렸다. 일종의 인류의 두 번째 뿌리(a kind of second root of the human race)로 말이다(Constitutiones Apostolorum, VIII. 12.22, in Franz Xaver Funk, didiscalia et Constitutiones Apostolorum, Paderborn, 1895). 노아라는 이름 자체가 히브리어로 '쉼'으로 (잘못) 오해되어, 그리스도께서 '수고하고 무거운 짐진 자들아 다 내게로 오라 내가 너희를 쉬게 하리라'고 하신 말씀을 예표하는 것으로 보았다. 예루살렘의 키릴루스(cyril of Jerusalem)는 그리스도를 '진정한 노아'(the true Noah)라고 부른다. 시리아의 에프렘(Ephraem Syrus)은 홍수의 영웅인 그가 줄 수 있는 안식이 있었으나, 실제로 모형에 불과한 그는 '참 그분', 안식을 진정으로 풍성히 베푸시는 그분을 보기를 원했다고 했다. 이와 유사한 연상을 우리는 알렉산드리아의 키릴루스나 아우구스티누스에게서도 본다."52)

---

51) Cohn, *Noah's Flood*, 30.
52) Cohn, *Noah's Flood*, 25–26.

"노아의 때에 된 것과 같이 인자의 때에도 그러하리라 노아가 방주에 들어가던 날까지

사람들이 먹고 마시고 장가들고 시집가더니 홍수가 나서 그들을 다 멸망시켰다"

눅 17:26–27

"Noah's Ark"(1846) by Edward Hicksthe (American folk painter) from Wikimedia Commons

"Go into the ark, you and your whole family"

7장

방주에 들어간 짐승은 암수 한 쌍씩인가, 암수 일곱 쌍씩인가?

창 6:18-7:5

1. 서론적 이야기

1.1 신기한 이야기

노아의 방주 이야기는 단순히 인간들만의 스토리가 아니라 동물들과 한 방주에서 1년간 함께 보낸 스토리이기에 아이들뿐 아니라 어른들에게도 정말 흥미로운 이야기가 아닐 수 없다. 노아의 8가족과 땅에서 호흡하는 모든 생물이 모두 한 방주를 타고, 그것도 무려 1년 동안 온 땅을 덮은 물 위를 떠다니는 이야기는 상상만 해도 신비롭기 그지 없다.

그렇다면 방주 안에서 동물들의 삶은 과연 어떠했을까? 노아와 7식구들은 어떻게 방주에 있는 모든 생물을 돌보았을까? 생물들끼리는 어떤 반응을 보였을까? 과연 짐승들은 방주 안에서 새끼도 낳았을까?

1.2 랍비들의 해석

노아 스토리에 대한 해석사를 보면 방주에 있던 동물들에 대해 다양하게 해석하는 것을 볼 수 있다. 특히 랍비들은 성경 본문의 작은 디테일에 대해서도 상상력을 동원해 해석하는 것으로 유명하다. 노르만 콘(Norman Cohn)은 랍비들의 해석의 일단

을 다음과 같이 소개한다.1)

"동물들에 관해서는 오직 같은 종류와 교배함으로써 죄를 피할 수 있는 동물들만 배에 태웠다. 그러나 이것으로 충분한가? 그렇게 생각하는 사람은 아무도 없었다. 일부 랍비는 숫컷이 암컷을 좇아다니는 동물만 배에 실었고, 암컷이 숫컷을 좇아다니는 동물은 싣지 않았다고 주장한다(Genesis Rabbah 31.13). 물고기는 익사하지 않으므로 면제되었다고들 생각한다. 그러나 물고기들도 지중해로 모두 도망가 버리지 않도록 하기 위해 물고기들도 배에 실었다고 주장할 수도 있었다.

방주를 닫고 홍수가 오기까지 7일 동안 들어오지 못한 맹수들이 방주 밖에 모여들었다. 이에 회개하지 않은 70만의 인간들도 모여들었다. 홍수가 시작되자 이들은 방주를 공격하려고 하였다. 그러나 맹수들이 이들을 공격하여 많은 수를 죽였다. 그러나 나머지 인간들에게 더욱 악한 운명이 떨어졌다. 홍수의 물이 끓어오를 만큼 뜨거워졌다. 죄인들의 타오른 욕정을 이런 식으로 적절하게 처벌하신 것이다. 홍수 세대는 불에 타죽은 소돔 백성들처럼 고문을 당한 것이다.

심지어는 방주 안에서도 삶은 힘들었다. 랍비들 사이에는 성적인 관계는 금지되었다는 것이 정설이다. 까마귀와 개와 노아의 아들 함이 이 규정을 어겼다가 처벌을 받았다(함의 처벌은 후손들이 흑인이 되는 것이었다). 동물의 필요는 노아와 그의 가족에게 큰 짐이었다. 동물들은 밤과 낮으로 때가 되면 음식을 먹여야 했다. 카멜레온이 특별히 문제였다. 어떻게 먹여야 하는지를 아는 사람이 아무도 없었기 때문이었다. 다행히도 노아는 석류로부터 벌레를 떨어지게 했더니 카멜레온이 이를 먹었다. 따라서 노아는 그 후에 이를 위해 벌레를 키웠다. 피닉스는 음식 없이 지내겠다고 제안함으로써 노아의 짐을 덜어 주었다. 이에 족장 노아는 피닉스가 영원히 죽지 않을 것이라고 약속하였다. 그러나 노아는 12개월 동안 너무 바빠서 한숨도 자지 못했다."2)

---

1) Norman Cohn, *Noah's Flood: The Genesis Story in Western Thought* (New Haven and London: Yale Univ. Press, 1996), 34–35.
2) Cohn, *Noah's Flood*, 34–35.

랍비들은 방주의 '역사성'에 대한 관심보다 '내용'이나 삶의 '교훈'을 이끌어 내는 것에 관심이 많기 때문에 이런 식으로 상상한 것이다.

1.3 창조 과학 논쟁

반면에 근대에 들어서면서 독자들은 이런 식의 해석보다는 실제로 방주에 모든 생물이 들어갈 수 있었는지 '역사성'에 관한 질문을 더 많이 제기하기 시작했다. 이런 경향은 지금도 계속되고 있어서 방주에 호흡하는 모든 생물이 탈 수 있는지의 여부를 놓고 끈질기게 논란을 벌이고 있다.

성경의 역사성을 강조하는 경건한 창조 과학자인 고려대 생명과학부 김준 교수는 "매우 보수적으로 간단하게 계산"해도 혈육 있는 모든 생물, 즉 짐승을 한 쌍씩 노아의 방주 안에 실을 수 있었다고 본다.[3]

현생 포유류	5,500종	1,040속	140과
조류	10,000종	2,200속	220과
파충류와 양서류	13,000종	1,400속	150과
총	28,500종	4,640속	510과

"2만 8,500종이 한 쌍을 이루어야 하니 방주에 최소 5만 7,000마리의 생물이 들어가야 한다. 양이 동물의 총 평균 크기라고 가정할 때, 방주는 약 12만 5,280마리의 양을 수용할 수 있다. 5만 7,000마리보다 두 배 이상 많은 동물을 방주에 태울 수 있다. 그러나 실제로 동물의 평균 크기는 양보다 훨씬 작다. 따라서 넓은 여유 공간에 노아의 가족과 지금은 멸종된 동물 그리고 식량 등을 실을 수 있었을 것이다. …참고로, 창세기 7장에서 하나님이 '정결한 짐승은 암수 일곱씩, 부정한 것은 암수 둘씩' 태우라고 말씀하셨지만 정결한 동물은 그 수가 적다."[4]

특히 어린아이들은 "공룡이 노아의 방주에 탔을까?"라는 질문을 많이 던지는데

---

[3] 김준, 『과학자의 눈으로 본 창세기』 (두란노, 2016), 225.
[4] 김준, 『과학자의 눈으로 본 창세기』 (두란노, 2016), 225-226.

이에 대해 김준 교수는 "아마도 아직 어린 공룡들만이 방주에 들어오도록 허락되었을 것"이라고 한다. 어린 악어들은 성체가 되면 40-50배 정도 크는데, "아마 가장 큰 공룡까지도 알에서 막 깨어나왔을 때에는 단지 큰 도마뱀 정도의 크기였을 것"이라고 한다.[5]

이렇게 홍수와 방주의 역사성을 강조하는 창조 과학자들의 주장에 대해 세상 사람들은 이렇게 반박한다.[6]

"일단 방주에 그 많은 동물이 다 탈 수 있느냐는 의문에 대해서는 동물의 종류를 제한하더군요. 성경에 따르면 코로 호흡하는 동물만 탔다고 되어 있습니다. 곤충은 코로 숨을 안 쉬니까 빼고, 어류는 어차피 물에 사니까 뺍니다. 포유류 3500종, 조류 8600종, 파충류와 양서류 5500종에서 각각 한 쌍씩, 총 3만 5200마리가 승선했다고 합니다. …어찌어찌 다 태운다고 해도 너무 좁아 보여요. …

게다가 방주에 현재는 멸종하고 없는 공룡까지 실었다고 설명하네요? 일부 공룡도 방주에 탔는데, 나중에 멸종했다는 얘깁니다. …백 번 양보해서 다 탔다고 칩시다. 방주 안에서 동물이 제대로 살 수 있었을까요? 어떤 동물은 환경 변화에 매우 민감해서 조금만 변해도 죽어버리곤 합니다. 코알라처럼 특정 먹이만 먹는 동물도 있고요. 육식동물은 다른 동물을 잡아먹고 살아야 하지요. 무엇보다도 전 세계에 있는 동물을 어떻게 다 모을 수 있었다는 걸까요? 남극까지 가서 펭귄을 데려왔을까요?"

방주에 공룡이 탔느냐 여부의 논쟁은 성경 본문을 가지고 입증할 수 있는 성격의 논쟁이 아니다.

우선 신앙이 있는 과학자들이 현존하는 과학적 증거를 가지고 본문의 역사성이나 과학성을 입증하려는 시도를 무의미한 것이라고 치부하며 함부로 비판해서는 안 된다. 자신이 알고 있는 과학적 지식과 전문성을 가지고 하나님의 계시인 성경 말씀을 해석하려는 시도는 때론 장려하고 격려해야 한다.

---

5) 김준, 『과학자의 눈으로 본 창세기』 135.
6) http://dongascience.donga.com/news.php?idx=6727

그러나 그렇다고 해서 성경의 진리는 역사적으로나 과학적으로 입증할 수 있는 것으로 너무 쉽게 생각해서는 안 된다. 필자는 성경의 진리는 역사적-과학적 진리와 상치하지 않는다고 믿는다. 그러나 성경의 진리를 역사적으로나 과학적으로 입증하는 것은 또 다른 문제이다. 성경의 진리는 과학이나 역사로 입증할 수 있는 성격의 진리가 아니기 때문이다.

1.4 과학과 성경의 진리

일찍이 손봉호 교수는 과학 지식과 과학 기술에 대한 현대인의 신뢰가 무너지고 있음을 지적하면서 개혁주의자들이 갖추어야 할 태도를 잘 보여주었다.

"기독교인의 입장에서 볼 때 이것은 인류의 커다란 우상 하나가 지금 넘어지고 있음을 뜻한다. 얼마나 많은 신자들이 과학의 위력에 감격했던가? 얼마나 많은 과학자들이 성경의 진리를 과학 이론에 적응시키려고 애를 썼던가? 얼마나 많은 설교자들이 과학을 기독교 이름으로 축복했던가? …얼마나 많은 젊은 신자들이 과학 앞에 열등감을 남몰래 가져왔던가? 이제 그 바벨론은 무너지고 있는 것이다.

이때 우리에게는 바울 사도가 가졌던 하나님의 지혜에 대한 긍지가 다시금 아쉽다. 바울 사도는 십자가의 도를 이해 못하는 세상의 지혜를 그래도 그 분야에서는 옳다고 인정하지 않았다. 우리는 궁극적으로 말해서 십자가의 도를 모르는 수학은 비진리라고 말할 수 있는 자신이 있어야 했다. 바울 사도는 하나님께서 세상의 미련한 자들을 택해서 세상의 지혜로운 자들을 부끄럽게 하신다고 하였는데, 현대의 기독교는 과학의 진리를 너무 쉽게 따르고 경모하다가 세상의 철학자들에게 조롱을 받게 되었다.

기독교의 역사를 보면 당시의 과학이론이나 철학사상을 대항해서 싸운 적도 없지 않지만 무조건 따라간 적도 수없이 많다. 신신학은 유행하는 세상 철학에 너무 민감했고, 보수 신학은 그 시대의 과학이나 철학 사상을 성경적인 줄 알고 파수하려고 한 적이 적지 않았다. 참으로 성경적 입장에서 모든 과학과 철학을 비판해 보려는 태도는 심히 어려운 것이요 역사상 그리 흔하지 않았다.

성경이 하나님의 절대적인 진리를 계시하는 말씀이라 믿는 개혁주의적 신자들은 적어도 올바른 과학(역사적으로 형성된 의미는 벌써 제한된 진리만 보여준다는 것을 인정함)은 성경의 진리와 상치되지 않는다고 믿어야 할 것이다. 이런 의미에서 우리에게는 이미 과학적 진리의 표준이 주어져 있다. 이런 긍지가 없을 때 우리는 쉽사리 세상의 지식에 말려 들어가기 마련이다.

성경의 표준이야말로 과학의 이상인 비판적 태도를 위한 최선의 조건을 우리에게 제공한다. 내재된 표준은 내재의 지식을 위한 절대적인 표준이 될 수 없다. …그뿐 아니라 성경은 인간의 지식에 의하지 않고 하나님의 은혜에 의한 구원을 약속하기 때문에 기독 신자만이 이 세상 모든 종류의 지식에 가장 과감한 비판을 가할 정신적 조건이 갖추어져 있게 되어 있다. 우리가 과학 지식에 열등감을 갖거나 너무 빨리 동화해 버린다면 이것은 우리만이 가질 수 있는 특권의 포기에 불과하다. …

따라서 성경 말씀과 상치되는 과학 학설이 나왔다고 하여 우리는 당황할 필요가 전혀 없다. 우리는 끝까지 비판적 태도로 그 학설을 대해야 할 것이요 가장 정직한 태도로 공격하려고 노력해야 할 것이다. 그러나 이때마다 우리는 우리가 아는 성경 지식이 올바른가도 재고해 보지 않을 수 없다. 이는 하나님의 말씀의 권위에 대한 재고가 아니요, 우리의 성경 지식에 대한 재고다."[7)]

그러다 보니 최근에 창조 과학자들은 노아의 방주를 다룰 때, 고고학적 과학적 증거보다는 의미에 집중해야 한다고 주장한다.[8)] 우리는 사신의 전문성을 가지고 성경을 신뢰할 만한 계시란 점을 보여주기 위해 노력하는 경건한 창조 과학자들을 함부로 비판해서는 안 된다. 단지 성경 본문을 너무 과학적 잣대로 해석하려고 하는 것은 자칫하면 과학의 권위를 성경의 권위보다 높일 수 있기에 창조 과학자들은 조심스럽게 성경에 접근해야 한다.

그러나 반대로 오늘날 자유주의 학자들은 물론 일부 복음주의 진영 내의 진보적

---

7) 손봉호, "현대과학과 기독교",『신학지남』통권 161 (1973, 여름), 68-69.
8) 한국창조과학회,『30가지 테마로 본 창조과학』(생명의말씀사, 2010), 51.

인 인사들마저 창조 과학자들을 함부로 비난하는 모습을 보이고 있는데 이는 정말 자제해야 한다. 이들 중 일부는 심지어는 유신론적 진화론까지 수용하려는 태도를 보이고 있어 우리 모두 경계해야 한다. 진화론을 받아들이는 순간, 심지어는 신의 존재를 인정하는 유신 진화론이라 해도, 성경의 시초론에서 가장 중요한 교리요 기독교의 핵심인 창조주 하나님을 믿는 신앙이 약화되는 것은 불보듯 뻔한 일이기 때문이다.

1.5 정한 동물과 부정한 동물의 구분이 더 중요

랍비들의 상상적 관심이나 현대인들의 과학적-역사적 관심과는 달리 하나님께서는 정한 짐승과 부정한 짐승을 구분하는 데 더 민감하신 것 같다. 하나님께서는 노아에게 이렇게 명령하셨다.

"너는 모든 정결한(טְהוֹרָה; 타호르) 짐승은 암수 일곱씩, 부정한 것(לֹא טְהוֹרָה; 로 타호르)은 암수 둘씩을 네게로 데려오며"(창 7:2).

여호와께서는 짐승을 정결한 짐승과 부정한 짐승으로 둘로 구분한다. 여기서 '부정한'(טְהוֹרָה; 타호르)으로 번역된 표현은 직역하면 '정결하지 않은'(לֹא טְהוֹרָה; 로 타호르)이다. 결국 짐승을 구분하면서 사용된 형용사는 '정결한'과 '부정한'의 두 개가 아니고, '정결한'(טְהוֹרָה; 타호르) 형용사 하나로 '정결한'과 '정결하지 않은'으로 사용하고 있다. 그런데 여기서 '정결한'(טְהוֹרָה; 타호르)이란 단어는 구약 성경에서 여기에 처음 나오며, 노아 스토리에 모두 6번이나 나온다(7:2[2번], 7:8[2번], 8:20[2번]).

그렇다면 여호와께서는 왜 짐승을 정결한 것과 정결하지 않은 것 둘로 구분하셨을까? 그리고 정한 짐승은 암수 일곱씩, 정결하지 않은 짐승은 암수 둘씩 데려오라고 하셨을까? 이 점을 염두에 두고 본문을 읽어 보자.

2. 문제 제기

2.1 암수 둘씩인가, 암수 일곱씩인가?

"여호와께서 노아에게 이르시되 너와 네 온 집은 방주로 들어가라 이 세대에서 네가 내 앞에 의로움을 내가 보았음이니라 너는 모든 정결한 짐승은 암수 일곱씩, 부정한 것은 암수 둘씩을 네게로 데려오며 공중의 새도 암수 일곱씩을 데려와 그 씨를 온 지면에 유전하게 하라 지금부터 칠 일이면 내가 사십 주야를 땅에 비를 내려 내가 지은 모든 생물을 지면에서 쓸어버리리라 노아가 여호와께서 자기에게 명하신 대로 다 준행하였더라 홍수가 땅에 있을 때에 노아가 육백 세라 노아는 아들들과 아내와 며느리들과 함께 홍수를 피하여 방주에 들어갔고 정결한 짐승과 부정한 짐승과 새와 땅에 기는 모든 것은 하나님이 노아에게 명하신 대로 암수 둘씩 노아에게 나아와 방주로 들어갔으며 칠 일 후에 홍수가 땅에 덮이니"(창 7:1-10).

위의 본문을 읽으면 금방 의문이 든다. 2절에서는 '정결한 짐승은 암수 일곱씩, 부정한 것은 암수 둘씩'을 방주로 들이라고 한데 반해, 8-9절에서는 '정결한 짐승과 부정한 짐승…암수 둘씩 노아에게 나아와 방주로 들어갔으며'라고 되어 있기 때문이다. 혈육 있는 모든 생물을 암수 한 쌍씩 방주로 이끌어들이라는 명령은 6:19-20에도 나온다.

한 쌍씩 방주에 들이라는 언급은 두 번 나오는데 반해 정결한 짐승은 암수 일곱씩 들이라는 언급은 한 번만 나온다. 그렇다면 도대체 방주에 들어간 정결한 짐승들은 암수 둘씩 들어간 것인가, 아니면 암수 일곱씩 들어간 것인가?

2.2 진보적 학자들의 해결책 : 외과 수술 방식

이를 해결하기 위해 쓰는 가장 손쉬운 방법은 두 개의 문서가 합쳐져서 현재 본문이 생겼기에 둘로 구분하면 된다는 이론이다. 특히 성경에 대해 비평적 견해를 견지하는 진보적 학자들은 현재 본문을 두 개의 문서가 합쳐진 것으로 보고, 본문에 대한 외과적 수술 방식을 택하여 두 문서로 구분했다.

P 문서(주전 550년경)	J 문서(주전 950년경)
6:13-21 (암수 한 쌍씩)	7:1-4 (정결한 짐승 암수 일곱 쌍; 정결하지 않은 짐승 암수 한 쌍)

P 문서란 '제사장 문서'(Priestly Document)의 약자인데, 바벨론 포로기에 제사장적 관점을 지닌 한 기자가 쓴 문서로서 하나님이란 신명(神名)을 쓰면서 목록과 제사법 등에 관심을 보이는 반면에, J 문서란 '여호와 문서'(Jehovah Document)의 약자로서 주전 950년경에 여호와란 신명(神名)을 사용하며 내러티브 형식으로 신학적 관심에 관심을 보인다고 비평 학자들은 주장한다.

그러나 이런 외과적 수술 방식의 성경 읽기는 성경의 최종 분문 이해에 도움이 되지 않는다. 비록 이런 문서가 있었다 해도(필자는 그럴 가능성이 학문적으로 입증되지 않았을 뿐 아니라 학자들의 지나친 억측에 근거했다고 보지만) 최종 편집자가 이런 괄목할 만한 차이점을 무시하고 아무런 생각 없이 두 문서를 연결했다고 볼 하등의 근거가 없다. 이렇게 외과적 수술 방식에 따라 두 문서로 본문의 현상을 설명한들 성경 이해에 무슨 도움이 되는가? 두 문서가 합쳐져서 생긴 반복과 충돌 현상이라고 보는 것인데, 그래서 어떻다는 말인가? 최소한 두 개의 문서를 합친 편집자가 있다는 것인데, 편집자는 왜 이런 충돌을 그대로 방치해 두었을까?

성경을 계시로 받아들이는 경건한 그리스도인들에게는 이런 식의 설명은 성경을 이해하는 데 조금도 도움이 되지 않는다. 우리는 현재 본문 그대로를 놓고 의미있는 스토리로 먼저 이해해야 한다. 이를 위해서는 먼저 최종 본문 형태를 그대로 인정하고 상세히 살펴보아야 한다.

3. 정한 것과 부정한 것의 구분은 태고로부터

3.1 둘씩인가, 아니면 일곱씩인가?

하나님께서는 방주에 동물을 들이라고 명하신다.

"너는 모든 정결한 짐승은 암수(וְאִשְׁתּוֹ אִישׁ; 이쉬 웨이쉬토) 일곱씩(שִׁבְעָה שִׁבְעָה; 쉬브아 쉬브아), 부정한 것은 암수 둘씩을 네게로 데려오며 공중의 새도 암수 일곱씩을 데려와 그 씨를 온 지면에 유전하게 하라"(창 7:2-3).

이 명령은 앞서 진보적인 비평주의자들이 주장한 것과 같이 6:19-20의 명령과 유사하지만 차이가 있다.

"혈육 있는 모든 생물을 너는 각기 암수 한 쌍씩 방주로 이끌어들여 너와 함께 생명을 보존하게(חָיָה; 하야) 하되 새가 그 종류대로, 가축이 그 종류대로, 땅에 기는 모든 것이 그 종류대로 각기 둘씩 네게로 나아오리니 그 생명을 보존하게(חָיָה; 하야) 하라"(창 6:19-20).

6장 앞부분에서는 '혈육 있는 모든 생물'이라고 한 후에, 새, 가축, 땅에 기는 것으로 구분했을 뿐 '정한' 동물과 '부정한' 동물로 나누지 않았다. 그러나 여기서 처음으로 짐승(בְּהֵמָה; 베헤마)이라는 단어를 사용하면서 정한 것과 부정한 것을 나눈다.

정한(טְהוֹרָה; 테호라) 짐승은 암수 일곱 쌍을 그리고 부정한 짐승은 암수 한 쌍씩을 방주로 들이라고 명령한다. '일곱씩'(שִׁבְעָה שִׁבְעָה; 쉬브아 쉬브아)이라고 번역된 원문을 직역하면 '일곱'(שִׁבְעָה; 쉬브아)이란 숫자 둘을 반복한 것이기에 '일곱 일곱'이다. '암수'(וְאִשְׁתּוֹ אִישׁ; 이쉬 웨이쉬토)는 '수컷과 그의 짝'(a male and his female)이라고 직역할 수 있다. 그러므로 "너는 모든 정결한 짐승 중에서 일곱 일곱을 수컷과 그의 짝을 취하고"라고 직역해야 한다.

그렇다면 '일곱 일곱'은 어떻게 해석하는 것이 좋을까? 거의 모든 영역본들은 일곱 쌍(seven pairs)을 가리키는 것으로 본다(ESV; NASB; NIV; RSV 등). 왜냐하면 '일곱 일곱'이라고 반복하고 있을 뿐 아니라 암수란 단어가 바로 뒤에 나오기 때문이다. 그러나 혹시 매 종류마다 짐승 일곱 마리를 의도한 것이라고 보면, 세 쌍(여섯 마리)은 종족 번식을 위해서 나머지 한 마리는 홍수 후에 드릴 제사를 위해 방주에 들인 것으로 볼 수도 있다고 일부 학자들은 이야기한다. 그러나 문맥으로 보면 일곱 쌍으로 보는 것이 더 좋은 번역으로 보인다.

3.2 정한 짐승과 정하지 않은 짐승

또한 여기서 중요한 것은 성경 기자가 정한 짐승과 부정한 짐승을 구별할 때, 대조적인 형용사를 사용하여 '정한 짐승'과 '부정한 짐승'이라고 하지 않는다는 것이다. 그저 '정한'이란 형용사 하나만 사용하여 '정한'(טְהֹרָה; 테호라) 짐승과 '정하지 않은'(לֹא טְהֹרָה; 로 테호라) 짐승이란 표현을 사용한다. 이런 단어 선택은 성경 기자의 명백한 의도가 있는 것이다. 왜냐하면 히브리어에는 '부정한'(טָמֵא; 타메)이란 단어가 분명하게 있고 구약에서 총 250회 쓰일 뿐 아니라 레위기에서는 음식법이나 제사 규정에서 부정한 것을 가리키는 전문 용어로 무려 99번이나 사용되는 용어이기 때문이다.

그런데 '부정한'이란 개념이 노아 홍수 스토리에 모두 2번 등장함에도 불구하고(창 7:2, 8) 모두 '타메'(טָמֵא)를 쓰지 않고 '정하지 않은'(לֹא טְהֹרָה; 로 테호라)이란 표현을 사용한 것이다. 따라서 학자들은 창세기 기자가 '타메'(טָמֵא)란 단어를 의도적으로 피하는 것이라고 본다. 그렇다면 그 이유는 무엇일까?

3.3 정-부정 구분의 태고성

우선 정결한 동물과 부정한 동물에 대한 정확한 율법적 구별은 시내산에서 모세에게 준 율법으로 비로소 주어졌다는 사실을 주목해야 한다. 그러나 그렇다고 해서 정한 것과 정하지 않은 것에 대한 구분이 시내산에서 처음 주어진 것은 아니라는 점을 창세기 기자가 강조하려는 의도가 있는 것으로 학자들은 본다. 우선 월튼의 말을 들어보자.

> "정결한 동물들과 부정한 동물들에 대한 구별은 시내산에서 확립된 제도가 아니었다. 여기 노아 시대에도 볼 수 있다. …대홍수 이후에 비로소 고기를 먹으라고 허락되었으며(9:2-3), 이때 부정한 짐승과 정결한 짐승을 구분해서 먹으라는 규제는 일체 없었다. 따라서 필자의 결론은 이 시기에 그 분류가 제사와 관련된 것이지 음식과 관련된 것이 아니라는 것이다."[9]

---

9) 월튼, 『창세기』, 457.

노아 시대의 정한 짐승과 정하지 못한 짐승의 구분은 음식과 관련된 것이 아니고 제사와 관련된 것이라는 월튼의 주장이 얼마나 정확한지 알 수 없으나, 최소한 많은 학자들은 정한 것과 부정한 것의 구분은 출애굽 이전에 태고적 기원을 가진 것으로 창세기가 묘사하고 있다는 점만은 인정한다. 영국 학자 고든 웬함(Gordon Wenham)의 말을 들어보자.

"근본적인 종교적 제도들을 태고 시대로 그 기원을 돌리는 것이 창세기 1-11장의 특징이다. 안식일(창 2:1-3), 이상적 성소로서의 에덴 동산(창 2-3장), 제사(창 4:1-8)의 기원을 언급하고 있으며 여기서는 정한 것과 부정한 것의 구별이 등장한다. 의롭고 흠없는 인간으로서 노아는 정한 것과 부정한 것의 구별은 물론 제사의 필요성을 알고 있었을 것이다. 그리고 7일을 기다리는 홍수의 시간표는 어쩌면 노아가 안식일을 지켰음을 암시할 수도 있다"(Genesis 1-15, 177).

웬함의 주장대로 이스라엘이 가장 소중하게 여기는 안식일은 시내산에서 처음으로 주어진 규정이 아니라 이스라엘이 출애굽 때부터 이미 지킨 것임을 출애굽기 16장을 보면 알 수 있다.

"모세가 그들에게 이르되 여호와께서 이같이 말씀하셨느니라 내일은 휴일이니 여호와께 거룩한 안식일이라 너희가 구울 것은 굽고 삶을 것은 삶고 그 나머지는 다 너희를 위하여 아침까지 간수하라 그들이 모세의 명령대로 아침까지 간수하였으나 냄새도 나지 아니하고 벌레도 생기지 아니한지라 모세가 이르되 오늘은 그것을 먹으라 오늘은 여호와의 안식일인즉 오늘은 너희가 들에서 그것을 얻지 못하리라"(출 16:23-25).

정한 것과 부정한 것의 구별도 마찬가지로 볼 수 있다. 정한(טָהוֹר; 타호르) 것과 부정한(טָמֵא; 타메) 것의 엄격한 율법적 구별은 시내산에서 처음 주어졌다.

"여호와께서 아론에게 말씀하여 이르시되 너와 네 자손들이 회막에 들어갈 때에는 포도주나 독주를 마시지 말라 그리하여 너희 죽음을 면하라 이는 너희 대대로 지킬 영영

한 규례라 그리하여야 너희가 거룩하고 속된 것을 분별하며 부정하고(טָמֵא; 타메) 정한 (טָהוֹר; 타호르) 것을 분별하고 또 나 여호와가 모세를 통하여 모든 규례를 이스라엘 자손에게 가르치리라"(레 10:8-10).

하나님께서는 이렇게 모세 율법을 통해 정한 것과 부정한 것을 구분하는 엄격한 삶을 자기 백성에게 요구하셨다. 이를 위해 정한(טָהוֹר; 타호르) 것과 부정한(טָמֵא; 타메) 것을 분별하고 백성들을 가르치기 위해 제사장들에게 회막에 들어갈 때에는 포도주나 독주를 마시지 못하게 한 것이다. 이렇게 정한 것과 부정한 것을 엄격히 구분하는 것은 모세 율법에서 기인하지만, 정한 것과 정하지 않은 것의 구분은 이보다 훨씬 고대인 노아 시대에까지 거슬러 올라감을 보여주기 위해 '부정한'(טָמֵא; 타메)이란 '전문적 율법 용어'를 사용하지 않고 '정하지 않은'(לֹא טְהֹרָה; 로 테호라)이란 일반 어구를 사용한 것이라고 볼 수 있다는 것이 여러 학자들의 주장이다.

우리는 여기서 정한 것과 정하지 않은 것을 구분하는 장면을 통해 하나님께서는 노아 언약을 통해 그리스도인뿐 아니라 모든 인류가 정한 것과 부정한 것을 구분하며 살아야 진정한 창조의 목적을 누릴 수 있음을 알려주시기 원하는 모습을 볼 수 있다.

4. 정한 동물이 더 많아야 할 필요

4.1 정한 동물은 제사에 필요

다시 본론으로 돌아와서 '정결한' 생물을 '정결하지 못한' 생물보다 더 많이 방주에 태운 이유를 살펴보자. 정결한 동물과 정결하지 못한 동물을 구분했다면, 이미 여러 학자들이 지적했듯이 '정결한' 동물을 더 많이 태워야 할 분명한 이유가 있음을 알 수 있다. 노아 홍수 스토리에 의하면 홍수 후에 노아가 제사를 드리는 모습을 볼 수 있다. 이때 '정결한' 동물 중에서 제물을 취해 제사를 드렸다고 명시적으로 밝히고 있다.

"노아가 여호와께 제단을 쌓고 모든 정결한 짐승(טְהֹרָה; 테호라)과 모든 정결한(טָהוֹר; 타호르) 새 중에서 제물을 취하여 번제로 제단에 드렸더니"(창 8:20).

여기서 '정결한'(טְהֹרָה; 테호라)이란 단어는 앞서 정결한 짐승을 암수 일곱씩 방주로 들이라고 했을 때(창 7:2) 사용되었던 용어와 동일하다.

정결한 짐승을 암수 한 쌍씩만 방주에 들였고 이들 중에서 제물을 드렸다면 그 정결한 짐승은 지상에서 멸절되었을 것이 분명하다. 3장밖에 안 되는 짧은 노아 홍수 스토리 안에서 정결한 짐승과 새를 제물로 드리는 장면이 절정의 순간(창 8:20)에 나오는데도 불구하고 정한 짐승을 암수 한 쌍만 실었음을 앞 부분에서 언급한다는 것은 정상적인 '서술의 논리'로 글을 쓰는 성경 기자(스토리텔러)에게는 상상도 할 수 없는 것이다.

4.2 홍수 후에 정한 동물을 먹으려면 번창해야 되기에

게다가 이미 여러 학자들이 지적했듯이 홍수 후에 동물을 음식으로 주셨으므로 '정결한' 동물을 '음식'으로 먹으려면 번식이 많아져야 하기에 일곱 쌍을 태우는 것은 너무나 당연한 것이다.

"모든 산 동물 (כָּל־רֶמֶשׂ אֲשֶׁר הוּא־חַי; 콜-레메스 아셰르 후-하이)은 너희의 먹을 것이 될지라 채소같이 내가 이것을 다 너희에게 주노라 그러나 고기를 그 생명되는 피째 먹지 말 것이니라"(창 9:3-4).

하나님께서 인간에게 음식을 제공한다는 점에서 창세기 9:3은 창세기 1:29을 상기시킨다: "하나님이 이르시되 내가 온 지면의 씨 맺는 모든 채소와 씨 가진 열매 맺는 모든 나무를 너희에게 주노니 너희의 먹을 거리가 되리라." 하나님께서는 창조 시에 채소와 열매를 음식으로 주셨다. 그런데 이제는 모든 산 동물을 채소같이 음식으로 더 주신 것이다.

여기서는 '정결한 동물'만 음식으로 주었다고 언급된 것은 아니다. '모든 산 동물'(כָּל־רֶמֶשׂ אֲשֶׁר הוּא־חַי; 콜-레메스 아셰르 후-하이)이라고 되어 있을 뿐이다. 정한 동물과 부정한 동물의 구분이 모세 율법에서처럼 상세하게 노아에게 요구된 것은 아닐 것이다. 그러나 음식이든 제사든 정한 동물과 부정한 동물로 구분하는 것은 어느 사회든 공동체든 존립을 위해서는 불가피한 것이라고 다수의 학자들은 해석한다.

어떤 학자들은 의인이요 완전한 자요, 특별히 하나님과 동행했기에 정과 부정을 구분하는 법을 알았을 것이라고까지 주장한다. 어찌되었든 동물을 음식으로 주었다면 인간에게 음식으로 준 동물은 정한 동물일 가능성이 크다. 이것이 사실이라면 번식을 위해서 여러 쌍의 정한 짐승이 필요한 것은 너무나 당연하다.[10]

5. 자연스런 읽기 가능

5.1 창세기 6장은 일반적 명령

우리는 홍수 내러티브를 읽으면서 시간 축에 따라 본문을 자연스럽게 읽으며 얼마든지 기저에 깔린 '서술의 논리'를 읽어낼 수 있다. 동물을 방주로 이끌어들이라는 6:19-20은 '일반적인 명령'으로 볼 수 있다.

"혈육 있는 모든 생물(חי; 하이)을 너는 각기 암수 한 쌍씩 방주로 이끌어들여 너와 함께 생명을 보존하게(חיה; 하야) 하되 새가 그 종류대로, 가축이 그 종류대로, 땅에 기는 모든 것이 그 종류대로 각기 둘씩 네게로 나아오리니 그 생명을 보존하게(חיה; 하야) 하라"(창 6:19-20).

'혈육 있는 모든 생물'은 생명을 보존하도록 각기 암수 한 쌍씩 방주로 이끌어들이라고 한다. 생명을 후대에 보존하기 위해서는 최소한 암수 한 쌍이 있어야 하는 것은 당연하기 때문이다. '살아 있는'이란 형용사(חי; 하이)의 명사적 용법으로 쓰인 '생물'이란 단어와 같은 어근의 '생명을 보존하게 하다.'는 동사(חיה; 하야)를 두 번 반복하면서 이 단락에서는 생명을 가진 생물들의 생명 보존에 강조점이 놓여 있는

---

[10] NIV 스터디 바이블: "부정한 짐승은 홍수 후에 단지 재생산할 필요가 있었으나 정결한 짐승은 노아가 번제로 제사를 드릴 때 필요할(참조 8:20) 뿐 아니라 음식으로도 필요했다(참조 9:3). [한글번역은 홀리원 바이블, 8]

것이다.

5.2 창세기 7장은 좀 더 구체적인 명령

그러나 이어지는 스토리에서는 좀 더 구체적일 필요가 있었다. 앞서 살핀 대로 홍수 후에 정한 동물을 제사로 드려야 하고 음식으로 정한 동물을 인간들에게 줄 것이기 때문에 정한 동물이 더 많이 필요했다. 이에 하나님께서는 '정결한' 동물과 '정결하지 않은' 동물을 구분하여 명하신 것이다.

"너는 모든 정결한 짐승은 암수(אִישׁ וְאִשְׁתּוֹ; 이쉬 웨이쉬토) 일곱씩, 부정한 것은 암수 (אִישׁ וְאִשְׁתּוֹ; 이쉬 웨이쉬토) 둘씩을 네게로 데려오며 공중의 새도 암수(זָכָר וּנְקֵבָה; 자카르 우네케바) 일곱씩을 데려와 그 씨를 온 지면에 유전하게(הָיָה; 하야) 하라"(창 7:2-3).

부정한 짐승은 암수 둘씩, 정결한 짐승과 새는 암수 일곱씩을 방주에 태우라고 지시하는 부분이 없으면 홍수 후에 정결한 짐승을 제물로 드리는 부분과 음식으로 동물을 주겠다고 약속하는 부분은 이해할 수 없게 된다. 결국 '내러티브의 서술의 논리'에 있어서 정한 짐승과 부정한 짐승의 구분은 필연적인 요소라고 볼 수밖에 없다.

6. 평화로운 방주 왕국

6.1 부정한 짐승도 보호됨

이 후에 성경 기자는 방주에 인간과 짐승과 새가 들어가는 것을 결론적으로 묘사한다.

"노아는 아들들과 아내와 며느리들과 함께 홍수를 피하여 방주에 들어갔고 정결한 짐승과 부정한 짐승과 새와 땅에 기는 모든 것은 하나님이 노아에게 명하신 대로 암수(זָכָר וּנְקֵבָה; 자카르 우네케바) 둘씩(שְׁנַיִם שְׁנַיִם; 셰나임 셰나임) 노아에게 나아와 방주로 들어갔으며 칠 일 후에 홍수가 땅에 덮이니"(창 7:7-10).

여기서는 앞에서 언급한 모든 것을 잘 요약하고 있다. 정결한 짐승과 정결하지 않은 짐승을 구분할 뿐 아니라, 인간은 물론 짐승과 새와 땅에 기는 모든 것까지 총체적으로 언급한다. 그러고는 서론에서 언급한 것처럼 일반적 결론으로 이 모든 혈육 있는 생물들이 암수(זָכָר וּנְקֵבָה; 자카르 우네케바) 둘씩(שְׁנַיִם שְׁנַיִם; 셰나임 셰나임) 노아에게로 나아왔다고 묘사한다. 굳이 여기서 정한 짐승은 암수 일곱씩, 부정한 짐승은 암수 둘씩이라고 밝힐 필요가 없다. 이미 앞에서 언급하여 다 알고 있는 내용이기 때문이다.

6.2 평화로운 왕국

노아의 방주 안에 인간과 모든 생물이 그리고 정결한 짐승과 정결하지 않은 짐승이 함께 거하는 것은 무엇을 의미하는가? 이미 다수의 학자들이 지적했듯이 창조주께서는 방주를 '평화의 왕국'의 모델로 제시하고 싶으셨기 때문이었다. 성경 기자는 노아의 방주에 들어간 존재들이 '정결한 짐승과 부정한 짐승과 새와 땅에 기는 모든 것'이라고 자세하게 열거하고 있다. 모든 생물이, 정한 짐승과 부정한 짐승이, 새와 땅에 기는 모든 것과 인간의 남은 자들이 혼돈의 물 위를 떠다니는 방주 집에 함께 살고 있는 모습은 피조물과 인간이 함께 구속을 기다린다는 바울의 소망을 잘 보여주는 예표이다.

"피조물이 고대하는 바는 하나님의 아들들이 나타나는 것이니 피조물이 허무한 데 굴복하는 것은 자기 뜻이 아니요 오직 굴복하게 하시는 이로 말미암음이라 그 바라는 것은 피조물도 썩어짐의 종 노릇 한 데서 해방되어 하나님의 자녀들의 영광의 자유에 이르는 것이니라 피조물이 다 이제까지 함께 탄식하며 함께 고통을 겪고 있는 것을 우리가 아느니라 그뿐 아니라 또한 우리 곧 성령의 처음 익은 열매를 받은 우리까지도 속으로 탄식하여 양자 될 것 곧 우리 몸의 속량을 기다리느니라"(롬 8:19-23).

7. 결론 : 신학적 메시지

7.1 부정한 짐승마저 돌보시는 하나님을 보라!

노아가 동물을 부정한 짐승은 한 쌍씩 그리고 정한 짐승은 일곱 쌍씩 방주에 실었다는 이야기는 우리에게 동물과 인간의 관계만을 보여주는 것이 아니라, 하나님이 어떤 분이신지도 보여준다. 베스터만은 이를 잘 지적한다.

> "부정한 동물들도 보존되어야 할 살아 있는 생물 가운데 포함된다는 것이 분명해졌다. 이들도 정한 동물과 마찬가지로 살아 있을 권리가 동일하게 있는 것이다."[11]

다시 말해 하나님은 인간만 창조하시고 돌보시는 것이 아니라, 자신이 만든 모든 피조물을 돌보신다. 심지어는 부정한 짐승까지도 방주에 태우시는 것을 보면 그분이 어떤 분인지 알 수 있다.

7.2 종교인의 편협함을 벗어라!

이렇게 하나님은 정결한 짐승과 정결하지 않은 짐승을 모두 창조하시고, 한 방주 안에 모으셔서 생명을 보존케 하시는 분이신데 반해, 오늘날 많은 그리스도인들은 전 인류와 우주 전체를 보는 광대한 시각이 약화되어 있다. 이에 헬무트 틸리케는 오직 인간의 영혼 안에만 역사하시는 하나님을 믿는 소위 종교적인 사람들의 어리석음과 편협함에 대해 이렇게 설교한다.

> "하나님께서는 실제적으로 '외적인' 방식으로 – 무엇이든지 간에 관계 없이 완전히 어떤 종교적인, 영적인, '내적인' 영역 밖에서 – 역사하신다는 것은 얼마나 다행스러우며 우리를 안심케 해주는 사실인지 모르겠습니다. 하나님께서는 개나 고양이, 코끼리, 굴뚝새 등과 같이 영적인 태도와 용기 같은 것을 가질 수 없는 것들도 다루십니다. 또한 그분은 노아의 가족이 저녁 감사제를 그 황폐한 땅에서 드릴 때에 그것을 동물들의 울부짖음과

---

11) Westermann, *Genesis 1-11*, 428.

새들의 소리와 함께 기쁘게 흠향하셨습니다. 이 모든 사실을 생각할 때 기쁨이 넘치지 않을 수 없습니다.

가정 예배를 드릴 때 우리는 우리의 동물들을 방에서 내쫓아서는 안 될 것입니다. 하나님께서는 너무 '영적이신' 분이라 놔서 사람들과만 교통하시며 그것도 경건하고 영적인 마음을 지닌 이들 그리고 도덕적으로 고양된 사람들과만 교통하시는 그런 분이 결코 아니십니다. '모든 것들의 눈이 그분을 바라보며' '어린아이의 입으로부터' 종달새의 노래와 개구리의 울음소리로부터 하나님께서는 완전한 영광을 취하셨습니다. …

예수님이 탄생하시던 밤에 천사들이 노래를 하였는데 그 곳에 양들이 있었습니다. 구유 곁에는 소와 나귀들이 있었습니다. 하나님께서는 인간의 영혼의 영역에만 머물러 계시지는 않았습니다. 그곳에만 머물러 있다고 생각하는 사람들은 소위 종교적인 사람들이라 불리우는 자들뿐입니다. 살아계신 하나님께서는 병든 자의 하나님일 뿐 아니라 건강한 자의 하나님이기도 하십니다. 그분은 홍수와 불의 하나님일 뿐만 아니라 모든 우주 항성의 하나님이십니다."[12]

우리는 노아 방주 스토리를 통해 인류와 모든 생물을 가슴에 담고 사는 우주적인 비전을 회복해야 할 필요가 있다.

7.3 흠 없는 제물이 있어야 방주와 성막에 들어갈 수 있다

노아가 방주로 들어가는 것은 광야에서 성막을 만드는 준비와 평행점이 있다고 세일해머는 지적한다. 방주나 성막으로 들어가는 것은 정결한 짐승의 희생과 함께 해야 한다는 점이 유사하다는 것이다. 하나님의 성막이 준비된 후에 하나님의 영광이 성막을 가득 채우게 되었다(출 40:34-38). 그 후에 성막에 접근할 수 있는 방법이 알려졌다. 성막에 접근하려면 흠 없는 짐승의 제물을 가지고 가야만 했다: "그 예물이 소의 번제이면 흠 없는 수컷으로 회막 문에서 여호와 앞에 기쁘게 받으시도록

---

[12] 틸리케, 『세상이 어떻게 시작되었는가』, 258-259.

드릴지니라"(레 1:3). 이를 근거로 세일해머는 이렇게 말한다.

"그러므로 오직 '흠없는 짐승'을 제물로 드림으로써 완성된 성막에 들어갈 수 있는 것처럼 노아가 방주에 들어간 것은 그가 각각 '일곱 쌍'의 정결한 짐승을 취한 것과 연결된다.

노아가 방주 안으로 데리고 들어간 '정결한 짐승'들에 대한 특별한 언급은 아마도 그가 방주 안에 있는 동안에 성막 안에서의 요구와 같이(레 7:19-21) 오직 정결한 고기만을 먹었음을 보여주기 위함일 것이다. 이러한 평행은 저자가 임박한 '사십 주야' 동안의 홍수(7:4) 속에서 노아의 방주 안에 놓여 있는 구원과 임박한 광야에서의 '사십 년' 동안에 성막의 임재 안에 놓여 있는 구원 사이를 의도적으로 비교하고 있음을 보여준다. …

이러한 평행의 관점에서 볼 때에 저자가 홍수 기사의 결론 부분에서 이 짐승들이 사실상 하나님께 드려지는 제물로 사용되었음을 보여줌으로써(8:20-21) 방주 안으로 데리고 들어간 이들 '정결한 짐승들'의 제의적 중요성을 직접적으로 언급하고 있는 것은 중요하다. …이 구절(벧전 3:21)에서 방주는 신약의 세례에서 묘사되고 있는 것처럼 그리스도의 구원의 사역을 예시하는 것으로 설명되고 있다."[13]

---

13) 세일해머, 『서술로서의 모세오경 상』, 241-242.

"노아의 때에 된 것과 같이 인자의 때에도 그러하리라 노아가 방주에 들어가던 날까지
사람들이 먹고 마시고 장가들고 시집가더니 홍수가 나서 그들을 다 멸망시켰다"

눅 17:26-27

"The Dove Sent Forth from the Ark" (1866-1870) by Gustave Dore from Wikimedia Commons

"Go into the ark, you and your whole family"

8장

노아 홍수는 '지역적' 홍수인가, 아니면 '전 지구적' 홍수인가?

창 7:6-24

1. 서론적 이야기

1.1 그리스도인들의 인식의 변화

최근에 들어서서 일반인들이나 교우들이 노아 홍수 스토리에 대해 갖는 가장 큰 궁금증 중 하나는 노아 홍수가 '지역적인지' 아니면 '전 지구적인지'에 대한 논란에 관한 것이다. 과거에는 노아 홍수가 지역적 홍수였다고 주장하면 곧바로 보수적인 교계나 복음주의적인 신학계에서 퇴출될 정도로 비판을 받은 것이 사실이다. 그러나 최근에는 노아 홍수가 지역적일 수 있다는 주장이 일반인들은 물로 심지어 교계 내에서 점차 커지고 있다.

정재영 교수는 2018년 상반기에 전국 19세 이상 개신교인 1000명을 대상으로, 여론조사전문기관인 '지앤컴리서치'에 의뢰하여 노아 홍수 기사를 비롯한 과학적 사실에 대한 개신교인들의 인식을 알아보기 위해 여론조사를 실시했다. 그런데 이 여론조사에 의하면 노아의 홍수는 실제 발생했다고 믿는 사람이 72.7%로 압도적인 반면에 고대 근동의 설화라고 믿는 사람은 19.2%에 불과했다. 그런데 노아 홍수의 역사성을 믿는 사람들을 대상으로 홍수의 범위를 묻는 설문에 대해서는 68.8%가 전 지구적 홍수라고 보았으며, 27%는 일부 지역에만 나타난 국지적 홍수였을 것이

라고 답했다고 한다.[1]

1.2 과학자들의 접근

이런 상황의 변화에는 진보적인 기독교 지질학자나 천문학자들의 영향이 크다. 물론 기독교 지질학자들의 상당수가 과학적 입장에서 노아 홍수는 국지적 홍수라고 주장하는 것을 이해할 수 있다. 과학적 입장에서 성경 본문의 데이터를 나름대로 해석하려고 하다 보니 전 지구적 홍수보다는 국지적 홍수로 볼 수밖에 없는 이유가 있을 수 있다.

그러나 과학자들이 성경 본문을 과학적으로 접근할 때에는 성경은 과학서적이 아니라는 사실을 분명히 인식하고 해석해야 한다. 물론 과학자들은 겉으로는 성경은 과학 서적이 아니라고 말하면서도, 실제로 성경 본문을 해석할 때에는 '과학적으로' 접근한다.

예를 들어 충북대 지구환경과학과 이철우 교수는 "과학의 눈으로 성서를 판단하여 무시하려드는 것은 올바른 신앙의 태도가 아닐 것이다."라고 말하지만,[2] 실제로 노아 홍수 스토리를 해석할 때에는 성경의 단어를 지질학적 용어로 이해하고 해석하며 과학적으로 접근하여 결론을 내린다.

"홍수를 일으킨 물의 근원"을 살피면서 현재 지구상의 물의 97.4%는 바다에 있고 2%는 빙하이며, 나머지 0.6%만이 호수, 지하수 및 대기 중의 수증기, 강물에 있다고 본다. 노아 홍수를 전 지구적 사건으로 보아 평균 7미터 정도의 물이 차오르면 하늘의 구름이 모두 빗방울로 떨어져도 불가능하다고 본다. "깊음의 샘"을 "지하수가 솟아오른 것으로 해석"할 수도 있지만, "지하수는 지각의 여러 공극을 채우고 있으면서 대부분 모세관 현상과 같은 느린 과정을 통해 유동하고 있으므로 40일 주야만에 이와 같이 많은 양이 솟아날 수는 없다."고 해석한 후에, 노아 홍수는 "전 지구적 사건이라고 볼 근거가 전혀 없다."고 결론을 내린다.[3]

---

1) 정재영, "우주와 생명의 기원에 관한 대중의 인식", 송인규, 『지질학과 기독교 신앙』 (IVP, 2018), 132-133.
2) 이철우, "'노아의 홍수'에 관한 지질학적 이해", 『신학연구』 44 (2003), 278.
3) 이철우, "'노아의 홍수'에 관한 지질학적 이해", 269, 270, 272.

1.3 성경 본문의 '우주적' 용어를 이해할 줄 알아야 한다

그렇다면 성경 본문에서 '하늘의 창문'(אֲרֻבֹּת הַשָּׁמַיִם; 아룹보트 핫샤마임)이 열리고 '깊음의 샘'(מַעְיְנֹת תְּהוֹם; 마으예노트 테홈)이 터졌다고 했을 때 이런 용어들은 과연 과학자들의 주장대로 지질학적이고 기상학적 용어인가?[4] 이런 용어들은 지질학적이고 기상학적인 용어들이 아니다! 하늘의 창문과 깊음의 샘은 현대 과학이 사용하는 '과학적 용어'(scientific terms)가 아니고 '우주적 용어'(cosmic terms)이다.

우리가 앞으로 살펴보겠지만 '하늘의 창문(אֲרֻבֹּת הַשָּׁמַיִם; 아룹보트 핫샤마임)이 열렸다는 것'은 물들이 구름이라는 매개 기능 없이 위로부터 쏟아져 내린 것을 가리킨다. 창조 시에 지구를 덮고 있던 '원시의 혼돈의 물'(우주적 용어)이, 즉 하나님께서 궁창을 만드셔서 궁창 위의 물과 궁창 아래의 물로 나누었는데 이제 그 혼돈의 물이 아래로 쏟아져 들어왔음을 묘사하는 우주적 재앙을 가리키는 것이다.

이것은 깊음의 샘도 마찬가지이다. '깊음의 샘'(מַעְיְנֹת תְּהוֹם; 마으예노트 테홈)은 단순히 지하수를 가리키는 것이 아니라 하나님께서 한계를 정해 궁창 아래 가두어 놓았던 원시의 혼돈의 물(우주적 용어)이 터져 나와 지구상의 모든 생물을 멸절시킨 것을 묘사하는 우주적 심판의 용어이다. 노아 홍수가 단순히 '지역적' 홍수냐, 아니면 '전 지구적' 홍수냐고 묻는 것은 질문 자체가 잘못된 것일 수 있다. 왜냐하면 노아 홍수는 이를 훨씬 초월하는 '우주적 홍수'이기 때문이다.

1.4 진보적 학자의 주장

그런데 우리 주변에는 홍수가 지역적이냐 전 지구적이냐는 질문으로 환원하여 전 지구를 덮는 홍수가 없었다는 결론을 너무 쉽게 내리면서 선진 학문을 하는 것처럼 말하는 진보적 학자들을 쉽게 볼 수 있다. 예를 들어 배철현의 말을 들어보자.

---

[4] Paul H. Seely, "Noah's Flood: Its Date, Extent, and Divine Accommodation," *WTJ* 66 (2004), 291-311. 폴 실리는 노아 홍수 스토리는 역사를 가르치기 위해 사실을 재현하기 위해 "비디오테이프로 찍은 영상물이 아니라"(not a VCR account) 신학을 가르치기 위해 "고대 우주론을 받아들여 적응시킨 담론"(an accommodation to ancient cosmology) (311, 이 숫자는 위의 논문의 페이지 수이다)이기에, "고대 근동의 우주론을 무시하거나 현대적 용어로 치환하여 해석하게 되면 성경이 묘사하는 노아 스토리를 얻을 수가 없다."(304)고 주장한다. 폴 실리는 성경을 과학과 조화시키려는 노력이나 창조 과학 운동의 노력이 모두 노아 홍수 스토리를 이해하는 데 실패했다고 주장하면서도 노아 홍수는 주전 4,000년(아무리 일찍이라도 주전 5,000년)에서 주전 2,300년 사이에 일어났다고 주장한다(293). 방주를 정교하게 지으려면 신석기 시대의 돌도끼로는 불가능하고, 최소한 구리나 철 도구가 있어야 했을 것이므로 주전 5,000년대였을 가능성이 크며, 노아가 포도를 재배한 것을 보면 포도 재배가 가능한 시기를 염두에 두어야 하는데, 포도 재배는 주전 4,000년 이후에 널리 퍼졌기 때문이다(292-293).

"창세기에서는 홍수가 국부적인 사건이었는지, 아니면 지구 전체를 덮은 사건이었는지는 확실하게 전하고 있지 않다. 창세기 1-11장까지의 내용이 그렇듯이 이 질문에 대한 대답은 고고학적 유추를 통해 시도할 수밖에 없다. 홍수와 홍수에 대한 이야기는 세계 어디서나 쉽게 찾을 수 있다. 홍수 이야기는 창조 이야기와 함께 인간이 아주 오래 적부터 간직한 옛날 이야기로 이 세상에서 인간의 존재를 근본적으로 위협하고 때로는 인간을 무참히 무력하게 만드는 불가항력적인 자연에 대한 인간의 반응에 관한 것이다.

홍수 이야기는 이런 위협을 주술적으로 풀려는 인간의 바람의 산물이다. 홍수 이야기는 거의 모두 독립적으로 존재한다. 온 세상을 덮을 만한 홍수가 실제로 있었다는 증거는 없다. …이 홍수 이야기는 메소포타미아 남부의 국부적인 사건에서 시작한 것 같다."[5]

1.5 최근의 복음주의자들의 관용적 태도

그런데 최근에는 복음주의 진영 내에서도 지역적 홍수 이론을 하나의 해석의 대안으로 받아들여도 좋다는 식의 이야기들이 흘러나오고 있다. 송인규는 최근에 노아 홍수를 해석하는 복음주의 진영 내의 네 가지 해석을 요약하여 소개하면서 다소 관용적인 태도를 보인다. 노아 홍수 기사를 읽다 보면 홍수가 전 지구적이며, 당시 인류 전체의 멸절을 말하는 것처럼 보이지만, "표면을 한 층위만 벗겨내면 그 아래 여러 가지 사안이 이리저리 얽혀" 있기에 "문제가 그리 단순하지만은 않다."고 말한다.[6] 송인규는 네 가지 입장을 소개한 후에 이렇게 정리한다.

"나는 지금까지 노아의 홍수와 관련해 모두 네 가지 입장이 있음을 설명했다. 복음주의자로서 이 네 가지 입장 가운데 비사실적 기술(입장 1)을 지지하는 경우는 매우 드물다. 오히려 대부분의 복음주의자들은 나머지 입장들 중 어느 하나에 둥지를 틀고 있다. 가장 큰 규모로 각축이 벌어지고 있는 것은 지역적 사태(입장 2)와 전 지구적 사태(입장 3) 사이다. 반대로 '입장 2'가 인류 일부의 멸절(입장 2A)과 인류 전체의 멸절(입장 2B)로 대

---

5) 배철현, "노아 홍수 이야기", 『기독교 사상』 46/9 (2002년 9월호), 186-187.
6) 송인규, "노아 홍수 사건의 지질학적-인류학적 영향", 『지질학과 기독교 신앙』 (IVP, 2018), 147.

비된다는 것은 거의 알려져 있지 않다. 어쨌든 최근 들어 한국의 복음주의자들 사이에도 노아 홍수의 지질학적-인류학적 영향과 관련해 날카로운 전선이 구축되는 듯 보인다. 그러나 어느 편에 서 있든 모두 복음주의 신앙을 표방하는 만큼 지나치게 호전적이고 교조적인 태도로 일관할 필요는 없을 것이다."

물론 너무 쉽게 상대방의 입장을 비판하는 것은 복음주의자를 넘어서서 일반 그리스도인들의 태도로도 적합하지 않다. 그러나 더 큰 문제는 "홍수가 전 지구적이며, 당시 인류 전체의 멸절을 말하는 것처럼" 보인다고 스스로도 인정하는 성경 본문의 '자연스런' 읽기를 포기하고 굳이 과학적인 용어와 과학적인 설명으로 성경 본문을 해석하는 것이 적절하느냐는 것이다.

1.6 이어령 박사의 조언

이런 점에서 우리는 '종교적 담론'을 제시하는 성경을 '과학적 담론'으로 접근하지 말 것을 주문한 이어령 박사의 말에 귀를 기울여야 한다. 2012년 9월 27일에 양화진 문화원이 주최하는 '성서 스토리텔링' 대담 프로그램에서 이어령 박사와 이재철 목사가 '노아'를 주제로 종교적(영적) 담론과 과학적(지적) 담론의 차이에 대해 이야기를 나누었다고 하는데, 아래의 내용은 한 인터넷 언론에 실린 기사이다.[7]

"과학적 담론이란 물이 100도에서 끓고 0도에서 얼지만 그 본질은 변하지 않는, '절대 바뀌지 않는 것을 말하는, 율법적이고 물질적인 세계'의 이야기다. 하지만 종교적·문학적 담론은 사랑하고, 아쉬워하며, 고향을 그리워하듯 물질처럼 딱 잘라 설명할 수 없는 문제들이다. 그는 '과학자들이 우주를 다 알아도 아내 마음 하나를 몰라 이혼하지 않느냐, 또 아인슈타인에게 종교를 말하게 해서야 되겠는가'라며 '이런 담론의 법칙을 우리 자녀들에게 어렸을 때부터 가르쳤다면 지금 고생하지 않는데, 자꾸 종교적 담론을 과학적·신화적 담론으로 이야기하려 하는 게 문제'라고 지적했다.

---

7) http://www.christiantoday.co.kr/news/258446

이어령 박사는 '노아의 방주를 종교적으로 하나님의 큰 질서에서 보면 기가 막힌 이야기인데 과학적 담론으로 자꾸 보면 이 좋은 이야기가 우스워진다.'며 '절대로 풀리지 않는 걸 자꾸 풀려고 해선 안 된다.'고 했다. 이 박사는 '노아의 방주 이야기에 담긴 비둘기와 까마귀 등 여러 하나님의 계시들을 종교적 담론으로 옮기면 오히려 아인슈타인도 재미있게 들을 수 있고, 과학하는 사람들이 스스로 교회에 나오고 신을 믿게 된다.'며 '그런데 노아의 방주와 똑같은 모형을 만들어 보니 배 만드는 기술이 절묘했다는 식으로 그들을 설득하기 시작하면 그 과학적 논리 때문에 오히려 그 논리는 깨질 수 있다.'고 덧붙였다."

우리는 최근에 특별히 한국 복음주의 진영 내에서 벌어지고 있는 '젊은 지구론'과 '오래된 지구론' 사이의 논쟁은 유익한 쪽으로 흘러가기보다는 교회와 신앙을 해하는 쪽으로 흘러갈 가능성을 보이고 있다. '오래된 지구론'을 이야기하는 순간 자칫하면 성경의 종교적 담론을 과학적 담론으로 만들 가능성이 있기 때문이다. 그렇다고 '젊은 지구론'이 무조건 옳다는 것이 아니다. 어느 쪽이 성경 본문을 종교적 담론으로 전달하는 데 더 유익하느냐는 것이다.

도대체 노아 홍수란 무엇을 의미하는가? 여기서 홍수란 비가 많이 내려 물이 쏟아져 나오는 것을 의미하는 것처럼 보인다. 전 지구를 덮을 수 있는 물이 하늘에서나 지하에서 나올 수 없기에 전 지구적 홍수가 아니라고 말하는 것은 과학적 담론에 불과하다.

그러나 노아 홍수 스토리는 단지 비가 많이 온 것을 이야기하는 것이 아니다. 앞으로 살펴보겠지만 노아 홍수 스토리에서 비가 많이 온 것은 우주적인 혼돈의 물이 쏟아져 들어오면서 창조 질서의 해체를 가리키는 것으로 '우주적 홍수'를 선포하는 종교적 담론 중에 나온 이야기이다.

따라서 노아 홍수의 의미가 무엇인지 알려면 성경 본문의 언어적 표현에 유의하면서 상세히 단어 하나하나를 살펴야 한다.

2. 노아 홍수의 '우주적' 표현들

2.1 사십 주야의 비

우선 히브리어 원문의 용어들에 주의하며 본문을 읽어보도록 하자.

"노아가 육백 세 되던 해 둘째 달 곧 그 달 열이렛날이라 그 날에 큰 깊음의 샘들(מַעְיְנֹת תְּהוֹם רַבָּה; 마으예노트 테홈 랍바)이 터지며(נִבְקְעוּ; 니브크우) 하늘의 창문들(אֲרֻבֹּת הַשָּׁמַיִם; 아룹보트 핫샤마임)이 열려(נִפְתָּחוּ; 니프타후) 사십 주야를 비(גֶּשֶׁם; 게솀)가 땅에 쏟아졌더라"(창 7:11-12).

"깊음의 샘(מַעְיְנֹת תְּהוֹם; 마으예노트 테홈)과 하늘의 창문(אֲרֻבֹּת הַשָּׁמַיִם; 아룹보트 핫샤마임)이 닫히고 하늘에서 비(גֶּשֶׁם; 게솀)가 그치매"(창 8:2).

성경 기자는 '사십 주야를 비(גֶּשֶׁם; 게솀)가 땅에 쏟아졌더라'고 간략하게 노아 홍수를 묘사한다. 한마디로 말해 노아 홍수는 40일간 밤낮으로 '비'(גֶּשֶׁם; 게솀)가 하늘에서 땅에 쏟아진 어마어마한 대재앙을 의미한다.

여기서 '비'라고 번역된 '게솀'(גֶּשֶׁם)은 구약 성경에 11번 사용되었다. 이미 학자들이 지적한 대로 '큰 비'(גֶּשֶׁם גָּדוֹל; 게솀 가돌; 왕상 18:45)나 '폭우'(גֶּשֶׁם שׁוֹטֵף; 게솀 쇼테프; 겔 13:11, 13)를 가리킬 때에는 뒤에 '크다.'(גָּדוֹל; 가돌)는 형용사나 '넘쳐흐르다.'는 동사의 분사(שׁוֹטֵף; 쇼테프)가 붙는 것을 보면 그저 양과 상관없이 하늘에서 내리는 '비'를 가리키는 일반적인 용어로도 볼 수 있다.

물론 '비'라는 다른 단어 '마타르'(מָטָר)가 구약 성경에 총 19번 사용되는데(신 11:14, 17 등)[8] 일부 학자들은 '게솀'(גֶּשֶׁם)은 '마타르'(מָטָר)와는 달리 '큰 비'를 가리킨다고 보기도 한다.[9] 그러나 노아 홍수에서 '비'란 단어가 무엇이 쓰였느냐는 큰 문제가 되지 않는다. 왜냐하면 비의 근원이 평상시와 다르기 때문이다.

---

8) 노아 홍수 스토리에서는 동사로서 마타르(מָטַר)가 사용되었다: "지금부터 칠 일이면 내가 사십 주야를 땅에 비를 내려(מַמְטִיר; 맘티르; 마타르[מָטַר]의 히필형 [사역형]) 내가 지은 모든 생물을 지면에서 쓸어버리리라"(창 7:4).

9) 참조 Wenham, *Genesis 1-15*, 181.

어찌되었든 비가 40일 동안 밤낮으로 내린 것이 노아 홍수의 원인 중 하나이다. 창세기 7:12에는 비가 하늘에서 내렸다는 언급이 없으나 창세기 8:2에는 구체적으로 '하늘에서' 내린 비가 그쳤다고 되어 있다. 40일간 밤낮으로 비가 온다고 해도 이슬비가 내리거나 적은 양의 비가 내리면 큰 홍수가 될 가능성은 없다.

2.2 홍수의 근원은 '혼돈의 물'

이에 성경 기자는 단순히 비가 밤낮으로 40일간 왔다고만 하지 않고 홍수의 근원을 두 가지로 언급한다.

(1) 큰 깊음의 샘들(מַעְיְנוֹת תְּהוֹם רַבָּה; 마으예노트 테홈 랍바)이 터지며(נִבְקְעוּ; 니브크우)
(2) 하늘의 창문들(אֲרֻבֹּת הַשָּׁמַיִם; 아루보트 핫샤마임)이 열려(נִפְתָּחוּ; 니프타후)

우선 성경 기자는 홍수의 근원을 '큰 깊음의 샘들'(מַעְיְנוֹת תְּהוֹם רַבָּה; 마으예노트 테홈 랍바)이 터진 것이라고 묘사한다. 이 어구의 의미를 알려면 '깊음'이라고 번역된 단어의 의미를 알아야 한다. 창세기 1:2을 보면 '깊음'이란 단어 '테홈'(תְּהוֹם)은 창조 시에 땅을 덮고 있었던 '원시의 바다' 혹은 '태고의 혼돈의 물'을 가리킨다는 것이 학자들의 정설이다.

"땅이 혼돈하고 공허하며 흑암이 깊음(תְּהוֹם; 테홈) 위에 있고 하나님의 영은 수면 위에 운행하시니라"(창 1:2).

창조주 하나님께서 인간을 위해 천지를 창조하실 때 땅은 인간이 거주하기가 어려운 상태였다. '흑암'과 '원시 바다'인 깊음(תְּהוֹם; 테홈) 때문이었다. 다시 말해 '어둠'과 '혼돈의 물'로 인해 사람이 살 수가 없었다. 따라서 어둠을 해결하기 위해 첫째 날 빛을 창조하셔서 어둠과 빛을 나누셨던 것이다(창 1:3). 이제 빛이 있어서 인간은 땅에 거주할 수 있게 되었다.

이제 남은 장애물은 '혼돈의 물'(תְּהוֹם; 테홈)이었다. 이에 하나님께서 둘째 날은 궁창을 만들어 원시 바다 물을 궁창 위의 물과 궁창 아래의 물로 나누셨다(창 1:6-7).

그러나 궁창 아래에 물이 가득 차서 인간이 거주할 수 없었다. 이에 셋째 날은 물을 한 곳에 모아 '바다'(מַיִם; 얌)라 부르시고, '뭍'(יַבָּשָׁה; 얍바샤)이 드러나게 하시고 '땅'(אֶרֶץ; 에레츠)이라 칭하셨다(창 1:10). 그리고 땅에서 식물이 자라게 하심으로 인간이 거주할 수 있는 육지 공간을 만드신 것이다. 하나님께서는 마지막 여섯째 날에 인간과 땅 짐승을 창조하시고 식물을 음식으로 주시고 땅에서 살 수 있게 하셨다.

2.3 '깊음의 샘들'이 터지고

이렇게 창조 시에 '원시 바다'(תְּהוֹם; 테홈)의 경계를 정하여 궁창 위의 물과 궁창 아래의 물로 나누시고 궁창 아래의 물은 한 곳에 모아 '뭍'이 드러나게 하셨는데, 이제 인간의 악함으로 인해 그 경계를 허무신 것이다. 뭍이 드러나게 하기 위해 혼돈의 원시 바다 물을 가두어 두었던 '깊음의 샘들'(מַעְיְנֹת תְּהוֹם רַבָּה; 마으예노트 테홈 랍바)을 터지게 하신 것이다.

성경 기자는 단지 깊음의 샘이 '열렸다.'고 하지 않고 '터졌다.'(נִבְקְעוּ; 니브크우)고 묘사한다는 점을 학자들은 이미 오래 전부터 주목했다.

원래 샘물은 솟아나거나 넘치게 하시는 법인데 하나님께서 깊음의 샘들을 봉하셨다가 이제 '터지게' 하신 것이다.

"여호와께서 샘을 골짜기에서 솟아나게 하시고(שָׁלַח 동사의 피엘형) 산 사이에 흐르게 하사"(시 104:10).

"어찌하여 네 샘물을 집 밖으로 넘치게 하며(פוּץ; 푸츠) 네 도랑물을 거리로 흘러가게 하겠느냐"(잠 5:16).

'터지다.'(נִבְקְעוּ; 니브크우)는 것은 '솟아나다.', '넘치다.'는 것보다 더 폭발적인 물의 분출을 가리킨다. 하나님께서는 단지 깊음의 샘들을 솟아나거나 넘치게 하신 것이 아니라, '터져 분출되게' 하신 것이다.

따라서 노아 홍수란 창세기 1:9에서 마른 땅과 궁창 아래 물 사이에 생긴 구별인 깊음의 샘이 터지면서 무너지고 있는 것을 의미한다(7:11). 많은 학자들이 홍수의 의

미를 "창조의 해체"로 보는 것은 다 이에 연유하는 것이다.[10]

2.4 '하늘의 창문들'이 열림

홍수의 두 번째 원인 '하늘의 창문들(אֲרֻבֹּת הַשָּׁמַיִם; 아룹보트 핫샤마임)이 열린(נִפְתָּחוּ; 니프타후) 것'에 대해서도 마찬가지이다.[11] 여기서 '창들'이라고 번역된 '아룹보트'(אֲרֻבֹּת)는 하늘 궁창에 생긴 구멍들을 가리킨다고 학자들은 본다. 그렇다면 많은 비의 근원을 왜 굳이 하늘의 창문들이 열린 것으로 묘사할까?

길가메쉬 서사시의 토판 11, 127-129행을 보면 "6일 낮과 7일 밤 동안 폭풍우가 몰아치고 대홍수가 밀어 닥쳤다. 7일째가 되었을 때 비바람이 그쳤다."고 되어 있다.[12] 고대 근동의 홍수 설화에서는 바람으로 인해 생긴 해일이 홍수의 원인으로 되어 있다. 그러나 노아 홍수 스토리는 이보다 더 강력한 우주적인 용어를 사용하여 '하늘의 창문들이 열렸다.'고 묘사한다. '하늘의 창문들'이 열린다는 표현의 의미는 무엇일까?

우선 비가 내릴 때에는 '구름'이 비를 뿌리는 것으로 성경은 묘사한다는 점을 주목해야 한다.

"조금 후에 구름과 바람이 일어나서 하늘이 캄캄해지며 큰 비가 내리는지라 아합이 마차를 타고 이스르엘로 가니"(왕상 18:45; 참조 시 147:8; 잠 16:15; 전 11:3; 욥 38:25).

그렇다면 하늘의 창문이 열렸다는 것은, 이미 학자들이 지적한 대로, 물들이 '구름이라는 매개 기능' 없이 흘러내리는 것을 의미한다.

이것은 태고의 깊음의 물, 하나님께서 궁창을 만들어 창조 질서 안으로 들어오지

---

10) Wenham, *Genesis 1-15*, 181.
11) 하늘의 창문들(אֲרֻבֹּת הַשָּׁמַיִם; 아룹보트 핫샤마임)이란 단어는 구약 성경에서 여기 처음 사용된 것이다. 그렇다면 하늘의 창문들이란 무슨 의미인가? 많은 비평적 성경 해석자들이 '하늘의 창문'이란 표현이 시적이라고 지적하며, 이전에 노아 홍수 스토리의 시 버전(poetic version)이 있었을 것이라고 본다. 물론 그랬을 수도 있다. 그러나 중요한 것은 성경 본문이 어떻게 지금의 모습으로 형성되었는지를 따지는 형성사가 아니다. 중요한 것은 현재 최종 본문 형태 안에서 본문의 의미이다. 다시 말해서 '하늘의 창문'이라는 시적 표현으로 의도하려는 문예적-정경적-신학적 의미가 무엇이냐가 관건이다.
12) James B. Pritchard (ed.), *Ancient Near Eastern Texts Relating to the Old Testament* (Princeton Univ. Press, 1969), 94.

못하도록 한 '궁창 위의 혼돈의 물'이 피조 세계 안으로 침공해 들어오는 것을 의미한다. 노아의 홍수는 이렇게 우주적인 차원을 띤다. 창조 시의 혼돈의 물을 하나님께서 궁창을 만들어 궁창 위의 물과 궁창 아래의 물로 나누셨는데, 이제 궁창 위의 물이 하늘로부터 쏟아져 내린 것으로 성경 기자는 홍수를 묘사하고 있는 것이다.

고대 이스라엘인들의 사고에는 우주적 용어를 사용하여, '비가 별에서부터 온다.'고 생각했다. 드보라의 노래를 보면 기손 강에 내린 비를 별들이 하늘에서 시스라와 싸운 것으로 묘사한다.

"별들이 하늘에서부터 싸우되 그들이 다니는 길에서 시스라와 싸웠도다 기손 강은 그 무리를 표류시켰으니 이 기손 강은 옛 강이라 내 영혼아 네가 힘 있는 자를 밟았도다"(삿 5:20-21).

다시 말해 별들이 하늘에서 비를 내림으로 시스라와 그 군대와 싸웠다는 것이다. 별들로부터 비가 내린다면 하늘의 창문을 통해서 내리는 것이 너무 당연하지 않을까? 과학시대라는 오늘날도 폭포수처럼 비가 내리면 '하늘이 뻥 뚫린 것 같다.'고 하지 않은가? 과학을 중심하고 과학적 우주관을 가지고 있는 현대인들도 오감으로 느끼는 홍수를 소위 '은유적'이거나 '시적인' 표현을 사용하는 것은 마찬가지이다. 해가 뜨는 자연 현상은 지구의 자전으로 일어나는 현상이다. 그러나 지구의 자전으로 해가 보이기 시작했다고 표현하지 않는다. 지금도 일출이라고 말한다. 인간의 눈에는 해가 뜨는 것으로 보이기 때문이다. 따라서 노아 홍수 스토리에 나오는 '하늘의 창문'을 그저 시적인 표현으로 치부하고 끝내서는 안 된다.[13] 하늘의 창문이 열린 것은 '우주적' 사건인 창조의 해체가 시작되고 있음을 보여주는 '우주적' 묘사이다.

앞서 본 대로 드보리는 비가 단지 구름에서 내려온 것으로 보지 않았다. 별들에

---

13) 월튼 외, 『IVP 성경배경주석』, 52-53: "본문에서는 비가 내리는 구멍을 묘사하기 위해 '하늘의 창'이라는 시적인 표현을 사용한다. 이것은 과학적인 언어는 아니지만 관찰자의 관점을 반영한다. 마치 우리가 해가 '진다.'고 말하는 것과 마찬가지다. 고대 근동 문헌에서 '창'이라고 나타나는 다른 경우는 바알이 그의 집을 짓는 것에 대한 가나안 신화뿐이다. 거기서 그의 집 '창문'은 구름 속의 갈라진 틈으로 묘사된다. 하지만 그것이 비와 연관되지는 않는다. 메소포타미아 문헌에는 다른 용어가 등장하는데, 거기서는 태양이 일출과 일몰 시에 사용할 수 있도록 동쪽과 서쪽에 하늘의 창이 있다. 그렇지만 구름과 바람도 이 창으로 들어간다."

서 비가 내렸다고 보기에 별들이 하늘에서 시스라와 싸웠다고 묘사하는 것이다. 성경은 우주에서 일어나는 '스타워즈'(Star Wars)를 이야기하고 있는데, 학자들은 땅에서 일어나는 '지상전'의 용어로 이를 해석하려고 하는 것은 아닐까? 우주적 홍수를 전 지구적 홍수냐, 지역적 홍수냐로 논란을 벌이는 것은 앞서 지적한 대로 '종교적 담론'을 '과학적 담론'으로 전락시키는 우를 범할 수 있음을 우리 모두 조심해야 한다.

3. 노아 홍수는 '창조의 해체'

3.1 모든 구별이 무너짐

이렇게 노아 홍수는 인간의 악함으로 인해 하나님께서 창조를 해체하신 것으로 성경은 묘사하고 있다는 것이 많은 구약학자들의 견해이다. 하나님께서 나누고 구별하셔서 인간이 거주할 수 있도록 만드신 창조 세계를 구별을 무너뜨림으로써 피조 세계를 창조 이전으로 되돌리신 것이다.

하나님께서는 흑암과 혼돈의 물이 지구를 덮고 있어 인간이 거주할 수 없는 곳을 어둠과 빛을 나누시고, 물을 궁창 위의 물과 궁창 아래의 물로 나누시고, 궁창 아래의 물은 한 곳에 모아 뭍이 드러나게 나누셔서 인간이 거주할 수 있는 공간으로 만드셨다. 이것이 하나님의 '무에서부터의 창조'(creation out of nothing)이다. 결국 창조란 어둠과 빛, 하늘과 땅, 바다와 마른 땅을 구분하는 것이며, 이렇게 해서 경계가 나누어진 세계는 하나님 보시기에 좋은(סוֹב; 토브) 세상이었다(창 1:4, 10, 12, 18, 21, 25, 31).

하나님께서 선악을 알게 하는 나무를 만드시고 이를 먹지 말라고 명하신 것은, 인간은 하나님이 보시기에 좋은(סוֹב; 토브) 것은 택하고 하나님이 보시기에 좋지 않은 악(רַע; 라)은 버리도록 창조된 존재임을 보여준다. 다시 말해 인간은 스스로 선악을 구분하여 선택하는 존재로 창조되지 않았다. 따라서 에덴 동산에 있는 모든 나무는 먹되, 오직 선악을 알게 하는 나무만은 먹지 못하도록 명하신 것이다.

"선(טוב; 토브)악(רע; 라)을 알게 하는 나무의 열매는 먹지 말라 네가 먹는 날에는 반드시 죽으리라 하시니라"(창 2:17).

그런데 아담과 하와는 뱀의 유혹을 받아 선악을 알게 하는 나무를 본즉 "먹음직도 하고 보암직도 하고 지혜롭게 할 만큼 탐스럽기도 한 나무인지라"(창 3:6) 그만 그 열매를 따먹고 말았다. 아담과 하와는 인간이 선(טוב; 토브)과 악(רע; 라)을 자기 스스로 자율적으로 정할 수 있다고 생각한 것이다. 이에 하나님께서는 "이 사람이 이 선(טוב; 토브)악(רע; 라)을 아는 일에 우리 중 하나같이 되었으니 그가 그의 손을 들어 생명나무 열매도 따먹고 영생할까 하노라"고 하시며 이들을 에덴 동산에서 쫓아내시고 땅을 갈게 하셨다(창 3:22-23). 선(טוב; 토브)과 악(רע; 라)을 자기 스스로 자율적으로 정할 수 있다고 생각한 아담과 하와의 이런 선택은 가인의 '형제 살해'를 거쳐 라멕의 무자비한 보복의 계획을 넘어서 노아 시대에 이르게 되면 '인간이 마음으로 하는 계획이 어려서부터 항상 악할(רע; 라) 뿐인' 상태로 악화되었다는 것이 여러 학자들의 견해이다. 이제 인간이 선과 악을 자기 스스로 자율적으로 정할 수 있다고 생각하며 하나님이 정하신 구분을 해체하고 스스로 신이 되려고 할 뿐 아니라 인간의 악함이 극에 달하게 되자, 하나님께서도 역시 인간이 거주할 수 있도록 만드신 모든 구분과 구별을 해체하시기로 하신 것이다. 이에 깊음의 샘이 터지고 하늘의 창문이 열려 태고의 혼돈의 물이 쏟아져 마른 땅을 삼키도록 하신 것이다.

3.2 창조의 순서로 창조 세계를 해체시키다

홍수 후에 무슨 일이 있었는지를 묘사하는 7:17-22을 보면 이미 여러 학자들이 지적한 대로 하나님께서 창조의 순서로 창조를 해체시키고 있음을 볼 수 있다.

"홍수가 땅에 사십 일 동안 계속된지라 물이 많아져(רבה; 라바) 방주가 땅에서 떠올랐고 물이 넘쳐서(גבר; 가바르) 땅 위에 더(מאד; 메오드) 많아지매(רבה; 라바) 방주가 물 위에 떠다녔으며 물이 땅에 더욱(מאד מאד; 메오드 메오드) 넘치매(גבר; 가바르) 천하의 높은 산이 다 잠겼더니 물이 불어서(גבר; 가바르) 십오 규빗이나 오르니 산들이 잠긴지라 땅 위에 움직이는 생물이 다 죽었으니 곧 새와 가축과 들짐승과 땅에 기는 모든 것과 모든 사람이라 육지에 있어 그 코에 생명의 기운의 숨이 있는 것은 다 죽었더라"(창 7:17-22)(사역).

우선 창조 시에 땅은 혼돈의 물로 뒤덮여 있었다. 따라서 인간이 거주할 수 없었다. 이에 하나님께서 궁창을 만들어 궁창 위의 물과 궁창 아래의 물로, 궁창 아래의 물은 한 곳에 모아 마른 땅이 드러나게 하셨다. 이에 인간은 마른 땅에서 동물들과 함께 식물을 음식 삼아 생명을 유지할 수 있었던 것이다.

그런데 홍수로 하나님께서 창조를 해체하신다. 그냥 피상적으로 읽으면 그저 '물이 많아졌구나.'로 볼 수 있지만 성경 기자는 혼돈의 물이 어떻게 승리하여 끝내 창조 시에 지구를 뒤덮고 있었던 원래의 상태로 돌아가는지 정밀하게 묘사한다.

3.3 창조 세계 해체의 4단계

성경 기자는 두 개의 동사(רָבָה; 라바, גָּבַר; 가바르)와 '더'(מְאֹד; 메오드)라는 부사를 사용하여 어떻게 혼돈의 물이 승리하여 창조의 해체가 일어나는지를 4단계로 상세하게 묘사하고 있다고 학자들은 말한다.

(1) 물이 많아져(רָבָה; 라바) 방주가 땅에서 떠 올랐고(17절)
(2) 물이 넘쳐서(גָּבַר; 가바르) 땅 위에 더(מְאֹד; 메오드) 많아지매(רָבָה; 라바) 방주가 물 위에 떠 다녔으며(18절)
(3) 물이 땅에 더욱(מְאֹד מְאֹד; 메오드 메오드) 넘치매(גָּבַר; 가바르)(19절)
(4) 물이 넘쳐서(גָּבַר; 가바르) 십오 규빗이 오르매 산들이 덮인지라(20절).

우선 첫 단계는 물이 많아져 방주가 떠올랐다. 여기에 '많아지다.'는 동사는 라바(רָבָה)만 사용하여 방주가 땅으로부터 분리되어 물 위에 떠오를 정도가 되었다. 방주를 만들었던 지면으로부터 방주가 분리되면서 물이 승리하는 모습을 묘사하기 시작한다고 학자들은 해석한다.

두 번째 홍수 단계는 물이 넘쳐서 땅 위에 더 많아지게 된 상태이다. 여기서는 넘치다(גָּבַר; 가바르)는 새로운 동사를 사용하고, 많아지다(רָבָה)는 동사에 '더'(מְאֹד; 메오드)

라는 부사까지 첨가하여 물이 땅을 덮기 시작했음을 보여준다는 것이다. 새로운 동사 가바르(גָּבַר)를 영어 성경들에서는 '일어나다, 팽창하다.'(rose or swell; 7:18, 19, 20), '우세하다, 넘치다.'(prevail or flood; 7:24)로 번역하지만, 기본 의미는 '(전쟁에서) 승리하다.'이다.

"모세가 손을 들면 이스라엘이 이기고(גָּבַר; 가바르) 손을 내리면 아말렉이 이기더니(גָּבַר; 가바르)"(출 17:11).

이런 기본 의미를 살린다면 태초에 땅을 덮고 있던 원시의 혼돈의 물이 이기고 승리하는 모습을 보여준다고 학자들은 말한다. 노아 홍수는 땅과 땅 위에 있는 모든 생물에 대한 '혼돈의 물의 승리'로 묘사되고 있는 것이다. 혼돈의 물이 이기기 시작하면서 방주가 땅에서 뜬 정도가 아니라, 물 위를 떠다니게 되었다. 이 정도라도 땅에 있는 생물이 생존하는 것은 쉽지 않았을 것이다. .

그러나 홍수는 이 정도에서 멈추지 않았다. 물이 땅에 더욱 넘치게 되었다는 것이다. 여기서는 '이기다.'(גָּבַר; 가바르; 한글개역개정은 '넘치다')는 동사를 두 번째 사용할 뿐 아니라, '더'라는 부사를 두 번이나 반복하면서(מְאֹד מְאֹד; 메오드 메오드) 물이 얼마나 많아졌는지를 강조한다. 깊음의 샘이 터지고 하늘의 창문이 열려 그칠 줄 모르고 40일 밤낮으로 내리는 비로 인해 '혼돈의 물'이 이제 온 세상을 이기고 덮게 된 것이라고 학자들은 해석한다.

이제 성경 기자는 마지막으로 수치까지 언급하며 물이 넘쳐서 산들이 덮히게 되었다고 묘사함으로 홍수의 네 번째 단계를 언급한다.

"물이 넘쳐서(גָּבַר; 가바르) 십오 규빗이 오르매 산들이 덮인지라"(20절).

한글개역개정은 의미가 분명치 않으나 원문을 보면 물이 심지어는 15규빗(약 7미터)이나 높이 산을 이기게 되었다는 것이다. 학자들은 방주의 높이가 30규빗이니까 배의 높이의 반이 물 아래 잠기는 것으로 배가 건조되었을 것으로 추론한다. 이것이 사실이라면 산 정상에서 15규빗 높이로 물이 잠기게 되었으니 방주가 산 위로도

충분히 떠다닐 수 있게 되었다는 것이다.[14]

드디어 혼돈의 물, 태고의 물이 산들마저 이기게 되었다. 이를 강조하기 위해 성경 기자는 '이기다.'(גָּבַר; 가바르)는 동사를 세 번이나 반복한다. 24절의 "물이 백오십 일을 땅에 넘쳤더라(גָּבַר; 가바르)"까지 합치면 18-24절 단락에서 네 번이나 '이기다.'를 강조한 셈이 된다. 땅과 산들마저 이기고 혼돈의 물이 승리한 것이다.

산들마저 물에 잠겼다면 땅에 있는 생물이 살아남을 수 있는 가능성은 그야말로 제로이다. 아니나 다를까 성경 기자는 홍수가 마지막 4단계에 이르자 무슨 일이 생겼는지를 묘사한다.

"땅 위에 움직이는 생물이 다 죽었으니 곧 새와 가축과 들짐승과 땅에 기는 모든 것과 모든 사람이라 육지에 있어 그 코에 생명의 기운의 숨이 있는 것은 다 죽었더라"(창 7:21-22).

이렇게 홍수 내러티브의 서술의 논리를 보면 이미 학자들이 지적한 대로 홍수 물이 온 세상을 덮었고, 그 다음에 높은 산을 덮고 난 후에 마지막으로 새와 가축과 짐승과 모든 기는 것과 인간을 덮은 것이 된다(7:19 이하). 그런데 정말 흥미로운 것은 이것이 바로 창조의 순서가 아닌가? 처음에 깊음이 땅을 덮고 있었는데, 하나님께서 셋째 날에 궁창 아래의 물을 한 곳으로 모아 마른 땅이 드러나게 하셨고, 다섯째 날에 새를 만드시고, 여섯째 날에 가축과 들짐승과 땅에 기는 것과 마지막으로 인간을 만드시지 않았는가?

3.4 경탄을 넘어 경외감을 가질 수밖에 없다

정확하게 창조의 순서로 창조를 해체하시는 하나님의 무서운 손길을 우리는 여기서 보게 된다. 겉으로 보기에는 그저 별다른 신학적 의미 없이 물이 불어 오르는 장면을 묘사하는 것처럼 보이지만 이 묘사 안에 피조 세계를 창조하신 순서대로 오히려 해체하시는 하나님의 손길을 보게 된다. 이것이 사실이라면 과연 인간이 창조

---

14) 참조 Wenham, *Genesis 1-15*, 183.

주요 심판주이신 하나님의 손길을 피할 수 있을까?

우리는 성경 기자의 노아 홍수 스토리를 읽으면 공포의 감정보다는 하나님이 하시는 일에 대해 경탄을 넘어 경외감을 느끼게 된다. 하늘의 창문을 열고 깊음의 샘을 터트리기만 하면 일어날 수 있는 어마어마한 대재앙을 절제된 스타일로, 그러나 우주적인 용어들을 써서 장엄하게 선포하고 있기 때문이다.

4. 결론 : 신학적 메시지

4.1 피할 수 없는 심판이 다가옴을 알아야 한다

이에 후대의 선지자들이 종말의 때에 임할 하나님의 심판을 묘사할 때 노아 홍수 이미지를 사용하는 것은 놀랄 바가 못된다. 우선 이사야 선지자를 살펴보자.

"땅의 주민아 두려움과 함정과 올무가 네게 이르렀나니 두려운 소리로 말미암아 도망하는 자는 함정에 빠지겠고 함정 속에서 올라오는 자는 올무에 걸리리니 이는 위에 있는 문(אֲרֻבּוֹת מִמָּרוֹם; 아룹보트 밈마롬)이 열리고 땅의 기초가 진동함이라 땅이 깨지고 깨지며 땅이 갈라지고 갈라지며 땅이 흔들리고 흔들리며 땅이 취한 자같이 비틀비틀하며 원두막같이 흔들리며 그 위의 죄악이 중하므로 떨어져서 다시는 일어나지 못하리라"(사 24:17-20).[15]

이사야는 24장은 여호와께서 악의 세력을 심판할 마지막 날을 묘사한다. 여기서 '위에 있는 문'은 '하늘의 창문'과 유사한 표현이다. 노아 홍수의 대격변을 암시하는 것이 분명하다. 그런데 노아 홍수 스토리에는 나오지 않는 상세한 묘사가 이사야서에 등장한다. '위에 있는 문(אֲרֻבּוֹת מִמָּרוֹם; 아룹보트 밈마롬)이 열리고 땅의 기초가 진동'한다는 것은 하늘의 창이 열리고 깊음의 샘이 터지는 모습을 연상시킨다. 이런 일

---

15) 월튼 외, 『IVP 성경 배경 주석』, 892: "위에 있는 문; NIV에는 수문(flood gate)으로 되어 있다. 본문의 은유적 표현은 홍수의 대격변 효과를 묘사하는데, 하늘에서 내려 붓고 저승세계로부터 터져 넘치는 물에 대해서는 창세기 7:11에 대한 해설을 보라. 본문은 완전한 파괴를 묘사하는 장면이다."

이 일어나면 도대체 땅이 어떻게 될까?

"땅이 깨지고 깨지며
땅이 갈라지고 갈라지며
땅이 흔들리고 흔들리며
땅이 취한 자같이 비틀비틀하며
원두막같이 흔들리며"(사 24:19-20).

위의 이사야 본문을 보면, 비록 노아 홍수 스토리에서는 언급되지 않았지만 깊음의 샘이 터진 것은 지진으로 생긴 일일 가능성이 큰 것 같다.

2018년 9월 28일 인도네시아 술라웨시 섬에서 발생한 강진과 쓰나미로 인해 사망자 수가 2천 명에 달하고 실종자는 5천 명이 넘을 것으로 인도네시아 당국이 10월 7일 밝혔다. 당시에 지반 액상화(Liquefaction, 液狀化) 현상이 목격되었고 인공 위성으로 촬영되었다. 지반 액상화란 물을 함유한 토양이 강진으로 충격을 받으면 지반이 진흙처럼 변하면서 흘러다니게 되는 현상인데, 이렇게 되면 지반 위에 있는 각종 구조물이 파손된다. 따라서 땅이 취한 자같이 비틀거린다고 이사야 선지자가 묘사하고 있는 것 같다.

결론적으로 위에 있는 문이 열리고 지진이 일어나 깊음의 샘이 터지면 이를 피할 사람은 아무도 없다. 이에 이사야 선지자는 악인들에게는 두려움과 함정과 올무가 한꺼번에 불어닥치게 될 것이라고 선언한다.

"땅의 주민이 두려움(פַּחַד; 파하드)과 함정(פַּחַת; 파하트)과 올무(פַּח; 파흐)가 네게 이르렀나니 두려운(פַּחַד; 파하드) 소리로 말미암아 도망하는 자는 함정(פַּחַת; 파하트)에 빠지겠고 함정 속에서 올라오는 자는 올무(פַּח; 파흐)에 걸리리니"(사 24:17-18).

두려움(פַּחַד; 파하드)과 함정(פַּחַת; 파하트)과 올무(פַּח; 파흐)라는 유사한 발음이 나는 세 단어를 사용하여 악인들이 하나님의 심판을 피할 수 없음을 보여준다. 두려운(פַּחַד; 파하드) 소리를 듣고 도망하다가는 함정(פַּחַת; 파하트)에 빠지고, 어떻게 해서든 함정

(פַּחַת; 파하트) 속에서 올라오는 자는 결국 올무(פַח; 파흐)에 걸리게 될 것이다. '파하드'(두려운) 소리를 듣고 도망하면 '파하트'(함정)에 빠지게 되고, '파하트' 속에서 올라온다 해도 '파흐'(올무)에 걸리게 된다는 것이다. 어떻게 해서도 하나님의 심판을 피할 수 없음을 세 단어로 너무나 잘 드러내고 있다.

이사야가 이렇게 종말론적으로 심판을 피할 수 없음을 이야기하는 데에는 근거가 있다. 대재앙의 결과가 무엇인지를 간략하지만 장엄하게 선포하는 창세기 7:22-23이 이사야 선지자의 말의 근거이다.

"육지에 있어 그 코에 생명의 기운의 숨이 있는 것은 다 죽었더라 지면의 모든 생물(יְקוּם)을 쓸어버리시니 곧 사람과 가축과 기는 것과 공중의 새까지라 이들은 땅에서 쓸어버림을 당하였으되"(창 7:22-23).

4.2 종말론적 재앙에서 남은 자들이 되어야 한다

노아 홍수 스토리는 하나님의 무서운 심판과 전 인류적 진멸을 이야기하지만 그것이 스토리의 목적은 아니다.

"육지에 있어 그 코에 생명의 기운의 숨이 있는 것은 다 죽었더라 지면의 모든 생물을 쓸어버리시니 곧 사람과 가축과 기는 것과 공중의 새까지라 이들은 땅에서 쓸어버림을 당하였으되 오직 노아와 그와 함께 방주에 있던 자들만 남았더라(שָׁאַר; 샤아르)"(창 7:22-23).

'남았다.'는 동사 샤아르(שָׁאַר)는 성경에 나오는 '남은 자' 주제를 가장 잘 보여주는 핵심 용어이다. 그런데 이 단어가 처음 등장하는 곳이 바로 노아 홍수 이야기이다. 이렇게 본다면 성경에 면면히 흐르는 '남은 자' 사상의 기원은 노아 홍수 스토리이라고 할 수 있다.

우리가 앞서 살핀 대로 노아 홍수 스토리는 전무후무한 재앙을 놀라운 절제력으로 묘사한다. 여러 해석자들이 이미 지적했듯이 전 인류가 멸망당했음에도 어떤 감정도, 어떤 공포도 드러내지 않는 것이 사실이다. 고대 근동의 다른 홍수 이야기와 비교해 보면 더욱 그렇다.

성경 홍수 스토리의 노아처럼 바벨론 홍수 스토리에서는 우트나피쉬팀이 주인공이자 생존자인데 홍수 후에 죽은 자들에 대해 눈물을 흘리며 무한한 동정을 다음과 같이 드러낸다.

"바다를 바라보니, 모든 것이 잠잠하고
인간들은 모두 진흙으로 바뀌었네.
평평한 지붕처럼 평평하게 변했네.
내가 창문을 여니, 빛이 내 얼굴에 비취었네.
나는 몸을 굽히고 앉아서 울었네.
눈물이 하염없이 뺨 위로 흘러내렸네."[16]

그러나 성경은 홍수의 결과를 매우 간략하게 아무런 감정적 표현 없이 묘사한다.

"육지에 있어 그 코에 생명의 기운의 숨이 있는 것은 다 죽었더라…
오직 노아와 그와 함께 방주에 있던 자들만 남았더라."

어쩌면 이런 절제가 오히려 진멸에 공포감을 더하는 것은 아닐까? 간략함과 절제 속에 비장함이 더 들어 있는 것으로 볼 수는 없을까? 고대 근동 아시아의 홍수 스토리는 오히려 신파조의 이야기이기에 감동이 덜하다고 말하면 지나친 것일까? 노아 홍수 스토리를 읽다 보면 절제의 비장함이 더 느껴진다. 왜냐하면 '남은' 노아와 7식구들은 거대한 파멸 가운데서 유일하게 살아남은 자들이기 때문이다.

그렇다고 아모스가 말한 것처럼 천 명 중에 백 명이 남고(שאר; 샤아르), 백 명 중에 열 명이 남은(שאר; 샤아르) 것이 아니다(암 5:3). '지면의 모든 생물, 사람과 가축과 기는 것과 공중의 새까지' 진멸되었는데, 그 중에 남은 것은 오직 노아와 노아와 함께 방주에 있던 존재들뿐이기 때문이다. 거대한 우주적 진멸의 대재앙 가운데 살아남은 자는 '오직 노아와 그의 7식구와 노아와 함께 방주에 있던 생물들'뿐이다.

---

[16] 길가메쉬 서사시, 토판 11, 132-137행; James B. Pritchard (ed.), *Ancient Near Eastern Texts Relating to the Old Testament* (Princeton Univ. Press, 1969), 94.

4.3 남은 자들을 위해 밖에서 문을 잠그시는 하나님

노아 홍수 스토리는 이렇게 무서운 대재앙을 선포하는 것이 목적이 아니라 남은 자를 보호하시는 하나님의 모습을 드러내는 것이 목적이다. 시초론인 노아 홍수를 종말론적 예표로 보는 게이지(Gage)는 "악한 이들이 철저히 진멸을 당한 반면에(שחת; 창 19:13; 6:17), 노아처럼 롯도 하나님의 은혜를 입어(창 19:19; 6:8) 온 집이 구원을 얻었다(창 19:12; 7:7). 롯의 집의 문은 방주의 문처럼 하늘에 의해 닫혀졌다(창 19:10; 7:16)"[17]고 멋지게 해석한다.

"들어간 것들은 모든 것의 암수라 하나님이 그에게 명하신 대로 들어가매 여호와께서 그를 들여보내고 문을 닫으시니라(סגר; 사가르)"(창 7:16).

"그 사람들이 손을 내밀어 롯을 집으로 끌어들이고 문을 닫고(סגר; 사가르)"(창 19:10).

이렇게 방주 밖에서 문을 닫으심으로 노아를 보호하신 하나님은 천사들을 보내 롯을 집으로 끌어들이고 문을 닫음으로 사악한 이들로부터 롯을 보호하신 것이다. 이렇게 여호와는 자기 백성을 안전한 방주 안으로 끌어들이시고 밖에서 문을 닫아주시는 하나님이시다.

헬무트 틸리케는 문을 닫는 하나님의 모습을 멋지게 설명한다.

"결정적으로 중요한 일에 있어서 그는 결코 아무런 일도 하지 않았습니다. 다만 평온함을 유지하고 있었을 뿐입니다. 왜냐하면 이 결정적인 중요한 일에 관해서는 성서는 간단하지만 중요한 의미가 있는 언어로 이렇게 말하고 있기 때문입니다. '여호와께서 그를 들여보내고 문을 닫으시니라'(창 7:16-필자 첨가). 여호와께서 그를 방주 속으로 넣으시고 폭풍우로부터 보호해 주셨습니다. …노아를 두고 그가 조심성이 없다고 간단하게 잘라 말할 수는 없을 것입니다. 결코 노아는 부주의하지 않았습니다. 그는 위험이 가져다주는 스릴(thrill)을 즐기지 않았습니다. 하지만 그는 자기 일을 행한 다음에 하나님으

---

17) Gage, *The Gospel of Genesis*, 64.

로 하여금 자기를 방주 안에 들여보내고 문을 잠그시도록 하게 하였습니다. …왜냐하면 우리는 타자(Another)가 우리를 문 안으로 밀어넣고 문을 닫았다는 사실을 알고 있기 때문입니다.

그래서 노아는 믿음에의 모험가로서 항해를 계속하였습니다. 그는 밖에서 방주의 문을 잠근 그분에게 전적으로 그의 안전을 모두 맡겼던 것입니다. 방주의 내부에는 걸쇠라든가 자물쇠 같은 따위는 하나도 없었습니다. …노아는 방주의 문을 잠그고, 그리고 그 열쇠를 갖고 계신 하나님에 대해서 생각을 하였습니다. 하나님께서는 적당한 때에 그를 밖으로 데리고 나오실 것입니다. …

믿음의 모험가에게 있어서는 다음 시간과 다음 날은 짙은 안개에 싸여 있습니다. 하지만 궁극적인 것은 언제나 확실합니다. 우리의 문을 잠그신 분은 반드시 그 문을 열어주실 것입니다. 우리의 방주는 언젠가 아라랏 산에 가 닿을 것입니다. 우리네 인생의 잘못된 일과 지그재그로 구불구불한 길은 아버지 집으로 인도하는 길입니다. 그러기에 하나님과 함께 항해를 하는 것은 모험입니다. 그럼에도 불구하고 그것은 맹목적인 항해가 아닙니다."[18]

4.4 물 심판은 없어도 불의 홍수 심판이 남아 있다

노아 홍수 스토리는 종말의 예표로 해석되어 온 것이 사실이다. 비록 하나님께서 다시는 물로 심판하지 않겠다고 약속하셨지만 그렇다고 해서 종말론적 심판이 없는 것은 아니다. 게이지(Gage)가 지적한 대로 소돔과 고모라는 "하나님의 불에 의해 멸망당했는데" 이 심판의 불은 마치 노아 홍수 심판 때 하늘에서 내리는 비로 묘사되고 있다.[19]

(1) 노아 홍수 : "지금부터 칠 일이면 내가 사십 주야를 땅에 비를 내려(מָטָר; 마타르) 내가 지은 모든 생물을 지면에서 쓸어버리리라"(창 7:4).

---

18) 헬무트 틸리케, 『세상이 어떻게 시작되었는가』, 257-258.
19) Gage, *The Gospel of Genesis*, 63.

(2) 소돔과 고모라의 심판 : "여호와께서 하늘 곧 여호와께로부터 유황과 불을 소돔과 고모라에 비같이(מָטַר; 마타르) 내리사"(창 19:24).

예수께서도 자신이 재림할 때에 종말론적 심판이 있을 것을 노아 홍수와 소돔과 고모라의 심판을 들어 설명하시고 있다.

"노아의 때에 된 것과 같이 인자의 때에도 그러하리라 노아가 방주에 들어가던 날까지 사람들이 먹고 마시고 장가들고 시집가더니 홍수가 나서 그들을 다 멸망시켰으며, 또 롯의 때와 같으리니 사람들이 먹고 마시고 사고 팔고 심고 집을 짓더니 롯이 소돔에서 나가던 날에 하늘로부터 불과 유황이 비오듯 하여 그들을 멸망시켰느니라 인자가 나타나는 날에도 이러하리라"(눅 17:26-30).

예수님의 말씀으로 인해 많은 초대 그리스도인들은 세상을 심판하러 오시는 그리스도의 재림을 강하게 기대하며 살았다.

그렇다면 예수께서 재림하실 때에는 물이 아니면 무엇으로 심판하실까? 베드로는 불의 심판이 있을 것이라고 분명히 말한다.

"이는 하늘이 옛적부터 있는 것과 땅이 물에서 나와 물로 성립된 것도 하나님의 말씀으로 된 것을 그들이 일부러 잊으려 함이로다 이로 말미암아 그때에 세상은 물이 넘침으로 멸망하였으되 이제 하늘과 땅은 그 동일한 말씀으로 불사르기 위하여 보호하신 바 되어 경건하지 아니한 사람들의 심판과 멸망의 날까지 보존하여 두신 것이니라"(벧후 3:5-7).

주님의 재림 시에 불의 심판이 있다면, 이미 학자들이 지적한 대로 노아 홍수 심판은 장차 임할 "불의 홍수"의 예표인 셈이다. 그리고 장차 있을 불 심판은 지역적인 심판이 아니라, 우주적인 심판이 될 것이다. 이런 점에서 『IVP 성경난제주석』의 결론에 귀를 기울일 필요가 있다. "베드로후서 3:3-7에서 온 땅에 임할 최후의 불 심판이 노아의 홍수에 비교된다면, 이는 노아의 홍수 역시 지질학적 범위에서 전 지구적이었다는 결정적인 증거가 아닐까?"[20]

이렇게 성경 전체의 사상과 메시지를 염두에 두면, 노아 홍수가 지역적인 홍수였을 것이라는 주장은 일견 합리적이고 학문적으로 보일지 모르지만, 성경이 이야기하는 '감동적인 우주적 비전의 종교적 담론'을 '건조하기 그지없고 입증하기도 쉽지 않은 과학적 담론'으로 전락시키는 어리석은 짓에 지나지 않는다.

---

[20] 카이저 (외), 『IVP 성경난제주석』, 105.

"노아의 때에 된 것과 같이 인자의 때에도 그러하리라 노아가 방주에 들어가던 날까지 사람들이 먹고 마시고 장가들고 시집가더니 홍수가 나서 그들을 다 멸망시켰다"

눅 17:26–27

woodcut of Noah's Ark"(1483)
m Anton Koberger's German Bible from Wikimedia Commons CC BY 2.0

"Go into the ark, you and your whole family"

9장

하나님의 기억하심이
왜 노아 홍수의 전환점인가?

창 8:1-5

1. 서론적 이야기

1.1 노아 홍수 스토리의 전환점은 무엇인가?

노아 내러티브를 읽다 보면 "홍수란 대재앙은 어떻게 끝날 것인가? 비는 언제 그치고 물은 어떻게 줄어들 것인가?"라는 질문이 생긴다. 방주 안에 있는 인간과 생물을 제외하고 모든 호흡하는 생물들이 죽으면 홍수도 끝이 나는 것인가? 사람의 죄악이 땅에 많아져서 홍수 심판을 자초한 것이라면 최소한 노아가 중보 기도라도 해야 하는 것은 아닌가? 인간 편의 아무런 행동 없이 과연 홍수 대재앙은 끝날 수 있을까?

과연 노아 스토리의 전환점은 무엇일까?

1.2 노아 스토리의 구조

이런 질문에 대답하기 위해서는 노아 스토리의 구조를 살피는 것이 좋다. 구조란 '전체와 부분', '부분과 부분과의 관계'이므로 구조를 분석하면 노아 이야기의 주제나 플롯의 흐름을 알아낼 수 있기 때문이다.

아래 도표는 버나드 앤더슨(Bernhard W. Anderson)이 처음 제안한 것을 약간 수정한 것인데[1] 많은 학자들이 이 구조를 지지한다.

  서론(6:9-10)
    A. 땅에 폭력이 가득함(6:11-12)
     B. 하나님이 진멸키로 결심(6:13-22)
      C. 방주로 들어가라는 명령(7:1-10)
       D. 홍수 시작(7:11-16)
        E. 물이 불어남(7:17-24)
         X. 하나님이 노아를 기억함(8:1상)
        E' 홍수 물이 줄어듦(8:1하-15)
       D' 땅이 마름(8:6-14)
      C' 방주를 떠나라는 명령(8:15-19)
     B' 질서를 보존키로 결심(8:20-22)
    A' 언약 축복과 평화(9:1-17)
  결론(9:18-19)

위의 동심 구조(concentric structure)는 홍수 스토리 전체 플롯의 대략적 흐름을 잘 보여준다. 위 구조의 세부 사항에 있어서는 의견 차가 있을 수 있으나 전반적으로 노아 홍수 스토리에서 결정적인 전환점이 8:1 상반절임을 보여주는 좋은 구조 분석이라고 할 수 있다.

창세기 8:1이 바로 이 지점을 중심으로 홍수 물이 줄어늘기 시작할 뿐 아니라 홍수의 절정으로 이어지는 사건의 흐름이 이 시점을 전환점으로 정확히 역순으로 상황이 반전되기 때문이다. 플롯이나 내용으로 볼 때에 전환점이 바로 여기라는 것은 분명해 보인다.

---

1) Anderson, *From Creation to New Creation*, 72; 참조 Waltkey, *Genesis*, 125.

1.3 전환점의 이유

그런데 여기서 정말 흥미로운 것은 노아 홍수의 전환점은 인간의 행동에서 시작한 것이 아니라는 점이다. 하나님 편에서 시작한 행동이 대재앙에서 빠져나오는 전환점을 가져온다. 이 전환점이 무엇인지 알기 위해 창세기 8:1-5을 보자.

"하나님이 노아와 그와 함께 방주에 있는 모든 들짐승과 가축을 기억하사(זָכַר; 자카르) 하나님이 바람을 땅 위에 불게 하시매 물이 줄어들었고 깊음의 샘과 하늘의 창문이 닫히고 하늘에서 비가 그치매 물이 땅에서 물러가고 점점 물러가서 백오십 일 후에 줄어들고 일곱째 달 곧 그 달 열이렛날에 방주가 아라랏 산에 머물렀으며 물이 점점 줄어들어 열째 달 곧 그 달 초하룻날에 산들의 봉우리가 보였더라"(창 8:1-5).

홍수 재앙에서 전환점은 인간에게 있지 않았다. 전환점은 전적으로 하나님께 있었다. 하나님이 노아와 그와 함께 방주에 있는 모든 들짐승과 가축을 '기억하신' (זָכַר; 자카르) 데 있었다.

'기억하다.'(זָכַר; 자카르)는 동사는 구약에서 225번 사용된 매우 중요한 주제어인데, 구약에서 여기에 처음 사용되고 있다. 그뿐 아니라 '기억하다.'는 동사는 노아 홍수 스토리에 두 번 더 나온다.

"내가 나와 너희와 및 육체를 가진 모든 생물 사이의 내 언약을 기억하리니(זָכַר; 자카르) 다시는 물이 모든 육체를 멸하는 홍수가 되지 아니할지라 무지개가 구름 사이에 있으리니 내가 보고 나 하나님과 모든 육체를 가진 땅의 모든 생물 사이의 영원한 언약을 기억하리라(זָכַר; 자카르)"(창 9:15-16).

정말 흥미로운 것은 홍수 스토리에서 기억의 주체는 모두 하나님이시라는 점이다.[2] 하나님께서 노아와 들짐승과 가축을 기억하셔서 홍수를 물러가게 하셨고, 앞으로는 무지개를 보고 홍수로 멸하지 않겠다는 언약을 기억할 것이라고 선언하

---

2) 이것은 놀랄 바가 못된다. 구약에서 하나님이 '기억하다.'의 주어로 사용된 경우는 최소 70번이 넘기 때문이다.

신다.

이에 반해 고대 근동의 홍수 설화에는 이런 결정적 전환점이 없다. 예를 들어 길가메쉬 서사시를 알렉산더 하이델의 설명으로 들어보자.

"길가메쉬 서사시에서는 밤중에 억수 같은 비가 내리면서 홍수가 시작되어 날이 밝을 때쯤에는 가공할 만한 위력을 가진 태풍이 이어지면서 육 일 밤낮 동안 계속되었다고 기록하고 있다. '칠 일째 되었을 때, 마치 군대가 싸우는 것처럼 격렬하였던 비바람, 곧 홍수가 그 기세를 누그러뜨렸다. 바다는 잠잠해졌고 폭풍은 한풀 꺾였으며, 홍수는 그쳤다.' 그리고 구체적으로 명시되지 않은 여러 날이 지난 뒤에 우트나피쉬팀과 그와 함께 하였던 자들이 배에서 나왔다(토판 XI: 90-156)."[3]

2. 하나님의 기억하심

2.1 기억(זכר; 자카르)의 의미

고대 근동 홍수 설화와는 달리, 노아 홍수 내러티브에서 스토리 전개의 결정적 전환점은 하나님의 '기억하심'이었다.

"하나님이 노아와 그와 함께 방주에 있는 모든 들짐승과 가축을 기억하사(זכר; 자카르)" (창 8:1).

도대체 하나님의 '기억하심'이 무엇을 의미하기에 노아 홍수 재앙이 끝나게 되는 결정적 전환점이 되는가?

우리가 하나님의 기억하심이 홍수 스토리의 전환점이 된다는 것을 잘 이해하지 못하는 이유는 기억을 '인지적 행위'로만 생각하는 경향이 있기 때문이다. 그러나 성경에서 '기억하다.'는 것은 현대어에서처럼 '노력해서 잊어버리지 않고 생각해내

---

3) 하이델, 『고대 근동의 창조 설화 홍수 설화와 구약 성경의 비교』, 124.

다.'는 인지적 행동만을 가리키는 것이 아니다. 특히 이 동사의 주어가 하나님인 경우에는 '고통과 죽음 가운데 있는 이들을 향한 구체적인 구원의 행동이 수반되는 전인격적 행위'를 가리키는 단어라는 것이 학자들의 정설이다. 그리고 이것은 하나님을 주어로 하는 '기억하다.'의 성경적 용례를 살펴보면 금방 알 수 있다.

2.2 아브라함을 기억하신 하나님

창세기에서 하나님이 기억한 첫 번째 인물이 노아라면, 두 번째 인물은 아브라함이다.

"하나님이 그 지역의 성을 멸하실 때 곧 롯이 거주하는 성을 엎으실 때에 하나님이 아브라함을 생각하사(זָכַר; 자카르) 롯을 그 엎으시는 중에서 내보내셨더라"(창 19:29).

성경 기자가 하나님께서 소돔 성을 멸하실 때 롯을 구원하신 이유를 무엇이라고 설명하는가? 아브라함을 기억하셨기 때문이라고 말한다. '아브라함에 대한 하나님의 기억'이 롯을 소돔 성에서 내보는 근거와 이유이다. 그렇다면 여기서 기억은 단지 '누군가를 떠올리거나 잊지 않다.'는 단순한 심리적이고 인지적인 행위만을 가리키는 것이 아니라, 조카 롯을 '죽음으로부터 구원해 낸 행위'를 가리킨다. 따라서 베스터만은 "이 문맥에서 '기억'은 죽음의 위협 아래 있는 자에 대한 자비를 가리킨다(mercy toward the one threatened with death). 이 동사는 또한 구원의 행동을 도입하기도 한다."고 주해한다.[4]

2.3 라헬을 기억하신 하나님

창세기에서 하나님이 기억한 세 번째 인물은 라헬인데, 라헬의 경우에도 '기억하다.'란 동사는 마찬가지 의미를 갖는다.

"하나님이 라헬을 생각하신지라(זָכַר; 자카르) 하나님이 그의 소원을 들으시고 그의 태를

---

[4] Westermann, *Genesis 1-11*, 441.

여셨으므로"(창 30:22).

언니 레아가 남편인 야곱과의 사이에서 아들 여섯과 딸 하나를 낳는 동안 라헬은 아이를 갖지 못했다. 라헬은 야곱에게 "내게 자식을 낳게 하라 그렇지 아니하면 내가 죽겠노라"(창 30:1)고 화를 낼 만큼 자녀를 낳고 싶어 했다. 그러나 오랫동안 하나님께서 라헬의 소망을 들어주지 않으셨다. 그런데 드디어 하나님께서 라헬의 소원을 들으시고 그녀의 태를 여셨다. 그 이유가 무엇인가? 성경 기자는 한마디로 단정한다: '하나님이 라헬을 기억하신지라(זכר; 자카르).' 이 말은 하나님께서 라헬을 단지 잊어버리지 않고 있었다는 의미가 아니다. 이제 드디어 하나님께서 오랜 기다림 끝에 라헬을 '구원하는 행동'에 착수하셨다는 것이다.

2.4 출애굽 시에 언약을 기억하신 하나님

결국 구약에서 '기억'은 단순한 인지적 행위가 아니라, '구체적인 구원의 행동이 수반되는 전 인격적인 행위'인 것이다. 이것은 출애굽 사건에서도 볼 수 있다.

> "하나님이 그들의 고통 소리를 들으시고 하나님이 아브라함과 이삭과 야곱에게 세운 그의 언약을 기억하사(זכר; 자카르) 하나님이 이스라엘 자손을 돌보셨고 하나님이 그들을 기억하셨더라"(출 2:24-25).

이스라엘이 애굽에서 구원받을 수 있었던 것은 하나님이 백성들의 고통 소리를 듣고 족장들의 '언약'을 '기억'하셨기 때문이다(참조 출 6:5). 따라서 하나님의 기억은 이스라엘 백성의 구원의 시작이라고 말할 수 있다. 이런 개념은 전쟁하러 갈 때 나팔을 불면 하나님께서 기억하실 것이라는 약속에 잘 드러나 있다.

> "또 너희 땅에서 너희가 자기를 압박하는 대적을 치러 나갈 때에는 나팔을 크게 불지니 그리하면 너희 하나님 여호와가 너희를 기억하고(זכר; 자카르) 너희를 너희의 대적에게서 구원하시리라"(민 10:9).

이렇게 모세오경 안에 등장하는 기라성 같은 믿음의 인물들을 하나님이 기억하
셨을 때 구원이 일어난 역사를 알기에 구약에서는 하나님의 백성들이 고통 가운데
있을 때 자신을 기억해 달라고 하나님께 간청하는 것이다.

"여호와여 주의 긍휼하심과 인자하심이 영원부터 있었사오니 주여 이것들을 기억하옵
소서(זכר; 자카르) 여호와여 내 젊은 시절의 죄와 허물을 기억하지 마시고 주의 인자하심
을 따라 주께서 나를 기억하시되(זכר; 자카르) 주의 선하심으로 하옵소서"(시 25:6-7).

하나님께서 자기 백성을 기억하시고 구원하시는 이유가 무엇일까? 주의 '긍휼하
심과 인자하심' 때문에 하나님께서는 자기 백성을 기억하시는 것이다.

3. 하나님이 노아를 기억하심

3.1 노아의 의나 순종이 아니라 노아를 기억하신 하나님

그런데 이런 모든 구속사에서 하나님이 누군가를 기억하셔서 구원하신 첫 번째
인물은 바로 노아이다. 인류 역사상 첫 번째로 하나님이 기억한 인물은 바로 노아
이다.

"하나님이 노아와 그와 함께 방주에 있는 모든 들짐승과 가축을 기억하사(זכר; 자카르)"
(창 8:1).

학자들이 이미 지적했듯이 하나님이 노아의 의를 기억한 것도, 노아의 순종을 기
억한 것도 아니었다. 노아를 기억한 것이었다.
그렇다면 하나님께서는 왜 노아의 의나 순종이 아니라 노아를 기억하셨을까? 하
나님께서는 노아의 의와 순종을 보고 노아를 구원하신 것이 아니었기 때문이다. 노
아는 하나님의 눈에 은혜를 입은 자였기 때문이다. 비록 노아는 의인이요 당대에
완전한 자요 하나님과 동행하는 사람이었으나 하나님은 이런 것을 기억하는 분이

아니시다. 하나님은 긍휼하심과 인자하심으로 노아를 기억하신 것이다.

앞서 살핀 대로 시편 25편 기자 역시 하나님의 선하심과 긍휼하심과 인자하심에 근거하여 젊은 시절의 죄와 허물을 기억하지 마시고 '나를 기억해' 달라고 간청한 것이다. 후대에 하나님의 백성들이 '나를 기억해 달라.'는 기도를 하게 된 것은 노아 홍수 스토리에 근거한 것이다. 우리가 앞서 살핀 대로 '기억하다.' 동사가 구약에서 처음 쓰인 곳이 노아 홍수 스토리이며, 그것도 하나님을 주어로 쓰였기 때문이다.

3.2 노아와 함께 방주에 있던 들짐승과 가축

더 의미가 있는 것은 하나님은 노아만 기억하신 것이 아니었다. '그와 함께 방주에 있던 모든 들짐승과 가축'을 기억하셨다. 대홍수에서 구원받은 들짐승과 가축들은 그저 방주에 있었기 때문에 재앙을 피한 것이 아니었다. '노아와 함께' 방주에 있었기 때문이었다. 노아와 함께 방주에 있던 들짐승과 가축들이 하나님이 기억하신 대상이라는 것을 우리는 주목해야 한다. 하나님은 인간만 창조하신 것이 아니라 들짐승과 가축들도 창조하셨다. 하나님은 인간만 구속하는 것이 아니라 모든 피조물들을 구속하는 분이시다. 결론적으로 하나님은 '인간과 함께' 들짐승들과 가축들을 구원하는 분이시다.

4. 하나님의 '바람/영'이 불다

4.1 창조 시에 불었던 하나님의 '바람/영'

하나님이 노아를 기억한 결과는 무엇인가? 어떤 일이 있었기에 이것이 노아 홍수의 결정적 전환점이 되었는가?

"하나님이 바람(רוּחַ; 루아흐)을 땅 위에 불게 하시매 물이 줄어들었고"(창 8:1하).

성경 기자는 하나님이 노아를 기억하시고 바람을 불게 하신 결과, 물이 줄어들었다고 묘사한다. 그런데 여기서 '바람'이라고 번역된 히브리어는 '루아흐'(רוּחַ)이다.

이 단어는 창세기 1:2에서 사용된 단어와 동일한 루아흐(רוח)로서 '영'(spirit)이라고 번역할 수 있다.

"땅이 혼돈하고 공허하며 흑암이 깊음 위에 있고 하나님의 영(רוח; 루아흐)은 수면 위에 운행하시니라."

많은 학자들은 깊음의 수면 위에 운행하시는 '하나님의 영'으로 인해 물이 나뉘어 궁창 위의 물과 궁창 아래의 물로 나뉘고, 궁창 아래의 물이 한 곳에 모여 바다가 되고, 육지와 마른 땅이 생겨 인간이 거주할 수 있는 공간이 생겼던 것을 이 시점에서 주목해야 한다고 지적한다. 왜냐하면 이제 홍수로 인해 사람이 살 수 없는 땅이 하나님께서 '영'을 땅 위에 불게 함으로 물이 줄게 되어 사람이 살 수 있는 공간으로 바뀌기 시작했기 때문이다. 학자들이 여기서 '창조 기사'와 '홍수 기사' 사이에 평행점이 있음을 지적하는 데는 다 이유가 있다. 노아 홍수는 단순히 인간에게 적대적인 심판이 아니라 인간을 위한 '새 창조'이기 때문이다.

	창조 기사	홍수 기사
1	혼돈의 물로부터 인간이 거주할 수 있는 땅을 창조	홍수는 땅을 혼돈의 물로 돌아가도록 위협하는 우주적 재앙
2	창조주는 물을 분리하고 억제하여 마른 땅이 드러나게 함으로써 인간과 동물들이 살 공간을 창조	하나님께서 바람을 보내서 혼돈의 물 위에 불게 함으로써 마른 땅이 드러나 식물이 자라게 하심으로 땅을 갱신

이렇게 성경은 앞의 기사와 뒤의 기사가 언어상으로나 내용상으로나 밀접하게 연결되면서 거대한 구속사의 드라마를 연출하고 있다는 것이 구약학자들의 정설에 가깝다. '영'(רוח; 루아흐)이란 단어 하나로 혼돈의 물로부터 세상을 처음 창조한 이야기와 인간의 사악함으로 인해 혼돈으로 돌아간 세상을 물로 심판하신 후에 다시 새 창조를 하는 모습을 곡진하게 그리고 있기 때문이다.

5. 깊음의 샘과 하늘의 창문이 닫힘

그렇다면 하나님께서 바람(영)을 땅 위에 불게 하시자 무슨 일이 일어났을까?

"물이 줄어들었고 깊음의 샘과 하늘의 창문이 닫히고 하늘에서 비가 그치매"(8:1하-3).

우선 물이 줄어들었다. 여기서 '줄어들었다.'는 단어는 샤카크(שכך)인데 구약에서 5번밖에 쓰이지 않았다. 그런데 흥미로운 것은 에스더서에서는 왕의 진노가 사라지는 모습을 가리키는 용도로 2번 사용되었다는 점이다.

"그 후에 아하수에로 왕의 노가 그치매(שכך; 샤카크) 와스디와 그가 행한 일과 그에 대하여 내린 조서를 생각하거늘"(에 2:1).

"모르드개를 매달려고 한 나무에 하만을 다니 왕의 노가 그치니라(שכך; 샤카크)"(에 7:10).

물이 줄어드는 현상을 묘사하면서 이 단어를 사용한 것은 분노하듯 넘쳐나던 물이 사그라지는 모습을 그리려고 한 것이라고 보면 지나친 상상일까?

분노하던 물이 사그라지는 이유가 무엇인가? 성경 기자는 전에 홍수의 원인이었던 깊음의 샘과 하늘의 창문이 닫혔기 때문이라고 묘사한다: '깊음의 샘과 하늘의 창문이 닫히고(שכר; 샤카르).' 터진 깊음의 샘과 열린 하늘의 창문이 닫히게 되었다는 것이다. 그러자 드디어 하늘에서 내리는 비가 멈추었다.

이런 모든 현상은 왜 일어났는가? 하나님이 노아를 기억하신 결과 때문이다. 물이 줄고 깊음의 샘과 하늘의 창문이 닫히고 하늘에서 내리는 비가 멈추는 현상은 하나님께서 영을 땅 위에 불게 하신 결과이다. 하나님의 '영'이 불자 깊음의 샘과 하늘의 창문이 닫히고 하늘에서 내리는 비가 멈추게 된 것이다. 노아 홍수는 변덕스러운 자연의 자의적 현상이 아니다. 노아 홍수는 하나님의 적극적 개입과 하나님의 영의 간섭이 만들어낸 기적이다.

6. 물이 제자리로 돌아감

6.1 물이 어디로 돌아갔다는 것인가?

성경 기자는 이제 비가 멈춘 후 땅의 상태를 상세하게 묘사하기 시작한다.

"물이 땅에서 물러가고(שוב; 슈브) 점점 물러가서(הלוך ושוב; 할로크 와쇼브) 백오십 일 후에 줄어들고(חסר; 하세르)"(창 8:3).

여기서 '물러가다.'로 번역된 원문의 동사는 슈브(שוב; 슈브)로서 '돌아가다.'가 기본 의미이다. 그렇다면 어디로 돌아갔다는 뜻일까? 그리고 굳이 '돌아가다.'는 동사를 사용한 의미가 무엇일까?

'돌아가다.'는 것은 원래의 장소가 있다는 뜻으로 창세기에서는 여기가 세 번째 쓰인 곳이다. 창세기 3:19에서 처음 두 번 사용되었다.

"네가 흙으로 돌아갈(שוב; 슈브) 때까지 얼굴에 땀을 흘려야 먹을 것을 먹으리니 네가 그것에서 취함을 입었음이라 너는 흙이니 흙으로 돌아갈(שוב; 슈브) 것이니라 하시니라."

여기서 '돌아가다.'는 동사는 인간이 흙에서 취해졌으므로 원래 자리인 흙으로 돌아가야 한다는 사실을 강조한다. 그렇다면 물 역시 그곳이 '깊음의 샘'이든 '궁창 위의 하늘'이든 간에 '물의 원래 자리'로 돌아가야 한다. 학자들이 지적한 대로 노아 홍수란 '땅에 대한 물의 승리'로, 이젠 물이 원래 자리로 돌아가고 마른 땅이 드러나야 인간이 거주할 수 있는 공간이 확보되기 때문이다.

6.2 물을 원래대로 돌리시는 심판주요 구원주이신 하나님

이스라엘의 역사를 살펴보면 여호와 하나님은 물 위에 좌정하시며 물을 통제하셔서 물이 원래대로 돌아가게 하심으로 악인을 심판하시고 의인을 구원하시는 분이시다. 이것은 홍해를 건너는 스토리와 요단강을 건너는 이야기를 보면 금방 알 수 있다.

"바로의 말과 병거와 마병이 함께 바다에 들어가매 여호와께서 바닷물을 그들 위에 되돌려(שוב; 슈브) 흐르게 하셨으나 이스라엘 자손은 바다 가운데서 마른 땅으로 지나간지라"(출 15:19).

"여호와의 언약궤를 멘 제사장들이 요단 가운데에서 나오며 그 발바닥으로 육지를 밟는 동시에 요단 물이 본 곳으로 도로 흘러서(שוב; 슈브) 전과 같이 언덕에 넘쳤더라"(수 4:18).

이렇게 여호와 하나님은 물 위에 좌정하시며 물을 통제하시는 분으로서 자기 백성이 홍해와 요단강을 건널 때 물이 원래대로 돌아가게 하심으로 악인을 심판하시고 의인을 구원하시는 분이시라는 점을 구약학자들이 지적하고 있다. 하나님이 이런 분이심은 이미 노아 홍수 때에 드러난 사실이다. 하나님은 자신의 영이 불게 함으로써 물이 원래의 자리로 돌아가게 하신 분이시기 때문이다.

성경 기자는 한 문장으로 물이 돌아갔다(שוב; 슈브)고 해도 충분할 터인데, 이어서 점점 더 물러가게(הלוך; 할로크 와쇼브) 되었다고 묘사한다. '점점 더 물러가다.'는 표현은 '돌아가다.'는 동사의 부정사 절대형(שוב; 쇼브) 앞에 '행하다.'는 동사의 부정사 절대형(הלוך; 할로크)을 합친 표현이다. 문자적으로 번역하면 '물이 나아가고 돌아가며'이다. 하나님은 물을 나오게도 하시고 돌아가게도 하신다. 그런데 '행하다.'는 동사의 부정사 절대형(הלוך; 할로크)은 이어지는 동사의 의미에 지속성을 더하는 기능으로도 쓰인다. 그렇다면 '지속적으로' 물이 돌아가게 되었다는 의미로 학자들은 본다.

마침내 150일이 지나자 물이 줄어들게 되었다: "물이 땅에서 물러가고 점점 물러가서 백오십 일 후에 줄어들고(חסר; 하세르)"(창 8:3). 여기서 150일은 홍수가 시작된 후의 기간을 가리킨다. 7:24에서도 "물이 백오십 일을 땅에 넘쳤더라."고 되어 있으므로 150일은 홍수가 시작되어 물이 줄기까지의 150일을 가리키는 것이 분명하다.

6.3 방주가 아라랏 산에 머물렀으며

내레이터는 물이 줄어들어 드디어 방주가 산에 닿게 되었다고 묘사한다.

"일곱째 달 곧 그 달 열이렛날에 방주가 아라랏 산에 머물렀으며"(창 8:4).

창세기 7:20에서는 물이 산 정상에서 15규빗 위까지 올라왔다고 했다. 방주가 30규빗이고, 배가 15규빗 정도 잠겼다면, 방주가 아라랏 산 정상에 닿는 일은 가능할 것이라고 학자들은 말한다.

방주가 아라랏 산에 닿음으로 방주 안에 있는 자들이 다시 한번 안전하게 보호를 받았음을 알 수 있다. 이에 대해 게이지(Gage)는 "땅의 악한 자들을 심판하시는 와중에 롯의 가정은 노아의 가정처럼 산들에서 안전히 보호받았다."는 점을 강조한다.

"그 사람들이 그들을 밖으로 이끌어 낸 후에 이르되 도망하여 생명을 보존하라 돌아보거나 들에 머물지 말고 산으로 도망하여 멸망함을 면하라…롯이 소알에 거주하기를 두려워하여 두 딸과 함께 소알에서 나와 산에 올라가 거주하되 그 두 딸과 함께 굴에 거주하였더니"(창 19:17, 30).[5]

시초사에 등장하는 에피소드들과 작은 언어적-주제적 디테일들이 후대 구속사에 반복적으로 등장하며 의미를 창출하는 모습을 보면, 우리는 성경의 하나님은 어제나 오늘이나 영원토록 동일하신 방법으로 의인을 구원하시고 악인을 심판하시는 분임을 알게 된다.

7. 결론 : 신학적 메시지

7.1 하나님의 기억하심은 인류의 유일한 소망

우리는 홍수로 창조 질서가 해체되는 한복판에서, 인류의 유일한 소망은 하나님이심을 볼 수 있다. 땅이 패괴하고 사람의 생각이 어려서부터 악함에도 불구하고 하나님께서 홍수로 모든 인간들을 진멸하지 않으신 것은 하나님이 노아를 기억하

---

5) Gage, *The Gospel of Genesis*, 64.

셨기 때문이다.

노아 홍수 스토리를 보면 하나님의 심판은 잠깐이며 하나님의 인자하심은 영원하심을 알 수 있다. 노아는 40일 밤낮 비가 내리고 1년 동안 물이 창일했기에 기껏해야 1년 동안 하나님의 심판을 경험했으나, 홍수 후에도 350년을 더 살았으니 350배나 많은 하나님의 은혜를 받은 것 아닌가!

이것은 인류 역사를 보면 너무나 분명하다. 노아 홍수는 길어야 1년에 불과하나 그 후에 이 세상은 지금까지도 최소한 몇 천 년 이상을 홍수로 진멸당하지 않고 있기 때문이다. 하나님의 자비하심은 노아 홍수 재앙에 비할 수 없을 정도로 크고 영원하다. 영원한 인자하심과 선하심을 따라 노아를 기억하신 하나님이야말로 인류의 유일한 소망이시다.

7.2 하나님이 기억하시면 '하나님의 영/바람'이 분다

성경 기자는 하나님이 노아를 기억하시고 바람을 불게 하신 결과 물이 줄어들었다고 선언한다. 우리가 앞서 살핀 대로 여기서 '바람'이라고 번역된 히브리어는 창세기 1:2에서 사용된 단어와 동일한 '루아흐'(רוח)로서 바람 혹은 영이라고 번역할 수 있다.

창조 시에 깊음의 수면 위에 운행하시는 '하나님의 영'으로 인해 물이 나뉘어 궁창 위의 물과 궁창 아래의 물로 나뉘고, 궁창 아래의 물이 한 곳에 모여 바다가 되고, 육지와 마른 땅이 생겨 인간이 거주할 수 있는 공간이 생겼던 것을 주목해야 한다. 그런데 이제 홍수로 인해 사람이 살 수 없는 땅이 하나님께서 '영'을 땅 위에 불게 함으로 깊음의 샘과 하늘의 창문이 닫히고 하늘에서 내리는 비가 멈추게 되었고, 물이 줄게 되어 사람이 살 수 있는 공간으로 바뀌게 되었다.

이렇게 하나님의 '영'(רוח; 루아흐)은 혼돈의 물로부터 세상을 창조하실 뿐 아니라, 인간의 사악함으로 인해 혼돈으로 돌아간 세상을 다시 새롭게 재창조하신다. 이것은 단순히 창조 기사와 홍수 기사에만 관련되는 것이 아니다. 이스라엘 역사뿐 아니라 교회사에서도 인간을 구원하시고 새롭게 창조하는 것은 하나님의 영과 바람이 아니신가?

(1) 출애굽 때 :

"모세가 바다 위로 손을 내밀매 여호와께서 큰 동풍(רוח; 루아흐)이 밤새도록 바닷물을 물러가게 하시니 물이 갈라져 바다가 마른 땅이 된지라"(출 14:21).

"주의 콧김(רוח; 루아흐)에 물이 쌓이되 파도가 언덕같이 일어서고 큰 물이 바다 가운데 엉기니이다…주께서 바람(רוח; 루아흐)을 일으키시매 바다가 그들을 덮으니 그들이 거센 물에 납같이 잠겼나이다"(출 15:8, 10).

(2) 종말론적 기대 :

"여호와께서 애굽 해만을 말리시고 그의 손을 유브라데 하수 위에 흔들어 뜨거운 바람(רוח; 루아흐)을 일으켜 그 하수를 쳐 일곱 갈래로 나누어 신을 신고 건너가게 하실 것이라"(사 11:15).

"주 여호와의 영(רוח; 루아흐)이 내게 내리셨으니 이는 여호와께서 내게 기름을 부으사 가난한 자에게 아름다운 소식을 전하게 하려 하심이라 나를 보내사 마음이 상한 자를 고치며 포로된 자에게 자유를, 갇힌 자에게 놓임을 선포하며"(사 61:1).

교회 역사를 보면 이렇게 하나님의 영이 창조와 구원(새창조)의 가장 큰 동력이요 힘임을 알 수 있다. 여호와의 영은 악인을 심판하고 의인을 구원하실 뿐 아니라, 갇힌 자에게 자유를, 마음이 상한 자에게 치유를, 가난한 자에게 풍성함을 베푸시는 하나님이시다.

7.3 우리가 하나님의 '바람/영'을 갈망하는 이유

오늘 우리가 하나님의 영을 그토록 갈망하는 이유가 무엇인가? 하나님의 영만이 가난한 자에게 아름다운 소식을 전하기 때문이다. 우리가 하나님의 영의 바람이 부는 것을 소망하는 까닭은 무엇인가? 하나님의 영만이 마음이 상한 자를 고치며, 우리를 살리는 회복의 힘이기 때문이다.

우리가 하나님의 영의 강림을 바라는 이유는 무엇인가? 하나님의 영만이 포로된 자를 자유케 하는 진리의 영이기 때문이다. 우리가 하나님의 영의 강력한 역사를 고대하는 이유는 무엇인가? 하나님의 영만이 갇힌 자에게 놓임을 선포하는 자유의 신이기 때문이다. 그렇다! 하나님의 영만이 악한 자를 벌하고 의로운 자들을 살리는 권세이기에 지금도 우리는 하나님의 영의 바람이 불어올 것을 열망하며 기도하고 찬송하는 것이다.

7.4 나를 기억해 주소서

그런데 이 모든 일들은 하나님께서 우리를 기억해야 이루어진다. 독일의 탁월한 설교가인 헬무트 틸리케의 감동적인 설교의 한 대목을 들어보자.

"여기서는 중세기의 화가들이 그런 식으로 그리기를 좋아했던 것처럼 공포의 환상에 빠지는 일 따위는 찾아볼 수 없습니다. 여기에는 대홍수가 일어나기 전의 헤어지는 장면도 없으며 우는 어머니들도, 물에 빠지는 것에 대한 공포도 묘사되어 있지 않습니다. 홍수만이 단지 예기되어 있을 뿐입니다. 그것도 마치 현대의 디자이너들이 그러듯이 단지 몇 줄로 그리고 몇 가지 색깔로만 그렇게 되어 있습니다.

이는 '먼 나라'가 탕자의 비유에서 그렇게 중요한 역할을 하고 있지 않듯이 대홍수는 지금 여기에서 상연되고 있는 드라마에서 중요한 역할을 하는 것이 아니기 때문입니다. 홍수와 먼 나라는 실제로 공연되고 있는 무대의 주변에 놓여 있는 어두침침한 공간에 지나지 않습니다.

이 실제적인 연기는 매우 간단한 문구로 표현할 수 있을 것입니다: 하나님께서 노아를 기억하셨다. 아버지가 먼 나라에서 방황하고 있는 자기 아들을 기억했던 것처럼 말입니다. 하나님께서는 자기의 은혜에 대하여 굳게 의지하는 이 신실한 자를 기억하셨습니다. 그 사람으로 말하자면 그는 방주를 준비하고 안전한 피난처를 마련했던 자입니다.

어떻게 대파국에도 불구하고 영원하신 팔에 의존함으로써 살아남을 수 있었는가에 대한 설명…이것이 바로 이 이야기의 진짜 테마입니다. …그분은 언제나 시작할 기회를 주십니다. 하나님께서는 긍정적인 분이십니다. 그분의 은혜들은 아침마다 새롭습니다(애 3:23)."⁶⁾

7.5 우리를 기억하고 돌보시는 주님

홍수 대재앙 한복판에서도 노아를 기억하셨던 하나님은 우리를 향해 엄몰해 오는 풍랑과 폭풍우 한가운데서도 우리를 기억하실 것이다. 마가복음 4장을 보면 풍랑이 일어 배에 물이 가득 차 거의 죽게 된 상황에서도 예수께서는 고물에서 베개를 베고 주무시고 계셨다.

이에 제자들이 "선생님이여 우리가 죽게 된 것을 돌보지($\mu\epsilon\lambda\omega$; 멜로) 아니하시나이까"(막 4:38)라고 외쳤을 때 주님은 무엇이라고 하셨는가? "잠잠하라, 고요하라." 하신 후에 "어찌하여 이렇게 무서워하느냐 너희가 어찌 믿음이 없느냐"고 하시지 않았는가?(막 4:39-40).

그렇다! "우리가 죽게 된 것을 왜 돌보지 않으십니까?"라고 외칠 때 주님은 우리의 부르짖음에 귀를 기울이지 않는 분이 아니시다. 우리의 간구를 들으시고 우리를 돌보시며 풍랑을 잠잠케 하신 분이시다.

그래서 베드로는 이 일을 겪은 후에 "너희 염려를 다 주께 맡기라 이는 그가 너희를 돌보심($\mu\epsilon\lambda\omega$; 멜로)이라"(벧전 5:7)고 권면할 수 있었던 것이다. 갈릴리 바다에서는 "선생님이여 우리의 죽게 된 것을 돌보지($\mu\epsilon\lambda\omega$; 멜로) 아니하시나이까"(막 4:38)라고 부르짖었으나 풍랑을 잠잠케 하시는 주님을 경험한 후에 베드로는 그 혹독한 로마의 박해의 풍랑 속에서도 "너희 염려를 다 주께 맡기라 이는 그가 너희를 돌보심($\mu\epsilon\lambda\omega$; 멜로)이라"(벧전 5:7)고 위로한 것이다.

베드로는 "모든 은혜의 하나님 곧 그리스도 안에서 너희를 부르사 자기의 영원한 영광에 들어가게 하신 이가 잠깐 고난을 당한 너희를 친히 온전하게 하시며 굳건하게 하시며 강하게 하시며 터를 견고하게 하시리라"(벧전 5:10)는 소망이 있었기 때문이었다.

---

6) 헬무트 틸리케, 『세상이 어떻게 시작되었는가』, 이진희 역 (컨콜디아사, 1994), 240-241.

그렇다면 오늘 우리는 어떤가? 풍랑과 폭풍이 불어닥치는 인생의 호수 너머로, 역사의 바다 너머로 주님을 배에 모시고 가는 항해 길에서 우리는 어떤 모습을 보이고 있는가? 고난 한복판에서도 우리를 기억하시며 돌보시는 그분만 의지하고 있는가?

"Go into the ark, you and your whole family"

10장

까마귀는 과연 방주로 돌아오지 않았는가?

창 8:6-7

1. 서론적 이야기

1.1 노아의 첫 번째 능동적 행동

고대 근동의 홍수 설화는 정확한 시간의 흐름이나 연대기가 나오지 않는 반면에 성경의 노아 홍수 이야기는 비교적 연대와 날짜가 구체적으로 등장한다. 홍수 물이 줄어들어 산들의 봉우리가 보인 것이 노아 600년 10월 1일이었다. 그 후에 노아는 40일을 더 기다리고 나서야 첫 번째 행동을 개시했다. 첫 번째 행동의 날은 600년 11월 10일이 된다. 홍수 개시 일이 600년 2월 17일이니, 거의 9개월 동안 방주 안에 머물던 노아가 첫 번째로 능동적으로 한 행동은 무엇인가?

"사십 일을 지나서 노아가 그 방주에 낸 창문을 열고 까마귀를 내놓으매 까마귀가 물이 땅에서 마르기까지 날아 왕래하였더라"(창 8:6-7).

노아가 물이 줄자 한 첫 번째 행동은 그가 방주에 만들었던 창문을 연 것이었다. 왜 창문을 열었을까? 환기하기 위해서거나 아니면 햇빛을 받아들이기 위해서가 아니었다. 물론 창문이 그런 역할과 기능을 했을 것이라고 얼마든지 추론할 수는 있다. 그러나 창문을 연 이유는 까마귀를 내보내는 것이었다. 그러므로 노아가 한 첫 번째 행동은 까마귀를 내보내는 것이라고 볼 수 있다.

언뜻 보기에 이 본문은 물이 얼마나 줄었는지를 알기 위해 노아가 까마귀를 통해 행한 실험을 묘사한 단락이라고 볼 수 있다. 그러나 상세히 살펴보면 비둘기를 보낼 때 밝혔던 것처럼 '물이 얼마나 줄었는지를 알기 위해서'라는 목적이 명시되어 있지 않다. 게다가 이 본문은 분량상으로는 히브리어 원문으로 총 22단어밖에 되지 않을 만큼 매우 간략하고 압축적인데다 강한 상징성마저 지니고 있기에 쉽게 해석할 수 있는 본문이 아니다.

1.2 문제 제기

따라서 해석사를 보면 매우 다양한 해석들이 제시되고 있다. 서양 사상사에서 노아의 홍수 스토리 해석사를 살핀 노르만 콘의 말을 들어보자.

> "노아가 방주에서 내어 보냈으나 돌아오지 않은 까마귀는, 히에로니무스에게는 세례 때문에 추방된 '사악한 새'(the foul bird of wickedness)를 가리킨다(Jerome, Epistola SXIX.6 [SCEL 54, 690]). 아우구스티누스는 이 불행한 새에게서 교회 밖의 것들을 갈망하는 불결한 인간의 모형을 발견하였다(Augustine, Contra Faustum 12.20 [CSEL 25.348]; idem In Ioannis Evangelium Tractatus VI.3 [PL 35.1426])."[1]

위의 예에서 살펴볼 수 있듯이 그동안 교회 해석사에서는 까마귀 에피소드와 연관해서 두 가지 전제가 당연시되고 있다. 첫째는 까마귀는 부정한 새라는 것이고, 둘째는 까마귀가 돌아오지 않았다는 것이다.

그러나 최근에 영국 구약학자 모벌리(R. W. L. Moberly)[2]는 이런 두 가지 전제는 성경 본문을 상세히 살피지 않은 데서 나온 것이라고 지적했다. 그렇다면 성경 본문은 노아가 보낸 까마귀가 과연 방주로 돌아오지 않았다고 묘사하고 있는지, 그리

---

1) Norman Cohn, *Noah's Flood: The Genesis Story in Western Thought* (New Haven and London: Yale Univ. Press, 1996), 31.
2) R. W. L. Moberly, "Why Did Noah Send Out a Raven," *VT* 50/3 (2000), 345-356. 아래의 까마귀에 관한 이 장의 대부분의 논의는 모벌리의 해석에 근거한 것임을 밝힌다.

고 까마귀는 인간의 세속적 욕망을 상징하는 새로 해석해야 하는지 모벌리의 견해를 중심으로 하나씩 살펴보도록 하자.

2. '까마귀'에 대한 전통적 해석

2.1 필론의 해석

노아가 창문을 열고 한 첫 번째 행위는 까마귀를 내보내는 것이었다.

"까마귀(עֹרֵב; 오레브)를 내놓으매 까마귀가 물이 땅에서 마르기까지 날아 왕래하였더라" (창 8:7).

지금까지 교회 해석사를 보면 모벌리가 지적했듯이[3] 본문을 상세히 살피기보다는 몇 가지 전제에 근거하여 상징적이고 도덕적인 교훈을 찾아내는 경향이 많았다. 예를 들어 필론(Philo, 필로)은 비둘기는 선을 가리키는 반면에 까마귀는 악을 가리킨다고 보았다. 그 이유가 무엇인가? 까마귀가 방주로 돌아오지 않은 것을 보면 "인간의 삶을 매몰시키고 끝내는 인간을 죽이는 욕망을 탐하고 즐기는 자"의 모형인데 반해 세상에서 발을 디딜 곳을 발견하지 못한 채 돌아온 비둘기는 "더러운 욕망 가운데서 쉴 곳을 발견하지 못한" 경건한 자의 모형이라는 것이다.[4]

2.2 아우구스티누스의 해석

또한 아우구스티누스(Augustine, 어거스틴)는 "개혁하겠다고 말만 하면서 끝내 뒤로 미루는 그리스도인들"을 까마귀로 보았다.

"여러분은 진정으로 까마귀가 되었소. 여러분이 까마귀 소리를 낼 때에 파멸이 여러분

---

3) Moberly, "Why Did Noah Send Out a Raven," 345-356.
4) Questions and Answers on Genesis II 35-39; Moberly, "Why Did Noah Send Out a Raven," 346 에서 재인용.

에게 임하고 있다고 내가 말한 적이 있소. 여러분이 그 소리를 따라 하는 까마귀는 방주에서 나가 돌아오지 않았소."[5]

까마귀에 대한 이런 부정적 해석은 유대교에서도 발견된다. 노만 콘(N. Cohn)의 말을 들어보자.

"까마귀는 노아에게 많은 당혹감을 안겨 주었다. 방주가 아라랏 산에 도달하고, 노아가 까마귀를 내어 보낼 준비를 하자, 까마귀가 대들었다. 노아가 자기를 미워하고 있는 것이 분명하다고 대든 것이다. 만일 자신에게 무슨 일이 생기면, 까마귀는 사라질 것이기 때문이라는 것이다. 게다가 까마귀는 노아가 자기 짝인 암컷 까마귀에게도 무슨 일을 꾸밀 것이라고 의심하였다(Genesis Rabbah 33.5). 노아는 자신이 방주에 있는 동안 정결을 유지할 수 있었다는 점을 지적함으로 까마귀를 안심시키려고 하였다. 그러나 한 유명한 랍비에 의하면 까마귀는 확신을 하지 못했다고 한다. 이에 자기 짝 까마귀에 대해 걱정이 된 나머지 날아가지 않고 방주를 뱅뱅 돌기만 했다는 것이다. 반면에 다행히도 비둘기는 좀더 순종적이었다는 것이다."[6]

2.3 현대 유대교 학자의 해석

이런 식의 해석은 유대교나 기독교를 막론하고 "좀 더 제한적이지만 학문적인 모습으로" 현대 학계에서도 지속되고 있다고 모벌리는 본다.[7] 모벌리는 우선 유대교 학자인 나훔 사르나의 견해를 언급한다.

"까마귀는 아무 거나 먹는 야생 조류이다. 채소는 물론 죽은 고기도 먹기에 물위에 떠다니는 시체로부터 음식을 얻을 수 있었을 것이다. 이것이 까마귀가 방주를 떠나 반복적으로 약탈을 한 것이다. 노아는 여러 날 동안 까마귀의 동선을 관찰할 수 있었을 것이다.

---

5) Sermons on the Liturgical Season 224 4; Moberly, "Why Did Noah Send Out a Raven," 346에서 재인용.
6) Norman Cohn, *Noah's Flood: The Genesis Story in Western Thought* (Yale University Press, (1996), 35-36.
7) Moberly, "Why Did Noah Send Out a Raven," 347.

비둘기는 얌전하고 겁이 많은 새이다. 비둘기가 돌아오면 노아는 손에 받아 발에 흙이 묻었는지 살폈을 것이다. …[감람나무 잎사귀를 물고 비둘기가 돌아왔을 때] 잘 사용되지 않는 명사인 타라프가 쓰인 것을 보면 표류하는 나무에서 가져온 것이 아니라 살아 있는 나무의 잎임을 알 수 있다. 이것은 식물이 새 삶을 시작했다는 분명한 표시였다."[8]

까마귀는 시체를 먹을 수 있었으므로 노아가 목적을 달성하지 못한 반면에 비둘기는 새 생명의 분명한 근거를 가지고 왔다고 해석하면서 사용한 사르나의 언어들을 보면, 모벌리가 보기에 사르나는 까마귀는 부정적으로 보고 비둘기는 긍정적으로 보고 있는 것이 분명하다고 해석한다. 절제되어 있고 학문적이긴 하지만 이전의 전통적 해석을 이어가고 있다고 본다.[9]

2.4 현대 기독교 학자의 해석

이것은 현대 기독교 학자들도 마찬가지라고 하며 모벌리(Moberly)는 고든 웬함(G. Wenham)을 예로 든다.

"까마귀는 검을 뿐 아니라 부정하다(레 11:15; 신 14:14). 따라서 노아에게 어떤 위로가 될 만한 것도 가져오지 않은 것은 너무나 당연하다. …반면에 비둘기는 전적으로 다른 새이다. 희고 정결하기에 성경에 자주 제사에 쓰인다(예를 들어 레 1:14, 12:6 등). 다른 제사 동물과 마찬가지로 종종 이스라엘의 상징으로 쓰인다(호 7:11, 11:11). 따라서 이 스토리 안에서는 노아를 가리키는 이상적 대리인인 셈이다."[10]

이에 반해 현대의 비평 학자들은 까마귀를 내보낸 것은 제사장 문서(P 문서)에서 나온 것이고 비둘기를 내보낸 것은 여호와 문서(J 문서)에서 나온 것이 합쳐진 결과라고 해석하는데, 이에 대해 모벌리는 이런 식의 접근은 현재 최종 본문의 의미를 이해하는 데 도움이 되지 않는다고 본다.[11]

---

8) Nahum M. Sarna, Bereshith/Genesis, *JPS Torah Commentary* (Philadelphia, 1989), 57-58.
9) Moberly, "Why Did Noah Send Out a Raven," 347.
10) Wenham, *Genesis 1-15*, 186.
11) Moberly, "Why Did Noah Send Out a Raven," 348-349.

2.5 모벌리의 문제 제기

모벌리는 이런 지금까지의 해석은 잘못된 전제들에 근거한 것이라고 지적한다. 우선 까마귀는 성경에서 먹을 수 없는 부정한 새라는 점에 착안한 것은 한쪽으로 치우친 해석을 할 가능성이 있다(레 11:13-19; 신 14:11-20)고 말한다.[12] 까마귀가 방주로 돌아오지 않았다고 전제하고 이를 근거로 부정적으로 해석했다는 것이다. 그러나 성경 본문은 까마귀가 돌아오지 않았다고 명시하고 있는 것은 아니라고 모벌리는 말한다. 구약을 헬라어로 번역한 칠십인경이 "까마귀가 나가서 물이 땅에서 마를 때까지 돌아오지 않았다."고 번역함으로써 교회의 해석사에 지대한 영향을 미쳤다는 것이다. 또한 방주로 돌아오지 않았다면 까마귀는 물에 떠다니는 시체를 먹고 살았을 것이라는 추론을 했다는 것이다.[13]

또한 이전의 전통적 해석자들이나 심지어는 최근의 해석자들 역시 노아가 까마귀를 비둘기와 동일한 임무를 주어 방주에서 내보낸 것으로 보고 있는데, 이런 해석이 과연 타당한지 모벌리는 의문을 제기한다.[14] 결론적으로 모벌리는 까마귀의 임무가 비둘기와 동일했는지를 살피기 위해서는 히브리 원문의 '문자적' 의미가 무엇인지 상세히 살펴야 한다고 주장한다.[15]

3. '까마귀'의 왕래를 어떻게 해석할까?

3.1 '날아 왕래하였더라'의 문자적 의미

이제 모벌리의 해석을 따라 본문을 꼼꼼히 살펴보도록 하자.

---

[12] "새 중에 너희가 가증히 여길 것은 이것이라 이것들이 가증한즉 먹지 말지니 곧 독수리와 솔개와 물수리와 말똥가리와 말똥가리 종류와 까마귀(עֹרֵב; 오레브) 종류와 타조와 타흐마스와 갈매기와 새매 종류와 올빼미와 가마우지와 부엉이와 흰 올빼미와 사다새와 너새와 황새와 백로 종류와 오디새와 박쥐니라"(레 11:13-19; 참조 신 14:11-20).

[13] Moberly, "Why Did Noah Send Out a Raven," 346.

[14] Moberly, "Why Did Noah Send Out a Raven," 348.

[15] Moberly, "Why Did Noah Send Out a Raven," 349. 아래의 까마귀에 관한 거의 모든 논의는 모벌리의 해석을 그대로 가져온 것이다.

"까마귀(עֹרֵב; 오레브)를 내놓으매 까마귀가 물이 땅에서 마르기(יָבֵשׁ; 야베쉬)까지 날아 왕래하였더라(יָצוֹא וָשׁוֹב; 예체 야초 와쇼브)"(창 8:7).

까마귀의 임무가 무엇인지 알려면 두 가지 점에 유의해야 한다고 한다. 첫째는 '날아 왕래하였더라'는 것이 무슨 뜻이며, 둘째는 '물이 땅에서 마르기까지'가 무슨 의미인지 확인해야 한다는 것이다.

우선 '날아 왕래하였더라'(יָצוֹא וָשׁוֹב; 예체 야초 와쇼브)는 문장의 의미를 확인해 볼 필요가 있다. 이 문장은 '나가다.'는 동사 '야차'(יָצָא)를 한번은 정동사 형태(יֵצֵא; 예체)로 쓰고 이어서 부정사 절대형(יָצוֹא; 야초)으로 쓴 다음에 '돌아오다.'는 동사 슈브(שׁוּב)의 부정사 절대형(שׁוֹב; 쇼브)을 사용한 것이다. 이런 문장 구조의 정확한 의미는 확실히 알 수 없지만 '지속'의 의미이거나 '동시 행동'의 의미라는 것이 문법학자들의 공통된 의견이다. 지속의 의미로 보면 까마귀가 '지속적으로 나갔다 들어왔다 하였다.'로 번역할 수 있고, 동시 행동으로 보면 '나갔다가(바로) 돌아왔다.'로 번역할 수 있다는 것이다. 그러나 어떻게 보든 끊임없는 운동을 가리키는 것만은 분명하다.

그런데 앞서 살펴본 대로 이와 유사하게 부정사 절대형을 써서 지속적이거나 반복적으로 물이 빠지는 모습을 성경 기자가 묘사한 적이 있다. 이 점을 모벌리도 지적한다.

"물이 땅에서 물러가고(שׁוּב; 슈브)
점점 물러가서(הָלוֹךְ וָשׁוֹב; 할로크 와쇼브)
백오십 일 후에 줄어들고(חָסֵר; 하세르)
물이 점점 줄어들어(הָלוֹךְ וְחָסוֹר; 할로크 웨하소르)
열째 달 곧 그 달 초하룻날에 산들의 봉우리가 보였더라."

'점점 물러가서'라는 표현은 '돌아가다.'는 동사의 부정사 절대형(שׁוֹב; 쇼브) 앞에 '행하다.'는 동사의 부정사 절대형(הָלוֹךְ; 할로크)을 합친 표현이다. '점점 줄어들어'도 마찬가지로 '준다'는 동사의 부정사 절대형(חָסוֹר; 하소르) 앞에 '행하다.'는 동사의 부정사 절대형(הָלוֹךְ; 할로크)이 결합된 표현이다. 결국 앞뒤 문맥 가운데서 이런 문장 구조가 정확히 반복되는 것은 "물이 빠지는 운동과 까마귀가 나는 행동 사이에 평행"이 있음을 보여주는 것으로 해석해야 한다고 모벌리는 본다.16)

3.2 '땅에서 마르기까지'의 의미

둘째, '물이 땅에서 마르기까지'가 무슨 의미인지 살펴야 한다고 모벌리는 주장한다. 여기서 '마르다.'는 동사(יָבֵשׁ; 야베쉬)인데 문맥을 보면 땅이 마르는 과정이 두 단계로 묘사되어 있다.

"육백일 년 첫째 달 곧 그 달 초하룻날에 땅 위에서 물이 걷힌지라(חָרַב; 하레브) 노아가 방주 뚜껑을 제치고 본즉 지면에서 물이 걷혔더니 둘째 달 스무이렛날에 땅이 말랐더라 (יָבֵשׁ; 야베쉬)"(창 8:13-14).

한글성경에서도 '걷히다.'와 '말랐다.'로 다르게 번역하고 있듯이, 히브리어로 '하레브'(חָרַב)와 '야베쉬'(יָבֵשׁ) 사이에는 차이가 있다. 다시 말해 하레브(חָרַב)는 "진흙투성이"의 상태를 가리키는 반면에 야베쉬(יָבֵשׁ)는 물이 완전히 사라져 "딱딱한 지면"을 가리키는 용어이다.17)

그런데 까마귀가 '물이 땅에서 마르기(יָבֵשׁ; 야베쉬)까지' 왕래했다고 한 것은 까마귀를 내보낸 목적이 비둘기처럼 "지면에서 물이 줄어들었는지를 알고자"(8:8)한 것이 아님을 보여준다. 까마귀는 물이 어느 정도 빠졌는지를 알기 위해서 보낸 것이 아니라 물이 완전히 마를 때까지 왕래하도록 보낸 것이라고 추론할 수 있다. 왜냐하면 물이 어느 정도 빠졌는지 아는 게 목적이라면 까마귀가 물이 걷혔을(חָרַב; 하레브) 때에 왕래를 중단했을 것이지 '물이 땅에서 마르기(יָבֵשׁ; 야베쉬)까지' 왕래했을 리 가 없다는 것이다.18)

실제로 본문을 상세히 살펴보면 비둘기가 그 임무를 다하고 다시 돌아오지 않았

---

16) Moberly, "Why Did Noah Send Out a Raven," 350.
17) Moberly, "Why Did Noah Send Out a Raven," 351.
18) Moberly, "Why Did Noah Send Out a Raven," 351.

다는 것이 12절의 내용인데, 그때만 해도 물이 줄어들었다고만 했지, 물이 걷히고 땅이 마르게 되었다(יבֵשׁ; 야베쉬)는 언급은 없다. 물이 걷히고 땅이 마르게 되었다는 사실이 처음 언급된 것은 14절에서이다. 그렇다면 비둘기가 다시 돌아오지 않은 후에도 까마귀는 지속적으로 왕래를 했다는 것이 된다고 모벌리는 해석한다.[19]

3.3 '하나님의 영'에 대한 암시?

앞서 살핀 대로 '까마귀의 왕래하는 이동'은 '물이 빠지는 이동'과 평행을 이룬다. 그렇다면 까마귀가 물의 이동과 나란히 평행을 이루며 왕래하는 모습의 의미는 무엇인가? 모벌리는 내러티브 안의 또 다른 이동에 대한 암시가 들어 있는 8:1을 주목해야 한다고 말한다.

"하나님이 바람/영(רוּחַ; 루아흐)을 땅 위에 불게 하시매 물이 줄어들었고"(창 8:1하).

우리도 앞서 여기서는 '루아흐'(רוּחַ)를 '바람'보다는 '영'으로 번역하는 것이 더 좋다고 주장했었는데 이에 모벌리도 동의한다.[20]

창세기 7장에서 땅은 창조 때처럼 혼돈의 물이 뒤덮힌 상태였는데 하나님께서 노아를 기억하시므로 창세기 1장에서처럼 하나님의 영(רוּחַ; 루아흐)을 보내 땅을 새롭게 하기 시작했다는 것이다. 창세기 1장에서 하나님의 영(רוּחַ; 루아흐)이 수면에 운행하시므로 사람이 거주할 수 있는 땅으로 변했던 것처럼 여기 창세기 8장에서도 물로 뒤덮인 땅에서 물이 줄어들게 만드는 결정적인 역할은 하나님이 보내신 영(רוּחַ; 루아흐)인 것이다. 여기서 하나님이 영을 "땅 위에 불게 하시매"라고 했을 때, "불게 하다."는 직역하면 "넘어가게 하다."(עָבַר; 아바르)이다. 바람이 바다 위를 "넘어가는" 모습이지만 이는 동시에 새가 넘어가는 모습도 상기시킨다고 모벌리는 해석한다.[21]

여기서 창세기 1:2에서 "하나님의 영은 수면 위에 운행하시니라"고 했을 때 '운행하다.'는 동사(רָחַף; 라하프)가 새와 연관되어 있음을 주목해야 한다고 말한다. 이 동사

---

19) Moberly, "Why Did Noah Send Out a Raven," 351.
20) Moberly, "Why Did Noah Send Out a Raven," 352.
21) Moberly, "Why Did Noah Send Out a Raven," 352.

가 신명기 32:11에서는 독수리가 새끼들 위에서 너풀거리거나 새끼들 위를 넘나드는 모습을 묘사하는 데 사용되고 있기 때문이다.

"마치 독수리가 자기의 보금자리를 어지럽게 하며 자기의 새끼 위에 너풀거리며(חפר; 라하프) 그의 날개를 펴서 새끼를 받으며 그의 날개 위에 그것을 업는 것같이"(신 32:11).

이 동사의 의미가 무엇인지 논란이 있지만 최소한 집중적으로 새끼 위에서 어떤 지속적 운동을 하는 것만은 분명하다. 결국 창세기 1장과 8장은 다른 동사가 사용되었지만 하나님의 영이 지속적인 행위를 하시는 것을 묘사하는 것만큼은 확실하다.

3.4 하나님을 모방한 노아

이를 근거로 '하나님의 영'이 마치 새처럼 앞뒤로 움직이며 혼돈의 세상을 사람이 거주할 수 있는 곳으로 바꾸시는 모습을 두 군데에서 볼 수 있다고 모벌리는 해석한다. 그의 말을 직접 들어보자.

"노아가 까마귀를 보낸 행동은 일종의 하나님을 모방한 것이다 만일 하나님께서 그의 영을 물 위로 앞뒤로 가게 하심으로 땅을 거주 가능한 공간으로 만드신다면, 이에 상응하는 올바른 인간 반응은 이를 상징적으로 재현하는 것이다. 이것이 비둘기 앞서 설명 없이 까마귀를 보낸 이유이다. 문맥을 보면 하나님의 영과 줄어드는 물과 연관해서 까마귀의 상징적 역할이 분명하기 때문이다. 까마귀외는 달리 비둘기의 임부가 물이 얼마나 줄었는지 아는 것이라고 밝힌 까닭이다. 까마귀는 물을 줄어들게 만드는 하나님의 개입을 상징한다. 아직 이 하나님의 개입이 끝나지 않았으므로 까마귀는 땅이 온전히 마를 때까지 지속적으로 오고 간 것이다. 하나님의 개입이 끝이 나고 땅 위의 인간이 삶을 다시 시작할 때까지는 무엇인가가 하나님의 행동을 상징으로 보여주어야 하기 때문이다."[22]

---

22) Moberly, "Why Did Noah Send Out a Raven," 353.

다시 말해 노아가 까마귀를 보낸 것은 그가 "단지 수동적인 수혜자만이 아님"을 보여준다는 것이다. "영을 통해 일하시는 하나님의 사역을 재현함으로 그리고 이를 통해 피조 세계 안에 적용함으로, 하나님의 사역에 능동적으로 개입하는 참여자"라는 것이다.[23]

이런 해석을 들으면 사실 누구나 의문이 든다. "왜 하필이면 까마귀이며, 까마귀가 하나님의 영을 상징할 만한 짐승인가?"라는 질문을 하는 것은 너무나 당연하다. 노아 홍수 스토리에 대한 오랜 교회의 해석사를 염두에 두면 이런 해석은 받아들이기 어렵다고 모벌리도 인정한다. 예수님께서 세례받으셨을 때 하나님의 영이 비둘기처럼 예수님께 임하였고 이는 창세기 8장의 비둘기와 연상되는 것이 너무나 자연스럽기 때문이다. 따라서 교회에서 까마귀는 하나님의 영을 상징하기에는 잘못된 새라고 보는 것이 거의 본능적인 반응이다.[24]

그러나 이런 전통적 이해와는 다른 상징적 의미를 성경 본문이 가질 가능성을 처음부터 배제해서는 안 된다고 모벌리는 말한다. 까마귀는 하나님이 그 새끼를 먹이시는 새로 묘사되기도 한다는 것이다: 여호와는 "들짐승과 우는 까마귀 새끼에게 먹을 것을 주시는도다."(시 147:9). 게다가 엘리야를 먹이실 때 까마귀를 사용한 것은 까마귀가 하나님의 뜻을 실현하는 대행자로도 이해되고 있음을 보인다(왕상 17:4, 6)고 모벌리는 지적한다. 유대 랍비인 라시(Rashi)의 창세기 8:7에 대한 미드라쉬적 해석을 주목할 필요가 있다는 것이다: "까마귀가 비가 오지 않고 물이 마른 시기에, 즉 엘리야 시대에 또 다른 임무를 부여받아 세상 안으로 왕래하였다."[25]

4. 결론 : 신학적 메시지

4.1 본문의 디테일에 대한 관심의 필요

우리는 지금까지 전통적인 해석이 지닌 두 가지 전제가 왜 성경 본문의 지지를

---

23) Moberly, "Why Did Noah Send Out a Raven," 354.
24) Moberly, "Why Did Noah Send Out a Raven," 354.
25) Moberly, "Why Did Noah Send Out a Raven," 355.

받지 못하는지 모벌리의 주장을 들어보았다. 필자는 모벌리의 해석을 전부 받아들이지 않는다 해도, 그의 해석에 주목해야 한다고 생각한다. 너무 쉽게 전통적 해석을 받아들여 까마귀를 악의 상징으로 보고, 까마귀가 방주에 돌아오지 않은 것이 문제라는 식으로만 보는 것을 주의해야 한다. 모벌리의 주장대로 오히려 본문의 상세한 디테일이 무엇을 이야기하는지 살펴야 한다.

우선 우리는 까마귀가 성공하지 않은 것으로 보는 편향된 해석을 경계해야 한다. 성경 본문 어디에도 까마귀가 성공하지 못했다는 언급이 없다. 모벌리 이전에 알렉산더 하이델(Alexander Heidel)도 이 점을 지적했다.

"그 잡식성의 야생조는 이리 저리로, 때로는 방주로부터 멀리, 때로는 다시 방주쪽으로 되돌아오면서 물이 지면에서 마를 때까지 날아다녔으나, 결코 방주로 다시 돌아오지는 않았다. 아마도 그 까마귀는 물에 떠다니거나 산꼭대기에 널려 있는 썩은 고기들이나 혹은 물이 줄어들면서 산봉우리들에 걸려 내려가지 못한 물 속에 사는 생물들을 발견하였을 것이며, 이것들은 썩은 먹이를 먹는 생리를 지닌 그 부정한 까마귀에게 충분한 먹이를 제공하였을 것이다. 그 까마귀가 방주 안으로 돌아오지 않았다고 해서 그것이 곧 노아가 의도한 목표가 쓸모없는 것이었음을 나타내거나 그 시험이 성공하지 못하였음을 나타내는 것은 아니다. 그와는 정반대로 그것은 좋은 징조였다. 왜냐하면 그것은 곧 물이 상당히 줄어들었음을 입증하는 것이었으며, 또 설사 바깥 세상이 여전히 매우 상황이 좋지 못하거나 황량하였을지라도 더 이상 그 까마귀와 같이 튼튼하고 무엇이든지 잘 먹어치우는 새가 견디지 못할 정도로 황량하지는 않았음을 입증하는 것이었기 때문이다."[26]

최근의 학자인 샤마이 겔란더(Shamai Gelander) 역시 같은 견해를 제시한다.

"영리한 새인 까마귀는 신실성을 드러내며, 따라서 노아와 자연 세계 사이의 살아 있는 연결로 본다. 까마귀는 메신저로 보내려고 한 것은 아니었다. 돌아오도록 보낸 것이 아

---

[26] 알렉산더 하이델, 『고대 근동의 창조 설화 홍수 설화와 구약 성경의 비교』(도서출판 엠마오, 1990), 130.

니었다는 말이다. 이것은 비둘기도 마찬가지이다. 마른 땅에 발을 디딜 수 있게 되자마자 비둘기는 사라졌다."[27]

따라서 우리는 까마귀가 돌아오지 않았고, 까마귀는 노아가 보낸 목적을 달성하지 못했다고 너무 빨리 해석해서는 안 된다.

4.2 전통적 해석의 가능성도 열어놓으라

그렇다고 해서 필자는 전통적 해석을 모두 거부해야 한다는 것은 아니다. 까마귀라는 새가 가지는 성경 안의 상징 때문일 것이다. 아직도 까마귀를 부정한 인간의 욕망을 가리키는 상징으로 볼 수도 있다. 특별히 비둘기와 대조해서 까마귀를 부정의 상징으로 보는 것이 갖는 장점도 무시할 수 없기 때문이다.

단지 여기서는 성경을 해석하는 사람들은 교회의 성경 해석사의 여러 견해들을 조심스럽게 살펴보아야 한다는 점을 강조하는 것으로 임시적 결론을 내리려고 한다. 한 쪽 해석에 치우쳐 다른 쪽 해석을 함부로 비난해서는 안 되며, 성경 해석의 임무는 교회 공동체에 주어진 집단적 과업임을 명심해야 한다.

4.3 노아의 독자적 실험

노아가 까마귀와 비둘기를 방주에서 내보내는 장면은 흥미진진한 스토리이다. 샤마이 겔란더는 "서로 성격이 상충되는 두 마리 새가 동일한 실험에 참여했다는 사실은 노아와 다른 모든 생물 사이의 협조가 무제한적임을 보여준다."고 해석한다.[28] 노아와 동물이 서로 협조함을 통해 홍수 후 새로운 세상이 어떠해야 하는지 그 이상적 모습을 보여주기 때문이다.

방주에 모든 생물이 들어가고 나오는 과정을 설명하는 장면들에서 새들을 굳이 명시하는 이유가 무엇인가? 모든 생물이 죽을 때 새들도 죽었고(창 6:7, 7:21, 23), 방주에 들어온 새들만 살아남았다(창 7:2, 3, 8)는 것을 강조하는 목적이 첫 번째 이유이

---

27) Shamai Gelander, *The Good Creator: Literature and Theology in Genesis 1-11* (Atlanta: Georgia, Scholars Press, 1997), 84, fn. 48.
28) Shamai Gelander, *The Good Creator: Literature and Theology in Genesis 1-11* (Atlanta: Georgia, Scholars Press, 1997), 77.

다. 그러나 동시에 노아가 새들을 동원하여 실험을 했다는 점을 드러내려는 데도 목적이 있는 것이다.

겔란더는 노아가 까마귀를 내보낸 행동이 하나님의 명령을 받지 않고 한 첫 번째 행동임을 강조하면서 홍수 후 세상에서 노아가 살아야 할 삶의 방식 중 하나는 주도권을 잡고 실험을 해보는 방식임을 보여준다고 해석한다.

"여기서 처음으로 노아는 자기 스스로 행동을 한다. 방주의 창을 열어 까마귀를 내어보낸 것(8:6-7)은 노아가 하나님의 명령을 받지 않고 한 첫 번째 행동이다. 노아를 하나님께서 기억했다는 것은 결국 진정한 생존은 독립 안에서만 가능하다는 하나님의 이해로 결론이 난 것이다. 노아 스스로 시작한 일련의 실험 후에서야 비로소 하나님은 방주를 떠나라고 노아에게 명령하신다. 이것은 주도권을 잡고 실험도 해보는 능력(the capacity for initiative and trial)을 확보한 후에야 비로소 노아는 삶을 갱신할 수 있는 자격을 갖추게 된다는 점을 함축하는 것이다."29)

노아와 새들의 에피소드는 노아와 동물 사이의 의사 소통과 온전한 조화가 회복되고 있음을 보여준다면서 겔란더는 아래와 같이 덧붙인다.

"노아가 비둘기를 내보내는 장면이 절정이 되도록 내레이터가 의도적으로 스토리를 고안했음이 분명하다. 인간과 동물 사이의 의사 소통이 조화의 최고점을 보여주는 에피소드가 바로 여기이기 때문이다. 온전한 조화가 회복되는 지점은 살아 있는 생물들을 방주에 들이는 지점이 아니라, 노아의 이니셔티브의 결과가 드러나는 바로 이 지점이다."30)

4.4 과학적 담론이 아닌 종교적 담론으로 해석해야

이렇게 본다면 앞서 살핀 대로 모벌리가 "노아가 까마귀를 보낸 행동은 일종의 하나님을 모방한 것"이라는 해석이 매우 깊은 통찰력에서 나온 것이라고 볼 수 있

---

29) Shamai Gelander, *The Good Creator: Literature and Theology in Genesis 1-11*, 76.
30) Shamai Gelander, *The Good Creator: Literature and Theology in Genesis 1-11*, 77.

다. 땅이 온전히 마를 때까지 지속적으로 오고가는 까마귀는 "물을 줄어들게 만드는 하나님의 개입"을 상징한다면, 노아가 까마귀를 보낸 것은 그가 "단지 수동적인 수혜자만이 아니라" "하나님의 영을 통해 일하시는 하나님의 사역을 재현함으로, 그리고 이를 통해 피조 세계 안에 적용함으로, 하나님의 사역에 능동적으로 개입하는 참여자"라는 것이다.[31]

우리는 이 시점에서 2012년 9월 27일에 양화진 문화원이 주최하는 '성서 스토리텔링' 대담 프로그램에서 이어령 박사와 이재철 목사가 '노아'를 주제로 종교적(영적) 담론과 과학적(지적) 담론의 차이에 대한 토론 기사에 나오는 이어령 박사의 말에 동의하지 않을 수 없다.

> "이어령 박사는 '노아의 방주를 종교적으로 하나님의 큰 질서에서 보면 기가 막힌 이야기인데 과학적 담론으로 자꾸 보면 이 좋은 이야기가 우스워진다.'며 '절대로 풀리지 않는 걸 자꾸 풀려고 해선 안 된다.'고 했다. 이 박사는 '노아의 방주 이야기에 담긴 비둘기와 까마귀 등 여러 하나님의 계시들을 종교적 담론으로 옮기면 오히려 아인슈타인도 재미있게 들을 수 있고, 과학하는 사람들이 스스로 교회에 나오고 신을 믿게 된다.'며 '그런데 노아의 방주와 똑같은 모형을 만들어 보니 배 만드는 기술이 절묘했다는 식으로 그들을 설득하기 시작하면 그 과학적 논리 때문에 오히려 그 논리는 깨질 수 있다.'고 덧붙였다."[32]

노아가 잡식성 동물인 까마귀는 아무것이나 먹을 수 있고 심지어 물에 떠다니는 썩은 고기를 먹을 수 있기에 먼저 보낸 것이라는 조류 과학적인 설명이 필요하지 않다는 말이 아니다. 이런 과학적 설명은 종교적 담론을 대치해서는 안 되며, 종교적 담론을 더 생동감 있고 현실감 있게 만드는 한에서만 과학적 설명이 허락되어야 한다는 것이다.

그렇지 않으면 성경 계시가 담고 있는 삶의 근원적 지혜, 이어령 박사의 말대로 '아인슈타인도 재미있게 들을 수 있고, 과학하는 사람들이 스스로 교회에 나오고 신

---

31) Moberly, "Why Did Noah Send Out a Raven," 354.
32) http://www.christiantoday.co.kr/news/258446

을 믿게' 되는 삶의 본질적인 통찰을 놓칠 수 있다는 점을 잊어서는 안 된다. 그런 점에서 신학자들과 설교자들은 하나님의 말씀을 하나님 말씀 되게 하라는 종교 개혁자들의 가르침을 늘 기억해야 한다.

"Go into the ark, you and your whole family"

11장

노아는 왜 세 번이나 비둘기를 보냈을까?

창 8:8-14

1. 서론적 이야기

1.1 비둘기를 세 번이나 내보내는 노아

까마귀를 내보낸 노아는 까마귀가 물 위를 왕래하는 모습을 보고는 이번에는 비둘기를 내보냈다. 그런데 비둘기를 내보내는 장면이 굉장히 길게 묘사되어 있다.

"그가 또 비둘기(יוֹנָה; 요나)를 내놓아 지면에서 물이 줄어들었는지를 알고자 하매 온 지면에 물이 있으므로 비둘기가 발 붙일 곳을 찾지 못하고 방주로 돌아와 그에게로 오는지라 그가 손을 내밀어 방주 안 자기에게로 받아들이고 또 칠 일을 기다려 다시 비둘기를 방주에서 내놓으매 저녁 때에 비둘기가 그에게로 돌아왔는데 그 입에 감람나무 새 잎사귀가 있는지라 이에 노아가 땅에 물이 줄어든 줄을 알았으며 또 칠 일을 기다려 비둘기를 내놓으매 다시는 그에게로 돌아오지 아니하였더라 육백일 년 첫째 달 곧 그 달 초하룻날에 땅 위에서 물이 걷힌지라 노아가 방주 뚜껑을 제치고 본즉 지면에서 물이 걷혔더니 둘째 달 스무이렛날에 땅이 말랐더라"(창 8:8-14).

노아는 왜 한 번도 아니고 세 번이나 비둘기를 내보냈을까? 그리고 성경 기자는 노아가 비둘기를 세 번이나 내보낸 과정을 왜 상세하게 묘사하는 것일까?

본문을 읽다 보면 새를 방주에서 내보내는 이야기가 지나치다 싶을 정도로 반복적이라는 느낌이 든다. 성경 기자가 비둘기를 내보내는 에피소드에만 무려 7절, 까마귀 이야기에 2절이나 지면을 할애하고 있기 때문이다. 노아 홍수 스토리를 담고 있는 창세기 6-9장의 총 절수가 97절인데, 이에 비교해 보면 무려 10%에 해당된다. 반면에 바벨론 홍수 설화인 길가메쉬 서사시에서는 비둘기를 보내는 이야기가 매우 간략하게 묘사되어 있다.

"방주는 니시르 산에 도착하였다.
첫째 날, 니시르 산은 방주를 붙들어 놓았다. 방주는 요동치지 않았다.
둘째 날, 니시르 산은 방주를 붙들어 놓았다. 방주는 요동치지 않았다.
셋째 날, 넷째 날 …

일곱째 날이 되었을 때, 나는 비둘기를 풀어주었다.
비둘기는 쉴 곳을 찾지 못하고 돌아왔다.
나는 참새를 날려보냈다. 참새도 나갔으나 쉴 곳을 찾지 못하고 돌아왔다.
나는 까마귀를 날려보냈다.
물이 빠지고 있었기에 까마귀는 먹이를 찾아 먹고 지면을 돌면서
결국 돌아오지 않았다."[1]

위의 길가메쉬 서사시에 나오는 새들을 내보내는 장면과 비교해 보면, 이미 학자들이 지적한 대로 "성경의 창세기에서는 새들의 이야기를 상당히 길게 서술하고" 있는 것이다.[2] 그렇다면 노아 홍수 스토리가 새들을 보내는 이야기를 상세하게 묘사하는 까닭은 무엇일까?

---

1) 길가메쉬 서사시, 토판 11, 140-154행; James B. Pritchard (ed.), *Ancient Near Eastern Texts Relating to the Old Testament* (Princeton Univ. Press, 1969), 94-95.
2) 알렉산더 하이델, 『고대 근동의 창조 설화 홍수 설화와 구약 성경의 비교』 (도서출판 엠마오, 1990), 130.

1.2 통속적 해석

그런데 그동안은 해석자들이 이런 자세한 묘사의 이유를 깊이 파헤치기보다는 도덕적이고 영적인 교훈을 쉽게 찾아내는 쪽으로 해석하는 경향을 보여왔다. 노아가 비둘기를 보낸 에피소드는 쉽게 도덕적이고 영적인 해석을 할 수 있는 주제이기 때문이다. 아니나 다를까 아래와 같은 통속적 해석을 지금도 주변에서 쉽게 볼 수 있다.

"노아가 보낸 까마귀가 왜 돌아오지 않았는가에 대해선 여러 설이 있다. 일설에 의하면 까마귀는 부정한 동물이므로(레 11:15; 신 14:14) 노아의 까마귀는 바깥 세상을 왕래하다 물 위에 떠있는 썩은 음식물에 영원히 안주하여 돌아오지 않았다고 한다. 반면 비둘기는 정결한 동물로 알려져 본문 11절에서 보듯이 감람 새 잎사귀를 취하여 왔다는 것이다. 어쨌든 까마귀는 노아가 자기를 창 밖으로 보낸 목적을 달성하지 못했다. 그는 노아의 계획과 의도와는 상관없이 움직여 보낸 이에게 큰 실망을 안겨주었을 것이다. 그러나 비둘기는 어떠했는가? 그는 방주에서 나가 적절한 행동을 취함으로 노아에게 필요한 정보를 알려주었다. 비둘기는 주인의 뜻에 따라 움직이므로 자신의 사명을 잘 감당하면서 주인의 은혜에 보답했다. 결국 까마귀와 비둘기는 모두 노아의 방주라는 같은 공간에 있었지만 각기의 행동으로 인한 결과는 크게 달랐던 것이다.

오늘의 기사는 교회 교육을 담당하고 있는 우리에게 시사하는 바가 크다. …비록 같은 교육환경에서 자랐지만 어떤 결단의 시점이 왔을 때 우리 학생들의 행동과 반응은 다르게 나타날 것이다. 한 그룹은 배은망덕하고 불충한 그룹이요 또 다른 그룹은 사명에 충실하고 은혜에 보답하는 그룹일 것이다. 나는 과연 어떠한 사람들로 양육하고 있는 것일까? 까마귀처럼 부패한 것을 쫓고 사명을 망각한 사람들로? 아니면 비둘기같이 정결하며 사명을 잘 감당하고 하나님의 은혜에 보답하는 사람들로?"(『교회교육』, 92년 9월호 132).

이런 통속적 해석은 나름대로 이유가 있다. 교회의 해석사를 보면 까마귀는 '악의 화신'으로, 비둘기는 '선의 화신'으로 보는 것이 거의 정설이었기 때문이다.

1.3 문제 제기

그러나 앞서 살핀 대로 까마귀를 무조건 악의 화신으로 보는 것은 어려움이 있다. 이것은 비둘기의 경우도 마찬가지이다. 비둘기같이 정결하며 사명을 잘 감당하자고 너무 빨리 적용하게 되면 세 번씩이나 비둘기를 보낸 노아의 스토리의 깊은 신학적 메시지를 놓칠 우려가 크다.

성경 스토리는 우리가 흔히 생각하는 것과는 달리 이런 도덕적 가르침을 담은 윤리적 교과서가 아니다. 삶과 죽음, 축복과 저주, 인류와 생물, 물과 육지, 구원과 멸망, 자유와 속박의 이야기를 통해 인간을 구속하시는 삶의 근원적 지혜를 담은 계시이다. 그런데 이 계시가 문자를 통해 우리에게 알려진 것이다. 따라서 너무 쉽게 도덕화하려고 하지 말고, 먼저 본문의 소리를 귀담아 들어보자.

성경 기자가 비둘기를 보내는 에피소드에만 무려 7절을 할애한 이유는 무엇인가? 고대 근동의 홍수 설화처럼 비둘기를 세 번씩이나 내보내 물이 줄어들었는지의 여부를 알아보려고 했다고 한 줄만 언급하면 될 것을 무려 세 번 씩이나 비둘기를 내보내는 모습을 상세히 기록한 이유는 무엇일까? 상세하게 비둘기 에피소드를 언급하면서 성경 기자가 전달하려는 신학적 메시지는 무엇일까? 이런 질문들을 염두에 두고 성경 본문에 귀를 기울여보자.

2. 노아의 비둘기 실험

2.1 길가메쉬 서사시와의 비교

까마귀가 물이 땅에서 마르기까지 왕래하는 사이에 노아는 가만히 있지 않았다. 노아는 이번에는 다른 새를 이용했다.

"그가 또 비둘기(יוֹנָה; 요나)를 내놓아 지면에서 물이 줄어들었는지를 알고자 하매"(창 8:8).

노아가 두 번째로 내보낸 새는 비둘기였다. 왜 하필이면 까마귀가 먼저이고 그 다음이 비둘기일까?

2.2 성경에서 까마귀를 먼저 보낸 이유

앞서 살핀 대로 바벨론 홍수 설화인 길가메쉬 서사시에는 비둘기가 먼저이고 중간에 참새가 있고 마지막에 까마귀를 보내는 것으로 되어 있다. 반면에 노아 홍수 내러티브에는 참새가 나오지 않고 순서도 까마귀가 먼저 나오고 그 다음에 비둘기가 나온다.

이에 대해 학자들은 까마귀는 폭풍우도 뚫고, 썩은 고기도 먹으며, 강하기에 공중에 더 오래 머물 수 있는 반면에 비둘기는 부드러우며 낮게 나는 약한 새라는 것이다. 학자들은 까마귀나 비둘기는 모두 사육이 가능한 새로서 비둘기보다 까마귀를 먼저 내보내는 것이 더 상식적이라고 본다. 이에 '지극히 지혜로운 자'로 불린 우트나피쉬팀보다 노아가 훨씬 지혜로운 자라고 결론을 내린다. 알렉산더 하이델의 말을 들어보자.

"노아는 까마귀를 내보내는 것으로 시험을 시작하는 반면 우트나피쉬팀은 이 새를 내보내는 것으로 시험을 끝낸다. 성경 기사의 그 어디에서도 그의 지혜에 대해서 언급한 적이 없는 노아는 까마귀를 제일 먼저 내보냄으로써, 소위 '지극히 지혜로운 자'라로 불리었음에도 불구하고 까마귀를 마지막으로 내보낸 우트나피쉬팀보다 더 큰 지혜를 가졌음을 나타내 보였다. 비둘기와 제비를 내보낸 후에 까마귀를 내보냈다가 돌아오지 않은 사실로부터 우트나피쉬팀은 무슨 적합한 결론을 끌어낼 수 있었겠는가? 잘 알다시피 그는 그 사실로부터 배에 들어간 자들이 밖으로 나가기에 충분할 만큼 땅이 말랐다는 것을 추론하였다. 이것은 논리적으로 잘못된 것이었다. 그러나 운이 좋게도 땅은 다시 거주할 수 있을 만하였음이 판명되었으며, 우트나피쉬팀의 평판은 손상되지 않았다."[3]

---

[3] 알렉산더 하이델, 『고대 근동의 창조 설화 홍수 설화와 구약 성경의 비교』 (도서출판 엠마오, 1990), 132-133.

2.3 비둘기를 보낸 이유

어찌되었든 노아 홍수 스토리를 읽어보면 까마귀를 내보낼 때와는 달리 노아가 비둘기를 보내는 이유가 분명하게 명시되어 있다.

"그가 또 비둘기(יוֹנָה; 요나)를 내놓아 지면에서 물이 줄어들었는지를 알고자 하매"(창 8:8).

비둘기를 내보낸 목적은 지면에서 물이 줄어들었는지를 알려는 것이었다. 비둘기를 내보내는 것은 방주를 나갈 타이밍을 찾기 위해서였다. 물의 경감 여부를 아는 데는 비둘기가 더 좋은 새로 노아는 판단했던 것 같다. 베스터만 같은 학자는 "인간 문명에서 가장 큰 업적은 동물과 식물로 실험을 한 결과"라고 말한다.[4] 이렇게 본다면 노아는 탁월한 '동물 실험가'인 셈이다.

3. 발 붙일 곳이 없어서 돌아온 비둘기

3.1 노아는 '동물 행동 전문가'?

그러나 이것이 내레이터가 말하려는 내용의 전부일까? 계속해서 내레이터의 이야기를 따라가 보자. 독자들은 "노아가 보낸 비둘기는 어떻게 되었을까? 지면에 물이 마르기까지 왕래한 까마귀와는 다른 반응을 보였을까?"라는 의문을 갖게 된다. 내레이터는 이런 의문에 마치 답을 하는 것처럼 이어지는 단락에서 비둘기 실험이 어떻게 진행되었는지를 묘사한다.

"온 지면에 물이 있으므로 비둘기가 발 붙일 곳(מָנוֹחַ לְכַף־רַגְלָהּ; 마노아흐 르카프-라글라흐)을 찾지 못하고 방주로 돌아와 그에게로 오는지라 그가 손을 내밀어 방주 안 자기에게로 받아들이고"(창 8:9).

---

4) C. Westermann, *Genesis 1-11: A Commentary*, Tr. by J. J. Scullion S. J. (Augsburg Pub. House, 1984), 446.

까마귀와는 달리 비둘기는 돌아왔다. '온 지면에 물이 있으므로 비둘기가 발 붙일 곳(מָנוֹחַ לְכַף־רַגְלָהּ; 마노아흐 르카프-라글라흐)을 찾지 못하였기' 때문이었다고 성경 기자는 언급한다. 노아가 비둘기를 보낸 첫 번째 실험의 결과로 알아낸 것은 '온 지면에 물이 있다.'는 사실이었다. 노아는 비둘기를 통해 물이 지면에 얼마나 남았는지를 알아낸 '동물 행동 전문가'였다고 이화여대 에코과학부 장이권 교수는 해석한다.

"기원전 3000년쯤 메소포타미아의 사람들은 비둘기를 본격적으로 사육하기 시작하였다. 비둘기가 우리 인류의 문화에 결정적으로 자리 잡게 된 계기는 노아의 방주이다. 노아가 망망대해에서 육지를 찾기 위해 비둘기를 날려보냈다. 그리고 비둘기가 올리브 잎을 물어온 것을 보고 홍수가 물러난 것을 확인할 수 있었다.

노아는 비둘기를 내보내기 이전에 까마귀를 먼저 날려보냈다. 까마귀가 육지를 찾는 데 실패하자 다음에 비둘기를 내보냈다. 까마귀는 단거리 선수이고, 비둘기는 장거리 선수이다. 그러므로 노아는 처음에는 방주 근처에서, 그 다음에는 먼 거리에서 육지를 찾아 보았다. 노아는 새들의 비행능력을 잘 이해하고 있었고, 이를 적절히 활용한 셈이다.

동물들이 일정한 장소나 둥지에서 멀리 떨어져 있어도 그곳으로 다시 돌아오는 능력을 회귀성(homing ability)이라 한다. 비둘기는 뛰어난 회귀성으로 인해 우리 인류가 오랫동안 메신저로 애용하였다. 전쟁 중에는 비둘기가 전서구로 활약하여 많은 병사들의 생명을 구하기도 하였다.

장거리를 비행할 수 있는 새 중에서 노아는 하필 비둘기를 선택하였다. 만약 비둘기가 아닌 다른 새였다면 마른 땅을 발견하고도 돌아오지 않았을 수도 있다. 그러면 노아는 홍수가 물러났어도 이를 확인하기 어렵다. 그러므로 노아는 비둘기의 회귀성을 잘 알고 있었음이 분명하다. 이렇게 치밀하게 계산된 노아의 행동을 고려해 보면 노아는 뛰어난 동물 행동 전문가이다."[5]

---

5) http://news.khan.co.kr/kh_news/khan_art_view.html?artid=201610172114015&code=990100

3.2 발 붙일 곳을 찾지 못해서 돌아오다

우리는 노아가 까마귀보다 비둘기를 나중에 보내 실험을 하는 모습에서 '조류 행동 전문가'다운 모습을 볼 수 있다. 그러나 성경 기자는 단지 비둘기 실험을 객관적으로 묘사하는 것이 목표가 아니었다. 오히려 비둘기 실험을 하는 노아의 모습을 묘사하는 것이 목표였다. 비둘기가 돌아오는 모습과 노아가 이를 환영하는 모습에서 우리는 인간과 동물 사이의 이상적 관계를 볼 수 있기 때문이다.

"방주로 돌아와 그에게로 오는지라 그가 손을 내밀어 방주 안 자기에게로 받아들이고" (창 8:9).

성경 기자는 비둘기가 단순히 방주로 돌아왔다고 하지 않았다. '자기에게로', 다시 말해 노아에게로 돌아왔다고 적고 있다. 그 이유가 무엇인가? 비둘기가 발 붙일 곳(מָנוֹחַ לְכַף־רַגְלָהּ; 마노아흐 르카프-라글라흐)을 찾지 못했기 때문이었다.

학자들은 노아는 비둘기가 발 붙일 곳이 없을 때 찾아올 수 있는 존재였다는 점을 성경 기자가 언급하고 싶었을 것이라고 말한다. '발 붙일 곳'이라고 번역된 히브리어는 직역하면 '그의 발 바닥이 쉴 수 있는 곳'(resting place for the sole of her foot)이다. 이미 여러 학자들이 지적한 대로 '쉴 수 있는 곳'이란 히브리어로 '마노아흐'(מָנוֹחַ)로서 노아의 이름(נֹחַ; 노아흐)과 소리가 유사하다.

그뿐 아니라 노아가 '쉼'이란 뜻이기에 의미상으로도 두 단어는 비슷하다. 소리의 유사성이 의미의 유사성과 결합되면서 강력한 메시지를 전한다. 쉴 곳을 찾지 못한 비둘기가 '쉼'이란 의미를 지닌 노아에게로 돌아온 것은 너무나 당연한 것 아닌가?

3.3 비둘기를 환영하는 노아

그렇다면 노아가 자신이 내보낸 비둘기가 돌아왔을 때 어떤 반응을 보였을까?

"그가 손을 내밀어 방주 안 자기에게로 받아들이고"(창 3:9하).

성경 기자는 비둘기를 환영하는 노아의 모습을 세 개의 동사를 사용하여 묘사한다.

(1) 그가 손을 내밀었다(שׁלח; 샬라흐).
(2) 그가 (비둘기를) 취하였다(לקח; 라카흐).
(3) 그가 비둘기를 방주 안 자기에게로 이끌어들였다(בוא; 보).

노아는 먼저 손을 내밀었다. 여기 '내밀다.'는 동사는 직역하면 '보내다.'(שׁלח; 샬라흐)이다. 노아가 8절에서 비둘기를 내어놓았다(שׁלח; 샬라흐)고 했을 때도 사용된 동사이다. 즉 노아는 비둘기를 내보내기도 하고, 다시 돌아온 비둘기를 환영하기 위해 손을 내미는 존재이다. 그뿐 아니라 비둘기를 취하여(לקח; 라카흐) 자신에게 이끌어 들이는(בוא; 보) 자상한 주인이다. 학자들이 이미 지적했듯이 물이 지면에 있어 발바닥이 쉴 곳(מנוח; 마노아흐) 을 찾지 못해 다시 방주로, 그리고 '쉼'(נח; 노아흐)이란 이름의 주인에게로 돌아왔을 때 노아는 거부하지 않았다. 손을 내밀어 비둘기를 취하고 자신에게로 이끌어 들이는 모습을 보여주는 것이 내레이터의 더 큰 목적이라고 학자들은 말한다.

이렇게 노아가 손을 내밀어 비둘기를 받아들이는 모습은 정말로 매력적이다. 베스터만의 해석을 들어보자.

"여기서 실험의 성공의 전제는, 즉 인간의 시력을 높이기 위해 새의 시력을 이용하는 것은 동물과 인간 사이의 신뢰 관계(a relationship of trust between animals and humans)가 전제된다. 새는 그가 안전하다고 알고 있는 장소로 돌아왔다. 이 작은 언급은 창세기 1:26-28과 2:19-20에서 논한 바 있는 인간과 동물 사이의 관계를 확증한다. 이것은 동물과 인간 모두가 하나님의 피조물이라는 사실에 근거한다. 이 아름답고 부드러운 묘사는 이 상호 관계의 체험을 반영하는 것이다."[6]

---

6) Westermann, *Genesis 1-11*, 448.

4. 두 번째 비둘기

4.1 칠 일을 기다림

노아는 칠 일을 기다렸다.

"또 칠 일을 기다려 다시 비둘기를 방주에서 내놓으매(שׁלח; 샬라흐) 저녁 때에 비둘기가 그에게로 돌아왔는데 그 입에 감람나무 새 잎사귀(עֲלֵה־זַיִת טָרָף; 알레-자이트 타라프)가 있는지라 이에 노아가 땅에 물이 줄어든(קלל; 칼랄) 줄을 알았으며"(창 8:10).

그런데 이번에 두 번째 비둘기는 어떤 행동을 보일까? 저녁 때에 비둘기가 노아에게 돌아왔다. 비둘기가 돌아온 시간은 저녁 때였다. 하루 종일 날아다니던 비둘기가 돌아왔는데, 입에 무엇인가가 물려 있었다. 놀랍게도 비둘기 입에 물려 있었던 것은 "감람나무 새 잎사귀"(עֲלֵה־זַיִת טָרָף; 알레-자이트 타라프)였다. '잎사귀'(עֲלֵה; 알레)는 창세기 3:7에서 아담과 하와가 자기들의 몸이 벗은 줄 알고 무화과나무 잎(עֲלֵה; 알레)을 엮어 치마로 삼았다고 했을 때 처음 사용되었고 여기서 두 번째로 사용된 것이다.

4.2 감람나무 잎사귀의 상징

그렇다면 감람나무 잎사귀는 무엇을 상징하는가? 감람나무는 여기에서 처음 언급되었는데, 무화과나무, 포도나무와 같이 팔레스타인에서 가장 흔한 나무이며 경제적으로 가장 중요한 나무이다. 감람나무는 줄기가 비어도 자랄 수 있어서 1000년 이상 살 뿐 아니라 아예 줄기를 잘라내도 새로운 싹이 근처 뿌리에서 나와서 죽이기가 어렵다. 열매를 얻으려면 7년을 키워야 하고 15-20년이 지나면 완숙한 나무가 되며, 일 년에 반 톤에 가까운 열매를 낸다고 한다.

감람나무 기름은 성전 등불에 사용되고(출 27:20), 성전의 회막과 증거궤를 바르는 관유용으로 쓰이며(출 30:24), 소제를 드릴 때 사용할 뿐 아니라 일반 가정에서 음식 요리, 조명, 해독제 등으로 사용된다. 사사기 9장에 보면 나무들이 왕을 택하려고 할 때 감람나무에게 가장 먼저 찾아간 것은 이유가 있는 것이다(삿 9:8). 그뿐 아니라 인간 역사에서 감람유가 선과 순결을 상징하며, 감람나무가 평화와 행복의 상징이 된 것은 매우 중요한 나무이기 때문이다. 게다가 노아가 보낸 비둘기가 물어온 것이 감람나무 잎사귀이기에, 감람나무는 평화의 상징이 된 것이다.

4.3 감람나무 '새' 잎사귀

그런데 비둘기의 입에 물려 있었던 것은 그냥 감람나무의 잎사귀가 아니라, '새'(טָרָף; 타라프) 잎사귀였다. 이 단어는 구약 성경에서는 한 번밖에 사용되지 않았지만, '새로 찢긴'(freshly plucked)이란 의미로 거의 모든 역본들이 번역한다. 따라서 감람나무 새 잎사귀가 비둘기의 입에 물려 있었다는 것은 '새 삶'의 강력한 상징이다. 왜냐하면 인간과 동물에게 음식으로 준 채소와 열매 맺는 나무들이 이제 새롭게 자라기 시작했음을 보여주기 때문이다.

이제 인간과 짐승에게 새로운 삶의 시작이 가능하게 된 것이다. 창조 시 혼돈의 물이 덮힌 상태에서 하나님께서 채소와 씨와 열매 맺는 나무들을 만드셨는데, 이제는 혼돈의 물이 사라지고 감람나무에 새 잎이 나오기 시작했기 때문이다. 비둘기가 평화의 상징이 된 것은 바로 이 노아 홍수 스토리 때문이라고 학자들은 말한다.

비둘기가 어디서 감람나무 새 잎사귀를 얻었는가? 성경 본문은 이에 대해 어떤 암시도 하지 않는다. 그러나 유대 전승에 의하면 어떤 랍비들은 이스라엘 땅에서 자란 감람나무 새 잎사귀라고 주장하며, 다른 랍비들은 감람산에서, 또 다른 랍비들은 에덴 동산에서 물어온 감람나무 새 잎사귀라고 주장한다(Genesis Rabbah 33.6).[7] 유대교의 성경 해석은 자의적이기도 하지만, 때로는 상상력을 자극한다는 점에서 흥미롭기도 하다.

4.4 땅에 물이 줄어듦

감람나무 새 잎사귀를 물고 온 비둘기가 보여준 정보는 무엇인가?

"이에 노아가 땅에 물이 줄어든(קָלַל; 칼랄) 줄을 알았으며."

---

7) Norman Cohn, *Noah's Flood: The Genesis Story in Western Though* (New Haven and London: Yale Univ. Press, 1996), 36.

새를 통해 물이 줄어들었다는 것을 알게 된 노아의 모습은 인간과 새의 조화로운 삶의 모습을 잘 보여준다고 학자들은 해석한다. 감람나무는 주로 낮은 언덕에 자라는 식물이기에 감람나무의 새 잎사귀는 낮은 언덕 아래로 물이 줄어들었음을 보여준다. 노아가 첫 번째 비둘기를 보내면서 알고 싶어 했던 것이 바로 '물이 얼마나 줄어들었는지'였다. 그런데 이제 두 번째 비둘기를 통해 그 목적을 달성한 것이다. 월튼의 말을 들어보자.

"고대 항해사들은 육지를 찾는 데 새들을 사용했지만, 노아는 항해를 하고 있는 것이 아니라 육지 위에 정박해 있는 상태였다. 그는 방향을 찾으려고 한 것이 아니라 육지에 정착할 수 있는 상황이 마련되었는지를 알아보려고 새를 사용했다. 고대 근동에서 새의 비행 패턴은 때때로 전조(前兆)로서의 역할을 했지만, 노아와 우트나피쉬팀은 모두 내보낸 새들의 비행을 관찰하지 않았다. 습관적으로 까마귀는 썩은 고기를 먹고살기에 충분한 식량을 찾았을 것이다. 비둘기와 산비둘기는 지속적인 비행을 하는 데 한계가 있고, 상대적으로 낮은 지대에서 살며, 식물들을 먹는다. 비둘기가 물고 온 올리브나무 잎은 그 나무가 침수된 이후에 다시 잎을 피우는 데 얼마만큼의 시간이 걸렸는지를 보여준다. 즉 홍수의 물의 현재 수심을 알 수 있는 단서가 된다. 그것은 또 대홍수 이후에 오는 새로운 생명과 비옥함의 상징이기도 하다. 설령 잘라낸다 해도 완전히 죽이기가 어려운 나무가 바로 그 나무다. 비둘기가 꺾어온 새싹은 홍수에서 벗어나 회복이 시작되었음을 노아에게 알려주었다."[8]

5. 세 번째 비둘기

노아는 물이 줄어든 것을 알았지만 바로 방주에서 나오지 않았다. 일주일을 더 기다린 후에 이제 세 번째로 비둘기를 내어보냈다.

---

[8] 월튼, 『창세기』, 458-459.

"또 칠 일을 기다려 비둘기를 내놓으매 다시는 그에게로 돌아오지 아니하였더라"(창 8:12).

노아가 세 번째 비둘기를 보낸 이유는 무엇인가? 원문에는 명시되어 있지 않지만 비둘기를 보내는 이유는 처음부터 물이 줄어들었는지를 알기 위해서였다. 이번에도 마찬가지였을 것이다.

그런데 이번에는 비둘기가 노아에게 돌아오지 않았다. 첫 번째 비둘기가 "발 붙일 곳(מָנוֹחַ לְכַף־רַגְלָהּ; 마노아흐 르카프-라글라흐)을 찾지 못하고" 돌아왔다면 이번에 돌아오지 않은 것은 땅에 발 붙일 곳이 있었기 때문일 것이다. 클라우스 베스터만은 신학적 상상력을 발휘하여 이렇게 말한다.

"땅에 다시 쉴 곳이 생겼기에 이제 자유를 누리게 된 것이다. 이제 비둘기는 돌아오지 않음으로 방주에 갇혀 있는 자들에게 이런 자유를 선포한 것이다. 다른 짐승들도 비둘기를 따를 수 있게 된 것이다."[9]

노아의 방주에서 나온 세 번째 비둘기는 방주에서 나와 하늘을 마음대로 날아다녔을 것이다. 그리고 다른 비둘기와 새들 역시 뒤를 따라 하늘로 비상했을 것이다. 노아 홍수에 나오는 이 비둘기 때문에 비둘기가 인간 역사에서 새 시대를 여는 자유와 평화의 상징이 된 것은 너무나 당연하다고 학자들은 본다.

6. 새 시대를 알리는 노아 연대기

6.1 정확한 연대와 날짜 제시

성경 기자는 비둘기가 돌아오지 않자 그때서야 비로소 방주 뚜껑을 열어 노아가 지면 상태를 확인했다고 묘사한다.

---

9) Westermann, *Genesis 1-11*, 449.

"육백일 년 첫째 달 곧 그 달 초하룻날에 땅 위에서 물이 걷힌지라(חָרַב; 하레브) 노아가 방주 뚜껑을 제치고 본즉 지면에서 물이 걷혔더니(חָרַב; 하레브) 둘째 달 스무이렛 날에 땅이 말랐더라(יָבֵשׁ; 야베쉬)"(창 8:13-14).

그런데 흥미로운 것은 성경 기자가 이 대목에서 정확한 연대를 두 번이나 밝히고 있다는 점이다: '육백일 년 첫째 달 곧 그 달 초하룻날'과 '둘째 달 스무이렛 날.' 그렇다면 그 이유는 무엇일까? 이 연대가 왜 그리 중요한가?

우선 우리는 물이 걷히는 과정을 두 단계로 나누어 묘사하면서 정확한 연대를 언급하고 있음을 주목해야 한다.

(1) 물이 걷혔을 뿐 아직 마르기 전 상태:
"육백일 년 첫째 달 곧 그 달 초하룻날에 땅 위에서 물이 걷힌지라(חָרַב; 하레브) 노아가 방주 뚜껑을 제치고 본즉 지면에서 물이 걷혔더니(חָרַב; 하레브)"(창 8:13).

(2) 물이 완전히 마름:
"둘째 달 스무이렛 날에 땅이 말랐더라(יָבֵשׁ; 야베쉬)"(창 8:14).[10]

'물이 걷혔다.'고 번역된 단어 '하레브'(חָרַב)는 '진흙투성이'의 상태를 가리키는 반면에 '땅이 말랐다.'고 번역된 단어 '야베쉬'(יָבֵשׁ)는 물이 완전히 사라져 '딱딱한 지면'을 가리키는 용어라고 학자들은 이해한다.[11] 진흙 밭이 딱딱한 지면으로 바뀌는 데는 시간이 걸리기 마련이다. 그런데 성경 기자는 601년 1월 1일에서 2월 27일까지라고 정확한 연대를 제시함으로써 마르는 데 걸린 시간은 1개월 27일이었다고 밝힌다.

---

[10] 홍수 시작은 노아 600년 제2월 17일이었다: "노아가 육백 세 되던 해 둘째 달 곧 그 달 열이렛 날이라 그 날에 큰 깊음의 샘들이 터지며 하늘의 창문들이 열려"(창 7:11).
[11] Moberly, "Why Did Noah Send Out a Raven," 351.

6.2 육백일 년 첫째 달 곧 그 달 초하룻날

우리가 앞서 살핀 대로 고대 근동의 홍수 설화에는 정확한 연대가 언급되지 않은 반면에 노아 홍수 기사에는 몇 번에 걸쳐 정확한 연대를 언급하고 있다. 우선 물이 걷혔을 뿐 아직 지면이 마르지 않은 상태를 확인한 날짜를 제공한다.

"육백일 년(שָׁנָה בְּאַחַת וְשֵׁשׁ־מֵאוֹת; 베아하트 웨셰쉬-메오트 샤나) 첫째 달(בָּרִאשׁוֹן; 바리숀) 곧 그 달 초하룻 날(בְּאֶחָד לַחֹדֶשׁ; 베에하드 라호데쉬)에 땅 위에서 물이 걷혔더니."

이 연대는 '노아의 삶의 601번째 해의 1월 1일'이라는 의미이다. 창세기 7:11에 보면 홍수가 시작된 날을 "노아가 육백 세 되던 해 둘째 달 곧 그 달 열이렛날"이라고 밝히고 있으므로 여기에서도 역시 '노아의 삶의 연대기'로 시간을 알리고 있음을 알 수 있다.

그런데 여기서 베스터만 같은 학자는 단순히 연대 측정보다는 첫 번째라는 단어가 세 번 사용되고 있다는 점에 주목해야 한다고 주장한다. '6백 첫 번째(אַחַת; 아하트) 해에, 첫 번째(רִאשׁוֹן; 리숀) 달, 첫 번째(אֶחָד; 에하드) 날에'라고 첫 번째를 세 번이나 강조하고 있다는 것이다.

6.3 신세계가 열린 날 그리고 '창조 기념일'

그렇다면 이렇게 첫 번째를 세 번이나 강조하는 이유는 무엇일까? 베스터만의 말을 들어보자.

"새로운 세계 시대(the new world era), 홍수 후 시대(the post-diluvial age)가 바로 이날 시작한 것이다. …우리는 여기서 홍수 스토리를 틀로 감싸는 연대의 참 의도를 알 수 있다. …홍수 물이 지면에서 사라진 날, 홍수의 종결의 날은 신년(New Year's day)이었다. 우주는 이 날의 제의적 축하 가운데서 갱신되는 것이다. 신년에 매번 우주의 제의적 갱신을 축하하게 된 동기는 홍수 내러티브의 결론에서 기인한 것이다.

…창조기사에서 하나님께서 창조 시에 축복하시고 거룩하게 하신 날은 제7일이었다.

그날 하나님께서 창조하시던 모든 일로부터 쉬셨기 때문이다. 홍수 기사에서 땅이 회복되고 갱신된 것은 바로 601년 1월 1일이었다. 바로 이 날 홍수로부터 해방되었기 때문이다. 안식일은 창세기 2:1-3에서, 그리고 신년 축제는 창세기 8-9장에서 제정되었다고 말할 수는 없다. 그러나 고대사에서 이 두 단락이 기초를 놓은 것은 분명하다. 안식일과 신년 축제가 하나님의 백성의 역사 가운데서 세워지고 제도로 고정화되면서, 태고사에 이 두 단락을 언급할 수 있었던 것이다. 이로써 이 두 제도는 최소한의 가능성만으로는 보편적 의미를 갖게 된 것이다."[12]

베스터만의 해석은 창세기 1-11장의 고대사가 얼마나 중요한지를 우리에게 보여준다. 그의 말대로 이스라엘 역사에서 가장 중요한 절기인 '안식일'과 '신년 축제'가 왜 "시간의 끝까지 지켜야 하는 고정된 시간 사이클"(a fixed temporal cycle which is to preserve until the end of time)인지를 알려주고 있기 때문이다.[13]

한편 카수토(U. Cassuto)는 노아 601년 1월 1일은 하나님이 세상을 만드신 "창조 기념일"(the anniversary of the Creation)이라고 주장한다. 왜냐하면 깊음이 땅을 덮었던 혼돈의 상태에서 물이 제거되고 땅이 형태를 드러냄으로 "땅이 하나님이 처음 만드셨던 형태"로 돌아갔기 때문이다.[14]

6.4 노아 601년 2월 27일의 의미

노아 601년 1월 1일에 땅이 창조 시 원상태로 돌아갔으니, 이제 땅에 살아야 할 노아가 이를 확인하는 일만이 남았다. 따라서 '노아가 방주 뚜껑을 제치고 본' 것이며, 노아는 드디어 '지면에서 물이 걷혔다(חָרְבוּ; 하레브)'는 사실을 알게 된 것이다.

노아가 지면에서 물이 걷힌 것을 확인했으면 곧바로 방주에서 나올 것으로 보이지만 노아는 그렇게 하지 않았다. 왜냐하면 아직 땅이 완전히 마르지 않았기 때문이다. 이에 성경 기자는 노아가 601세가 되던 해 2월 27일에서야 비로소 땅이 말랐다고 언급한다: "둘째 달 스무이렛 날에 땅이 말랐더라(יָבְשָׁה; 야베쉬)."

---

12) Westermann, *Genesis 1-11*, 450.
13) Westermann, *Genesis 1-11*, 451.
14) Cassuto, *Genesis*, Part II, 113.

여기서 굳이 601년 2월 27일을 강조하는 이유는 무엇일까? 지면에서 물이 걷힌 후 1개월 27일 만에 땅이 굳게 말랐다는 것의 의미는 무엇일까? 이를 알기 위해서는 노아 홍수 기사에 나오는 모든 연대를 살펴보아야 한다.

(1) 홍수 시작

"노아가 육백 세 되던 해 둘째 달 곧 그 달 열이렛 날이라 그 날에 큰 깊음의 샘들이 터지며 하늘의 창문들이 열려"(창 7:11).

(2) 땅이 마름

"육백일 년 첫째 달 곧 그 달 초하룻날에 땅 위에서 물이 걷힌지라 노아가 방주 뚜껑을 제치고 본즉 지면에서 물이 걷혔더니 둘째 달 스무이렛날에 땅이 말랐더라"(창 8:13-14).

위 본문에 따르면 노아 600년 2월 17일에 홍수가 시작되어 601년 1월 1일에 물이 걷히고, 2월 27일에 땅이 말랐다. 홍수 시작에서 물이 걷힌 때까지의 기간은 10개월 13일 정도이고, 땅이 마른 것을 포함하면 1년 11일인 것으로 보인다.

그렇다면 도대체 1년 11일이라는 것은 무슨 의미일까? 정확한 기간은 두 가지 요소를 어떻게 해석하느냐에 달려 있다고 학자들은 말한다.

첫째, 한 달을 몇 일로 볼 것인가?

둘째, 음력과 양력의 두 가지 계산법이 있는데 이 둘 사이의 계산상의 차이를 어떻게 볼 것인가?

그런데 여기서 흥미로운 것은 음력으로 일 년은 354일인데 여기에 11일을 합치면 365일, 그러므로 양력으로 1년이 된다고 학자들은 말한다. 따라서 카수토(Cassuto) 같은 학자들은 연대에 대한 두 언급(13a, 14)은 두 개의 서로 다른 연대 계산법, 즉 태음력과 태양력을 보여준다고 말한다. 어찌되었든 태양력으로는 1년 걸린 것이라고 본다.[15] 이렇게 보면 결국 두 언급(13a, 14)은 두 개의 서로 다른 연대 계산법, 즉 태

---

15) Cassuto, *Genesis*, Part II, 113-114.

음력과 태양력을 보여주는 셈이 된다는 것이다.

7. 결론 : 신학적 메시지

7.1 방주를 떠나서는 발 붙일 곳이 없다

노아가 비둘기를 세 번씩 내보내는 장면을 상세하게 묘사하는 것은 그 안에 깊은 신학적 의미를 담기 위해서이다. 노아가 첫 번째 비둘기를 보냈으나 방주로 돌아왔다. 그 이유가 무엇인가?

"온 지면에 물이 있으므로 비둘기가 발 붙일 곳(מָנוֹחַ לְכַף־רַגְלָהּ; 마노아흐 르카프-라글라흐)을 찾지 못하고 방주로 돌아와 그에게로 오는지라 그가 손을 내밀어 방주 안 자기에게로 받아들이고"(창 8:9).

비둘기가 발 붙일 곳(מָנוֹחַ לְכַף־רַגְלָהּ; 마노아흐 르카프-라글라흐)을 찾지 못했을 때 돌아온 곳은 바로 노아와 방주였다. 노아와 방주는 비둘기가 발 붙일 곳이 없을 때 찾아올 수 있는 곳이었다. '발 붙일 곳'이라고 번역된 히브리어는 직역하면 '그의 발바닥이 쉴 수 있는 곳'(resting place for the sole of her foot)이다. 앞서 살핀 대로 '쉴 수 있는 곳'이란 히브리어로 '마노아흐'(מָנוֹחַ)로서 노아의 이름(נֹחַ; 노아흐)과 소리가 유사하다. 그뿐 아니라 노아가 '쉼'이란 뜻이기에 의미상으로도 두 단어는 비슷하다. 소리의 유사성이 의미의 유사성과 결합되면서 강력한 메시지를 전한다. 쉴 곳을 찾지 못한 비둘기가 '쉼'이란 의미를 지닌 노아에게로 돌아온 것이다.

이것은 이스라엘 역사에서 고귀한 교훈이 되었다. 발바닥이 쉴 수 있는 유일한 곳은 바로 하나님이 예비하신 방주뿐이다. 홍수가 요란할 때 방주를 떠나서는 그 어디서도 발바닥이 쉴 곳을 발견하지 못했다. 이 같은 사실을 하나님께서는 모세를 통해 신명기 28장에서 가르쳐 주셨다.

"네가 만일 네 하나님 여호와의 말씀을 순종하지 아니하여 내가 오늘 네게 명령하는 그의 모든 명령과 규례를 지켜 행하지 아니하면 이 모든 저주가 네게 임하며 네게 이를 것이니…그 여러 민족 중에서 네가 평안함을 얻지 못하며 네 발바닥이 쉴 곳(מָנוֹחַ לְכַף־רַגְלֶךָ; 마노아흐 르카프-라글레카)도 얻지 못하고 여호와께서 거기에서 네 마음을 떨게 하고 눈을 쇠하게 하고 정신을 산란하게 하시리니"(신 28:15, 65).

노아에게 방주는 무엇인가? 비가 올 가능성조차 없어 보이는 긴 시간 동안 마른 땅 위에 배를 지으라는 명령에 절대적으로 순종한 결과가 아닌가? 그렇다면 이스라엘에게 방주란 하나님의 모든 명령을 지키는 것을 의미한다. 따라서 모세는 '네 하나님 여호와의 말씀을 순종하지 아니하여 내가 오늘 네게 명령하는 그의 모든 명령과 규례를 지켜 행하지 아니하면' 다시 말해 '방주를 떠나면' '네 발바닥이 쉴 곳(מָנוֹחַ לְכַף־רַגְלֶךָ; 마노아흐 르카프-라글레카)도 얻지 못하게' 될 것이라고 선언하고 있는 것이다.

이미 베스터만 같은 학자들이 지적한 대로 비둘기가 '발 붙일 곳'(מָנוֹחַ לְכַף־רַגְלָהּ; 마노아흐 르카프-라글라흐)을 찾지 못했다는 것은 "심지어는 가장 작은 쉴 곳"(the tiniest resting place)조차 찾지 못했다는 것이다.[16] 왜냐하면 비둘기의 발이 얼마나 작은가? 그 작은 발조차 쉴 곳을 발견하지 못했다는 것은 가장 작은 쉴 곳조차 발견하지 못했다는 것이다.

그렇다! 하나님의 말씀에 순종하지 않는다면 '발바닥이 쉴 곳'(מָנוֹחַ לְכַף־רַגְלֶךָ; 마노아흐 르카프-라글레카)조차 얻지 못할 것이다. 이 세상 그 어디에서도 발조차 디딜 데가 없을 것이며, 가장 작은 안식처조차 얻지 못하게 될 것이다! 우리는 결코 이 점을 놓쳐서는 안 된다.

7.2 요단강에 발바닥이 닿자 마른 땅으로 바뀌게 하시는 하나님

노아가 세 번 비둘기를 내보내는 장면을 묘사하면서 성경 기자는 뒤에 있을 구속사의 중요한 이정표와 모형을 제시한다. 따라서 게이지(Gage)는 성경의 시초론에서 중요한 노아 스토리를 이해하게 되면 성경의 신론, 인간론, 구원론, 심판론을 이해

---

16) Westermann, *Genesis 1-11*, 448.

하고 끝내는 성경의 종말론까지 알게 된다고 주장한다.17) 다시 말해 노아 홍수 이야기는 구약 역사 속에서 지속적으로 그 주제가 반복되고 있다는 것이다.

게이지는 이 같은 사실을 노아 홍수 이야기와 요단강 도강 이야기를 비교하면서 설명한다. 가나안으로 들어갈 때 노아 홍수 스토리를 상기시키는 용어들이 나온다는 것이다. "요단강은 마치 바다처럼 넘쳐흘렀고(수 3:16; 출 15:8), 홍수 물이 법궤를 멘 제사장들의 발이 닿자 마르기 시작하였다."는 것이다.18)

"온 땅의 주 여호와의 궤를 멘 제사장들의 발바닥이 요단 물을 밟고 멈추면(כְּנוֹחַ כַּפּוֹת רַגְלֵי הַכֹּהֲנִים; 케노아흐 카포트 라글레 하코하님) 요단 물 곧 위에서부터 흘러내리던 물이 끊어지고 한 곳에 쌓여 서리라"(수 3:13).

"온 지면에 물이 있으므로 비둘기가 발 붙일 곳(מָנוֹחַ לְכַף־רַגְלָהּ; 마노아흐 르카프-라글라흐)을 찾지 못하고 방주로 돌아와 그에게로 오는지라"(창 8:9).

여호수아 3:13에서 제사장의 발바닥이 '밟고 멈추면'이라고 했을 때 동사는 '누아흐'(נוּחַ)이며 노아(נֹחַ)란 이름의 어근으로서 '쉬다.'(rest)는 의미이다. 제사장의 발바닥은 요단강물 안에서 발바닥이 쉴 곳을 얻자 요단 강물이 끊어지고 쌓여 서게 되었다. 온 지면에 물이 있어 비둘기의 발이 쉴 곳을 찾지 못하여 돌아왔으나, 이제 제사장의 발바닥은 창일하는 요단 강물 안에서 쉴 곳을 찾았고 이로 인해 요단강을 마른 땅으로 건너게 된 것이다.

이 대목에서도 요단 도강 스토리는 노아 홍수 이야기를 상기시키는 용어가 등장한다고 게이지는 본다.19) 노아가 세 번째 비둘기가 돌아오지 않자 "육백일 년 첫째 달 곧 그 달 초하룻날에 땅 위에서 물이 걷힌(חָרֵב; 하레브)"(창 8:13) 것을 알았다. 이제 노아가 방주 밖으로 나갈 때가 다가온 것을 안 것이다.

가나안에 입성한 이스라엘은 언약궤를 멘 제사장들이 그 발바닥으로 '육지'(חָרָבָה;

---

17) Gage, "The Gospel of Genesis," 8-9.
18) Gage, "The Gospel of Genesis," 64-65.
19) Gage, "The Gospel of Genesis," 64-65.

하라바)를 밟는 순간 다시 물이 제자리로 돌아가기 시작했고, 그 사이에 이스라엘은 마른땅처럼 요단강을 건넜다: "여호와의 언약궤를 멘 제사장들이 요단 가운데에서 나오며 그 발바닥으로 육지(חָרָבָה; 하라바)를 밟는 동시에 요단 물이 본 곳으로 도로 흘러서 전과 같이 언덕에 넘쳤더라"(수 4:18).

이렇게 비둘기를 세 번 내보내는 장면에서 등장하는 개념과 용어들이 다시 이스라엘의 구속사에 등장하면서 노아의 하나님은 출애굽의 하나님임을 예표한다. 이런 식으로 성경 기자는 우리의 하나님은 어저께나 오늘이나 영원 무궁히 동일하신 하나님임을 보여준다.

정말 흥미로운 것은 학자들이 이미 지적한 대로 노아가 물이 걷힌 것을 안 날은 노아 601년 1월 1일이었는데, 요단강을 마른 땅처럼 건넌 것도 정월이었다. 1월 10일에 이스라엘 백성이 요단에서 올라와 여리고 동쪽 길갈에 진을 쳤기 때문이다(수 4:19). 물론 1월 10일은 유월절 양을 선택하는 날이긴 하지만(출 12:3), 창일하는 물을 이기고 마른 땅으로 올라온 날들이 모두 정월이라는 것은 의미가 있다. 우리가 하나님만을 신뢰하며 순종한다면, 특별히 매년마다 첫 달은 구원을 경험하는 희망찬 달이 될 수도 있지 않을까!

7.3 당신만을 기다리나이다

헬무트 틸리케는 비둘기를 세 번씩이나 내보내는 노아의 모습에서 멋진 신학적 메시지를 보았다.

"그래서 노아는 끝이 없는 홍수 속을 헤쳐 나갔던 것이며 그의 마음은 평화로웠던 것입니다. 그는 자기의 비둘기가 마른 땅을 발견하고는 용서의 표적을 물고서 다시 돌아오리라는 것을 알고 있습니다. 그것이 오늘이든 내일이든 아니면 언제라도. …

노아가 비둘기를 내보낸 것은 그의 하나님에게 이런 메시지를 보낸 것이나 마찬가지입니다. '나는 아무것도 볼 수 없지만 당신만을 기다리나이다.' 하나님은 이에 대해 이렇게 대답하십니다. '하지만 나는 너를 지켜보고 있다. 내가 너에게 지금 다가가고 있는 중이다.' 노아는 축복받고 행복한 사람이었습니다. 왜냐하면 그는 어떤 일이 닥쳐올 것인가에 대해 염려를 하지 않고 반드시 다가오실 그리고 적절할 때에 나타나실 하나님을 기다렸기 때문입니다."[20]

7.4 구원은 어디서 오는가?

우리는 노아가 부지런히 까마귀와 비둘기를 내보낸 것을 오해해서는 안 된다. 이렇게 부지런하게 애를 쓴다고 구원을 얻을 수 있는 것이 아니기 때문이다. 노아 홍수 스토리는 홍수를 일으키시고 또 홍수를 끝내시는 여호와만이 우리의 구원주이심을 보여준다. 우리가 할 수 있는 것은 여호와만이 우리의 구원주시라는 사실을 고백하는 한계 안에서만 가능하다. 이를 베스터만은 멋지게 설명한다.

"새들을 내보낸 것은 구원을 얻기 위해서가 아니다. 새를 통한 지식은 언제 방주를 떠날 것인지를 알기 위해서이다. 구원은 이렇게 습득한 지식에 의해서 일어나는 것이 아니다. 구원은 홍수를 일으키시고 끝내시는 강한 신에게서 오는 것이다. 인간의 가능성은 한계 안에서 가능한 것이다. 여기서는 오직 하나님만이 구원주이신 것이다."[21]

8. 부록 1 : 정교한 숫자의 구조

홍수 스토리를 보면 숫자가 자주 나온다. 언뜻 보면 무의미하게 나열된 숫자 같기도 하고, 달리 보면 중복된 숫자 같기도 하다. 따라서 일부 해석자들은 서로 다른 두 개의 전승에서 나온 문서가 결합된 것이라고 보기도 한다. 그런데 고든 웬함은 숫자들이 무의미하게 나열되거나 중복되거나 서로 다른 문서에서 나온 것이 아니라 나름의 서술의 논리를 가진 의미 있는 구조임을 보여주었다.[22]

7일간 홍수 기다림의 예고(7 days of waiting for the Flood; 7:4)

---

20) 헬무트 틸리케, 『세상이 어떻게 시작되었는가』, 248, 249.
21) Westermann, *Genesis 1-11*, 447.
22) Wenham, *Genesis 1-15*, 157.

7일간의 실제 홍수 기다림(7 days of waiting for the Flood; 7:10)
　　　　40일간의 홍수(40 days of flooding; 7:17상)
　　　　　　150일간의 물의 승리(150 days of water triumphing; 7:24)
　　　　　　150일간의 물의 빠짐(150 days of water waning; 8:3)
　　　　40일간의 기다림(40 days of waiting; 8:6)
　　　7일간의 기다림(7 days of waiting; 8:10)
　　7일간의 기다림(7 days of waiting; 8:12)

위의 숫자 구조는 물론 모든 숫자를 더하면 자연스레 홍수 기간을 알 수 있다거나 정확한 연대 추정이 가능하다는 것은 아니다. 단지 홍수 스토리가 일관된 논리를 가진 내러티브임을 보여준다. 홍수 스토리는 원래 두 개인 별도의 문서들이 후대에 편집자에 의해 '잘라서 붙이는' 형식으로 편집된 스토리라는 일부 비평주의 학자들의 견해가 근거가 없는 것임을 밝히려고 여기서 언급하는 것이다.

9. 부록 2 : 전체 연대기

물론 현재 성경 본문을 가지고는 정확하게 연대 추정을 하기가 어려운 것이 사실이다. 그러나 스토리를 좀 더 잘 이해하기 위해서는 알려진 본문의 데이터를 가지고 연대기를 만들어보는 것도 도움이 된다. 그런데 고맙게도 웬함을 비롯한 여러 학자들은 아래와 같은 연대 추정을 하는 데 우리에게 도움이 된다.

		성경		
1	홍수 선언	7:4	600년 2월 10일	주일
2	홍수 시작	7:11	*600년 2월 17일*	주일
3	홍수 40일간 지속 후 끝남	7:12	600년 3월 27일	금요일

4	150일간 물이 차 있다가 줄어듦 (홍수 40일 포함)=방주가 걸려서 5개월	8:4	*600년 7월 17일*	금요일
5	산 정상이 보임	8:5	*600년 10월 1일*	수요일
6	까마귀를 내어보냄(40일 후)	8:6	600년 11월 10일	주일
7	비둘기의 두 번째 비행	8:10	600년 11월 24일	주일
8	비둘기의 세 번째 비행	8:12	600년 21월 1일	주일
9	물이 걷힘	8:13	*601년 1월 1일*	수요일
10	노아가 방주를 나옴	8:14	*601년 2월 27일*	수요일

웬함은 위의 도표에서 이탤릭체로 되어 있는 연대는 성경 본문에 언급된 것이고 나머지는 직접 언급되지 않았으나 성경 본문의 다른 언급으로부터 추론한 것이라고 밝힌다. 위의 "연대기의 유일한 문제점은 7:12의 40일과 7:24의 150일을 어떻게 7:11과 8:4 사이의 5개월 안으로 맞추어 넣느냐는 것"이라고 웬함(Wenham)은 말한다.[23]

"*노아가 육백 세 되던 해 둘째 달 곧 그 달 열이렛날이라 그 날에 큰 깊음의 샘들이 터지며 하늘의 창문들이 열려*"(창 7:11).

"*사십 주야를 비가 땅에 쏟아졌더라*"(창 7:12).

"*물이 백오십 일을 땅에 넘쳤더라*"(창 7:24).

"*일곱째 달 곧 그 달 열이렛날에 방주가 아라랏 산에 머물렀으며*"(창 8:4).

위의 웬함의 연대기는 노아 홍수의 연대기의 문제를 완벽하게 설명하지는 않지만 지금까지 나온 제안 중에 가장 좋은 설명으로 보인다.

---

23) Wenham, *Genesis*, 180.

"Go into the ark, you and your whole family"

12장

땅이 말랐는데도 노아가 바로 방주에서 나가지 않은 이유는 무엇인가?

창 8:15-19

1. 서론적 이야기

1.1 질문을 잘 하지 않는 현대 그리스도인

우리는 노아 홍수 내러티브가 고대 근동의 홍수 설화보다 연대와 날짜가 비교적 구체적으로 명시되어 있음을 살펴보았다. 지면에 물이 '걷혀'(חָרְבוּ; 하레브) 땅이 창조 시 원상태로 돌아간 것은 노아가 601세가 되던 해 1월 1일이었다(창 8:13). 그러나 지면에서 물이 걷혔다고 바로 방주에서 나올 수 있는 것은 아니었다. 땅이 말라야만 활동을 재개할 수 있기 때문이었다. 따라서 노아는 먼저 까마귀를 내보내고, 그 다음 비둘기를 세 번씩이나 내보냈다. 세 번째로 비둘기를 내보낸 이후 비로소 '땅이 말랐다(יָבְשָׁה; 야베쉬)'는 것을 알게 되었다. 그때는 노아가 601세가 되던 해 2월 27일이었다고 성경 기자는 밝힌다(창 8:14).

이제 비로소 땅이 말랐으니 노아가 바로 방주 밖으로 나오지 않았을까? 1년 이상 방주 안에 갇혀 있었다면 방주 밖으로 나오고 싶지 않았을까? 노아 600년 2월 17일에 홍수가 시작되어 601년 1월 1일에 물이 걷히고, 2월 27일에 땅이 말랐다. 홍수 시작부터 물이 걷힌 때까지의 기간은 1년이고, 땅이 마른 것을 포함하면 1년 11일 인 것으로 보인다. 그렇다면 1여 년 동안 방주 안의 생활은 어떠했을까? 노아는 자신과 7식구뿐만 아니라, 방주 안의 모든 생물을 보호해야 할 책임이 있었을 터인데 노아는 하루를 어떻게 보냈을까?

오늘날 그리스도인들은 성경을 보면 이런 식의 질문을 잘 던지지 않는다. 그러나 이런 질문들은 성경 본문이 정보를 주지 않기에 쉽게 답할 수 있는 것은 아니지만 한번쯤은 던져 볼 수 있는 흥미로운 질문이 아닐 수 없다.

1.2 랍비들의 상상력

그러나 이런 질문들을 잘 하지 않는 현대 그리스도인들과는 달리 랍비들은 작은 단서 하나라도 놓치지 않고 해석하려고 한다. 랍비들은 성경 본문의 작은 차이 하나에도 의미가 있다고 보는 소위 '범의미성'(omni-significance) 이론을 따른다. 따라서 랍비들은 본문의 작은 단서에 근거해서 해석을 하는 데 남다른 조예가 있었다. 노아에 대한 유대주의 해석을 보면 랍비들은 해석학적 상상력으로 방주에서 무슨 일이 있었는지에 대해 온갖 해석을 다 하였다.

우리는 이런 해석의 일단을 '창세기 랍바'(Genesis Rabbah)에서 찾아볼 수 있는데, 아래 글은 노르만 콘의 요약이다.

"심지어는 방주 안에서도 삶은 힘들었다. 랍비들 사이에는 성적인 관계는 금지되었다는 것이 정설이다. 까마귀와 개와 노아의 아들 함이 이 규정을 어겼다가 처벌을 받았다(함의 처벌은 후손들이 흑인이 되는 것이었다). 동물의 필요는 노아와 그의 가족에게 큰 짐이었다. 동물들은 밤과 낮으로 때가 되면 음식을 먹여야 했다. 카멜레온이 특별히 문제였다. 어떻게 먹여야 하는지를 아는 사람이 아무도 없었기 때문이다. 다행히도 노아가 석류로부터 벌레를 떨어지게 했더니 카멜레온이 이를 먹었다. 따라서 노아는 그 후에 이를 위해 벌레를 키웠다. 피닉스는 음식 없이 지내겠다고 제안함으로써 노아의 짐을 덜어 주었다. 이에 족장 노아는 피닉스가 영원히 죽지 않을 것이라고 약속하였다. 그러나 노아는 12개월 동안 너무 바빠서 한숨도 자지 못하였다."[1]

---

1) Norman Cohn, *Noah's Flood: The Genesis Story in Western Thought* (New Haven and London: Yale Univ. Press, 1996), 35.

물론 이런 랍비적 상상력은 지나친 것일 수 있다. 이에 반해 우리는 이런 데 대해 아무런 질문이나 상상력을 품지 않는다. 지나친 상상력의 발휘도 문제지만, 아예 궁금증조차 가지지 않는 무관심이 더 문제는 아닐까? 성경 말씀에 대한 무관심이 끝내는 하나님의 말씀에 대한 무시로 나아갈 수 있기 때문이다.

1.3 문제 제기

노아가 가능한 한 빨리 방주 안에서 나오고 싶었을 것임은 분명하다. 게다가 물이 걷히고 땅이 말랐으면 당연히 방주 밖으로 나와야 하는 것이 순리가 아닐까? 그러나 노아는 바로 방주 밖으로 나오는 행동을 보이지 않았다. 그렇다면 도대체 그 이유는 무엇일까? 노아는 무엇을 기다리고 있는 것인가? 이런 질문을 염두에 두고 본문을 상세히 읽어보자.

2. 하나님의 명령 : 방주에서 나오라

2.1 하나님의 명령을 기다리는 노아

물이 걷히고 땅이 말라 방주에서 나올 수 있음에도 노아가 바로 나오지 않은 이유가 무엇인지는 이어지는 스토리를 보면 알 수 있다.

"하나님이 노아에게 말씀하여 이르시되 너는 네 아내와 네 아들들과 네 며느리들과 함께 방주에서 나오고(יָצָא; 야차) 너와 함께 한 모든 혈육 있는 생물 곧 새와 가축과 땅에 기는 모든 것을 다 이끌어내라(יָצָא; 야차)"(창 8:15-17).

하나님의 말씀의 첫 마디는 '나오라'(יָצָא; 야차)였다. 그렇다! 하나님의 말씀이 없었기 때문에 노아는 나오지 않은 것이다. 노아는 '나오라'는 하나님의 명령을 기다리고 있었던 것이다. 방주에 들어갈 때도 '방주에 들어가라(בּוֹא; 보)'고 하나님께서 명령하실 때까지 노아는 기다렸다(창 7:1). 그렇다면 방주에서 나갈 때도 하나님의 명령을 기다리는 모습을 보인 것이다. 노아는 하나님의 말씀이 아니면 단 한 발자국도 방주에서 나올 생각을 하지 않았다. 그러기에 의인이요, 당대에 완전한 자요, 하나님과 동행한 자란 칭찬을 들은 것이 아닐까! '나오라.'(יצא; 야차)는 하나님의 명령이 없이는 방주에서 나오지 않는 노아의 모습은 오랫동안 하나님의 백성들에게 영감의 원천이었다.

2.2 방주에서 나오라는 명령의 목적

그렇다면 방주에서 나오라는 명령의 목적은 무엇인가?

"이것들이 땅에서 생육하고(שרץ; 샤라츠) 땅에서 다산하고(פרה; 파라) 많아지라(רבה; 라바)고 하시매"(한글개역개정은 한 단어 '번성하리라'로 번역; 창 8:17하).

하나님께서 방주에서 나오게 한 목적은 이것들이 땅에서 생육하고(שרץ; 샤라츠) 땅에서 번성하는 것이었다. 한글개역개정에서 '번성하리라'로 번역된 표현은 '다산하고(פרה; 파라) 많아지라(רבה; 라바)'란 두 개의 동사로 이루어진 것을 한 동사로 번역한 것이다. 그런데 '생육하다.', '다산하다.', '많아지다.'란 세 개의 동사는 창세기 1장의 창조 기사에 동일하게 등장한다. 따라서 방주에서 모든 혈육 있는 생물을 나오게 한 목적은 원래 창조 목적과 동일함을 알 수 있다.

'생육하라.'(שרץ; 샤라츠)는 명령은 '물에 사는 생물'에 대해서 주어진 원래의 창조 명령과 동일하다(창 1:20). '다산하고(פרה; 파라) 많아지라(רבה; 라바)'는 명령은 물 생물과 인간에게 주신 최초의 명령(창 1:28)과 동일하다. 이제 인간의 악으로 사라질 뻔한 세상이 하나님의 은혜로 말미암아 보존되고 새롭게 창조 목적을 달성할 수 있는 무대가 된 것이다.[2]

그러나 우리는 그저 창조 세계가 보존된 것만으로 이해해서는 안 된다. 인간의 생각이 어려서부터 악한 것이 창조 세계를 위협함에도 불구하고 세계를 보존하시겠다는 것이 더 중요한 것이다. 베스터만의 말을 들어보자.

---

[2] Waltkey, *Genesis*, 141: "갱신된 땅에서 다산과 생명의 밝은 희망"을 담은 이 명령은 바벨론 홍수 설화와는 다르다. 우트나피쉬팀은 홍수 후의 세상을 바라보면서 "모든 인류가 진흙으로 돌아가는 것을" 보는 장면으로 암울하게 묘사할 뿐이기 때문이다(*ANET*, 94, line 133).

"'이것들이 땅에서 생육하고 땅에서 번성하리라.'는 명령은 창조 시에 동물에게 주었던 명령이…여기서 갱신되는 것으로 모든 해석자들은 말한다. 이것은 옳다. 그러나 이것이 가장 중요한 것은 아니다. 여기에 새로운 축복의 측면이 첨가되었다는 것이 중요하다. 여기에 살아남은 동물들, 생육하고 번성해야 하는 동물들은 인간들과 마찬가지로 재앙에 노출되었다는 것이다. 대량 학살이 동물들에게도 실존의 일부가 된 것이다. 구원받은 동물들을 이제 이런 점을 염두에 두고 축복한 것이다. 동물의 왕국에서 어떤 재앙이나 대량 학살도 이 축복을 폐기할 수 없다."[3]

'나가라.'는 하나님의 명령이 방주에 있는 모든 생물들에게 다시금 생육과 번성의 축복을 향유할 수 있는 기회를 허락한 것이다.

3. 가족의 중요성

3.1 짐승이 가족대로 방주에서 나옴

노아는 하나님의 명령대로 순종했다.

"노아가 그 아들들과 그의 아내와 그 며느리들과 함께 나왔고 땅 위의 동물 곧 모든 짐승과 모든 기는 것과 모든 새도 그 가족대로(מִשְׁפָּחָה; 미쉬파하; 한글개역개정은 '종류대로') 방주에서 나왔더라"(창 8:18-19).

노아와 그의 식구들은 물론 땅 위의 모든 동물이 '가족별로'(מִשְׁפָּחָה; 미쉬파하) 방주에서 나왔다는 점을 주목해야 한다. 왜냐하면 이미 여러 학자들이 지적한 대로 이전 홍수 스토리에서는 '종류(מִין; 민)대로'란 표현을 쓴 반면에 여기에서는 처음으로 '가족(מִשְׁפָּחָה; 미쉬파하)별로'란 단어를 사용하고 있기 때문이다.

---

3) Westermann, *Genesis 1-11*, 451.

"새가 그 종류(מִין; 민)대로, 가축이 그 종류(מִין; 민)대로, 땅에 기는 모든 것이 그 종류(מִין; 민)대로 각기 둘씩 네게로 나아오리니 그 생명을 보존하게 하라"(창 6:20; 참조 창 7:14).

"가족"대로에서 가족(מִשְׁפָּחָה; 미쉬파하)이란 이스라엘 백성에게 사용될 때에는 "지파"와 "대가족" 사이에 놓인 중간 단위로서 "동일한 마을이나 인근에 살면서 동일한 이익과 관심을 가진 혈족들로서 상호 보호하고 협조하는 대가족들의 모임"이라고 정의된다.[4]

우리가 다 알다시피 인간은 한 개인으로 존재해서는 생명을 이어나갈 수 없다. 최소한 부부와 자녀가 있어야 생명이 지속적으로 유지된다. 그러나 엄밀하게 말하면 핵가족으로는 생명이 보존되고 번성하기 힘들다. 어느 정도 크기의 혈족과 가족이 있어야 생육하고 번성할 수 있음을 이미 여러 학자들이 지적했다. 그런 점에서 "종류(מִין; 민)대로" 대신 "가족(מִשְׁפָּחָה; 미쉬파하)대로"를 사용한 것으로 보인다.[5]

3.2 가족대로 노아의 후손들이 땅에 퍼짐

우리는 창세기 10장에서 노아의 후손들이 생육하고 번성하여 땅에 퍼지게 된 것을 묘사할 때에 가족(מִשְׁפָּחָה; 미쉬파하)이란 단어가 등장한다는 점을 주목해야 한다.

"이들로부터 여러 나라 백성으로 나뉘어서 각기 언어와 종족(מִשְׁפָּחָה; 미쉬파하)과 나라대로 바닷가의 땅에 머물렀더라…아르왓 족속과 스말 족속과 하맛 족속을 낳았더니 이 후로 가나안 자손의 족속(מִשְׁפָּחָה; 미쉬파하)이 흩어져 나아갔더라…이들은 함의 자손(מִשְׁפָּחָה; 미쉬파하)이라 각기 족속과 언어와 지방과 나라대로였더라…이들은 셈의 자손(מִשְׁפָּחָה; 미쉬파하)이니 그 족속과 언어와 지방과 나라대로였더라 이들은 그 백성들의 족보에 따르면 노아 자손의 족속(מִשְׁפָּחָה; 미쉬파하)들이요 홍수 후에 이들에게서 그 땅의 백성들이 나뉘었더라"(창 10:5, 18, 20, 31, 32).

---

[4] N. K. Gottwald, *The Tribes of Yahweh: A Sociology of the Religion of Liberated Israel, 1250-1050BCE* (Orbis Books, 1985), 257.

[5] 베스터만은 "생명은 '전체로서의 생명(life in its entirety)', '공동체 안에서의 생명(life in community)'이라는 점"을 강조하기 위해 가족대로라는 표현을 쓴 것으로 본다. 참조, Westermann, *Genesis 1-11*, 452.

방주에서 가족대로 나온 짐승들처럼, 이제 노아의 8식구들은 생육하고 번성하여 여러 가족들로 나뉘었다. 노아의 족속들이 가나안 족속, 함 족속, 셈 족속으로 퍼져나갔고 각 나라대로 지방대로 언어대로 땅 끝까지 퍼져나갔다. 우리는 창세기 10장의 70열방의 목록 안에서 8식구가 무려 칠십 개의 민족들로 번성하게 되는 모습을 본다. 하나님께서 방주에서 나온 자들을 통해 이렇게 생육하고 번성하게 하신 것을 보면, 노아 홍수 스토리에 나오는 여호와 하나님을 그저 무자비한 심판자로 보는 것은 편협하기 그지 없는 해석이다. 여호와 하나님은 '가족'(מִשְׁפָּחָה; 미쉬파하)대로 생육하고 번성하기를 원하시는 하나님이시다.

3.3 출애굽 때 이스라엘을 가족대로 보호하심

하나님은 노아의 8식구를 보호하신 것처럼 출애굽할 때 이스라엘 민족을 보호하신 것 역시 '가족(מִשְׁפָּחָה; 미쉬파하)대로'였다.

"모세가 이스라엘 모든 장로를 불러서 그들에게 이르되 너희는 나가서 너희의 가족(מִשְׁפָּחָה; 미쉬파하)대로 어린 양을 택하여 유월절 양으로 잡고 우슬초 묶음을 가져다가 그릇에 담은 피에 적셔서 그 피를 문 인방과 좌우 설주에 뿌리고 아침까지 한 사람도 자기 집 문 밖에 나가지 말라 여호와께서 애굽 사람들에게 재앙을 내리려고 지나가실 때에 문 인방과 좌우 문설주의 피를 보시면 여호와께서 그 문을 넘으시고 멸하는 자에게 너희 집에 들어가서 너희를 치지 못하게 하실 것임이니라"(출 12:21-23).

또한 우리는 성경 기자가 한 문장으로 방주 안에 있는 것들이 다 나왔다고 하면 될 것을 굳이 '노아가 그 아들들과 그의 아내와 그 며느리들'과 함께 그리고 '땅 위의 동물 곧 모든 짐승과 모든 기는 것과 모든 새도 그 종류대로' 방주에서 나왔다고 반복하는 이유가 무엇일까? 노아가 얼마나 세심하게 문자 그대로 하나님의 말씀에 지속적으로 순종하는지를 보여주기 위해서이다.

4. 결론 : 신학적 메시지

4.1 노아를 부르시는 하나님

세일해머는 하나님께서 방주로부터 노아를 부르시는 모습(창 8:15-20)과 아브라함을 부르시는 모습(12:1-7) 사이에는 주제적 평행성이 있다고 강조한다. 아래 도표는 세일해머가 두 부르심 사이의 평행점이 무엇인지 보여주기 위해 만든 것이다.[6]

창세기 8:15-20	창세기 12:1-7
하나님이 노아에게 말씀하여 이르시되(8:15)	여호와께서 아브람에게 이르시되(12:1)
너는…방주에서 나오고(8:16)	너는 너의 고향…을 떠나(12:1)
노아가…나왔고(8:18)	아브람이…따라갔고(12:4)
노아가 여호와께 제단을 쌓고(8:20)	그가 그곳에서 여호와께 제단을 쌓고(12:8)
하나님이 노아…에게 복을 주시며(9:1)	내가…네게 복을 주어(12:2)
생육하고 번성하여(9:1)	내가 너로 큰 민족을 이루고(12:2)
내가 내 언약을 너희와…세우리니(9:9, 10)	내가 이 땅을 네 자손에게 주리라(12:7)

우리가 예상하지 못했지만 놀랍게도 노아와 아브라함 사이에는 평행점이 많이 나타난다. 세일해머의 말대로 노아와 아브라함은 창세기 내러티브에서 "새로운 시작을 대표"하는 두 인물일 뿐 아니라 "하나님의 축복의 약속과 언약의 선물"을 가져다 준 신앙의 영웅들이다.[7]

4.2 노아의 순종

방주 밖으로 나오라는 하나님의 부르심에 노아는 순종했다. 노아는 하나님의 명령에만 순종하는 사람이었기 때문이다. 하나님의 명령이 있어야만 비로소 구속사가 움직인다. 인간의 자발적 움직임은 결코 구속사를 만들어내지 못한다. 노아가 자발적으로 방주에 들어가고 자기 결정으로 방주에서 나오는 것은 어떤 의미에서

---

6) 세일해머, 『서술로서의 모세오경 상』, 245.
7) 세일해머, 『서술로서의 모세오경 상』, 245.

도 구속사가 될 수 없다. 방주로 들어가라고 명령하신 후에 노아가 방주에 들어가자 뒤에서 문을 잠그신 분은 하나님이셨다. 그렇다면 문을 여시는 분도 당연히 하나님이신 것이다. 방주에서 나오라는 명령 없이는 구속사는 단 한 걸음도 움직일 수 없다. 한마디로 말해 '방주로 들어가라-방주에서 나오라.'는 하나님의 명령은 노아 홍수 스토리를 구속사로 만들어가는 가장 강력한 엔진이다.

이 같은 사실은 고대 근동의 홍수 설화와 비교해보면 금방 알 수 있다. 길가메쉬 서사시의 주인공 우트나피쉬팀은 배에 들어갈 때에는 신의 지시에 의해 들어가지만 나올 때는 자기 뜻에 따라 행동한다. 이런 대조가 보여주는 신학적 메시지가 무엇인지 알렉산더 하이델의 말을 들어보자.

"더욱이 자구책에 이끌림을 받은 바벨론 홍수의 주인공은 자의에 따라 상륙한 데 반하여 노아는 끈기있게 방주에서 나가라는 하나님의 지시를 기다렸다는 사실을 우리는 주목하게 된다. 노아는 하나님의 명령에 따라 방주로 들어갔던 것과 마찬가지로 나갈 때에도 방주에서 나가라는 하나님의 명령을 받을 때까지 그 안에서 기다렸던 것이다. 한편 우트나피쉬팀은 신의 지시에 따라 배로 들어갔지만(토판 XI:86 이하), 배에서 내릴 때에는 자신의 판단에 따라 행하였다. 성경의 기사에는 하나님의 뜻에 완전히 순종하고 그에게 전적으로 의뢰한다는 정신이 널리 퍼져있는 반면, 바벨론 전승에는 스스로 결정하고 자신을 의뢰하는 어떤 정신이 나타나는데, 이는 윌리엄 어네스트 헨레이(William Ernest Henley)의 유명한 구절이 생각나게 한다. '나는 내 운명의 주인이며 내 영혼의 지배자이다.'"8)

4.3 칼빈의 해석

위대한 신앙의 선배인 칼빈의 해석은 이를 이롭게 해석한다.

"일 년 내내 힘든 홍수 기간을 견뎠고 이제야 홍수가 멈추고 새 생명이 비치게 되었는데, 하나님의 명령이 아니고는 무덤 안에서 한 발자국도 움직이지 않는 이의 용기를

---

8) 하이델, 『고대 근동의 창조 설화 홍수 설화와 구약 성경의 비교』, 134-135.

보라!"⁹⁾

노아가 왜 말 한마디도 하지 않고 순종하는 모습으로만 묘사되고 있는지 칼빈의 말을 들어보면 이해가 된다. 하나님의 명령에만 절대적으로 순종하는 사람, 노아. 그로 인해 대홍수 후에도 인류가 멸절되지 않고 살아남았고 새로운 생명을 얻게 된 것이다. 하나님의 말씀이 아니고는 무덤 한복판에서도 한 발자국도 움직이지 않는 사람을 하나님은 오늘도 찾고 계신다.

---

9) J. Calvin, *A Commentary on Genesis* (Banner of Truth, 1965), 280.

"Go into the ark, you and your whole family"

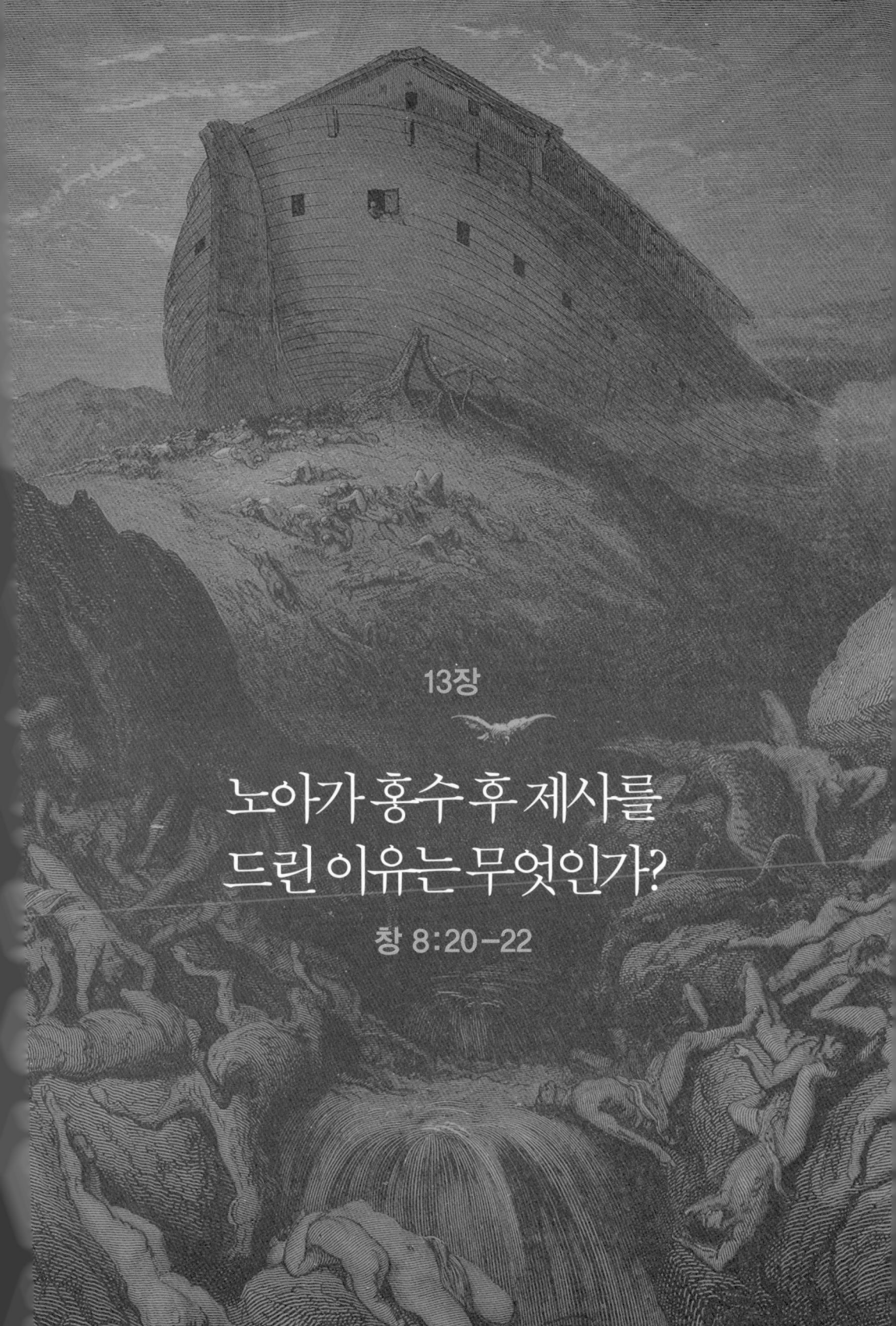

13장

노아가 홍수 후 제사를 드린 이유는 무엇인가?

창 8:20-22

1. 홍수 전후에 누가 변화되었는가?

1.1 홍수 전후에 인간의 악한 마음은 변화없음

노아 홍수 스토리는 흔히 우리가 추측하는 것처럼 홍수로 인해 인간들이 회개하거나 변화된 이야기가 아니다. 오히려 홍수를 일으키신 하나님이 바뀌고 변하신 스토리이다. 노아 홍수 후에 하나님이 바뀌고 변하셨다니 도대체 무슨 뚱딴지 같은 이야기인가?

노아 홍수 내러티브를 읽어보면 어디를 보더라도 방주를 짓는 동안 인간들이 회개했다는 언급이 없다. 120년간 방주를 지었다는 해석도 있는데, 120년간이든 그보다 적은 세월이든간에 노아가 방주를 짓는 동안 사람들이 관심을 갖고 그 중에 단 몇 명이라도 회개했다는 언급이 없다. 최소한 40일 밤낮 비가 오기 시작할 때도, 즉 홍수 초반부에도 인간들이 후회하기 시작했다는 이야기가 나오지 않는다.

게다가 홍수 심판 후에 인간이 변화되었는가? 아니다. 홍수 후에도 인간은 그 본성이 변화되지 않았다. 하나님께서 노아의 제사를 받으신 다음에 하신 말씀을 보면 금방 이러한 사실을 알 수 있다.

"여호와께서 그 향기를 받으시고 그 중심에 이르시되 내가 다시는 사람으로 말미암아 땅을 저주하지 아니하리니 이는 사람의 마음이 계획하는 바가 어려서부터 악함이라 (כִּי יֵצֶר לֵב הָאָדָם רַע מִנְּעֻרָיו; 키 예체르 레브 하아담 라아 민우라우) 내가 전에 행한 것같이 모든 생물을 다시 멸하지 아니하리니"(8:21).

홍수 후에도 '사람의 마음이 계획하는 바가 어려서부터 악한' 것은 바뀌지 않았다. 이것은 홍수 전에도 마찬가지였다. 하나님께서 홍수를 일으키신 이유가 바로 이 때문이지 않았는가?

"여호와께서 사람의 죄악이 세상에 가득함과 그의 마음으로 생각하는 모든 계획이 항상 악할 뿐임을(כָל־יֵצֶר מַחְשְׁבֹת לִבּוֹ רַק רַע כָּל־הַיּוֹם; 콜-예체르 마흐셰보트 립보 라크 라아 콜-하욤) 보시고 땅 위에 사람 지으셨음을 한탄하사 마음에 근심하시고 이르시되 내가 창조한 사람을 내가 지면에서 쓸어버리되 사람으로부터 가축과 기는 것과 공중의 새까지 그리하리니 이는 내가 그것들을 지었음을 한탄함이니라 하시니라"(창 6:5-7).

홍수 후나 홍수 전이나 '사람의 마음이 계획하는 바가 어려서부터 악한' 것은 변하지 않았다.

1.2 그렇다면 어떻게 해야 하는가?

그런데 더욱 놀라운 것은 인간의 생각이 어려서부터 악한 것이 처음에는 홍수를 일으키기로 결심한 이유로, 나중에는 더 이상 홍수를 일으키지 않겠다고 결심하게 된 이유로 제시되고 있다는 점이다.

도대체 이보다 더 큰 모순이 어디 있는가? 동일한 이유가 홍수를 일으키는 원인이 되기도 하고 홍수를 일으키지 않기로 한 이유가 될 수 있는가? 언뜻 보면 하나님이 너무 변덕스럽고 자의적으로 보인다. 많은 사람들이 노아 홍수의 하나님은 잔인하고 변덕스럽기 그지 없는 원시적인 신이라고 주장하는 이유가 바로 여기에 있다.

그러나 우리는 하나님을 이런 분으로 이야기하기 전에 하나님께서 왜 이렇게 하셨는지를 깊이 생각해야 한다. 홍수 후에도 만일 인간이 생각하는 모든 것이 어려서부터 악하다면 어떻게 해야 하는가? 하나님께서는 매번 그때마다 모든 인간을 홍수로 쓸어버려야 하는 것이 아닌가? 그렇다고 해서 홍수로 사람의 본성이 변할 수만 있다면야 문제가 되지 않았을 것이다. 그러나 홍수 심판으로 변한 것은 없었다. 홍수 후에도 인간의 본성은 변화되지 않았다. 사람의 마음이 계획하는 바가 어려서부터 악한 것에는 조금도 변화가 없었다. 하나님의 형상이면서도 악으로 항상 향하는 마음을 지닌 인간의 본성은 홍수에도 불구하고 변화되지 않았다. 이런 본성은 우리가 나중에 창세기 9장에서 살펴보겠지만 노아의 가족들도 마찬가지였다. 노아는 술에 취하여 장막에서 벌거벗었고, 아들 함은 이를 보고 밖에 나가 형제들에게 이야기하는 죄를 지었다.

1.3 하나님이 바뀌시는 것 외에 방법이 없다

이렇게 사람이 변하지 않는다면 이제 남은 것은 하나님이 변하시는가 아닌가의 여부였다. 하나님이 바뀌지 않으시면 마음이 계획하는 바가 항상 악한 인간들을 매 세대마다 홍수로 쓸어버릴 수밖에 다른 도리가 없었다. 그러나 이렇게 되면 하나님께서 인간을 창조하신 목적, 즉 인간이 땅을 다스리고 땅을 정복하고 땅에 충만해지는 것을 성취할 수 없었다. 하나님이 인간을 창조하신 목적을 스스로 폐기할 수는 없었다.

그렇다면 이제 남은 것은 하나님이 바뀌시는 것이었다. 하나님이 인간의 마음이 계획하는 바가 어려서부터 악한 것을 참아내는 것밖에 다른 방도가 없었다. 이에 창세기 8:21에서 하나님께서는 악한 인간들을 참고 견뎌내겠다고 결심하시고 이를 선포하신 것이다. 사람의 마음이 계획하는 바가 어려서부터 악함에도 불구하고 하나님께서 노아 홍수 때 하신 것처럼 세상을 다시는 홍수로 멸하지 않겠다고 맹세하신 것이다.

2. 제사를 드린 노아

2.1 누가 제사를 드렸는가?

그렇다면 하나님께서 이렇게 바뀌시게 된 이유가 무엇인가? 본문을 살펴보자.

"노아가 여호와께 제단(מִזְבֵּחַ; 미즈베아흐)을 쌓고 모든 정결한 짐승과 모든 정결한 새 중에서 제물을 취하여 번제(עֹלָה; 올라)로 제단에 드렸더니 여호와께서 그 향기를 받으시고 그 중심에 이르시되 내가 다시는 사람으로 말미암아 땅을 저주하지 아니하리니 이는 사람의 마음이 계획하는 바가 어려서부터 악함이라"(창 8:20-21).

위의 본문에 보면 노아가 드린 제사가 하나님의 결정에 중요한 이유가 된 것이 분명하다. 내레이터는 노아가 여호와께 제단을 쌓고 정결한 짐승과 정결한 새로 번제를 드렸더니 그 향기를 받으시고 땅을 저주하지 않기로 했다고 분명히 밝히고 있기 때문이다. 그런데 랍비들은 이렇게 노아가 제사를 드렸다고 명시적으로 언급하고 있음에도 불구하고 놀라운 상상력으로 누가 제사를 드렸을지를 놓고 논란을 벌였다. 노아에 대한 랍비적 주석을 요약한 노르만 콘의 이야기를 들어보자.

"아라랏 산에서 방주에서 나온 후에 하나님께 제사가 드려졌다. 그런데 이는 노아가 드린 것인가? 사자에게 매일 주는 음식을 거르는 바람에 사자에게 물려 부상을 당한 노아는 제사장이 마땅히 지녀야 하는 몸의 온전함을 더 이상 소유하지 못하게 되었다는 이론이 있었다. 그렇다면 아담에게 주어졌고 각 세대의 첫 장자에게 주어진 제사장 옷을 누가 입었는가? 일부 랍비들은 이 행복한 일을 한 사람은 노아라고 주장하고, 다른 이들은 노아의 아들인 셈이라고 주장하였다(Genesis Rabbah 30.6). 어찌되었든 하나님께서는 이 제물을 기뻐하셨고, 다시는 세상을 저주하지 않겠다고 약속하셨다. 아담 시대에 내려진 저주만으로 충분하다는 것이었다. 만일 미래에 인간이 참을 수 없을 만큼 또 악해진다면 악한 인간들만을 진멸하게 될 것이었다."[1]

---

1) Norman Cohn, *Noah's Flood: The Genesis Story in Western Thought* (New Haven and London: Yale Univ. Press, 1996), 36.

랍비들이 무슨 근거로 노아가 사자에게 물렸다고 주장하는지, 그리고 노아의 아들인 셈이 처음으로 제사를 드렸다고 하는지는 알 수 없다. 필자는 그저 랍비들의 무궁무진한 상상력에 놀랄 뿐이다. 그러면서 동시에 아무런 상상력도 발휘하지 않고 무심하게 성경을 읽는 현대 그리스도인들에 대해서도 놀라게 된다. 그리고 이런 류의 상상력은 아니지만 목회적 해석이나 목회적 적용이라는 미명 아래 본문의 문자적 의미와는 상관없는 해석을 하는 설교자들에 대해서도 놀라게 된다.

2.2 '제단'과 '번제'가 구약 성경에 처음 등장

어찌되었든 우리는 구약 성경에서 제단(מִזְבֵּחַ; 미즈베아흐)과 번제(עֹלָה; 올라)란 단어가 처음 쓰인 곳이 바로 이 장면임을 주목해야 한다. 제단(מִזְבֵּחַ; 미즈베아흐)을 처음 쌓은 인물은 노아이며, 두 번째가 아브라함인데 아브라함은 모두 5번 단을 쌓은 것으로 묘사된다(창 12:7, 8, 13:4, 18, 22:9). 이삭은 한 번(창 26:25), 야곱은 네 번 단을 쌓은 것으로 언급되고 있다(창 33:20, 35:1, 3, 7). 이스라엘 민족사에서는 모세가 단을 쌓고 '여호와 닛시'라고 이름을 붙인 것이 최초의 일이다(출 17:15).

그러나 여호와께 단(מִזְבֵּחַ; 미즈베아흐)을 쌓는 것은 단지 모세 시대부터 시작된 것이 아니라 야곱, 이삭, 아브라함을 거슬러 올라가 그 기원이 노아에게까지 이르고 있음을 성경 기자는 분명히 한다. 그렇다면 여호와께 제단을 쌓는 것은 노아 시대부터 예수 그리스도를 거쳐 오늘날 신약 시대까지 지속되는 위대한 구속사의 가장 중요한 일임을 놓쳐서는 안 된다. 그렇다면 오늘날 신약 성도들 역시 영적 제단을 쌓는 일을 게을리 해서는 안 된다.

한편 번제(עֹלָה; 올라)는 어떤가? 번제를 드린 구속사의 첫 번째 인물은 노아이며 두 번째 인물은 아브라함이다. 노아는 정결한 짐승과 새를 번제로 드렸지만, 아브라함은 사랑하는 독자 아들 이삭을 번제로 드리려고 했다(창 22:2). 이스라엘 민족사에서 첫 번째 번제는 모세의 장인 이드로가 가져온 번제물을 하나님께 드리고 모든 장로들이 이드로와 함께 하나님 앞에서 떡을 먹은 경우이다(출 18:12). 번제를 드리는 것 역시 모세부터 시작된 것이 아니라 족장들을 거쳐 노아에게로 거슬러 올라가는 위대한 구속사의 핵심이기에, 오늘날 신약의 교우들은 '하나님이 받으실 만한 산 제사'를 드리는 일에 열심을 내야 한다.

3. 노아의 제사의 성격

3.1 속죄인가? 감사인가?

번제(עֹלָה; 올라)가 무엇인가? 제물을 단에서 모두 태워 여호와께 드리는 것이 제사이다. 다 태워 드리기 때문에 번제는 하나님에 대한 온전한 헌신을 가리킨다. 그렇다면 노아의 번제는 어떻게 해석해야 하는가? 노아의 제사의 기능에 대해서 학자들의 견해가 분분하다.

어떤 학자는 "하나님의 은총과 축복을 요청하는" 제사라고 하기도 하고,[2] 어떤 학자는 속죄의 제사로 드린 것이라고 하기도 한다.[3] 한편 카수토는 "고통과 죽음이 인간의 죄를 씻어버렸기에 속죄제일 필요가 없다."고 본다. 그래서 노아에게는 "미래의 안전과 축복을 요구할 필요가 없었다."는 것이다. "자신에게 주어진 놀라운 구원 후에 또 다른 요구를 할 만한 욕구가 노아에게 있었다고 볼 이유가 성경에 언급되어 있지 않기 때문"이라는 것이다. 결국 "한 사람이 무서운 위험으로부터 구원받았으면…그의 첫 반응은 그를 구원해 주었거나 도움을 준 사람에게 감사하는 것"일 가능성이 가장 크며 그래서 노아의 제사를 "구원받은 자의 응답"으로 본다.[4]

베스터만은 카수토의 이런 견해를 받아들이며 이렇게 말한다.

> "방주에서 나온 자들은 무엇보다 그들이 무서운 위험에서 구원받았다는 점과 이제 새로운 생명으로 들어왔다는 사실을 알고 있음을 보여주는 특별한 일을 하고 싶었을 것이다. 특별한 구원을 받았다면, 마땅히 축하를 해야 하는 것이 아닌가! 제사로 구원해 준 분에게 감사하는 동시에 새로운 시작과 새 생명을 확보해 주는 제사를 드리는 것은 예배의 기본 동기들 가운데 하나이다.

가인과 아벨의 제사와 비교해 보면 두 개의 중요한 동기를 볼 수 있다. 첫째 동기는 노동의 산물과 연관이 있다. 둘째 동기는 하나님이 제사를 받으시면서 축복하기 때문이

---

[2] 월튼, 『창세기』, 459.
[3] Waltkey, *Genesis*, 142.
[4] Cassuto, *Genesis*, Part II, 117.

다. 다산의 축복과 연관된 제사는 정기적으로 반복되는 특징이 있다. 반면에 노아의 제사는 위험 가운데서 생명이 보존된 것과 연관이 있다. 그런 점에서 노아의 제사는 우연적인 요소가 있다. 제사란 구원이나 해방의 행동에 대한 반응으로 인간이 드리는 것이다. 예배의 역사를 살펴보면 이 두 가지 동기는 항상 나타난다. 구원을 경험한 후 드리는 자발적인 축하로서의 예배는 지속적이고 정기적인 예배와 함께 인간이 드려야 하는 예배의 두 가지 중요한 요소이다."[5]

베스터만의 해석은 흥미롭다. 노아의 제사를 가인과 아벨의 제사와 연결시키면서 제사의 두 가지 동기를 지적한 것은 매우 중요한 통찰이다.

3.2 속죄와 감사의 두 기능

그러나 노아의 제사를 감사로만 이해하는 것은 너무 좁은 해석이다. 따라서 번제를 '속죄'로 보거나 '감사'로 보는 학자들의 주장은 진리의 일면만 보는 것이라 할 수 있다. 왜냐하면 제사란 단순한 한 가지 기능만을 가지고 있는 것이 아니기 때문이다. 웬함이 주장하듯이 노아가 드린 제사는 '속죄'와 '감사'의 두 기능을 가지고 있는 것으로 보아야 한다.

"그러나 속죄의 개념과 감사의 개념이 번제 안의 상호 배타적인 기능으로 보는 것은 잘못이다. 번제란 속죄의 기능을 가지고 있을 뿐 아니라(레 1:4) 예배자가 하나님께 전적으로 자신을 드리는 헌신의 기능을 가지고 있다(전체 제물이 연기로 하나님께 올라가기 때문에 …). 이 두 개념이 모두 여기에 합당하다."[6]

노아가 정결함 짐승과 새를 제단에 번제로 드린 것을 주목한다면, 노아가 속죄와 감사의 두 마음으로 제사를 드리지 않았을까?

---

5) Westermann, *Genesis 1-11*, 453.
6) Wenham, *Genesis*, 189.

4. 하나님이 향기를 흠향하심

4.1 이방 신과 다르신 하나님

과연 여호와께서는 노아의 번제를 어떻게 하셨을까? 이전에 가인과 가인의 제사는 받지 않으셨고, 아벨과 아벨의 제사는 받으셨는데, 이번에는 과연 노아와 노아의 제사를 받으셨을까?

"여호와께서 그 향기(רֵיחַ הַנִּיחֹחַ; 레아흐 한니호아흐)를 흠향하시고(רוח; 라와흐)"(창 8:21; 개역한글).

'흠향하다.'는 동사 '라와흐'(רוח)는 '냄새를 맡다, 향기를 느끼다.'란 의미이다. 해석사를 보면 여호와께서 번제의 '향기를 맡으셨다.'는 표현은 많은 사람들을 힘들게 한 표현이다. 하나님이 제사 향기를 맡는다는 것은 이방신의 냄새가 난다고 생각한 때문이었다.

실제로 고대 근동의 홍수 스토리인 길가메쉬 서사시를 보면 주인공이 홍수 후에 제사를 드리자 "신들이 냄새를 맡았으며, 신들이 향기로운 냄새를 맡았고, 신들이 제물 드리는 자들 주위에 마치 파리처럼 몰려들었다."[7]고 되어 있는데, 여호와 하나님은 이런 신은 아니시기 때문이다.

게다가 성경에는 하나님이 제사를 음식으로 생각하지 않는다는 점이 여러 번 언급되어 있다: "내가 수소의 고기를 먹으며 염소의 피를 마시겠느냐"(시 50:13). 비록 레위기에는 하나님의 음식(לֶחֶם אֱלֹהִים; 레헴 엘로힘)이라는 표현이 있지만, 하나님이 배고파 음식을 먹는다는 개념은 아니다.

"그들의 하나님께 대하여 거룩하고 그들의 하나님의 이름을 욕되게 하지 말 것이며 그들은 여호와의 화제 곧 그들의 하나님의 음식(לֶחֶם אֱלֹהִים; 레헴 엘로힘)을 드리는 자인즉 거룩할 것이라"(레 21:6).

---

[7] 길가메쉬 서사시, 토판 11, 159-161 행; James B. Pritchard (ed.), *Ancient Near Eastern Texts Relating to the Old Testament* (Princeton Univ. Press, 1969), 95.

그러다 보니 이를 '신인동형론적 표현'(하나님이 인간이신 것처럼 보고 묘사하는 것)이라고 치부하고 넘어가는 학자들이 많다. 그러나 이런 식으로 해석하는 것은 본문을 이해하는 데 도움이 되지 않는다. 본문을 상세히 읽으며 '문자적으로' 여호와께서 '그 향기를 흠향하셨다.'고 하신 것이 무슨 의미인지 먼저 해석해 내야 한다.

4.2 '향기'란 전문 제사 용어

우선 이 어구의 뜻을 알려면 '향기'란 표현의 의미를 살펴야 한다. 향기란 히브리어로 '레아흐 한니호아흐'(רֵיחַ הַנִּיחֹחַ)로서 두 단어의 합성어이다. 이 단어는 노아 홍수 스토리에서 처음 쓰인 다음 오경과 에스겔서에만 나오는데, 여기에서는 '전문 제사 용어'로 쓰였다고(출 29:18, 25, 41; 레 1:9, 13, 17, 2:2, 9, 12 등; 겔 6:13, 20:28, 41) 학자들은 말한다.

> "그 숫양 전부를 제단 위에 불사르라 이는 여호와께 드리는 번제요 이는 향기로운 냄새(רֵיחַ הַנִּיחֹחַ ; 레아흐 한니호아흐)니 여호와께 드리는 화제니라"(출 29:18).

> "그 내장과 정강이를 물로 씻을 것이요 제사장은 그 전부를 제단 위에서 불살라 번제를 드릴지니 이는 화제라 여호와께 향기로운 냄새(רֵיחַ הַנִּיחֹחַ ; 레아흐 한니호아흐)니라"(레 1:9).

제물이 향기로운 냄새가 나는 것은 '번제'로 태워 드리기 때문이었다. 그런데 여호와 하나님은 이방 신처럼 배가 고파서 음식을 먹기 위해 제사를 원하는 것이 아니었다. 반면에 고대 근동의 홍수 설화인 길가메쉬 서사시를 보면 이방신들이 우트나피쉬팀이 살아난 것을 기뻐한 것은 자신들에게 음식을 대접할 수 있는 자가 돌아왔기 때문이었다. 알렉산더 하이델의 말을 들어보자.

> "방주에 들어간 자들 이외에는 인간이 완전히 멸망당함으로 말미암아 모든 제사가 완전히 중단되었기 때문에 신들은 몇 주 동안 음식을 먹지 못하였으므로 그때에는 매우 배가 고픈 상태였다. 따라서 다시금 진수성찬을 대접받을 수 있는 기회가 왔으므로 그곳

에 참석한 모든 남신들과 여신들은 분명히 인간을 향한 그들의 불만을 까맣게 잊어버리고 우트나피쉬팀이 살아남은 것을 기뻐하였다."8)

고대 근동의 이방신들처럼 여호와는 제사의 제물을 먹는 분이 아니시다. 제물은 제단에서 다 태워진 상태로 드려지기에 하나님께 실제로 올라가는 것은 향기로운 냄새뿐이라고 구약학자들은 말한다.

어찌되었든 우리는 이런 제사 용어를 대할 때에 매우 조심해야 한다. 이방 제사와 이방 신의 개념으로 하나님이 제사를 받으신다고 오해해서는 안 된다. 이 점은 독일의 구약학자 발터 아이히로트(Walther Eichrodt)가 잘 지적했다.

"이런 예들[흠향하다; 하나님의 음식]은 제사에 연관된 사상들이 전혀 알아볼 수 없을 정도로 변화되었을 때에도 제사적 용어들이 지속적으로 사용된다는 것을 보여주며 우리가 고대 세계에 대한 결론을 함부로 내리는 것이 위험함을 보여주는 경고이다. …

그러나 특정한 예들을 제외한다면 여호와에 대한 고대 이스라엘 신앙의 전체적인 기조는 하나님은 희생제물을 섭취한다는 사상과는 전혀 다르다. 이렇게 희생제물로 인해 하나님이 인간에게 의존되어 있다는 개념은 이스라엘의 신앙으론 받아들일 수 없는 것이다. 언약의 중심적인 개념은 이스라엘이 희생제사를 드리기 전부터 여호와께서 이미 존재하셨고, 그의 능력을 보여주셨다는 데 있기 때문이다. …

하나님은 불의 형태로 스스로를 나타내기를 선호하시기에 자기에게 드려진 제물을 불로써 취하시는 것이다. 하나님이 제물의 향기로운 냄새를 흠향하신다는 사상은 하나님이 희생제물을 유념하시고 그것을 은혜롭게도 기쁘게 받으신다는 신앙을 보여준다."9)

---

8) 하이델, 『고대 근동의 창조 설화 홍수 설화와 구약 성경의 비교』, 139.
9) Walther Eichrodt, *Theology of the Old Testament*, Vol. 1, tr. by J. A. Baker, OTL (Westminster, 1961), 143-144.

4.3 하나님의 관심은 번제의 '향기'

하나님의 관심은 번제 자체에 있지 않고, 번제가 제공하는 '향기'에 있다고 학자들은 말한다. 노아의 번제가 보여주는 '향기'는 제사 드리는 자의 뜻과 삶을 보여주는 상징이다. 노아 시대 인간들이 사악함과 폭력과 부패로 악한 냄새를 뿜어냈다면 노아는 순종의 삶으로 향기를 드러낸 것이다. 노아는 단지 방주에서 나와 속죄와 감사의 마음으로 번제를 드린 것이며, 이 번제의 향기를 하나님께서 기뻐 받으시고 흠향하신 것이다.

따라서 우리는 하나님께서 향기를 흠향하셨다는 표현을 해석하려고 할 때 소위 문자적 의미에 주의해야 한다. 문자적 의미란 성경 기자가 의도한 의미이다. 성경 기자는 하나님께서 노아의 번제를 기뻐 받으셨다는 것을 드러내기 위해 '그 향기를 흠향하셨다.'고 한 것이다.

4.4 '노아'와 '향기'의 유사성

한편 '여호와께서 그 향기를 흠향하시고'를 히브리어 원문으로 상세히 살피면 노아 홍수 스토리 내에서 중요한 의미가 창출되는 것을 볼 수 있다.

"여호와께서 그 향기(רֵיחַ הַנִּיחֹחַ; 레아흐 한니호아흐)를 흠향하시고(רוּחַ; 라와흐)"(창 8:21; 개역한글).

'향기'란 히브리어로 '레아흐 한니호아흐'(רֵיחַ הַנִּיחֹחַ)로서 두 단어의 합성어인데 '니호아흐'(נִיחֹחַ)와 '노아'(נֹחַ; 노아흐)란 이름 사이에는 소리와 의미에 있어서 유사성이 있다는 점을 여러 학자들이 지적했다. '레아흐'(רֵיחַ)는 냄새라는 뜻이며 노아(נֹחַ; 노아흐)와 유사한 소리가 나는 '니호아흐'(נִיחֹחַ)는 '기분 좋은'(pleasing) '향기로운'(sweet)이라고 번역할 수도 있다.

노아(נֹחַ)란 이름은 그 형태를 보면 '쉬다.'는 누아흐(נוּחַ) 동사에서 나왔다. 노아(נֹחַ; 노아흐)와 니호아흐(נִיחֹחַ)는 유사한 소리가 단어는 단어들이기에 여기에 일종의 '유사 발음단어 반복기법'(paronomasia)이 사용되었다고 여러 학자들이 지적한다. 엘렌 판 볼데(Ellen van Wolde)의 말을 들어보자.

"여기서 נֹחַ(노아흐)와 נִיחֹחַ(니호아흐) 사이의 유사성이 너무 분명해서 우연이라고 보기 어렵다. 헬라어로 된 칠십인경(οσμη ευωδιας)과 라틴 불가타역(odor suavitatis)이 이 단어를 '달콤하고, 좋은 냄새'로 번역하므로, 많은 주석들과 사전들은 נִיחֹחַ(니호아흐)를 그저 '달콤한 냄새가 나는'으로 해석한다. 그러나 נִיחֹחַ(니호아흐)는 נוּחַ(누아흐)의 폴렐(polel; 종종 칼[Qal] 동사의 사역형을 가리킨다) 부정사 형태라는 점을 고려한다면, 번역을 할 때, '진정시키고, 누그러뜨리고, 평온케 하는 냄새'(quieting, soothing, tranquilizing odor)라고 번역해야 한다."

엘렌 판 볼데는 한걸음 더 나아가 부친이 노아라는 이름을 붙여주면서 설명한 대목이 의미가 있다고 주장한다. "노아는 부친 라멕이 인간에게 נחם(나함; 위로)을 가져다주고 땅으로부터 저주를 제거하는 인물이었으면 하는 바람으로 노아란 이름을 붙여주었는데, 부친의 바람을 성취시켰다."는 것이다.

"라멕은 백팔십 삼세에 아들을 낳고 이름을 노아(נֹחַ; 노아흐)라 하여 이르되 여호와께서 땅을 저주하시므로 수고롭게 일하는 우리를 이 아들이 안위하리라(נחם; 나함) 하였더라"(창 5:28-29).

엘렌 판 볼데는 "노아의 נִיחֹחַ(니호아흐) 제사를 통해 노아는 하나님을 안식하게(נוּחַ; 누아흐) 하였으며 결국은 하나님께서 땅으로부터 저주를 제거하게 하셨다."면서 "여호와께서 진정시키는 향기(רֵיחַ הַנִּיחֹחַ; 레아흐 한니호아흐)를 받으시고 그 중심에 이르시되 내가 다시는 사람으로 말미암아 땅을 저주하지 아니하리니"라고 번역해야 한다고 주장한다.

우리는 여기서 겉으로 보기에 단순한 설명처럼 보이는 본문도 심오한 신학적 의미를 지닌 말씀임을 알 수 있다. 따라서 우리는 성경 기자가 의도한 적법한 의미는 문자적 의미밖에 없다고 강조한 종교개혁자들의 본을 따라 성경 본문의 문자적 의미를 천착하는 일을 게을리 해서는 안 된다.

4.5 무엇을 진정시키는 향기인가?

하나님께서 노아가 드린 제사의 향기를 흠향하셨다는 것은 노아의 순종과 제사를 기뻐하심을 보여준다. 앞서 살핀 대로 만일 이 향기가 그저 달콤한 냄새(pleasing aroma)가 아니라 '진정시키고, 누그러뜨리고, 평온케 하는 냄새'(quieting, soothing, tranquilizing odor)라면 무엇을 진정시키는 향기인가?[10]

많은 해석자들이 노아의 번제에서 나오는 향기는 죄에 대한 하나님의 "분노를 진정시킨다."고 해석한다.[11] 알렉산더 하이델의 설명을 들어보자.

"이어지는 내용에 의해 나타나는 것처럼 노아가 제사를 드린 목적의 하나는 아마도 인간의 죄악으로 말미암아 불일 듯 일어났고 또 나아가 방금 목격하였던 하나님의 진노를 누그러 뜨리기 위한 것이었던 듯하다."[12]

그러나 본서의 2장에서 살핀 대로 노아 홍수 스토리에는 하나님의 진노나 분노에 대한 언급이 한 번도 나오지 않는다. 하나님의 진노를 가리킬 때 가장 자주 사용되는 명사 '아프'(אַף)나 '헤마'(חֵמָה)는 물론 진노의 개념을 가진 그 어떤 명사도 사용되지 않았다. 게다가 '진노하다.'는 의미로 쓰이는 가장 흔한 동사인 '아나프'(אָנַף)나 '하라'(חָרָה) 동사도 사용되지 않았다. 성경에서 진노에 관한 명사는 10개이고, 하나님을 주어로 하나님의 진노를 묘사하는 동사는 6개인데 노아 홍수 스토리에는 이런 단어가 단 한 번도 사용되지 않았다.

그렇다면 노아의 제사의 향기를 하나님의 진노를 진정시키는 향기로 해석해서는 안 된다. 오히려 홍수 스토리에 나오는 하나님의 정조는 마음의 '근심과 고통'이었다. 그렇다면 노아의 순종과 제사를 보고 근심과 고통의 마음이 진정되었다고 해석하는 것이 옳다. 새로운 세상에 첫 발걸음을 내딛으면서 노아가 한 일은 여호와께 단을 쌓고 정결한 짐승과 정결한 새를 번제로 드린 것이었다. 이 노아의 첫 번째 행동이 여호와의 눈에 아름답게 보인 것이다. 이에 노아의 번제의 향기가 하나님의

---

[10] 대부분의 영역본들이 'pleasing aroma/odor'라고 번역하는 반면에 NASB는 'soothing aroma'라고 번역한다.
[11] Waltkey, *Genesis*, 142.
[12] 하이델, 『고대 근동의 창조 설화 홍수 설화와 구약 성경의 비교』, 136.

고통스러운 근심을 누그러뜨린 것으로 볼 수 있다.

5. 결론 : 신학적 메시지

5.1 제사의 중요성

노아의 짐승들 중에서 정결한 짐승과 정결한 새를 번제로 드린 것은 황폐화된 세상 속에서 인간이 생육하고 번성하기 위해서는 가장 먼저 무엇을 해야 하는지를 잘 보여준다. 베스터만의 주석은 귀기울일 가치가 있다.

"노아는 여호와를 위해 단을 쌓았다. 새로운 생명을 얻은 후에 한 첫 번째 일은 여호와께 드리는 일이었다. 그리고 새 생명의 시대에서 첫 번째 건축물은 여호와께 드려진 제단이었다. 노아가 홍수로부터 살아남은 동물들을 드렸다는 것을 성경 기자가 언급하는 것은 제사의 전형적 특징이 무엇인지 보여준다. 다시 말해 제사란 가치 있고 보배로운 것을 하나님께 드리는 것이며, 이로써 여호와께서 이런 것을 받으실 만한 분임을 인정하는 것이다."[13]

모든 것이 황폐화된 땅 위에서 노아가 한 첫 번째 일이 여호와를 위해 단을 쌓고 소중하기 그지 없는 정결한 짐승과 새를 하나님께 번제로 드렸다는 것은 오늘 우리에게 무엇을 보여주는가? '예배가 제사가 아니고 삶이 제사'라고 하면서, 예배 드리는 일에 열심을 내지 않는 현대 교우들은 노아의 모습에서 무엇을 배워야 할까?

이 질문에 답하기 위해 우리는 가장 오래된 제사로 보이는 번제는 제단에서 불로 온전히 살라 하나님께 드리는 유일한 제사로서 하나님이 생명과 건강과 화평을 주시는 분임을 인정하는 제사라는 성경의 가르침을 주목해야 한다.

"내게 토단(מִזְבַּח אֲדָמָה; 미즈베아흐 아다마)을 쌓고 그 위에 네 양과 소로 네 번제와 화목

---

[13] Westermann, *Genesis 1-11*, 453.

제를 드리라 내가 내 이름을 기념하게 하는 모든 곳에서 네게 임하여 복을 주리라"(출 20:24).

우리에게 생명과 건강과 복을 주시는 분은 살아계신 하나님, 우리 주 그리스도의 아버지이신 영원하신 성부이시다. 그렇다면 우리 역시 하나님께 우리 자신을 산 제사로, 번제로 드려야 하지 않을까? 아니나 다를까 사도 바울은 이렇게 권면한다.

"그러므로 형제들아 내가 하나님의 모든 자비하심으로 너희를 권하노니 너희 몸을 하나님이 기뻐하시는 거룩한 산 제물로 드리라 이는 너희가 드릴 영적 예배니라"(롬 12:1).

5.2 신약에서의 제사적 용어

우리가 노아의 제사 스토리를 해석하다 보면, 하나님께서 제사를 받으시는 모습은 노아 시대나 신약 시대나 마찬가지라는 확신을 갖게 된다. 비록 신약 교회에서는 더 이상 성전에서 드렸던 제사를 드리지 않음에도 불구하고 제사적 용어가 사용되고 있기 때문이다. 고린도후서 2:14-16에서 사도들은 놀랍게도 '향기'로 묘사된다.

"항상 우리를 그리스도 안에서 이기게 하시고 우리로 말미암아 각처에서 그리스도를 아는 냄새를 나타내시는 하나님께 감사하노라 우리는 구원받는 자들에게나 망하는 자들에게나 하나님 앞에서 그리스도의 향기니 이 사람에게는 사망으로부터 사망에 이르는 냄새요 저 사람에게는 생명으로부터 생명에 이르는 냄새라 누가 이 일을 감당하리요"(고후 2:14-16).

사도들은 그리스도에 의해 하나님께 드려지는 '그리스도의 향기'로 비유된다. 그렇다면 사도들이 그리스도의 향기란 무슨 뜻인가? 에베소서 5:2을 보면 그리스도의 희생은 하나님을 즐겁게 하는 향기로 묘사되고 있음을 우리가 주목해야 한다.

"그리스도께서 너희를 사랑하신 것같이 너희도 사랑 가운데서 행하라 그는 우리를 위하여 자신을 버리사 향기로운 제물과 희생제물로 하나님께 드리셨느니라"(엡 5:2).

그리스도의 구속 사역의 절정인 십자가의 죽으심을 향기로운 제물로 설명하는 것은 제사가 기독교의 핵심임을 보여준다.

이렇게 사람을 제사의 향기로 비유하는 것은 신약이 처음이 아니다. 에스겔서를 보면 하나님께서 이스라엘을 열방 중에서 향기로 받을 것이라고 선언하셨다.

"내가 너희를 인도하여 여러 나라 가운데에서 나오게 하고 너희가 흩어진 여러 민족 가운데에서 모아 낼 때에 내가 너희를 향기로 받고 내가 또 너희로 말미암아 내 거룩함을 여러 나라의 목전에서 나타낼 것이며"(겔 20:41).

그뿐 아니라 요한은 성도들의 기도를 '향'으로 묘사한다.

"그 두루마리를 취하시매 네 생물과 이십사 장로들이 그 어린 양 앞에 엎드려 각각 거문고와 향이 가득한 금 대접을 가졌으니 이 향은 성도의 기도들이라"(계 5:8).

"향연이 성도의 기도와 함께 천사의 손으로부터 하나님 앞으로 올라가는지라"(계 8:4).

이렇게 신약에서도 제사 용어를 사용하는 것은 하나님이 제사와 예배드리는 자를 어떤 식으로 바라보시는지를 보이기 위해서이다. 하나님께서 노아가 드린 번제의 향기를 흠향하셨다는 것은 노아와 노아의 제사를 기뻐받으셨다는 것이다. 따라서 우리는 이런 제사 용어를 이방 종교적으로 이해해서도 안 될 뿐 아니라 그저 '신인동형론적'인 표현으로 쉽게 치부해서는 안 된다.

5.3 헬무트 틸리케의 권면

헬무트 틸리케는 노아가 믿음의 사람으로 제사를 드린 것이 얼마나 중요한지 이렇게 지적한다.

"노아가 위대한 믿음의 사람이었으며 그래서 하나님께서 그를 기억하셨다는 사실은 그의 항해가 끝난 다음에야 비로소 드러났습니다. 그가 한 쌍씩의 모든 짐승들과 새들과 함께 만원이었던 방주에서 나와 새들과 짐승들이 즐거운 노래를 부르고 사람들이 무디어진 몸을 폈을 때 노아가 행한 첫 번째 일은 바로 제단을 세우고 감사제를 드렸던 일입니다."14)

틸리케가 노아가 제사를 드린 것을 두고 '위대한 믿음의 사람'으로 칭찬하는 이유는 무엇일까?

"왜냐하면 결국 그가 방주에서 나왔을 때 그는 위기의 상황에 처해 있었기 때문입니다. …그리고 진흙만이 황폐하게 눈 앞에 전개되어 있었습니다. 보통 사람이라면 그러한 상황에서는 기본적인 것을 획득하기 위해서 장막을 구한다든가 비상 피난처, 샘물과 양식을 구해야 했을 것입니다.

하지만 노아는 그러한 모든 질문들을 던지기 전에 제단을 세웠습니다. 자기의 집을 짓기 훨씬 이전에 하나님께 예배드릴 처소를 마련하였던 것이었습니다. 즉 하나님과의 교제를 깨뜨리지 않기 위해서 행해야 할 가장 필수적인 일이었던 것입니다. 결론적으로 이 기반은 세워야 할 첫 번째 것입니다. 왜냐하면 미래의 모든 건물과 미래의 모든 삶은 바로 그곳에 기초해야 하기 때문입니다."15)

틸리케는 현대인들을 "열광적으로 안전만을 추구하며 눈멀고 미친 그리고 가짜 현실주의자"라고 정의한다. 그 이유가 무엇인가?

"왜냐하면 우리들은 더 이상 이것이 즉 하나님과 바른 관계를 맺고 먼저 제단을 쌓는 일이 가장 기초적이며 중요한 것이라는 것을 이해하지 못하기 때문입니다. 이것을 잊어버렸기에 우리는 스스로 모든 것을 행하여만 한다는 착각 속에 살아가고 있습니다. 우리

---

14) 틸리케, 『세상이 어떻게 시작되었는가』, 259.
15) 틸리케, 『세상이 어떻게 시작되었는가』, 260.

는 이렇게 생각합니다. 첫째로 나는 나의 직업을 잘 선택해야 하며, 나의 사업을 견고하게 발전시켜 나가야 하며, 특정한 시험을 통과하거나 내 앞에 가로 놓여 있는 장애물을 잘 넘어가야만 한다. 먼저 나는 소위 삶의 근본적인 영역들을 정해야만 한다. 그래야만 비로소 나는 스스로 인생의 내적인 평안에 관하여 생각할 수 있게 된다. 그때야만이 나는 나의 영혼과 내적인 자아를 조금은 생각할 수 있는 여유를 갖을 수 있게 될 것이다.

그러나 내가 이런 식으로 생각하면 나는 인생에서 가장 중요한 것을 이미 다 내버린 것이나 다름없습니다. 왜냐하면 하나님께서는 나의 시간표에 따라 움직이는 분이 아니라는 것은 매우 분명하기 때문입니다. 그러나, 아! 우리의 매일의 상황을 낱낱이 기록하는 하나님께서는 실로 그것을 보여주지 않으십니다. 하나님께서는 자기 자신이 뒷전으로 밀려나는 것을 용납하지 않으십니다. 왜냐하면 그분은 나의 인생에 있어서…가장 필수적인 존재가 되기를 주장하시기 때문입니다."16)

틸리케는 "노아와 그의 가족이 진흙에 무릎을 꿇고 경배를 드린 것"이 가지는 신학적 함축과 우리를 향한 경고를 멋지게 설명해 낸다.

"이 이야기는 우리들이 지나칠 수 없는 한 가지 질문을 제기하도록 하고 있습니다. 우리는 자주 아침에 잠이 완전히 깨기도 전에 신경질적으로 우리의 배의 기관을 시동시키지 않습니까? 그러고는 우리의 항로를 채 결정하기도 전에 전속력으로 질주하게 하지 않습니까? 믿음의 영역에도 악한 종들이 있을 뿐 아니라 악한 우두머리들…도 있습니다. 그들은 항해와 목적지에 대해 전혀 망각하고 있습니다. 그렇게 되면 우리의 일상적인 일 가운데서 항상 항해하는 데 있어서 목적지가 한 군데가 아닌 것같이 행하게 되며 격렬한 회전 운동만을 계속하게 됩니다. 그래서 그 결과는 아무 곳에도 이르지 못하여 얻는 것이라곤 하나도 없는 것과 같습니다."17)

틸리케는 목표 지점이 무엇인지도 모른 채 달려가기만 하는 현대인들의 모습을

---

16) 틸리케, 『세상이 어떻게 시작되었는가』, 260-261.
17) 틸리케, 『세상이 어떻게 시작되었는가』, 260-261.

너무나 잘 묘사한다. 그러나 정말 흥미로운 것은 틸리케는 이렇게 예배를 등한시하는 이들을 그저 어리석은 사람이라고만 보지 않고 '사악한' 사람으로 본다는 것이다.

"새 날의 모습이 그 윤곽을 분명히 드러내기 전에, 새 날의 계획이나 프로그램, 약속 등을 정하기 전에 노아와 같이 제단을 쌓지 않는 사람, 그 제단을 쌓고 새 날의 테마나 일정표를 짜지 않고 주기도문을 드리거나 성서의 한마디 말씀도 읽지 않은 채 슬그머니 하루를 시작하는 사람, 그러한 사람은 '사악한' 사업가, '사악한' 아버지, 또한 '사악한' 어머니로서 하루를 시작하는 자들입니다. 저녁이 되어 하나님에게서 '네가 예비한 것, 그것이 누구의 것이 되겠느냐'(눅 12:20)라는 말씀을 듣는다 하더라도 그는 놀랄 이유가 없습니다.

우리는 삯일을 하면서도 너무 빨리 일을 해서 심장마비를 일으킬 수도 있습니다. 하지만 일하는 데 있어서 우리는 다음과 같은 질문을 던지는 데 게을리하곤 합니다. '우리는 우리가 수확한 것을 누구의 창고에 거두어 들이고 있는 것인가? 우리는 끊임없이, 매일매일, 갖가지를 그리고 온갖 동전을 다 밑빠진 구멍에다 쌓아놓고 있는 것은 아닌가?' 그리고 그 결과는 '밤으로 가는 긴 낮의 여행'(Eugene O'Neill)입니다."[18]

'삶 자체가 예배'라는 묘한 논리를 펴면서도 매일매일 시간을 내어 기도하거나, 매주일 공예배를 무시하는 현대 그리스도인들은 밑빠진 구멍에 물을 붓고 있는 것이다.

---

18) 틸리케, 『세상이 어떻게 시작되었는가』, 261.

"The Eve of the Deluge" (1840) by John Martin from Wikimedia Commons

"Go into the ark, you and your whole family"

14장

하나님은 왜 다시는
홍수로 세상을 멸하지 않기로
결심하셨는가?

창 8:20-22

1. 서론적 이야기

1.1 하나님이 바뀌심

우리가 바로 앞장에서 살펴보았듯이 노아 홍수 스토리는 거대한 홍수 재앙으로 말미암아 인간이 회개하거나 변화된 이야기를 다루고 있는 것이 아니다. 오히려 이와는 정반대로 홍수 후나 홍수 전이나 인간의 생각이 악한 것은 바뀐 것이 없다고 선언한다. 하나님께서는 "이는 사람의 마음이 계획하는 바가 어려서부터 악함이라"는 말씀을 홍수 전(창 6:5)과 홍수 후(창 8:21)에 동일하게 반복하신다.

노아 스토리는 홍수 재앙에도 불구하고 사람의 악함이 변하지 않는 대신, 우리의 상상과는 정반대로 오히려 하나님이 변하게 된 이유를 보여주는 스토리이다. 하나님께서 "여호와께서 그 향기를 받으시고 그 중심에 이르시되 내가 다시는 사람으로 말미암아 땅을 저주하지 아니하리니 이는 사람의 마음이 계획하는 바가 어려서부터 악함이라 내가 전에 행한 것같이 모든 생물을 다시 멸하지 아니하리니"(8:21)라고 말씀하셨다.

그렇다면 하나님께서 이렇게 변하시는 이유가 무엇인가? 앞장에서 살핀 대로 노아가 드린 제사를 하나님께서 받으신 것이 하나님이 변하시게 된 중요한 이유 중 하나이다. 그러나 이전의 일부 해석자들의 주장처럼 노아의 제사를 하나님께서 변하시게 된 최종적이고 결정적 이유로 보아서는 안 된다.

1.2 요세푸스 해석 : 제사 때문에 하나님이 변하심

예수님 당시의 유대 역사가인 요세푸스(F. Josephus)는 성경의 역사를 풀어쓴 『유대 고대사』 1권 3장 7-8절에서 노아의 제사 때문에 하나님이 변하시게 되었다고 주장한다.

"7 노아는 하나님이 인류를 멸망시키기로 결심하셨으니까 매년 지구를 홍수로 멸할까 두려워 하나님께 번제를 드리고, 자연이 이제는 전과 같이 질서 있게 운행되었으면 좋겠다는 것과 다시는 모든 생물을 파멸시키는 그런 무서운 심판이 없었으면 좋겠다는 것과 이제 악한 자들을 벌하셨으니 그런 무서운 심판에서 구원하는 것이 좋겠다고 생각하시고 남겨두신 자들에게 은혜를 베푸시기를 원한다고 하나님께 간청했다. 만일 자기들이 완전히 위험을 벗어난 것이 아니고 또 다른 심판을 받아야 한다면, 만일 첫 번째 심판의 무서운 모습을 눈으로 보고 겪고 난 후 또다시 두 번째 심판에 의해 멸망당한다고 한다면 차라리 첫 번째 심판 때 멸망당한 편이 더 나았을 것이라고 호소했다. 노아는 또한 자기 제물을 받으시고 세상을 물로 심판하지 말아 주실 것과 인간들이 즐겁게 삶을 누리면서 도시를 건설하고 그 안에서 행복하게 살도록 허락해 주실 것과 홍수 전에 누리던 좋은 것들을 빼앗아가지 마실 것과 홍수 전의 선조들처럼 오래 장수하게 해 주실 것을 간청했다.

8. 노아가 이렇게 간청하자 하나님이 그의 의로움을 보시고 그의 기도를 들으셨으며 타락한 세상을 멸망시킨 것은 자기가 아니고 인간들의 사악함 때문이라고 하셨다. 만일 자기가 인간을 아주 멸망시키기로 결심했다면 아예 인간을 세상에 내보내지도 않았을 것이라고 하셨다. '인간들이 나의 거룩함과 덕에 해를 끼쳤기에 나는 어쩔 수 없이 이렇게 그들을 벌할 수밖에 없었다. 그러나 나는 이제 특별히 너의 기도를 듣고 인간들이 장차 저지를 사악한 행위에 대해서 이토록 엄청난 진노의 형벌은 내리지 않을 것이다. 그러나 나는 가끔 무서운 폭풍우를 내릴 것이나 그로 인해 세상이 물로 덮이는 일은 없

을 것이니 놀라지 말라. …내가 나의 진노를 거둔다는 것을 나의 맹세로 네게 보이리라'(여기서 맹세는 무지개를 의미한다). 하나님이 이같이 약속하시고 말씀하신 후에 떠나셨다."1)

요세푸스의 해석은 매우 그럴 듯해 보인다. 구약 성경 계시의 말씀을 로마인들에게 풀어쓴 민족사 형식의 해설로서는 나름대로 애를 쓴 흔적이 엿보인다. 그러나 성경 말씀만이 가지는 근원적 지혜와 통찰이 결여되어 있다.

홍수 스토리 원문에는 노아가 단 한마디도 하지 않는다. 그런데 요세푸스의 글에서는 노아의 기도가 너무 길게 언급되어 있다. 게다가 하나님이 홍수를 일으키신 가장 중요한 이유, 그리고 다시는 홍수를 일으키지 않으시겠다는 이유가 언급되어 있지 않다. 따라서 요세푸스의 해석에는 인간 본성과 하나님의 성품에 대한 성경 말씀만이 가지는 계시성과 깊은 지혜가 결정적으로 결여되어 있다.

1.3 문제 제기

하나님께서 더 이상 물로 심판하지 않으시겠다고 한 결정적인 이유는 노아의 제사 때문이 아니다. 물론 인간의 역사란 하나님과 인간 사이의 관계와 반응의 역사이기에 노아의 제사가 하나님의 오래 참으심의 구속사에 어떤 기능을 하는 것은 부인할 수 없는 사실이다. 그러나 노아의 제사가 마치 하나님께서 더 이상 홍수로 세상을 멸하지 않기로 한 결정적인 이유로 보아서는 안 된다.

물론 노아가 보인 의로움과 완전함, 그리고 하나님과 동행함이 하나님이 더 이상 물로 심판하지 않으시겠다는 결심을 언약으로 맺는 데 있어서 기능적 역할을 한 것이 사실이다. 언약에는 두 당사자가 필요하기 때문이다. 마치 봉신(封臣)이 보인 충성과 의를 보고 종주(宗主)인 황제가 땅을 하사하듯이, 노아가 보인 의로움을 보고 하늘 종주이신 여호와께서 노아를 홍수로부터 구원하시고 끝내 물로 세상을 심판하지 않으시겠다고 맹세하신 것이 사실이다.

그러나 노아의 제사가 하나님의 마음을 바꾼 결정적인 이유는 아니다. 그 어떤

---

1) 플라비우스 요세푸스, 『유대 고대사 1』, 김지찬 역 (생명의말씀사, 1987), 57-58.

인간의 행동도 하나님의 마음을 바꾸지 못한다. 불가역적으로 다시는 물로 세상을 심판하지 않으시겠다고 한 데는 다른 이유가 있었다. 그렇다면 하나님께서 홍수로 세상을 다시는 진멸하지 않겠다고 결심하신 결정적인 이유는 무엇인가?

2. 하나님의 '마음'의 불가역적 변화

2.1 하나님의 마음 vs 사람의 마음

노아의 의와 노아의 제사는 하나님이 마음을 바꾸신 최종적이고 결정적인 계기가 아님은 하나님께서 노아가 드린 번제의 향기를 흠향하신 후에 약속하시는 장면을 살펴보면 금방 알 수 있다.

"그 중심(לֵב; 립보)에 이르시되 내가 다시는 사람으로 말미암아 땅을 저주하지 아니하리니 이는 사람의 마음(לֵב הָאָדָם; 레브 하아담)이 계획하는 바가 어려서부터 악함이라 내가 전에 행한 것같이 모든 생물을 다시 멸하지 아니하리니 땅이 있을 동안에는 심음과 거둠과 추위와 더위와 여름과 겨울과 낮과 밤이 쉬지 아니하리라"(창 8:21-22).

성경 기자는 하나님의 약속을 언급하면서 '그 중심에'(לֵב; 립보) 말씀하셨다고 묘사한다. '그 중심'이라고 번역된 단어는 직역하면 '그의 마음'(לֵב; 립보)이다. 성경 기자가 하나님께서 말씀하셨다고 하면 충분한데, 굳이 '그의 마음에' 말씀하셨다고 강조한 이유는 무엇일까?

이를 위해서는 '그의 마음'이 홍수 스토리에 몇 번 나오는지 살펴볼 필요가 있다. 그런데 흥미롭게도 '그의 마음'(לֵב; 립보)이란 표현은 노아 홍수 스토리에 세 번 나온다. 이미 홍수를 일으킬 수밖에 없었던 이유를 언급하면서 '그의 마음'이 두 번 나온 적이 있었다.

"여호와께서 사람의 죄악이 세상에 가득함과 그의 마음으로(לֵב; 립보) 생각하는 모든 계획이 항상 악할 뿐임을 보시고 땅 위에 사람 지으셨음을 한탄하사 [그의] 마음(לֵב; 립보)

에 근심하시고"(창 6:5-6).

인간이 그의 마음(לבו; 립보)으로 생각하는 바가 어려서부터 악하기 때문에 하나님의 마음(לבו; 립보)에 근심이 생기셨다. 심지어는 땅 위에 사람 지으셨음을 한탄할 정도였다. 아니 더 나아가 자신이 만든 모든 피조물을 진멸하기로 결정하실 정도였다. 우리는 앞서 창세기 6:5-6을 다룰 때 노아 홍수 이야기는 그저 무심하고 무자비한 심판의 이야기가 아니라, 인간과 하나님 사이에 "마음과 마음"의 문제(heart to heart between humankind and God)를 다룬 스토리임을 살펴보았다.[2]

그런데 정말 놀라운 것은 하나님께서 더 이상 홍수를 일으키지 않겠다고 하실 때도 '마음'(לבו; 립보)이 중요한 역할을 하고 있음을 이미 오래 전부터 학자들이 지적했다.

"그 중심(לבו; 립보)에 이르시되 내가 다시는 사람으로 말미암아 땅을 저주하지 아니하리니 이는 사람의 마음(לב הָאָדָם; 레브 하아담)이 계획하는 바가 어려서부터 악함이라"(창 8:21).

'사람의 마음'(לב הָאָדָם; 레브 하아담)이 계획하는 바가 어려서부터 악해도 이제는 사람으로 인해 땅을 저주하지 않기로 '그의 마음'(לבו; 립보)에 결심하신 것이다. 즉 홍수를 더 이상 일으키지 않기로 한 결심 역시 '인간의 마음'과 '하나님의 마음'이 부딪혀서 나온 결과이다.

그것도 사람의 마음은 악한데, 하나님은 저주하지 않겠다고 마음에 결심하시는 것이다. 하나님은 인간의 마음이 악함을 보실 때마다 다시는 사람으로 인해 땅을 저주하지 않겠다고 결심하는 마음의 고통을 앞으로도 계속 당하실 것이다.

사람의 마음이 어려서부터 악해도 하나님께서 사람으로 인해 땅을 저주하지 않기로 그의 마음에 결심하시는 모습을 상상해 보라! 이보다 더 자비로울 수 있을까? 누가 감히 노아 홍수의 하나님을 무심하고 무자비한 심판주라고 이야기할 수 있을

---

2) Brueggemann, *Genesis*, 77.

까? 노아 홍수 이야기는 하나님은 사람의 마음이 악하더라도 더 이상 사람으로 인해 땅을 저주하지는 않으시는 자비로운 은혜의 하나님이심을 선포하는 눈물나는 감동의 드라마이다.

2.2 인간의 악에도 불구하고 오래 참기로 마음에 결정하심

하나님께서 노아 홍수 때 하신 것처럼 세상을 다시는 저주하지 않겠다고 맹세하신 이유가 무엇인가? 홍수로 인해 인간 악의 문제가 해결되었기 때문인가?

아니다! 사람의 마음(הָאָדָם לֵב; 레브 하아담)이 계획하는 바가 어려서부터 악한 것은 노아 홍수 이전이나 이후나 변함이 없었다. 노아 홍수 스토리에서 홍수는 인간을 조금도 개선시키지 못했다. 어려서부터 악을 향하는 마음을 지닌 인간은 여전히 동일했으며, 우리가 나중에 보게 되지만 심지어 노아의 가족들 역시 악을 행하는 자들이었다. 그리고 노아의 8식구들에게서 나온 노아의 후손들 역시 바벨탑을 쌓는 악한 자들이었다.

그렇다면 어떻게 해야 하는가? 노아의 가족처럼 몇 사람만 남겨놓고 매 세대마다 홍수를 일으켜 진멸하는 일을 반복해야 하는가? 정말로 놀랍게도 하나님께서는 홍수를 일으켜 진멸할 이유가 있음에도 불구하고 전과는 달리 모든 생물을 멸하지 않기로 하셨다. 이제 변화는 인간의 마음 안에서 일어난 것이 아니라 하나님의 마음 안에서 일어난 것이다. 인간의 악한 마음은 변하지 않은 대신 오히려 하나님의 마음이 변하신 것이다. 월터 브루그만은 말한다.

"홍수는 인간 안에 어떤 변화도 야기하지 않았지만, 홍수는 하나님 안에 불가역적(돌이킬 수 없는) 변화를 야기하였다. 이제 하나님은 무한한 인내와 참으심으로 자신의 피조물을 다루실 것이다. 분명한 것은 하나님은 처음부터 자신의 피조물에 헌신하셨다. 그러나 이 내러티브는 하나님 편의 새로운 결정의 과정을 추적한다. 이제 헌신은 강화되었다. 처음으로 하나님은 고통 가운데, 배신감의 상처를 안고 결정을 내리신다. 이런 하나님의 결정은 큰 대가를 지불해야 함이 명백해졌다. 이제 하나님과 세상의 관계는 단지 강한 하나님과 궁핍한 세상과의 관계가 아니다. 고통당하는 하나님과 반항하는 세상 사이의 고통스러운 관계로 바뀐 것이다. 그런데 이제 이 둘 사이에서 진정한 변화는 하나님 안에 나타났다. 이것이야말로 하나님은 심판자로 고통받는 세상 밖에 있다는 모든 잘못된 개념에 대항하는 복음의 핵심 통찰이라고 아니할 수 없다."[3]

3. 피조물을 향한 하나님의 언약적 헌신

3.1 땅이 있을 동안에는

이제 하나님께서 오래 참으심으로 인간의 악함에도 홍수로 인간을 진멸하지 않겠다고 결심하셨다. 그렇다면 앞으로 어떤 일이 일어날까? 하나님께서는 자연의 질서의 순환적 리듬을 보장하기로 하셨다.

"땅이 있을 동안에는(עֹד כָּל־יְמֵי הָאָרֶץ; 오드 콜-예메 하아레츠) 심음(זֶרַע; 제라)과 거둠(קָצִיר; 카치르)과 추위(קֹר; 코르)와 더위(חֹם; 홈)와 여름(קַיִץ; 카이츠)과 겨울(חֹרֶף; 홈)과 낮(יוֹם; 욤)과 밤(לַיְלָה; 라옐라)이 쉬지 아니하리라"(창 8:22).

'땅이 있을 동안에는'(עֹד כָּל־יְמֵי הָאָרֶץ; 오드 콜-예메 하아레츠)이란 표현은 무슨 의미인가? 땅이 영원한 것이 아님을 보여준다고 학자들은 말한다.[4] 카수토는 이렇게 해석한다.

"이 구절에 드러난 사상은 땅이 영원한 것이 아니라는 것이다. 오직 창조주만이 영원하다. 땅은 시작(beginning)이 있으므로(창 1:1) 종말(end)이 있을 것이라는 것은 당연하다."[5]

영원한 창조주께서 땅을 지속시키는 한에서만 땅이 있게 되는 것이다. 이제 영원한 창조주께서 선언하신다. '땅이 있을 동안에는(עֹד כָּל־יְמֵי הָאָרֶץ) 심음과 거둠과 추위

---

[3] Walter Brueggemann, *Genesis* (John Knox Press, 1982), 386.
[4] 참조, Wenham, *Genesis 1-15*, 191; Westermann, *Genesis 1-11*, 457.
[5] Cassuto, *Genesis*, Part II, 121.

와 더위와 여름과 겨울과 낮과 밤이 쉬지 아니하리라.'

3.2 자연 세계의 순환적 리듬

'심음과 거둠', '추위와 더위', '여름과 겨울', '낮과 밤'의 네 쌍의 단어들은 자연 세계의 멋진 리듬을 보여준다.

(1) 심음(זֶרַע; 제라)과 거둠(קָצִיר; 카치르)
(2) 추위(קֹר; 코르)와 더위(חֹם; 홈)
(3) 여름(קַיִץ; 카이츠)과 겨울(חֹרֶף; 호렙)
(4) 낮(יוֹם; 욤)과 밤(לַיְלָה; 라옐라)

우선 학자들은 심음과 거둠, 추위와 더위, 여름과 겨울, 낮과 밤이란 네 쌍의 단어는 메리스무스(merismus)라는 기법임을 인정한다. 메리스무스 기법이란 한 사물의 양 극단을 언급함으로써 양극단 안에 있는 모든 것을 가리키는 것을 말한다. 예를 들어 '머리와 발'이란 표현은 머리와 발만을 가리키는 것이 아니라 머리와 발 사이에 있는 온 몸 전신을 가리킨다.

이 네 쌍의 단어들이 자연의 규칙성을 가리킨다는 데는 누구도 이의를 제기하지 않지만, 이 네 쌍의 단어들이 무엇을 가리키는지에 대해서는 학자들이 여러 논란을 벌여 왔다. 이 단어 쌍들은 겉으로 보기와는 달리 논란의 여지가 꽤 있기 때문이다.

이미 카수토가 지적한 대로 우리가 네 단어 쌍을 읽어보면 어떤 시간 순서가 있는지 찾기가 쉽지 않다.[6] 심음과 거둠, 추위와 더위, 여름과 겨울, 낮과 밤은 정확하게 일 년의 계절의 순환을 보여주는 순서가 아니기 때문이다.[7]

그러나 베스터만은 네 쌍 중에서 '심음과 거둠', '여름과 겨울', 그리고 '추위와 더위'는 일 년을 가리키고 '낮과 밤'은 24시간 하루를 가리키는 것으로 해석한다.

---

[6] Cassuto, *Genesis*, Part II, 121.
[7] Cassuto, *Genesis*, Part II, 121-122: "이 구절의 의미는 이렇게 볼 수 있다. 비록 한해 홍수로 인해 계절의 간격이 사라지고 계절 자체가 없어졌다고 해도 평상 시의 모든 변화가 미래에는 다시 나타날 것이다. 그것이 홍수 때 완전히 사라졌던 심음과 추수 같은 농업 계절이든, 물이 땅에 너무 많아 이번 해에는 분명히 느끼지 못했던 추위와 더위이든, 더위와 추위의 결과로 자연스럽게 나타나는 여름에서 겨울로의 변화든지 간에 정상 때의 변화가 다시 이어질 것이다."

"리듬을 표현하는 이 네 쌍의 단어들의 의미는 처음 보는 것만큼 분명한 것은 아니다. 리듬은 2박자이며, 각 쌍이 전체를 표현하는 것만은 분명하다. 심음과 거둠, 그리고 여름과 겨울은 일 년을 가리키는 것이 분명하다. 물론 낮과 밤은 24시간 하루를 가리킨다. 그러나 '추위와 더위'는 문제가 된다. 이 표현은 거의 항상 일 년을 가리키는 또 다른 표현으로 이해되어 왔다. …네 쌍 중에서 세 쌍은 일 년의 과정을 가리키고, 하나만 하루의 과정을 가리키게 된다는 점을 유념할 필요가 있다."[8]

네 쌍 중에 세 쌍은 일 년의 계절의 순환을, 한 쌍은 하루의 과정을 가리킨다고 본 베스터만의 해석이 지금까지 나온 이론들 가운데 가장 적절해 보인다.

3.3 자연의 질서있는 순환은 '쉬지' 아니함

마지막으로 우리는 '땅이 있을 동안에는 심음과 거둠과 추위와 더위와 여름과 겨울과 낮과 밤이 쉬지 아니하리라'는 말씀에서 '쉬지 아니하리라'에 주목해야 한다고 카수토는 지적한다. 여기서 '쉬다.'는 동사는 샤바트(שׁבת)로서 하나님께서 6일 동안 세상을 창조하신 후에 쉬셨다고 했을 때 사용된 단어이기 때문이라는 것이다.

"하나님이 그가 하시던 일을 일곱째 날에 마치시니 그가 하시던 모든 일을 그치고 일곱째 날에 안식하시니라 하나님이 그 일곱째 날을 복되게 하사 거룩하게 하셨으니 이는 하나님이 그 창조하시며 만드시던 모든 일을 마치시고 그 날에 안식하셨음이니라"(창 2:2-3).

카수토는 이 동사의 신학적 의미를 이렇게 해석한다.

"비록 하나님께서는 창조 사역 후에 (그의 일로부터) 쉬셨지만, 그가 창조하신 세상과 자연질서는 땅이 있는 동안에는 쉬지 않고 있다. 물론 여기서 말하는 것은 전체적이고 우주적인 쉼을 이야기하는 것이다. 정상 질서가 여러 번 부분적으로 방해받은 적이 분명

---

8) Westermann, *Genesis 1-11*, 457.

히 있기 때문이다. 기근이 있을 때에는 심음과 거둠이 멈추게 된다(창 45:6; "이 땅에 이 년 동안 흉년이 들었으나 아직 오 년은 밭갈이도 못하고 추수도 못할지라"). 마찬가지로 이스라엘 백성은 제 칠 년에는 농사를 짓지 못하도록 하셨다. 애굽에 임한 흑암의 재앙(출 10:21-23)의 경우에는 낮과 밤의 구분이 없었다. 그러나 이 모든 경우는 일시적이고 지역적인 중단이었다."9)

심음과 거둠과 추위와 더위와 여름과 겨울과 낮과 밤의 순환에 있어서 일시적이고 부분적인 중단은 있을지 모르지만 자연의 질서적 순환과 항시성은 변함없을 것이라는 하나님의 약속이 없었다면, 인간과 모든 생물은 지구상에 존재할 수 없었을 것이며, 인간과 동물의 구속은 애당초 불가능했을 것이다. 이런 점에서 노아의 하나님은 자비와 긍휼이 많으시고 노하기를 더디하시며 인간을 축복하고 구원하시기를 기뻐하시는 분임을 알 수 있다.

4. 결론 : 신학적 메시지

4.1 땅이 있을 동안에는

하나님께서는 '땅이 있을 동안에는'(עֹד כָּל־יְמֵי הָאָרֶץ; 오드 콜-예메 하아레츠) 심음과 거둠, 추위와 더위, 여름과 겨울, 낮과 밤이 쉬지 아니할 것이라고 하셨다. 앞서 살핀 대로 '땅이 있을 동안'이란 땅(הָאָרֶץ; 하아레츠)은 원래부터 영원한 것이 아님을 보여준다. 오직 창조주 한 분만이 영원하며, 이 세상에 있는 모든 것들은 하나님이 창조하신 때부터 비로소 존재하는 것이다. 다시 말해 영원한 창조주께서 땅을 지속시키는 한에서만 땅이 있게 되는 것이다. 그렇다면 피조물로서의 땅은 '시작'과 '중간'과 '끝'이 있는 것이다. 그렇다면 이미 학자들이 지적한 대로 노아 언약은 땅의 시작과 끝 사이의 '중간'에 관한 약속이다.

---

9) Cassuto, *Genesis*, Part II, 123.

"창세기 2장의…내러티브는 자족적인 세계(a self-consistent world)에 대해 아무것도 이야기하지 않는다. 그저 인간과 모든 나무와 식물과 동물들―그것들이 인간을 위해 존재하는 한에서―의 관계 속에 있는 세계(the world in its relationship to humans, at the trees, plants, animals insofar as they were there for humans)를 이야기한다. 세계의 존재(the existence of the world)와 그 자체의 생명과 질서(its own life and order)에 대해서는 아무것도 언급되지 않는다. 세상은 홍수가 그 목적지에 도달하는 창세기 8:20-22에서야 비로소 그 자신의 생명(a life of its own)을 획득한다."[10]

우리는 창세기 1-3장의 창조 기사에서 시작하여 노아에게 주신 약속을 거쳐 종말에 이르는 거대한 우주적 시간에 대한 의식을 분명하게 가져야 한다는 점을 게이지가 잘 보여준다.

"시작과 기원의 책인 창세기 아래에 목적론적 신학, 미래주의적 신학이 깔려있다는 것은 처음에는 역설적으로 보인다. 그러나 창세기 안에 종말론적 구조의 가능성이 있다는 사실은 창세기의 자의식 안에 우주적 시간(universal time) 의식이 분명히 들어있다는 점에서 기인한다. 이런 통시적 시간의 자의식은 시간의 시작을 가리키는 창세기 1:1의 '태초에'(בְּרֵאשִׁית; 브레쉬트)에 의해 드러나며, 시간의 종국을 가리키는 종말론적인 '후일에/마지막 날에'(אַחֲרִית הַיָּמִים; 아하리트 하야밈)로 암시되고, 창세기 8:22의 약속 '땅이 있을 동안에는'(עַד כָּל־יְמֵי הָאָרֶץ; 오드 콜-예메 하아레츠)에 의해 요구된다. 우리는 창세기 8:22 안에서 선지자들이 바라보는 종말론적 종점을 보게 된다. …결국 처음이자 나중이요 시작과 끝이신 그분이 알파부터 오메가까지 역사를 쓰시고 계시며 창세기는 그분의 계시의 출발점이다."[11]

우리 인간 역시 땅이 있을 동안에만 존재할 수 있는 자들이다. 아니 각각의 개인은 하나님께서 주신 시간 만큼만 존재하다가 흙으로 돌아갈 운명으로 지음받은 자들이다. 그런데 많은 사람들이 아직도 인류란 '땅이 있을 동안에만' 존재할 수 있는

---

10) Westermann, *Genesis 1-11*, 457.
11) Gage, *The Gospel of Genesis*, 8.

자들임을 깨닫지 못하고 스스로 영원한 존재인 양 착각하며 산다.

이런 점에서 우리는 종말론적 시각을 회복하고 유지해야 한다. 종말론적 관점을 상실하면 그 다음에 타락하고 부패하는 것은 시간 문제이기 때문이다. 따라서 세일해머가 지적했듯이, 모세오경 기자는 야곱과 발람과 모세를 등장시켜 중요한 시점마다 후일에 당할 일로 경고하고 권면하는 것이다.[12]

(1) 야곱 : "너희는 모이라 너희가 후일에(אַחֲרִית הַיָּמִים; 아하리트 하야밈) 당할 일을 내가 너희에게 이르리라"(창 49:1).

(2) 발람 : "이제 나는 내 백성에게로 돌아가거니와 들으소서 내가 이 백성이 후일에(אַחֲרִית הַיָּמִים; 아하리트 하야밈) 당신의 백성에게 어떻게 할지를 당신에게 말하리이다"(민 24:14).

(3) 모세 : "내가 알거니와 내가 죽은 후에 너희가 스스로 부패하여 내가 너희에게 명령한 길을 떠나 여호와의 목전에 악을 행하여 너희의 손으로 하는 일로 그를 격노하게 하므로 너희가 후일에(אַחֲרִית הַיָּמִים; 아하리트 하야밈) 재앙을 당하리라 하니라"(신 31:29).

세일해머는 게이지(Gage)와 마찬가지로 모세오경은 과거와 미래 사이의 근본적 통일성을 보여준다고 본다.

"오경 저자는 오경 내내 과거 사건들에 대한 강력한 관심을 보여준다. 오경 최종 본문 안에서 '마지막 날에/후일에'란 개념을 반복적으로 강조하는 이유는 그의 관심이 미래에도 있음을 보여주는 것이다.

요약하자면…오경의 최종 본문 형태 기저에 깔린 중심적 관심 중 하나는 과거와 미래 사이의 본질적 관계를 드러내려는 것이다. 과거에 하나님의 백성들에게 일어난 사건들은 미래의 사건들을 보여준다는 것이다. 달리 말하면 과거는 미래를 위한 교훈으로 제

---

12) Sailhamer, *The Pentateuch as Narrative*, 36.

시되고 있다."13)

태초의 원 창조가 인간의 사악함으로 인해 홍수로 진멸되었지만, 하나님의 오래 참으심으로 다시는 창조 질서를 파괴하지 않겠다고 하신 하나님의 약속은 과거에 일어난 일이지만 '땅이 있을 동안에는' 우리가 이 약속을 믿을 수 있는 것이다. 그런 점에서 '땅이 있을 동안에는' 다시는 홍수로 모든 혈육 있는 자를 멸하지 않으실 것이라고 약속하신 하나님의 신실하심을 의지할 수 있다.

4.2 인간과 생물은 '리듬으로' 살아가는 존재

그러나 땅만 있다고 문제가 해결되는 것은 아니다. 인간과 동물과 식물은 낮과 밤의 교대와 계절의 변화를 요구하기 때문이다. 따라서 하나님께서는 "땅이 있을 동안에는 심음과 거둠과 추위와 더위와 여름과 겨울과 낮과 밤이 쉬지 아니하리라"고 하신 것이다. 이에 대한 베스터만의 해석은 통찰력이 있다.

> "인간은 하나님께서 생명의 호흡을 인간 안에 불어넣었으므로 생명 있는 존재가 된 것이다. 하나님의 호흡은 한 사람을 호흡의 리듬으로 살아가는 존재로 만든 것이다. 여기서도 세상은 낮과 밤, 여름과 겨울의 리듬 안에 존재하는 것이다."14)

예를 들어 심음과 거둠의 리듬이 없으면 인간은 살 수가 없다. '심음'은 직역하면 '씨뿌리기'(sowing), '씨앗'(seed), '씨뿌리는 시간'(seedtime)이다. 씨앗을 뿌리지 않으면 채소나 열매를 얻을 수 없고, 채소나 열매가 없으면 음식을 얻을 수 없으므로 인간의 생존은 불가능하다.

4.3 직선적 역사관과 순환적 시간관은 상호 보완적

베스터만은 노아 언약을 근거로 직선적 역사관과 순환적 역사관은 성경 안에서는 상호 배타적인 시간관이 아니라 상호 보완적인 시간관이라고 해석한다.

---

13) Sailhamer, *The Pentateuch as Narrative*, 37.
14) Westermann, *Genesis 1-11*, 457.

"이 네 쌍의 단어들이 가리키는 년과 일의 두 기본 리듬은 세계의 실존을 묘사한다. 이 것들은 생명의 실존과 밀접히 연관되어 있다. 모든 생물은 낮과 밤의 교대 가운데 존재하며 이를 요구한다. 인간과 동물과 식물은 자양분을 공급받기 위해서는 계절의 변화를 요구한다. 홍수 내러티브 결론은 소위 '순환적' 시간(cyclical time)이라고 불리는 시간 이해의 기초를 제공한다(R.E. Murphy, "History, Eschatology, and the Old Testament," Continuum 7 [1970], 583-593). 구약에서의 시간 이해는 오직 직선적(linear)인 것만이라고 주장하는 것은 불충분하다. 홍수 내러티브의 결론에서… 성경 기자는 시간과 그 존재를 하나님의 결정에 둔다(땅이 존재하는 한에서). 시간은 지속적으로 반복되는 리듬으로 구성된다.

아브라함 이후에, 그리고 출애굽 이후에 시간은 목표를 향해 직선적으로 나아가는 일련의 역사적 사건들로 묘사된다. 그러나 이것이 결코 8:20-22에서 세워진 순환적 시간의 과정을 폐기하는 것은 아니다. 오히려 일어나는 모든 일들에 대한 의미를 가지는 것이다. 하나님의 축복의 성취의 상당한 부분은 여기서 세워진 순환 가운데 일어나는 것이며, 하나님의 구원의 행위의 성취는 직선적인 사건들 안에 일어나는 것이다(참조, Westermann, Der Segen…, 1968)."[15]

베스터만의 말을 들어보면 직선적 역사관과 순환적 역사관은 성경 안에서는 상호 배타적인 시간관이 아니라 상호 보완적인 시간관임을 알 수 있다. 그동안 일부 교계에서는 헬라적 시간관은 순환적 시간관인데 반해, 히브리적 시간관은 직선적 시간관이라고 하면서 순환적 시간관을 무시한 것이 사실이나, 그러나 순환하는 계절과 자연의 변화는 물론 생노병사와 영고성쇠의 인생과 인간 역사는 순환적 시간이다. 이런 순환적 시간 속에서 면제된 인간은 아무도 없다. 직선적 역사관만이 기독교적이요 순환적 역사관은 이교적이라는 지나치게 단순한 이분법적 사고는 위험하다.

---

15) Westermann, *Genesis 1-11*, 458.

4.4 하나님의 언약적 헌신과 자연의 항시성

그러나 순환적 시간만이 있다면 시간은 인간을 허무로 돌아가게 만드는 비극적 과정이 된다. 비록 순환적으로 보이지만, 끝내 그 순환 가운데서도 하나님의 약속이 선포되고 그 약속이 역사 속에서 성취되는 직선적 과정을 통해 끝내 하나님의 계획이 성취되기 때문이다. 만일 하나님께서 인간의 마음의 계획의 악함만을 보시고 기계적으로 보응하신다면 인간들은 매 세대마다 홍수 대재앙으로 멸절되었을 것이다. 그러나 하나님께서 인간의 사악함에도 불구하고 다시는 물로 심판하지 않겠다고 약속하셨기에, 인간의 악함과 혼돈의 물의 위협 가운데서도 인간 역사는 지속될 수 있게 된 것이다. 다시 말해 심음과 거둠과 추위와 더위와 여름과 겨울과 낮과 밤의 순환으로 확보되는 세상의 안전성은 인간의 마음의 악함에도 불구하고 하나님의 오래 참으심의 성품으로 확실하게 담보되었다.

이제 모든 생물들은 '땅이 있을 동안에는 심음과 거둠과 추위와 더위와 여름과 겨울과 낮과 밤이 쉬지 아니하리라'는 하나님의 약속 가운데서 생육하고 번성하며 땅에 충만할 수 있게 되었다. 이를 예레미야는 '주야의 약정과 천지의 규례'라고 정의한다.

"나 여호와가 이같이 말하노라 나의 주야의 약정(בְּרִיתִי יוֹמָם וְלָיְלָה; 베리티 요맘 와라옐라)이 서지 아니할 수 있다든지 천지의 규례(חֻקּוֹת שָׁמַיִם וָאָרֶץ; 후코트 샤마임 와아레츠)가 정한 대로 되지 아니할 수 있다 할진대"(렘 33:25; 개역한글판).

여기서 '주야의 약정'은 직역하면 '주야의 언약'(covenant with day and night)이다. 이런 주야의 언약으로 인해 인류의 보존과 땅에서의 충만함이 보장되고 인간의 구속이 가능하게 된 것이다. 따라서 자연의 규칙성(regularity)과 제율성(uniformity)을 자연 자체의 자율적이고 자충족적인 체계로 이해하는 것은 잘못이다. 자연의 제율성은 자연 안에 있는 자충족적인 기계적 법칙에 근거한 것이 아니다. 자연의 규칙성은 인간의 사악함에도 다시는 홍수로 세상을 심판하지 않겠다고 약속하신 하나님의 언약에 근거한 것이다. 단적으로 말해 자연의 규칙성과 제율성은 '피조물을 향한 하나님의 언약적 헌신에서 나오는 항시성'에 근거한 것이다.

베스터만의 해석은 매우 통찰력이 있다.

"세상은 그저 공간에 거기에 있는 어떤 물체가 아니다. 세상은 시간 안에 서있고 존재하는 것이다. 22절에 묘사된 대로 지속적이고 거대한 리듬 안에 세상은 존재한다. 현존하는 세상은 재앙을 통해 지속성을 확보한 존재로 이해되어야 한다(The existing world is to be understood as that which subsists and has achieved permanence through catastrophe). 존재하는 세계는 보존된 세계이다(the world that subsists is the world that has been preserved)."[16]

인간은 단순히 '창조 질서' 안에서만 사는 것이 아니라, 하나님의 오래 참으심으로 인해 주어지는 '언약 질서' 안에서 사는 것이다. 이런 점에서 노아 언약은 보존의 언약이라고 할 수 있으며 성경의 다른 언약들을 가능케 하는 존재론적 배경이 되는 언약이므로 매우 중요하다.

4.5 오래 참으시는 하나님

그렇다면 하나님께서는 왜 이렇게 오래 참으시는가? 이렇게 참으신다고 해서 인간의 악이 해결될 수 있을까?

"하나님에 의해 창조된 인간은 하나님께 불순종할 수 있으며(창 3장), 인간은 자기 형제에 대해 범죄할 수도 있고(4:2-16), 어려서부터 악의 경향을 가질 수도 있다. 모든 악의 발현이 고정된 일련의 사건들, 즉 죄-발견-처벌, 그리고 용서의 사건들을 만들어 내는 것은 아니다. 하나님께서는 획일적 방식으로 반응하지 않으신다. 즉 매 경우마다 형벌로 간섭하시는 것은 아니다. 하나님께서는 단지 일들을 그냥 내버려두시고, 악의 경향에 대해서 그러 하듯이 인간들에 대해서 참고 견디신다. 이런 악의 경향이 점차 커져서 인간 존재를 항상 위태롭게 만든다. 그러나 하나님께서는 결코 인간이 진멸되지 않도록 하겠다고도 약속하셨다. F. Delitzsch : '인내의 시기가 이제 시작된 것이다

---
[16] Westermann, *Genesis 1-11*, 457.

($ανοχη$, 롬 3:26).'"17)

4.6 수난당하시는 하나님의 사랑

노아 홍수 스토리는 겉으로 보면 세상이 홍수로 변한 이야기처럼 보인다. 사람들이 홍수를 무서워하고 지층이 뒤바뀌는 이야기처럼 들릴지 모른다. 그러나 깊이 살펴보면 홍수 이야기는 고통당하시는 하나님과 반항하는 인간 사이의 고통의 역사를 담은 이야기이다. 아니 더 나아가 하나님의 내면의 고통의 역사, 그로 인해 하나님이 내면에서 뜻을 돌이키시는 진정한 변화사이다.

독일의 구약학자 클라우스 베스터만은 말한다.

"그러나 홍수는 하나님 안에 돌이킬 수 없는 변화를 야기시켰다. 이제 하나님은 무한한 인내와 참으심으로 자신의 피조물을 다루실 것이다. …이제 하나님과 세상의 관계는 단지 강한 하나님과 핍절한 세상과의 관계가 아니다. 이제 고통당하시는 하나님과 반항하는 세상 사이의 고통스러운 관계이다. 이 둘 사이에서 진정한 변화는 하나님 안에 나타났다."18)

노아 홍수 스토리가 잔혹한 하나님의 심판의 스토리가 아니라 오히려 하나님이 수난당하시는 사랑의 이야기임을 워커(Walker)는 잘 정리한다.

"세상을 멸하기보다는 세상에 대해 열린 마음으로 대하시겠다는 결심으로 바뀐 것이다. 이 결심은 무엇을 의미하는가? 하나님께서 인간으로 인해 스스로 고통을 수용하시겠다는 결심으로밖에 달리 해석할 방법이 없다. 또한 하나님께서 기꺼이 그동안의 경로와 의도를 변경하실 만큼 인간 상황에 대해 열린 태도로 대하시겠다(God's openness to the human condition to such a degree that God willingly changes direction and intention)는 의미이다. 이런 점에서 창세기 8:21은 수난당하시는 하나님의 사랑을 계시하는 구속의 계획

---

17) Westermann, *Genesis 1-11*, 456.
18) Westermann, *Genesis 1-11*, 81.

의 진술의 출발점이 된다."[19]

사람의 마음이 계획하는 바가 어려서부터 항상 악할 뿐이더라도 하나님께서 사람으로 인해 땅을 저주하지 않기로 그의 마음에 결심하시는 모습을 상상해 보라! 이보다 더 은혜롭고 자비로울 수 있을까? 누가 감히 노아 홍수의 하나님을 잔혹하고 무자비하게 보복하시는 심판주라고 이야기할 수 있을까? 노아 홍수 이야기는 하나님은 사람의 마음이 악하더라도 더 이상 사람으로 인해 땅을 저주하지 않으시는 자비로운 은혜의 하나님이심을 선포하는 눈물나는 감동의 드라마이다. 그러기에 시편 기자는 노래할 수 있었다.

"그의 노염은 잠깐이요 그의 은총은 평생이로다 저녁에는 울음이 깃들일지라도 아침에는 기쁨이 오리로다"(시 30:5).

---

[19] Walker, "Noah and the Season of Violence," 373.

"Go into the ark, you and your whole family"

15장

땅의 짐승이 인간을 무서워하는 이유는 무엇인가?

창 9:1-3

1. 서론적 이야기

1.1 문제 제기

노아 홍수 스토리를 읽어가다 보면 홍수 후에 방주에서 나온 노아에게 동물들이 인간을 무서워하게 될 것이라고 하나님께서 언급하시는 대목이 나온다.

"땅의 모든 짐승과 공중의 모든 새와 땅에 기는 모든 것과 바다의 모든 물고기가 너희를 두려워하며 너희를 무서워하리니 이것들은 너희의 손에 붙였음이니라"(창 9:2).

우리는 이 대목에서 의문이 생긴다. 방주에 노아의 8식구들과 함께 평화롭게 공존하던 동물들이 왜 갑자기 인간을 무서워하게 되는 것일까? 물론 바로 뒤에 이것들을 너희의 손에 붙이셨다고 했는데, 이것이 그 이유라면 무엇 때문에 하나님께서는 생물들을 인간의 손에 붙이시는 것일까? 노아가 까마귀와 비둘기를 방주에서 내보내는 실험을 통해 인간과 새들의 의사소통과 조화로운 질서의 가능성마저 보았는데 왜 공중의 새들마저도 인간을 두려워하며 무서워하는 것일까?

1.2 성경 본문 안에만 답이 있기에

이런 질문에 대한 답 역시 성경 본문 안에 들어 있다. 성경 학자들에게는 "교회 밖에 구원이 없듯이 성경 본문 밖에는 구원이 없다." 따라서 표현된 의도인 본문을 자세하게 읽고 저자의 원래 의도를 찾아내는 것 외에는 그 어떤 지름길도 없다. 그렇다면 홍수 후에 하나님께서 노아에게 짐승들이 두려워할 것이라고 하신 말씀의 전후 문맥을 살펴보자.

"하나님이 노아와 그 아들들에게 복을 주시며 그들에게 이르시되 생육하고 번성하여 땅에 충만하라 땅의 모든 짐승과 공중의 모든 새와 땅에 기는 모든 것과 바다의 모든 물고기가 너희를 두려워하며 너희를 무서워하리니 이것들은 너희의 손에 붙였음이니라 모든 산 동물은 너희의 먹을 것이 될지라 채소같이 내가 이것을 다 너희에게 주노라"(창 9:1-3).

본문을 상세히 살펴보면 짐승들이 인간을 두려워하는 이유를 중심으로 (1) 생육하고 번성하라는 명령과 (2) 동물을 음식으로 주시겠다는 육식 허용 약속이 둘러싸고 있다. 땅의 생물들이 인간을 두려워하는 이유를 알려면 앞에 나오는 생육하고 번성하라고 명령하신 이유는 무엇인지, 그리고 뒤에 나오는 육식 허용 약속이 이 명령과 무슨 상관이 있는지를 먼저 알아야 한다.

2. 생육하고 번성하여 땅에 충만하라

2.1 축복이 하나님의 목적

노아 홍수 후에 하나님의 약속을 보면 하나님의 궁극적 목적은 인간을 축복하는 데 있음을 알 수 있다.

"하나님이 노아와 그 아들들에게 복을 주시며(בָּרַךְ; 바라크) 그들에게 이르시되 생육하고(פָּרָה; 파라) 번성하여(רָבָה; 라바) 땅에 충만하라(מָלֵא; 말레)"(창 9:1).

하나님께서는 인간을 창조하신 후에 축복하셨고(1:28), 아담과 하와가 범죄한 후에도 인간을 축복하셨다는 것(5:2)을 잊어서는 안 된다. 그런데 놀라운 것은 인간의 사악함으로 모든 호흡하는 생명을 다 진멸하신 후에도 하나님께서는 노아와 그 아들들에게 복을 주시고 있다는 점이다. 하나님께서 인간을 창조하신 목적은 인간을 복주시려는 것임을 이보다 더 확실하게 보여주는 것은 없다. 따라서 노아 홍수의 하나님을 그저 잔인한 심판주로만 보는 것은 성경과는 너무나 다른 것이다.

2.2 인구 억제 정책을 쓴 고대 근동 설화와 다름

이 점은 고대 근동의 홍수 스토리인 아트라하시스(Atrahasis) 설화와 비교해 보면 금방 알 수 있다. 이 설화를 보면 사람이 늘어나는 것이 신들에게는 고통거리였다. 심지어는 홍수로 쓸어버릴 만큼 심각한 문제였다. 이제 아트라하시스 설화의 대략을 살펴보자.

이 설화를 보면 고대 설화들이 그렇듯이 신들의 사회는 주전 2000년경의 바벨론 사회를 그대로 모방하고 있다. 당시 바벨론 사회를 보면 평민들은 운하를 개량하면서 밭에서 일해야 했고, 상류층은 궁중에서 삶을 즐기면서 도시 안에서 살고 있었는데, 고위 신들은 신들의 궁중에서 즐기는 반면에, 하위 신들은 밭에서 일을 해야 하는 모습으로 설화에 등장한다.

이에 하위 신들이 최고 신인 엔릴(Enlil)을 찾아가 신전을 포위하고 강력하게 힘으로 밀어붙였다. 하위 신들 사이의 소동은 하늘 세계에 큰 위기를 조성하게 되었고, 고위 신들이 모임을 갖고 대책을 내놓았다. 그 결과는 인간을 창조하여 멍에를 지게 하고 신들의 노동을 대신 감당하도록 하겠다는 것이었다. 이렇게 해서 반역을 주도한 신의 살과 피로 인간을 창조했다. 그래야 영원한 노예로 삼을 수 있다고 생각한 것이었다. 게다가 신들은 인간들이 자신들을 위해 노예로 섬기는 한 모두가 삶을 즐길 수 있을 것이라고 생각했다. 그러나 문제가 생겼다.

"200년이 채 못되어 땅은 커지고 사람들이 늘어났다. 땅은 마치 황소처럼 울부짖었으며, 신은 이들의 소동에 짜증이 났다. 엔릴은 이들의 소음을 듣고 고위 신들에게 말했다: '인간의 소음이 내게 너무 커서, 그 소동에 나는 잠을 잘 수가 없소.'(Old Babylonian

Version, Table II, 1-8)."[1]

인간이 많아지면서 이들의 소음[2]이 고위 신들을 괴롭히게 되었다. 이에 신들이 다양한 인구 억제 정책을 실시했다. 신들은 인구수를 줄이기 위해 여인들에게 불임을 일으키기도 하고 기근 등으로 인구수를 줄이려고 했으나 모두 실패했다. 이에 홍수로 한번에 영원토록 인간을 끝장내기로 했다.

그러나 지혜의 신인 엔키(Enki)는 이것이 하늘에 심각한 위기를 조성할 것이라는 사실을 예감했다. 왜냐하면 인간들이 사라지면 신들이 다시 노동 일을 시작해야 할 것이기 때문이었다. 따라서 엔키는 '매우 지혜로운 자'인 아트라하시스에게 배를 지어 홍수에서 살아남을 수 있는 방법을 알려주었다. 홍수 후에 신들은 인간에게 힘든 조건을 부과하여 다시는 신들에 대항하여 소동을 벌일 수 없게 만들었다. 이것이 아트라하시스 설화의 대략이다.

2.3 인구 증가를 격려하시는 하나님

그러나 고대 근동 설화와는 전혀 다르게 성경은 분명하게 노아와 그의 아들들을 축복하신 후에 생육하고 번성하여 땅에 충만하라고 명하신다. 하나님은 인구 증가를 문제로 보기는커녕 오히려 인구 증가를 격려하고 있음을 보게 된다. 하나님께서 노아를 축복하시는 대목을 보면 창조 시에 인간을 축복한 것(창 1:28-30)을 상기시키는 용어들로 묘사되어 있다.

"하나님이 노아와 그 아들들에게 복을 주시며 그들에게 이르시되 생육하고(פָּרָה; 파라) 번성하여(רָבָה; 라바) 땅에 충만하라(מָלֵא; 말레)…너희는 생육하고(פָּרָה; 파라) 번성하며 (רָבָה; 라바) 땅에 가득하여 그 중에서 번성하라(שָׁרַץ; 샤라츠) 하셨더라"(9:1, 7).

---

[1] James B. Pritchard (ed.), *Ancient Near Eastern Texts Relating to the Old Testament* (Princeton Univ. Press, 1969), 104.
[2] 일부 학자들은 인간의 '소음'만으로는 홍수의 원인이 될 수 없다고 보고, 여기서 '소음' 혹은 '소리'는 악한 행동을 함축한다고 본다. 이 설화가 시작하는 장면에도 큰 신들에 대한 작은 신들의 반역이 있었는데, 여기서 소음이란 신들에 대한 인간의 반역을 가리킨다고 보는 것이다. 그러나 최근에 들어서서 일부 학자들은 인간의 소리 혹 소음은 도덕적 악으로 결코 이해될 수 없으며, 인간이 너무 많아져서 생긴 자연스런 결과로 보아야 한다는 주장이 제기되었다.

"하나님이 그들에게 복을 주시며 하나님이 그들에게 이르시되 생육하고(פָּרָה; 파라) 번성하여(רָבָה; 라바) 땅에 충만하라(מָלֵא; 말레), 땅을 정복하라, 바다의 물고기와 하늘의 새와 땅에 움직이는 모든 생물을 다스리라 하시니라"(1:28).

첫 창조 시의 축복과 비교해 보면 '생육하고'(פָּרָה; 파라) '번성하여'(רָבָה; 라바) 땅에 '충만하라'(מָלֵא; 말레)는 세 용어가 모두 등장한다. 이것은 인간을 창조한 최초의 축복을 노아 홍수 후에 다시 회복하고 있음을 보여준다. 베스터만의 말을 들어보자.

"창조주의 축복이 반복되는 것은 생명을 진멸하는 재앙에도 불구하고, 하나님께서 창조하시고 보존하신 생명은 직선적 시간 안에서 확장해 가는 생명임을 보여준다. 세대에 세 세대로 이어지며 땅 전체에 퍼지는 외에 다른 생명은 있을 수 없는 것이다. 창세기 10장의 열방의 목록은 이를 보여준다. 홍수로부터 보존된 인류는 미래를 향해 성장하고, 땅 위에 확장되는 것이다."

3. 인간과 동물의 새로운 관계

3.1 인간과 생물들 사이의 관계가 변함

물론 처음 창조 시의 축복과 홍수 후의 축복의 장면을 비교해보면, 처음 축복에 나오는 '정복하라.', '다스리라.'는 용어가 홍수 후에는 나오지 않는다. 왜냐하면 우리가 바로 이어서 살펴보겠지만 이 두 개념은 홍수 후에 인간과 동물과의 관계가 변하면서 사용할 수 없게 되었기 때문이다. 인간과 동물 사이의 변화된 관계는 다른 용어들로 표현되어야 했다.

앞서 살핀 대로 하나님께서 인간을 창조하신 목적에는 땅을 정복하고 모든 생물을 다스리는 것이 포함되어 있었다. 그런데 노아 홍수 후에는 어떻게 인간이 땅을 정복하고 모든 생물을 다스릴 것인가가 관건이었다. 왜냐하면 인간의 사악함으로 인해 땅의 모든 생물이 함께 홍수로 진멸되는 일이 일어났기 때문이었다. 이와 관련해서는 월키의 말을 들어보자.

"인간이 자발적으로 하나님께 복종하고, 동물들이 인간에게 복종하는 것이 하나님의 의도이시다(참조 사 11:6-8). 그러나 인간과 동물이 교만으로 그들에게 부과된 역할을 깨뜨리고 말았다. 모든 육체가 그 행동을 패괴하게 한 홍수 이전에도(6:12을 보라), 동물들은 인간을 두려워하지 않고 통제를 벗어났던 것처럼 보인다."[3]

3.2 동물이 인간에게 두려움을 느낌

이것이 사실이라면 하나님께서는 인간과 동물 간의 새로운 관계를 정하실 필요가 있었다. 이어지는 하나님의 말씀은 바로 이점을 언급한다.

"땅의 모든 짐승과 공중의 모든 새와 땅에 기는 모든 것과 바다의 모든 물고기가 너희를 두려워하며(מוֹרָא; 모라) 너희를 무서워하리니(חַת; 하트) 이것들은 너희의 손에 붙였음이니라"(창 9:2).

위 본문에서 '두려움'이란 명사(מוֹרָא; 모라)는 총 11번 사용되고 있는데[4] 반해, '무서움'(חַת; 하트)이란 명사는 두 번밖에 쓰이지 않았다.[5] 그러나 이 두 명사가 파생된 동사인 '야레'(יָרֵא)와 '하타트'(חָתַת)로 확대해 보면 평행으로 쓰이거나 병치 관계로 쓰이곤 했는데, 모두 합쳐서 17번 정도 함께 사용되었으므로 매우 밀접한 개념을 가진 용어라고 볼 수 있다. 예를 들어 신명기 1:21을 보자.

"너희의 하나님 여호와께서 이 땅을 너희 앞에 두셨은즉 너희 조상의 하나님 여호와께서 너희에게 이르신 대로 올라가서 차지하라 두려워하지(יָרֵא; 야레) 말라 주저하지(חָתַת; 하타트) 말라 한즉"(신 1:21).

따라서 일부 학자들은 두려움과 무서움이란 '두 개의 단어로 하나의 개념을 나타내는 헨다이어디스'(hendiadys; 헬라어로 이 단어는 둘을 통해 하나[one through two]란 의미) 기

---

3) Waltkey, *Genesis*, 144.
4) 창세기 9:2; 신명기 4:34, 11:25, 26:8, 34:12; 시편 76:12; 이사야 8:12, 13; 예레미야 32:21; 말라기 1:6; 2:5.
5) 창세기 9:2; 욥기 41:25.

법으로 본다.

3.3 거룩한 전쟁에서 느끼는 두려움

학자들이 이미 지적한 대로, 동일한 단어 쌍(מוֹרָא; 모라와 חַת; 하트)은 아니지만 '두려움'(פַּחַד; 파하드)과 '무서움'(מוֹרָא; 모라)이란 단어 쌍은 가나안 정복 약속 안에 나타난다.

"너희의 하나님 여호와께서 너희에게 말씀하신 대로 너희가 밟는 모든 땅 사람들에게 너희를 두려워하고(פַּחַד; 파하드) 무서워하게 하시리니(מוֹרָא; 모라) 너희를 능히 당할 사람이 없으리라"(신 11:25; 참조 신 1:21, 3:8).

결국 '두려움'과 '무서움'이 가나안 정복 스토리에 나오는 주제라면 이 단어 쌍은 하나님께서 개입하셔서 느끼게 되는 두려움과 무서움을 가리키는 것이라고 학자들은 말한다. 거룩한 전쟁 장면에 등장하는 '두려움'은 전쟁을 시작하기도 전에 이스라엘의 적들이 느끼는 공포를 가리키기 때문에 이 단어 쌍이 거룩한 전쟁과 연관된 단어 쌍으로 보아도 무방하다는 것이다.

게다가 '이것을 다 너희에게 주노라(נָתַן; 나탄)'는 어구가 거룩한 전쟁에 나오는 용어라는 점은 이런 느낌을 강화한다고 학자들은 말한다. 여기서 베스터만의 해석에 귀를 기울일 필요가 있다.

"창세기 9:2의 끝에 나오는 '이것을 다 너희에게 주노라'는 어구는 거룩한 전쟁의 용어로 사용되는 어구이다(S.E. McEvenue). 동물을 다스리는 인간 통치는 여기까지 나아간다. 인간은 음식을 위해 동물을 죽일 수 있다. 창조주께서 이를 명시적으로 허락하셨다. 인간은 동물의 생명을 좌우지할 수 있는 권한을 얻은 것이다(레 26:25). 여기의 언어들은 창세기 1:28의 동물 위의 인간 통치를 언급하는 것과는 대조적으로 이제 존재하게 된 긴장을 표현하기 위해 사용된 것이다. 한편으로 동물은 인간의 손에 넘겨졌다. 그러므로 두려움과 무서움이 생기게 된 것이다. 그러나 다른 한편으로는 모든 살아 있는 생물에 대한 창조주의 선하심이 드러난다. 이것은 종말에 동물들 사이에 평화가 있을 것

이라는 점에서 분명해진다."⁶⁾

그렇다면 인간에 대한 동물들의 두려움을 거룩한 전쟁에서 사용하는 용어들로 표현한 까닭은 무엇인가? 어쩌면 월키가 말한 대로 "인간의 범죄에도 불구하고 하나님께서는 동물을 다스리는 인간 지배를 확증하고 강화시키기" 위해서일 가능성이 크다.⁷⁾

드디어 하나님께서는 인간의 손에 붙였으므로 인간을 두려워하는 생물들의 목록을 언급한다 : '땅의 모든 짐승과 공중의 모든 새와 땅에 기는 모든 것과 바다의 모든 물고기.' 이 목록은 지구에 거주하는 거의 모든 생물의 목록이다. 게다가 '모든'이란 단어가 이 생물 목록의 각 항목 앞에 네 번이나 반복되고 있다. 그렇다면 지구상에 존재하는 '모든' 생물이 인간을 두려워하게 될 것이라는 것이다. 그 이유는 앞서 말한 대로 그들을 모두 인간의 손에 붙이실 것이기 때문이다.

결론적으로 하나님께서 땅의 모든 짐승과 공중의 모든 새와 땅에 기는 모든 것과 바다의 모든 물고기들을 인간의 손에 붙이셨기에, 인간과 부딪히기 전부터 하나님께서 인간을 두려워하며(מוֹרָא; 모라) 무서워하게(חַת; 하트) 만드시겠다는 것이다. 이로써 어떤 동물이든지 인간을 능히 당할 수 없게 하나님께서 만드신 것이다. 이제 땅의 동물들이 인간을 두려워하게 되면서 인간과 동물의 관계가 다시금 새롭게 확정된 것이다.

3.4 생물이 두려워하는 이유

그렇다면 왜 생물들이 인간을 두려워하게 되는가? 카수토는 "생물들이 인간 때문에 그리고 인간의 행동 때문에 구원을 받았기 때문"이라고 해석한다.⁸⁾ 물론 내용상으로는 얼마든지 이런 추측도 해볼 수 있다. 그러나 이에 대한 대답은 성경 본문 안에서 찾아야 한다.

바로 직후에 "이것들은 너희의 손⁹⁾에 붙였음이니라 모든 산 동물은 너희의 먹을

---

6) Westermann, *Genesis 1-11*, 462-463.
7) Waltkey, *Genesis*, 144.
8) Cassuto, *Genesis*, Part II, 125.
9) 한편 두려움과 무서움을 언급하면서 손이 나오는 성경 구절은 신명기 4:34, 26:8, 34:12이다. "어떤 신이 와

것이 될지라 채소같이 내가 이것을 다 너희에게 주노라"(창 9:2-3)고 한 부분을 우리는 먼저 고려해야 한다. 월키가 지적한 것처럼 "하나님께서 인간 생명을 보호하기 위해서 동물들을 인간의 식물로 주셨다. 인간은 동물의 왕국의 생사의 권리를 가지게 되었다."[10]는 점이 두려움의 원인으로 보아야 한다.[11]

4. 동물을 인간에게 음식으로 주심

4.1 육식의 시대

하나님께서는 생물들이 인간을 두려워하고 무서워하게 되는 이유를 한번 더 분명하게 밝히신다.

"모든 산(חַי; 하이) 동물(רֶמֶשׂ; 레메스)은 너희의 먹을 것이 될지라 채소같이 내가 이것을 다 너희에게 주노라"(창 9:3).

하나님께서 처음에 창조하실 때 채소를 음식으로 주신 것처럼, 이번에는 모든 산 동물을 음식으로 주셨다. 여기서 '동물'로 번역된 레메스(רֶמֶשׂ)는 어떤 생물을 가리키는가?

많은 학자들은 앞 절에 나오는 모든 범주, 즉 "땅의 모든 짐승과 공중의 모든 새와 땅에 기는 모든 것과 바다의 모든 물고기"를 가리킨다고 말한다.[12] 실제로 토라에 보면 여기서 언급한 모든 종류의 동물이 먹을 수 있는 음식으로 규정되어 있다.

(1) 땅의 모든 짐승(레 11:2-8)
(2) 바다의 모든 물고기(레 11:9-12)

서 시험과 이적과 기사와 전쟁과 강한 손(יָד; 야드)과 편 팔과 크게 두려운(מוֹרָא; 모라) 일로 한 민족을 다른 민족에게서 인도하여 낸 일이 있느냐 이는 다 너희의 하나님 여호와께서 애굽에서 너희를 위하여 너희의 목전에서 행하신 일이라"(신 4:34). 하나님께서 강한 손으로 하신 일로 백성들이 두려워하게 된다는 것이다.
10) Waltkey, *Genesis*, 144.
11) 월튼, 『창세기』, 498.
12) Wenham, *Genesis 1-15*, 192.

(3) 공중의 모든 새(레11:13-19)

(4) 기어다니는 곤충들(레 11:20-23)

이 네 종류의 구분은 창세기 9장과 레위기에 모두 동일하게 나타난다. 물론 이 네 종류의 동물 중에 먹을 수 있는 것과 없는 것이 구별되고 있기는 하다. 그러나 범주로 본다면 땅과 바다와 공중과 기어다니는 곤충들이 모두 먹을 수 있는 생물에 해당한다. 따라서 동물로 번역된 '레메스'(רֶמֶשׂ)는 지구상에 존재하는 모든 생물을 가리키는 것으로 보아야 한다.

4.2 살아 있는 동물만 음식으로 가능

한편 우리가 주목할 것은 레메스(רֶמֶשׂ)에 '살아 있는'(חַי; 하이)이란 단어가 수식어로 붙어 있다는 점이다. 레메스가 '땅의 모든 짐승과 공중의 모든 새와 땅에 기는 모든 것과 바다의 모든 물고기'를 포함하기에 육지 동물이든, 어류든, 조류든, 곤충이든 간에 죽은 시체(נְבֵלָה; 네벨라)는 음식이 될 수 없고 살아 있는 것은 무엇이든지 음식으로 주어졌다. 따라서 후대에 토라에서(레 7:24, 11:8, 11) 시체는 먹을 수 없게 규정된 것이다.

"너희는 이러한 고기(בָּשָׂר; 바사르)를 먹지 말고 그 주검(נְבֵלָה; 네벨라)도 만지지 말라 이것들은 너희에게 부정하니라…이들은 너희에게 가증한 것이니 너희는 그 고기를 먹지 말고 그 주검을 가증히 여기라"(레 11:8, 11).

여호와께서 죽은 시체를 먹지 못하게 하셨다는 성경적 인간관은 혁명적 발상이었다. 왜냐하면 진화론을 따르는 일반 학자들은 화석인류인 "호모 하빌리스"(Homo Habilis; '손을 쓰는 사람'이란 의미)가 아프리카의 사막화로 식물성 먹거리를 구하기 힘들어지자 대안으로 "다른 동물이 사냥해서 먹고 버린 '사체 찌꺼기'"를 먹었다고 주장하기 때문이다. "사냥감의 사체에서 골수와 뇌를 꺼내" 먹음으로 "인류의 진화에 기여"했다는 것이다. 단백질 섭취로 뇌 크기가 증가하면서 몸집도 커지면서 "호모 에렉투스(Homo Erectus; 직립 원인) 단계에 오면 성인 남성의 키가 170센티미터가 되었다."고 한다.[13] 호모 하빌리스가 사체 청소부에 머물렀다면, 호모 에렉투스는 최초로 사냥을 하면서 300만 년 동안 "고기를 먹는 동물"로 존재하다가, 기원전 만 년경에 자연에 의존하던 인류가 자연을 지배하는 농경 문화로 접어들면서 신석기 혁명이 일어났다고 본다.[14]

4.3 '산 자'의 하나님

그러나 성경은 여호와께서 노아의 후손들에게 '살아 있는 동물'만을 음식으로 주셨다고 분명히 밝힌다. 우리 하나님은 죽은 자의 하나님이 아니라 산 자의 하나님이요, 죽음의 하나님이 아니라 생명의 하나님이시기 때문이다.

"내가 산 자들(חי; 하이)의 땅에서 여호와의 선하심을 보게 될 줄 확실히 믿었도다"(시 27:13).

"내가 생명이 있는(חי; 하이) 땅에서 여호와 앞에 행하리로다"(시 116:9).

생명이 있는 땅에서 살아 있는 동물들을 음식으로 주신 여호와의 선하심을 우리는 찬양해야 한다.

독일 속담에 "당신이 먹는 것을 내게 이야기해 보라. 그러면 당신이 어떠한 사람인지 말해주리라."는 말이 있다고 한다. 무엇을 먹느냐가 그 사람이 누구인지를 보여준다는 것이다. 그렇다면 하나님께서 고기를 먹을 때 피째 먹지 말라고 한 것은 이를 통해 인간이 무엇인지를 정의하려고 하신 것이다. 진화론에서 이야기하듯 인간은 원래 죽은 동물의 시체를 먹을 수 있는 그런 저급한 존재가 아니다. 성경의 인간관은 진화론적 인간관과는 비교도 안 될 정도로 고귀하다. 성경은 인간은 죽은 동물을 먹어서는 안 되며, 살아 있는 동물이라 해도 피째 먹어서는 안 되는 고귀한 존재이다.

---

[13] 정기문, "음식문화를 통해서 본 세계사", 『역사교육』 138 (2016), 230–231.
[14] 정기문, "음식문화를 통해서 본 세계사", 231–232.

4.4 채소처럼 산 동물을 먹음

한편 우리는 여기서 살아 있는 동물을 '채소(עֵשֶׂב; 예레크 에세브)같이' 주시겠다고 한 것을 주목해야 한다. '채소'라는 단어는 최초의 인간 창조 후에 인간에게 주신 음식으로 언급된다.

"하나님이 이르시되 내가 온 지면의 씨 맺는 모든 채소(עֵשֶׂב; 에세브)와 씨 가진 열매 맺는 모든 나무를 너희에게 주노니 너희의 먹을 거리가 되리라 또 땅의 모든 짐승과 하늘의 모든 새와 생명이 있어 땅에 기는 모든 것에게는 내가 모든 푸른 풀(עֵשֶׂב; 예레크 에세브)을 먹을 거리로 주노라 하시니 그대로 되니라"(창 1:29-30).

여기서 '채소'(עֵשֶׂב; 에세브)는 성경에서는 보통 가축이나 인간을 위한 '경작 식용 식물'을 가리킨다. 33번의 용례 가운데 야생식물을 가리키는 두세 번을 제외하고는(렘 14:6; 왕하 19:26, 어쩌면 37:37), 대부분은 인간의 음식(창 1:29, 3:18; 시 104:14, 105:35)과 가축의 먹이(신 11:15; 암 7:2; 시 106:20; 잠 27:25)로 쓰이는 경작 식물을 가리킨다.

채소와 열매와 푸른 풀은 창조 이후 인류에게 준 기본 음식으로서, 에덴 동산에서도 선악을 알게 하는 나무를 제외하고는 어떤 채소나 열매도 먹을 수 있었다. 물론 나중에 범죄한 후에는 생명나무도 먹지 못하게 하셨지만. 따라서 레위기나 신명기에서도 과일이나 채소 같은 식물은 먹지 못할 음식으로 규정되지 않는다.

최초의 창조 시에 채소와 나무 열매와 푸른 풀을 인간에게 음식으로 주었던 것처럼 이제 살아 있는 동물을 채소처럼 기본 음식으로 주셨다는 뜻이다. 그 이유는 인간의 생명을 보존하기 위해서 하나님이 고기를 채소처럼 기본 음식으로 주신 것이다.

4.5 채식에서 육식의 시대로 바뀜

채소를 먹던 인간이 이제 육식을 먹을 수 있는 시대로 바뀐 것이다. 이것은 인류 역사의 중요한 시대의 변화를 보여준다. 베스터만의 말을 들어보자.

"많은 주석가들은 홍수의 종결과 함께 새로운 시대가 시작되었으며, 새 시대는 새로운 명령을 창세기 9장에서 받은 것이라고 본다(특별히 F. Delitzsch, G. von Rad 등). 이것은 바벨론 왕의 목록에서 두 시대를 나누는 구분점이 홍수라는 점과 일치한다. 특별히 9:3은 새로운 시대를 가리킨다. 이것은 Hesiod의 '노동과 날들'(Works and Days), 109 이하에서 평행을 볼 수 있다. 여기에 보면 육식(고기를 음식으로 먹는 것)이 다섯으로 구분된 세계 시대 가운데서 채식의 시기 뒤에 나온다. 이 외에도 태고사에 이와 유사한 연속이 나타난다."15)

이것은 성경에서도 마찬가지이다. 첫 창조 때에는 채소를 음식으로 주었지만, 이제 노아 홍수 후에는 고기를 음식으로 주심으로 채식 시대에서 육식 시대로 바뀐 것이다.

5. 결론 : 신학적 메시지

5.1 인간의 생명과 출산을 장려하시는 하나님

고대 근동의 홍수 설화에서는 인간이 많아지면서 이들의 소음이 노장 신들을 괴롭힌 것이 홍수로 인간을 진멸하게 된 원인임을 살펴보았다. 신들이 불임이나 기근 등의 다양한 인구 억제 정책을 실시했으나 끝내 실패하고 마침내 홍수를 내리기로 했다는 고대 이방 설화와는 달리 성경의 하나님은 인간의 생명을 소중히 여기고 출산을 장려하시는 하나님이시다. 이 점에서 월키의 해석은 통찰력이 있다.

"구약의 인간 생명과 출산을 중시하는 견해는 다른 고대 근동 아시아의 견해들과는 대조된다. 이방인들은 불임과 높은 영아 사망률을 선호하며, 인공적인 피임 기구를 사용하였다. 다른 홍수 기사의 변덕스러운 신들은 인구 폭발 때문에 땅을 진멸한다. 성경 기사는 이와는 정반대의 그림을 그린다. 하나님께서는 인간들이 스스로를 파괴하고 땅을 파괴하기 때문에 인간들을 고통 가운데 진멸하신 것이다. 그리고 인류를 위해 희망을

---

15) Westermann, *Genesis 1-11*, 462.

회복하기 위해 남은 자를 택한 것이다. 홍수 후에 하나님께서는 이전에 인간에게 주신 명령 '생육하고 번성하여 땅에 충만하라'는 명령을 다시 주신다. 하나님께서는 가능한 한 많은 사람들이 그의 생명의 잔치 상에 많이 앉기를 바라신다. 과잉 인구에 대한 현대적 관심에 대한 기독교적 논의는 이런 하나님의 명령과 인간 생명을 하나님께서 귀히 여기신다는 점을 염두에 두어야 한다. 칼 샌드버그(Carl Sandburg)는 어린 아기는 '세상이 지속되어야 한다는 하나님의 견해'를 보여주는 증거라고 정의한다."[16)]

5.2 식물에 고기까지 주시는 하나님

하나님께서는 인간을 창조하셨을 뿐 아니라 생육하고 번성하여 땅에 충만하도록 온갖 좋은 것을 먹을 것으로 주시는 분이시다. 이것은 노아 홍수 후에도 마찬가지이다. 하나님께서는 방주에서 나온 노아에게 "모든 산 동물은 너희의 먹을 것(אׇכְלָה; 오클라)이 될지라 채소(עֵשֶׂב; 에세브)같이 내가 이것을 다 너희에게 주노라"(창 9:3)고 하셨다.

하나님은 원래 채소(עֵשֶׂב; 에세브)와 씨 가진 열매와 열매 맺는 나무를 식물로 주셨다.

"하나님이 이르시되 내가 온 지면의 씨 맺는 모든 채소(עֵשֶׂב; 에세브)와 씨 가진 열매 맺는 모든 나무를 너희에게 주노니 너희의 먹을 거리(אׇכְלָה; 오클라)가 되리라 또 땅의 모든 짐승과 하늘의 모든 새와 생명이 있어 땅에 기는 모든 것에게는 내가 모든 푸른 풀(עֵשֶׂב; 에세브)을 먹을 거리(אׇכְלָה; 오클라)로 주노라 하시니 그대로 되니라"(창 1:29-30).

여기서 채소(עֵשֶׂב; 에세브)는 땅을 경작할 인간이 있기 전에는 없었던 것으로 묘사하는 것을 보면 경작용 식물인 것 같다.

"여호와 하나님이 땅에 비를 내리지 아니하셨고 땅을 갈 사람도 없었으므로 들에는 초목(שִׂיחַ; 시아흐)이 아직 없었고 밭에는 채소(עֵשֶׂב; 에세브)가 나지 아니하였으며"(창 2:5).

---

16) Waltkey, *Genesis*, 156.

초목(שִׂיחַ; 시아흐)은 창세기 2:5 외에는 세 번밖에 쓰이지 않은 흔치 않은 단어이다 (창 21:15; 욥 30:4, 7). 이 세 경우 모두 경작지 밖의 식물을 가리킨다. 따라서 창세기 2:5에서 초목은 야생 식물을 가리킬 가능성이 큰 반면에 채소(עֵשֶׂב; 에세브)는 보통 가축이나 인간을 위한 식용 식물을 가리킬 가능성이 크다. 이 채소가 인간에게 다양한 음식(לֶחֶם; 레헴)이 되는 것이다.

그런데 아담과 하와가 범죄한 후에는 이 채소를 힘든 노동 끝에야 먹을 수 있게 된 것이다.

"땅이 네게 가시덤불과 엉겅퀴를 낼 것이라 네가 먹을 것은 밭의 채소(עֵשֶׂב הַשָּׂדֶה; 에세브 핫사데)인즉 네가 흙으로 돌아갈 때까지 얼굴에 땀을 흘려야 먹을 것(לֶחֶם; bread)을 먹으리니 네가 그것에서 취함을 입었음이라 너는 흙이니 흙으로 돌아갈 것이니라 하시니라" (창 3:18-19).

비록 얼굴에 땀을 흘려야 하지만 하나님께서는 아담과 하와의 타락 이후에도 이렇게 인간의 먹을 것을 공급하는 분이시다.

사람의 악함으로 인류를 홍수로 진멸하신 후에도 하나님께서는 인간에게 먹을 거리를 주셨다. 하나님께서 이제는 생육하고 번성하여 땅에 충만하도록 하기 위해 채소 외에 산 동물을 고기로 주셨다.

5.3 고기와 떡으로 먹이시는 하나님

하나님께서는 출애굽 후에 아무것도 경작하거나 얻을 수 없는 광야에서도 먹을 것을 공급하셨다.

"내가 이스라엘 자손의 원망함을 들었노라 그들에게 말하여 이르기를 너희가 해 질 때에는 고기를 먹고 아침에는 떡으로 배부르리니 내가 여호와 너희의 하나님인 줄 알리라 하라 하시니라 저녁에는 메추라기가 와서 진에 덮이고 아침에는 이슬이 진 주위에 있더니 그 이슬이 마른 후에 광야 지면에 작고 둥글며 서리같이 가는 것이 있는지라 이스라엘 자손이 보고 그것이 무엇인지 알지 못하여 서로 이르되 이것이 무엇이냐하니 모세가 그들에게 이르되 이는 여호와께서 너희에게 주어 먹게 하신 양식(אׇכְלָה; 오클라)이라"(출 16:12-15).

우리에게 필요한 음식은 우리의 힘으로 얻는 것이 아님을 너무나 잘 보여준다. 하나님께서는 신비스러운 방식으로 언제나 우리에게 음식을 주는 분이시다. 심지어 아무것도 없는 광야에서조차 우리의 생명을 유지하는 음식을 제공하신다. 하나님의 자녀들은 자기들 스스로의 힘으로 결코 생존할 수 없으며, 역사적으로 그렇게 하지도 않았고 또 그럴 필요도 없다는 사실을 우리는 알아야 한다. 혼돈과 공허의 땅인 광야 한복판에서도 만나와 메추라기와 물을 주시는 하나님을 신뢰할 수 있다면 우리가 무엇을 두려워하랴!

게다가 만나는 하늘의 양식으로 하나님께서 자기 백성을 먹이신다는 사실을 보여주는 상징이다. 따라서 하나님의 공급하심을 믿고 각자가 먹을 만큼만 거두면 공평과 정의, 긍휼과 사랑이 넘치는 공동체를 만들 수 있다는 것이 만나 공동체의 정신이다. 그런데 이렇게 하지 않고 탐욕을 부리면 남은 만나에 벌레가 생기고 냄새가 나게 된다(출 16:18-20).

5.4 생명의 떡이 되신 그리스도

하나님께서는 광야에서 만나로 자기 백성을 먹이신 것이 전부가 아니다. 하나님께서는 자기 아들을 우리에게 생명의 떡으로 주셨다. 하나님의 아들이신 예수 그리스도는 세례를 받고 성령에 충만하여 마귀에게 유혹을 받으시려고 광야로 나아가 40일 동안 금식하셨다. 이때 사탄이 예수께 나아와 "네가 만일 하나님의 아들이어든 명하여 이 돌들로 떡덩이가 되게 하라"(마 4:3)고 유혹했다. 이때 예수께서 무엇이라 하셨는가? "사람이 떡으로만 살 것이 아니요 하나님의 입으로부터 나오는 모든 말씀으로 살 것이라"(마 4:4)고 하셨다.

이 선언은 무엇을 의미하는가? '아들이 떡을 달라고 하는데 돌을 주실 리가 없는' 자상하신 성부 아버지만을 신뢰하며 '사람이 떡으로만 살 것이 아니요 하나님의 입으로부터 나오는 모든 말씀으로 살 것'임을 선언하신 것이다.

이렇게 예수께서는 말씀만 하신 것이 아니라, 십자가 위에서 자신의 몸을 제물로 드려 우리를 위해 생명의 떡이 되셨다. 요한복음 6:47-51을 보자.

"진실로 진실로 너희에게 이르노니 믿는 자는 영생을 가졌나니 내가 곧 생명의 떡이니라 너희 조상들은 광야에서 만나를 먹었어도 죽었거니와 이는 하늘에서 내려오는 떡이니 사람으로 하여금 먹고 죽지 아니하게 하는 것이니라 나는 하늘에서 내려온 살아 있는 떡이니 사람이 이 떡을 먹으면 영생하리라 내가 줄 떡은 곧 세상의 생명을 위한 내 살이니라 하시니라."

마귀는 예수께서 자신의 몸을 십자가에서 찢어 생명의 떡으로 주시는 것을 두려워했으므로, 광야에서 굶주린 예수를 떡으로 시험한 것이다. 그러나 하늘에서 내려오는 살아 있는 떡이 되셔야 하는 소명을 예수께서는 저버릴 수 없었으므로, 사탄의 유혹을 거부하신 것이다. 만일 우리가 하늘에서 내려온 살아 있는 떡을 먹는 존재라면 세상의 그 어떤 것도 유혹이 되지 않을 것이다. 세상의 명예도, 부도, 지위도, 권세도 영생하는 떡과 바꿀 수 없는 것 아닌가!

"deluge" by Theodore Gericaul from Wikimedia Commons

"Go into the ark, you and your whole family"

16장

하나님은 왜 고기를 피째 먹지 말라고 하셨는가?

창 9:3-4

1. 서론적 이야기

1.1 들어가면서

한국 초대 교회 때부터 그리스도인들에게는 구전으로 내려오는 음식 금지 규정에 대한 논란이 있었다. '개고기나 순대나 선짓국'을 먹을 수 있느냐 없느냐에 대한 논란이 그것이다. 이런 논란의 성경적 근거는 창세기 9장과 사도행전 15장이었다.

"모든 산 동물은 너희의 먹을 것이 될지라 채소같이 내가 이것을 다 너희에게 주노라 그러나 고기를 그 생명 되는 피째 먹지 말 것이니라 내가 반드시 너희의 피 곧 너희의 생명의 피를 찾으리니 짐승이면 그 짐승에게서, 사람이나 사람의 형제면 그에게서 그의 생명을 찾으리라"(창 9:3-5).

"성령과 우리는 이 요긴한 것들 외에는 아무 짐도 너희에게 지우지 아니하는 것이 옳은 줄 알았노니 우상의 제물과 피와 목매어 죽인 것과 음행을 멀리할지니라 이에 스스로 삼가면 잘되리라 평안함을 원하노라 하였더라"(행 15:28-29).

필자 역시 어렸을 때부터 이런 논란을 대할 때마다 혼란스러울 때가 한두 번이 아니었다. 원래 선짓국은 별로 좋아하지 않아서 큰 상관이 없었지만 좋아하는 순대마저 먹어서는 안 된다는 말을 듣고는 부담스러웠다. 반면에 개인적으로 개고기는 선호하지 않으므로 개고기를 먹지 말라는 것은 전혀 문제가 되지 않았다. 그러나 과거에는 개를 목매달아 죽인 후에 보신탕을 만들었기에 개고기를 먹으면 안 된다고 했지만 지금은 개를 그런 식으로 도축하지 않으므로 개고기를 먹어도 된다고 주장하는 이들을 보면 또다시 혼란스러워졌다.

1.2 문제 제기

과연 순대나 선짓국을 먹지 않으면 '고기를 그 생명 되는 피째 먹지 말 것이니라'는 명령을 지킬 수 있는 것인가? 홍수 후에 하나님께서 고기를 채소처럼 인간의 음식으로 주신 이유는 무엇인가? 고기를 피째 먹지 말라는 것은 피를 먹지 말라는 단순한 명령인가? 아니면 그 외에 심각한 의미가 들어있는가?

이런 질문에 답을 하려면 노아 홍수 후에 하나님께서 채소 외에 고기를 음식으로 주신 이유는 무엇인지를 먼저 살펴야 한다. 그리고 피와 생명은 어떤 관계에 있기에 피째 먹지 말라고 하신 것인지 그 신학적 이유를 깊이 살펴보아야 한다.

2. 고기를 피째 먹지 말라

2.1 그냥 피를 먹지 말라는 명령인가?

하나님께서는 노아에게 산 동물을 음식으로 주시면서 이렇게 말씀하셨다.

"모든 산 동물은 너희의 먹을 것이 될지라 채소같이 내가 이것을 다 너희에게 주노라 그러나 고기(בָּשָׂר; 바사르)를 그 생명 되는 피째(בְּנַפְשׁוֹ דָמוֹ; 베나프쇼 다모) 먹지 말 것이니라"(창 9:3-4).

살아 있는 동물을 채소처럼 기본 음식으로 주셨다면 모든 동물은 먹을 수 있는 것인가? 토라(모세오경)에서 채소는 먹을 수 없는 것과 있는 것이 구분되어 있지 않고 오직 동물만이 먹을 수 있는 것과 먹을 수 없는 것으로 규정하고 있다. 그런데 노아 홍수 스토리에서는 아직은 '부정한 동물'과 '정한 동물'의 구분이 명시적으로 나타나지 않는다.[1] 하나님께서는 살아 있는 동물을 음식으로 주시면서 단지 한 가지 조건만을 붙이셨다: '고기(בָּשָׂר; 바사르)를 그 생명(נֶפֶשׁ; 네페쉬) 되는 피(דָּם; 담)째 먹지 말 것이니라.' 왜냐하면 고기를 음식으로 주었다는 것은 가축을 식용으로 도살하거나 아니면 야생 동물을 사냥해서 죽여야 함을 의미하기 때문이다.[2]

피상적으로 읽으면 이 명령은 단순해 보인다. 그냥 '피를 먹지 말라.'는 것으로 들리기 때문이다. 그러나 이 명령은 깊은 의미를 담고 있다. 왜냐하면 앞으로 구속사에서 중요한 역할을 하게 될 제사에서 가장 중요한 것은 '피'이며, 피와 생명은 무슨 관계가 있는지가 핵심 관건이기 때문이다. 게다가 본문의 문법적 요소를 제대로 이해하지 않으면 이 명령을 이해하기 어렵다.

2.2 베스터만의 해석

베스터만이 그의 주석에서 분명히 보여주듯이 우리가 이 본문을 제대로 이해하려면 두 가지 점을 명쾌하게 할 필요가 있다. 첫째, 고기(בָּשָׂר; 바사르)가 무엇을 가리키는지, 그리고 둘째 '그 생명 되는 피째(בְּנַפְשׁוֹ דָמוֹ; 베나프쇼 다모) 먹지 말 것이니라'에서 생명 되는 피가 무슨 의미인지 살펴보아야 한다.

첫째, '고기'(בָּשָׂר; 바사르)가 무엇을 가리키는지 정확히 파악해야 한다. 여기서 '고기'라고 하면 '살코기 한 덩어리'를 가리키는 것으로 오해할 수 있다. 이렇게 생각하면 살코기 먹을 때 피와 같이 먹으면 안 된다 정도로 이해할 수 있다. 그러므로 '피를 먹으면 안 된다.'로 축소해서 해석할 가능성이 크다.

---

1) 월튼(Walton)의 해석을 들어볼 필요가 있다. "즉 가정에서 기른 식물과 동물들은 항상 합법적인 음식 재료로 간주되었으며, 한편 야생에서 자라는 식물을 모으는 것(1:30)과 식용으로 동물들을 사냥하는 것(9:3)도 허락되었다는 것이 필자의 조심스런 견해다. 고기는 고대 식사에서 보편화된 음식이 아니었다. 동물들은 주로 젖이나 털, 가죽 등을 얻기 위해 길러졌지, 고기를 먹기 위해 길러지는 않았다"(월튼, 『창세기』, 500).
2) 베스터만은 육식의 축복이 동물 살해로 나아갈 수밖에 없는 긴장으로 인해 금지 규정이 주어졌다고 말한다: "하나님이 '주다.'는 동사(נָתַן; 나탄; 필자의 첨가)의 주어인 경우에는 문맥은 항상 하나님께서 축복을 베푸신다는 문맥이다. 우리는 축복의 선물은 항상 생명을 취하는 가능성을 함축한다는 딜레마에 봉착하게 되었다. 여기서 우리는 긴장을 보게 된다. 하나님께서 모든 생물에게 주신 축복은 살해의 허락을 포함한다. 이제 이런 긴장으로 인해 제한과 금지 규정이 주어지는 것이다"(Westermann, *Genesis 1-11*, 463).

그러나 학자들이 이미 지적한 것처럼 여기서 고기라고 번역된 '바사르'(בָּשָׂר)는 이미 노아 홍수 스토리에서 '모든 혈육 있는 생물'이란 표현으로 여러 번 쓰였다(창 6:17, 7:21, 8:17). 그렇다면 고기로 번역된 바사르는 "육으로 구성된 동물 전체"3)를 가리키며, 바로 앞의 3절에서 언급한 '모든 산(חַי; 하이) 동물(רֶמֶשׂ; 레메스)'을 가리킨다.

둘째, '모든 살아 있는 동물'을 먹을 수 있는데, 조건이 하나 붙어 있다: '그 생명 되는 피째 먹지 말 것이니라.' 여기서 '생명 되는 피'란 어구를 어떻게 해석하느냐가 관건이다. 피가 생명이니까, 피는 먹지 말라는 것인가? 물론 피를 먹지 말라는 것은 분명하다. 문제는 '왜 피를 먹지 말라.'고 하는지가 관건이다. 이를 분명히 하기 위해서 우리는 '그 생명 되는 피째'(בְּנַפְשׁוֹ דָמוֹ; 베나프쇼 다모)의 원문을 분석해야 한다.

'베나프쇼'(בְּנַפְשׁוֹ)는 '그의 생명'(נַפְשׁוֹ; 나프쇼)이란 명사 앞에 전치사 '베'(בְּ)가 붙은 것이다. 이 '베' 전치사를 '함께'(with)의 의미로 보면 '고기를 그의 생명과 함께'라고 번역할 수도 있다. 대부분의 영역본들이 이런 의미로 번역했다: "Only you shall not eat flesh with its life, that is its blood"(NASB).

그러나 베스터만은 이 전치사를 "… 안에(in)"라는 일반적인 "장소의 의미"로 볼 수 있다고 본다. "그의 생명"(נַפְשׁוֹ; 나프쇼)을 "살아 있는 존재"로 보고, 여기에 장소의 전치사 "베"(בְּ)가 붙은 것으로 보면 "살아 있는 상태로"(in its being alive)란 뜻이 된다는 것이다. 그리고 여기에 "그의 피"가 병치되어 있는데, 설명의 병치로 보면 "그것이 살아 있는 상태로", 즉 (=설명의 병치) "그것의 피의 상태로"(in its life, i.e., in its blood) 먹어서는 안 된다는 것이다.4)

이런 주석의 함축적 의미를 이해하기 위해서는 베스터만의 말을 길게 들어볼 필요가 있다.

"이 금지 규정이 피를 먹는 것을 금했다는 통상적인 설명은 옳지 않다. 물론 피를 먹어서는 안 된다는 결론이 여기서 나온다고 해도 말이다. 여기서 의도하는 것은 동물 고기

---

3) Westermann, *Genesis 1-11*, 464에서 B. Jacob의 견해를 소개하고 있다.
4) Westermann, *Genesis 1-11*, 464. 베스터만(Westermann)은 신명기 12:23이 이 점을 분명히 보여준다고 말한다: "네 하나님 여호와께서 네게 허락하신 대로 네 지경을 넓히신 후에 네 마음에 고기를 먹고자 하여 이르기를 내가 고기를 먹으리라 하면 네가 언제나 마음에 원하는 만큼 고기를 먹을 수 있으리라…다만 크게 삼가서 그 피(דָם; 담)는 먹지 말라 피(דָם; 담)는 그 생명(נֶפֶשׁ; 네페쉬)인즉 네가 그 생명(נֶפֶשׁ; 네페쉬)을 고기(בָּשָׂר; 바사르)와 함께 먹지 못하리니"(신 12:20, 23).

를 먹는 것은 그 안에 그 생명이 없는 고기에만 해당된다는 것이다. 결국 우리는 고기를 먹기 전에 생명을 쏟아 내야 한다(one must pour out the life beforehand)는 결론을 얻을 수 있다. 이 문장이 피의 본질에 대해 이야기하는 것이라고 보고 해석하는 모든 이론들은 틀린 것이다. …

9:4은 피를 먹는 것이거나, 혹은 피 자체에 관심이 있는 것이 아니다. 그것이 고기, 즉 동물의 생명인 한에서, 생명이 되는 동안에 문제가 되는 피에 관한 것이다. 결국 이 금지 명령의 원래 대상은 생명(נֶפֶשׁ; 네페쉬)이다. 피는 단지 설명으로 뒤에 첨가된 것이다.

결국 B. Jacob의 말이 옳다. '먹지 못하도록 한 것은, 상처가 나거나, 살해된 직후에 고동쳐 나오는 생명-피인 것이다'(It is therefore the pulsating…life-blood of which it is forbidden to partake, immediately after wounding or killing). 한 유대인 시인은 '우리 생명이 칼날 위에서 흘러나간다.'(L. Kopf, 1938, 183ff)라고 말했다. 이제야 여기와 신명기 12:23에서 생명(נֶפֶשׁ; 네페쉬)과 피(דָם; 담)를 병치한 이유를 알게 된다. 생명(נֶפֶשׁ; 네페쉬)은 피의 본질과 동일시되는 것이 아니다. 생명은 단지 리드미컬하게 고동치며 흐르는 피와 동일시되는 것이다(נֶפֶשׁ is not identical with the substance of blood, but only with the rhythmic, pulsating blood). 여기서는 피가 그 객체로서가 아니라, 그 기능적 의미에서 이해되는 것이다(J. Milgrom, JBL 90 [1971], 149ff.). 따라서 피가 생명의 좌소라고 이야기하게 되면 이슈가 흐려지는 것이다.

결국 4절은 모든 생물의 생명은 피의 고동과 동일시된다는 오래된 개념을 반영하는 것이다. 그렇다면 여기서 금지의 명령은 의미가 분명해진다. 동물의 고기를 먹을 수 있다. 그러나 동물의 생명은 그 고기와 함께 먹어서는 아니 된다(you may not eat the life of the animal together with its flesh)."[5]

우리가 베스터만의 해석을 다 받아들일 수 없다고 해도 분명한 한 가지는 '피'를

---

5) Westermann, *Genesis 1-11*, 464-465.

'생명의 좌소'로 이해하는 존재론적 해석 못지 않게 '살아 있는 생명체 안에서 흐르는 피'로 이해하는 기능적 해석도 필요하다는 것이다. 하나님께서 귀하게 여기시는 것은 '피' 자체보다는 피로 인해 가능케 되는 '생명'일 가능성이 크기 때문이다.

2.3 웬함의 해석

그러나 베스터만의 주장은 자칫하면 오해될 소지가 있다. 웬함은 "동물을 먹기 전에 피를 빼야 한다는 성경 구절들이 한둘이 아니다."(레 3:17, 7:26-27, 19:26; 신 12:16-24; 삼상 14:32-34)는 점을 주목해야 하다고 말한다. 웬함은 베스터만의 이해를 너무 협소한 해석이라고 보면서 이렇게 말한다.

"창세기는 윤리와 예배의 근본적 원리들의 기원을 태고사까지 거슬러 올라가는 것에 대해 관심을 보인다. 따라서 여기서도 피를 먹는 것을 금하는 것으로 보는 게 좋다. 왜 피를 생명과 동일시하는지는 금방 알 수 있다. 뛰는 심장과 강한 맥박이 생명의 가장 분명한 증거이기 때문이다. 생명에 대한 경외, 그리고 이를 넘어서 생명을 주신 분에 대한 경외감을 가진다는 것은 피를 먹지 않는 것을 의미한다. 따라서 제사법에 의하면 피는 인간 죄를 속하기 위해 하나님이 주신 것이다(참조 레 17:11)."[6]

웬함이 잘 지적한 대로 구약 성경에서 피를 먹는 것은 엄격히 금지되어 있기 때문에, 고기를 피째 먹지 말라는 명령을 너무 기능적으로만 이해하는 것도 문제이다. 예를 들어 레위기 17장을 보면 피를 먹지 말라고 명시적으로 언급하고 있다.

"이스라엘 집 사람이나 그들 중에 거류하는 거류민 중에 무슨 피든지 먹는 자가 있으면 내가 그 피를 먹는 그 사람에게는 내 얼굴을 대하여 그를 백성 중에서 끊으리니 육체의 생명은 피에 있음이라 내가 이 피를 너희에게 주어 제단에 뿌려 너희의 생명을 위하여 속죄하게 하였나니 생명이 피에 있으므로 피가 죄를 속하느니라"(레 17:10-11).

---

6) Wenham, *Genesis 1-15*, 193.

우리는 웬함과 베스터만의 주석이 각각 일리가 있으며 상호 보충적으로 이해할 수 있다고 본다. 따라서 피를 먹을 수 있느냐 없느냐의 문제로만 이 본문을 해석하는 것은 본문의 깊은 의도를 이해하지 못한다는 베스터만의 해석과 동시에 피를 먹어서는 안 된다고 가르치는 성경의 표층적 원리를 강조하는 웬함의 해석을 종합하여 통합적으로 해석하는 게 좋을 것 같다. 비록 인간의 생명을 보존하고 번성케 하기 위해서 살아 있는 동물을 기본 음식으로 주어 먹을 수 있도록 하셨지만 피로 보존되고 상징되는 '생명의 근본 원리' 만큼은 존중되어야 한다는 점을 분명히 하기 위해 피를 먹지 못하도록 하셨다고 해석하면 좋을 것 같다.

이런 점에서 월키의 주석은 이 두 부분을 종합하여 잘 설명한 것으로 볼 수 있다.

"피는 구약에서 생명과 일치된다(레 17:11). 여기에서 피는 동물의 혼(soul, 열정적 활력)과 일치된다(Waltkey, "Nāpash" *TWOT* 2:587-91; Cf. also Johnson, *Vitality*, 1949.) 피를 먹는 것을 금함으로써 이 규정은 생명의 거룩함에 경외를 갖게 하고 함부로 생명을 대하는 것을 금하는 역할을 한다(레 3:17, 7:2-27, 19:26; 신 12:1-24; 삼상 14:32-34). 고기를 먹게 한 것은 '야만에의 면허장을 준 것이 아니다.'(Sarna, *Genesis*, 60). 노아의 후손들은 음식 사슬에서 맨 위에 있는 포식 동물이다. 그러나 동물들이 인간을 육식으로 잡아먹는 것이 허용되지 않았기에, 인간도 생명을 거룩한 것으로 알고 적절한 존경을 표해야 하는 것이다(참조 9:10)."[7]

우리는 지금까지 동물의 고기를 음식으로 허락한 후에 고기를 피째 먹지 말라고 한 이유를 살펴보았다.

---

7) Waltkey, *Genesis*, 144-145. 베스터만은 이런 제한은 은혜의 제한이 아니라 오히려 "육식 허락을 보존하기 위한" 조치라고 본다: "3절에서 육식을 허용한 것은 어떤 제한도 없음을 의미하는 것이 아니다. 이것은 창세기 2:16-17의 경우도 마찬가지이다. '여호와 하나님이 그 사람에게 명하여 이르시되 동산 각종 나무의 열매는 네가 임의로 먹되 선악을 알게 하는 나무의 열매는 먹지 말라 네가 먹는 날에는 반드시 죽으리라 하시니라'(성경본문 필자 첨가). 이런 제한은 결코 주시는 분의 은혜를 제한하는 것이 아니다(H. Holzinger는 이를 사소한 제한 [a trifling restriction]이라고 봄). 오히려 허락된 것(양해된 것)을 보존할 수 있게 하는 것이다. 어떤 제한이 없다면 허락된 것이 더 이상 축복이 될 수 없는지 모른다. 여기서는 육식의 허락과 살해 사이에 존재하는 긴장에 근거한 것이다" (Westermann, *Genesis 1-11*, 463).

3. 인간 생명의 존엄함

3.1 생명의 존엄성

베스터만의 표현대로 동물의 고기를 '그것이 살아 있는 상태로', 즉 '그것의 피의 상태로'(in its life, i.e., in its blood) 먹어서는 안 되는 이유, 어찌되었든 피를 먹어서는 안 되는 것은 생명의 존엄성 때문이다. 하나님께서는 동물을 인간의 음식 용도로 주셨으므로 동물의 피를 흘리는 것은 피할 수 없지만, 생명의 존엄함으로 인해 동물의 피는 먹지 못하게 하신 것이다. 동물의 생명을 상징하는 피조차도 존중할 것을 요구하셨다면 동물을 다스려야 하는 인간의 생명의 존엄함은 더 말할 나위가 없는 것이다.

아니나 다를까 여호와께서는 이어서 인간의 피를 흘리는 것에 대해 엄히 경고하셨다.

> "내가 반드시 너희의 피(דָּם; 담) 곧 너희의 생명(נֶפֶשׁ; 네페쉬)의 피를 찾으리니 짐승이면 그 짐승에게서, 사람이나 사람의 형제면 그에게서 그의 생명(נֶפֶשׁ; 네페쉬)을 찾으리라"(창 9:5).

우리는 여기서 피와 생명이 동일시되고 있음을 주목해야 한다. 피(דָּם; 담)를 흘리면 피는 생명이기 때문에 반드시 피를 흘린 자의 생명(נֶפֶשׁ; 네페쉬)을 취하시겠다는 것이다. 그러므로 인간의 피(דָּם; 담)를 인간이 흘리게 하면 그 인간의 생명을 찾으실 것이고, 인간의 피를 동물이 흘리게 하면 그 동물의 생명(נֶפֶשׁ; 네페쉬)을 취하실 것이라고 선언한다.

3.2 인간 생명의 존엄성

카수토나 베스터만이 이미 지적한 대로 하나님께서는 이 점을 강조하기 위해 4-5절에서 '내가 찾으리라'는 선언을 세 번씩이나 반복하신다(한글개역개정은 두 번만 번역하고 있음).[8]

---

8) Cassuto, *Genesis*, Part II, 127; Westermann, *Genesis 1-11*, 466.

"너희 피 곧 너희 생명을 내가 반드시 찾으리니(אֶדְרֹשׁ; 에드로쉬)
짐승이면 그 짐승에게서 내가 찾을 것이며(אֶדְרֹשׁ; 에드로쉬)
사람이나 사람의 형제면
그에게서 그의 생명을 내가 찾으리라(אֶדְרֹשׁ; 에드로쉬)."

동물의 피는 식용으로는 인간이 흘릴 수 있지만, 인간의 피는 무슨 일이 있든지 간에 흘려서는 안 된다는 점을 강조하기 위해 하나님께서는 "너희(그의) 생명을 내가 찾으리라"(אֶדְרֹשׁ; 에드로쉬)고 세 번 반복하신다.

게다가 인간의 피를 흘린 자의 생명을 동물이든 인간이든 하나님께서 직접 '찾을 것이라.'고 선언한 것이다. '찾는다.'고 번역된 동사 '다라쉬'(דָּרַשׁ)는 '요구하다.' (require, deman)란 뜻이므로 내가 '생명을 찾으리라.'는 말은 '생명에 대해서는 생명을 요구하리라.'는 의미로 번역할 수 있다. 이에 의역을 하면 '복수하다.'로 번역할 수도 있다. 이를 우리는 시편 9:12의 역본들에서 볼 수 있다.

"피 흘림을 심문하시는 이(דֹּרֵשׁ דָּמִים; 도레쉬 다밈)가 그들을 기억하심이여 가난한 자의 부르짖음을 잊지 아니하시도다"(시 9:12).

위 시편에서 직역하면 "피들을 찾는 이"(דֹּרֵשׁ דָּמִים; 도레쉬 다밈)를 "피 흘림을 심문하시는 이"(when he maketh inquisiton for blood; KJV), "피를 요구하시는 이"(He who requires blood; NASB), "피를 복수하시는 이"(He who avenges blood; NRS)로 영역본들은 다양하게 번역한다. 이렇게 본다면 여호와는 피 흘림을 조사하는 심문자시요, 피를 요구하는 심판자시요, 피를 복수하는 보수자이시다.

3.3 짐승이 사람의 피를 흘린 경우

하나님께서는 인간의 피를 흘릴 수 있는 대상을 짐승과 사람으로 둘로 나누신다.

"짐승(חַיָּה; 하야)이면 그 짐승의 손에서 내가 찾을 것이며, 사람(הָאָדָם 하아담)의 손이나 사람의 형제(אִישׁ אָחִיו; 이쉬 아히우)의 손에서 사람의 생명을 내가 찾으리라"(사역).

짐승(חַיָּה; 하야)이 사람을 죽일 수 있는 가능성이 제기된다. '하야'(חַיָּה)는 학자들이 지적한 대로 일반적으로 생물(living thing)을 가리키기도 하고 야생 동물(wild beast)을 가리키기도 한다. 어찌되었든 짐승이 인간의 피를 흘린다면 그 피를 짐승의 손에서 찾을 것이라고 선언하신다: '짐승(חַיָּה; 하야)이면 그 짐승의 손에서 내가 찾을 것이며.' 이런 하나님의 뜻은 후대에 출애굽기 21:28-32에 율법의 규정으로 명문화된다.

"소가 남자나 여자를 받아서 죽이면 그 소는 반드시 돌로 쳐서 죽일 것이요 그 고기는 먹지 말 것이며 임자는 형벌을 면하려니와 소가 본래 받는 버릇이 있고 그 임자는 그로 말미암아 경고를 받았으되 단속하지 아니하여 남녀를 막론하고 받아 죽이면 그 소는 돌로 쳐죽일 것이고 임자도 죽일 것이며 만일 그에게 속죄금을 부과하면 무릇 그 명령한 것을 생명의 대가로 낼 것이요 아들을 받든지 딸을 받든지 이 법규대로 그 임자에게 행할 것이며 소가 만일 남종이나 여종을 받으면 소 임자가 은 삼십 세겔을 그의 상전에게 줄 것이요 소는 돌로 쳐서 죽일지니라"(출 21:28-32).

이런 토라의 규정은 노아와 그의 후손들에게 주신 하나님의 금지 명령을 상세하게 실행하려는 의도에서 나온 것이다. 받는 버릇이 있는 소가 있고 주인이 이를 알고 있음에도 뿔로 받아 인간을 죽인 경우에는 소는 물론 임자도 반드시 죽이도록 규정한 율법은 고대 근동 아시아의 배경에서 보면 혁명적이다. 왜냐하면 고대 근동 아시아에서는 기껏해야 벌금형만 내리기 때문이다.

"전형적인 예는 뿔로 받는 황소의 경우다. 그것은 출애굽기 외에도 에쉬눈나와 함무라비 법전에서 발견되는데, 뿔로 받는 황소를 풀어놓은 것에 대한 벌은 벌금형이다. 하지만 성경의 예는 황소와 그 주인을 돌로 쳐죽이라고 요구한다."9)

우리는 이런 점에서 성경이 인간의 생명을 얼마나 소중하게 여기는지 알 수 있다. 최근에 한국 사회에서도 반려견으로 인한 상해-사망 사고가 늘어나자 정부는

---

9) 존 월튼 외, 『IVP 성경배경주석』, 141.

"5개 견종을 맹견으로 추가 지정하고 맹견에는 해당되지 않으나 사람에게 상해를 입혔거나 체고(몸 높이) 40cm 이상인 개는 '관리대상견'으로 분류하여, 엘리베이터/복도 등 건물 내 협소한 공간과 보행로 등에서는 '입마개 착용'을 '의무화'하며 모든 반려견은 목줄 길이를 2미터 이내로 유지한다."라는 정부 발표가 2018년 1월 18일에 있었다. 그런데 이에 대해 많은 비판이 쏟아지는 모습을 보면, 소위 인권을 중요시 여기는 선진 사회로 진입하는 한반도가 오히려 인간 생명에 대한 존중보다는 반려견과 견주들의 자유를 보호하는 것을 더 중요시하는 것이 아닌가라는 느낌마저 든다. 인간의 생명은 어떤 이유에서도 존중되어야 하며, 인간의 생명을 위협하는 동물은 어떤 경우라도 제거되어야 한다.

3.4 사람이 사람의 피를 흘린 경우

한편 하나님께서는 짐승이 아닌 사람이 다른 사람의 피를 취했을 경우를 이어서 언급하신다.

"사람(הָאָדָם; 하아담)이나 사람의 형제(אִישׁ אָחִיו; 이쉬 아히우)면 그의 손(יָד; 야드)에서 그의 생명을 찾으리라"(창 9:5)(사역).

여기서 우리는 '형제'(אָח; 아흐)라는 단어와 '손'(יָד; 야드)이란 단어에 주목해야 한다고 학자들은 말한다. '형제'라는 단어는 가인과 아벨 스토리에 7번 등장하고 '손'이란 단어도 이 스토리에 한 번 나온다.

"그가 또 가인의 아우(אָח; 아흐) 아벨을 낳았는데 아벨은 양치는 자였고 가인은 농사하는 자였더라…가인이 그의 아우(אָח) 아벨에게 말하고 그들이 들에 있을 때에 가인이 그의 아우(אָח) 아벨을 쳐죽이니라 여호와께서 가인에게 이르시되 네 아우(אָח) 아벨이 어디 있느냐 그가 이르되 내가 알지 못하나이다 내가 내 아우(אָח)를 지키는 자니이까 이르시되 네가 무엇을 하였느냐 네 아우(אָח)의 핏소리가 땅에서부터 내게 호소하느니라 땅이 그 입을 벌려 네 손(יָד; 야드)에서부터 네 아우(אָח)의 피를 받았은즉 네가 땅에서 저주를 받으리니"(창 4:2, 8, 9, 10, 11).

인간을 향한 인간의 최초의 범죄가 무엇인가? 그것은 '형제/아우 살해'이다. 가인이 그의 아우(אָח; 아흐) 아벨을 살해한 것이다. 따라서 하나님께서는 여기서도 '사람의 형제'라는 점을 강조하신 것이다. 모든 인간 살해는 결국 '형제 살해'이고, 형제 살해자는 그 손에서 그의 생명을 찾을 것이라는 것이 하나님의 의도이심을 오래 전부터 학자들이 지적했다. 베스터만은 학자들의 견해를 다음과 같이 잘 요약한다.

"F. Delitzsch: '여기서 형제 אָחִיו(아히우)는 그냥 아무 사이도 아닌 그저 "다른 사람"이 아니다. 여기서는 온전한 의미에서 형제이다. 살인은 인간의 형제 관계에 대한 근원적 파괴이다'(Murder is the ultimate violation of the brotherly relationship of humankind). B. Jacob: '살해자와 살해당한 자의 관계는 한 사람과 그 형제(אִישׁ וְאָחִיו; 잇쉬 웨아히우)의 관계이다.' U. Cassuto는 이 문장을 창세기 4:2-16 과 연결시킨다: '인간의 생명을 취하는 자는 누구나 가인과 같다.'"10)

하나님께서는 홍수에서 살아남은 자들에게 특별한 요구를 하지 않았다. 피째 고기를 먹지 말고 사람의 피를 흘리지 말라는 것이 유일한 요구이다.

4. 결론 : 신학적 메시지

4.1 신약에서의 성취

그렇다면 서론에서 제시한 대로 소고기와 순대와 선짓국을 먹지 않으면 피째 고기를 먹지 말라는 명령을 지키는 것인가? 이 질문에 답하기 위해서는 피를 먹지 말라는 명령이 신약에서 어떻게 성취되었는지를 알아야 한다. 로버트슨(O. Palmer Robertson)은 이 점을 잘 설명한다.

"매우 흥미롭게도, 생명의 거룩함에 대한 보편적 규정이 구속사의 전환점에 다시 한번 나

---

10) Westermann, *Genesis 1-11*, 466.

타난다. 복음을 유대인뿐 아니라 이방인에게 확산시켜야 하는 점을 강조하는 사도 시대에, 피를 먹지 말라는 명령이 다시 나온다. 예루살렘 공회의는 이방인들을 모세의 의식법으로부터 해방시켰다. 그러나 단지 '목매어 죽인 것과 피를' 멀리하라고 권면했다(행 15:20, 29).

이 구절이 노아 언약을 가리키는 것만큼은 분명해 보인다(노아 언약의 일곱 가지 율법에 관한 랍비 전승에 대해서, 그리고 이를 이방 세계에 적용하는 것에 관해서는, *Encyclopedia Judaica* [New York, 1971], 12, cols. 1189f.). 복음이 인류의 큰 주류 안으로 들어가는 것이 노아 언약의 규정을 통해서라는 점이 특이하다. 과도기적 규정으로 노아 언약의 제의법을 이해하기 위해서 이 제의법을 문자까지 지킬 필요가 있는 것은 아니다. 그리스도를 받아들인 유대 개종자들이 넘어지지 않도록 하기 위해서, 노아 언약에서 끌어낸 이 광의적 구약 규정은 한동안만 시행된 것이다. 물론 후대의 신약 증거는 이것이 일찍이 폐기되었음을 보여주기는 하지만(롬 14:14; 고전 10:25 이하)."11)

우리는 개고기와 선지와 순대국을 먹을 수 있느냐 없느냐의 여부로 논란을 벌일 필요가 없다. 로버트슨이 지적한 대로 신약 성경은 우리에게 무엇이든지 먹어도 된다고 말하기 때문이다.

"내가 주 예수 안에서 알고 확신하노니 무엇이든지 스스로 속된 것이 없으되 다만 속되게 여기는 그 사람에게는 속되니라"(롬 14:14).

"무릇 시장에서 파는 것은 양심을 위하여 묻지 말고 먹으라 이는 땅과 거기 충만한 것이 주의 것임이라"(고전 10:25-26).

그러나 이렇게 먹는 문제로 결론을 내리면 고기를 피째 먹지 말라는 명령의 깊은 신학적 의미를 놓치게 된다.

---

11) 팔머 로버트슨, 『계약 신학과 그리스도』, 김의원 역 (기독교문서선교회, 1995), 124-125. 한글번역본과 필자의 번역이 조금 다른 것은 원문에서 필자가 새롭게 번역했기 때문이다.

4.2 동물의 생명에 대한 존중

그러나 고기를 먹을 때에도 노아 언약은 동물의 생명에 대한 존중을 요구한다는 점을 잊어서는 안 된다. 앤더슨(Anderson)은 고기가 인간의 식품으로 애용되는 현대에 특별히 동물 생명에 대한 존중을 회복해야 한다고 말한다.

"비인간 피조물에 대한 인간의 통치권이 확대되는 시점에서 강한 용어로 그들의 권력은 절대적인 것이 아니요, 하나님의 심판 아래 있는 것임이 언급된다. 노아 언약은 생명의 존중을 요구한다. 오늘날처럼 고기가 인간의 식품이 된 상황에서는 동물에 대한 존중을 표현하는 방법이 발견되어야 한다. 이는 노아 언약의 요구와 일치한다. 동물은 하나님이 창조하신 집 안에서 인간과 함께 한 자리를 차지하기 때문이다."[12]

고기를 더 많이 생산하고 고기를 더 많이 먹으려 하는 욕망이 광우병과 구제역과 조류독감이라는 재앙을 만들어내고 있는 것이 부인할 수 없는 현실이다. 이런 점에서 동물의 생명이라도 존중하라는 노아 언약의 가르침에 귀를 기울여야 한다.

4.3 피는 주님의 제단에만 흘려야 한다

고기를 피째 먹지 말라는 명령의 깊은 의미를 알려면 구약의 율법에서 피의 문제를 어떻게 다루는지 살펴보아야 한다. 구약을 보면 월경이든, 출산이든, 비정상적인 피의 유출이든 피를 흘리는 여인은 부정한 존재로 여겨졌다. 레위기 12장과 15장을 보면 월경이나 출산의 경우는 7일 동안 부정한 것으로 간주했다. 물론 지속적인 피의 유출이 있을 때는 그 기간 내내 부정한 여인으로 보았으며 이 기간에는 '성물을 만지거나 성소에 들어가는' 것을 금했다. 여기서 피의 유출이 있는 여인을 '부정하다.'고 한 것은 위생적으로 불결하거나 도덕적으로 깨끗하지 못하다는 뜻이 아니다. 단지 종교적으로 '하나님께 나아가기에 적합하지 못하다.'는 의미이다. 따라서 '성물을 만지지도 말며 성소에 들어가지도 말라.'고 한 것이다.

우리는 여기서 구약의 율법이 여인들에게만 가혹한 것이라고 생각해서는 안 된

---

12) B. W. Anderson, *From Creation to New Creation* (Minneapolis: Fortress, 1994), 163.

다. 레위기 15장을 보면 정액과 같은 남자의 유출과 관련된 율법이 여자의 유출에 관한 율법보다 먼저 나올 뿐 아니라, 그 양도 여자의 경우는 11절(19-30절)인데 비해 남자는 무려 16절(2하-17절)이나 된다. 남자의 경우 몽정이든지 동침의 경우든지 정액을 설정하면 저녁까지 하루 동안 부정한 반면에, 여성의 생리로 인한 유출로 7일 동안 부정한 이유는 간단하다. 정액 유출과 달리 생리는 기간이 길기 때문이다. 반면에 비정상적인 유출의 경우에는 남자나 여자나 모두 유출하는 기간 내내 부정하다는 점에서 동일하며, 유출이 멈춘 후 7일이 지나야 정결 의식을 할 수 있다는 점에서도 남자나 여자나 모두 동일하다. 따라서 구약 율법이 남자보다 여자에게 불리한 것은 아니라는 점을 주목해야 한다. 그렇다면 젊은 남자가 몽정하는 것은 자연스런 현상이고, 자녀를 생산하기 위해서 동침하는 것도 피치 못할 일인데 정액의 유출이 부정한 이유는 무엇인가? 정액은 생명의 액체이기에 정액을 유출하는 것은 생명을 상실한 것이라고 보고, '부정하다.', 즉 '하나님께 나아가기에 적합하지 않다.'고 간주한 것이다.

이것은 피의 경우도 마찬가지이다. 피는 생명과 관련 있기 때문에 피를 흘리는 것은 하나님 앞에 나아가기에 적합하지 못한 것으로 본 것이다. 레위기 17:10 이하를 보자.

"이스라엘 집 사람이나 그들 중에 거류하는 거류민 중에 무슨 피든지 먹는 자가 있으면 내가 그 피를 먹는 그 사람에게는 내 얼굴을 대하여 그를 백성 중에서 끊으리니 육체의 생명은 피에 있음이라 내가 이 피를 너희에게 주어 제단에 뿌려 너희의 생명을 위하여 속죄하게 하였나니 생명이 피에 있으므로 피가 죄를 속하느니라"(레 17:10-11).

하나님께서는 생명이 피에 있으므로, 피를 함부로 먹어서는 안 되며, 피는 오직 생명의 주인이신 하나님께만 드려져야 한다고 가르치신 것이다. 피는 오직 주의 제단에만 뿌려져야 하는 것이므로 피를 다른 곳에 흘리는 사람은 생명의 하나님께 나아갈 수 없다. 심지어는 출산이나 월경같이 자연스러운 현상도 피를 흘린다는 것 자체가 생명의 충만함을 누리지 못하는 것이기에 성소에 들어가지 못하게 한 것이다.

우리는 과연 우리의 생명을 어디에 쏟고 있는가? 우리는 우리의 피를 주님의 제단에 뿌리고 있는가? 아니면 세상의 허망한 일에 흘리고 있는가? 만일 우리가 피를 주님의 제단이 아닌 다른 곳에 흘리고 있다면 우리는 하나님께 나아갈 수 없다.

4.4 짐 엘리엇의 일기

놀랍게도 아우카 부족에게 전도하려다가 창에 찔려 순교한 짐 엘리엇은 21살이 되던 해인 1948년 4월 16일자 일기에서 레위기 17:10을 묵상하는 가운데 이 진리를 발견했다.

"피를 먹는 자는 영원히 하나님의 진노를 산다. 나도 마찬가지이다. 내가 만일 내 생명의 피를 아껴 제물로 붓지 않을진대…하나님의 무서운 진노가 내 뜻을 가로막을 것을 알아야 한다. 아버지, 제 생명을 취하소서. 주님의 뜻이라면 제 피를 취하소서. 주님의 삼키는 불로 제 피를 태우소서. 제것이 아니기에 아끼지 않겠습니다. 주님 가지소서. 다 가지소서. 제 생명을 세상을 위한 희생으로 부으소서. 피는 주님의 제단 앞에 흐를 때만 가치 있는 것입니다."

필자는 짐 엘리엇의 성경 묵상을 처음 대하는 순간에 충격을 받았다. 일부 한국 교회는 '피를 먹지 말라.'는 레위기 본문을 기껏해야 '선짓국과 순대'를 먹어도 되느냐 안 되느냐를 놓고 아직도 논쟁하고 있기 때문이다. 그런데 70년 전에 짐 엘리엇은 불과 21세의 약관의 나이에 '피를 먹지 말라.'는 말씀을 묵상하면서 피는 오직 생명의 주이신 하나님께만 드려져야 하고, 따라서 피는 주님의 제단에만 뿌려져야 한다고 정확히 주석하고 있으니 어찌 놀라지 않을 수 있겠는가? 게다가 '피는 주님의 제단 앞에 흐를 때만 가치 있는 것'이므로 자신의 생명을 하나님께 드리겠다고 고백하는 모습에 충격을 받지 않을 수 없었다.

김영삼 전 대통령은 민주주의 제단에 자신의 생명을 바치겠다고 입버릇처럼 말했다. 최근에 4.19나 5.18 희생자를 기리는 글들을 보면 '민주화의 제단'에 피를 바친 분들이라고 칭송한다. 이 세상에서도 자신의 생명을 고귀한 이념과 가치에 바친 사람을 '제단에 생명을 바친 사람들'이라고 칭찬한다. 그런데 그리스도의 제자들인 우리는 과연 어느 제단에 우리의 생명을 바치고 있는가?

"Go into the ark, you and your whole family"

17장

노아 언약은 사형제도를 지지하는가?

창 9:5-7

1. 서론적 이야기

1.1 들어가면서

오늘날 대한민국에 사형제도는 남아 있지만, 1997년 12월 30일 사형수 23명에 대한 형을 집행한 후로 실제로는 사형을 집행하지 않아 '실질적 사형폐지 국가'가 되었다. 사형제도란 사형에 해당한다고 법에서 정해놓은 죄를 저질러 사법적 판단을 받은 사형수의 생명을 정부가 합법적으로 박탈하는 제도이다. 대부분의 현대 국가들은 사형제도를 폐지하고 있다.

그러나 2000년대에 들어서서 흉악범이 늘면서 한반도에 사형제도가 다시 논란의 대상이 되고 있다. 국가인권 위원회가 2018년 10월 10일 일반 국민 1000명을 대상으로 한 사형제 폐지 관련 여론조사 결과를 발표했다.[1] 그런데 사형제를 당장 혹은 향후에 폐지하는 데에 동의하느냐는 질문에는 20.3%만 찬성을 한 반면에 반대는 79.7%로 압도적으로 많았다. 하지만 사형을 대체할 형벌(절대적 종신형 혹 상대적 종신형 등) 마련을 전제로 한다면 66.9%가 사형제도 폐지에 찬성했고, 반대는 31.9%

---

[1] http://www.hani.co.kr/arti/society/society_general/865199.html#csidx32486805c1fca1d 8c988b874744137f 아래 논의는 이 기사에서 가져온 것이다.

수준이었다고 한다.

사형제도 존폐와 관련한 여론조사 결과는 강력 범죄 발생에 따라 좌우된다고 한다. 2003년 9월 한국갤럽의 조사 결과 사형제도를 유지해야 한다는 의견은 52.3%, 폐지해야 한다는 의견은 40.1%였지만 2003년 9월부터 2004년 7월까지 일 년 동안 10명을 살해한 연쇄살인마 유영철이 2004년 7월 18일 경찰에 붙잡힌 직후 한국사회연구소가 실시한 여론조사에서는 사형제도가 필요하다는 의견이 66.3%, 종신형으로 대체해야 한다는 의견이 30.9%로 나왔기 때문이다.

1.2 사형제도에 대한 기독교 내의 논란

신학계도 사형제도를 놓고 치열한 공방을 벌이고 있다.[2] 박충구는 사형제도는 비기독교적이라면서 "예수의 사랑과 평화의 윤리를 옷입는 교회라면 기독교 신앙공동체는 어떠한 이유를 들어서라도 사형제도에 대한 직접적이거나 간접적인 승인의 태도를 가질 수 없을 것이다."[3]라고 주장한다.

김정우 교수는 사형제를 찬성하는 한편 집행을 유보하는 중간적 입장을 보인다.

"인간은 죄인이므로 사형제는 하나님에 의해 '허용된 제도'이며 '인간 윤리의 한계를 보여주는 준거'로서 사용될 수 있다. 그러나 모든 사회와 국가는 '흉악범'까지도 포용하고 치료하고 교화하는 자리까지 성숙해 가는 것이 바람직할 것이다. 그럼에도 불구하고, '목표'와 '현실'을 혼동해서는 안 될 것이다. 따라서 '아무리 흉악범이라 하더라도 왜 사람을 반드시 죽여야 하는가'라는 폐지론자의 질문에 대하여 '흉악범의 경우는 죽일 수도 있다.'고 대답하는 것이 적절해 보인다. 끝으로 우리는 사형제도 폐지라는 급격한 '패러다임의 전환'이 가져올 수 있는 혼란을 막기 위해서 '사형제도는 존치하되 사형의 집행은 유보시키는' 대안도 고려해 볼 만하다."[4]

---

2) 사형제도 찬반에 대한 쟁점에 대해서는 김상균, "사형제도에 대한 신학적 쟁점"「법학연구」 31 (2008. 8), 389-409를 참조하라.
3) 박충구, "기독교 윤리학적 관점에서 본 사형제도",「신학과 세계」 69 (2010), 229.
4) 김정우, "사형제에 대한 성경 신학적 관점",「신학지남」 72 (2005. 12), 54. 김창대 역시 "살인죄에 대한 사형제도는 결코 폐지될 수 없지만 적용에 있어서는 융통성을 발휘할 필요가 있다."고 본다. 참조, 김창대, "구약윤리방법론 모색을 위한 사례 연구: 사형제도",「구약논단」 17 (2011. 9), 129.

1.3 노아 본문은 사형제도를 지지하는가?

특별히 신학계에서 사형제도와 관련해 논쟁을 벌일 때 항상 등장하는 본문이 창세기 9:5-6이다.

"내가 반드시 너희의 피 곧 너희의 생명의 피를 찾으리니 짐승이면 그 짐승에게서, 사람이나 사람의 형제면 그에게서 그의 생명을 찾으리라 다른 사람의 피를 흘리면 그 사람의 피도 흘릴 것이니 이는 하나님이 자기 형상대로 사람을 지으셨음이니라"(창 9:5-6).

왜냐하면 사형제도에 대한 최초의 언급이나 암시를 여기서 찾아볼 수 있기 때문이다. 그런데 문제는 이 본문을 어떻게 이해하느냐이다. 본문의 성격을 '묘사적'(descriptive)으로 보느냐, 아니면 '규범적'(prescriptive)으로 보느냐에 따라 해석이 달라지기 때문이다. 김창대의 말을 들어보자.

"'사람의 피를 흘리는 자는 사람에 의해서 그의 피가 흘려질 것이다.' …바톤(John Barton)은 창세기 9:6에서 살인자에 대한 사형 규정에 대해서 '창세기 9장의 규정이 출애굽기의 제의법의 경우처럼 하나님이 직접 명령한 금령으로 이해하는 것은 잘못이다.'라고 주장했다. 살인자에 대한 사형 규정은 자연법과 연관해서 이해되어야 한다는 애매한 입장이다. 잭슨(Jackson)은 여기서 '사람에 의해서'로 번역된 표현에서 히브리어 전치사 בְּ(베/안에)는 '사람을 위하여'라 번역할 것을 제안하고 다음과 같이 번역한다. '인간(인류)을 위해서 그의 피가 흘려질 것이다.' 이렇게 되면 사형 집행의 주체가 애매해지게 된다. 그는 여기서 살인자에 대한 사형집행은 하나님이기 때문에 살인자의 사형을 집행하는 것은 잘못이라고 주장한다. 요더(John Howard Yoder)도 비슷한 견해이다. 그는 창세기 9:16을 주해하면서 살인자에 대한 사형규정은 규범적인 것이 아니라 하나님의 섭리에 의해서 죽게 될 것이라는 묘사적 표현이라고 주장했다. 오히려 이 규정은 인간의 잘못된 복수를 막기 위한 하나님의 의도라고 말한다."[5]

---

5) 김창대, "구약윤리방법론 모색을 위한 사례 연구: 사형제도", 122-123.

설교 본문으로서든 신학적 연구의 대상으로서든 특정한 성경 본문의 성격을 놓고 '묘사적'이냐 '규범적'이냐를 논의하는 것은 매우 위험한 작업이다. 성경은 하나님의 백성의 사고와 삶의 유일무이하고 무오한 규범으로 주어진 계시이므로, 어떤 본문도 정보전달이 목적이 아니라 지령과 수행 명령이 주요 목적이다. 심지어는 '묘사적'으로 보이는 내러티브조차도 얼마든지 '규범'으로 읽을 수 있고 아니 궁극적으로는 마땅히 '규범'으로 읽어야 한다.

창세기 9:5-6의 본문은 거의 대부분의 구약학자들이 규범적이라고 본다. 그러나 이렇게 하나님의 명령조차 '규범적'이 아니고 '묘사적'이라고 주장하는 학자들이 있는 것이 사실이다. 이렇게 겉으로 보기에는 단순해 보이지만 사형제도를 놓고 창세기 9장을 해석하는 것은 쉬운 일이 아니다. 따라서 노아 언약이 사형제도를 지지하는지의 여부를 확인하려면 먼저 본문을 상세히 살펴보아야 한다.

2. 내가 반드시 너희 피를 찾으리라

2.1 '탈리오'의 법칙

우선 하나님께서는 노아에게 사람의 피를 흘려서는 절대 안 된다고 금지 명령을 내리셨다.

"내가 반드시 너희의 피 곧 너희의 생명의 피를 찾으리니 짐승이면 그 짐승에게서, 사람이나 사람의 형제면 그에게서 그의 생명을 찾으리라"(창 9:5).

하나님께서 단지 금지 명령만 내리신 것이 아니다. 다른 사람의 피를 흘렸을 경우에 어떤 처벌을 받는지를 명시하셨다.

"다른 사람의 피(דָם; 담)를 흘리면 그 사람의 피(דָם; 담)도 흘릴 것이니 이는 하나님이 자기 형상대로 사람을 지으셨음이니라"(창 9:6).

살인을 저지른 인간은 자신도 죽임을 당하는 처벌을 받게 될 것이라고 선언하시면서 이런 처벌의 시행을 인간에게 맡기셨다는 것이 학자들의 다수 견해이다. 한글개역성경은 의역이므로, 살인자를 처벌하는 일을 인간에게 맡겼다는 해석이 언뜻 이해가 되지 않을 것이다. 그러나 여러 학자들이 이미 제안한 아래 6절의 구조 분석을 보면 이 점이 분명하게 나타난다.

  A 누구든지 흘리는 자(שֹׁפֵךְ 쇼페크; Whoever sheds)
   B 피(דַּם 담; the blood)를
    C 사람의(הָאָדָם 하아담; of man)
    C' 사람에 의해(בָּאָדָם 바아담 by man)
   B' 그의 피(דָּמוֹ 담; his blood)가
  A' 흘리게 될 것이다(יִשָּׁפֵךְ 이샤페크; shall be shed)

위의 구조를 보면 6절 상반절과 6절 하반절이 정확히 상응한다. 누구든지 흘리는(שֹׁפֵךְ 쇼페크) 자는 흘리게(יִשָּׁפֵךְ 이샤페크) 될 것이다(A와 A'). 그렇다면 무엇을 흘리면 끝내 흘리게 되는가? 피(דַּם 담)를 흘리는 자는 자신의 피(דָּמוֹ 담)를 흘리게 된다는 것이다(B와 B'). 그렇다면 누구의 피를 흘리면 자신의 피를 흘리게 되는가? 사람(הָאָדָם 하아담)의 피를 흘리면 사람에 의해(בָּאָדָם 바아담) 피를 흘리게 된다는 것이다(C와 C'). 인간의 피를 흘리는 자는 피를 보게 된다는 원리를 이보다 더 설득력 있게 제시하기는 어려울 것이다. 게다가 ABC-C'B'A'의 동심 구조는 시각적으로 "눈에는 눈, 이에는 이"라는 탈리오의 법칙을 잘 보여준다.[6]

다른 사람의 피를 흘리는 자는 자신의 피를 흘리게 된다는 원리는 탈리오의 법칙으로 겉으로 보기에는 잔혹한 것처럼 보이나 사실은 그렇지 않다는 것은 이제 거의 상식이 되었다. 왜냐하면 '눈에는 눈'이란 탈리오의 법칙은 언뜻 듣기에는 매우 잔혹한 원리처럼 보이나, 실제로는 '형벌의 강도'를 '범한 죄의 강도'에 상응하게끔 제한하려는 의도로 만들어진 법칙이기 때문이다. 다시 말해 보복의 형벌은 지은 죄의

---

6) "키아스틱 스타일은 시적 정의(poetic justice)의 개념과 잘 맞는다: 생명은 생명으로. 고대 세계의 다른 법률들과는 달리 돈으로 살인자를 속전할 수 없다(민 35:31)" (Waltkey, *Genesis*, 145).

심각성 이상을 초과해서는 안 된다는 것이다. 예를 들면, '눈'을 상하게 했는데, 그 형벌로 목을 베어서는 안 된다는 것이다.

2.2 분배적 정의

다른 사람의 피를 흘리는 자는 자신의 피를 흘리게 된다는 원리를 잔혹한 것으로 오해해서는 안 된다. 오히려 '각자에게 각자의 몫을 분배하는' 정의의 관념에 맞는 것이다. 결국 다른 사람의 피를 흘리는 자는 자신의 피를 흘려야 균형이 맞는 것이다. 다른 사람의 피를 흘렸는데 그저 돈으로 배상해서는 안 된다는 것이다. 반드시 사람의 피를 흘린 자는 자신의 피도 흘려야 된다는 것은 정의의 관점에서는 너무나 당연한 논리이다.

이렇게 각자에게 각자의 몫을 분배하는 정의 관념을 드러내기에는 동심구조가 안성맞춤이다. 따라서 구약 성경에 탈리오의 법칙을 이야기하는 본문들은 주로 동심구조로 되어 있다. 탈리오의 법칙을 가장 잘 보여주는 본문인 레위기 24:17-21은 동심구조 위에 배열되어 있다. 아래 구조는 여러 학자들이 이미 제안한 것이다.

  A 사람을 쳐죽인 자는 반드시 죽일 것이요
    B 짐승을 쳐죽인 자는 짐승으로 짐승을 갚을 것이며
      C 사람이 만일 그의 이웃에게 상해를 입혔으면 그가 행한 대로 그에게 행할 것이니
        X 상처에는 상처로, 눈에는 눈으로, 이에는 이로 갚을지라
      C' 남에게 상해를 입힌 그대로 그에게 그렇게 할 것이며
    B' 짐승을 죽인 자는 그것을 물어 줄 것이요
  A' 사람을 죽인 자는 죽일지니

이런 동심구조는 이같이 탈리오의 법칙을 설명하고 드러내기에 매우 적합한 구조인지 모른다. 어찌되었든 여기서도 가장 중요한 점은 사람을 죽인 자는 반드시 죽여야 한다는 점이 처음과 끝에 나와 강조되고 있다(A와 A').

2.3 하나님의 형상의 중요성

그렇다면 이렇게 살인자의 피를 찾아서 반드시 죽이라고 하신 이유가 무엇인가? 하나님께서는 그 이유를 단순히 '탈리오의 법칙'(lex talionis)에서만 찾으신 것이 아니라 더 깊은 데서 찾으신다.

"이는 하나님이 자기 형상(צֶלֶם אֱלֹהִים; 첼렘 엘로힘)대로 사람을 지으셨음이니라"(창 9:6하).

인간은 비록 아담과 하와의 범죄 이후 타락했으나, 그럼에도 불구하고 아직 하나님의 형상으로 지음받은 존재들이다. 따라서 어떤 이유에서도 하나님의 형상인 사람을 죽여서는 안 된다. 하나님의 형상을 죽이는 것은 하나님을 살해하는 것과 마찬가지이다. 하나님의 형상이란 보이지 않는 하나님을 보이는 세상 속에서 대리하는 대표자이기 때문이다.

여기서 우리는 월키의 말을 들어볼 필요가 있다.

"피조물을 보호하려는 하나님의 결심은 하나님의 형상을 얼마나 가치있게 여기시는지와 불가분리로 연결되어 있다. 하나님의 형상은 타락한 인간에 지속적으로 남아 있다(참조 8:21). 동물의 피와는 대조적으로 살인의 피는 보상되어야 하는 이유를 보여준다."[7]

베스터만은 살인과 하나님의 형상에 관해 통찰력 있는 설명을 한다.

"창세기 1:26-28에서 설명했지만, 이것은 사람의 질(quality)에 관한 것이 아니라, 하나님께서 인간을 자신의 동반자로 지으셨고, 인간은 하나님과 역사를 공유할 수 있기 때문에 그런 것이다. 하나님의 형상과 모양은 하나님과 개인 사이의 관계 안에만 존재한다. 그렇다면 살인은 하나님의 통치 권리에 대한 직접적인 공격이다. 모든 살인자들은 하나님을 공격한 것이다. 살인은 하나님에 대한 직접적이고 무분별한 반역이다.

---

7) Waltkey, *Genesis*, 145.

십계명에서 살인하지 말라는 명령은 여러 명령 가운데 하나이지만, 여기 창세기 9장에서 살인은 전적으로 자기 자신만의 것이며, 그 어떤 것도 비교될 수 없는 것이다. 인류 전체 역사를 볼 때에 살인자는 그 행동으로 하나님의 권리를 찬탈하는 것이다. 우리는 여기서 명령이 아니라 진술을 본다. 하나님께서는 하나님의 형상인 인간을 살해한 수많은 속죄되지 않은 범죄들에 대해 분명히 보복하실 것이다.

이 단락은 모든 장소 모든 시간에서 인간에게 주어진 한계를 보여준다. 인류의 피조된 세계에서는 한 사람이 다른 사람을 죽일 수 있다. 왜냐하면 살인자의 가능성이 있기 때문이다. 공동체는 삶과 죽음에 대한 하나님의 유일한 권위를 인정하는 한에서, 그리고 이로부터 나오는 사실, 즉 인간 생명의 불가침성을 존중하는 한에서만 사형을 집행할 수 있는 정당성을 확보하는 것이다. 국가가 집행하는 사형 역시 살인이 될 수 있다. 이 한계를 벗어나는 침범 행위는 그것이 국가적인 이유든, 인종적인 이유든, 이데올로기적인 이유든 간에 여기서 정죄되는 것이다."[8]

따라서 고대 근동 아시아에서는 살인자가 때론 돈을 내고 처벌을 면했으나 구약의 율법에서 이는 있을 수 없는 일이었다.

"고의로 살인죄를 범한 살인자는 생명의 속전을 받지 말고 반드시 죽일 것이며 또 도피성에 피한 자는 대제사장이 죽기 전에는 속전을 받고 그의 땅으로 돌아가 거주하게 하지 말 것이니라 너희는 너희가 거주하는 땅을 더럽히지 말라 피는 땅을 더럽히나니 피흘림을 받은 땅은 그 피를 흘리게 한 자의 피가 아니면 속함을 받을 수 없느니라 너희는 너희가 거주하는 땅 곧 내가 서수하는 땅을 더럽히지 말라 나 여호와는 이스라엘 자손 중에 있음이니라"(민 35:31-34).

고의적인 살인자는 반드시 사형에 처하도록 한 것은 노아 홍수 이후 하나님이 모든 인간에게 요구한 명령을 이스라엘이 성문화한 것이다. 이렇게 본다면 '사람의 피

---

8) Westermann, *Genesis 1-11*, 468.

(בָּדָם; 담)를 흘리면 그 사람의 피(בָּדָם; 담)도 흘릴 것이니'라는 규정은 단순히 교회 안에서만 구속력이 있는 명령이 아니라, 지구 안에 거주하는 모든 인간들에게 구속력이 미치는 명령으로 보아야 한다.

그렇다면 노아 언약은 사형제도를 지지하는 것처럼 보인다. 물론 사형제도는 자칫하면 사적인 복수의 도구가 될 수 있기 때문에 위험할 수 있다. 따라서 우리는 사형제도를 어떻게 운영해야 하는지를 염두에 두면서 성경 본문을 상세하게 살펴야 한다.

3. 신적 형벌의 인간 대행자

3.1 처벌 권한을 인간에게 위임

살인을 한 자가 '사람에 의해'(בָּאָדָם; 바아담 by man) 그의 피를 흘리게 될 것이라면, 여기서 '사람'(אָדָם; 아담)은 누구를 가리키는 것인가? 많은 학자들이 여기서 '사람'은 살인자를 처벌하는 하나님의 형벌을 대행하는 인간 대행자를 가리킨다고 말한다.

여러 학자들이 이미 지적했듯이 이전에는 살인죄는 하나님께서 직접 다루셨다. 가인이 아벨을 죽였을 때에 아우의 피로 인해 땅이 오염되었으므로 가인은 땅에서 피하여 유리하는 자가 되도록 형벌을 내리셨지만 가인의 이마에 표를 주어서 다른 이들이 그를 죽이지 못하도록 하셨다.

"여호와께서 그에게 이르시되 그렇지 아니하다 가인을 죽이는 자는 벌을 칠 배나 받으리라 하시고 가인에게 표를 주사 그를 만나는 모든 사람에게서 죽임을 면하게 하시니라"(창 4:15).

그러나 이제는 살인자를 처벌할 권한을 인간에게 위임하셨다. 위의 구조를 보면 '사람에 의해'(בָּאָדָם; 바아담 by man) 살인자의 피가 흘려지게 될 것이라고 분명하게 밝히셨기 때문이다. 그렇다면 사형제도의 기원을 여기서 찾아볼 수 있을 것이다. 그런데 해석사를 살펴보면 많은 주석가들이 사형제도의 기원을 창세기 9장에서 찾는

데 반대한다. 일부 학자들은 설령 그 기원을 인정한다고 해도 현대 사회에 적용하는 것에 동의하지 않는다.

3.2 그러나 신적 명령이 중요

그런데 우리가 여기서 주의해야 할 점이 있다. 그것은 사형'제도'를 너무 강조하다보면 피를 흘린 자의 피는 반드시 흘려져야 한다는 요구가 '하나님이 직접 하신 요구'라는 점을 자칫 놓칠 수 있다. 베스터만은 사형제도의 '인간적' 측면을 너무 강조하면 인간의 피를 흘린 자를 반드시 죽여야 한다는 하나님의 '신적 명령'이 약화될 가능성이 있다고 말한다.

"F. Delitzsch는 여기서 처벌의 권한이 위임되었다고 보는 견해로부터 한 걸음 더 나아가 이렇게 주장한다: '하나님에 의해 제정된 질서의 집행자로서 권위 있는 제도의 첫 번째 측면이 나타났다. 이로써 하나님의 대리인이 되는 것이다.' 그러나 여기에는 권위에 대한 서양적 개념이 강제로 본문 위에 부가된 것이다. 그러나 이것이 창세기 9:6 상반절의 의도는 아니다. 권위 있는 당국을 이 문맥에서 집행자, 대리인으로 부르는 것은 본문에 전혀 암시가 없는 상황에서 이것을 초점이 되게 하는 것이다.

인간에게 사형집행권을 부여하는 것과 관련하여 6절의 기저에 깔린 전제는 다르다. 누가 집행하든, 어떤 형태로 집행하든 간에 생명을 빼앗은 것으로 인한 요구는 하나님이 직접 하시는 요구라는 점이다. Delitzsch의 설명은 제한된 범위를 갖는다. 그러나 9:6 상반절은 보편적이다. 인간에 의한 사형집행은 하나님의 명령을 집행하는 것이다. 이어지는 하반절 '이는 하나님이 자기 형상대로 사람을 지으셨음이니라'는 문장에 의미를 부여하는 것은 바로 이런 보편적인 범위이다. W. Zimmerli: '한 사람을 살해하는 것은 하나님의 형상에 대한 공격이므로, 무조건적으로 금지한 것이다.'"[9]

우리가 이런 점을 주목한다면 노아 언약에서 사형제도의 신적 기원을 찾아볼 수

---

9) Westermann, *Genesis 1-11*, 468.

있을 것이다. 사형제도를 운영할 때 생기는 어려운 문제로 인해 사형제도가 하나님께서 직접 요구하신 명령이라는 사실을 놓치는 우를 범해서는 안 된다. 그렇게 본다면 노아 언약은 분명히 사형제도를 지지하는 것으로 볼 수 있다.

3.3 인간 정부가 이 일을 감당해야

사형제도가 신적인 기원을 가지고 있고, 이 제도의 집행을 인간에게 맡겼다면 "과연 누가 이 일을 감당해야 하는가"라는 질문이 생긴다. 이에 대해서는 정부가 이 일을 해야 한다는 것이 성경의 가르침이다. 로마서 13:1-7이 이런 성경적 사상을 잘 보여준다.

"각 사람은 위에 있는 권세들에게 복종하라 권세는 하나님으로부터 나지 않음이 없나니 모든 권세는 다 하나님께서 정하신 바라 그러므로 권세를 거스르는 자는 하나님의 명을 거스름이니 거스르는 자들은 심판을 자취하리라 다스리는 자들은 선한 일에 대하여 두려움이 되지 않고 악한 일에 대하여 되나니 네가 권세를 두려워하지 아니하려느냐 선을 행하라 그리하면 그에게 칭찬을 받으리라 그는 하나님의 사역자가 되어 네게 선을 베푸는 자니라 그러나 네가 악을 행하거든 두려워하라 그가 공연히 칼을 가지지 아니하였으니 곧 하나님의 사역자가 되어 악을 행하는 자에게 진노하심을 따라 보응하는 자니라 그러므로 복종하지 아니할 수 없으니 진노 때문에 할 것이 아니라 양심을 따라 할 것이라 너희가 조세를 바치는 것도 이로 말미암음이라 그들이 하나님의 일꾼이 되어 바로 이 일에 항상 힘쓰느니라 모든 자에게 줄 것을 주되 조세를 받을 자에게 조세를 바치고 관세를 받을 자에게 관세를 바치고 두려워할 자를 두려워하며 존경할 자를 존경하라"(롬 13:1-7).

살인자를 사형할 권한이 정부에 주어졌다는 것은 거의 대부분의 학자들이 인정한다. 그러나 인간 역사를 보면 독재적인 왕이나 억압적 정부가 사형제도를 무소불위의 권력으로 삼은 것이 문제가 되었음을 알 수 있다. 특히 독재 권력자들이 사형제도를 자신의 정적들을 제거하는 수단으로 사용한 것은 부인할 수 없는 역사적 사실이다. 따라서 많은 이들이 이런 이유로 사형제도를 반대한다.

그러나 데이비드 판드루넨(Davin VanDrunen)은 사형제도는 정부에게 주어진 무한정의 권력이 아님을 이렇게 밝힌다.

"창세기 6장을 보면 홍수를 일으킨 원인은 폭력이었다. 홍수 후에 노아 언약은 인간의 피를 흘린 자를 처벌하는 일을 재가함으로 폭력의 문제를 다룬다. 홍수 전에 폭력의 주범은 왕들과 전쟁 용사들, 즉 국가의 관료들이었다. 노아 언약이 효과적으로 인간 폭력을 억제하기 위해서는 정치적 권력을 억압하는 것이 첫 번째 관건이었다. 따라서 정치 권력의 여러 용도들 가운데 하나로 창세기 9:6을 읽어서는 아니 되며, 오히려 정치 권력 행사의 한계를 설정하는 식으로 해석해야 한다. 다시 말해 창세기 9:6은 정치 권력은 다른 이들의 권리를 침범하는 자들을 억제하는 일에 사용될 수 있으며, 오직 이런 목적으로만 사용되어야 한다는 점을 강조하는 것이다."[10]

다시 말해 정치 권력은 사형제도를 자신의 이득과 권리를 지키기 위해서가 아니라, 백성들의 생명을 위협하고 빼앗는 이들을 억제하는 수단으로만 사용해야 한다는 것이 판드루넨의 주장이다. 이런 점에서 사형제도는 노아 언약이 지지하고 있으며, 정부가 백성들의 생명을 보호하는 수단으로 사용된다면 성경적인 제도라고 결론내릴 수 있다.

4. 결론 : 신학적 메시지

4.1 사형제도의 정당성

브루스 월키는 탁월한 저서 『구약 신학』에서 노아 언약의 선물로 사형제도를 언급하는데, 매우 현명한 참고가 된다.

"고의성 없는 살인자의 경우, 죄를 범한 자는 도피성으로 피하여 대제사장이 죽을 때까

---

[10] David VanDrunen, "The Protectionist Purpose of Law: A Moral Case from the Biblical Covenant with Noah," *Journal of the Society of Christian Ethics*, 35/2 (2015), 108.

지 보호를 받는다(민 35:22-28). 그러나 고의적인 살인자의 경우에는 사형이 요구된다. 신약 성경에서 그리스도인은 어떤 악행에 대해서든 복수해서는 안 되고, 복수를 하나님의 진노하심에 맡겨야 한다(롬 12:19). 따라서 하나님은 시민 정부를 자신의 사자로 지명하신다. 곧 악을 행하는 자에 대한 진노를 시행하는 복수 대리인으로 국가를 지정하신다(롬 13:4). …'다른 사람의 피를 흘리면 그 사람의 피도 흘릴 것이니'(창 9:6)라는 규정은 하나님의 사자로서의 시민 당국이 지금 사형에 해당하는 죄에 대한 처벌로 사형을 실시할 책임이 있다는 증거를 제공한다. 이것은 선택이 아니라 의무이다. …

그러나 만일 살인자가 진심으로 자신의 죄를 회개한다면 자비를 베풀어야 한다(창 28:13). 비록 밧세바의 정절을 취하고 그녀의 남편을 죽였다고 해도 다윗은 하나님의 거룩하신 은혜와 무한 사랑과 자비의 속성들을 기초로 용서를 받았다(삼하 12:13-14; 시 51편). 그리스도의 피는 택함받은 자의 모든 죄를 영원토록 속죄한다(히 7:23-28)."[11]

월키의 주장은 원론적으로는 이해되지만, 실제 집행에 있어서는 쉬운 문제가 아니다. 사형제도를 인정하면서도, 동시에 진심으로 회개한다면 자비를 베풀어야 한다는 주장이 상충될 수 있기 때문이다.

4.2 아미시 그레이스(Amish Grace)[12]

이런 점에서 살인자를 '용서'하지만 '공적 처벌'은 '국가에 맡기는' 아미시 공동체 사람들의 모습이 도움이 될 수 있을 것이다. 2006년 10월 2일 미국 펜실베니아 주의 800가구 3천 명 정도가 사는 작은 도시 니켈 마인스에서 끔찍한 일이 일어났다. 세탁기를 사용하지 않을 뿐 아니라 아직도 마차를 타고 다니며 세상과 구별되게 사는 아미시 공동체 소속 초등학교에 찰스 로버츠가 총을 들고 난입하여 여자 어린이 5명을 죽였고 다른 여자 아이 5명에게 큰 부상을 입혔다. 9년 전 태어났다 20분만에 죽은 딸로 인해 신에 대한 분노로 가득한 찰스 로버츠가 자신이 사는 동네의 초

---

11) 브루스 월키, 『구약 신학』, 김귀탁 역 (부흥과개혁사, 2012), 354-355.
12) 도널드 크레이빌 (외), 『아미시 그레이스』, 김재일 역 (뉴스앤조이, 2009). 아래 논의는 전부 이 책에서 가져온 것이다.

등학교에 들어가 여학생들만 인질로 잡은 후 이런 끔찍한 일을 저지른 것이다.

이로 인해 미국 전역 그 어디도 안전하지 않다며 큰 소동이 있었지만 하루도 지나지 않아, 곧 살육의 비극보다는 아미시 공동체가 자살한 살인범과 그 가족을 용서하면서 미국 전역에 큰 충격과 감동을 주었다. 총기 사건이 일어난 지 몇 시간이 지나지 않아 아미시 공동체 사람들은 살인범 가족과 접촉하면서 "그들을 미워하지 않는다."고 했기 때문이다. 심지어는 딸을 잃은 부모는 자신의 딸의 장례식에 살인범의 가족을 초청했다. 심지어는 범인의 장례식에 참석한 75명 가운데 반이 아미시 사람들이었다.

아미시 사람들이 보여준 신속하고도 단순한 용서의 행동은 학교에서 일어난 참혹한 이야기만 언급하던 언론들로 하여금 다른 질문하게 했다.

"어떻게 그렇게나 빨리 그들이 용서할 수 있는가? 아미시 지도자들이 그들에게 그렇게 하라고 시켰는가? 모두 자기들 공동체가 좋은 평판을 얻도록 하기 위해 계획된 속임수 가운데 하나인가?"[13]

이에 대해 아미시 공동체 멤버들은 이렇게 말한다.

"용서는 정해진 결말이에요. 그것은 단지 무저항주의자로서 우리가 하는 것이고 스스로 자연스레 나오는 행동입니다. 그것은 새로운 것이 아닙니다. 그것은 단지 평범한 크리스천의 용서입니다. 즉 크리스천이면 모두 그렇게 해야만 하는 것이 아닌가요?"[14]

4.3 용서와 형사적 처벌은 별개의 문제

살인자를 용서한다고 해서 살인자에 대한 형벌적 처벌을 면제하라는 것이 아니다. 아미시 공동체를 다시 한번 살펴보자.

"…외부인이 아미시 사람에게 잘못을 저지르면 아미시는 자신들 스스로 용서할 책임이

---

13) 크레이빌 (외), 『아미시 그레이스』, 79.
14) 크레이빌 (외), 『아미시 그레이스』, 79.

있다고 간주하지만, 처벌하거나 사면할 책임이 있다고 생각하지는 않는다. 이는 국가가 책임져야 할 문제로 여기기 때문이다. 그러나 아미시 사람이 다른 아미시 사람에게 잘못을 저지르거나 전체 교회 공동체에 무례하게 행동했다면, 용서와 사면은 교회의 사법권 안에 있다. 개인 사이에서 벌어진 작은 잘못에 대해서는 교회와 세상 사이의 구분이 매우 단순하게 작동한다. 즉 교회가 알아서 징계 절차를 조정한다. 그러나 만일 어떤 교인이 법을 위반했다면, 그 교인은 교회의 징계뿐만 아니라 국가의 처벌 또한 받게 된다."[15]

개인적 차원에서의 용서와 교회적 차원에서의 징계와 국가적 차원에서의 사법적 처벌을 구분하는 아미쉬 공동체의 지혜를 우리는 배워야 할 것이다.

---

15) 도널드 크레이빌 (외), 『아미시 그레이스』, 김재일 역 (뉴스앤조이, 2009), 205.

"The Bow of Promise" Illustrated plate from the book(1896)
by unknown from Wikimedia Commons

"Go into the ark, you and your whole family"

18장

하나님은 왜 성경에서 노아와 처음으로 언약을 맺으셨을까?

창 9:8-17

1. 서론적 이야기

1.1 언약에 대한 오해

오늘날 언약이란 단어는 젊은이들이 사용하는 '언약식'을 제외하고는 일상 생활에서 잘 사용하지 않는다. 따라서 현대인들은 물론 기독교인들까지도 언약이란 개념을 오해하고 있다. 언약(言約)이란 단어의 어원을 보면 '말로 한 약속'이란 뜻이기 때문에, 많은 사람들이 그저 '약속' 정도로 이해하는 것이 보통이다. 그러다 보니 청첩장을 돌리고 공개적으로 결혼식을 하지 않고 대신 스몰 웨딩을 했다고 하면서 '언약식 형태의 소박한 결혼'을 했다는 언론 기사가 최근에 올라올 정도이다. 2014년에 한 개그우먼(조혜련)의 "언약식 형태의 소박한 결혼을 하고 반지만 주고 받았다."[1]는 기사가 나오더니, 올해 2018년에도 연예인 두 사람(배우 조정석과 가수 거미)이 "언약식을 올리고 이미 결혼했다."는 기사가 올라오기도 했다.[2] 이제 '언약식'은 단순히 결혼 이전의 약속 의식이 아니라, '결혼식보다 간소하고 소박한 결혼식 형태'를 가리키는 용어로 쓰이면서 이제 언약식이 결혼 문화로 정착되고 있는 것 같다.

---

1) https://news.joins.com/article/15217926
2) http://news20.busan.com/controller/newsController.jsp?newsId= 20181008000067

이런 문화에서 그리스도인들도 성경에서 말하는 '언약'을 오해할 여지가 커지고 있다. 언약을 '말로 한 약속' 정도로 이해하다 보면 성경에서 하나님의 약속이 나오면 그저 막연하게 '언약'이라고 생각하는 경향이 널리 퍼져 있다. 성경에서 하나님의 약속이 나오는 부분은 성경 기자가 '언약'이라고 부르지 않고 있음에도 불구하고 그냥 언약이라고 생각한다.

1.2 첫 번째 언약이 노아 언약

그러다 보니 많은 그리스도인들이 심지어는 설교자들도 노아 언약을 오해하곤 한다. 노아 언약이 성경의 첫 번째 언약이라는 것을 잘 모른다. 성경에 보면 하나님께서는 구속사의 중요한 순간마다 언약을 맺으심으로 하나님의 나라를 이 땅에 세우시는 일을 하셨다. 그런데 성경에서 처음 나오는 언약이 바로 노아 언약이다. 왜냐하면 언약이라는 히브리어 '베리트'(בְּרִית)는 노아 홍수 스토리에 처음 등장하기(창 6:18, 9:9) 때문이다. 물론 그 후에 하나님은 아브라함과 언약을 맺으셨고(창 15장과 17장), 시내산에서 모세(출 19-34장)와 그리고 다윗과 언약(삼하 7장, 23:5)을 맺으셨다. 신약에서는 예수께서 교회와 새 언약을 맺으셨다.

그러나 지금까지 많은 학자들은 '언약'이란 단어가 노아 언약 이전에 나오지 않음에도, 하나님께서 아담과 언약을 맺었다고 주장한다. 전통적으로 이를 '행위 언약'(the covenant of works)이라고 부른다. 그런데 20세기 중반에 들어서서 미국의 웨스트민스터 신학교(Westminster Theological Seminary) 교수들은 '창조 언약'(the covenant of creation)이라고 바꾸어 부른다. '행위 언약'이든 '창조 언약'이든 간에 하나님과 아담 사이의 언약을 주장하는 이들이 언급하는 명시적인 성경적 근거는 호세아 6:6-10이다.

"나는 인애를 원하고 제사를 원하지 아니하며 번제보다 하나님을 아는 것을 원하노라 그들은 아담처럼(כְּאָדָם; 케아담) 언약(בְּרִית; 베리트)을 어기고 거기에서 나를 반역하였느니라 길르앗은 악을 행하는 자의 고을이라 피 발자국으로 가득 찼도다 강도 떼가 사람을 기다림같이 제사장의 무리가 세겜 길에서 살인하니 그들이 사악을 행하였느니라 내가 이스라엘 집에서 가증한 일을 보았나니 거기서 에브라임은 음행하였고 이스라엘은 더럽혀졌느니라"(호 6:6-10).

그러나 '아담처럼'(כְּאָדָם; 케아담)에서 아담(אָדָם)을 인명으로 해석하는 자들도 있지만, '아담'이라는 지명으로 해석해서 '아담 안에서'라고 해석하는 학자들도 있다는 것을 우리는 주목해야 한다. 8-9절에 길르앗과 세겜이라는 지명이 나온다는 점과 '거기서'라는 부사가 '아담에서'라는 지리적 해석을 지지하는 근거이다. 설령 '아담처럼'으로 인명으로 해석한다고 해도, 이 한 구절을 근거로 아담 언약을 그 위에 건축하는 것은 무리가 아닐 수 없다. 따라서 필자는 존 칼빈의 가르침과 미국칼빈신학교(Calvin Theological Seminary) 교수들의 전통을 따라 성경에 나오는 첫 언약은 노아 언약으로 본다.[3]

1.3 성경 신학의 과제

그렇다면 '언약'(בְּרִית; 베리트)이라는 성경 기자의 표현이 나오는 부분을 우선 살펴서 성경의 언약이 무엇인지 알아내야 한다. 하나님의 약속의 말씀이 나오면 그냥 '언약'이라고 막연하게 생각해서는 안 되기 때문이다.

성경 신학은 가능하면 성경의 언어로 성경의 메시지를 해석하고 종합하는 학문이다. 따라서 성경이 '언약'이라고 구체적으로 지칭하는 본문을 우선적으로 살펴보고 해석하면서, 성경이 말하는 언약의 정의와 언약의 종류, 언약의 성격 등을 살펴야 한다. 그리고 나서 조직 신학이 교회사의 교리와 교회의 해석사는 물론 현대의 철학적 사조와 문화적 흐름, 현대 교회의 상황을 고려하면서 '언약 신학'을 체계적으로 세우는 가운데, 성경 본문이 언약으로 이야기하지 않은 부분도 언약이라고 불러야 하는 교회사적 신학적 이유가 있다면 얼마든지 그렇게 할 수 있다고 생각한다. 일부 학자들은 언약이라는 말을 사용하지 않은 성경 단락도 얼마든지 언약에 대해 말할 수 있다고 말한다. 물론 조직 신학에서 다룰 때에는 그렇게 할 수 있지만, 될 수 있는 한 성경적 언어로 성경의 원래의 메시지가 무엇인지 다루는 성경 신학에서는 언약이라는 단어가 나오는 부분에 국한해서 얼마든지 학문적 논의를 할 수 있다고 필자는 생각한다. 만약에 그렇지 않으면 방법론적으로 너무 포괄적이 되기도 하고 선택적이 되기도 해서 방법론적으로 통제가 불가능하기 때문이다.

---

[3] 더 상세한 것은 필자의 논문, 김지찬, "다시 읽는 존 머레이의 아담적 관리 체제", 『신학지남』 275 (2003 여름), 259-295을 참조하라.

필자는 '성경 신학'을 하는 '성경 학도'(biblical student)로서 성경에서 언약(בְּרִית; 베리트)이라고 구체적으로 지칭하는 부분을 일차적으로 고려하고 성경이 언약을 어떻게 정의하고 설명하며 성격을 규정하는지를 살피면서 '성경의 언약 신학'을 세우려는 것뿐이다.

1.4 문제 제기

성경의 언약을 이해하려면 첫 번째 언약인 노아 언약을 먼저 이해하는 것이 필요하다. 노아 언약이야말로 성경 언약의 기본 사상과 개념의 틀과 용어들을 제시하는 첫 번째 언약이기 때문이다. 언약을 뜻하는 히브리어 베리트(בְּרִית)는 노아 홍수 스토리에 처음 등장할(창 6:18, 9:9) 뿐 아니라 무려 8번 나오기 때문이다(창 9:11, 12, 13, 15, 16, 17).

만일 성경의 첫 언약을 노아 언약으로 본다면, 왜 하나님께서는 노아와 처음으로 언약을 맺으셨을까? 노아와 언약을 맺으셔야 했던 무슨 이유가 있었던 것일까? 노아와 맺은 언약을 통해 하나님은 자신을 어떤 분으로 드러내길 원하시는 것일까? 이런 질문을 던지지 않을 수 없다. 이제부터 이런 질문을 염두에 두고 하나님께서 노아와 언약을 맺는 장면을 흥미있게 살펴보도록 하자.

2. 노아 언약의 예고

노아 홍수 이야기에서 언약(בְּרִית; 베리트)이란 단어는 실제 언약을 맺는 창세기 9장이 아니라 홍수 전인 창세기 6:18에 처음 나온다.

"내가 홍수를 땅에 일으켜 무릇 생명의 기운이 있는 모든 육체를 천하에서 멸절하리니 땅에 있는 것들이 다 죽으리라 그러나 너와는 내가 내 언약(בְּרִיתִי; 베리티)을 세우리니 너는 네 아들들과 네 아내와 네 며느리들과 함께 그 방주로 들어가고 혈육 있는 모든 생물을 너는 각기 암수 한 쌍씩 방주로 이끌어들여 너와 함께 생명을 보존하게 하되"(창 6:17-19).

우리는 하나님께서 '너와는 내가 내 언약을 세우리니'라고 홍수 전에 이미 예고하셨다는 점을 알 수 있다. 여기서는 노아 '언약'의 내용이 마치 노아와 가족들과 모든 생물 한 쌍이 방주에 들어가 홍수로부터 생명을 보존하게 하는 것처럼 언급하고 있지만, 사실상 언약의 내용은 그런 것이 아니다. 창세기 9장에 보면 노아 언약의 내용이 나오는데, 그 내용은 인간의 마음이 계획하는 바가 어려서부터 악하더라도 다시는 물로 세상을 심판하지 않겠다는 것이다.

결국 홍수 후에 노아와 언약을 맺기 위해서는 '노아와 가족들과 혈육 있는 모든 생물이 남아 있어야' 하기 때문에 홍수 전에 미리 언약(בְּרִית; 베리트)을 언급하는 것이다. 결국 노아와 가족과 혈육 있는 모든 생물을 방주에 들어가도록 한 것은 홍수 후에 언약을 맺기 위해서이다.

우리는 여기서 노아를 살린 것은 노아와 언약을 맺어 노아의 가족은 물론 혈육 있는 모든 생물을 통해 하나님의 구원 역사를 성취하기 위해서임을 알 수 있다. 노아가 의인이므로 구원받는다는 것이 이야기의 전부가 아니다. 노아는 다른 가족과 혈육 있는 모든 생물을 구원하기 위해 맺는 '언약의 도구'일 뿐이다. 다시 말해 인류와 모든 생물을 구원하는 '구속사의 도구'로 택함을 받은 것이다.

3. 노아 언약의 내용

3.1 노아 언약의 본문

앞서 살핀 대로 노아와 언약을 맺을 것이라는 언급은 창세기 6:18에 나오지만, 실제 노아와 맺은 언약의 내용은 창세기 9:8-11에 가서야 나온다.

"하나님이 노아와 그와 함께 한 아들들에게 말씀하여 이르시되 내가 내 언약(בְּרִיתִי; 베리티)을 너희와 너희 후손과 너희와 함께 한 모든 생물 곧 너희와 함께 한 새와 가축과 땅의 모든 생물에게 세우리니 방주에서 나온 모든 것 곧 땅의 모든 짐승에게니라 내가 너희와 [내] 언약(בְּרִיתִי; 베리티)을 세우리니 다시는 모든 생물을 홍수로 멸하지 아니할 것이라 땅을 멸할 홍수가 다시 있지 아니하리라"(창 9:9-11).

이 본문을 보면 언약의 주체가 누구이며, 언약의 상대는 누구이고, 언약의 내용은 무엇인지 분명하게 알 수 있다. 본문의 순서는 언약의 주체가 먼저 나오지만, 독자들의 이해를 돕기 위해 언약의 내용부터 먼저 살피고, 언약의 주체와 언약의 상대가 누구인지 하나씩 살펴보도록 하자.

3.2 노아 언약의 내용

그렇다면 노아 언약의 내용은 무엇인가? 11절에 나온다.

"내가 너희와 [내] 언약(בְּרִית; 베리티)을 세우리니
다시는 모든 생물을 홍수(מַבּוּל; 마불)로 멸하지 아니할 것이라
땅을 멸할 홍수(מַבּוּל; 마불)가 다시 있지 아니하리라."

노아 언약의 내용은 매우 간단하다. '모든 생물을 홍수로 멸하지 않을 것이다. 땅을 멸하는 홍수는 없을 것이다'는 것이다. 여기서 우리는 홍수로 번역된 '마불'(מַבּוּל; 마불)에 주의해야 한다.

이 책 6장 "노아의 방주는 어떻게 생겼고, 왜 만들었을까?"에서 살핀 대로 성경에서 '마불'(מַבּוּל)은 노아 홍수만 가리키고 항상 정관사와 함께 쓰이고 있다(הַמַּבּוּל; 함마불).[4] '마불'(מַבּוּל)을 아예 노아 홍수를 가리키는 '전문 용어'(technical term)라고 보는 학자들의 견해가 옳은 것 같다. 어찌되었든 다시는 노아 홍수 같은 물의 대재앙은 없을 것이라고 하나님께서 약속하셨다. 다시는 모든 생물을 홍수로 멸하거나 땅을 멸하는 일은 없을 것이라는 것이 노아 언약의 핵심 내용이다.

여기서도 단순히 모든 생물만 언급하거나 땅만 언급한 것이 아니라 모든 생물과 땅을 함께 언급한다. 이 책 5장 "하나님은 왜 인간을 '땅과 함께' 멸하시는가?"에서 살펴보았듯이 "폭력의 뿌리는 땅이나 흙(אֶרֶץ; 에레츠, אֲדָמָה; 아다마)에서 발견되며, 이것이 불순종을 촉발시키는 것"임을 살펴보았다.[5] 결국 이 폭력과 부패 때문에 홍수

---

[4] 마불이 정관사와 함께 쓰이지 않은 곳이 두 군데인데(창 9:11, 15), 앞으로 홍수가 없을 것이라고 선언하는 대목에서이다. 따라서 이전에 잘 알려진 홍수(노아 홍수)가 아니라 앞으로 있을 홍수를 가리키므로 마불 앞에 정관사가 쓰여서는 안 된다.

[5] Forrest, "Paradise Lost Again: Violence and Obedience in the Flood Narrative," 9.

재앙이 일어난 것이라면 모든 혈육 있는 자들을 '폭력의 뿌리'인 '땅과 함께' 진멸할 수밖에 없었음도 살펴보았다.

3.3 '다시는'(עוֹד; 오드)의 반복

그런데 이제 다시는 모든 생물을 땅과 함께 멸하지 않으실 것이라고 하신다. 이미 땅이 하나님 앞에 패괴했으며, 땅의 모든 혈육 있는 자가 그 길을 패괴케 한 다음에 비로소 하나님께서 땅을 패괴케 하기로 결심하고 홍수를 일으키셨지만, 이제는 같은 일이 일어나도 홍수로 땅과 모든 생물을 멸하지 않으실 것이라고 맹세하신 것이다.

실제로 노아 홍수를 가리키는 히브리어 마불(מבול)은 시편 29:10에서 노아 홍수 때에 왕으로 좌정하셨다고 노래하는 곳을 제외하고는 한 번도 등장하지 않는다. 왜냐하면 하나님께서 다시는 모든 생물과 땅을 멸할 마불(מבול)을 일으키지 않겠다고 맹세하셨기 때문이다.

물론 노아 언약 본문에는 '맹세'라는 단어는 나오지 않는다. 그러나 '다시'라는 단어가 두 번이나 반복되면서 이 약속이 맹세임을 보여준다.

"다시(עוֹד; 오드)는 모든 생물을 홍수로 멸하지 아니할 것이라

땅을 멸할 홍수가 다시(עוֹד; 오드) 있지 아니하리라."

비록 인간이 더 이상 희망이 없을 정도로 사악하다 해도 하나님께서는 '다시는' 모든 생물들을 홍수(מבול; 마불)로 멸하지 않으실 것이다. 비록 땅이 부패했다 하더라도 하나님께서는 땅을 멸할 홍수(מבול; 마불)를 '다시' 있지 않게 할 것이라고 맹세하신 것이다.

3.4 불확실성으로 인해 언약이 필요하게 됨

이렇게 홍수로 모든 호흡하는 생물과 땅을 진멸해야 함에도 불구하고 다시는 홍수로 땅과 생물을 멸하지 않을 것이라고 언약을 맺는 이유는 무엇인가?

하나님께서 대홍수 후에 노아와 그 아들들에게 "너희는 생육하고 번성하며 땅에

가득하여 그 중에서 번성하라"(창 9:7)고 축복하셨다. 이 약속은 하나님께서 인간을 창조하신 후에 주신 축복과 동일하다. 그러나 인간의 마음으로 생각하는 계획이 어려서부터 악하므로 하나님께서 혈육 있는 모든 생물을 땅과 함께 진멸하신 일로 인해 이 축복이 어떻게 실현될지에는 변수가 생겼다. 다시 말해 인간의 악함으로 인해 하나님이 세우신 창조 질서 안에 불확실성이 생긴 것이다.

물론 노아의 후손들의 마음의 생각이 어려서부터 악하더라도 다시는 사람으로 말미암아 땅을 저주하지 않겠다고 하나님께서 약속하셨지만(창 8:21-22), 이런 약속만으로는 인간의 마음 가운데 깊이 박힌 '하나님의 심판에 대한 두려움'과 '인류 역사의 운명에 대한 불확실성'을 제거하기가 쉽지 않았다. 노아와 그 아들들에게서 두려움과 불확실성을 확실하게 제거하려면 약속에 무엇인가를 첨가해야만 했다. 그것이 바로 '약속을 맹세로 보증'하는 것이었다. 이것이 바로 '언약'이다.

3.5 언약은 맹세로 한 약속

한글로 언약(言約)이란 '말(言)로 한 약속(約)'이기에 그렇게 강한 의미로 다가오지 않는다. 그러나 성경에서 언약은 단지 '말로 한 약속'이 아니다. 성경에서 언약의 용례를 살피다 보면, 언약은 맹세란 개념과 함께 자주 등장하는 것을 볼 수 있다. 언약은 '맹세와 평행어'로 쓰이거나, '맹세와 언약'이라는 어구로 쓰이거나 '맹세하신 언약'이란 표현으로 자주 나온다. 신명기만 보더라도 이런 세 가지 표현이 모두 등장하며, 이런 표현들은 구약 전체에 등장한다.

(1) 맹세하신 언약

"네 하나님 여호와를 기억하라 그가 네게 재물 얻을 능력을 주셨음이라 이같이 하심은 네 조상들에게 맹세하신(שָׁבַע; 샤바) 언약(בְּרִית; 베리트)을 오늘과 같이 이루려 하심이니라"(신 8:18; 참조 신 4:31, 7:12).

(2) 언약과 맹세가 평행어로

"네 하나님 여호와의 언약(בְּרִית; 베리트)에 참여하며 또 네 하나님 여호와께서 오늘 네게 하시는 맹세(אָלָה; 알라)에 참여하여"(신 29:12; 수 9:15; 대상 16:16; 시 89:3,

105:9; 렘 11:5; 왕하 11:4; 겔 16:59, 17:13, 16, 18, 19).

(3) 언약과 맹세 :

"내가 이 언약(בְּרִית; 베리트)과 맹세(אָלָה; 알라)를 너희에게만 세우는 것이 아니라"
(신 29:14; 겔 16:8).

위의 용례들은 언약과 맹세가 매우 밀접하게 연관되어 있음을 보여준다. 많은 학자들은 언약에서 가장 중요한 핵심적 요소가 맹세라고 말한다.[6]

3.6 노아 언약을 맺은 이유

맹세가 언약에 가장 중요한 요소라면 "노아 언약에 맹세가 나오는가?"란 질문을 던지지 않을 수 없다. 물론 맹세란 용어가 나오는 것은 아니지만 노아 언약에 맹세의 개념과 맹세의 상징이 나오는 것은 분명하다. 우선 "내가 너희와 언약을 세우리니 '다시는' 모든 생물을 홍수로 멸하지 아니할 것이라"(창 9:11)고 한 약속 가운데 맹세의 개념이 들어 있다. '다시는'(עוֹד; 오드) 홍수로 생물을 진멸하지 않겠다는 선언 가운데 맹세의 개념이 들어 있다. 게다가 '구름 속의 무지개'는 하나님께서 보시고 다시는 물로 세상을 멸하지 않겠다는 언약을 기억하시는 맹세의 상징이다(창 9:12, 13, 16). 이 점에 대해서는 무지개를 다룰 때 상세히 언급하도록 할 것이다.

다시 말해 대홍수로 인해 생긴 하나님의 심판에 대한 두려움과 인류 역사에 대한 불확실성을 제거하시는 방법은 바로 하나님께서 언약(בְּרִית; 베리트)을 맺으시는 것이었다. 따라서 하나님께서는 인간의 구원이 가능하도록 하기 위해서, 창조의 목적대로 생육하고 번성하며 땅에 가득하도록 하기 위해서, 비록 인간의 마음으로 생각하는 모든 계획이 어려서부터 악하다 하더라도 세상을 물로 심판하지 않기로 언약(בְּרִית; 베리트)을 맺으신 것이다.

---

[6] 피터 젠트리 & 스티븐 웰럼, 『언약과 하나님 나라』, 김귀탁 역(새물결플러스, 2017), 189: "성경에서 이 말(베리트)은 다양한 관계 속에서 매우 광범위하게 맹세로 묶인 서약을 가리키는 데 사용된다." Fred H. Klooster, "Covenant, Church, and Kingdom in the New Testament," in Allen, O. Miller (ed.), *A Covenant Challenge to Our Broken World* (Darby Printing Company, 1982), 89; "성경과 고대 근동 아시아의 발굴물들을 연구해 보면, 언약은 맹세로 맺어진 약속에 뿌리박은 헌신(a commitment rooted in an oath-bound promise)임을 알 수 있다."

그뿐 아니라 노아의 후손들을 통해 '생육하고 번성하며 땅에 가득하게' 되는 일은 언약을 통해서만 가능한 것이었다. 우리는 언약이 맹세로 보증한 약속이며, 인간의 사악함으로 인해 불확실성이 생겼을 때 이를 해소하기 위한 하나님의 은혜의 조치라는 사실을 노아 홍수 스토리에서 분명하게 확인할 수 있다. 결국 언약이란 인간의 연약함과 죄와 불순종과 자유의 남용과 목이 곧음과 약속을 믿지 못하는 불신앙 등으로 인해 불확실성이 생겼을 때, 이를 해소하기 위해 하나님이 약속을 맹세로 보증하는 데서 나온 것이다.

4. 노아 언약의 주체

4.1 '나'를 두 번이나 강조

우리는 여기서 하나님께서 노아와 맺으신 언약을 '내 언약'(בְּרִיתִי; 베리티)이라고 부르고 있음을 주목해야 한다. 이 언약은 순전히 하나님의 일방적인 약속이기 때문에 '내 언약'이라고 부른다는 것이 학자들의 견해이다. 이 점을 분명히 하기 위해 하나님께서는 언약을 맺을 것을 선언하는 대목에서 '나'를 두 번이나 강조한다. 직역하면 약간은 어색할 수 있지만 아래와 같다.

"내가(אֲנִי; 아니), 자 이봐 나를(הִנְנִי; 힌느니), 내가 내 언약(בְּרִיתִי; 베리티)을 너희와 너희 후손에게 세우리니"(창 9:9).

히브리 문장에서는 보통 인칭 대명사를 사용하지 않고, 사용해도 술부(동사나 분사) 뒤에 나온다. 그런데 여기서는 '나'라는 인칭 대명사 '아니'(אֲנִי)가 문장의 첫 부분에 사용되었다. 게다가 '자' '이봐'라는 의미의 감탄사 '힌네'(הִנֵּה)에 일인칭 소유대명사 목적격 접미 '이'(י)를 첨가하여 '자 이봐 나를(הִנְנִי; 힌느니)'이라고 강조하고 있다. 그러고 나서 '내 언약을 너희와 너희 후손에게 세우리니'라고 선언하시고 있다. 왜 굳이 '내 언약'이라고 부르시는가? 홍수를 일으키지 않으실 의무는 완전히 하나님께 있는 것이기 때문이다. 그렇다! 노아 언약이란 선물은 하나님과 인간 노아 사이의 협상의 선물이 아니다. 노아에게 주신 하나님의 일방적이고 주권적인 은혜의 선물이다!

4.2 '내' 언약(בְּרִיתִי; 베리티)

게다가 학자들이 이미 지적한 대로 언약이란 단어가 노아 스토리에 모두 8번 나오는데 여기를 포함해서 그 중에 네 번이나 '내 언약'이라는 표현이 나온다. 그 의미가 무엇인가? 젠트리와 웰럼의 말을 들어보자.

"우리는 언약을 어떤 식으로 이해하든 그 안에 서약 또는 의무 개념이 들어 있음을 이미 언급했다. 이것은 사람들이 지켜야 하는 의무인가, 아니면 하나님이 자기 자신에게 부여하는 의무로 인간은 그로 말미암아 수행된 의무의 수혜자가 되는가? …이것은 하나님이 자신을 속박하고 자신에게 의무를 부여하며 인간의 실패에도 불구하고 지키실 언약이다."[7]

'내 언약'이라고 한 것은 노아 언약의 의무는 온전히 하나님께서 지시겠다는 선언으로 보아도 무방할 것이다. 물론 '내'라는 소유대명사접미가 꼭 의무를 강조하는 용법으로만 쓰이는 것은 아니다. 그럼에도 불구하고 여기서는 의무를 강조하는 용법으로 쓰인 것이 분명하다.

이 언약의 성취는 순전히 하나님께만 달려있다. 노아가 어찌하든지 상관이 없다. 심지어는 인간의 사악함과 땅의 부패도 이를 변경시키지 못한다. 미래의 희망은 인간의 순종에 달린 것도 아니며, 인간적 개선에 놓여 있는 것도 아니다. 마음으로 생각하는 모든 계획이 어려서부터 항상 악한 존재가 바로 인간임이 노아 홍수로 드러났다. 심지어는 노아와 노아의 가족도 연약하기 그지 없는 존재임이 곧 드러나게 된다.

그렇다면 미래의 희망은 오로지 피조 세계에 대한 하나님의 무조건적 헌신에 달려 있는 것이다. 인간의 사악함에도 불구하고 하나님께서는 인간과 땅의 모든 생물

---

7) 젠트리 & 웰럼, 『언약과 하나님 나라』, 245.

을 향한 자신의 언약을 지키며, 창조질서를 혼돈의 물로부터 구해내신다.

4.3 오래 참으심의 언약

이런 점에서 노아 언약은 중요하다. 하나님이 언약으로 창조질서를 보증하지 않을 수 없었던 것은 인간의 마음으로 생각하는 모든 계획이 어려서부터 악하기 때문이었다. 인간의 사악함은 홍수로도 해결할 수가 없기 때문이었다.

그렇다면 창조질서를 유지하는 방법은 한 가지밖에 없었다. 하나님께서 인간의 사악함을 견뎌내시고 오래 참으시며 하나님의 피조 세계를 유지하겠다고 맹세하시는 것 외에 달리 방법이 없었다. 그러므로 하나님께서는 인간이 악하고 땅이 부패해도 하나님이 만드신 피조 세계를 다시는 물로 심판하지 않기로 맹세하신 것이다.

이렇게 하나님께서는 인간의 구원을 위해 인간의 사악함을 견뎌내시기로 결심하시고, 인간을 진멸하지 않기로 스스로 맹세하신 것이다. 우리는 인간이 아무리 생각하는 것이 어려서부터 악할지라도, 하나님께서 이 세상을 멸하지 않으실 것이라는 맹세로 인해 확신을 가지고 이 세상을 살아갈 수 있는 것이다.

이제 인간은 하나님이 맹세로 보호하시는 땅 안에서 하나님을 섬기며 살아갈 수 있게 되었다. 인간이 노아 홍수 후에는 단순히 '창조질서 아래에서' 사는 것이 아니다. 하나님이 '맹세로 보증하시는 언약의 질서 안에' 살게 된 것이다. 다시 말해 모든 인간은 노아 언약의 혜택을 누리며 사는 것이다. 우리가 창조질서의 아름다움만 노래하는 게 아니라, 언약의 하나님을 찬양하는 이유가 바로 여기에 있는 것이다. 우리를 포함해서 우리 주위의 사람들의 생각하는 바가 어려서부터 악하더라도 하나님께서는 다시는 우리를 홍수로 심판하지 않으신다니 이보다 더 큰 은혜, 이보다 더 큰 사랑이 어디 있을까!

5. 노아 언약의 대상

5.1 너희와 너희 후손 그리고 너희와 함께 한 모든 생물

그렇다면 이렇게 멋진 하나님의 사랑과 은혜의 수혜 대상, 즉 노아와 맺은 언약의 대상은 누구인가? 9-11절은 노아 언약의 대상이 누구인지를 매우 상세하게 묘사한다.

    A 너희와 너희 후손과 내 언약을 세우리라
        B1 : 너희와 함께 한 모든 생물(כל נפש החיה; 콜 네페쉬 하하야)
        B2 : 너희와 함께 한 새와 가축과 땅의 모든 생물(כל־חית הארץ; 콜-하야트 하아레츠)
        B3 : 방주에서 나온 모든 것(כל יצאי התבה; 콜 요츠에 하테바)
        B4 : 땅의 모든 짐승(כל־חית הארץ; 콜-하야트 하아레츠)
    A′ 내가 너희와 내 언약을 세우리라

위의 구조를 보면 '내가 너희와 내 언약을 세우리라'가 처음과 끝에 나와 반복되면서 인클루지오(inclusio; 한 단락의 처음과 끝에 동일하거나 유사한 단어나 개념이 나와 전체를 감싸는 기법)를 이루고 있는 가운데, '모든'(כל; 콜)이란 단어가 이끄는 어구가 네 번 나온다. '너희와 함께 한 모든(כל; 콜) 생물, 너희와 함께 한 새와 가축과 땅의 모든(כל; 콜) 생물, 방주에서 나온 모든(כל; 콜) 것, 땅의 모든(כל; 콜) 짐승.'

이렇게 '모든'을 네 번이나 반복하고, '생물'을 가리킬 때 두 개의 표현(נפש החיה; 네페쉬 하하야, חית הארץ; 하야트 하아레츠)을 사용할 뿐 아니라 '땅의 모든 생물'이라고 '땅'을 두 번이나 반복하고, 마지막으로 '방주에서 나온 모든 것'이란 표현을 덧붙이는 이유는 무엇일까?

5.2 우주적이고 환경론적 언약

노아 언약은 단순히 지구적인 것이 아니라, 우주적이고 보편적임을 보여주기 위해서이다. 하늘의 창문이 열리고 깊음의 샘이 터지는 일이 더 이상 없을 것이므로 땅의 모든 생물이 홍수로 인해 진멸하는 일이 없을 것이다. 그런 점에서 노아 언약은 인간과 모든 살아 있는 생물뿐 아니라 심음과 거둠, 추위와 더위, 여름과 겨울, 낮과 밤의 정기적 순환의 보증을 포함하는 언약이기에 어떤 학자들은 '환경론적 언약'(an ecological covenant)이라고 부르기도 한다.

"노아 언약은 인간뿐 아니라 모든 살아 있는 생물…을 포함하는 환경론적 언약(an ecological covenant)이다. 게다가 이 언약은 땅 자체도 포함한다. 다시는 자연의 항시성을 급진적으로 교란하여 창조 이전의 혼돈이 돌아오지 않도록 하겠다는 하나님의 맹세 위에 근거하기 때문이다. …'자연'(nature)의 규칙성은 자율적이고 자충족적인 체계(an autonomous self-contained system; 헬라적 의미에서 코스모스)의 기계적 법칙에 근거한 것이 아니라, 하나님의 언약적 신실성을 드러내는 항시성에 근거한 것이다. 이제 생물들은 믿을 만하고 신뢰할 만한 환경 가운데서 번창한다. 하나님께서 '주야의 언약과 천지의 규례'를 세우셨기 때문이다(렘 33:25)."[8]

그런데 여기서 우리가 주목해야 할 것은 그저 땅의 모든 생물과 언약을 맺으신 것이 아니라는 점이다. 하나님께서는 '너희와 함께 한 모든 생물(כֹּל נֶפֶשׁ הַחַיָּה; 콜 네페쉬 하하야) 그리고 '너희와 함께 한 새와 가축과 땅의 모든 생물(כָּל-חַיַּת הָאָרֶץ; 콜-하야트 하아레츠)'이라고 함으로써 노아와 함께 한 모든 생물임을 강조한다. 하나님께서는 노아와 함께 했던 모든 생물과 언약을 맺으신 것이다. 다시 말해 성경 기자는 홍수의 진멸에서 살아남은 모든 생물과 언약을 맺었다는 점을 강조한다. 이 점을 더욱 확실히 하기 위해 '방주에서 나온 모든 것(כֹּל יֹצְאֵי הַתֵּבָה; 콜 요츠에 하테바) 곧 땅의 모든 짐승(כָּל-חַיַּת הָאָרֶץ; 콜-하야트 하아레츠)'이라고 분명하게 언급한다. 방주에서 하나님의 보호하심과 구원을 경험한 모든 짐승이 언약의 대상인 것이다.

이것은 노아 스토리에 나오는 8번의 언약에 대한 수식어구를 보면 더 잘 알 수 있다. 노아 홍수 스토리에서 '언약'(בְּרִית; 베리트)이란 단어는 총 8번 사용되었다. 그런데 흥미로운 것은 언약을 가리키는 표현이 무려 6가지나 될 정도로 다양하다.

(1) "내 언약"(בְּרִיתִי; 베리티; 6:18, 9:9, 9:11)
(2) "나와 너희와 및 너희와 함께 하는 모든 생물 사이에 대대로 영원히 세우는 언약"(הַבְּרִית אֲשֶׁר-אֲנִי נֹתֵן בֵּינִי וּבֵינֵיכֶם וּבֵין כָּל-נֶפֶשׁ חַיָּה; 핫베리트 아쉐르-아니 노텐 베니 우베네켐 우벤 콜-네페쉬 하야; 9:12)

---

8) Bernhard W. Anderson, *From Creation to New Creation* (Fortress Pess, 1994), 156-157.

(3) "나와 세상 사이의 언약"(בְּרִית בֵּינִי וּבֵין הָאָרֶץ; 베리트 베니 우벤 하아레츠; 9:13)

(4) "나와 너희와 및 육체를 가진 모든 생물 사이의 내 언약"

(בְּרִיתִי אֲשֶׁר בֵּינִי וּבֵינֵיכֶם וּבֵין כָּל־נֶפֶשׁ חַיָּה בְּכָל־בָּשָׂר; 베리티 아셰르 베니 우베네켐 우벤 콜-네페쉬 하야 베콜 바사르; 9:15)

(5) "나 하나님과 모든 육체를 가진 땅의 모든 생물 사이의 영원한 언약"

(בְּרִית עוֹלָם בֵּין אֱלֹהִים וּבֵין כָּל־נֶפֶשׁ חַיָּה בְּכָל־בָּשָׂר אֲשֶׁר עַל־הָאָרֶץ; 베리트 올람 벤 엘로힘 우벤 콜-네페쉬 하야 베콜-바사르 아셰르 알-하아레츠; 9:16)

(6) "나와 땅에 있는 모든 생물 사이에 세운 언약"

(הַבְּרִית אֲשֶׁר הֲקִמֹתִי בֵּינִי וּבֵין כָּל־בָּשָׂר אֲשֶׁר עַל־הָאָרֶץ; 핫베리트 아셰르 하키모티 베니 우벤 콜-바사르 아셰르 알-하아레츠; 9:17)

이런 여섯 가지의 다양한 표현들은 노아 언약이 인간과 육체를 가진 모든 생물과 땅과 땅의 모든 생물 사이에 맺은 포괄적이며 우주적인 언약임을 강조한다.

6. 노아 언약의 성격 : 하늘 대왕의 하사품

6.1 왕의 하사 언약

노아 언약의 양식은 '왕의 하사'(a royal grant) 형태라는 것이 대부분의 구약학자들의 공통된 견해이다. '왕의 하사'란 고대 근동 아시아의 정치 조약 가운데 국내 조약에 해당하는데, 노아 언약이 왕의 하사의 형태라는 것이 무슨 의미인지 알려면 고대 근동 아시아에서 발굴된 조약 본문이 무엇인지부터 살펴보아야 한다.

고대 조약 본문은 크게 국제 조약(the international treaty)과 국내 조약(the domestic treaty)으로 나눌 수 있다. 국제 조약은 크게 평등 조약과 종주권 조약으로 나눌 수 있다. 평등 조약(parity treaty)은 표현 그대로 평등한 왕들과 국가끼리 맺는 조약인데, 예를 들면 애굽의 바로와 힛타이트 제국의 황제 사이에 맺은 조약을 가리킨다.

한편 종주권 조약(suzerainty treaty)은 종주(suzerain)인 제국의 황제와 봉신(vassal)인 소국의 왕이 맺는 조약이다. 종주가 봉신에게 보인 은혜를 대가로 봉신이 종주에게 보여야 할 충성의 의무들을 규정하고, 이를 지키기로 신들 앞에서 맹세하는 조약을 가리킨다. 성경의 언약 중 종주권 조약과 유사한 것은 시내산 언약과 아브라함의 할례 언약(창 17장)이라고 학자들은 말한다.

반면에 국내 조약은 주로 국내 문제, 특별히 앗시리아에서는 왕위 계승과 관련된 조약인데 이 중에서 중요한 것이 '왕의 하사'(royal land grant)이다. 왕의 하사는 왕이 신하가 과거에 보인 충성에 대한 대가로 땅을 하사할 때 맺는 조약이다. 이 왕의 하사에 해당하는 성경의 언약은 노아 언약, 아브라함 언약(창 15장), 비느하스 언약, 다윗 언약이라고 학자들은 말한다.

모셰 바인펠트(Moshe Weinfeld)는 종주권 조약과 왕의 하사의 차이점을 이렇게 설명한다.

> "'조약'(treaty)은 종주에 대한 봉신의 의무를 규정한다면, '하사'(grant)는 봉신에 대한 종주의 의무를 규정한다. 하사에서는 저주가 봉신의 권리를 해하는 자에게 행해지는 반면에, 조약에서는 종주의 권리를 깨뜨리는 봉신에게 행해진다. 달리 말해, 하사는 봉신의 권리를 주로 보호한다면, 조약은 종주의 권리를 주로 보호하는 기능을 갖는다. 하사는 이미 행해진 충성과 선행에 대한 보상이라고 한다면, 조약은 미래의 충성을 이끌어내려는 유인 수단이라 할 수 있다."9)

고대 근동 아시아의 종주권 조약과 왕의 하사의 차이점을 도표화하면 아래와 같다.

	종주권 조약	왕의 하사
의무	봉신이 종주에게 짐	왕이 신하에게 짐
저주	왕의 권리 침해하는 봉신	왕의 신하 권리 침해자
목적	왕의 권리 옹호	신하의 권리 옹호
지향점	미래의 충성 유도	이미 행한 충성의 행위

---

9) M. Weinfeld, "The Covenant of Grant in the Old Testament and in the Ancient Near East," *JAOS* 90 (1970), 185.

정말 흥미로운 것은 의무를 강조하는 종주권 조약의 형태인 시내산 언약이나 약속을 강조하는 왕의 하사 조약 형태인 노아 언약, 아브라함 언약, 다윗 언약을 모두 언약이라고 부르고 있다는 점이다.

그러나 바인펠트가 지적한 대로 고대 근동 아시아의 종주권 조약과 왕의 하사는 충성을 유인하거나, 충성을 보상하는 기능을 갖는다. 언약이란 종주와 봉신 사이의 충성을 보장하기 위한 관계를 형성하는 것을 목표로 한다. 따라서 겉으로 보기에는 종주권 조약은 의무를 강조하고 왕의 하사는 약속을 강조하는 것처럼 보이나 실제로는 충성을 보장하기 위한 관계 설정이 목표라는 점에서는 동일한 목표를 보인다는 것이 학자들의 정설이다.

6.2 노아의 '의'에 대한 선물

노아 언약을 왕의 하사로 본다면, 노아가 의인이기에 하나님께서 노아의 의로움을 보시고 다시는 물로 모든 생명과 땅을 진멸하지 않겠다고 스스로 의무를 짊어지시기로 영원한 언약을 맺으신 것으로 볼 수 있다. 그러므로 노아가 보인 의로운 행위를 보시고 자연의 끊임없는 안정적 순환과 홍수 심판의 취소란 선물을 노아에게 하사하신 것이다.

물론 노아의 의로움이 이런 선물을 받아낼 수 있는 근거라는 말이 아니다. 하나님께서는 노아의 의라는 작은 행위에 대한 선물로 어마어마한 은혜를 하사하신 것이다.

이것은 아브라함 언약이나 다윗 언약에도 마찬가지이다. 하나님의 약속을 믿는 아브라함의 의를 보시고 땅을 하사하기로 언약하신 것이 아브라함 언약이라면, 하나님의 마음에 합한 다윗을 보시고 영원한 왕조를 주시기로 언약을 맺으신 것이 다윗 언약이다. 여기서도 아브라함의 의나 다윗의 의가 가나안 땅이나 왕조를 영원히 하사받을 만한 근거가 되는 것은 아니다. 단지 아브라함과 다윗의 의라는 작은 행위에 대한 선물로 엄청나게 큰 은혜를 선물로 하사하신 것이다.

월키는 그의 저서 『구약 신학』에서 노아의 의를 보시고 엄청난 선물을 베푸시는 하나님의 은혜를 잘 설명한다.

"하나님의 자비가 그분의 진노보다 크다. 노아의 내력에 대한 기사를 보면, 죄의 보편성은 보편적인 파멸을 일으키지만, 한 사람의 의로 말미암아 하나님은 신실한 가족에게 자신의 언약을 충실하게 수행하시고 그 한 사람을 통해 자신의 피조물을 보존하신다. 노아와 그의 가족의 의로 말미암아 하나님은 그들을 구원하시고 원 창조 당시와 같이 만물을 다스리는 역할을 충분히 감당케 하신다. …만일 하나님이 한 사람의 의로 말미암아 전체 피조물을 구원하신다면 하나님의 눈 앞에서 개개의 인간들의 중요성과 그들의 선택의 의미는 아무리 강조해도 지나치지 않을 것이다. 구원 역사는 궁극적으로 하나님의 은혜와 하나님의 개입하시는 주도권에 달려 있지만 믿음의 영웅들 개인과 분리된 역사는 결코 아니다. 하나님은 주권적 은혜로 인간을 구원하시는 크신 역사를 위하여 개인들을 자신의 파트너로 선택하신다."10)

6.3 노아 언약은 하나님의 일방적인 왕의 하사품

이렇게 본다면 노아 언약은 왕이신 하나님께서 자신의 왕국을 끌고나가는 데 필요한 왕의 통치 도구로 주신 왕의 하사품인 것이다. 미국칼빈신학교 조직 신학 교수인 프레드 클루스터의 지적은 매우 옳다.

"고대 근동 아시아에서 나온 성경 외 자료들은 약속적 조약이든, 의무적 조약이든 신하들과 혹은 대등한 황제들과 맹세로 맺은 관계를 세우기 위한 왕의 도구들이었음을 분명히 보여준다. 성경의 언약들도 그 자체가 목적이 아님이 분명하다. 성경의 언약들도 왕적 도구, 왕국 도구들이다. 왕이 자신의 통치 영역에서 신하들을 거느리고 통치하는 통치 수단인 것이다. 따라서 나는 개혁 신학은 왕국 신학이지, 언약 신학이 아님을 천명한다. 언약은 이 왕국 신학으로 들어가는 열쇠인 것이다."11)

---

10) 월키, 『구약 신학』, 336.
11) Fred H. Klooster, "Covenant, Church, and Kingdom in the New Testament," in Allen. O. Miller (ed.), *A Covenant Challenge to Our Broken World* (Darby Printing Company, 1982), 90.

7. 결론 : 신학적 메시지

7.1 모든 언약의 핵심=오래 참으심과 자비

노아 언약은 노아뿐 아니라 온 생물과 하나님이 맺은 언약이므로 보편적이며 세계적인 언약이다. 하나님께서 아브라함과 이스라엘과 언약을 맺기 오래 전에 이미 세상과 언약 관계를 맺으신 것이다. 노아 언약이 없었다면 아브라함과 이스라엘은 존재하지도 못했다. 게다가 노아 언약은 세상과 연관을 맺는 하나님의 가장 기본적인 방식은 분노와 심판이 아니라, 오래 참으심과 자비임을 보여주면서 하나님의 모든 언약의 핵심이 무엇인지 드러낸다. 인간의 생각하는 바가 어려서부터 항상 악할 뿐이기에 세상 속에 불확실성이 생겼을 때, 이 불확실성을 해소하기 위해 하나님께서 오래 참으시며 인간의 생각하는 바가 어려서부터 악해도 다시는 홍수로 세상을 심판하지 않겠다고 하시며 언약을 맺으시는 모습에서 하나님이 세상과 연관을 맺는 기본 방식은 분노와 심판이 아니라, 근심과 오래 참으심임을 보여준다.

노아 언약 이후의 모든 언약 역시 하나님이 세상과 인간과 맺는 관계의 기본적인 방식은 오래 참으심과 자비와 긍휼과 사랑임을 보여준다는 점에서 성경의 언약은 은혜 언약 하나인 셈이다. 이런 점에서 첫 번째 은혜 언약인 노아 언약은 그저 구속사의 준비 단계가 아니라 언약의 주체이신 하나님께서 왜 언약을 맺으시며 어떤 이유에서 언약을 맺으시는지를 보여주는 핵심 언약인 셈이다.

7.2 창조 질서와 언약 질서

하나님께서 모든 피조물과 맺은 노아 언약은 인간이 아무리 생각하는 것이 어려서부터 악할지라도, 하나님께서 이 세상을 멸하지 않으실 것이라고 맹세하신 것이므로, 이제 모든 피조 세계는 확신을 가지고 이 세상을 살아갈 수 있게 되었다. 특별히 인간은 하나님이 노아 언약으로 보호하시는 세상 안에서 오직 하나님만 섬기며 살아갈 수 있게 된 것이다. 인간의 사악함과 땅의 부패함으로 야기된 불확실성을 노아 언약으로 차단하시고 자연의 질서 있는 순환 가운데서 사는 것이므로 인간은 이젠 단순히 창조 질서 아래에서 사는 것이 아니라, 하나님이 맹세로 보증하시는 언약의 질서 안에서 살게 된 것이다.

7.3 하나님의 오래 참으심만이 우리의 희망

하나님의 맹세로 보증된 약속의 첫 번째 예가 노아 언약이며, 노아 언약은 세상과 연관을 맺는 하나님의 가장 기본적인 방식은 분노와 심판이 아니라, 오래 참으심과 자비임을 지금까지 살펴보았다. 따라서 이스라엘 역사 가운데 선지자들이 하나님의 약속의 불파기성과 하나님의 오래 참으심을 언급할 때 노아 언약을 예로 드는 것은 놀랄 바가 못된다(사 54:9-10; 렘 31:35-36, 33:20-26).

우선 이사야 선지자는 바벨론 포로라는 재앙 가운데서도 하나님께서 끝내 긍휼히 여기실 것임을 강조할 때 노아 언약을 언급한다.

"내가 잠시 너를 버렸으나 큰 긍휼로 너를 모을 것이요 내가 넘치는 진노로 내 얼굴을 네게서 잠시 가렸으나 영원한 자비로 너를 긍휼히 여기리라 네 구속자 여호와께서 말씀하셨느니라 이는 내게 노아의 홍수와 같도다 내가 다시는 노아의 홍수로 땅 위에 범람하지 못하게 하리라 맹세한 것같이 내가 네게 노하지 아니하며 너를 책망하지 아니하기로 맹세하였노니 산들이 떠나며 언덕들은 옮겨질지라도 나의 자비는 네게서 떠나지 아니하며 나의 화평의 언약(בְּרִית שְׁלוֹמִי; 베리트 셸로미)은 흔들리지 아니하리라 너를 긍휼히 여기시는 여호와께서 말씀하셨느니라"(사 54:7-10).

이사야는 바벨론 포로로 잡혀갈 이스라엘의 미래를 바라보며 포로민들을 위로한다. 포로민들이 하나님의 진노가 마치 노아 홍수처럼 범람하는 진노로 둘러싸여 있다 해도 곧 이들을 다시 긍휼히 여길 것이라고 선언한다. 바벨론 포로기는 아무리 큰 재앙처럼 보여도 홍수 기간처럼 일시적일 것이며 다시는 물로 세상을 심판하지 않겠다고 맹세하신 것처럼 이스라엘을 다시는 책망하거나 노하지 않으실 것이라고 약속한다. 노아 홍수 후에 하나님이 맹세하신 것처럼, 산들과 작은 산들은 창조 때처럼 여전히 그 자리에 있는 것처럼 이스라엘을 향한 하나님의 인자는 옮겨지지 않을 것이라고 위로한다. 포로기 이스라엘을 향한 하나님의 약속에 변함이 없을 것을 보이기 위해 '나의 화평의 언약'(בְּרִית שְׁלוֹמִי; 베리트 셸로미)이라고 말한다.

우리는 여기서 노아 홍수는 심판으로서보다는 오히려 하나님의 오래 참으심과 그의 백성을 향한 긍휼과 자비를 보여주는 상징으로 쓰이고 있음을 볼 수 있다. 따라서 시편 30편 기자 역시 하나님의 진노는 잠깐이지만 그분의 은총은 평생이라고 노래한다.

"그의 노염은 잠깐이요 그의 은총은 평생이로다 저녁에는 울음이 깃들일지라도 아침에는 기쁨이 오리로다"(시 30:5).

따라서 노아 홍수를 그저 분노하시는 하나님의 무자비한 심판으로 주로 해석하는 것은 성경을 크게 오해하는 것이다.

7.4 고난 가운데 승리하라

물론 후대의 성경 기자는 단순히 하나님의 자비하심과 긍휼을 강조하기 위해서만 노아 홍수와 노아 언약을 언급하는 것은 아니다. 신약의 베드로는 베드로전서 3:18-22에서 고난을 통해 승리할 것을 강조하면서 교우들을 위로하려고 할 때 노아를 예로 들었다.

"그리스도께서도 단번에 죄를 위하여 죽으사 의인으로서 불의한 자를 대신하셨으니 이는 우리를 하나님 앞으로 인도하려 하심이라 육체로는 죽임을 당하시고 영으로는 살리심을 받으셨으니 그가 또한 영으로 가서 옥에 있는 영들에게 선포하시니라 그들은 전에 노아의 날 방주를 준비할 동안 하나님이 오래 참고 기다리실 때에 복종하지 아니하던 자들이라 방주에서 물로 말미암아 구원을 얻은 자가 몇 명뿐이니 겨우 여덟 명이라 물은 예수 그리스도께서 부활하심으로 말미암아 이제 너희를 구원하는 표니 곧 세례라 이는 육체의 더러운 것을 제하여 버림이 아니요 하나님을 향한 선한 양심의 간구니라 그는 하늘에 오르사 하나님 우편에 계시니 천사들과 권세들과 능력들이 그에게 복종하느니라"(벧전 3:18-22).

베드로는 교우들에게 고난을 당할 때에는 무고히 고난당하셨으나 끝내 승리하신 예수를 바라보아야 한다고 권면한다. 그리스도는 의인으로 불의한 자를 위해 대신 고난을 당하셔서 우리를 하나님 앞으로 인도해내셨기 때문이라는 것이다. 비록 육체로는 참 인간으로 죽임을 당하셨으나, 영으로는 부활의 주로 영광을 얻으셨음을 기억하라고 권면한다.

그러고 나서 베드로는 노아의 날을 언급한다. 노아의 시대 때 노아가 방주를 예비할 동안 하나님이 오래 참고 기다리셨지만 악한 자들은 복종하지 아니하여 끝내 심판을 당했고 구원받은 사람은 소수였다고 지적한다: "방주에서 물로 말미암아 구원을 얻은 자가 몇 명뿐이니 겨우 여덟 명이라"(벧전 3:20-21).

노아 때 죽은 수많은 사람에 비교해보면 구원받은 사람은 불과 '몇 명'에 지나지 않았다. 당시 베드로의 서신을 받은 교우들에게는 노아 홍수 스토리는 큰 위로와 격려가 되었을 것이다. 비록 세상에서는 소수이지만 노아 때 구원받은 이들이 8명밖에 없었다는 것을 기억할 필요가 있다는 것이다.

베드로는 홍수 물을 통해 노아와 그의 가족이 구원받은 것을 그리스도인들이 세례로 구원받은 것과 비교한다.

"물은 예수 그리스도께서 부활하심으로 말미암아 이제 너희를 구원하는 표니 곧 세례라 이는 육체의 더러운 것을 제하여 버림이 아니요 하나님을 향한 선한 양심의 간구니라"(벧전 3:21).

노아 홍수의 물은 복종치 않는 악인들에게는 심판과 죽음을 야기하는 수단이었다. 그러나 노아 방주에 들어간 여덟 명에게 물은 구원과 생명의 방편이었다. 노아 홍수의 물은 방주를 뜨게 했고 홍수 후에 하나님이 만드신 새로운 세계, 새로운 질서 안으로 들어갈 수 있게 했기 때문이다. 그렇다면 우리도 언약에 신실하신 하나님만 바라보고 고난을 이겨내며 하늘 도성을 향해 믿음으로 달려가는 자들이 되어야 할 것이다.

"Domenico Morelli Noahs Dankgebet"(1901) from Wikimedia Commons

"Go into the ark, you and your whole family"

19장

노아 언약의 표징은 왜 무지개인가?

창 9:8-17

1. 서론적 이야기

1.1 천경자 시인과 무지개

비가 세차게 내린 후에 하늘에 걸린 무지개를 바라보는 현대인들의 감정은 무엇일까? 도심에 사는 현대인들이 무지개를 보는 경우는 매우 드물기 때문에, 어쩌다 하늘에 걸린 무지개를 보면 감탄하지 않을 수 없다. 장대비가 내린 후에 태양 빛이 비칠 때에, 7가지 원색을 뽐내며 하늘에 걸린 아치형 무지개는 자연이 만들어내는 최상의 '물과 빛의 쇼'이기 때문이다.

화려한 색채와 사실적이면서도 서정적인 표현으로 초현실적인 화면을 구성해내는 것으로 유명한 한국의 대표적인 화가 천경자 씨는 한 기자와 가진 인터뷰에서 이렇게 말했다.[1]

"제가 가장 감동받은 것은 하늘에 떠 있는 무지개예요. 무지개 색깔이 얼마나 아름답습니까? 잠깐 떴다가 아름답게 사라지는 무지개가 꼭 인생 같아요. 젊었을 때 너무 긴 것

---

[1] 2006년 3월 8일부터 4월 2일까지 "내 생애 아름다운 82페이지"라는 제목이 붙은 전시회를 가지면서 가진 인터뷰에서. 참조, 백곤, "천경자: 무지개 빛, 천경자의 하늘", 『미술세계』 257 (2006. 4), 53, 54.

같고 지루했거든요. 지금은 반대가 되었어요. 무지개의 오렌지 빛, 붉은 빛, 초록 빛, 이 때가 청춘의 젊은 시절을 나타내고 있는 것 같아요.

무지개가 아름답게 사라질 때 마치 인생과 같아요. 저는 지금 보랏 빛에 발을 딛고 있어요. 빛깔 하나하나 열심히 살면 좋을 것 같아요."

그렇다. 비 온 후에 맑게 개인 하늘에 걸려 있는 무지개를 보는 일은 환희가 아닐 수 없다. 그리고 그 안에서 인생의 깊은 의미를 깨달을 수도 있다.

1.2 과학자들에게 무지개란?

그런데 현대인들은 무지개의 아름다움에도 감탄하지만, 무지개가 만들어지는 자연과학적 설명에도 매력을 느낀다. 그렇다면 무지개는 어떻게 만들어지는가? 비가 온 직후에는 공기 중에 작은 물방울이 많이 떠 있는데, 태양 빛이 물방울을 지나면서 파장별로 분해되어 영롱한 색깔을 낸다고 한다. 무지개에 대한 좀 더 상세한 과학적 설명을 들어보자.

"물방울에 들어가기 전의 햇빛은 모든 색깔의 빛이 섞여 있는 백색광이지만, 물방울로 들어가면 색깔별로 꺾이는 정도가 달라 퍼진다. …색깔 별로 퍼진 채로 물방울 안에서 진행하던 빛은 물방울과 공기의 경계면에서는 반사한다. …반사된 빛은 물방울 속에서 진행하다가 다시 공기와의 경계면을 만나면 일부는 반사하고 일부는 공기 중으로 꺾여서 물방울 밖으로 그 모습을 드러낸다. …이때 덜 꺾인 빨간색 빛은 아래 쪽으로, 많이 꺾인 보라색 빛은 위쪽으로 나온다.

무지개를 만드는 물방울들은 대개 관측 장소로부터 수킬로미터 이상 떨어져 있다. 예를 들어 1km 떨어진 곳에 물방울이 있다고 가정해 보자. 해는 지평선에 걸려 있어서 햇빛이 물방울이 있는 평면과 수직으로 진행한다고 하자. 그러면 모든 물방울에서 빨간색 빛은 햇빛과 42도 각도를 이루는 곳에서 나온다. …내 눈의 위치가 지표면의 바로 위라고 생각하면 대략적으로 730m 높이에 있는 물방울에서 나오는 빨간색 빛이 내 눈으로 들어온다는 것을 알 수 있다. …그런데 물방울에서 나오는 보라색 빛은 빨간색보다 2도 높으므로 내 머리(시야)의 30m 위를 지난다. 따라서 그 물방울에서 나오는 보라색 빛은 내 눈으로 들어오지 못한다. 그러면 내 눈에 들어오는 보라색 빛은 어느 높이의 물방울에서 나오는 것일까? 눈치 챘겠지만 730m 높이보다 30m 아래에 있는 물방울에서다. 따라서 700-730m 사이에 있는 물방울로부터 나오는 모든 빛들이 주황색, 노란색, 초록색, 파란색, 남색의 빛으로 순차적으로 보인다. 물론 이것은 물방울이 관찰자로부터 1km 떨어졌을 때의 일이다. 만약 관찰자로부터 5km 떨어졌다면 더 크고 폭이 넓은 무지개를 볼 수 있다."[2]

현대인들은 이렇게 모든 것을 과학적으로 설명하려고 애를 쓴다. 그래야 사물을 이해할 수 있다고 생각한다. 물론 과학적으로 설명하면 무지개 원리를 이해할 수 있지만, 그렇다고 무지개를 볼 때 감동을 더하게 만드는 것은 아니다. 그럼에도 인간들은 자연 현상은 무엇이든지 과학적으로 설명해야 직성이 풀린다.

1.3 무지개는 노아 홍수 후 처음 나타났는가?

이것은 성경을 믿는 과학자들이나 신학자들도 비슷하다. 창조 과학자들은 노아 홍수 이전에는 비가 오지 않았으며, 무지개는 노아 홍수 이후에 나타난 전혀 새로운 현상이었다고 주장한다.[3]

"창세기 2:5-6에 홍수 이전에는 비가 오지 않았던 때가 있었다고 기록되어 있다. '여호와 하나님이 땅에 비를 내리지 아니하셨고 땅을 갈 사람도 없었으므로 들에는 초목이 아직 없었고 밭에는 채소가 나지 아니하였으며 안개만 땅에서 올라와 온 지면을 적셨더라.' 주목할 것은 이 구절은 단지 지구가 창조된 후에 얼마 되지 않은 때로, 비가 없었던 시기를 말하고 있다.

하나님은 전 지구적인 홍수를 다시 일으키지 않으시겠다는 표시로 구름 속에 활처럼 생

---

[2] 유준희, "무지개는 왜 원형일까?" 『과학동아』 160 (1999. 4), 56.
[3] http://www.kacr.or.kr/library/print.asp?no=1102에서 참조한 것이다.

긴 무지개를 증표로 약속하셨다(창 9:12-17). 무지개는 빗방울이 햇빛에 굴절되었을 때 형성된다. 이것은 무지개가 홍수 후에 시작되었다는 것을 의미한다. 그리고 이것은 홍수 이전에 비가 없었다는 것을 의미할 수 있다. 다른 사람들은 무지개는 홍수 이전에도 보여질 수 있었을 것이며, 나중에 하나님이 단순히 당신의 약속을 무지개와 관련시키셨다고 말한다. 이것은 결혼반지의 상징성과 유사할 수 있다. 반지는 결혼 이전에 존재했다. 그러나 후에 반지는 엄숙한 맹세를 기억하게 한다. 그러나 만약 무지개가 새로운 현상이었다면, 홍수에서 살아남은 생존자들에게는 무지개의 상징적 효과는 더 잊혀질 수 없는 확고한 것이 될 수 있었을 것이다."

무지개가 노아 홍수 이전에 정말로 있었는지 없었는지는 필자로서는 알 길이 없다. 노아 홍수 전에 비가 없었다는 창조 과학자들의 말을 판단할 만한 과학적 지식이 없기 때문이다.

1.4 신학자들은 대부분 이미 있던 자연 현상으로 봄

단지 주목할 만한 것은 신학자들은 거의 대부분 무지개를 이미 있었던 자연적 현상으로 본다는 점이다. 존 월튼의 말을 들어 보자.

"무지개를 언약의 증거로 지정했다고 해서 이것이 최초로 나타난 무지개라는 말은 아니다. 어떤 표적이 갖는 기능은 그것에 부여된 의의와 관련되어 있다. 마찬가지로 할례는 아브라함과 맺은 언약의 증거로 지정되었다. 하지만 그것은 아브라함 및 그의 가족과 더불어 새롭게 시작된 것이 아니라 고대부터 있던 관습이었다."[4]

미국 웨스트민스터 구약 교수였던 월키도 마찬가지 견해를 보여준다.

"무지개와 다른 언약의 표징들은 이미 있었던 일상적 사건들을 거룩하게 하며, 단지 그것들에 새롭고 거룩한 의미를 부여하는 것뿐이다"(The rainbow and the signs of other

---

[4] 월튼 외, 『IVP 성경배경주석』, 55.

biblical covenants consecrate already common events and invest them with new and sacred significance).⁵⁾

한편 이런 논쟁은 최근에 창조 과학이 등장하면서 생긴 것이 아니다. 교회 역사를 보면 이미 오래된 논쟁이고, 심지어는 종교 개혁자들 사이에서도 의견의 차이가 있었다. 루터는 무지개를 "새로운 피조물"(new creature)로 본 반면에 칼빈은 이미 존재하던 현상에 단지 새로운 "흔적만 새겨진 것"이라고 보았다(a new mark was engraven upon the existing arc).⁶⁾

이런 논쟁의 역사를 보면 흥미롭기도 하지만 어떤 때에는 성경 본문을 대할 때 '가슴'보다 너무 '머리'를 쓰는 것이 아닌가라는 느낌이 든다. 물론 필자는 이런 과학적 설명이나 신학적 논쟁이 필요없다는 것은 아니다. 단지 머리의 영역에서 일어나는 이런 설명이나 논쟁보다 무지개를 보고 하나님의 은혜를 느끼며 가슴이 설레는 것이 더 중요하지 않을까라는 생각을 하는 것이다.

1.5 무지개를 볼 때 가슴 설레는 것이 더 중요하지 않을까!

영국의 낭만주의 운동을 일으킨 유명한 시인 윌리엄 워즈워스(William Wordsworth)는 "무지개"(A Rainbow)란 시에서 이렇게 노래했다.⁷⁾

"하늘의 무지개를 볼 때마다 / 내 가슴 설레느니,
나 어린 시절에 그러했고 / 다 자란 오늘에도 매한가지.
쉰 예순에도 그렇지 못하다면 / 차라리 죽음이 나으리라.
어린이는 어른의 아버지
바라노니 나의 하루하루가 / 자연의 경건에 매어지고자."

---

5) Waltkey, *Genesis*, 146.
6) Kenneth A. Mathews, *Genesis 4:27-11:26, The New American Commentary* (Broadman, 1996), 411, fn. 146에서 재인용.
7) My heart leaps up when I behold / A rainbow in the sky / So was it when my life began / So is it now I am a man / So be it when I shall grow old, / Or let me die! / The Child is father of the Man / And I could wish my days to be / Bound each to each by natural piety!

인위적으로 조성된 콘크리트 구조물에 갇혀 사는 현대 도시인들은 무지개를 보면 웬만해선 어린아이처럼 가슴이 뛰지 않는다. 그런데 워즈워스는 늙어서도 무지개를 보고 감동을 받지 못한다면 차라리 죽게 해달라고 노래한다. 하늘에 걸린 무지개를 보고도 가슴이 뛰지 않는다면 그 사람은 경건한 사람이 아니라는 것이다. 따라서 늙어서도 마음이 뛸 수 있는 경건한 사람이 될 수 있게 해달라고 워즈워스는 노래한다.

1.6 문제 제기

그러나 그저 무지개를 보고 가슴이 설레는 것으로 만족할 수 있을까? 만일 무지개를 보고 가슴이 뛰는 것에서만 멈춘다면 아직은 구속사에서 노아 언약을 나타내는 무지개 안에 담긴 하나님의 은혜와 사랑이 무엇인지 깊이 이해하지 못했기 때문이다. 물론 성경에 무관심해도 무지개는 노아 언약의 표징임을 그리스도인들은 누구나 안다. 무지개가 노아 홍수 후에 세상을 물로 심판하지 않으시겠다는 약속의 징표라는 점을 모르는 신자들이 있을까?

그러나 실제로 무지개가 노아 언약의 표징이라는 것이 정경 전체에서 어떤 의미를 가지는지, 노아가 처음 무지개 언약을 받았을 때 어떤 느낌이었는지는 가슴에 쉽게 다가오지 않는다. 하나님께서 세상을 물로 심판하지 않으시겠다고 맹세한 증거라는 정도만 이해할 뿐 무지개가 담고 있는 의미가 천금의 무게로 우리에게 잘 다가오지 않는다. 아니 현대 그리스도인들은 워즈워스처럼 무지개를 보면서 자연의 경건을 느끼고 가슴이 설레는 일도 잘 일어나지 않는다. 심지어 설교자들조차도 무지개를 보면서 별 감동을 느끼지 않는 이유는 무엇일까?

무지개는 언약의 표징이라는 교리적 개념이 너무 강해서 무지개를 다루는 성경 원문이 정확히 무엇을 말하는지, 그리고 그것이 성경 전체에서 어떤 의미가 있는지 모르기 때문은 아닐까? 그런 점에서 우선 창세기 9:13-17의 무지개 본문을 꼼꼼히 살펴보면서 무지개가 왜 성경의 첫 언약의 표징이 되었는지 살펴볼 필요가 있다. 그리고 노아 언약의 표징인 무지개가 성경 전체에서 어떻게 사용되었으며, 교회사에서 어떤 의미로 해석되었는지 알아보도록 하자.

2. '내 무지개'를 구름 속에 두었나니

2.1 구름 속의 무지개

하나님께서는 다시는 모든 생물을 홍수로 멸하지 않겠다는 언약을 맺은 후에 언약의 증거를 주시겠다고 약속하셨다.

"하나님이 이르시되 내가 나와 너희와 및 너희와 함께 하는 모든 생물 사이에 대대로 영원히 세우는 언약의 증거(אוֹת־הַבְּרִית; 오트-핫베리트)는 이것이니라 내가 내 무지개(קֶשֶׁת; 케쎄트)를 구름(עָנָן; 아난) 속에 두었나니 이것이 나와 세상(אֶרֶץ; 원문은 땅) 사이의 언약의 증거니라"(창 9:12-13).

하나님께서 자신과 세상(땅)과의 언약의 증거(אוֹת־הַבְּרִית; 오트-핫베리트)로 세운 표징은 다름 아닌 무지개(קֶשֶׁת; 케쎄트)였다. 그냥 무지개가 아니라 '구름 속에 둔 무지개'가 바로 언약의 증거이다.

왜 그런가? 무지개가 언급되고 있는 노아 언약 본문에는 어김없이 구름(עָנָן; 아난)이 등장하기 때문이다.

"내가 내 무지개를 구름(עָנָן; 아난) 속에 두었나니 이것이 나와 세상 사이의 언약의 증거니라 내가 구름(עָנָן; 아난)으로 땅을 덮을 때에 무지개가 구름(עָנָן; 아난) 속에 나타나면… 무지개가 구름(עָנָן; 아난) 사이에 있으리니 내가 보고 나 하나님과 모든 육체를 가진 땅의 모든 생물 사이의 영원한 언약을 기억하리라"(창 9:13, 14, 16).

무지개가 언급될 때마다, 흥미롭게도 구름도 언급된다.[8] 위의 세 구절에서 구름이 언급될 때마다 무지개가 언급된다. 누군가 이야기한 대로 구름이 세 번 뜨면 무지개 역시 세 번 뜬다.

특별히 9:14에는 구름이란 어근이 명사 '아난'(עָנָן)으로 두 번, 그리고 '구름을 일으

---

[8] Cassuto, *Genesis*, 134.

키다.'는 동사 '아난'(עָנַן)으로 한 번 나온다.⁹⁾

"내가 구름(עָנָן; 아난)으로 땅 위에 구름 덮을(עָנַן) 때에 무지개가 구름(עָנָן; 아난) 속에 나타나면"(원문 직역).

하나님께서는 구름을 세 번 언급하시면서 홍수의 두려움을 강조하는 동시에 무지개를 언급하심으로 우리를 위로하신다. 먹구름이 덮이면 홍수로 인한 두려움이 생긴다. 그러나 구름 속에 무지개가 나타나는 순간 우리는 하나님께서 노아와 맺은 언약으로 인해 위로를 얻게 된다. 구름 속의 무지개가 바로 노아 언약의 증거이기 때문이다. 하나님께서 이 무지개를 보시고 노아 언약을 기억하실 것이기 때문이다.

한마디로 노아 언약과 연관된 무지개는 '구름 속에 있는 무지개', 다시 말해 구름과 연관된 무지개이다. 하나님께서 구름으로 땅을 덮을 때에 동시에 무지개가 나타나면, 이는 세상과 맺은 하나님의 언약의 표징인 것이다. 무지개와 구름이 쌍을 이루면서 등장한다. 땅에서부터 볼 때 찬란한 색깔의 무지개가 검은 폭풍 구름의 불길한 어둠을 쫓아내고 있는 것이다. 하나님께서는 구름이 있는 곳에 무지개를 띄우시고 우리를 위로하신다는 점을 놓쳐서는 안 된다. 세일해머는 구름 속의 무지개가 노아 언약의 표징이라면, "구름 속에 나타난 하나님의 영광"이 모세 언약 체결의 결론(출 24:15-16)이라고 해석한다.¹⁰⁾

"모세가 산에 오르매 구름이 산을 가리며 여호와의 영광이 시내산 위에 머무르고 구름이 엿새 동안 산을 가리더니"(출 24:15-16).

구름 속에 나타난 무지개가 하나님의 언약을 상기시키듯이, 모세의 장막 위에 나타난 구름이 하나님의 영광을 가리키는 상징이라는 것이 매우 감동적이다.

---

9) 명사(עָנָן)는 모음이 둘 다 길어서 아난(ānān)이고, 동사(עָנַן)는 둘째 모음이 짧은 아난(ānan)이다.
10) Sailhamer, *The Pentateuch as Narrative*, 128.

2.2 무지개는 '활'

그렇다면 '구름 속의 무지개'가 노아 언약의 표징이라는 것은 정확히 무슨 의미인가? 이를 위해서는 '무지개'라고 번역된 히브리어 '케셰트'(קֶשֶׁת)는 전쟁 무기나 사냥도구로 사용하는 '활'이란 사실을 알아야 한다. 학자들에 의하면 '케셰트'는 구약 성경에서 모두 76번 정도(Bible Works 프로그램으로는 77회) 나오는데, 72번은 명백하게 전쟁 무기나 사냥도구인 '활'을 가리킨다고 한다. 72번의 경우에는 주로 '전쟁 용사의 활'로, 그리고 드물게 '사냥꾼의 활'로 사용된다.

히브리어 원문에서 '무지개'란 단어를 사용하지 않고 '활'이란 단어를 사용한 이유는 무엇일까? 구약 성경에서는 '무지개'란 단어가 없기 때문이라고 학자들은 말한다. 무지개란 단어가 없는 이유는 무엇일까? 학자들은 "고대 근동에서는 무지개를 볼 기회가 거의 없기" 때문이라고 생각한다. "이스라엘은 일 년에 평균 강수량이 약간 습한 지역에서는 1000-400mm, 약간 건조한 지역에서는 400-200mm, 아주 건조한 지역에서는 200-25mm밖"에 안 되기 때문에 무지개를 볼 수 없어서 아예 무지개란 단어가 히브리어에 없다는 것이다.[11]

이것이 사실이기에 대부분의 영어 성경 번역들은 '무지개'(rainbow)라고 번역하지 않고 '활'(bow)이라고 번역한다: "I have set my bow in the clouds"(NRS; cf. KJV; NASB; NJB). NIV만 의역하여 "I have set my rainbow in the clouds"라고 번역한다. 물론 영역본들이 활(bow)이라고 번역해도, 이 활을 무지개(rainbow)라고 보는 것은 틀림없어 보인다.

이에 반해 엘렌 판 볼데(Ellen van Wolde)란 학자는 여러 근거를 제시하면서 아예 케셰트(קֶשֶׁת)는 '무지개'를 가리키는 것이 아니라 '활'을 가리킨다면서 "내가 내 활을 구름 속에 두었나니"라고 해석해야 한다고 주장한다.[12]

그러나 이것이 사실이라 해도 여기서 '케셰트'(קֶשֶׁת)는 얼마든지 '활'과 '무지개'의 이중 의미(double entendre)로 쓰인 것으로 보아야 한다. 왜냐하면 앞서 살핀 대로 '활'이란 단어를 '구름'과 연관해서 세 번이나 반복하기 때문이다: (1) '내가 내 무지개를

---

11) Ellen van Wolde, "One Bow or Another?: A Study of the Bow in Genesis 9:8-17," *Vetus Testamentum* 63 (2013), 126.

12) Ellen van Wolde, "One Bow or Another?: A Study of the Bow in Genesis 9:8-17," *Vetus Testamentum* 63 (2013), 129.

구름 속에 두었나니', (2) '내가 구름으로 땅을 덮을 때에 무지개가 구름 속에 나타나면', (3) '무지개가 구름 사이에 있으리니.'

3. '활 표징'의 의미

3.1 평화의 상징

어찌되었든 이렇게 보면 노아 언약은 '활의 언약'이요, 노아 언약의 증거는 '활의 표징'이라고 할 수 있을 것이다. 그렇다면 노아 언약이 활의 언약과 활의 표징이란 말은 무슨 의미인가?

이를 알기 위해서 우리는 활과 여호와가 무슨 관계가 있는지 살펴보아야 한다. 흥미롭게도 구약 성경에서 활은 적들을 무찌를 때 여호와께서 사용하시는 무기라는 점이다. 여호와께서는 활을 꺼내셔서 번개를 화살처럼 사용하신다.[13]

"주께서 활(קֶשֶׁת; 케세트)을 꺼내시고 화살을 바로 쏘셨나이다(셀라) 주께서 강들로 땅을 쪼개셨나이다 산들이 주를 보고 흔들리며 창수가 넘치고 바다가 소리를 지르며 손을 높이 들었나이다 날아가는 주의 화살의 빛과 번쩍이는 주의 창의 광채로 말미암아 해와 달이 그 처소에 멈추었나이다"(합 3:9-11).

이렇게 성경에 하나님이 활을 가지고 화살을 날리시는 분으로 묘사하는 것은 무엇을 의미하는가?

학자들은 무지개를 여호와께서 무기로 사용하시던 활을 공중에 걸어놓은 것으로 볼 수도 있다고 주장한다. 활은 전쟁의 용사가 진노의 무기로 쓰던 것인데, 땅으로

---

13) 월튼, 『창세기: NIV 적용 주석』, 503-504. 존 월튼(John Walton)은 말한다. "주전 11세기경으로 추정되는 한 앗시리아 부조는 구름에서 뻗어나온 두 손을 보여주는데, 한 손은 축복을 베풀고 있고, 다른 한 손은 활을 잡고 있다. 무지개를 가리키는 단어가 활이라는 무기를 가리킬 때 사용되는 단어와 동일한 히브리어 단어이기 때문에 이 부조는 흥미로운 이미지를 제공한다. 활은 고대 근동에서 종종 신성한 용사의 무기로 인식되었다. 앞에서도 이미 논의한 바와 같이 홍수가 성경 외적인 자료들 속에서 분노에 사로잡힌 신들에 의해 자행되는 파괴행위로 간주된다. 이것은 분명히 성경적인 모습은 아니다. 그러나 신이 자신의 활을 들고 있는 것은 의미심장한 이미지라 할 수 있다. 이것이 무지개에 대한 우리의 해석을 바꾸지는 못하겠지만, 그 배경 속에 자리잡고 있는 미묘한 이미지들과 뉘앙스들에 대해 실마리를 제공한다."

부터 하늘을 향해 밖으로 겨냥되어 있다면 하나님이 적대감을 내려놓고 인간과 화해하겠다는 상징으로 볼 수 있다는 것이다. 메레디스 클라인의 말을 들어보자.

"전쟁용 활은 하나님의 진노의 무기 가운데 들어 있다. …그러나 무지개 표징에서 활은 수직으로 들어올려져 적을 향해 겨냥되지 않고 팽팽하지 않게 느슨한 상태로 수평으로 걸려 있다. 고대 근동의 왕들을 그린 그림들을 보면…전쟁터에서는 왕이 화살을 장전하고 팽팽하게 활을 잡아당긴 모습이 그려진 반면에, 평화의 장면에서는 활이 느슨한 상태로 왕의 옆에 놓여 있다."14)

따라서 일부 학자들은 여호와께서 땅에 대한 적개심을 내려놓고 평화를 선언하기 위해 활을 공중에 걸어놓은 것으로 본다. 한편 최근에 엘렌 판 볼데는 한 걸음 더 나아가 활을 구름 속에 두는 것은 "공격 무기를 내려놓고 권력을 인간과 땅 위의 생명들에게 위임하겠다."는 것을 의미하는 것이라고 해석한다.15)

"강력한 무기를 내려놓는 것은 다시는 땅 위의 생물을 공격하고 진멸하지 않겠다는 것이며, 다시는 홍수를 사용하여 권력을 행사하지 않을 것임을 보여준 것이다. 이제부터는 노아의 후손들인 인류와 땅 위의 생명들이 땅을 지배하는 일에 책임을 져야 함을 의미한다."16)

3.2 하나님의 헌신의 표시

그러나 다른 학자들은 성경 본문에 언급된 대로 활을 하나님의 헌신의 표시로 본다. "무지개가 구름 사이에 있으리니 내가 보고 나 하나님과 모든 육체를 가진 땅의 모든 생물 사이의 영원한 언약을 기억하리라"(창 9:16). 예를 들어 멘덴할(G. E. Mendenhall)은 고대 근동의 그림들을 보면 정복 왕이 정복을 성공적으로 마무리한 후에 활시위를 당기지 않은 활을 들고 있는 모습이 많다고 말한다. 그러나 창세기 9장

---

14) Meredith G. Kline, *Kingdom Prologue* (Two Age Press, 2000), 247-248.
15) Ellen van Wolde, "One Bow or Another?: A Study of the Bow in Genesis 9:8-17," 147.
16) Ellen van Wolde, "One Bow or Another?: A Study of the Bow in Genesis 9:8-17," 148.

에 나오는 활은 정복당한 땅에 대한 승리의 표징이 아니라, 다시는 물로 세상을 심판하지 않으시겠다고 적들에게 선언하는 하나님의 헌신의 표시라고 말한다.[17]

월키도 같은 견해를 가지고 있다.

"느슨해진 활이 땅에서부터 하늘에 걸려 있고, 수평선에서 수평선으로 펼쳐 있는 것은 보편적 헌신의 하나님(God of his universal commitment)을 상기시킨다. 여기서 Delitzsch의 논평이 유익하다: "하늘과 땅 사이에 걸려 있는 활은 양자 사이의 평화의 결속이며, 수평선에 걸려 있는 것은 하나님의 자비가 모든 것을 감싸는 보편성을 가리킨다 (Genesis, 2:290)."[18]

3.3 자기 저주적 맹세

한편 언약의 표징인 무지개는 하나님께서 보고 기억하기 위한 것이다. 우리는 여기서 하나님께서 스스로 자기 저주 아래 들어가셨다는 명백한 언급은 볼 수 없다. 그러나 앞서 살핀 대로 무지개가 히브리어로는 '활'이라는 점과 무지개는 마치 하늘을 향해 당겨진 활의 모습과도 같다는 점에서 하나님께서 다시는 세상을 물로 심판하지 않겠다고 자기 저주의 맹세를 하신 것으로 볼 수 있다. 중세의 한 작가는 노아의 홍수(Noah's Flood)란 글에서 다음과 같이 무지개의 의미를 노래한다.

"내 활이 너와 나 사이에 (My bow between you and me)

궁창에 있으리라 (In the firmament shall be)

...

활 줄이 너를 향해 있으나 (The string is turned toward you)

나를 행해서는 활이 휘어져 있네 (And toward me is bent the bow)

그런 기후가 다시 있지 않으리라 (That such weather shall never show)

내가 이를 네게 명하노라 (And this beheet I thee)."[19]

---

17) G. E. Mendenhall, *The Tenth Generation: The Origins of Biblical Tradition* (Baltimore: Johns Hopkins University, 1973), 44-48.
18) Waltkey, *Genesis*, 146.
19) Quoted from A. C. Cowley, *Everyman and Medieval Miracle Plays* (London, 1956), p. 49.

무지개를 "하늘을 향해 겨누어진 하나님의 전쟁용 활"로 본 존 스텍(John H. Stek)은 이 시에 근거하여 이렇게 묵상한다.

"구름 속의 '활'이 가지는 이 중요성은 델버트 힐러스에 의해 인식되어졌다. 그의 제안은 다른 사람들이 수용하지 않았으나 옳았다. 먹구름으로부터 땅에 떨어지는 번갯불은 신의 화살로 폭넓게 간주되었다. 또한 이스라엘에서 이 번갯불은 야훼의 화살로 여겨졌다(참고 시 7:13, 18:14, 77:17; 합 3:9, 11). 번갯불은 그의 활로부터 분노 중에 당겨졌다(시 7:12; 합 3:9; 애 2:4, 3:12; 슥 9:13). 그러나 구름 속에 나타난 활은 하늘 보좌에 앉으신 분을 향해 쏘아 올려졌다."[20]

결국 여호와께서는 "하늘을 향해 겨누어진 하나님의 전쟁용 활"로 스스로를 맹세로 묶으셨다. 여기서 묶인 분은 하나님이시다. 인간은 자유할 뿐이다.[21] 여기서 우리가 주목할 것은 '내 무지개'[22]라고 한 것이다. 이런 점에서 무지개는 스텍 교수가 주장하는 대로 자기-저주적 맹세의 표징(self-maledictory oath sign)일지도 모른다.

"길가메쉬 서사시에서 이쉬타르 여신은 자기 목걸이의 청금석(금색 황철광이 약간 섞인 검푸른 빛의 준보석)을 걸고 홍수의 날을 결코 잊지 않겠다고 맹세한다. 주전 11세기의 앗수르 부조를 보면 구름 속에서 두 손이 뻗쳐 나와 있는데, 한 손은 복을 내려 주고 다른 손은 활을 들고 있는 모습을 보여준다. 무지개에 해당하는 말은 무기를 나타내는 단어와 같은 단어이므로 이것은 흥미로운 이미지이다."[23]

구름 속의 무지개는 하나님께서 다시는 물로 세상을 심판하지 않으시겠다고 맹세하며 '나와 너희와 및 육체를 가진 모든 생물 사이의 내 언약'을 잊지 않겠다는 서약의 표징이다. 하나님께서는 심판 가운데서도 자비를 잊지 않겠다고 자기 저주의

---

20) 존 H. 스텍, "개혁 신학에서의 언약 강조 현상", 『구약 신학: 본문과 해석』 (솔로몬, 2000), 102, 각주 59.
21) Delbert R. Hillers, *Covenant: The History of a Biblical Idea* (Baltimore: The Johns Hopkis Press, 1969), 102.
22) 히브리어로 카쉬티(קַשְׁתִּי)로서 활이란 의미의 명사 케셰트(קֶשֶׁת)에 '나의'란 소유대명사 접미 이(־ִי)가 붙은 형태이다.
23) 월튼 외, 『IVP 성경배경주석』, 55.

맹세를 하신 것이다. 내가 무슨 수가 있더라도 심판 가운데서 자비를 잊지 않겠다고 맹세를 하시고, 이를 기억하기 위해 스스로 구름 가운데 자기 '활'인 무지개를 걸어놓으신 것이다.

3.4 무지개 표징의 의미

결국 무지개는 하나님이 심판 가운데서도 자비를 베푸시는 분임을 보여주는 강력한 자연의 표징인 셈이다. 이를 이중수 목사는 아름다운 설교 메시지로 드러낸다.

"이 세상에는 아직도 죄와 먹구름이 일고 있습니다. 그러나 하나님은 빛이십니다. 하나님의 빛은 어둠을 뚫고 폭풍우를 지나 무지개로 나타납니다. 이 세상에는 아직도 비가 내립니다. 그러나 멸망의 홍수로 내리지 않습니다. 오히려 공중에 떠 있는 물방울에 햇빛이 굴절되고 반사될 때마다 아름다운 무지개가 피어오릅니다. 이 세상은 아직도 구름으로 덮입니다. 그러나 대홍수를 몰고 오는 불운한 암운은 아닙니다. 비록 '온 땅에 어둠이 임하여도'(막 15:33) 하나님의 무지개는 더욱 현란하게 빛납니다."[24]

무지개는 홍수 후에 성경에서 강력한 상징으로 여러 번 나온다. 노아 홍수 후에 무지개는 인간과 창조주 하나님 사이의 새로운 관계를 상징하는 상징물이 된 것이다. 무지개는 하나님과 인간 사이의 새로운 관계를 보여주는 하나님의 자비와 평화의 상징이다. 따라서 에스겔서나 요한계시록 모두에서 하나님의 심판 가운데 나타나는 하나님의 자비의 상징으로 무지개가 쓰인다.

4. 결론 : 신학적 메시지

4.1 에스겔이 본 구름 속에 빛나는 '활'(무지개)

인간은 살다 보면 거의 정기적으로 홍수의 공포를 경험하게 된다. 여기서 말하는

---

[24] 이중수, 『하나님의 무지개: 창세기 강해』 (양무리 서원, 1996), 278.

홍수의 공포란 우리에게 익숙한 세상이 기초부터 흔들리는 공포를 가리키는 은유이다. 이스라엘 자손들 역시 역사 가운데서 이런 홍수를 여러 번 경험했는데 그 중에 가장 강력한 홍수는 바벨론 포로였다. 성전이 파괴되고 이스라엘 백성들이 바벨론 포로로 잡혀간 것은 그야말로 공포 그 자체였을 것이다.

그런데 에스겔이 성전이 무너지고 예루살렘이 함락되는 환상을 본 것은 약속의 땅에서가 아니라, 이미 포로로 잡혀가 있던 그발 강가에서였다. 이스라엘 백성들 중 일부는 이미 일차 포로로 잡혀와 있는데 에스겔은 예루살렘이 함락되고 성전이 파괴될 것이라는 계시를 받게 되었다. 예루살렘이 함락되고 성전마저 파괴될 것이라는 계시는 그야말로 폭풍과 홍수 같은 대재앙의 소식이었다.

아니나 다를까 에스겔서는 북방에서 내려오는 강한 폭풍의 환상으로 시작된다.

"내가 보니 북쪽에서부터 폭풍과 큰 구름이 오는데 그 속에서 불이 번쩍번쩍하여 빛이 그 사방에 비치며 그 불 가운데 단 쇠 같은 것이 나타나 보이고"(겔 1:4).

"불과 번개에 둘러싸여 폭풍을 타고 가시는 하나님의 형상"은 "거룩한 용사의 출현"을 묘사하는 것으로 학자들은 본다. 그런데 북쪽은 전통적으로 유다의 적진이 있는 곳이기에 폭풍이 북쪽에서 온다는 것은 "거룩한 용사는 그의 백성을 구하기 위해서가 아니라 그의 백성과 싸우기 위해서 오는 것"임을 보여준다는 것이다.[25]

그 다음에는 네 생물의 형상을 보여주는 환상이 보이고, '바퀴 안에 바퀴가 있는 바퀴의 형상'이 나타난다. 그리고 생물의 머리에는 '수정 같은 궁창'이 보였고(겔 1:22) 생물의 머리 위에 있는 궁창 위로부터 음성이 들려왔다. 에스겔이 보니 그 위에 보좌의 형상이 있고, 그 보좌의 형상 위에 '사람의 모양을 한 형상'이 나타났다. 이 사람의 사방 광채의 모양을 에스겔은 이렇게 묘사한다.

"그 머리 위에 있는 궁창 위에 보좌의 형상이 있는데 그 모양이 남보석 같고 그 보좌의 형상 위에 한 형상이 있어 사람의 모양 같더라 내가 보니 그 허리 위의 모양은 단 쇠 같

---

25) 이안 두 굿, 『에스겔, NIV적용주석』 (성서유니온선교회, 2003), 74.

아서 그 속과 주위가 불 같고 내가 보니 그 허리 아래의 모양도 불 같아서 사방으로 광채가 나며 그 사방 광채의 모양은 비 오는 날 구름에 있는 무지개 같으니(כְּמַרְאֵה הַקֶּשֶׁת אֲשֶׁר יִהְיֶה בֶעָנָן בְּיוֹם הַגֶּשֶׁם; 케마르에 핫케셰트 아셰르 이흐예 베아난 베욤 핫게솀) 이는 여호와의 영광의 형상의 모양이라 내가 보고 엎드려 말씀하시는 이의 음성을 들으니라"(겔 1:26-28).

에스겔서는 하나님의 장엄한 신현의 모습, 즉 여호와의 영광의 형상의 모양을 묘사하면서 '그 사방 광채의 모양은 비 오는 날 구름에 있는 무지개(קֶשֶׁת; 케셰트) 같으니'라고 그리고 있다. 에스겔 1장의 환상에 나오는 '바퀴 안의 바퀴', '머리가 넷인 생물들'을 해석하는 것은 쉽지 않지만, 최소한 무지개에 대해서 만큼은 분명히 알 수 있다. 무지개 장면은 창세기 9장을 암시하면서, 하나님께서 백성들의 죄를 심판하는 가운데서도 그의 자비하심을 잊지 않으실 것임을 가리키는 것만큼은 분명하기 때문이다.[26] 이안 두 굿의 말을 들어보자.

"에스겔 1장은 대부분 비를 내리기 위해 모여드는 구름에 강조를 두고 있으나, 무지개를 언급함으로써(28절) 어두움 가운데도 소망의 빛이 있다는 가능성을 열어두고 있다. 무지개가 비가 올 가능성을 부인하지 않듯이 소망이 있다 하더라도 심판의 가능성을 부인하지 못한다. 참으로 비가 오지 않고는 무지개도 있을 수 없다! 무지개가 뜻하는 것은 불가항력적인 하나님의 심판에서조차 변하지 않는 하나님의 신실하심이다. 그것은 자신의 언약을 지키시는 하나님의 신실하심에 대한 증표이다. 하나님의 심판은 패역한 백성들에게는 반드시 임해야 하지만, 하나님은 자신의 언약을 지키시기 때문에 그들을 완전히 소멸시키지 않으실 것이다."[27]

홍수 대재앙처럼 다가올 바벨론 포로의 예언 한복판에서도 하나님의 긍휼하심과 자비하심이 선포되고 있다. 홍수를 뿌릴 먹구름 한복판에도 희미하게나마 무지개가 비칠 것이라는 말씀은 이스라엘 백성들에겐 적지 않은 희망이었다.

---

26) L. Ryken (eds.), *Dictionary of Biblical Imagery* (IVP, 1998), "Rainbow," 695.
27) 이안 두 굿, 「에스겔, NIV 적용주석」 (성서유니온선교회, 2003), 75.

4.2 요한이 본 무지개 보좌

하나님의 긍휼과 자비하심의 이미지는 요한계시록에 나오는 무지개에 대한 두 번의 언급에도 동일하게 해당된다.

"앉으신 이의 모양이 벽옥과 홍보석 같고 또 무지개(השק; 케셰트)가 있어 보좌에 둘렸는데 그 모양이 녹보석 같더라"(계 4:3).

요한계시록 4:3은 하나님의 보좌를 묘사한다는 점에서, 에스겔서 1:26-28의 본문과 매우 유사하다. 요한계시록 10:1에서는 하나님이 아니라 천사와 연관해서 무지개가 언급되고 있지만, 이 역시 노아 언약에 대한 암시이며, 하나님의 심판 가운데 나타나는 하나님의 자비를 가리킨다는 점에서는 동일하다.

"내가 또 보니 힘 센 다른 천사가 구름을 입고 하늘에서 내려오는데 그 머리 위에 무지개(השק; 케셰트)가 있고 그 얼굴은 해 같고 그 발은 불기둥 같으며"(계 10:1).

이 주제는 요한계시록 전체에 자주 반복되는 모티브이기도 하다.[28] 팔머 로버트슨(O. Palmer Robetson)은 이렇게 말한다.

"비를 가득 담은 구름에 의해 상징되는 심판의 위협 가운데서 하나님께서는 무지개를 통해 심판 가운데 은혜를 보여주셨다. 하늘과 땅의 의로운 심판자의 보좌가 '무지개에 의해 둘린 것'은 결코 우연이 아니다(계 4:3). 그리스도 안에 하나님의 언약적 은혜의 진정한 참여자에게 이것은 얼마나 큰 기쁨인가?"

4.3 무지개를 본 노아

아마도 노아 역시 홍수 후에 나타난 무지개를 보고 깊은 감동을 받았을 것임이 분명하다. 딸의 실명을 통해 예수를 믿게 된 이어령 씨는 "아담은 언제 목놓아 울었

---

[28] L. Ryken (eds.), *Dictionary of Biblical Imagery* (IVP, 1998), "Rainbow," 695.

을까"라는 에세이에서 이렇게 말했다.[29]

"워즈워스는 나이를 먹은 뒤에도 아이의 눈으로 무지개를 바라볼 수 있게 해달라고 스스로 다짐하는 시를 썼다. 그러나 무지개의 황홀과 그 경이를 진짜로 느끼려면 아이의 눈만으로는 부족하다. 노아의 눈이 필요하다. 창세기 때 노아의 대홍수가 있어야 한다. 우리가 노아처럼 그런 놀라운 눈, 뛰는 가슴으로 무지개를 보려면 노아와 똑같은 40일 동안의 대홍수와 그 방주 속에 갇혀 있어야 할 것이다.

그렇다. 해는 빗속에서만, 대홍수 속에서만 비로소 무지개의 얼굴을 하고 나타난다. 홍수는 해의 얼굴 속에 숨어 있던 수천, 수만 가지 색을 겉으로 보여주는 프리즘이다. 지루하게 내리던 그 많은 비들은 오늘 이 아침의 태양을 위해 내렸던 것인가. …나는 언제 아담이 울었을까를 생각해 본다. 에덴 동산에 핀 꽃들을 보았을 때일까. 아니면 최초의 여인 이브를 만났을 때일까. 그것도 아니라면 에덴에서 쫓겨나 동쪽 땅으로 가던 길목에서일까. 아니다. 그런 것이 아닐 것이다. 내 빈약한 상상력으로도 아담은 틀림없이 실낙원 이전에 울었을 것이라고 확신한다. 하루 해가 침몰하고 낙원에도 밤이 찾아올 때 그 최초의 어둠을 보고 아담은 얼마나 큰 공포와 충격을 받았을까 생각해보라. 익사자처럼 어둠의 바닥으로 가라앉으며 더 이상 숨도 쉴 수 없게 된 순간, 아! 어둠 속에서 불쑥 솟아난 해가 '장미빛 손가락'으로 어둠을 휘젓고 함성처럼 나타날 때, 그것을 본 아담은 대체 무엇을 할 수 있었다고 생각하는가.

천지 창조 일곱 번째 날 아담이 맞이했던 최초의 아침은 눈물이었을 것이다. 그냥 눈물이 아니다. 터져 나오는 기쁨과 복받치는 생명으로 통곡을 하고 울었을 것이다. …창세기 때와 같은 햇빛이 장맛비의 먹구름을 뚫고 쏟아질 때 나의 눈에도 조금 눈물이 고였던 것 같다. 방주에서 나온 짐승처럼, 무지개를 본 노아처럼 심장이 뛰는 것을 느꼈다."

이어령 씨는 신학을 하지 않았음에도 불구하고 성경의 진리를 신학자 이상으로

---

29) http://www.storyofseoul.com/news/articleView.html?idxno=827

꿰뚫는 영성과 심미안을 가진 분인 것 같다.

4.4 구름은 무지개를 이길 수 없다

어둠은 결코 빛을 이길 수 없다는 진리를 보여주는 새벽의 태양, 하나님께서 결코 홍수로 세상을 진멸하지 않겠다는 약속을 보여주는 장맛비 후의 하늘에 걸린 무지개를 보고도 심장이 뛰지 않는다면 그는 그리스도인이 아닐 것이다. 그리스도인인데도 이런 느낌이 들지 않는다면 워즈워스의 말처럼 차라리 일찍 죽는 것이 낫지 않을까!

아무리 먹구름이 몰려오고 풍랑이 일고 폭풍이 몰아쳐도, 끝내 구름은 무지개를 이길 수 없다. 구름 속에 나타난 무지개는 하나님의 노여움은 잠깐이요 그의 인애는 영원함을 보여주기 때문이다.

"Carrying a Bunch of Grapes from Canaan" in Bible Pictures and What They Teach Us(1897) by Charles Foster from Wikimedia Commons

"Go into the ark, you and your whole family"

20장

노아는
최초의 포도 재배자인가?

창 9:18-19

1. 서론적 이야기

1.1 들어가면서

노아 스토리를 읽는 독자들은 누구나 홍수 이전의 '의로운 노아'와 홍수 이후의 '술 취한 노아'가 너무나 다르다는 데 의문을 넘어 충격을 받는다. 홍수 이전에는 거의 순백의 의인에 가까운 노아가 홍수 후에는 술에 취해 벌거벗고 누운 모습을 보인다. 게다가 아들인 함이 벌거벗은 자신의 모습을 보고 형제들에게 이야기했다는 사실을 알고는 함의 아들 가나안을 저주한다. 그것도 가벼운 저주가 아니라, 가나안이 셈과 야벳의 가장 미천한 종이 되라고 심각하게 저주한다. 그러다 보니 노아를 변호하려는 해석자들마저 생겨났다.

미켈란젤로는 시스티나 성당의 벽화에 노아의 술 취함을 청년과 노년의 비극적 대조로 묘사한다. 그런데 미술평론가들은 미켈란젤로가 노아를 변호하는 것으로 해석한다. 왜냐하면 생기 없이 누워있는 노아의 모습은 노년의 약함을 상징하는 반면에, 그의 아들들의 운동 선수 같은 몸은 젊음의 강함으로 드러내고 있기 때문이다. 다시 말해 노아는 노년이 되어 어쩔 수 없이 인생의 연약함을 드러낸 것에 불과하다고 보았기 때문이라는 것이다.

한편 현대의 역사 비평적 주석가들은 '술 취한 노아'는 '경건한 노아'과는 상관없는 다른 사람이라고 해석한다. 의로운 노아와 술 취한 노아는 서로 관계가 없으며, 서로 다른 '전승'에서 나왔다는 것이다. 의로운 노아와 술 취한 노아는 단지 이름만 같을 뿐이라고 해석한다. 이렇게 되면 방주를 지은 의인 노아가 술 취하여 벌거벗었을 리가 없다고 변명할 필요가 없게 된다. 그러나 이런 비평적 가설은 문제를 해결하지 못한다. 술 취한 노아와 의로운 노아가 서로 다른 전승에서 나왔다는 것은 검증할 수 없다. 설령 다른 전승에서 나왔다고 해도 두 전승을 연결한 편집자(그런 편집자가 있는지도 의문이지만)나 최소한 최종 기자가 상충되는 노아의 서로 다른 모습을 아무런 설명도 없이 연결시킨 이유가 있을까?

1.2 문제 제기

노아를 선입견을 가지고 변호하거나 비난하기에 앞서 우리는 성경 본문이 말하는 것에 귀를 기울여야 한다.

"방주에서 나온 노아의 아들들은 셈과 함과 야벳이며 함은 가나안의 아버지라 노아의 이 세 아들로부터 사람들이 온 땅에 퍼지니라 노아가 농사를 시작하여 포도나무를 심었더니"(창 9:18-20).

노아가 술에 취해 벌거벗게 된 것은 노아가 포도나무를 심은 것과 연관되어 보인다. 성경 기자는 홍수의 영웅이요 의인인 노아를 포도 재배자와 연결시킨다. 노아에게 문제가 생긴 것은 노아가 포도를 재배하면서 그리고 포도주에 취하면서 발생한 것으로 본다. 성경 기자는 '노아가 농사를 시작하여 포도나무를 심었더니'라고 했는데, 일부 해석자들은 노아가 포도를 재배한 최초의 농부였다고 주장한다.

과연 노아가 포도를 재배한 것이 문제인가? 노아가 방주에서 나온 후에 포도를 재배하지 않았다면 무엇을 했어야 된단 말인가? 포도를 재배한 것은 문제가 안 되는데 포도주에 취한 것이 문제라고 하는 이들도 있다. 포도를 재배한 것 자체가 포도주에 취할 수밖에 없는 상황이 아닌가? 이런 질문들을 염두에 두고 본문을 상세히 살펴보자.

2. 노아의 세 아들

2.1 홍수 전과 후를 연결하는 고리

성경 기자는 무지개 언약 에피소드를 마무리한 후에 노아의 아들들의 이름을 밝히면서 이들로부터 인류가 온 땅에 퍼지게 되었다고 묘사한다.

"방주에서 나온 노아의 아들들은 셈과 함과 야벳이며 함은 가나안의 아버지라 노아의 이 세 아들로부터 사람들이 온 땅에 퍼지니라(נָפַץ; 나파츠)"(창 9:18-19).

'방주에서 나온 노아의 아들들'이란 노아 홍수에서 살아남은 자들이란 의미이다. 노아 홍수 후에 살아남은 자들을 통해서 온 땅에 후손들이 퍼지게 되는 것은 당연하다. 따라서 성경 기자는 이 남은 자들의 이름을 분명히 밝힌다. 이들은 셈과 함과 야벳이었다.

그런데 셈, 함, 야벳은 인근 문맥에 5번 등장하면서 홍수 이전과 이후 시대를 연결하는 고리 역할을 한다.

(1) "노아는 오백 세 된 후에 셈과 함과 야벳을 낳았더라"(창 5:32).
(2) "세 아들을 낳았으니 셈과 함과 야벳이라"(창 6:10).
(3) "곧 그 날에 노아와 그의 아들 셈, 함, 야벳과 노아의 아내와 세 며느리가 다 방주로 들어갔고"(창 7:13).
(4) [홍수 후] "방주에서 나온 노아의 아들들은 셈과 함과 야벳이며"(창 9:18).
(5) "노아의 아들 셈과 함과 야벳의 족보는 이러하니라 홍수 후에 그들이 아들들을 낳았으니"(창 10:1).

성경 기자는 이제 노아에서 노아의 아들들에게로 초점을 맞춘다. 왜냐하면 노아의 세 아들을 통해 백성이 온 땅에 퍼지게 되었기 때문이다.

창세기 9장에서 사용된 '퍼지다.'는 동사(נָפַץ; 나파츠)가 나오는 것은 아니지만 창세기 10-11장에 70민족이 온 땅에 흩어지게 되는 스토리가 나오는데, 이 동사는 스토리의 복선으로 기능한다고 학자들은 해석한다. 노아의 방주 안에 살아남았던 노아의 세 아들들로부터 온 땅의 민족들이 나온 것은 하나님께서 "생육하고 번성하여 땅에 충만하라"(창 9:1)고 하신 약속의 성취라고 보아야 한다.

2.2 함, 가나안의 아버지

성경 기자는 노아의 아들들을 소개하면서 셈과 야벳은 이름만 언급하는데 반해 '함'만 특별하게 '가나안의 아버지'(אֲבִי כְנַעַן; 아비 케나안)라고 묘사한다. 가나안(כְנַעַן; 케나안)이란 이름은 구약 성경에서 여기에 처음 언급되고 있다. 그렇다면 함을 가나안의 아버지라고 굳이 명시하는 이유는 무엇일까?

우선 근접 문맥을 보면 노아가 함이 아니라 가나안을 저주하므로, 성경 기자는 함을 소개하면서 '가나안의 아버지'라고 칭한 것으로 볼 수 있다. 따라서 문예적 수준에서 함을 가나안의 아버지로 묘사한 것은 후에 있을 노아의 저주를 이해하기 위해서 필요한 등장 인물을 소개한 것이라 할 수 있다. 그러나 아직은 노아가 왜 함을 저주하지 않고, 가나안을 저주했는지에 대해서는 다른 데이터들을 살핀 후에야 해석할 수 있는 것이므로 이 시점에서는 논의하지 않으려 한다.

한편 원접 문맥을 보면 가나안은 이스라엘 역사에 영향을 끼친 가장 중요한 민족이자 장소이다. 바로 이어지는 창세기 10장의 70열방의 목록에 가나안이 매우 자세히 언급되어 있는 것은 바로 이 때문이다.

"함의 아들은 구스와 미스라임과 붓과 가나안(כְנַעַן; 케나안)이요…가나안(כְנַעַן; 케나안)은 장자 시돈과 헷을 낳고 또 여부스 족속과 아모리 족속과 기르가스 족속과 히위 족속과 알가 족속과 신 족속과 아르왓 족속과 스말 족속과 하맛 족속을 낳았더니 이 후로 가나안 자손의 족속(כְּנַעֲנִי; 케나아니)이 흩어져 나아갔더라 가나안(כְנַעַן; 케나아니)의 경계는 시돈에서부터 그랄을 지나 가사까지와 소돔과 고모라와 아드마와 스보임을 지나 라사까지였더라"(창 10:6, 15-19).

위 본문에서 가나안(כְנַעַן; 케나안)이란 인명이 두 번, 가나안 족속(כְּנַעֲנִי; 케나아니)이란 명사가 두 번이나 등장한다.

한편 지명으로서 '가나안 땅'(אֶרֶץ כְּנַעַן; 에레츠 케나안)이란 표현은 족장들의 이야기에만 무려 30여 차례 나온다. 가나안 땅은 약속의 땅이요 이스라엘 민족이 하나님께 선물로 받은 기업이다. 장차 가나안 땅을 놓고 셈의 후손인 이스라엘은 함의 후예인 가나안인들과 운명적으로 충돌하지 않을 수 없게 되어 있었다.

결국 모세오경 기자에게 함과 그의 아들 가나안의 운명을 복선처럼 깔아놓는 스토리에서는 가나안이 누구의 아들인지가 매우 중요한 것이다. 이스라엘의 운명을 결정하는 여러 풍습과 제도와 인물들의 기원을 태고사(창 1-11장)에서 찾는 성경 기자에게 가나안은 타락한 조상으로서 그 후예인 가나안인들을 가나안 땅에서 쫓아내야 한다는 의식을 가지게 만드는 원초적 경험이었을 것으로 학자들은 본다. 따라서 성경 기자가 함을 소개하면서 굳이 '가나안의 아버지'로 묘사한 것이다.

3. 노아가 포도 농사를 최초로 시작한 것인가?

3.1 '시작하다.'는 동사는 무엇과 연결되는가?

어찌되었든 노아는 방주에서 나와 무엇을 했는가?

"노아가 농사를 시작하여 포도나무를 심었더니"

(וַיָּחֶל נֹחַ אִישׁ הָאֲדָמָה וַיִּטַּע כָּרֶם; 와야헬 노아흐 잇쉬 하아다마 와잇타 카렘)(창 9:20).

20절의 정확한 의미는 분명치 않다. 왜냐하면 문법적으로 문장의 구조가 농사를 시작했다는 것인지 아니면 포도나무를 심기 시작했다는 것인지가 확실하지 않기 때문이다. 문법적으로는 둘 다 의미가 통한다. 그런데 만일 농사를 시작했다면, 이미 가인이 농사를 시작했으므로 의미가 통하지 않는다. 만일 노아가 포도나무를 심기 시작했다면, 노아가 처음으로 포도 재배를 시작한 사람, 다시 말해 포도 재배를 발명한 사람이란 의미인가?

이런 질문에 답하려면 위 문장을 상세히 문법적으로 분석해야 한다. 위 문장은 두 가지 문제가 있다고 학자들은 본다.

(1) '시작하다.'(החל; 할랄)는 동사의 구문상의 기능이 무엇인가? 다시 말해 이 동사가 무엇과 연결되어 있는지를 살펴야 한다.

(2) '시작하다.'는 동사의 내용상의 의미가 무엇인가? 다시 말해 '재개'인가 '전적으로 새로운 시작'(발명)인지를 살펴야 한다.

우선 '시작하다.'는 동사의 구문상의 기능에 대해 살펴보자. 학자들이 이미 지적한 대로 '시작하다.'는 히브리어 동사 '할랄'(החל)은 보통 바로 뒤에 목적어로 부정사가 등장하는 것이 보통이다(참조 창 4:26, 6:1, 10:8, 11:6, 42:54; 민 25:7; 신 2:25, 3:24). 그런데 여기서는 '농업하다.'나 '심다.' 같은 동사의 부정사가 등장하지 않고, '땅의 사람'이 등장한다. 따라서 순서대로 직역하면 다음과 같다.

"그리고 시작하였다(ויחל; 와야헬), 노아(נח; 노아흐), 땅의 사람(האדמה איש; 잇쉬 하아다마), 그리고 그가 심었다(ויטע; 와잇타) 포도나무를(כרם; 카렘)."

결국 '시작하다.'는 동사를 구문상에서 무엇과 연결시키느냐가 해석의 관건이다. '시작하다.'를 땅의 사람과 연결시키느냐, 아니면 포도나무를 '심다.'와 연결시키느냐를 결정해야 한다.

(1) 노아는 땅의 사람이 되기 시작했다. 그리고 그가 포도나무를 심었다.
(2) 노아, 땅의 사람이 포도나무를 심기 시작했다.

따라서 대부분의 영어 성경들은 "노아가 농업을 시작하였고 포도나무를 심었다"(Then Noah began farming and planted a vineyard; NASB, 참조 KJV)로 번역하든지, 아니면 "땅의 사람 노아가 포도나무를 심기 시작하였다"(Now Noah, a man of the soil, was the first to plant a vineyard; NIV, NRSV)로 번역한다. 한글성경도 마찬가지이다. "노아가 농업을 시작하여 포도나무를 심었더니"(개역한글판)라고 번역하든지, 아니면 "농부인 노아는 포도밭을 가꾸는 첫 사람이 되었다"(천주교 구약 성서 새번역)라고 번역한다.

문법적으로는 어떻게 번역해도 가능하다고 학자들은 말한다. 그러나 '시작하다.'

는 동사 할랄(חלל)을 '땅의 사람'과 연결시켜, '농업을 시작하다.' 혹은 '농부가 되기 시작하다.'로 번역하는 것은 다소 무리가 있다.[1] 이보다는 '땅의 사람'을 노아와 동격으로 보고 뒤에 '심다.'는 동사를 수식하는 부사적 용법으로 쓰인 것으로 보는 것이 더 자연스러워 보인다는 것이 학자들의 다수 견해이다.[2] 따라서 필자는 후자를 택하여 '땅의 사람 노아가 포도나무를 심기 시작하였다.'는 번역을 선호한다. 최근에 NIV는 물론 다수의 영역본들이 이런 번역을 택하고 있다. 20절과 연관된 첫 번째 문제는 이런 식으로 해결할 수 있다.

3.2 '시작하다.'는 동사의 의미

그렇다면 이제 두 번째 문제가 남았다. 두 번째 문제는 만일 노아가 포도나무를 심기 시작했다고 하면, 노아가 처음으로 포도를 재배한 사람, 다시 말해 포도 재배를 '발명한' 사람이란 의미인가라는 문제이다. 앞서 살폈듯이 20절과 연관한 두 번째 문제는 '할랄' 동사의 내용상의 의미이다. 다시 말해 '할랄'(חלל)을 '재개'의 의미로 보아야 하는지, '전적으로 새로운 시작'으로 보아야 하는지의 문제이다. 즉 노아가 이전의 포도 재배 방법을 홍수 후에 단순히 재개한 것인지, 아니면 노아가 처음으로 포도를 재배하기 시작한 것인지의 문제이다.

이를 해결하기 위해서는 '할랄'(חלל)이란 동사의 용법과 의미를 살펴보아야 한다. 그런데 이에 대해서도 학자들의 견해가 분분하다. 일부 학자들은 '할랄'(חלל)은 전적으로 새로운 시작, 예를 들면 발명을 알리는 의미로 사용되기보다는 일련의 시리즈의 행동을 개시하는 것의 의미로 주로 사용된다고 본다.[3] 따라서 일부 영역본들은 "노아가 포도를 심는 일을 진행하였다"(Noah…proceeded to plant a vineyard: NIV)라는 식으로 번역한다.

그러나 반면에 다른 학자들은 동사 '할랄'(חלל)은 재개된 행위(not a renewed activity)보다는 새로운 행위(a new activity)를 가리키는 용법으로 사용된다고 본다.[4] 현대 다

---

1) 만일 할랄(חלל) 동사를 처음으로 시작하다는 의미로 해석한다면, 노아가 농업을 시작한 첫 사람이 아니라 포도나무를 처음 심은 것으로 보아야 하기 때문이다. 이미 가인은 농사하는 자(עבד אדמה; 오베드 아다마)였기 때문이다.
2) 참조 Westermann, *Genesis 1-11: A Commentary*, 487.
3) K. A. Mathews, *Genesis 4:27-11:26, The New American Commentary* (Broadman, 1996), 416.
4) Watlkey, *Genesis*, 148.

수 영역본들(NAB; NRSV; TNK)은 "노아는 포도를 심은 첫 사람이었다"(Noah was the first to plant a vineyard)로 번역한다.

사실상 '할랄'(חלל)이란 동사의 용례만을 가지고는 전혀 새로운 시작인지, 아니면 이전 것의 재개시인지는 분명히 알 수 없다. 따라서 문맥을 살펴야 하는데 문맥으로도 노아가 포도 재배를 발명한 사람인지, 아니면 이전의 포도 재배 방법에 따라 홍수 후에 포도 재배를 다시 시작했다는 것인지 확실히 알 수 없다. 성경 기자의 서술이 매우 간략하기 때문이다.

3.3 '시작하다.'는 동사의 전략적 중요성

그러나 '할랄'(חלל)이 전혀 새로운 행위의 시작을 가리키는 것이 아니라는 점을 강조하는 매튜스(Mathews)도 창세기 1-11장에서 '할랄'이 전략적으로 매우 중요한 위치에 나온다는 점을 인정한다.[5]

(1) "셋도 아들을 낳고 그의 이름을 에노스라 하였으며 그때에 사람들이 비로소 여호와의 이름을 불렀더라(חלל; 할랄)"(창 4:26).

(2) "사람이 땅 위에 번성하기 시작할(חלל; 할랄) 때에 그들에게서 딸들이 나니"(창 6:1).

(3) "땅의 사람 노아가 포도나무를 심기 시작(חלל; 할랄)하였더니"(창 9:20)(사역).

(4) "구스가 또 니므롯을 낳았으니 그는 세상에 첫(חלל; 할랄) 용사라"(창 10:8).

(5) "여호와께서 이르시되 이 무리가 한 족속이요 언어도 하나이므로 이같이 시작하였으니(חלל; 할랄) 이후로는 그 하고자 하는 일을 막을 수 없으리로다"(창 11:6).

위의 창세기 1-11장에서 '할랄'(חלל)의 용례를 살펴볼 때 전략적 시점에서 어떤 새로운 단계로의 진입을 가리키는 용도로 사용되고 있음이 분명하다. 사람들이 비로소 여호와의 이름을 부른 것은 아담의 타락 이후 구속사의 매우 중요한 시작점이

---

5) Mathews, *Genesis 4:27-11:26*, 416-417.

다. 그러나 사람들이 번성하여 사람들에게서 딸들이 생기면서 문제가 시작되었다. 하나님의 아들들이 사람의 딸들을 보고 자기들이 좋아하는 대로 아내를 삼으면서 네피림이 등장했기 때문이다.

어디 그뿐인가? 홍수 후에도 이런 류의 사람들이 함의 후손 가운데 등장하게 되었는데, 그는 바로 니므롯으로 이 사람이 첫 용사였다는 것이다. 그러나 창세기 1-11장에서 무엇보다 심각한 것은 바벨 공동체의 반역이었다. 무리가 하나요 언어도 하나이므로 노아 후손들이 시작한 일을 그대로 놔두면 인류에 큰 재앙이 될 것이므로 하나님께서는 이들이 하는 일을 중지시킨 것이다. 이렇게 '할랄'(הלל) 동사는 창세기 1-11장에서 중요한 전략적 위치에 등장하면서, 이 일이 후대에 큰 역사의 분기점이 되는 시발점이 됨을 잘 보여준다고 학자들은 말한다.[6]

3.4 노아의 포도 재배는 역사적 분기점

결국 여기서 중요한 것은 '땅의 사람' 노아가 포도를 심기 시작한 것은 중요한 '역사적 분기점'이 됨을 보여준다는 점이다. 이렇게 본다면 노아가 인류 역사상 최초의 포도 재배 발명자냐 아니냐는 큰 문제가 아니다. 최소한 대홍수 후에 노아는 최초의 포도 재배자였으며, 게다가 이 일은 매우 중요한 역사적 분기점이 되었다는 점을 성경 기자가 강조하는 것으로 보는 것이 최선으로 보인다.

그렇다면 일반적인 의미에서 노아가 첫 포도 재배자였다고 말해도 큰 문제는 없을 것 같다. 노아가 포도를 재배하기 시작하면서 생긴 일이 인류 역사에 분수령이 될 것이라고 성경 기자가 말하고 있기 때문이다.

노아가 포도 재배를 시작한 인물로 본다면 이는 고대 근동뿐 아니라 인류 역사에서 획기적인 것이다. 학자들에 의하면 포도주 생산이 인류에게 가져다 준 유익에 대해서 주전 5세기의 그리스 역사가인 투키디데스(Thucydides)는 지중해 연안 민족들이 감람나무와 포도나무를 경작하는 법을 배우면서 야만 상태에서 벗어나기 시작했다고 말한 것으로 알려져 있다. 그뿐만이 아니다. 서양 속담에 "포도주 없는 식탁은 태양 없는 세상과 같다."고 했으니 서양 문화에서 포도주가 차지하는 중요성을

---

6) Mathews, *Genesis 4:27-11:26*, 416-417.

이보다 더 잘 보여주는 증거는 없을 것이다라고 학자들은 말한다.

따라서 고대 근동에서 보면 포도주 생산은 너무나 중요했으므로 고대인들은 신들을 포도주의 발명자로 보았다.[7] 고대 근동의 제사에서는 포도주가 매우 중요했다. 신전에 엄청난 양의 포도주가 드려졌고 신들을 위한 축제에서 다량의 포도주를 마셨으며 죽은 자를 기념하는 식사 때에도 포도주를 마셨다고 한다.

따라서 일부 해석자들은 노아가 원래 가나안의 포도주의 신이었을지 모른다는 추측을 하기도 한다.[8] 그러나 이런 추측은 아무런 문헌상이나 고고학적 근거가 없는 추론에 불과하다. 어찌되었든 고대 근동이나 그리스 로마 문명에서 포도주의 생산의 기원을 신에게 돌리는 반면에, 성경에서는 이를 노아에게 돌리고 있는 것은 주목할 만하다는 것이 학자들의 견해이다.[9]

4. '땅의 사람' 노아

4.1 '땅의 사람'이라니

사실 이보다 문맥상 더욱 중요한 것은 성경 기자가 노아를 '땅의 사람'(אִישׁ הָאֲדָמָה; 이쉬 하아다마)으로 묘사하고 있다는 점이다. 따라서 학자들은 '땅의 사람'이란 표현에 주목해야 한다고 말한다. '땅의 사람'이란 표현은 구약에서 오직 이곳에만 한 번 사용되고 있다. 문자대로 하면 '땅의 사람'은 농부란 의미로 보이기도 한다. 그러나 여기서는 단지 이런 단순한 의미만을 전달하려는 것이 아님이 분명하다. 그냥 노아가 포도를 재배하기 시작했다고 하면 될 것을 굳이 '땅의 사람'이라고 밝히는 이유가 무엇일까?

---

7) Waltkey, *Genesis*, 147, fn. 88.
8) 참조, Westermann, *Genesis 1-11: A Commentary*, 487.
9) Cassuto, *Genesis*, Part II, 160. 카수토는 포도주는 고대 근동의 전승에서 매우 중요하므로 "포도주 제조의 기원을 신(god)이나 반신(demigod)으로 돌리는데" 반해 성경은 "포도 경작은 인간의 창안임을 언급"하는 것을 주목해야 한다고 지적한다.

4.2 땅과 아담

여러 학자들이 이미 지적했듯이 '땅'은 태초사를 이해하는 가장 중요한 요소로서 '땅의 사람'이란 표현은 노아를 아담과 가인과 연결시키는 기능을 드러낸다고 볼 수 있다. 우선 '땅의 사람' 노아는 땅에서 지음받아 땅과 불가분리의 관계에 놓인 아담을 상기시키며 인간의 정체성이 무엇인지 다시 한번 강조한다. 우리가 이미 아는 대로 첫 인류인 아담은 땅(אֲדָמָה; 아다마)의 흙으로 지음받았다[10]: "여호와 하나님이 땅(אֲדָמָה; 아다마)의 흙으로 사람(אָדָם; 아담)을 지으시고 생기를 그 코에 불어넣으시니 사람이 생령이 되니라"(창 2:7).

흙은 아다마(אֲדָמָה; 아다마)이고, 사람은 아담(אָדָם)이다. 사람은 '흙', 즉 아다마로 만들어졌으므로 아담이라고 부르는 것이다. 여기서 아다마(אֲדָמָה)는 여성형이고 아담(אָדָם)은 남성형이다. 남성형 명사 아담에 여성형 어미 '아'(ה)가 붙으면 아다마가 된다. 그런데 이 어미 '아'는 종종 방향을 나타내기도 하므로 아다마(אֲדָמָה)란 '흙으로'란 의미가 되고 아담(אָדָם)은 흙으로 돌아가야 하는 존재란 뜻이 되기도 한다는 것이 학자들의 중론이다.

학자들이 이미 오래 전부터 지적했듯이 땅에서 지음받은 인간(אָדָם; 아담)은 땅(אֲדָמָה; 아다마)을 경작해야 할 소명을 부여받았다(창 2:5, 7).

"여호와 하나님이 땅에 비를 내리지 아니하셨고 땅(אֲדָמָה; 아다마)을 갈 사람(אָדָם; 아담)도 없었으므로 들에는 초목이 아직 없었고 밭에는 채소가 나지 아니하였으며"(창 2:5).

"여호와 하나님이 땅(אֲדָמָה; 아다마)의 흙(עָפָר; 아파르)으로 사람(אָדָם; 아담)을 지으시고 생기를 그 코에 불어넣으시니 사람이 생령이 되니라"(창 2:7).

하나님께서 아담을 창조하신 후 에덴 동산을 창설하셨고 에덴 동산을 경작하며 지키게 하셨다. 그런데 아담이 범죄하자 하나님께서는 "땅(אֲדָמָה; 아다마)은 너로 말미암아(בַּעֲבוּרֶךָ; 바아부레카) 저주를 받고 너는 네 평생에 수고하여야 그 소산을 먹으리

---

[10] P. Trible은 아담을 "땅의 피조물"(earth-creature)이라고 번역한다. 참조 P. Trible, *God and the Rhetoric of Sexuality* (Fortress, 1978), 80, 98.

라"(창 3:17하)고 선언하셨다.

아담의 죄가 땅에 직접 영향을 미친다는 사실을 이보다 더 분명하게 선포하실 수는 없다. 이를 더 분명하게 하기 위해 하나님께서는 아담의 기원과 아담의 궁극적 운명이 땅에 있다는 사실을 적시하면서 결론을 맺는다.

> "네가 흙(אֲדָמָה; 아다마)으로 돌아갈 때까지 얼굴에 땀을 흘려야 먹을 것을 먹으리니 네가 그것에서 취함을 입었음이라 너는 흙(עָפָר; 아파르)이니 흙(עָפָר; 아파르)으로 돌아갈 것이니라 하시니라"(창 3:19).

결과적으로 아담은 온갖 풍성한 나무 열매가 가득한 에덴 동산에서 추방을 당했으며 에덴의 동쪽에서 '그의 근원이 된 땅(אֲדָמָה; 아다마)을 갈게(עָבַד; 아바드)' 된 것이다(창 3:23). '그의 근원이 된 땅'이란 직역하면 '거기에서 그가 취해진 땅'(הָאֲדָמָה אֲשֶׁר לֻקַּח מִשָּׁם; 하아다마 아셰르 루카흐 미샴)이다. 결국 땅에서 지음받아 땅을 경작해야 할 인간들은 아담의 범죄로 인해 땅이 저주를 받아 에덴의 동쪽에서 평생 수고해야 하는 운명을 받게 된 것이다. '땅의 사람' 노아란 표현은 노아를 아담과 연결시키며 인간의 정체성을 드러내려는 의도로 쓰여진 것이다.

4.3 '땅을 경작하는 자' 가인

한편 가인 역시 '땅을 경작하는 자'(עֹבֵד אֲדָמָה; 오베드 아다마)로 묘사된다.

> "그가 또 가인의 아우 아벨을 낳았는데 아벨은 양치는 자(רֹעֵה צֹאן; 로에 초온)였고 가인은 농사하는 자(עֹבֵד אֲדָמָה; 오베드 아다마)였더라"(창 4:2).

가인은 '양치는 자'인 아벨과 대조적으로 '농사하는 자', 직역하면 '땅을 경작하는 자'이다. 드보라 스타인메츠(Devora Steinmetz)는 "아담의 저주의 그림자 안에서 태어난 가인은 '흙의 일꾼'(עֹבֵד אֲדָמָה; worker of the earth)이 되었다."고 해석한다.[11]

---

11) Steinmetz, "Vineyard, Farm, and Garden: The Drunkenness of Noah in the Context of Primeval History," 201.

그런데 가인 역시 형제 살해의 죄를 범하여 땅과의 관계에서 심각한 변화가 생겼다.

"이르시되 네가 무엇을 하였느냐 네 아우의 핏소리가 땅(אֲדָמָה; 아다마)에서부터 내게 호소하느니라 땅이 그 입을 벌려 네 손에서부터 네 아우의 피를 받았은즉 네가 땅에서 저주를 받으리니(אָרוּר; 아루르)"(창 4:10-11).

스타인메츠는 "가인의 죄 때문에 땅(흙)이 형벌을 받는 것이 아니라", "오히려 가인이 땅을 범했으므로, 땅이 가인을 처벌하는 매개체(the vehicle of Cain's punishment)가 된 것"이라고 본다. 스타인메츠는 "땅에서 저주를 받으리니"는 "땅이 더 이상 가인의 노동을 부양할 힘을 주지 않을 것"이라는 뜻이며, 이 저주는 결국 "땅으로부터 추방되는 것"(banishment from upon the earth)이라고 해석한다(4:11-14).[12]

"땅이 그 입을 벌려 네 손에서부터 네 아우의 피를 받았은즉 네가 땅에서 저주를 받으리니 네가 밭(אֲדָמָה; 아다마)을 갈아도 땅이 다시는 그 효력을 네게 주지 아니할 것이요 너는 땅(אֶרֶץ; 에레츠)에서 피하며 유리하는 자가 되리라 가인이 여호와께 아뢰되 내 죄벌이 지기가 너무 무거우니이다 주께서 오늘 이 지면(פְּנֵי הָאֲדָמָה; 페네 하아다마)에서 나를 쫓아내시온즉 내가 주의 낯을 뵈옵지 못하리니 내가 땅에서 피하며 유리하는 자가 될지라 무릇 나를 만나는 자마다 나를 죽이겠나이다"(창 4:11-14).

스타인메츠는 가인 스토리에서 "가인과 땅은 처음에는 상호 협조적이었으나 나중에는 적대적 관계로 바뀐 두 개별적 실재(two separate entities)이다. 그러나 가인과 땅은 아담과 땅처럼 같은 물질로 만들어진 존재로 묘사되지 않고 있다."고 해석한다.[13]

---

[12] Steinmetz, "Vineyard, Farm, and Garden: The Drunkenness of Noah in the Context of Primeval History," 201.

[13] Steinmetz, "Vineyard, Farm, and Garden: The Drunkenness of Noah in the Context of Primeval History," 201.

4.4 노아를 땅의 사람으로 묘사한 이유

이런 점에서 본다면 성경 기자가 노아를 굳이 '땅의 사람'(אִישׁ הָאֲדָמָה; 이쉬 하아다마)으로 묘사한 이유는 무엇일까? 비록 같은 어구는 아니지만 노아를 '땅(אֲדָמָה; 아다마)에서 지음받은 사람'인 아담과 '땅을 경작하는 사람'(עֹבֵד אֲדָמָה; 오베드 아다마) 가인과 연결시키려고 의도한 것으로 학자들은 본다. 다시 말해 노아가 비록 홍수에서 살아남았으나 노아 역시 아담처럼 땅에서 태어난 존재로, 그리고 가인의 경우처럼 땅이 저주를 받았으므로 수고해야만 땅의 소산을 먹을 수 있는 운명적 존재임을 보여주려고 한 것이라는 것이다.

여기서 우리는 월튼의 말에 주목할 필요가 있다.

> "땅의 사람이란 구절은 아마도 단순한 '농부' 이상의 의미를 담고 있는 것 같다. NIV의 'soil'(땅)은 히브리어 아다마('adama)를 번역한 것인데, 이 단어는 창세기 앞부분에서 중요한 용어로 쓰였다. 인간이 만들어진 재료가 바로 아다마(즉 아다마의 흙)이며, 저주를 받는 것도 바로 이 '아다마'이고(3:17), 사람들이 죽고 나면 돌아가는 것이 바로 '아다마'이다(3:19). 이 '아다마'가 운이 다하여 홍수로 덮이게 되었고, 그때 하나님께서 다시는 그것을 파괴하지 않겠노라고 약속하신다. '아다마'의 사람인 노아는 죽을 수밖에 없는 인간이며, 따라서 그 저주와 계속 투쟁해야 한다."[14]

그러나 이런 비극적 상황이 노아의 소명의 전부는 아니다. 라멕이 백팔십이 세에 아들을 낳고 "이름을 노아(נֹחַ)라 하여 이르되 여호와께서 땅(אֲדָמָה; 아다마)을 저주하시므로 수고롭게 일하는 우리를 이 아들이 안위하리라 하였더라"(창 5:29)고 한 것을 보면 노아에게는 안위의 소명 역시 주어진 것 같다. 따라서 학자들은 노아는 땅에서 지음받은 아담의 후손으로, 땅의 경작자인 가인의 후예로, 여호와께서 땅(אֲדָמָה; 아다마)을 저주하시므로 고통받는 인간을 안위하는 소명을 받은 자로 묘사되고 있다고 본다.[15]

---

14) 존 H. 월튼, 『창세기 NIV 적용 주석』(성서 유니온 선교회, 2007), 504-505.
15) Waltkey, *Genesis* : "내레이터는 노아와 흙에서 지음받은 아담과 라멕의 예언을 연결시키기 위해 불필요한 확장을 첨가한다. 라멕은 그의 아들을 노아 '쉼'이라고 지었다. 그가 땅에 가한 저주로부터 위로를 가져올 자이기 때문이라는 것이다."

일부 해석자들은 노아가 포도 재배를 시작한 것을 "여호와께서 땅을 저주하시므로 수고롭게 일하는 우리를 이 아들이 안위하리라"(창 5:29)는 라멕의 소원이 이루어진 것으로 해석한다.16) 스타인메츠의 말을 들어보자.

"노아는 아담처럼 땅으로부터 태어난 것은 아니다. 그렇다고 가인처럼 땅의 저주에 의해 운명지어진 자로 태어난 것도 아니다. 오히려 노아의 출생은 하나님께서 땅을 저주함으로 생긴 고통을 경감시켜 줄 희망을 안겨준 인물이다. 사실상 이것이 포도원을 세운 의미에 대한 한 해석이다. 노아는 아담의 범죄 이후 처음으로 땅으로부터 위로를 창출한 인물이다. 노아는 땅과는 개별적이다. 노아는 홍수 때 땅의 운명을 함께 나누지 않았다. 땅은 포도원 스토리에 나오는 홍수 이후 첫 번째 죄에 연루되지 않았다. 땅은 저주받지 않았으며, 땅은 죄인의 저주를 실행할 필요가 없으며, 이 단락 안에는 죄인이 땅으로부터 추방될 위험도 나오지 않는다. 물론 이런 추방이 후에 가나안인들에게 나타난다. 왜냐하면 선택된 땅이 이들의 죄악을 용납할 수 없었기 때문이다."17)

5. 결론 : 신학적 메시지

5.1 땅과 인간의 필연적 관계

아담은 땅에서 취하여 만들어진 존재로 창조되었다. 가인은 땅을 경작하는 자였다. 이것은 노아도 마찬가지여서 성경 기자는 노아를 '땅의 사람'으로 묘사한다. 이렇게 본다면 인간은 누구나 땅과 필연적 관계를 맺고 사는 자들이다. 그런데 땅과 연관을 맺고 사는 것은 축복인 동시에 위험으로 가득 차 있다. 왜냐하면 땅은 "보기에 아름답고 먹기에 좋은 나무"(창 2:9)가 많은 곳이기도 하지만 먹으면 죽게 되는 선악과나무, 즉 "먹음직도 하고 보암직도 하고 지혜롭게 할 만큼 탐스럽기도 한 나무"(창 3:6)도 있는 곳이기도 하기 때문이다.

---

16) Wenham, *Genesis 1-15*, 198; Waltkey, *Genesis*, 147; Cassuto, *Genesis*, Part II, 159.
17) Steinmetz, "Vineyard, Farm, and Garden: The Drunkenness of Noah in the Context of Primeval History," 201-202.

아니나 다를까 아담은 선악과를 먹음으로써 타락하여 땅이 저주를 받게 되었고 얼굴에서 땀을 흘리며 고통을 당하다 끝내 땅으로 돌아갈 수밖에 없는 자가 되었다.

"네가 흙(הָאֲדָמָה; 하아다마)으로 돌아갈 때까지 얼굴에 땀을 흘려야 먹을 것을 먹으리니 네가 그것에서 취함을 입었음이라 너는 흙(עָפָר; 아파르)이니 흙(עָפָר; 아파르)으로 돌아갈 것이니라 하시니라"(3:19).

가인 역시 땅을 경작하는 자였으나 무고한 형제의 피를 흘려 땅이 오염됨으로 땅에서 피하여 유리하는 자가 되는 비극을 겪게 되었다.

그렇다면 과연 노아는 어떻게 될까? '땅의 사람'일 수밖에 없는 노아가 포도를 재배하기 시작한 것은 어떤 결과를 빚을까? 땅의 위험과 유혹을 노아는 이길 수 있을까? 포도를 재배하기 위해 밭을 갈게 되면서 아담에게 주어진 운명을 벗어날 수 있을까? 포도를 재배하면서 형제와 이웃과의 관계를 평화롭게 유지할 수 있을까? 이런 질문을 던져야 한다고 학자들은 말한다.

5.2 인간을 위로하는 사람이 되라

노아의 포도 재배 에피소드가 아직은 이런 질문에 답하지 않는다. 그러나 노아가 방주에서 나와 포도를 재배하면서 노아의 부친이 노아에게 기대한 일이 성취될 것 같은 느낌이 든다.

"이름을 노아(נֹחַ; 노아흐)라 하여 이르되 여호와께서 땅을 저주하시므로 수고롭게 일하는 우리를 이 아들이 안위하리라(יְנַחֲמֵנוּ; 예나하메누) 하였더라"(창 5:29).

인간에게 안위를 줄 인물로 보고 위로/쉼이라는 의미의 노아(נֹחַ; 노아흐)란 이름을 붙여준 부친의 기대가 포도 재배를 통해 이루어지지 않을까? 왜냐하면 포도주는 신이 준 선물로서 인간이 타락 이후 저주받은 상황으로부터의 쉼을 허락하는 생산품일 수 있기 때문이다.

포도와 포도주는 하나님께서 '사람의 마음을 기쁘게 하는' 먹거리로 인간에게 주신 것이라고 시편 기자는 노래한다.

"그가 가축을 위한 풀과 사람을 위한 채소(עֵשֶׂב; 에세브)를 자라게 하시며 땅에서 먹을 것(לֶחֶם; 레헴)이 나게 하셔서 사람의 마음을 기쁘게 하는 포도주와 사람의 얼굴을 윤택하게 하는 기름과 사람의 마음을 힘있게 하는 양식을 주셨도다"(시 104:14-15).

그런데 노아 이전에는 포도에 대한 어떤 언급도 없으며, 아담에게 준 저주는 밭의 채소를 땀을 흘려야 먹을 수 있다는 것이었다.

"땅이 네게 가시덤불과 엉겅퀴를 낼 것이라 네가 먹을 것은 밭의 채소(עֵשֶׂב הַשָּׂדֶה; 에세브 하사데)인즉 네가 흙으로 돌아갈 때까지 얼굴에 땀을 흘려야 먹을 것(לֶחֶם; 레헴)을 먹으리니 네가 그것에서 취함을 입었음이라 너는 흙이니 흙으로 돌아갈 것이니라 하시니라"(창 3:18-19).

이렇게 본다면 노아는 아담에 의해 주어진 땅의 저주로 인해 수고하는 인간을 위로하는 포도주를 선물로 준 인물로 볼 수 있다.

5.3 인간을 위로하는 포도주

그렇다면 포도주 생산이 왜 '안위'가 되는가? 월키의 말을 들어보자.

"노아가 포도주 생산을 시작하기 전에 땅은 인간의 수고를 통해 생계를 위한 음식을 창출하였다. 그러나 그 이상은 별로 없었다. 이제 노아는 땅을 경작하여 포도주를 생산하였고, 포도주는 사람의 마음을 즐겁게 하고, 위로하고, 유쾌하게 한다(삿 9:13; 시 104:15)."[18]

학자들이 이미 지적했듯이 포도 재배는 농업에서 일종의 진보라고 할 수 있다.

---

18) Waltkey, *Genesis*, 147.

포도주는 단순한 생활 필수품이 아니다. 일종의 사치품이라고도 할 수 있다. 단맛으로 인간의 노동의 고통과 수고를 위로하며 기쁨과 휴식을 가져다주는 음료이기 때문이다.

맥주는 주로 밀과 보리에서 만들므로 값싼 대중 음료였으나 [19] 포도주는 원래 희귀하고 값이 비싸서 일반 대중은 주로 절기 때나 축제 때에만 마실 수 있었다. 시간이 지나면서 포도주가 널리 소비되기 시작했고 공적인 절기나 축제 때만이 아니라 사적인 파티나 모임에도 가장 흔한 음료가 되었다.

음식의 역사를 살펴보면 전 세계적으로 포도주는 축제 때 빠져서는 안 되는 음료이다. 이것은 이스라엘의 전통에서도 마찬가지여서 포도나무와 포도 열매는 장차 임할 축복의 징표였다[20] : "각 사람이 자기 포도나무 아래와 자기 무화과나무 아래에 앉을 것이라 그들을 두렵게 할 자가 없으리니 이는 만군의 여호와의 입이 이같이 말씀하셨음이라"(미 4:4).

5.4 신의 음료 포도주

포도주는 최소한 주전 6천 년–4천 년에 고대 근동 땅에서 기원했던 것으로 보인다. 그리고 거기서 서쪽으로 퍼지면서 그리스와 로마로 알려지게 되었다. 어찌되었든 포도주는 그 맛을 떠나 인류 역사상 때론 신비적인 특성을 가진 음료, 신성의 음료로 간주된 것이 사실이다. 왜냐하면 기독교에서 빵과 포도주는 성찬식에 사용되는 신성한 음식이 되었기 때문이다.

> "지중해의 환경에서 태어나고 자라난 기독교는 그 문명의 물질적–이데올로기적 기초를 이루는 산물들을 음식상의 상징과 예배의 도구로 쉽게 받아들였다. 빵과 포도주는–상당한 논쟁이 없지 않았지만–성찬식(Eucharist)의 기적을 상징하는 본질적으로 신성한 음식이 되었고, 기름 역시 예배식에 필수불가결하게 되었다(기름은 성사[聖事]를 집행하고

---

19) 학자들에 의하면 맥주는 최소한 주전 4천 년대에 고대 근동의 따뜻한 나라들, 특별히 곡식이 풍부한 애굽과 메소포타미아에서 기원했다고 한다. 메소포타미아에서 맥주는 주점에서나 가정에서나 제의 때나 모든 계층의 사람들이 마셨다. 애굽에서는 일반 백성의 음료로 보았으므로 맥주를 신들에게 드리지 않았다. 애굽에서는 주식으로 노동자들, 군인들, 심지어는 학교 학생들에게까지 배분되었다. 그러나 이스라엘에서는 맥주가 중요한 역할을 한 적이 없다는 것이 학자들의 중론이다.

20) Westermann, *Genesis 1-11: A Commentary*, 487.

성소[聖所]의 등화(燈火)를 밝히는 데 쓰였다)."21)

따라서 유럽의 역사를 보면 기독교 신앙의 전파를 위해 신부들과 사제들과 수사들이 포도나무를 열심히 심은 것이 사실이다.

"널리 유포된 문학 장르인 성인전(Vitae)은 기독교 신앙을 확산시키기 위해서 열심히 포도나무를 심고 밀을 재배하는 사람들의 이야기로 가득하다. 포도와 밀은 그들의 직종에 필수적인 도구들이었던 것이다. …그리고 고문서 보관소의 문서들을 보면 교회와 수도원이 포도 재배와 밀 경작의 점진적인 확대에 중요한 역할을 했으며 그 결과 그 다음 여러 세기 동안 상상도 하기 힘든 기후와 위도에서 – 심지어는 영국에서도 – 포도 재배가 이루어졌다는 사실을 알 수 있다."22)

이런 점에서 "교회의 역사가 곧 포도주의 역사"라고 말하는 사람까지 생겨났다.

"포도가 전 세계적으로 퍼진 것은 가톨릭의 전교 때문이라고 할 수 있어요. 전교지에 가는 신부님들이 꼭 포도나무를 가져가 심고 미사주를 만들어 썼거든요. 마시기도 하고."23)

우리 나라에 양조용 포도가 들어온 것도 신부들 때문이었다고 한다. 1906년 독일의 성 베네딕투스 수도회 수사들이 오틸리엔에서 처음으로 포도나무를 가져다가 서울 혜화동에 있는 현재 동성고등학교 축구 운동장이 있는 자리에 심었다고 한다.24)

노아가 재배한 포도가 귀족들의 음료로 발전했다가, 마침내 예수께서 가나의 혼

---

21) 맛시모 몬타나리, 『유럽의 음식 문화』, 주경철 역 (새물결, 2001), 39.
22) 몬타나리, 『유럽의 음식 문화』, 41-42.
23) 김민수, "첫 한국산 포도주 만든 포도주 박사", 『경향 잡지』 1643 (2005. 2), 22.
24) 김민수, "첫 한국산 포도주 만든 포도주 박사", 23. 파리 외방 전교회가 우리나라에 처음 들어온 선교 단체이지만 이때 양조용 포도나무를 들여오지 않았다. 동성고등학교에서 일하던 허 회장이라는 분이 안성 사람인데 포도나무를 가져다가 안성에 심은 후로 프랑스 사람들이 경기도 안성에 양조용 포도를 심었다고 잘못 알려지게 되었다는 것이다. 안성의 포도 품종은 독일말로 트로링가(Trollinger)인데, 프랑스에서는 생산하지 않는다는 것이다.

인 잔치에서 물로 포도주를 만드셔서 축복하심으로 잔치의 음료와 축복의 음료가 되었다. 그 이후 예수께서 마지막 만찬에서 인간의 죄를 위해 흘리시는 자신의 피를 상징하는 음료로 포도주를 마시게 함으로 신의 음료가 되었다. 또한 우리에게 성찬을 먹을 때마다 그리스도의 죽으심을 기억하고 기념하라고 하심으로써 진정한 의미에서 신의 음료가 되었다.

이에 사도 바울은 "우리가 축복하는 바 축복의 잔은 그리스도의 피에 참여함이 아니며 우리가 떼는 떡은 그리스도의 몸에 참여함이 아니냐"(고전 10:16)고 반문하면서 우리가 '신의 음료'를 마시는 '신의 백성'임을 강조한다.

"노아의 때에 된 것과 같이 인자의 때에도 그러하리라 노아가 방주에 들어가던 날까지

사람들이 먹고 마시고 장가들고 시집가더니 홍수가 나서 그들을 다 멸망시켰다"

눅 17:26–27

"Drunkenness of Noah"(1515) by Giovanni Bellini
from Wikimedia Commons est disponible en français.

"Go into the ark, you and your whole family"

21장

노아는 왜 술을 마시고 취하여 옷을 벗었을까?

창 9:20-21

1. 문제 제기

창세기 9:19-25을 보면 노아의 모습은 이전과는 다르게 보인다. 홍수 전에 노아는 순백의 의인으로 나타난다. "노아는 의인이요 당대에 완전한 자라 그는 하나님과 동행한" 자였다(창 6:9)고 내레이터는 묘사한다. 어디 그뿐인가? 여호와께서는 친히 "네가 내 앞에 의로움을 내가 보았음이니라"(창 7:1)고 선언하셨다. 이렇게 의로운 사람이 어디에 있을까 하고 놀랄 정도로 노아는 순백의 의인이었다.

그러나 창세기 9장에 나오는 노아의 모습은 이런 의인과는 전혀 어울리지 않는 것 같다. 노아는 대홍수가 끝난 후에 농사를 짓기 시작하면서 포도나무를 심었다. 그런데 노아가 포도주를 마시고 취해 장막 안에서 벌거벗은 채 드러누운 것이다. 게다가 이런 벌거벗은 모습을 식구들에게 노출하는 일이 발생했다. 어떻게 이런 일이 일어날 수 있을까?

피상적으로 보면 잘 이해가 되지 않는다. 그러나 성경 기자는 노아가 '땅의 사람'으로 삶을 유지하기 위해서는 땅을 경작할 수밖에 없었고, 노아는 포도 재배를 시작한 첫 사람이 되었다고 이미 밝힌 적이 있다.

그런데 성경 기자는 땅의 사람 노아가 포도를 재배하기 시작한 후의 첫 행동을 한 문장으로 매우 간략하게 묘사한다.

"포도주를 마시고(שָׁתָה; 샤타) 취하여(שָׁכַר; 샤카르) 그 장막 안에서 벌거벗은지라(גָּלָה; 갈라)"(창 9:21).

내레이터는 노아가 포도주를 '마시고'(שָׁתָה; 샤타) '취하여'(שָׁכַר; 샤카르) '벌거벗었다.' (גָּלָה; 갈라)고만 서술하고 있다. 피상적으로 읽으면 의미가 분명한 것처럼 보이지만, 실제로는 너무나 간략한 묘사이므로 해석의 여지가 굉장히 크다. 왜냐하면 세 개의 동사만 나올 뿐 어떤 명시적 해석도 덧붙이지 않기 때문이다.

2. 전통적인 부정적 해석

많은 주석가들과 설교자들이 이 문제를 놓고 여러 견해를 제시했으나 지금까지 완벽한 해결을 보지 못했다. 왜냐하면 이 본문은 "만족할 만한 설명이 쉽지 않은 난제들과 모호함이 가득한" 스토리이기 때문이다.[1] 따라서 어떤 주석가도 설교자도 본문을 완벽하게 설명해 내기는 쉽지 않다. 그렇다고 해서 본문을 심도 있게 해석하려는 노력을 포기해서는 안 된다. 왜냐하면 이 본문이 너무 쉽게 피상적으로 해석되면서 온갖 해석이 난무했기 때문이다.

그동안 교회 해석사를 보면 이를 금방 알 수 있다. 우선 그동안의 전통적인 대부분의 해석자들(설교자들)은 세 개의 동사 모두에서 문제점을 느낀다. 술인 포도주를 먹은 것도 문제인데, 술에 취하기까지 했고, 심지어 벌거벗기까지 했으니, 노아가 죄를 지어도 큰 죄를 지은 것으로 보는 것이 가장 흔한 대중적 해석이다.

설교자들은 "의인은 없나니 하나도 없다."는 말씀과 같이 그렇게 의로왔던 노아에게도 실수가 있었다는 점을 주로 강조하면서 설교를 한다. 그러고는 노아의 실수

---

1) G. von Rad, *Genesis: A Commentary*, OTL (The Westminster Press, 1972), 135.

의 원인은 술 때문이므로 술 취해서는 안 된다는 교훈을 덧붙인다. 물론 이런 설교의 요점이 잘못되었다고 보기는 어렵다. 본문이 이런 점들을 최소한 암시하고 있기 때문이다. 그러나 노아 홍수 이후에 노아의 후손들이 온 땅에 퍼지게 되는 스토리를 담고 있는 이 짧은 에피소드는 이런 몇 가지 도덕적 교훈을 주기 위해 우리에게 주어진 계시는 아니다. 특별히 태고사(창 1-11장)는 매우 함축적이고 심도 있는 본문으로 구성되어 있다.

3. 긍정적 해석의 등장

3.1 포도주를 마신 것은 문제가 안 됨

한편 다른 해석자들은 노아의 술 취함을 부정적으로 보지 않고 긍정적으로 해석하였다. 첫째로 포도주를 마신 것이 문제가 될 수 없다는 것이다. 포도나무를 심었다면 포도주를 마시는 것은 자연스런 그 다음 수순이 아니냐는 것이다. 그렇다면 포도주를 마시고 취한 것이 문제일 수 없다고 본다. 예를 들어 창세기 43:34에 보면 성경 기자가 요셉이 형제들과 함께 술을 마시고 취한 것을 문제 삼기는커녕 오히려 좋은 일로 보고 있다는 것이다.

"요셉이 자기 음식을 그들에게 주되 베냐민에게는 다른 사람보다 다섯 배나 주매 그들이 마시며(שׁתה; 샤타) 요셉과 함께 즐거워하였더라(שׁכר, 샤카르)"(창 43:34).

한글개역개정에는 '마시며…즐거워하였더라'고 되어 있고 영어 번역본들 역시 비슷하게 번역하지만(they drank, and were merry with him, KJV, RSV), 히브리어로는 동일하게 '마시고(שׁתה; 샤타) 취하였다(שׁכר, 샤카르)'로 되어 있다. 그렇다면 노아의 경우도 요셉의 경우처럼 번역자들이 얼마든지 노아가 '포도주를 마시고 즐거워하였다.'라고 번역할 수 있으나 그렇게 하지 않은 것은 번역자들의 선입관 때문이라는 것이다. 더욱이 성경 기자는 노아가 포도주를 마시고 '심하게' 취했다고 묘사하지 않고, 단지 노아가 취했다고만 적고 있으므로 문제가 안 된다고 보는 해석자들도 있다.

3.2 자기 장막 안에서 벌거벗은 것이므로 문제가 안 됨

또한 일부 학자들은 노아가 '벌거벗은' 것이 문제처럼 보이지만, 본문을 보면 노아가 '그의 장막 안에서'(אׇהֳלֹה ; 오홀로) 벌거벗은 것이므로 문제가 안 된다는 것이다. 노아가 벌거벗은 것은 공적으로 노출된 장소가 아니라, '그의 장막 안에서'(in his tent) 벌거벗은 것이므로 노아를 부정적으로 보아서는 안 된다는 것이다.

그렇다면 '그의 장막 안'에서 벌거벗었다는 말은 무슨 의미인가? 랍비들은 '그의 장막'이라고 한글개역에서 번역한 히브리어 오홀로(אׇהֳלֹה)를 설명하면서 아내와 성관계를 갖기 위한 목적이 있었다고 해석한다. 오홀라(אׇהֳלָה)는 여성을 가리키는 자음(ה)으로 끝이 나므로 랍비들은 '그녀의 장막', 즉 노아의 아내의 장막을 가리키는 것으로 본다.[2] 노아가 관계를 갖기 위해 '아내의 장막'으로 갔고, 거기서 벗었다는 것이다.

3.3 땅에 충만하라는 명령에 순종한 바람직한 행동

'그의 장막'(אׇהֳלֹה)을 노아의 장막으로 보든, 아내의 장막으로 보든 간에 상관 없이 침신대 엄원식 교수는 노아가 술에 취한 것은 인품의 결여 때문이 아니라, '땅에 충만하라.'는 하나님의 명령을 온전히 순종하려는 노력에서 나온 것이라고 말한다.

> "그에게는 포도주를 마시고 취하여 방종하고 싶은 생각은 추호도 없었고, 다만 그도 어쩔 수 없이 늙어가고 있었으니, 시들어가는 정욕에 불을 붙이는 방법으로 최음제를 사용하였을 뿐인데, 그 복용량이 과다하였으니 그것은 그의 나이 탓이리라. …따라서 노이기 포도주를 괴롭한 동기는 하나님의 명령을 이행해야 한다는 순수한 것이었다."[3]

게다가 노아가 포도주를 마시고 취해 자기 장막 안에서 벌거벗은 모습은 그리스인들에 비하면 별것 아니라고 일부 해석자들은 말한다. 바쿠스 주신(酒神)을 기념하

---

2) Genesis Rabbah 36:7. *Midrash Rabbah* (London: The Soncino Press, English translation, 1939), 290-291. 현대 역본들은 오홀로를 오헬(אֹהֶל)이란 명사에 3인칭 남성 단수 대명사 접미 '오'(ֹ; 여기서는 ה)가 붙은 것으로 보아 '그의 장막'이라고 번역한다.
3) 엄원식, "히브리 문학과 고대 근동 문학의 비교: 노아의 포도원 사건을 중심으로", 『복음과 실천』 13 (1990. 9), 139.

는 축제에서 그리스인들은 와인을 온 몸에 뒤집어쓸 정도로 밤새도록 혼음을 하곤 했다고 한다. 1년에 하루 와인은 그리스인들에게 수치심을 버리고 인습을 거부할 수 있는 힘을 주었기에 와인을 말 그대로 '신의 축복'이라 불렀다고 한다. 심지어는 성적인 난교의 모습마저 보였다고 한다. 이런 점에 비추어 보면 노아가 포도주를 마시고 취해 자기 장막에서 벌거벗은 모습은 그렇게 비난만 할 것이 아니라는 것이다.

3.4 일부 복음주의자들의 유연한 태도

그러다 보니 최근의 학자들은 심지어 복음주의적 입장을 지닌 사람들까지 노아의 술 취함과 벌거벗음에 대해 우호적인 태도를 보인다. 예를 들어 월튼의 말을 들어 보자.

"본문은 노아의 술 취함에 대해 일언반구 설명이나 변명이나 비난을 하지 않고 있다. 이것은 설명이나 변명이나 비난이 필요없다는 것을 의미하지 않는다. 다만 그 본문은 그런 것으로 본래의 목적이 방해받는 것을 원치 않을 뿐이다. 인간의 타락과 병행을 이루는 것은 노아의 상태가 아니라 함의 행동이다. 타락 이전에는 아담과 하와가 자신들의 벌거벗음을 의식하지 못하고 있으며, 여기서 노아도 역시 그러하다는 사실에 주목하라. 더욱이 그 저주에 연루된 사람은 노아가 아니라 함이다."[4]

4. 창조와 타락의 문맥 안에서 읽어야

4.1 문맥이 의미 확정의 요소이다

그렇다면 이렇게 다양한 해석 가운데서 어떤 해석이 옳은가? 우리는 본문의 의미를 어떻게 확정해야 할까? 이 문제를 해결하려면 해석사의 다양성의 이유가 무엇인지 먼저 살펴보아야 한다.

---

4) 존 H. 월튼, 『창세기 NIV 적용주석』(성서 유니온 선교회, 2007), 505.

지금까지의 해석사를 살펴보면 많은 학자들이 노아의 술 취함 에피소드를 그 자체만으로 독립적으로 해석하는 경향이 있어왔다. 대부분의 해석자들은 성경의 시초사(창 1-11장)의 근접 문맥이나 성경 전체의 정경적 문맥을 심각하게 고려하지 않고, 에피소드 자체만을 해석하다 보니 해석의 객관적 통제가 다소 어려웠던 것이다. 따라서 우리는 본문을 독자적으로 해석해야 할 뿐 아니라 문맥 가운데서도 읽어야 한다. 본문 자체가 해석의 여지가 다양할 때에는 문맥이 의미를 확정하는 결정적 관건이 되기도 하기 때문이다.

독일학자 클라우스 베스터만은 "각각의 전승을 가진 네 가지의 너무 다양한 요소들이 짧은 스토리 안에 혼재해 있다는 사실"을 간과하기 때문에 본문을 만족할 만하게 해석하지 못하는 것이라고 말한다. 그 네 가지 요소는 "(1) 노아의 세 아들들(족보); (2) 문명사에 관한 언급(창 4:17 이하에서처럼); (3) 범죄와 형벌 내러티브; (4) 저주와 축복"이다. 따라서 이 "네 가지 요소를 각각 그 자체로 주해한 후에 다시 이 요소들이 어떻게 결합되게 되었는지를 살펴야 만족스럽게 해석할 수 있다고 베스터만은 제안한다."[5] 다시 말해 앞뒤의 문맥을 염두에 두면서 본문을 살피지 않은 것이 다양한 해석을 야기시킨 원인이라는 것이다.

4.2 아담에서 가인을 거쳐 노아로 이어지는 거대 담론을 봐야 한다

이에 스타인메츠 같은 학자는 "포도원 스토리를 이전의 창조와 타락의 문맥 안에서 읽어야" 한다고 말한다. 그리고 "이런 읽기가 새로운 세상–그리고 실제 세상–안에서 인간의 존재에 대한 묘사(a description of human existence in the new-and real-world)를 제공해 준다."고 해석한다.[6] 스타인메츠는 성경의 시초사 안에는 세 개의 시작 스토리가 있다고 말한다. 아담-하와 스토리, 가인-아벨 스토리와 노아 스토리가 각각 새로운 시작을 보여주는데, 이 세 개의 시작 스토리에는 상호 유사성이 있으며, 이로 인해 이 세 스토리는 하나의 거대 담론을 형성한다고 말한다. 스타인메츠(Steinmetz)의 해석을 풀어서 설명하면 아래와 같다.[7]

---

[5] Claus Westermann, *Genesis 1-11: A Commentary* (Augsburg, 1984), 483.
[6] Steinmetz, "Vineyard, Farm, and Garden: The Drunkenness of Noah in the Context of Primeval History," 195.
[7] Steinmetz, "Vineyard, Farm, and Garden: The Drunkenness of Noah in the Context of Primeval

(1) 인류의 세 시작을 살펴보면 모두 죄나 타락의 요소가 나온다 : 아담과 하와가 선악과를 먹음, 가인이 아벨을 살해함, 노아의 범죄.

(2) 아담과 가인과 노아는 땅과 연관되어 묘사된다. 아담(אָדָם)은 흙(אֲדָמָה; 아다마)으로부터 창조되어 흙을 경작하고 갈아야 했고, 가인은 땅을 경작하는 자였으며, 노아는 땅의 사람이었다.

(3) 각 스토리는 무엇인가를 '심음'(planting)으로 시작한다 : 선악을 알게 하는 나무, 가인의 소산, 노아의 포도나무는 이어지는 타락의 배경을 제공한다.

(4) 각 스토리는 '앎'의 주제가 다소 중심적 주제로 나타난다. 각 스토리에는 타락 직후 '알다.'는 동사가 나온다.

(5) 더욱이 벌거벗음(벌거벗음의 앎이나 인식 그리고 성적인 죄의 위협)은 아담/하와 스토리나 노아의 포도원 스토리에 중심적인 역할을 한다(물론 가인 스토리에는 나오지 않지만).

이렇게 세 개의 스토리를 하나의 거대 문맥으로 보고 노아의 술 취함과 벌거벗음의 스토리를 해석해 보면 이를 긍정적으로 보기가 어렵다는 것이 스타인메츠의 주장이다.

4.3 아담의 타락을 상기시키는 노아의 타락

어찌되었든 최근의 학자들은 노아의 포도주 에피소드는 성경 시초사(창 1-11장)의 맥락을 염두에 둘 때에만 제대로 이해할 수 있다는 데 의견 일치를 보인다. 앤서니 토마시노(Anthony J. Tomasino)는 아담의 타락과 노아의 타락 사이에는 흥미로운 평행이 있다[8]는 점을 이렇게 지적했다.

> "노아가 흙의 사람이 된 직후에, 그는 포도원을 심었다(וַיִּטַּע; 와이타). 타락 스토리와도 흥미로운 평행이 나타난다. 여호와 하나님께서는 아담을 창조한 직후에 동산을 심으셨다(창설하셨다; וַיִּטַּע; 와이타). 결국 노아의 포도원은 이 스토리에서는 타락 내러티브 안에

History," 194-195.

[8] Anthony J. Tomasino, "History Repeats Itself," *VT* 42/1 (1992), 128-130.

서 에덴 동산의 역할과 유사한 역할을 하는 것으로 보인다."9)

토마시노는 아담과 노아가 땅의 열매를 먹으면서 위기가 발생하는 것도 유사하다고 말한다. 아담은 선악과를 따먹고 벌거벗음을 알게 된 반면에 노아는 포도주를 마시고 취하여 벌거벗게 되었다는 것이다. 그의 말을 계속 들어보자.

"타락 내러티브와 노아의 술 취함 내러티브의 양 스토리에서 주인공이 땅의 열매를 먹으면서 위기가 발생한다. 그러나 위기가 동일한 것은 아니다. 사실상 서로서로의 거울 이미지가 된다. 아담과 하와가 선악을 알게 하는 나무의 열매를 먹은 후에 눈이 밝아졌고 자신들이 벌거벗음을 알았다. 이에 즉시 이들은 자신들을 가리려고 했다. 이들은 여호와 하나님께서 접근해 오는 것을 듣고 에덴 동산의 나무 가운데 숨었다(3:8). 노아가 포도주를 마시자, 정신을 잃었다. 그는 나무 가운데에 자신의 벌거벗음을 숨기지 않았다. 오히려 자신의 장막 안에서 자신의 벌거벗음을 벗겼다(9:21). 노아는 함이 그의 벌거벗음을 보았을 때 그 사실을 알지도 못했다. 타락과는 흥미롭게도 대반전을 이루어 금단의 열매가 그의 벌거벗음의 지식을 주지 않고 오히려 지식을 빼앗아 가버렸다."10)

결국 토마시노가 볼 때에는 노아의 술 취함 에피소드에서 함의 역할은 에덴 동산에서 뱀의 역할과 같다는 것이다. 뱀이 이로 인해 저주를 받은 것처럼 함도 저주를 받을 수밖에 없었다는 것이다. 토마시노의 말을 직접 들어보자.

"이 에피소드에서 함의 역할은 에덴 동산에서의 뱀의 역할과 유시히다. 부친의 벌거벗음을 보았을 때, 함은 가서 그의 형제들에게 말하였다(9:22). 아담과 하와가 여호와 하나님께 그들이 벌거벗어서 숨었다고 말하자, 하나님께서는 누가 너희의 벌거벗음을 일러 주었느냐고 물었다(3:11). 이런 정보의 원천은 궁극적으로는 뱀임이 드러났다. 더욱이 함이 그의 형제들에게 부친의 벌거벗음에 대해 이야기를 했을 때, 함은 금지된 지식(아버지의 벌거벗음을 볼 수 있는 기회)을 가지고 형들을 유혹한 것이 틀림없다. 마지막으로 뱀

---

9) Tomasino, "History Repeats Itself," 129.
10) Tomasino, "History Repeats Itself," 129-130.

이 타락에 가담하여 다른 동물들보다 더 저주를 받았다(3:14). 뱀의 후손이 여인의 후손에 굴복하는 운명이 주어진 것이다(3:15). 함의 후손도 역시 저주를 받았고 그의 형제들의 종이 되는 운명이 주어졌다(9:25). 그러나 이 저주의 효력있는 결과는 일반적으로 아담과 하와가 범죄했기 때문에 받은 고통을 생각나게 한다. 아담과 하와가 에덴 동산을 빼앗겼듯이, 그의 후손들이 고향을 빼앗긴 것이다."[11]

여기서 토마시노에게 더욱 흥미로운 것은 하나님께서 가죽옷을 지어 아담과 하와의 벌거벗음을 가리운 것처럼, 노아의 벌거벗음은 셈과 야벳이 덮어주었다는 것이다.

"타락 스토리와 노아의 술 취함 스토리 사이에 남은 한 가지 평행이 있다. 양 스토리 안에는 주인공의 벌거벗음을 다른 이들이 덮어준다. 하나님께서 친히 가죽옷을 지어 아담과 하와를 덮으신 반면에(3:21), 노아는 셈과 야벳이 덮어준다(9:23)."[12]

앤서니 토마시노는 "역사는 반복된다."며 아래와 같이 결론을 내린다.

"이런 평행은 역사는 약간의 뒤틀림은 있지만 진정으로 반복된다는 사실을 보여준다. 노아의 술 취함 스토리는 새로운 타락과 새로운 형제 갈등을 보여준다. 따라서 홍수에서 바벨탑에 이르는 세계 역사는 본질적으로 창조에서 홍수에 이르는 역사의 재생임을 보여준다."[13]

4.4 노아의 술 취함은 은혜로부터의 추락

웬함은 "아담의 죄와 노아의 죄를 동일시하는 것은 조금 지나치다."고 보기도 하지만, 그럼에도 불구하고 "노아가 술 취하여 벌거벗은 것은 '당대에 완전한 자요 하나님과 동행하던 자'가 은혜로부터 추락한" 모습이라고 인정한다.[14] 이렇게 본다

---

11) Tomasino, "History Repeats Itself," 130.
12) Tomasino, "History Repeats Itself," 130.
13) Tomasino, "History Repeats Itself," 130.
14) Wenham, *Genesis 1-15*, 199.

면 노아가 포도주를 마시고 취하여 그의 장막 안에서 벌거벗은 것을 그저 긍정적으로 해석하는 것은 옳지 않다고 결론지을 수 있다.

5. 결론 : 신학적 메시지

5.1 술의 위험

이미 여러 학자들이 지적한 것처럼 노아가 포도주를 마신 것만으로는 비난의 대상이 되지 않을 수 있다. 성경에서도 포도주는 매일의 삶의 버거움과 고통을 이겨내는 데 도움이 되는 활력소였다(시 104:15; 잠 31:16). 그뿐 아니라 포도주는 종교적인 의식이나 세속적 축제에서 중요한 역할을 감당했다. 심지어 제사드릴 때에도 종종 포도주가 전제로 함께 드려졌음을 잊어서는 안 된다(레 23:13; 민 15:1 등).

그러나 경건한 학자들은 성경 전체에는 술의 위험이 끊임없이 등장한다는 점을 잊어서는 안 된다고 경고한다. 우선 나실인 서원이 술이나 포도 열매를 먹는 것을 금한다(민 6장; 삿 13:4). 그 다음에 제사장들 역시 성소에 들어가기 전에는 금주할 것을 요구하고(겔 44:21) 그렇지 않을 경우 '죽을 수 있다.'고 경고한 것(레 10:9)을 명심해야 한다. 그렇다면 노아가 술 먹고 취해 벌거벗은 것을 긍정적으로만 보기 어렵게 만든다.

나발이 술에 취해 다윗의 호의를 배신으로 갚는 모습(삼상 25장)과 아하수에로 왕이 술에 취해 와스디 왕후를 신하들 앞에 나오게 하려다가 실패한(에스더 1장) 에피소드는 술 취함이 어리석은 행동을 하게 한다는 점을 잘 보여준다. 게다가 신지서와 지혜문학을 보면 끊임없이 술 취하는 것에 대해 경고한다(잠 20:1; 사 5:22, 28:7).

우리는 여기서 월키의 해석을 주목해야 한다.

"더욱이 비록 다윗이 실패하긴 했지만, 시의적절하지 않은 아내와의 성관계에 대한 우리야의 종교적 양심을 제거하기 위해 다윗은 우리아로 술 취하게 했다(삼하 11:13). 롯의 딸들은 근친상간을 위해 롯에게 술을 먹였다(창 19:31-35). 노아의 술 취함이 긍정적이고 칭찬할 만한 것이라는 주장을 지지하기 위해 브라운(Brown)은 노아가 옷을 벗은 것은 공적인 문제가 아니라 개인적인 문제라고 핑계를 댄다."[15]

"그러나 최소한 그가 옷을 벗은 것은 아들의 죄를 촉발시켰고, 다른 아들들이 아버지의 벌거벗음을 가리운 것은, 노아가 마땅히 조심했어야 함을 보여준다. 물론 하박국 2:15과 예레미야애가 4:21의 정확한 모습은 창세기 9:21과 다르지만, 선지자들이 술 마신 것과 연관해서 벌거벗은 것을 맹비난한다. 이것은 내레이터가 노아의 술 마심과 벌거벗음을 칭찬하는 것이 아니라 정죄하고 있음을 암시한다. 포도주는 적절히 마셨을 때에는 기쁨을 가져다주나, 지나치게 마시면 도덕적 나태와 슬픔이 찾아오게 한다."[16]

따라서 우리는 노아가 술을 마시고 취한 것을 긍정적으로만 볼 수는 없다. 이어지는 노아의 벌거벗은 행동도 마찬가지이다. 일부 해석자들은 노아의 벌거벗음마저도 긍정적으로 보지만 창세기 전체 문맥을 보면 그렇게 해석하기가 어렵다.

5.2 노아의 죄

노아의 벌거벗음 에피소드는 인간이 얼마나 죄 앞에서 연약한 존재인지를 잘 보여준다. 경건하기 그지 없는 노아조차도 술에 취하면 누가 자신에게 무슨 일을 하는지조차 모르는 인식의 상실 상태로 떨어진다는 점을 적나라하게 보여준다. 이 점에 대해서는 다음 장에서 상세하게 다룰 것이다.

모세오경이라는 전체 문맥 안에서 노아 스토리를 해석하는 가운데 세일해머는 노아가 술 취하여 벌거벗은 것을 '죄'로 보면서, 에덴 동산에서 아담과 하와가 벌거벗은 것과 연관시켜 해석한다.

"노아는 자신의 포도밭의 결실인 포도주를 마시고 벌거벗었다. 여기서 성경 기자의 의도는 노아와 아담의 유사성을 지적하려는 데 있다. 심지어는 홍수로부터 구원을 받은 후에도 인류는 하나님의 선한 선물을 유지할 수 없다는 사실을 보여주려고 한 것이다.

---

[15] W. Brown, "Noah: Sot or Saint?", *The Way of Wisdom: Essays in Honor of Bruce K. Waltke*, ed. J. I. Packer and S. K. Soderlund (Grand Rapids: Zondervan, 2000), 36-60.
[16] Waltkey, *Genesis*, 148.

아담처럼 노아도 죄를 범하였고, 이 죄의 결과는 후의 자녀들 안에서도 발견된다. 창세기 3장에서처럼, 노아의 죄는 그의 벌거벗음 속에서 드러난다(참조 2:25, 3:7). 에덴 동산 스토리의 문맥에서 읽으면 노아가 벌거벗은 것이 함축하는 바가 명백히 드러난다. 인간은 원래 벌거벗었으나 부끄러워하지 않았다는 사실을 미묘하게 패러디하면서, 노아는 술에 취해 자신의 장막에서 벌거벗었다고 성경 기자는 말한다."[17]

우리가 첫 장에서 이야기한 대로 한국 교회의 설교자들은 대부분 본문이 전체 성경 안에서 어떤 정경적 의미가 있는지를 살펴보지 않고 그저 본문 그 자체만을 놓고 해석하다 보니 해석이 주관적일 수밖에 없었다. 정경 전체의 문맥에서 본문이 차지하는 위치와 순서를 염두에 두고 해석한다면 좀 더 객관적이고도 풍성한 의미를 찾을 수 있다.

5.3 노아의 역설

우리는 여기서 『노아의 역설』이란 책의 저자인 캐럴 옥스(Carol Ochs)의 해석에 귀를 기울여야 한다.

"노아는 첫 포도나무를 심었다. 그러고는 포도원에서 나온 포도주를 마시고 술에 취하였다. 두 가지 사건, 즉 노아와 맺은 하나님과의 언약, 그리고 노아의 술 취함은 밀접하게 연결되어 있다. 노아는 언약에 대한 인식을 제거하기 위해 술을 마신 것이다. 시간이 영원히 지속될 것이라는 약속(the promise that time will continue on forever)은 확신을 주는 말씀이지만, 무서운 살해와 엄청난 재앙을 경험하고 살아남은 이들에게는 한 번으로 족한 것이다. 한 번이 아니고 여러 번 시련을 겪어야 한다는 사실은 생각조차도 끔찍한 것이다. 하나님의 약속으로 인해 인간은 미래의 홍수로부터 면제를 받았다. 상황이 호전되었기 때문이 아니라, 상황은 고쳐질 수 없기(incorrigible) 때문이었다: '내가 다시는 사람으로 말미암아 땅을 저주하지 아니하리니 이는 사람의 마음이 계획하는 바가 어려서부터 악함이라.'"[18]

---

[17] Sailhamer, *The Pentateuch as Narrative*, 129 (한글번역본은 상권, 247-248).
[18] Carol Ochs, *The Noah Paradox: Time as Burden, Time as Blessing* (Notre Dame: University of

옥스가 말한 대로 노아 홍수 스토리는 인간의 삶의 조건이 무엇인지를 보여준다. 인간의 마음이 계획하는 바가 항상 악할 뿐이라는 사실은 변함이 없다. 이것은 홍수로도 바꿀 수 없는 것이다. 물론 하나님께서는 물로 심판하지 않겠다고 약속하셨으므로 위로가 되지만, 인간의 사악함이 우리가 사는 세상을 다시금 폭력으로 물들게 할 가능성이 크기 때문이다. 하나님의 백성 역시 이런 삶의 조건 안에서 살 수밖에 없다.

그러나 우리가 세상과 삶의 조건만을 탓할 수는 없다. 우리 역시 노아처럼 흠이 있는 자들이기 때문이다. 캐럴 옥스의 말을 더 들어보자.

"노아처럼 우리도 흠이 있음을 알고 있다. 우리는 흠투성이의 삶을 살 수밖에 없으며, 우리 자신의 허물과 우리 세상의 흠에 대해 인식하며 살고 있다. 자신의 고통을 경감시키기 위해 술을 마심으로써 노아는 스스로 치료하였다. 노아는 자신의 우울증의 원인에 대해 정확히 알고 있었다. 그것은 시간의 짐에 대한 인식(an awareness of the burden of time)이었다. 그러나 그는 잘못된 치료책을 택하였다. 물론 이런 선택의 뒤에 있는 논리는 흥미롭지만. 노아는 시간의 지속성에 대한 인식을 견뎌내기 위해서는 자신의 인식을 변화시킬 필요가 있었다. 따라서 변경된 인식의 형태인 만취(inebriation)를 택한 것이다."19)

옥스의 말대로 노아가 고통을 경감시키려고 술을 마실 수밖에 없었는지는 알 길이 없다. 그러나 우리 역시 노아처럼 술을 마시고 취하여 벌거벗은 것 같은 우를 범하며 살고 있는 것만은 분명하다.

"제2차 세계 대전의 대학살의 살아남은 자로서 우리는 노아가 서 있던 곳에 서게 되었다. 우리가 흠이 있는 존재이며 우리의 삶은 일련의 고통과 지속되는 투쟁이라는 사실을 인식하고 서 있다. 우리는 노아의 고통을 느끼고 있으나, 우리는 노아의 해결책은 거

Notre Dame Press, 1991), 3-4.
19) Ochs, *The Noah Paradox*, 4.

부해야 한다. 이런 상황에서 우리가 보여야 하는 응답은 무엇인가?"[20]

비록 신학적 묵상이 많이 들어간 글이지만, 노아가 술 취한 것이 우리에게 어떤 삶의 통찰력을 줄 수 있는지를 보여주는 좋은 예라고 할 수 있다. 우리 역시 흠이 있는 존재로서 노아처럼 포도를 재배하면서도 포도주에 취하지 않고 과연 살 수 있을까?

---

20) Ochs, *The Noah Paradox*, 4.

"Go into the ark, you and your whole family"

22장

아버지의 벌거벗음을 본 것뿐인데, 왜 함이 문제인가?

창 9:22-23

1. 서론적 이야기

1.1 술 취한 노아 에피소드를 피상적으로 해석해서는 안 된다

노아 홍수 후의 첫 번째 에피소드를 읽으면 당황스럽기 그지 없다. '마른 땅에 선박을 짓는' 경건한 노아는 어디론가 사라지고 술에 취하여 벌거벗고 누운 모습이 나타나기 때문이다. 노아가 포도주를 마시고 벌거벗은 것을 함이 보고 두 형제에게 알린 반면에 셈과 야벳은 옷을 가져다 뒷걸음쳐서 아버지의 하체를 덮은 것이 알려지자 노아가 함의 아들 가나안을 저주했다. 이런 갑작스런 노아의 모습의 변화는 많은 해석자들을 당황스럽게 만든다.

이에 대해 많은 주석가들과 설교자들은 교리적으로 접근한다. "의인은 없나니 하나도 없으며"(롬 3:10)는 말씀과 같이 그렇게 의로웠던 노아에게도 실수가 있었다는 점을 강조한다. 그러고는 노아의 실수의 원인은 술 때문이므로 술 취해서는 안 된다는 교훈을 덧붙인다. 그리고 함이 한 행동을 지적하면서 자녀들은 부모를 공경해야 한다는 교훈을 첨가하기도 한다. 물론 이런 도덕적이면서도 교훈적인 설교의 요점이 잘못된 것이라고 보기는 어렵다. 본문이 이런 점들을 최소 암시하고 있기 때문이다.

그러나 노아의 술 취함 에피소드는 단순한 도덕적 교훈이나 윤리적 지침을 주기 위해 기술된 이야기가 아니다. 이 스토리는 겉으로 보이는 것처럼 그저 노아의 삶에서 일어난 일상적인 이야기, 노아의 벌거벗음을 본 세 아들의 반응을 다루면서 함은 저주하고 셈과 야벳은 축복하는 사적인 이야기가 아니다. 노아의 술 취함 에피소드는 홍수 후 세상에 대한 첫 번째 스토리인데 이런 개인적 일상사와 도덕적 교훈을 담았을 리 만무하다.

1.2 '홍수 후 세상'의 성격을 보여주는 스토리

축복과 저주의 갈림길에서 한 개인뿐 아니라 그 개인의 후손들의 운명을 영원히 결정하게 만든 심각한 이야기이다. 엄밀하게 이야기하면 홍수 후 지금도 지속되는 이 세상의 성격이 무엇인지를 보여주는 유일하면서도 결정적인 이야기이다.

드보라 스타인메츠는 이 스토리의 신학적 중요성을 이렇게 밝힌다.

"그 자체로서 그것(노아 홍수 스토리)은 우리에게 이 새로운 세상은 어떤 것인지를 보여준다고 나는 생각한다. 축복과 경고를 담고 있는 하나님의 홍수 후 세계가 노아와 노아의 가족이 이제 막 발을 디디게 된 이 세상 안에서 어떻게 전개될 것인가? 노아의 세상은 홍수 이전 세계와는 어떻게 다른가? 인간과 하나님과의 관계, 인간 대 인간의 관계, 인간과 자연의 관계는 이전 세계와 어떻게 다를까?

사실상 노아의 세상은 창세기에서 인간이 거주하게 된 세 번째 세상(에덴 동산의 세상, 에덴 동산 밖의 세상, 홍수 후의 세상-필자 첨가)이다. 그리고 이것이 마지막 세상이다. 성경이 우리에게 오늘날 우리가 살고 있는 세상이라고 말하는 바로 그 세상이다."[1]

노아가 술에 취하여 벌거벗은 것을 본 아들들의 반응은 둘로 나뉘어졌고, 이 두 반응이 세상의 새로운 질서를 재편하게 만들었다.

---

1) Devora Steinmetz, "Vineyard, Farm, and Garden: The Drunkenness of Noah in the Context of Primeval History," *JBL* 113/2 (1994), 194.

1.3 홍수 후 세상의 성격을 이해하기 위해서 풀어야 할 난제

겉으로 보기와는 달리 이 본문은 "만족할 만한 설명이 쉽지 않은 난제들과 모호함이 가득한" 스토리이다.[2] 왜냐하면 성경 본문은 매우 간략하고 절제되어 있는데다가, 아래의 두 가지 큰 문제가 상호 연관되어 난해하고 복잡한 양상을 띠고 있기 때문이다.

(1) 함이 아버지의 하체를 본 것이 어떤 이유에서 잘못인가? 다시 말해 함이 노아의 벌거벗은 것을 본 것이 저주를 받을 만큼 잘못인가? 함이 아버지의 하체를 벗긴 것도 아니고 노아가 스스로 벌거벗은 것을 함이 본 것에 지나지 않은가?

(2) 함이 잘못을 했다면 함이 저주를 받아야 하는 것 아닌가? 함이 잘못을 했는데, 왜 하필이면 함의 아들 가나안이 저주를 받는가? 도대체 가나안이 저주받는 이유는 무엇인가? 가계에 흐르는 저주 때문인가?

따라서 어떤 주석가도 설교자도 본문을 완벽하게 설명해 내기는 쉽지 않다. 그렇다고 해서 본문을 심도 있게 해석하려는 노력을 포기해서는 안 된다. 왜냐하면 이 본문이 너무 쉽게 피상적 수준에서 해석되면서 강단에서 선포되고 있기 때문이다.

2. 함은 무슨 행동을 한 것인가?

2.1 해석사의 네 가지 이론

성경 독자들이 노아의 술 취함 에피소드를 읽다 보면 '함이 아버지의 하체를 본 것이 저주받을 만큼 큰 잘못인지?', '잘못을 했다면 함이 저주를 받아야지 왜 함의 아들 가나안이 저주를 받는지?'라는 의구심이 생긴다. 성경 본문이 이에 대해 명시적으로 설명하지 않기 때문이다.

그러다 보니 학자들이 위 두 가지 문제를 풀기 위해 여러 가지 이론을 제안했다.

---

[2] G. von Rad, *Genesis: A Commentary*, OTL (The Westminster Press, 1972), 135.

그동안의 해석사를 보면 함의 행동을 (1) 관음증(voyeurism), (2) 거세(castration), (3) 부친상간(paternal incest), (4) 모친상간(maternal incest) 중 하나로 해석했다.[3] 이 이론들을 존 베르그스마와 스콧 한(John Sietze Bergsma and Scott Walker Hahn)이 "노아의 벌거벗음과 가나안의 저주"란 논문에서 잘 요약 설명하고 있다. 이들의 논문에 근거하여 네 가지 이론들을 간단하게 하나씩 살펴보도록 하자.

2.2 '관음증' 이론

고대나 현대에 폭넓은 지지를 받고 있는 견해는 함의 잘못은 '관음증'에 있다는 이론이다.[4] 함이 '아버지의 벌거벗은 모습을 본 것'이 죄라는 견해인데 이 이론은 '부모의 벗은 몸은 우연하게라도 보아서는 안 된다.'는 전제가 깔려 있으므로 학자들은 문제라고 본다. 게다가 노아의 벌거벗은 것을 본 사람은 함인데, 왜 함이 아니고 아들인 가나안이 저주를 받는지에 대해 만족할 만한 설명이 되지 못하는 것처럼 보이는 것도 사실이다.

2.3 '거세' 이론

이 문제를 해결하기 위해 유대 랍비들은 소위 "거세" 이론을 제안했다.[5] 고대 근동의 신화에 보면 아버지의 권위를 찬탈하기 위해 부친을 아들이 거세하는 장면이 나오는데 함이 노아를 거세했다는 것이다. 함이 이런 식으로 노아에게서 네 번째 아들의 가능성을 빼앗아갔으므로 함의 네 번째 아들을 저주한 것이라고 랍비들은 주장한다. 그러나 본문상에는 거세에 대해 어떤 암시도 없는 것이 문제라고 학자들은 말한다.

2.4 '부친상간' 이론

이에 현대에 들어와서 다양한 학자들이 "부친상간" 이론을 제안하고 있다.[6] 이

---

[3] John Sietze Bergsma and Scott Walker Hahn, "Noah's Nakedness and the Curse on Canaan (Genesis 9:20–27)," *JBL* 124/1 (2005), 25–40. 함의 행동에 대한 여러 이론들에 대한 아래 논의는 대부분 위의 논문에서 가져온 것이다.
[4] Bergsma and Hahn, "Noah's Nakedness and the Curse on Canaan," 26–27.
[5] Bergsma and Hahn, "Noah's Nakedness and the Curse on Canaan," 27–28.
[6] Bergsma and Hahn, "Noah's Nakedness and the Curse on Canaan," 28–34.

들은 함이 단지 부친의 벌거벗음을 '수동적으로 본 것'(passive viewing) 이상의 행위를 했다고 본다. 함이 한 일로 묘사되고 있는 표현 '그의 아버지의 하체를(벌거벗음을) 보고'(רָאָה עֶרְוַת אָבִיו; 라아 에르와트 아비우)는 성교를 가리키는 관용적 표현이라는 것이다 (겔 16:36-37, 22:10, 23:10, 18, 29). 예를 들어 레위기 20:17을 보면 '하체를 본 것'을 '하체를 범한 것'과 동일시한다.

"누구든지 그의 자매 곧 그의 아버지의 딸이나 그의 어머니의 딸을 데려다가 그 여자의 하체를 보고(רָאָה עֶרְוָה; 라아 에르와; to see nakedness) 여자는 그 남자의 하체를 보면 부끄러운 일이라 그들의 민족 앞에서 그들이 끊어질지니 그가 자기의 자매의 하체를 범하였은즉(גִּלָּה עֶרְוָה; 갈라 에르와; to uncover nakedness) 그가 그의 죄를 담당하리라"(레 20:17).

"포도주를 마시고 취하여 그 장막 안에서 벌거벗은지라(וַיִּתְגַּל)"(창 9:21)에서 '벌거벗다.'는 동사는 '벗기다.'는 동사 '갈라'(גָּלָה)의 재귀형(히트파엘형)이다. 이 어근은 레위기 18, 20장과 에스겔서에서 '벌거벗음'이란 명사와 함께 쓰이면서 불법적 성결합 (주로 근친상간)을 가리키는 용어로 쓰인다는 것이다.[7] 결국 함은 부친을 근친상간으로 '수치스럽게 함으로써 아버지의 권위를 찬탈하고, 가족의 위계 질서에서 형들을 제치려고 했다.'는 것이다. 이 이론은 함이 왜 즉시 형제들에게 나가서 자기가 한 짓을 이야기했는지 설명해 준다는 것이다.

한국에서도 엄원식 교수가 비슷한 주장을 한다.

"연로한 노아는 성적 기능을 다할 수 없었고 더욱이 과음한 그에게는 그날 밤은 곧 수면에 떨어져 그의 아내에게 낭패한 결과밖에 주지 못하였을 것이다. 여기에 부도덕한 취미(voyeurism)를 갖고 있던 함이 아버지의 역할을 대신함으로써 그의 행위는 자연의 순리에는 모독된 근친상간적 행위를 하였던 것으로 추론된다. 함의 범죄는 부정한 생각으로 바라봄으로써 계속 커진 결과이었다."[8]

---

7) 스타인메츠 같은 학자는 "'보는 것'이 단순히 보는 것 이상이듯이, 벌거벗은 것도 단순한 옷벗음 이상이다." 라고 했다(Steinmetz, "Vineyard, Farm, and Garden: The Drunkenness of Noah in the Context of Primeval History," 199).
8) 엄원식, "히브리 문학과 고대 근동 문학의 비교: 노아의 포도원 사건을 중심으로", 『복음과 실천』 13 (1990.

2.5 '모친상간' 이론

이에 대해 베르그스마와 한은 부친상간 이론은 노아가 함이 아니라 왜 가나안을 저주했는지의 문제는 잘 설명하지 못한다고 말한다.[9] 이 두 사람은 소위 "모친상간 이론"을 제안한다. 부친상간 이론을 지지하는 근거들은 모친상간 이론에 더 잘 들어맞는다면서 "…의 벌거벗음을 보다"(רָאָה עֶרְוָה; 라아 에르와; to see nakedness)는 표현은 이 표현이 사용된 관련 구절들에서 동성애적 표현이 아니라 이성애적 표현으로 사용된다고 말한다.[10] 다시 말해 '부친의 벌거벗음을 본다.'는 것은 실제로는 '모친의 벌거벗음을 보는 것'을 의미한다는 것이다.

"사람이 그의 아버지의 아내를 취하여 아버지의 하체를 드러내지 말지니라"(신 22:30).

"그의 아버지의 아내와 동침하는 자는 그의 아버지의 하체를 드러냈으니 저주를 받을 것이라 할 것이요 모든 백성은 아멘 할지니라"(신 27:20).

결국 창세기 9:22에서 "그의 아버지의 하체를(벌거벗음을) 보고"는 '동성애적 결합'이 아니라 '이성애적 결합'을 가리키는 표현으로서 함이 '그의 아버지의 하체를(벌거벗음을) 보고'라는 말은 '노아의 아내, 즉 아마도 함의 모친과 성적 결합을 가졌다.'는 의미로 보아야 한다는 것이다. 노아는 술을 먹고 '자녀를 생산하려고 옷을 벗었는데' 함이 개입해서 모친과 성적 결합'을 가지게 되었고, 그리하여 가나안을 낳았다는 것이다. 함의 행동을 모친강간으로 이해하면 함을 왜 반복적으로 '가나안의 아버지'라고 부르는지, 그리고 왜 가나안을 저주했는지 그 이유를 알 수 있다는 것이다.

그렇다면 함이 왜 부친의 아내와 동침했는가? '가족의 권력'을 잡았음을 보여주기 위해서라는 것이다. 성경을 보면 부친의 아내들과 동침하는 것이 '권력 찬탈의 수단'이 됨을 보여준다(삼하 15:20-23; 왕하 2:13-25). 베르그스마와 한은 이렇게 자신의 견해의 신학적 함축성을 요약한다.

---

9), 142.
9) Bergsma and Hahn, "Noah's Nakedness and the Curse on Canaan," 33.
10) Bergsma and Hahn, "Noah's Nakedness and the Curse on Canaan," 34-49.

"노아는 술 취했고 '그녀의 장막에서'[11] 성관계를 가지려고 옷을 벗었다. 그러나 술에 취해 무력하게 되었다. 함이 들어가서 '그의 부친의 벌거벗음을 보았다.' 다시 말해 그의 부친의 아내와 관계를 가졌다(22상반절). 함은 나와서 형제들에게 그가 가족의 권력을 잡았음을 이야기하였다(22하반절). 그 증거로 부친의 옷을 가지고 왔는지 모른다. 이에 형제들은 옷(הַשִּׂמְלָה; 하심라)[12]을 가져다 수치를 당한 부친에게 되돌림으로써 존경과 경외심으로 행동하였다. 이들은 비유적으로 아버지의 벌거벗음을 보려고(모친상간) 하지 않았을 뿐 아니라, 문자적으로도 실제로 보려고 하지 않았다. 후에 노아는 함의 불법적 결합의 산물인 가나안을 저주하고, 셈과 야벳을 그 경건함으로 인해 축복하였다."[13]

우리는 지금까지 베르그사마와 한(John Sietze Bergsma and Scott Walker Hahn)이 제시한 해석사를 살펴보았다. 겉으로 보기에는 '부친상간' 이론이나 '모친상간' 이론이 그럴 듯하게 보인다.

2.6 '부친상간', '모친상간' 이론은 무리가 많음

그러나 본문을 자연스럽게 읽어보면 이 두 이론은 본문의 자연스런 의미를 살리기는커녕 너무 무리가 많은 해석으로 보인다. 노아가 벌거벗은 것을 아내와 성교를 하기 위한 긍정적인 의미로 보는 것도 무리할 뿐 아니라 '벌거벗음을 보다.'는 표현을 '부친상간'이나 '모친상간'으로 보는 것 역시 너무 지나친 해석이다. 『IVP 성경난제주석』을 보자.

"함이 정확히 무슨 일을 했는지는 숱한 억측의 대상이었다. 모든 제안 중 가장 특이한 것은 함이 가정 내 권력을 찬탈하기 위해 아버지를 거세했다는 것이다. 하지만 이런 생각을 지지하는 증거는 아버지 거세 모티프를 담고 있는 그리스와 셈족의 몇 가지 선례

---

11) Genesis Rabbah 36:7. *Midrash Rabbah* (London: The Soncino Press, English translation, 1939), 290-291. 랍비들은 '그 장막(אׇהֳלֹה; 오헬로)을 설명하면서 아내와 성관계를 갖기 위한 목적이 있었다고 해석한다. אׇהֳלֹה(오헬로)는 여성을 가리키는 자음으로 끝이 나므로 랍비들은 '그녀의 장막', 즉 노아의 아내의 장막을 가리키는 것으로 본다. 노아가 관계를 갖기 위해 아내의 장막으로 갔다는 것이다.
12) 정관사가 붙어 있다. Hermann Gunkel, *Genesis* (Macon, 1997), 80. Gagnon (Homosexual Practice, 65) 등의 학자들은 노아의 옷이라고 주장한다.
13) Bergsma and Hahn, "Noah's Nakedness and the Curse on Canaan," 38-39.

적인 이야기 외에는 없다. 두 번째 제안은 '남자의 하체를 보았다.'라는 표현이 그 남자의 아내와의 성관계를 가리키는 관용 어구라는 것이다. 하지만 이 표현은 레위기 18장과 20장의 '하체를 범하다.'라는 관용구와는 사뭇 다르다. 레위기 20:17은 동사 '보다.'가 사용된 유일한 곳이지만 '범하다.'와 병행하는 문구는 아니다. 함이 자기 어머니와 근친상간했다는 견해는 불가능한 설명이다. 함이 자기 어머니와 근친상간을 저질렀더라도 형제들에게 말했을 리 없다."[14]

3. 하체를 '본 것'이 함의 문제

3.1 최근의 비판

최근에 브래드 엠브리(Brad Embry)는 함의 잘못은 부친상간이나 모친상간 같은 성적인 일탈이라고 주장하는 베르그스마와 한의 주장을 정면으로 반박하면서 문자 그대로 "노아의 벌거벗음을 본 것"이 함의 잘못이라고 주장한다.[15] 다시 말해 창세기 9장의 노아의 벌거벗음을 성경 순서상 뒤에 나오는 스토리인 레위기 18, 20장을 가지고 해석해서는 안 된다는 것이다.

창세기 9장은 성경 전체의 내러티브의 순서를 따라 앞에 나오는 창세기 3장의 에덴 동산에서의 벌거벗음의 문맥 안에서 해석해야 한다는 것이다. 후대의 레위기 18, 20장의 본문은 노아의 벌거벗음 에피소드(창 9장)와 롯의 두 딸의 이야기(창 19장)를 연결시켜 후대에 만들어진 규정이기 때문이라는 것이다.[16] 그리고 이렇게 읽으면 함의 잘못은 아버지의 벌거벗음을 본 것이라는 전통적 견해가 가장 적절한 해석이라는 것이다.[17]

---

[14] 카이저 외, 『IVP 성경난제주석』, 110.
[15] Brad Embry, "The 'Naked Narrative' from Noah to Leviticus: Reassessing Voyeurism in the Account of Noah's Nakedness in Genesis 9:22–24," *JSOT* 35/4 (2011), 417–433.
[16] Embry, "The 'Naked Narrative' from Noah to Leviticus," 423.
[17] Embry, "The 'Naked Narrative' from Noah to Leviticus," 432.

3.2 전통적 견해의 장점

이미 웬함이 이런 전통적 견해를 강조했다. 이어지는 23절에서 "셈과 야벳이 옷을 가져다가 자기들의 어깨에 메고 뒷걸음쳐 들어가서 그들의 아버지의 하체를 덮었으며 그들이 얼굴을 돌이키고 그들의 아버지의 하체를 보지 아니하였더라"는 묘사는 "옷으로 아버지의 하체를 덮은" 셈과 야벳의 행동이 함의 행동과 다른 점임을 분명히 보여준다.18) 함은 부친의 벌거벗음을 '덮지 않았을' 뿐 아니라 '의도적으로' 보았고, 셈과 야벳은 옷을 가져다 아버지의 하체를 '덮었을' 뿐 아니라 뒷걸음질쳐서 들어감으로써 '의도적으로' 보려고 하지 않은 것이다. 이런 해석이 훨씬 자연스런 본문 읽기이다.

여기서 우리는 카수토의 말을 길게 들어볼 필요가 있다.

"함의 행동과는 대조적으로 셈과 야벳에 대해서는 '그들이 얼굴을 돌이키고 그들의 아버지의 하체를 보지 아니하였더라'고 묘사한 것을 주목해야 한다. 우리는 여기서 함의 행동은 본 것만으로 이루어진 것임을 역으로 추론할 수 있다. 더욱이 '그들의 아버지의 하체를 덮었으며'가 이런 해석을 지지한다. 만일 덮는 것이 적절한 해결책이었다면 함의 잘못은 본 것에만 국한된다는 결론을 내릴 수 있다. 예민한 감수성을 지닌 이스라엘인들은 부친의 위엄을 손상케 하는 어떤 것을 본 것 자체가 얼마든지 역겨운 것으로 간주하였다. 앞에서 언급한 레위기 본문 ["누구든지 그의 자매 곧 그의 아버지의 딸이나 그의 어머니의 딸을 데려다가 그 여자의 하체를 보고 여자는 그 남자의 하체를 보면 부끄러운 일이라 그들의 민족 앞에서 그들이 끊어질지니 그가 자기의 자매의 하체를 범하였은즉 그가 그의 죄를 담당하리라"(레 20:17)-필자 첨가]의 경우가 그 예이다. 그것이 특별히 형제와 자매 사이의 가족 관계를 수치스럽게 하는 것이라면 불결한 의도를 가지고 보는 것 자체가 부끄러운 것이다. 하박국 2:15을 보라. '이웃에게 술을 마시게 하되 자기의 분노를 더하여 그에게 취하게 하고 그 하체를 드러내려 하는 자에게 화 있을진저'를 보면 이방인들의 풍습에 대해 이스라엘인들이 어떤 태도를 보이는지 알 수 있다."19)

---

18) Wenham, *Genesis 1-15*, 200.
19) Cassuto, *Genesis*, Part II, 151-152.

최근의 학자들은 '벌거벗는 것과 벌거벗음을 보는 것'을 너무 단순화시켜서 해석하는 경향이 있음을 카수토는 잘 지적하고 있다.

3.3 벌거벗음을 보는 것은 심각한 죄일 수 있다

벌거벗음을 보는 것이 얼마나 심각한 죄일 수 있는지를 우리는 깨달아야 한다. 이점에서 월키의 주석을 살펴보자.

"보다는 동사 רָאָה(라아)는 여기서 '(찾으면서) 보다.'란 의미이다(아 1:6, 6:11b). 아무런 의도 없이 우연히 본 것이 아니다. 랍비들은 그가 아비를 거세했거나, 동성애를 했다고 생각한다. 그러나 이것은 본문에 없는 이야기를 첨부한 것이다. 본문에 이전에는 이런 일들이 기록되어 있었으나 후대에 제거된 것이라고 본다. 그러나 여기서 함의 관음증 (prurient voyeurism)을 지적한 것으로 보면 좋을 것 같다. 그러나 그의 관음증은 가장 악질적이다. 원래 관음증은 일반적으로는 다른 이의 위엄을 침범하는 것이며, 다른 이의 사생활을 침범하는 것이다. 이것은 일종의 지배이다. 그러나 함의 지배는 전도된 것이다. 이는 동성연애적 관음증이기 때문이다. 더욱 나쁜 것은 그가 마땅히 경외해야 할 부친의 명예를 훼손한 것이 문제이다(출 21:15-17; 신 21:18-21; 막 7:10). 게다가 이를 다른 이들에게 말함으로써 더욱 명예를 훼손한 것이다. 함의 형제들은 아버지의 하체를 본 것 자체가 죄가 된다고 보고, 이를 저지르지 않기 위해 온갖 애를 쓴다. 이 당시의 이상을 반영하고 있는 가나안 서사시에 보면, 바알이 그의 부친 엘 신에게 어떤 다니엘이란 인물을 축복할 것을 기도하면서, '그 아들이 그가 술 취하였을 때 손을 잡고 모시고 가며, 포도주에 만취되었을 때 업고 갈 수 있도록' 아들을 축복해 줄 것을 청원한다(ANET, 150, lines 32-33). 노아의 벌거벗음의 누룩이 함의 동성애적인 관음증으로 퍼지고, 끝내는 가나안의 성적 일탈과 왜곡으로 번졌다. 이것이 끝내는 땅이 이들을 토해내게 만든 것이다(참조 레 18:24-30; 신 12:29-32)."

우리는 여기서 노아의 벌거벗음을 아내와 성교를 하기 위한 긍정적인 의미로 보는 것은 너무 지나친 해석임을 주목할 필요가 있다.

4. 셈과 야벳의 행위

문자 그대로 노아의 벌거벗음을 본 것이 함의 잘못이라는 전통적 해석은 셈과 야벳의 행위를 묘사한 장면을 살펴보면 더 잘 알 수 있다. 셈과 야벳의 행위는 무엇을 의미하는지 본문을 살펴보자.

"셈과 야벳이 옷을 가져다가 자기들의 어깨에 메고 뒷걸음쳐 들어가서 그들의 아버지의 하체(עֶרְוָה; 에르와)를 덮었으며 그들이 얼굴을 돌이키고 그들의 아버지의 하체(עֶרְוָה; 에르와)를 보지 아니하였더라"(창 9:23).

성경 기자는 셈과 야벳의 행위를 비교적 상세히 묘사한다. 함의 행동 기술에 11단어를 사용했고, 아버지의 하체를 '보고'와 형제들에게 '말한' 것이라고 두 동사를 사용하여 기술한다. 이에 반해 셈과 야벳의 행동 기술에는 21개의 단어를 사용했고, 옷을 '가져다' 어깨에 '메고' 뒷걸음쳐 '들어가서' 아버지의 하체를 '덮고' 얼굴을 뒤로 하여 아버지의 하체를 '보지' 아니하였다고 하며 5개의 동사를 사용하여 묘사한다.
'아버지의 하체'라는 단어를 두 번이나 사용하면서 의도적으로뿐 아니라 우연하게도 아버지의 하체를 보지 않으려고 애를 썼음을 강조하고 있음을 주목해야 한다고 학자들은 말한다. 우선 옷을 가져다 아버지의 하체를 덮으려고 했다. 이것이 의도적인 목표였다. 그러나 그런 의도를 달성하는 과정에서 우연히 비의도적으로 아버지의 하체를 볼 수도 있으므로 셈과 야벳은 뒷걸음쳐서 들어갔고, 아버지의 하체를 옷으로 덮은 후에도 얼굴을 돌리지 않음으로 우연히 볼 수 있는 가능성을 모두 차단한 것이다.
다수의 학자들은 이런 매우 구체적인 행동 묘사는 함의 행동이 '부친을 거세한 것'으로나 '부친이나 모친을 강간한 것'으로 보기 어렵게 만든다고 말한다. '하체를 보다.'는 표현에 주로 의지하여 이런 식으로 해석하게 되면 이 스토리의 나머지 성경 본문을 해석하는 것이 너무 어렵게 된다.

5. 결론 : 신학적 메시지

5.1 영화 〈그때 그 사람들〉

부친이 인식을 상실한 채 벌거벗고 있는 모습을 보고도 아무런 조치를 취하지 않는 것은 현대에도 받아들이기 힘든 패륜적 행위이다. 우리는 이것이 인지상정임을 영화를 통해서도 볼 수 있다. 〈그때 그 사람들〉은 박정희 대통령이 당시 김재규 중앙정보부장의 총에 맞아 죽던 1979년 10월 26일 오후에서 이튿날 27일까지 일어난 일을 다룬 임상수 감독의 영화이다. 이 영화의 한 대목이 함의 행동이 무엇을 의미하는지를 보여준다.

박정희 대통령이 총에 맞아 죽어 시신이 된 채 육군통합병원 병실의 침상에 발가벗겨진 채 누워 있는 장면이 나온다. 박정희의 시신을 앞에 두고 정부 각료들이 둘러서서 묵념한다. 그런데 그 중 한 사람이 발가벗겨진 채 누워있는 박정희의 나신이 민망했던지 묵념이 끝나자마자, 시신의 성기 위에 모자를 덮는 장면이 나온다.

그렇다면 비록 영화지만, 각료가 시신의 은밀한 부분 위에 모자를 덮은 이유는 무엇이었을까? 동국대 영화영상학과 조종흡 교수는 벌거벗은 아버지는 더 이상 아버지로서의 위엄을 갖추지 못하기 때문이라고 해석하면서, 이렇게 말한다: "박정희는 국가 재건을 완성한 '아버지-지도자'였으며 김재규의 총탄은 '아들-국민'으로부터 그를 앗아간 범인"에 불과하다고 보았기 때문은 아닐까?[20]

물론 이렇게 모자로 가린다고 박정희가 죽었다는 진실을 가릴 수는 없다. 따라서 임상수 감독은 〈그때 그 사람들〉이란 영화를 만든 이유를 박정희의 이미지 뒤에 있는 진실을 드러내기 위해서라고 말한다.

"박정희는 정치적으로 독재자지만 한국 근대화를 일으킨 근대화의 아버지다. 그는 청렴하고 강직하며 검소했다. 미국과 일본에 큰소리 뻥뻥 쳤던 민족주의자이기도 했다. 박정희는 이런 이미지를 가지고 있다. 그런데 박정희 시대에 그 이미지와는 다른 박정희의 진실을 쓰면 중앙정보부에 끌려갔다. 그건 모두 조작된 이미지였다는 뜻이다.

---

[20] 조종흡, "〈그때 그 사람들〉의 다의성과 리얼리즘의 정치성", 『영화연구』 26 (2005. 8), 387.

그는 18년 동안 이미지를 조작했지만 단 하루 그럴 수 없었던 날이 있었다. 그게 10월 26일이다. 나는 그날이 대중에게 박정희의 진면목이 드러난 유일한 날이라고 생각한다."[21]

어찌되었든 심지어 시신의 벌거벗은 모습을 맨눈으로 본다는 것도 쉬운 일이 아니다.

5.2 노아의 외투

프랑스 정신분석학자인 필리프 쥘리앵은 라캉의 구조주의 정신분석학의 잣대로 아버지의 존재에 대해 분석한 『노아의 외투』란 책을 썼다. 책 제목인 '노아의 외투'는 포도주에 취한 노아가 벗은 채로 잠이 들자 셈과 야벳이 외투로 덮어주었다는 에피소드에서 인용한 것이다. 정신분석학자들에 의하면 만취하여 벌거벗고 잠든 노아는 아들 함이 직접 눈으로 목격한 '실재하는' 아버지라는 것이다. 이 실재적 아버지는 힘도 없고 자제력도 잃은 불완전한 인간인데, 함은 이런 불완전한 아버지를 보고도 아무런 조치를 취하지 않았고 오히려 이를 형제들에게 알린 것이 문제라는 것이다. 이에 반해 셈과 야벳은 아버지의 불완전함을 가릴 수 있도록 외투를 덮어주었다는 것이다.

정신분석학자들의 말대로 사실상 옷의 진정한 기능은 치부를 가리고 위엄을 세워주는 데 있다. 외투를 벗고 벌거벗은 아버지에게는 아버지다움, 곧 아버지의 위엄이 사라지고 없다는 것이다. 함은 불완전한 아버지의 벌거벗은 모습을 보고 덮어주지 않았다. 그러나 아버지에게는 아버지의 벌거벗음을 가릴 수 있는 외투가 필요하다는 것을 인정한 셈과 야벳은 뒷걸음쳐 들어가 아버지의 벌거벗음을 덮어준 것이라고 정신분석학자들은 해석한다.

벌거벗은 아버지를 보는 순간 아버지다움을 인정할 수 없게 되고, 아버지의 위엄을 인정할 수 없게 된다는 것은 굳이 학자들의 이론이 없더라도 온 몸으로 느끼는 원초적 진리이다. 박정희라는 한국 근대사의 상징적 아버지는 그렇게 '가려짐'으로

---

21) 〈그때 그 사람들〉 후폭풍 (2)-임상수, 남재일 대답 1. www.cine21.com/index/magazine.php?; 조종흡, "〈그때 그 사람들〉의 다의성과 리얼리즘의 정치성", 386에서 재인용.

써만이 권위를 유지할 수 있다고 보았기에 영화 속의 관료는 박정희의 은밀한 부분을 모자로 가린 것이라고 영화 평론가들은 말한다.

이 세상에서도 아버지의 알몸을 덮어주지 않은 것이 비난받을 만한 일인 것처럼 성경도 마찬가지이다. 『IVP 성경난제주석』을 보자.

"따라서 함이 비난받을 일은 단지 이것이다. 곧 아버지의 알몸을 덮어주지 않고 도리어 형제들에게 아버지를 웃음거리로 만들기로 선택했던 것이다. …알몸으로 누워있는 것은 어떤 사람이 무방비로 불명예 상태에서 약탈의 위험에 처해 있다는 뜻이었다. 함은 신성한 인륜의 한계를 넘어갔다. 형제들 앞에서 아버지를 조롱한 역겨운 비웃음으로 그의 행동은 더욱 나쁜 것이 되었고, 아마 이로써 그의 인격 안에 이미 자리 잡고 있던 윤리적 약점이 노출된 것이다."[22]

5.3 술 취함과 벌거벗음은 죄

우리는 함의 행동이 단지 벌거벗은 부친의 몸을 본 것뿐인데 무엇이 그리 대단한 잘못을 저지른 것이냐는 생각에 큰 문제가 있음을 살펴보았다. 스타인메츠는 함의 행동을 부친에 대한 성적 폭행으로 정의한다.

"누가 죄인이며, 무엇이 죄인가? 여기서 죄는 함이 노아에게 행한 성적 폭행(sexual violation)이다. …그렇다면 누가 폭행자이고 누가 폭행을 당한 자인가? 노아가 폭행을 당한 것이다."[23]

그러나 스타인메츠는 노아가 그저 수동적으로 폭행을 당한 것이 아니라, 폭행을 당하도록 스스로 준비를 했다고 해석한다.

"그러나 단지 함에 의해 노아가 폭행을 당한 것은 아니다. 내러티브는 노아는 스스로의 수치에 동참했음을 보여준다. 사실상 아들이 아버지를 성적으로 폭행하도록 노아는 스

---

[22] 카이저 외, 『IVP 성경난제주석』 110.
[23] Steinmetz, "Vineyard, Farm, and Garden," 199.

스로 모든 준비를 다했다. 노아는 스스로 술 취했을 뿐 아니라 '그의 장막 안에서 벌거 벗었다'(9:21). 여기서 '벌거벗음'을 보는 것이 단지 보는 것 이상이듯이, '벌거벗음'은 단지 벌거벗음 이상이다. '벌거벗음'은 성적인 부도덕을 가리키는 성경의 표현이다. 셈과 야벳의 행동을 보면 노아의 수치가 2단계로 되어 있다: '셈과 야벳이 옷을 가져다가 자기들의 어깨에 메고 뒷걸음쳐 들어가서 그들의 아버지의 하체를 덮었으며 그들이 얼굴을 돌이키고 그들의 아버지의 하체를 보지 아니하였더라.'

지나치게 반복적으로 보이는 행동 묘사는 이것이 노아의 수치의 2단계를 보여준다고 보면 의미가 통한다. 노아가 벌거벗었으므로 형제들은 아버지의 벌거벗음을 덮었으며, 함이 본 아버지의 벌거벗음을 형제들은 보지 않았다. 노아 스스로 자신에게 행한 수치와 함이 가한 수치를 형제들은 모두 거부했다. …노아는 함에 의해 폭행을 당한 피해자일 뿐 아니라 함과 함께 죄를 범한 죄인이라는 사실을 볼 수 있기 때문이다."[24]

스타인메츠의 해석은 노아의 술 취함과 벌거벗음, 그리고 함의 봄과 셈과 야벳의 보지 않음이 어떤 의미를 내러티브 안에서 가지는지 잘 설명해 준다. 노아가 술에 취하여 벌거벗은 상태가 된 것이 아들로 하여금 죄를 범하도록 허락한 것이다. 비록 노아가 함의 아들 가나안을 저주하고 있지만 실제로 이런 일이 가능하게 된 것은 노아가 술 취하여 벌거벗은 채 있었기 때문이다.

5.4 셈과 야벳의 행동의 정경적 의미

그렇다면 셈과 야벳이 아버지의 하체를 보지 않고 겉옷으로 덮은 것은 어떤 의미가 있는가? 세일해머의 말을 들어보자.

"아들들의 행동 사이의 대조가 무슨 의미인지는 창세기 1장의 타락 기사를 보면 알 수 있다. 아버지의 벌거벗음을 덮는 셈과 야벳(참조 2:25, 3:7, 9:23)은 한편으로 아담과 하와와 같으며(3:7), 다른 한편으로는 인간의 벌거벗음을 보지 않고 가죽옷을 지어 입히신

---

[24] Steinmetz, "Vineyard, Farm, and Garden," 199–200.

하나님과 같다(3:21; 참조 2:25). 이와는 대조적으로 함은 그 본을 따르지 않았다. 함은 후에 하나님께서 율법에서 경고한 사람들, 즉 하나님과 인간 앞에서 '자신의 하체를 드러내는' 사람들 같았다(출 20:26). 이것은 토라의 저자에게 너무 중요하므로 후에 제사장들이 제단 앞, 하나님의 임재 앞으로 나아갈 때에 '속바지를 만들어' 입어 '하체를 가리게 하라.'는 규례를 포함시킨 것이다(출 28:42-43). 노아의 후손들은 인류의 두 그룹 중 하나에 속하게 되었다. 아담과 하와처럼 자신의 벌거벗음의 수치를 숨기는 그룹인지, 아니면 함처럼 그리고 가나안인들처럼 하나님 앞에서 부끄러움을 모르는 그룹인지 둘 중에 하나가 되었다. 셈 계열은 축복을 받을 것이나(9:26), 가나안 계열에는 오직 저주만 있을 뿐이었다(9:25)."

우리는 이렇게 모세오경 전체의 문맥을 통해 아버지의 벌거벗음을 본 함의 행동이 왜 문제가 되었는지 알 수 있게 되었다. 그러므로 성경 해석자들은 함의 행동을 단지 '노아의 술 취함' 에피소드만으로 해석해서는 아니 되며, 정경적 문맥 안에서 해석해야 한다.

5.5 노아의 범죄는 구속사 속에서 반복

노아의 범죄가 구속사 속에서도 반복되는 것은 이것이 홍수 후 세상에서 인간의 삶의 조건임을 보여준다. 게이지(Gage)는 "롯의 범죄는 노아의 패턴으로 나타난다는 점"을 강조한다.[25]

(1) 포도주를 마시고 취했다는 점, (2) 부끄럽게도 벌거벗었다는 점, (3) 벌거벗었다는 사실을 본인은 모른다는 점, (4) 서로 갈등을 벌이는 씨앗, 즉 모압과 암몬의 부친이 되었다는 점(창 19:30-38, 9:19-25).

게이지가 제시한 틀로 롯의 스토리를 보면 노아의 포도원 스토리가 재현되고 있음을 알 수 있다. 롯은 노아와 마찬가지로 큰 재앙 후에 술에 취했다. 롯의 술 취함

---

25) Gage, *The Gospel of Genesis*, 64, fn. 3.

은 소돔과 고모라가 하늘에서 내린 유황 불로 진멸당한 스토리 안에서 이해해야 한다. 우리가 다 알다시피 노아 홍수 때 노아의 8가족이 살아남은 것처럼, 소돔과 고모라의 심판에서도 오직 네 사람만 살아남았다. 롯과 아내와 두 딸만 살아서 소돔과 고모라를 피할 수 있었다.

롯과 가족은 소알이란 성읍으로 피신 중에 있었는데, 하나님의 명령을 어기고 소돔과 고모라에 유황과 불이 비처럼 내리는 장면을 롯의 아내가 돌아보다가 그만 소금 기둥이 되고 말았다. 롯과 두 딸은 소알도 안전한 장소가 아니라고 보고, 산으로 피신했으며 동굴에 거했다.

그런데 롯의 큰 딸은 온 세상에 세 사람밖에 남지 않았으므로 인류를 진멸에서 구하기 위해서는 자구 노력을 보여야 한다고 동생을 설득했다.

"큰 딸이 작은 딸에게 이르되 우리 아버지는 늙으셨고 온 세상의 도리를 따라 우리의 배필 될 사람이 이 땅에는 없으니 우리가 우리 아버지에게 술을 마시게 하고 동침하여 우리 아버지로 말미암아 후손을 이어가자 하고"(창 19:31-32).

이에 두 딸은 아버지에게 술을 먹여 의식을 상실케 한 후에 큰 딸이 들어가 부친과 동침했다. 그 다음날도 아버지를 만취케 한 후에 작은 딸이 들어가 부친과 동침했다. 앞서 게이지가 지적한 대로 롯의 에피소드는 여러 점에서 노아의 에피소드를 그대로 반복한다. 술을 마시고 취하고, 부끄럽게도 벌거벗고, 의식을 상실한 상태에서 누가 자기에게 무슨 일을 하는지 모른 상태가 되고, 이로써 후손들이 서로 갈등을 벌이는 상태로 발전하게 되었다는 점에서 말이다.

"Noah curses Ham" by Gustave Dore from Wikimedia Commons

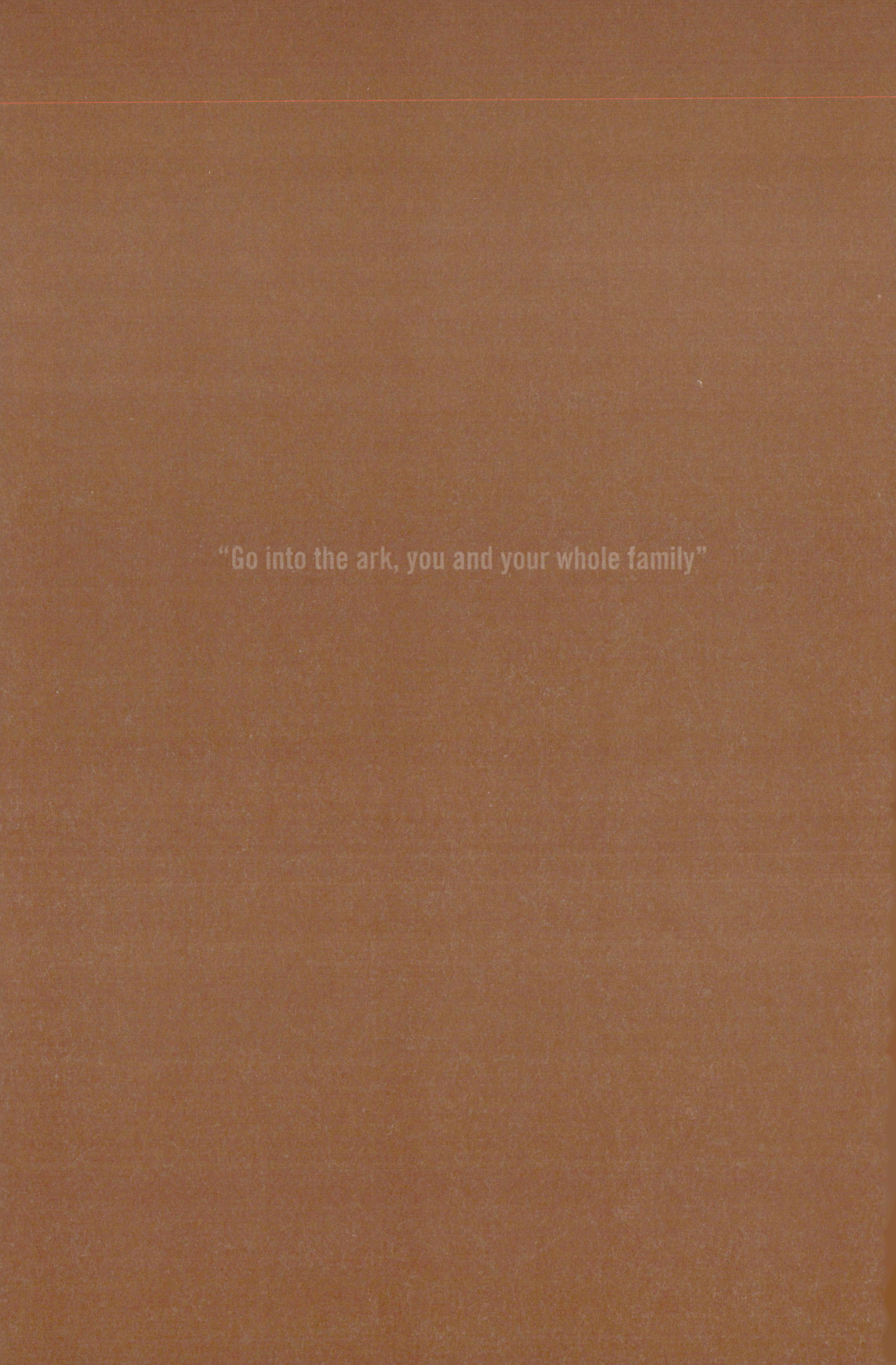
"Go into the ark, you and your whole family"

23장

노아는 왜 '함'이 아니라 함의 '아들' 가나안을 저주했는가?

창 9:24-29

1. 서론적 이야기

1.1 왜 '함'이 아닌 '가나안'을 저주할까?

노아 홍수 스토리를 읽다 보면 노아가 포도주에 취해 벌거벗고 누웠다가 깬 후에 한 행동은 이상하기 그지 없다. 술에 깬 노아가 함이 행한 일을 알고는 자신의 잘못을 뉘우치거나 자책하는 대신 오히려 자기 후손을 저주한다. 게다가 잘못을 한 함을 저주하기는커녕, 오히려 함의 아들 가나안을 저주한다.

> "노아가 술이 깨어 그의 작은 아들이 자기에게 행한 일을 알고 이에 이르되 가나안은 저주를 받아 그의 형제의 종들의 종이 되기를 원하노라"(9:24-25).

앞서 살핀 대로 함의 잘못은 아버지의 벌거벗음을 보고 형제들에게 이야기한 것이다. 비록 그것이 심각한 잘못이라 해도 함은 아들이니 불러다 따끔하게 야단치면 되는 것 아닌가? 그게 꼭 후손을 저주까지 해야 하는 일인가?

게다가 더욱 놀라운 것은 노아는 함을 저주하지 않고 함의 아들 가나안을 저주했다. 성경을 읽는 독자들은, 특별히 현대인들은 아버지의 잘못에 대해 왜 자녀가 저주를 받아야 하는지 이해하기 어렵다. 부모와 자녀를 연좌제로 묶는 것은 가혹한 일이 아닌가? 어떤 이들은 이것을 가계에 흐르는 저주의 증거라고 이야기한다.

1.2 저주의 내용도 너무 심하지 않은가?

이런 의문 외에도 노아가 한 저주의 내용을 보면 너무 심하다는 느낌을 지울 수가 없다.

"또 이르되 셈의 하나님 여호와를 찬송하리로다 가나안은 셈의 종이 되고 하나님이 야벳을 창대하게 하사 셈의 장막에 거하게 하시고 가나안은 그의 종이 되게 하시기를 원하노라 하였더라"(창 9:26-28).

함이 부친을 벌거벗긴 것도 아니고 노아가 스스로 벌거벗고 누운 것을 본 것뿐인데 함의 후손들이 형제들인 셈과 야벳의 종이 될 것이라고 저주했다. 과연 이것이 정당하고 적절한 처벌인가? 아무리 함이 잘못했다 해도 저지른 잘못에 비해 처벌이 너무 과하지 않은가? 아버지의 잘못으로 인해 자녀가 그것도 다른 이들의 종이 되는 것은 어떤 식으로도 우리의 이성으로는 이해하기 쉽지 않다.

이런 질문들에 답하려면 본문의 몇 개의 단서들을 가지고 선택적 데이터에 근거해서 이런 저런 해석을 해서는 안 된다. 본문의 언어층의 모든 문자적-문예적-신학적 단서들을 세심하게 살펴보아야 한다. 그러나 이 저주 에피소드만을 놓고 해석해서는 안 된다. 너무나 간략하고 함축적인 스토리이기 때문에 노아 스토리의 근접 문맥과 창세기와 성경 전체의 원접 문맥을 염두에 두며 해석해야 한다. 그렇지 않으면 성경의 메시지와는 상관없는 이야기를 하기 쉽다.

2. 함은 막내 아들?

2.1 함이 행한 일

우선 성경 본문을 자세히 살펴보자. 이 단락이 흥미로운 것은 노아 홍수 스토리에서 노아가 입을 연 유일한 본문이기 때문이다.

"노아가 술이 깨어 그의 작은 아들이 자기에게(לוֹ; 로) 행한(עָשָׂה; 아사) 일을 알고"(창 9:24).

우선 내레이터는 노아가 술이 깨어 그의 작은 아들이 '자기에게'(לוֹ; 로) '행한'(עָשָׂה; 아사) 일을 알았다고 적고 있다. 언뜻 보면 함이 노아에게 무슨 일을 '행했는지' 잘 이해가 되지 않는다. 그저 벌거벗은 것을 보고, 이를 밖에 나가 형제들에게 이야기한 것에 지나지 않기 때문이다. 독자들이 보기에는 실제로 함이 '노아에게' 무슨 일을 '행한' 것은 아닌 것처럼 보인다. 그럼에도 불구하고 내레이터는 노아가 함이 '자기에게' '행한 일'을 알았다고 밝히고 있다.

그렇다면 굳이 내레이터가 함이 '노아에게' 행한 일이 있었다고 한 이유는 무엇일까? 카수토의 말을 들어보자.

"벌거벗음을 본 것 자체, 그리고 함이 밖에 나가 형제들에게 말한 것은 해서는 안 될 행동이었다. 부친을 욕보이고 정숙하지 못한 말을 한 격이다."[1]

카수토는 내레이터의 언어층의 작은 디테일을 어떻게 해석해야 하는지 잘 보여준다. 그렇다! 어떤 독자들이 보기에는 함이 한 일은 노아에게 잘못을 저지른 것은 아니라고 볼 수 있을지 모른다. 그러나 내레이터가 보기에는, 그리고 노아가 보기에는 함은 '노아에게' 해서는 안 될 '행동'을 한 것이었다. 따라서 우리는 내레이터가 무슨 이야기를 하고 있는지 본문의 세미한 음성을 들어야지, 우리가 본문을 해석해 내려고 머리를 짜내서는 안 된다.

성경 본문은 이렇게 세심하게 언어층을 읽어내야 그 의도를 알 수 있도록 만들어진 역사적이면서도 예술적이고 신학적인 계시의 말씀이다. 따라서 대강 내용 파악을 한 다음에 이런 저런 사색을 해서는 안 된다.

---

1) Cassuto, *Genesis*, Part II, 152.

2.2 '인식의 상실'이 죄

그렇다면 다시 본문 언어층의 작은 디테일에 귀를 기울여 보자. 내레이터는 노아가 술에 취한 것이 무엇을 의미하는지, 함이 자신에게 무슨 일을 행했는지 처음에는 몰랐음을 보여준다.

"노아가 술이 깨어(יִקֶץ; 야카츠) 그의 작은 아들(בְּנוֹ הַקָּטָן; 베노 하카탄)이 자기에게 행한 일을 알고"(창 9:24-27).

노아는 술에서 깨어서야(יִקֶץ; 야카츠) 막내 아들이 자신에게 어떤 행동을 했는지 비로소 알게 되었다고 내레이터는 말한다. 다시 말해 술 취함으로 인해 노아는 누가 자신에게 무슨 일을 행했는지 몰랐다는 것이다. 술에 취해 있다가 깨는 것은 너무나 자연스러운 변화이다. 그러나 여기서 내레이터가 노아가 술에서 깨었다는 것은 이제 정상적인 인지 상태가 되었음을 이야기하려는 것이 목적이 아니다. 성경 기자는 '깨다.'는 동사 하나만으로도 여러 의미를 함축하여 제시하는 언어의 예술가이기 때문이다.

'깨었다.'는 동사(יִקֶץ; 야카츠)의 의미가 무엇인지 더 잘 알려면 성경에서 이 동사의 용례를 살펴볼 필요가 있다. 이 동사는 구약에서 총 11번 사용되었다. 보통은 '잠에서 깨다.'는 의미로 사용된다(창 28:16, 41:4, 7, 21; 삿 16:14, 20; 왕상 3:15). 그런데 삼손의 경우에는 노아와 비슷하게 잠을 잤으나 자기에게 무슨 일이 일어났는지 몰랐다. 노아의 경우는 술에 취해서, 삼손의 경우는 들릴라의 무릎을 베고 잠을 자다 자기에게 무슨 일이 일어났는지 몰랐다.

"들릴라가 이르되 삼손이여 블레셋 사람이 당신에게 들이닥쳤느니라 하니 삼손이 잠을 깨며(יִקֶץ; 야카츠) 이르기를 내가 전과 같이 나가서 몸을 떨치리라 하였으나 여호와께서 이미 자기를 떠나신 줄을 깨닫지 못하였더라"(삿 16:20).

삼손은 들릴라에 취해서 자기에게 무슨 일이 일어나고 있는지 모른 채 인식을 상실하고 들릴라의 무릎을 베고 잠에 빠진 것이다. 그리고 나중에 잠에서 '깨어서'

(יקץ; 야카츠)야 비로소 여호와께서 자기를 떠난 줄 알게 된다. 따라서 성경은 이런 스토리들을 통해 사랑에 취하든 술에 취하든 '인식을 상실한 것'은 비극을 낳을 수밖에 없음을 분명히 한다.

스타인메츠는 이런 '인식의 상실'과 '지식의 상실'이야말로 '죄'라고 본다.

"노아는 술을 마심으로 인식의 상실 상태에 빠져서 스스로를 낮추고 함의 성폭력의 대상으로 전락하고 말았다. 그러나 노아는 술에서 깨어 지식을 얻게 되었다. 이 지식이 그로 하여금 도덕적 행위를 하게 만든 것이다. 지식의 상실은 경계를 허물게 하고, 함이 부친을 성폭행하게 했지만, 이제 지식을 얻은 후에 노아는 인간 사회 안에 질서를 부여하였다. 노아에게는 지식의 상실이 죄의 상태인 것이다.

이 홍수 후 세상에서 지식의 상실은 핑계가 되지 않으며 죄의 결과에 대한 방비도 되지 못한다. 지식의 상실이 그 자체로 죄이다. 도덕 행위의 기만(abdication)이다. 오직 지식으로만 홍수 후 인간은 하나님께서 기대하는 도덕적 책임을 행사할 수 있는 것이다."[2]

노아가 술을 마시고 취하여 인식을 상실한 상태가 바로 죄라는 스타인메츠의 해석을 우리는 유념해야 한다.

2.3 '주취 감형'은 어불성설

술을 마셔서 자신이 무슨 일을 했는지 모른다는 식의 핑계를 우리는 주변에서 수도 없이 듣고 있다. 2018년에는 실제로 운전으로 사람을 치어 사망에 이르게 했거나 폭력을 행사하여 타인을 사망하게 했음에도 술에 취했다는 이유로 형량을 감형하는 법으로 인해 한국 사회가 논란에 휩싸였다. 현행법상 '주취 감형'이라는 규정은 없다고 한다. 대신 형법 제10조(심신장애인)에 따르면, "① 심신장애로 인하여 사물을 변별할 능력이 없거나 의사를 결정할 능력이 없는 자의 행위는 벌하지 아니한

---

2) Devora Steinmetz, "Vineyard, Farm, and Garden: The Drunkenness of Noah in the Context of Primeval History," JBL 113/2 (1994), 207.

다. ② 심신장애로 인하여 전항의 능력이 미약한 자의 행위는 형을 감경한다."로 되어 있다. 따라서 때에 따라 '심신미약 또는 심신상실로 인한 감경 규정'을 적용해 음주로 인한 형을 감경하는 경우가 종종 있는 것이 사실이다. 그런데 일부 법조인들은 형법 대원칙인 '책임주의 원칙'에 어긋난다면서 형법 제10조의 조항은 음주로 인한 감경을 목적으로 한 것이 아니라 일반적인 감경 사항에 관한 규정이므로 그 규정 자체를 삭제하는 것은 신중한 논의가 필요하다고 주장한다. 책임주의 원칙이란 책임지지 못하면 범죄가 성립되지 않고, 범죄 형량도 책임에 따라 정해진다는 것이다. 즉 술에 취하면 그 상태는 범죄를 책임질 수 없는 상태로 판단돼 범죄가 인정되지 않는다는 이론이다.

그러나 술에 취해 인식을 상실한 상태가 죄라는 성경의 가르침을 우리는 주목해야 한다. 따라서 인식의 상실에 이를 정도로 술을 먹지 않도록 조심해야 하며, 특별히 음주운전은 자칫하면 다른 사람을 사망시킬 수 있는 위험한 행동이기에 절대로 해서는 안 되는 범죄 행위이다.

다행히도 2018년 11월 29일 소위 윤창호 법이 국회를 통과했다. 윤창호 법이란 음주운전 사고로 인해 사망한 윤창호 씨 사건을 계기로 만들어진 법인데, 구체적으로 음주운전으로 사람을 숨지게 한 경우의 형량을 '1년 이상의 징역'에서 '무기 또는 3년 이상의 징역'으로 상향했으며, 상해를 입힌 경우의 형량도 '10년 이하의 징역 또는 500만 원 이상 3000만 원 이하의 벌금'에서 '1년 이상 15년 이하의 징역 또는 1000만 원 이상 3000만 원 이하의 벌금'으로 강화하는 내용으로 되어 있다.

2.4 함은 작은 아들인가? 막내 아들인가? 무가치한 아들인가?

한편 우리는 내레이터가 노아가 함이 자기에게 행한 일을 알게 되었다면서 함이란 인명 대신 '그의 작은 아들'이라고 밝힌 점을 주목해야 한다.

> "노아가 술이 깨어 그의 작은 아들(בְּנוֹ הַקָּטָן; 베노 하카탄)이 자기에게 행한 일을 알고"(창 9:24).

한글개역개정에서 '그의 작은 아들'(בְּנוֹ הַקָּטָן; 베노 하카탄; his young son)이란 표현은 노아의 아들은 셋이므로 셈, 함, 야벳 중에 누구를 의미하는지가 애매 모호하다.

그런데 영역본들은 '그의 작은 아들"(his young son)이란 표현 대신 대부분 '그의 막내 아들"(his youngest son)로 번역한다. 그 이유가 무엇일까? 히브리어는 형용사 앞에 정관사가 붙어 있으면 '최상급'으로 사용된다. 그런데 원문을 보면 '작은"(קָטָן; 카탄)이란 형용사 앞에 정관사(ה; 하)가 붙어 있으므로 '가장 작은'(youngest) 아들이라고 번역한 것이다.

그런데 문제는 성경에는 셈, 함, 야벳의 순서(창 5:32, 6:10, 7:13, 9:18, 10:1)로 나오기 때문에 왜 함을 '막내 아들'이라고 한 것인지 이해하기가 어렵다. 그러다 보니 해석사 안에 여러 이론들이 등장하는데 카수토(Cassuto)가 이 이론들을 잘 정리한다.

첫째, 칠십인경과 라틴 불가타역과 같은 고대 역본들은 '하카탄'(הַקָּטָן)을 '비교급'으로 해석을 해서, "…보다 어린"(younger)으로 해석한다.3) 다시 말해 함을 막내 아들로 보지 않고 장자인 셈'보다 어린 아들'로 본 것이다. 이렇게 되면 셈, 함, 야벳의 순서와 잘 맞는다. 그러나 이런 해석은 앞서 살핀 대로 히브리어 문법에 맞지 않는다. 히브리어 문법으로 보면 최상급이지, 비교급으로 보기 어렵기 때문이다.

둘째, 유대 랍비들은 '작은'이란 단어를 '무가치한'(unworthy)이란 의미로 해석하여, 함을 '무가치한 아들'로 해석한다. 이것은 카수토가 지적했듯이 본문의 "단순한 의미"(simple meaning)와 맞지 않는다.4)

학자들은 성경에서 이름의 순서는 종종 출생의 순서와 맞지 않을 경우가 많다(창 25:9; 수 24:4)고 지적한다.5) 카수토는 짧은 단어를 긴 단어보다 앞에 놓아 발음하기가 쉽게 하는 경우가 있는데, 함이 야벳보다는 짧기 때문에 셈, 함, 야벳이라고 한 것으로 본다.6) 여러 학자들이 카수토의 견해를 따르거나 소개한다.7)

한편 카수토는 문자적으로는 함을 '막내 아들'로 보면서도 동시에 유대 랍비적 해석을 따라 이 표현이 "무가치한 아들"을 함축하는 것으로도 본다.8) 함이 보인 행

---

3) Cassuto, *Genesis*, Part II, 164.
4) Cassuto, *Genesis*, Part II, 164.
5) Nahum M. Sarna, *Genesis*, The JPS Commenatry (Jewish Pub. Society, 1989), 66.
6) Cassuto, *Genesis*, Part II, 164.
7) Wenham, *Genesis 1-15*, 201.
8) Cassuto, *Genesis*, Part II, 165.

동은 도덕적인 어리석음을 드러내며 그가 무가치한 인물임을 보여주기 때문이라는 것이다. 필자는 카수토의 견해가 가장 적절하다고 생각한다. 막내 아들인 함의 행동을 보면 무가치한 아들임이 분명하다.

3. 노아는 왜 저주를 했을까?

3.1 문제 제기

술에서 깨어난 노아는 막내 아들이 자신에게 행한 일을 알게 되었다. 과연 그는 어떤 반응을 보일까? 궁금하지 않을 수 없다.

> "이에 이르되 가나안은 저주를 받아(אָרוּר; 아루르) 그의 형제의 종들의 종이 되기를 원하노라"(창 9:25).

노아는 놀랍게도 자신의 후손을 저주했다. 물론 노아는 함을 저주하지 않고 가나안을 저주했다. 왜 함이 아니라 가나안을 저주했는지는 나중에 살펴보고, 먼저 '왜 저주했는지'부터 살펴보자.

3.2 '벌거벗음'과 '저주'의 관계

노아가 자기 후손을 저주한 것은 현대인의 사고로는 잘 이해가 안 되지만 가나안이 저주를 받은 것은 창세기 1-11장의 태고사의 문맥에서 보면 평행점이 없는 것이 아니라고 학자들은 말한다. 뱀이 하와를 유혹했고, 하와가 유혹에 빠져 선악과를 먹었다가 자신이 벌거벗은 것을 알게 되었음을 우리는 잘 알고 있다. 그런데 이 일로 인해 뱀과 땅이 하나님께 저주를 받았다.

> "여호와 하나님이 뱀에게 이르시되 네가 이렇게 하였으니 네가 모든 가축과 들의 모든 짐승보다 더욱 저주를 받아(אָרוּר; 아루르) 배로 다니고 살아 있는 동안 흙을 먹을지니라 …아담에게 이르시되 네가 네 아내의 말을 듣고 내가 네게 먹지 말라 한 나무의 열매를

먹었은즉 땅은 너로 말미암아 저주를 받고(אָרוּר; 아루르) 너는 네 평생에 수고하여야 그 소산을 먹으리라"(창 3:14, 17).

그렇다면 함이 아버지의 벌거벗음을 보았으므로, 함의 후손인 가나안이 저주를 받는 것은 유사성이 있다고 학자들은 해석한다.

이에 대해서는 앤서니 토마시노의 말을 들어보자.

"이 에피소드에서 함의 역할은 에덴 동산에서 뱀의 역할과 유사하다. 함은 아버지의 벌거벗음을 보고 나가서 형제들에게 이에 대해 이야기하였다(9:22). 아담과 하와가 여호와께 자신들이 벗어서 숨었다고 이야기하였다. 그러자 하나님께서 누가 너의 벗었음을 네게 알렸느냐(3:11)고 물으셨다. 벌거벗음의 정보의 궁극적인 원천은 뱀으로 드러났다. 더욱이 함이 형제들에게 부친의 벌거벗음에 대해 말할 때, 금단의 지식(부친의 벌거벗음을 볼 수 있는 기회)으로 유혹한 것이 분명하다. 결국 타락에서의 역할로 인해 뱀이 다른 어떤 피조물보다 더 저주받았다(3:14). 그리고 뱀의 후손은 여자의 후손에게 굴복하게 될 것이었다(3:15). 함의 후손 역시 저주받게 될 것이며, 형제들의 후손들에게 굴복하게 될 것이었다(9:25)."[9]

태고사를 읽다 보면 하나님께서는 인간의 역사를 축복과 저주로 운영하고 있음을 볼 수 있다. 아담과 하와를 창조하고 축복하셨으나 그들이 범죄하자 땅을 저주하심으로 인간 역사의 마차를 축복과 저주의 두 수레바퀴로 이끌어 가신다는 사실을 처음으로 보여주셨다.

3.3 가인의 저주

이것은 가인의 경우도 마찬가지이다. 가인은 땅을 경작하는 자로서 하나님께 제사를 드리며 나아갈 수 있는 축복을 받았다. 그러나 하나님이 아벨과 그의 제사를 받으신 반면에 가인과 그의 제사를 받지 않으시자 분노하여 아우 아벨을 살해했다.

---

9) Anthony J. Tomasino, "History Repeats Itself: The 'Fall' and Noah's Drunkenness," *Vetus Testamentum* 70 (1992), 130.

이에 하나님께서는 가인을 저주하셨다.

"땅이 그 입을 벌려 네 손에서부터 네 아우의 피를 받았은즉 네가 땅에서 저주를 받으리니(אָרוּר; 아루르) 네가 밭을 갈아도 땅이 다시는 그 효력을 네게 주지 아니할 것이요 너는 땅에서 피하며 유리하는 자가 되리라"(창 4:11-12).

형제를 살해한 가인이 이제 땅으로부터 저주를 받게 되었고, 땅에서 피하며 유리하는 방랑자가 된 것이다. 이렇게 축복과 저주는 하나님의 통치 방식임이 시초부터 분명하게 드러난 것이다.

3.4 잠시의 막간 : 저주로부터의 쉼/안위였던 노아

가인의 폭력으로 인해 주어진 저주로부터 벗어나고 싶은 갈망을 노아의 부친인 라멕은 가지고 있었다. 따라서 노아를 낳은 후에 이름을 '쉼'이란 뜻의 노아라 지으면서 그의 갈망을 이렇게 드러낸다.

"이름을 노아라 하여 이르되 여호와께서 땅을 저주하시므로(אָרוּר; 아루르) 수고롭게 일하는 우리를 이 아들이 안위하리라 하였더라"(창 5:29).

우리는 노아가 의인이요 당대에 완전한 자요 하나님과 동행하는 자로서 인류를 홍수의 진멸로부터 보존하며 저주받은 땅에서 수고하는 인간을 위로하는 역할을 잘 감당했음을 안다.

3.5 가나안의 저주

노아는 이렇게 저주받은 땅에서 수고하는 인간을 위로하는 자로서 그리고 홍수 후에 새로운 인류의 대표로서 새로운 시대를 연 인물이었으나, 고통스럽게도 술에 취해 벌거벗게 되었고 다른 이들에게 무방비 상태로 노출되었다. 끝내 노아의 벌거벗음을 본 함이 옷으로 자신의 벌거벗음을 덮어주지 않고 형제들에게 이야기한 것을 노아가 알게 되었던 것이다.

그렇다면 이 상황에서 노아는 무엇을 할 수 있었겠는가? 지금까지 시초사에서 우리가 살펴본 대로 축복과 저주로 세상을 다스리시는 하나님의 통치 방식에 따라 축복과 저주를 하는 것 외에 다른 방법이 있었을까?

우리가 앞으로 살펴보겠지만 노아는 단순히 함의 아들 가나안을 저주만 한 것이 아니다. 노아는 셈과 야벳을 축복했다.

"이에 이르되 가나안은 저주를 받아(אָרַר; 아루르) 그의 형제의 종들의 종이 되기를 원하노라 하고 또 이르되 셈의 하나님 여호와를 찬송하리로다(בָּרַךְ; 바루크) 가나안은 셈의 종이 되고 하나님이 야벳을 창대하게 하사 셈의 장막에 거하게 하시고 가나안은 그의 종이 되게 하시기를 원하노라 하였더라"(창 9:25-26).

함을 저주하고 셈과 야벳은 축복하는 모습에서 우리는 축복과 저주로 세상을 다스리시는 하나님의 모습이 반영되고 있음을 본다. 여기서 축복과 저주를 선포하는 주체가 하나님이 아니라 노아임을 주목해야 한다고 스타인메츠는 지적한다. 지금까지는 아담과 하와, 가인을 저주한 것은 하나님이셨다. 그런데 처음으로 인간인 노아가 다른 인간에게 저주와 축복을 선포한다. 이에 대해 스타인메츠의 말을 직접 들어보자.

"여기서 노아는 하나님 자리를 대신하고 있다. 함이 범죄한 대상은 노아이다. 그런데 노아가 심판을 선언한다. 하나님이 아니라 노아가 축복과 저주를 선언하는데, 이 축복과 저주가 홍수 후 세상의 첫 중요한 순간을 결론지을 뿐 아니라 성경 역사의 나머지 부분을 형성하는 원동력이다."[10]

3.6 새로운 시작인 아브라함 그리고 축복과 저주

성경 역사에서 저주와 축복의 두 원동력이 등장하는 첫 번째 인물은 노아이다. 놀랍게도 저주와 축복의 두 단어가 연관되어 나오는 그 다음 인물은 아브라함이다.

---

10) Steinmetz, "Vineyard, Farm, and Garden: The Drunkenness of Noah in the Context of Primeval History," 206.

하나님께서는 아브라함을 갈대아 우르와 하란에서 불러내면서 이렇게 약속하셨다.

"너를 축복하는 자에게는 내가 복을 내리고(בָּרַךְ; 바라크) 너를 저주하는 자에게는 내가 저주하리니(אָרַר; 아라르) 땅의 모든 족속이 너로 말미암아 복을 얻을(בָּרַךְ; 바라크) 것이라 하신지라"(창 12:3).

이제 하나님께서는 아브라함을 통해 열방에 복을 전하기로 작정하신 것이다. 온 인류를 축복하시려는 하나님의 창조의 원 계획이 이제는 아브라함을 통해 성취될 것이다. 그렇다면 아브라함을 통해 가나안인들조차 저주로부터 축복으로 돌아올 수 있는 기회가 열린 것이다. 따라서 세일해머 같은 학자들은 아브라함을 "새로운 아담"으로 보면서, "새로운 시작"을 알리는 인물로 본다.[11]

"그를 축복하는 자를 하나님께서 축복하실 것이며 그를 저주하는 자를 하나님께서 저주하실 것이다. 한 때 '선악을 알게 하는 나무'(2:17)에 의해 표시되었으며 나중에는 방주에 의해서도 표시된(7:23) 생명과 축복의 길은 이제 아브라함과 그 씨에 의해서도 표시된다."[12]

아니나 다를까 이제 생명과 축복의 길은 아브라함과 이삭을 거쳐 야곱에게로 전달된다. 이삭은 야곱이 가져온 고기와 포도주를 먹은 후에 이렇게 축복한다.

"만민이 너를 섬기고 열국이 네게 굴복하리니 네가 형제들의 주가 되고 네 어머니의 아들들이 네게 굴복하며 너를 저주하는 자는 저주를 받고(אָרוּר; 아루르) 너를 축복하는 자는 복을 받기를(בָּרוּךְ; 바루크) 원하노라"(창 27:29).

우리는 이렇게 태초사와 족장사에서 축복과 저주는 하나님께서 직접적으로 혹은 인간을 통해 간접적으로 인간 역사를 움직여 나가시는 두 축임을 볼 수 있다.

---

11) 참조, 세일해머, 『서술로서의 모세오경 상』, 266.
12) 세일해머, 『서술로서의 모세오경 상』, 266.

4. 왜 함 대신 아들 가나안이 저주를 받을까?

4.1 그저 부당한 저주인가?

함의 행동을 안 노아가 왜 저주를 했는지를 살펴보았으므로 이제는 왜 함이 아니고 그의 아들 가나안을 저주했는지를 살펴보자. 가나안이 누구인가? 창세기 10:6을 보면 가나안은 함의 막내 아들이다: "함의 아들은 구스와 미스라임과 붓과 가나안이요."

우리는 여기서 해석상 난제를 만나게 된다. 왜 노아는 함이 자신에게 행한 일을 안 후에 함이 아니라 함의 아들 가나안을 저주했는가? 이 문제가 너무나 예민한데다가 해결하기가 어려우므로 심지어 복음주의권의 학자조차도 노아가 순간 욱해서 내뱉은 말일 가능성이 있고, 이런 저주는 "예언과 동등한 것이 아니기 때문에 하나님께서 그대로 성취하실 의무가 전혀없다."고 주장한다. 그리고 만일 "그것이 성취된다면 그것은 어디까지나 인간의 잘못된 행동들이 하나님의 계획과 긴밀히 연관된 경우일 수 있다(예컨대 요셉의 형제들이 그를 노예로 팔아버린 행위와 같은)."[13]

어떤 해석자들은 부당한 저주이지만 어쩔 수 없는 것이라고까지 해석한다. 엄원식은 함의 잘못을 모친상간으로 해석한 후에 이런 식으로 해석한다.

> "가나안은 아무런 범죄한 사실이 없었음에도 불구하고 가혹한 저주를 받았다. 가나안이 저주받아야 할 하등의 이유가 성서에서는 제시되지 않고 있다. 그 어떤 이유로도 가나안이 받은 저주를 정당화시킬 수는 없다. 다만 함이 그 아버지 노아를 거스른 패륜을 범했고 그 결과로 출생한 아들인 가나안인지라 부득이하여 받은 정말 억울한 저주 같다. 불륜의 자손인 가나안인지라 부당한 저주이지만 어쩔 수 없지 않은가!"[14]

그러나 이런 식의 해석은 성경의 이해를 돕기는커녕 오히려 성경을 오해하거나 이해하기 힘들게 만든다.

---

13) 월튼, 『창세기』, 511.
14) 엄원식, "히브리 문학과 고대 근동 문학의 비교: 노아의 포도원 사건을 중심으로", 146.

4.2 그동안의 이론들

아무튼 함 대신 아들 가나안이 저주를 받은 것은 난제임에는 틀림이 없다. 이 난제는 해석사에 여러 이론들을 제안하게 만들었는데 카수토가 이를 세 범주로 잘 정리했다. 아래 요약은 카수토의 글을 거의 그대로 인용했기에 인용부호를 생략한다.[15]

첫째 범주의 이론은 아버지 대신 아들이 형벌을 받았다는 주장이다. 랍비들의 전통에 의하면 함이 이미 하나님의 축복을 받았고(9:1), 축복을 한 후에 다시 저주할 수 없기 때문에 아버지 대신에 아들인 가나안이 저주를 받았다는 것이다(Bereshith Rabba xxxvi 7). 랍비들뿐 아니라 개신교 해석자들 역시 보복의 법칙으로 인해 가나안이 저주를 받았다고 말한다. 함이 아버지 노아가 넷째 아들을 낳는 것을 방해했으므로, 함의 넷째 아들이 저주를 받았다는 것이다(Bereshith Rabba xxxvi 7). 막내인 함이 아버지에게 죄를 범했으므로 함 역시 막내인 가나안에게 저주가 임하는 벌을 받았다는 것이다(Delitzsch 등).[16]

둘째 범주는 가나안이란 이름이 명시되어 있지만, 실제로는 가나안을 가리키는 것이 아니라 그의 아버지인 '함'을 가리키는 것이라는 이론이다. 랍비들이나 개신교 학자들 가운데 문자적으로는 가나안이 저주를 받았다고 되어 있지만 실제로는 함이 저주를 받았다고 보아야 한다고 주장하는 이들이 있다.[17]

셋째 범주는 본문의 의도를 보면 가나안이 진짜 범죄자이거나 최소한 함의 '종범'(accessory)이라는 것이다. 랍비 문헌(Bereshith Rabba xxxvi 7)에 따르면 가나안이 노아의 벌거벗은 것을 보고 함에게 이야기했다고 본다. 현대 비평 학자인 벨하우젠에 따르면 본래 원문은 노아의 아들들은 셈, 야벳, 가나안이었고 가나안이 아버지인 노아에게 악행을 했는데 후대의 편집자가 "가나안의 아버지 함"으로 수정했다는 것이다.[18]

---

15) Cassuto, *Genesis*, Part II, 153-154.
16) Cassuto, *Genesis*, Part II, 153.
17) Cassuto, *Genesis*, Part II, 153.
18) Cassuto, *Genesis*, Part II, 154.

4.3 가나안 '개인'보다는 가나안 '민족'을 향한 저주

카수토(Cassuto)는 이런 이론들은 "본문의 자연스런 의미와 맞지 않을" 뿐더러, "어떤 근거도 없는 억측"일 뿐이라고 말한다. 카수토는 "본문을 정확히 읽으면 어떤 문제도 없고 전체 스토리가 매우 단순하다."고 말한다. 한마디로 말해 "가나안을 저주하며 가나안이 셈과 야벳의 종이 될 것이라는 노아의 말은 함의 아들 가나안을 향한 것이 아니라 가나안 민족을 향해 한 말"이라는 것이다.

"이것은 아버지가 지은 죄의 형벌을 아들이 대신 지는 것이 아니다. 지평은 이보다 훨씬 넓다. 그리고 이 후대의 후손들도 그들의 먼 옛 조상의 죄로 인해 형벌을 받는 것도 아니다. 앞에서 언급한 것처럼, 함은 단지 이스라엘인들에게 가나안 족속으로 알려진 자들을 대표하는 것이다. 그리고 함의 행동은 가나안 민족들의 행동을 단지 상징적으로 보여주는 것이다. 그렇지 않으면 가나안의 아버지라는 표현을 해석할 다른 방도가 없다. 가나안인들은 함의 죄 때문에 저주를 받고 종이 되는 것이 아니라, 그들 스스로 함처럼 행동하였기 때문에, 함과 유사한 행동을 범했기 때문에 저주받고 종이 되는 것이다."[19]

지금까지의 여러 이론들 중에서는 카수토의 해석이 가장 적절해 보인다. 따라서 복음주의 진영에서는 주로 이 해석을 받아들인다.

4.4 복음주의 진영의 해석

월키 역시 이전의 해석들을 참조하여 비슷하게 해석한다.

"왜 함이 아니고 가나안인가? 세 아들들에게 임한 저주와 축복은 이 아들들의 후손들을 염두에 두고 한 것이므로, 함 자신이 아니라 함의 아들에게 저주가 임하는 것은 이상하지 않다(9:18-22). 하나님께서 홍수의 의로운 생존자를 이미 축복하셨기 때문이다(9:1). 막내 아들이 부친에게 잘못을 한 것처럼, 이제 저주는 막내 아들에게 주어질 것이

---

19) Cassuto, *Genesis*, Part II, 154-55.

다. 아마도 막내가 함의 도덕적 부패를 이어받았는지 모른다(참조 레위기 18:3; 신 9:3). 가나안인들 외에도 함의 후손들은 이스라엘의 가장 사악한 원수들 애굽, 블레셋, 앗시리아, 바벨론을 포함한다(참조 10:6-13). 노아의 예언 뒤에는 소위 집합적 연대감(corporate solidarity)의 개념이 깔려 있다. 조상들은 자기들과 비슷한 종류를 생산하기 마련이다. 노아의 의는 셈과 야벳 안에 재생산된 반면에, 노아의 부도덕성은 함 안에 재생산되었다. 부친에 대한 함의 교만은 그의 후손들에게서 나타날 것이며, 셈과 야벳의 겸손은 이들의 후손들에게서 나타날 것이었다."[20]

최근의 경건한 해석자들은 대부분 이런 식으로 해석한다.[21] 김남일의 해석을 들어보자.

"노아는 단순히 개인적인 감정으로 함에게 직접 저주를 한 것이 아니라, 함이 아버지에게 한 무례한 죄악의 열매가 그의 아들 가운데 가나안의 후손들에게서 똑같이 나타날 것이라는 예언을 한 것이다. 그러므로 이 본문을 개인적인 저주로 생각할 것이 아니라 장차 나타날 가나안 문화에 대한 장기적인 예언으로 보는 것이 적절한 해석이라고 할 수 있다."[22]

『IVP 성경난제주석』도 귀 기울일 만하다. 이 주석은 함에게서 드러난 경향을 가나안에게서 볼 수 있었을지 모른다고 전제한다.

"노아는 함에게서 드러난 것과 동일한 경향과 왜곡을 함의 막내 아들 가나안에게서 목격했던 것 같다. …여기에는 반영적(mirroring) 형벌의 요소도 있는 것이 분명하다. 특히 노아의 알몸을 덮어주지 않은 함의 성향이 이미 가나안에게 영향을 주고 있음이 드러났다면 말이다. 마지막으로 가나안 백성이 일탈적 성행위로 악명 높았다는 역사 기록의 문제이기도 하다. 고고학자들이 발굴한 가나안의 거의 모든 지역에서 수많은 현대의

---

20) Waltkey, *Genesis*, 150.
21) Wenham, *Genesis 1-15*, 201.
22) 김남일, "두 계보의 갈등 예고로서의 노아의 저주 연구", 『생명과 말씀』 11 (2015), 35-36.

포르노 업자들을 일탈적 성 산업의 초보자에 불과한 것처럼 보이게 만들 만큼 노골적인 글귀가 붙은 다산의 상징물이 나왔다. 소돔은 이 사람들이 실행에 옮긴 악덕으로 그 이름을 남겼다."23)

그러고 나서는 이 에피소드가 성경 안에 포함된 이유가 무엇인지 묻는다.

"이 이야기는 독자들에게 가나안 사람들 안에 어떤 윤리적 변화가 없다면 그들은 자기 땅에서 제거될 운명임을 전해준다. 이 심판이 여호수아의 가나안 정복 때까지 이들의 후손들 위에 떨어지지 않았다는 사실은 하나님이 인내심이 많고 더디게 진노하신다는 점을 입증한다. 노아의 연대를 정하기는 불가능하지만 여호수아는 주전 1400년경에 살았다고 알려져 있다. 적어도 이 말은 하나님의 은혜가 몇 천 년간 가나안 사람들에게도 미쳤다는 뜻이다. 분명히 하나님은 이 사람들에게 최대의 관용을 베푸셔서 죄인들이 회개하기에 적절한 기간 그 이상을 주셨다."24)

4.5 가나안 민족이라고 혈통 때문에 저주받는 것은 아니다

그렇다고 해서 가나안 민족은 모두 태어나기 전부터 저주받은 것은 아니다. 세일해머는 가나안의 저주와 연관해서 혈통이 아니라 믿음이 중요하다는 점을 강조한다.

"성경 기자의 요점은 단순히 모든 가나안인들이 저주를 받는다는 데 있지 않다. 만일 그런 의도였다면 후에 아브라함에 대하여 자신이 언급한 내용, '땅의 모든 족속이 너로 말미암아 복을 얻을 것이라' 한 것과 상충될 것이기 때문이다. 후에 '아브라함의 씨'와 '열방들'을 포함해서 노아의 세 아들들은 불순종과 죄에 대한 인간의 두 반응이 무엇인지 대표로 보여준다는 것이 저자의 요점이다. 한 사람이 단순히 어떤 가족 가운데 출생하였다는 것이 그 사람의 축복이나 저주를 결정하는 것은 아니라는 것을 성경 저자는 궁극적으로 보여줄 것이다. 성경 저자는 축복의 길이 무엇인지에 대한 결정적 예를 아브

---

23) 카이저 외, 『IVP 성경난제주석』, 111.
24) 카이저 외, 『IVP 성경난제주석』, 111.

라함을 통해 보여줄 것이다: '아브람이 여호와를 믿으니 여호와께서 이를 그의 의로 여기시고'(창 15:6)."25)

이제까지는 왜 노아가 함이 아니라 가나안을 저주했는지 살펴보았다. 그렇다면 두 번째로 가나안을 저주한 내용이 무엇인지 살펴보자.

5. 저주의 내용은 무엇인가?

5.1 형제들의 비천한 종

그렇다면 노아가 가나안을 저주한 내용은 무엇인가?

"그의 형제의 종들의 종(עֶבֶד עֲבָדִים; 에베드 아바딤)이 되기를 원하노라"(창 9:25).

'종들의 종'이란 말은 가나안이 형제들의 종들에게 복종하는 종이 된다는 뜻이 아니다. '종들의 종'이란 일종의 최상급이다. '노래들의 노래'(שִׁיר הַשִּׁירִים; 쉬르 하쉬림)가 '최상의 노래'인 것처럼(아 1:1), '종들의 종'이란 '가장 비천한 종'(the lowest slave)이란 뜻이다. 따라서 학자들이 이미 지적했듯이 노아의 저주는 "가나안이 형제들에게 가장 비천한 종이 될 것"이라는 내용이다.26)

그렇다면 가나안이 종노릇하는 형제들은 누구인가? 웬함 같은 학자들은 셈과 야벳이라고 주장한다.27) 한편 카수토는 "가나안은 개인이 아니라 가나안 민족을 가리키므로, 여기서 가나안의 형제들은 다른 열방 민족들"을 가리킨다고 본다.28) 이 두 이론은 겉으로 보기와는 달리 상충되는 것은 아니다. 가나안을 '개인'으로 보느냐 '민족'으로 보느냐에 따라 가나안의 형제들을 누구로 보느냐가 달라질 뿐이다.

그렇다면 가나안 민족은 누구나 다 다른 사람들의 종이 되는 저주를 받는다는 것

---

25) Sailhamer, *The Pentateuch as Narrative*, 130; 한글번역본, 249.
26) Wenham, *Genesis 1-15*, 202; Cassuto, *Genesis*, Part II, 166.
27) Wenham, *Genesis 1-15*, 202.
28) Cassuto, *Genesis*, Part II, 166.

인가? 이에 대해 월키(Waltkey)는 이렇게 주해한다.

"가나안의 노예 됨은 단지 정치적인 것뿐 아니라 영적인 것이다. 가나안에 임한 저주는 뱀 위의 저주와 가인 위의 저주와 연결된다. 그러나 일반적 저주는 예외가 없는 것이 아니다. …노아의 자녀들 사이의 미래 전망의 차이는 인종 자체에 있는 것이 아니라 그들의 도덕에 달려 있는 것이다. 가나안 창기 라합의 가족은 언약 백성의 일부가 될 것이나(수 2:14, 6:17, 22-25; 마 1:5; 히 11:31), 유다 지파 아간의 가족은 끊어질 것이다(수 7장). 이스라엘이 가나안인들처럼 행동한다면, 땅이 이들을 토해 낼 것이다(왕하 17:20)."[29]

따라서 우리는 가나안 민족 전체를 각 개인의 믿음이나 도덕과 상관없이 누구나 저주할 것이라는 식으로 노아의 말을 해석해서는 안 된다. 노아는 다른 사람을 저주하는 데 노망한 미친 늙은이가 아니기 때문이다.

5.2 셈의 하나님 여호와를 찬송하라

우리는 노아는 가나안을 저주한데 반해, 셈과 야벳은 축복하고 있다는 점을 놓쳐서는 안 된다.

"또 이르되 셈의 하나님(אֱלֹהֵי שֵׁם; 엘로헤 셈) 여호와를 찬송하리로다(בָּרוּךְ יְהוָה; 바루크 아도나이) 가나안은 셈의 종이 되고 하나님이 야벳을 창대하게 하사 셈의 장막에 거하게 하시고 가나안은 그의 종이 되게 하시기를 원하노라 하였더라"(창 9:26-27).

노아는 셈을 축복하면서 먼저 '셈의 하나님(אֱלֹהֵי שֵׁם; 엘로헤 셈) 여호와를 찬송하리로다'라고 찬양한다. 학자들이 이미 지적했듯이 축복의 대상이 셈이 아니라 여호와인 것이 매우 특징적이다. 노아가 '셈이 여호와께 복을 받을지어다.'라는 식의 축복을 할 것으로 예상되었지만, 노아는 셈이 아니라 오히려 여호와를 찬양한다. 이에 대해 본문을 수정하려는 제안들이 있었지만 현재 본문 형태를 인정하고 여호와께

---

29) Waltkey, *Genesis*, 150.

대한 찬송으로 해석하는 것이 제일 좋다는 것이 학계의 중론이다.[30]

'여호와를 찬송하리로다'(בָּרוּךְ יְהוָה; 바루크 아도나이)란 표현은 여호와께서 은혜와 구원을 베푸신 데 대해 감사할 때 사용하는 찬송 어구이다(출 18:10). 예를 들어 아브라함의 종은 이삭의 아내감을 고르기 위해 밧단아람으로 가는 도중에 여호와의 은혜로 순적하게 리브가를 만나게 된 후에 같은 표현으로 감사한다.

"이르되 나의 주인 아브라함의 하나님 여호와를 찬송하나이다(בָּרוּךְ יְהוָה; 바루크 아도나이) 나의 주인에게 주의 사랑과 성실을 그치지 아니하셨사오며 여호와께서 길에서 나를 인도하사 내 주인의 동생 집에 이르게 하셨나이다 하니라"(창 24:27).

그런데 흥미로운 것은 여호와를 가리킬 때 아브라함의 종이 '나의 주인 아브라함의 하나님'이라고 부른다는 점이다.

이것은 노아 스토리에서도 마찬가지여서 노아는 셈을 축복하면서 여호와를 '셈의 하나님'(אֱלֹהֵי שֵׁם; 엘로헤 셈)으로 지칭한다. 왜 하필 셈의 하나님이라고 부를까? 셈이 무엇을 했는지 이해하면 그 답을 알 수 있다. 셈이 함과는 달리 아버지의 벌거벗음을 의도적으로 보지 않았다. 그렇다면 여호와께서 셈으로 하여금 부친의 벌거벗음을 가리우도록 도우셨다고 볼 수 있다. 따라서 여호와를 셈의 하나님으로 부르는 것이라고 학자들은 말한다. 여호와가 셈의 하나님으로 정의되고 있는 것은 거꾸로 보면 '셈' 역시 '하나님과의 연관성 아래서 정의'되고 있다는 점을 주목해야 한다.

월키의 말을 들어보자.

"셈은 하나님과 연관해서 정체가 정의되고 있다. 여호와는 '셈의 하나님'이시다. 모든 생명의 창조주요, 모든 역사의 주가 되신 이가 자신을 셈과 결부시킨 것이다. 하나님께서 셈의 계열을 택해서 세상을 지배하시고(창 1:26–28) 뱀을 저주하기로(창 3:15, 4:26) 하신 첫 번째 징후이다. 주권적 은혜는 항상 축복의 미래를 연다. 하나님은 셈의 후계자로 나홀이 아니라 아브라함을, 이스마엘이 아니라 이삭을, 에서가 아니라 야곱을, 요셉이 아

---

30) Wenham, *Genesis 1-15*, 202.

니라 유다를 택하신다."³¹⁾

5.3 가나안은 형제들의 종이 되리라

한편 노아는 셈과 야벳을 축복하는 대목에서 다시 가나안을 언급한다.

"셈의 하나님 여호와를 찬송하리로다
　　가나안은 셈의 종이 되고
하나님이 야벳을 창대하게 하사
　　셈의 장막에 거하게 하시고
　　　　가나안은 그의 종이 되게 하시기를 원하노라 하였더라"(창 9:26-27).

우리는 여기서 저주와 축복이 관계로 묘사되고 있음을 주목해야 한다. 다시 말해 누가 누구의 종이 되느냐로 저주와 축복이 정의되고 있는 것이다. 한글개역개정의 '가나안은 셈의 종이 되고'에서 '셈의 종'으로 번역된 어구의 원문은 '에베드 라모'(עֶבֶד לָמוֹ)인데 '라모'(לָמוֹ)를 '그의 종'으로 해석해서 '셈의 종'이라고 의역한 것이다(참조 NIV).

그러나 '그의 종'에서 '그의'라고 번역된 '라모'(לָמוֹ)는 '그의 종'이라고 단수로만 볼 수 없다. 물론 '라모'(לָמוֹ)를 '그에게'란 의미의 '로'(לוֹ)의 드문 형태로 볼 수 있기 때문에 대부분의 영역본들(KJV, NASB, NRSV)은 '그에게'라고 단수로 번역한다. 그러나 월키 같은 학자들은 게제니우스(Gesenius) 문법책에서 언급한 성경의 용례에 근거하여 라모는 복수로 '그들에게'라는 의미로 사용될 수 있다고 본다(창 9:26, 27; 신 33:2; 사 30:5).

"히브리어 לָמוֹ (라모)는 3인칭 남성 단수가 아니라(GKC §103g, n.3; IBHS 11.1.2d), 3인칭 남성 복수 대명사(GKC §103f, k) '그들에게'(to them)로 보아야 한다. 9:25의 그 형제들과 평행이기 때문이다."³²⁾

---

31) Waltkey, *Genesis*, 150-151.
32) Waltkey, *Genesis*, 151, fn.99. GKC는 게제니우스(Gesenius)의 문법을 카우치(E. Kautzsch)와 카울리

결국 문맥을 고려해 본다면 이미 25절에서 가나안이 '그의 형제들의 종들의 종'이 되기를 바라노라고 되어 있다. 라모(למו)를 '그들에게'라고 문법적으로 번역할 수 있다면 문맥상으로도 '형제들'이라고 복수로 되어 있다는 점에서 가나안은 '그들에게 종이 되고'로 번역하는 것이 더욱 좋다. 이것은 27절에서도 마찬가지여서 개역개정처럼 '가나안은 그의 종이 되게 하시기를 원하노라'고 하기보다는 '가나안은 그들에게 종이 되게 하시기를 원하노라'로 번역해야 한다. 그렇다면 가나안은 그에게 종(셈의 종)이 아니라, 그들(셈과 야벳)에게 종이 되리라고 노아가 선언한 것이다.

그렇다면 가나안이 한 번은 "형제들의 종", 두 번은 "그들의 종"이 될 것이라고 노아가 요청하고 있는 것이다. 결국 이 모든 것을 종합하면 "셈과 야벳이 함께 가나안을 지배하게 되기를" 원하고 있는 것이다.[33]

5.4 야벳을 향한 축복

노아는 셈의 하나님 여호와를 찬송한 후에 이제 야벳에 대해 언급한다.

"하나님이 야벳(יפת; 예페트)을 창대하게 하사(יפת; 야프트)
셈의 장막에 거하게 하시고
가나안은 그의 종이 되게 하시기를 원하노라 하였더라"(창 9:27).

'하나님이 야벳을 창대하게 하사'에서 야벳(יפת; 예페트)이란 이름과 창대하게 하다(יפת; 야프트)는 동사는 소리가 유사하여, "유사발음 반복기법"을 사용하여 의미를 강조한 것으로 보인다. 웬함은 성경 시대에는 야벳(יפת; 예페트)이란 이름은 야프트(יפת)였을 것으로 본다.[34] '예페트'(יפת)를 세골 명사의 '아' 형으로 본다면 원래는 '야프트'(יפת)였을 가능성이 크다. 왜냐하면 세골 명사 중 '왕'이란 단어 멜레크(מלך)의 원형은 말르크(מלך) 였을 것으로 학자들은 생각하기 때문이다. 이렇게 보면 '하나님이 야프트(יפת)를 야프트(יפת)하게 하사'였을 것이라고 학자들은 말한다.

(A. E. Cowley)가 증보한 문법책을 가리키는 약어이다. Gesenius' Hebrew Grammar, ed. by E. Kautzsch and revised by A. E. Cowley (Oxford Univ. Press, 1983).
33) Waltkey, *Genesis*, 151.
34) Wenham, *Genesis 1-15*, 202.

이것이 사실이라면 이 축복을 이해하기 위해서는 동사 '야프트'의 의미를 이해해야 한다. '야프트'(יַפְתְּ)는 '파타'(פָּתָה) 동사의 사역형(히필형)인데, 기본형의 의미는 '열다.'(to open)이다(참조, 잠 20:19). 따라서 사역형이므로 '열게 하다.', '공간을 넓히다.'(make space), '확장시키다.'(enlarge)의 의미를 지닌다. 하나님께서는 야벳을 위해 공간을 넓혀주실 것을 축복한 것이다. 유사발음 두 개를 반복하면서 노아는 야벳이 창대하게 되기를 진심으로 바라며 강조한다는 것이 학자들의 중론이다.

'셈의 장막에 거하게 하시고'에서 주어가 명시되어 있지 않고 3인칭 남성 단수로만 동사 안의 인칭으로 표시되어 있다. 학자들이 이미 지적했듯이 셈의 장막에 거하는 자가 누구인지, 즉 하나님이신지, 아니면 야벳인지가 분명치 않다. 따라서 해석사를 보면 둘로 나누어져 있다. 희년서나 아람어 구약역본인 탈굼을 보면 유대학자들은 '하나님'을 주어로 보아, 하나님께서 셈의 장막에 거하시기를 노아가 축복한 것으로 본다. 이런 해석은 하나님께서 이스라엘 장막에 거하신다는 개념에 근거한 것으로 보인다(출 29:45; 민 5:3). 그러나 웬함은 아래 세 가지 근거로 야벳을 셈의 장막에 거하는 인물로 본다.

"(1) 야벳을 축복하는 대목에서 하나님이 셈의 장막에 거한다는 내용은 잘 맞지 않음.
(2) 원문엔 '셈의 장막들'이라고 복수로 되어 있다면, 단수인 하나님보다는 복수인 일단의 무리들이 거하는 것으로 보는 것이 적당함.
(3) 만일 하나님이 '거하다.'의 주어라면 26절에 쓰인 '여호와'가 나왔을 것임."[35]

웬함의 주해가 성경 본문을 더 잘 이해할 수 있게 해주는 것 같다.

야벳이 셈의 장막들에 거하는 반면에, 가나안은 그들의 종이 될 것이라고 노아는 예언한다. 한글개역개정에는 '가나안은 그의 종(עֶבֶד לָמוֹ; 에베드 라모)이 되게 하시기를 원하노라'고 되어 있지만, 앞서 살핀 대로 에베드 라모(עֶבֶד לָמוֹ)는 '그들의 종'으로 해석해야 한다. 이렇게 본다면 셈과 야벳이 한편이고, 가나안은 이 형제들의 종이 되기를 노아는 선언한 것이다.

---

35) Wenham, *Genesis 1-15*, 202.

그렇다면 어떻게 역사 가운데 이 노아의 청원이 실현되었을까? 학자들은 창세기 자체 안에서 가나안이 셈과 야벳을 섬긴 예들을 찾아낸다. 셈의 아들 중에 엘람이 있는데(창 10:22), 가나안 도시들(소돔과 고모라와 아드마와 스보임과 벨라 등)이 엘람 왕 그돌라오멜을 섬겼다(창 14:1, 4). 엘람 왕의 동맹 중에 고임 왕이 있는데(창 14:1, 9), 고임 왕은 야벳의 후손이다(창 10:5).[36]

6. 노아의 삶의 마지막

6.1 구백오십 세까지 산 노아

내레이터는 이제 노아에 대한 스토리를 이렇게 끝맺는다.

"홍수 후에 노아가 삼백오십 년을 살았고 그의 나이가 구백오십 세가 되어 죽었더라"(창 9:28-29).

성경을 읽는 독자라면 노아가 950세를 살았다는 데 대해 궁금증을 갖게 된다. 노아뿐 아니라 창세기의 족보에 나오는 족장들의 나이가 보통 900세를 넘기 때문에 과연 이것이 사실인가라는 질문을 갖게 된다.

6.2 고대 역사가 요세푸스의 설명

이것은 현대인들뿐 아니라 고대 유대인들에게도 궁금증이 아닐 수 없었다. 예수님 당시의 유대 역사가인 요세푸스는 『유대 고대사』 1권 3장 9절에서 이렇게 설명한다.

"노아는 홍수 후에 350년간을, 그것도 계속 행복하게 보낸 후에 950세의 나이로 세상을 떠났다. 고대인들과 우리의 수명을 비교하고 우리의 수명이 훨씬 짧은 것을 보고는

---

36) Wenham, *Genesis 1-15*, 203; Cassuto, *Genesis*, Part II, 169.

우리가 지금까지 한 이야기가 거짓이라고 생각해서는 안 된다. 현재 우리의 수명이 얼마 안 되는 것을 가지고 고대인들이 그렇게 오래 살았을 리가 없다고 말해서도 안 된다. 왜냐하면 이 고대인들은 하나님의 사랑을 받고 있는데다가 하나님이 손수 만드신 지 얼마 되지도 않았고, 그들이 먹었던 음식이 생명을 연장시키는 데 더 적합했기 때문에 그렇게 장수할 수 있었을 것이다. 게다가 하나님이 그들의 덕을 보시고 수명을 연장시키셨고, 600년 이상 살지 않으면(별들의 주기를) 예언할 수가 없기 때문에 천문학적, 기하학적 발견을 위해서도 장수하게 하셨던 것이다. 왜냐하면 대역년(大曆年, the Great Year)은 600년이 한 주기이기 때문이다. 내가 지금까지 유대 고대사에서 이야기한 것이 옳다는 것은 헬라인이나 야만인 저술가 모두가 입증하고 있다."37)

6.3 현대 학자들의 설명

월튼은 메소포타미아의 왕들의 목록과 비교하면 "가장 짧은 왕의 재위기간이 18,600년이며 가장 긴 재위기간은 43,200년에 해당되므로 창세기 족장들의 나이는 '그야말로 아이' 수준에 불과하다."고 지적한다. 8명의 왕들의 재위기간을 모두 합치면 241,200년이 되는데, 그 이유는 이 목록이 "수메르의 60진법을 기준 단위로 사용하고" 있기 때문이라고 말한다. 그런데 수메르의 연수들을 60진법이 아닌 10진법으로 환산하면 성경의 족장들의 연수와 비슷하고 목록 자체도 거의 일치한다고 지적한다.38)

아래의 도표를 보면 월튼의 주장이 무슨 뜻인지 알 수 있다.

A. 성경 태고사의 족장들의 나이

이름	첫 아들을 낳을 때 나이	그 후 생존 기간	수명
아담	130	800	930
셋	105	807	912
에노스	90	815	905
게난	70	840	910

---

37) 플라비우스 요세푸스, 『유대 고대사 1』, 김지찬 역 (생명의말씀사, 1987), 58-59.
38) 월튼, 『창세기』, 412.

마할랄렐	65	830	895
야렛	162	800	962
에녹	65	300	365
므두셀라	187	782	969
라멕	182	595	777
노아	500	450	950

B. 고대 수메르 왕들의 목록

이름	통치 기간	십진법
Alulim	67,200년 [아마도 68,400이었을 것임]	$(60^2 \times 18) + (60 \times 40)$ [원래는 $60^2 \times 19$였을 것임]
Alalgar	72,000	$60^2 \times 20$
–kidunnu	72,000	$60^2 \times 20$
–alimma	21,600	$60^2 \times 6$
Dumuzi	28,800	$60^2 \times 8$
Enmenluanna	21,600	$60^2 \times 6$
Ensipazianna	36,000	$60^2 \times 10$
Enmenduranna	72,000	$60^2 \times 20$
Ubartutu	28,800	$60^2 \times 8$
Ziusudra	36,000	$60^2 \times 10$
	456,000 [아마도 457,200]	$(60^3 \times 2) + (60^2 \times 7)$

월튼은 이 두 도표를 비교한 후에 이렇게 결론을 내린다.

"그 숫자들이 다분히 상징적인가? 아니면 홍수 이전의 사람들이 더 오래 산 것인가? 수학적인 계산법을 통해 그 나이들을 해석하려는 시도가 많았지만, 그런 제안들 중에 어느 것도 그 자료를 아우르는 해결책을 제시하지는 못했다. …그래서 우리가 문자 그대로 성경의 기록을 받아들인다면 에덴의 영향력에 아주 근접해서 살던 사람은 오랜 수명을 누렸을 것이라고 생각할 만한 여러 가지 이유가 있다. 장수를 죄(죽음)의 점진적인 침투의 증거라고 생각하든, 아니면 아담과 하와가 한시적으로(타락 이전에) 생명나무를 먹은 것의 지속적인 결과라고 생각하든, 이 나이들의 정확성은 설명이 가능하다. 그 나이들을 상징적인 숫자로 보고 싶어 하는 사람들은 그 숫자들이 상징적인 차원에서 어떤 작용을 하고 있는지 설명해야 한다. 그뿐만 아니라 성경의 저자들이 그 본문의 문자적인 의미를 제시하면서 우리에게 그것을 상징적인 관점으로 보라고 하는 것이라면 그 저자들은 과연 계보를 어떻게 이해했는지도 설명해야 한다."[39]

7. 결론 : 신학적 메시지

7.1 축복과 저주는 구속사의 두 바퀴

원래 세상에서 인간의 삶은 하나님의 축복으로 시작하였다: '생육하고 번성하여 땅에 충만하라.' 따라서 인간은 하나님의 축복 없이는 살아갈 수 없는 존재이다. 하나님의 축복 없이 단 하루도 살아갈 수 없다. 따라서 인간은 하나님의 복을 기대하고 갈망해야 한다.

그러나 시초사(창 1-11장)의 내러티브는 인간이 하나님의 형상으로서 지음받았으나 복을 주시려는 창조주의 계획과 어긋나게 저주의 길을 선택했음을 잘 보여준다. 하나님은 인간들을 기계적으로 만들거나 강요하지 않으셨다. 하나님은 인간들에게 자신의 안식 안에 들어와 평안을 누리며 복을 받으며 살 것을 초청하셨으나, 인간들을 얼마든지 반역할 수 있는 존재로 만드신 것이다. 결국 인간들은 '생각하는 것이 어려서부터 악하게 되었으며' 이로써 하나님께 반역했다(창 6:5). 이에 하나님께서는 인간들을 지면에서 쓸어버리기로 결심하고 홍수를 보내셨다.

그러나 하나님께서는 노아와 그 아들들에게 복을 주시고 창조 시의 축복을 다시 반복하셨다.

"하나님이 노아와 그 아들들에게 복을 주시며 그들에게 이르시되 생육하고 번성하여 땅에 충만하라. …너희는 생육하고 번성하며 땅에 가득하여 그 중에서 번성하라 하셨더라"(9:1, 7).

---

39) 월튼, 『창세기』, 412.

그리고 세상을 다시는 물로 심판하지 않겠다고 맹세하셨다. 하늘의 무지개를 징표로 영원한 언약을 피조물과 맺으신 것이다.

이제 세상은 새로운 시작의 문턱에 서 있게 되었다. 그러나 노아는 술 취하여 벌거벗는 죄를 범했고, 아들 함은 이를 보고 덮어주기는커녕 밖에 나가 형들에게 말하는 죄를 범했다. 이로 인해 가나안은 저주를 받게 되었다.

그러나 하나님께서는 약속하신 대로 노아의 후손들을 번창하게 하셨다.

"이들은 그 백성들의 족보에 따르면 노아 자손의 족속들이요 홍수 후에 이들에게서 그 땅의 백성들이 나뉘었더라"(창 10:32).

창세기 10장의 열방의 목록은 인류가 다시 하나님의 축복을 받아 온 땅에 충만하게 되었음을 보인다.

노아와 함의 에피소드는 노아 홍수 후에도 "사람의 마음이 계획하는 바가 어려서부터 악함이라"(창 8:21)고 한 하나님의 말씀이 틀리지 않았음을 보여주었다. 아니나 다를까 노아의 후손들은 하나님께서 열어놓은 축복의 새로운 길로 새롭게 출발하기보다는 저주로 향하는 옛 길로 되돌아가는 모습을 보인다.

노아의 후손들이 동방으로 이동하다가 시날 평지에 바벨 요새를 세운 것이다. 이에 하나님께서는 불순종하는 인간을 온 땅에 흩으시고, 이제 새롭게 아브람과 사래를 통해 새로운 창조를 시작하신다. 아브라함을 통해 순종하는 공동체, 그리하여 하나님의 축복을 받는 공동체를 창조하시는 것이다. 나이든 아브라함과 불임인 사래에게 여호와께서 이렇게 말씀하셨다.

"여호와께서 아브람에게 이르시되 너는 너의 고향과 친척과 아버지의 집을 떠나 내가 네게 보여 줄 땅으로 가라 내가 너로 큰 민족을 이루고 네게 복을 주어 네 이름을 창대하게 하리니 너는 복이 될지라 너를 축복하는 자에게는 내가 복을 내리고 너를 저주하는 자에게는 내가 저주하리니 땅의 모든 족속이 너로 말미암아 복을 얻을 것이라 하신지라"(창 12:1-3).

하나님은 믿음의 공동체인 이스라엘을 창조하시려는 목적으로 아브람을 부르신다. 그러나 아브람과 사래를 부르신 것은 단지 이스라엘을 형성하려는 데만 목적이 있는 것이 아니다. 축복과 저주의 방식으로 망가진 피조 세계를 회복하고 열방들을 하나님께 돌아오게 하는 데 목적이 있으셨다. 세상을 말씀 한마디로 창조하신 하나님은 이제 축복과 저주의 말씀으로 믿음의 공동체를 형성하여 타락한 열방과 피조물을 구속하시는 일을 지금도 하고 계신다.

7.2 새로운 세상의 질서

이렇게 본다면 노아가 세 아들에게 행한 축복과 저주는 하나님의 통치 방식이 무엇이며, 노아 홍수 세상의 질서가 어떻게 재편되는지를 보여주는 강력한 역사의 원동력이다. 스타인메츠는 노아가 축복과 저주를 통해 새로운 세상의 질서를 세운 것으로 해석한다.

> "여기서 노아는 하나님 자리를 대신한다. 함이 범죄한 대상은 노아이다. 그런데 노아가 심판을 선언한다. 하나님이 아니라 노아가 축복과 저주를 선언하는데, 이 축복과 저주가 홍수 후 세상의 첫 중요한 순간을 결론지을 뿐 아니라 성경 역사의 나머지 부분을 형성하는 원동력이다.

> 심판자로서 인간의 역할은 새로운 것이다. 가인과 아벨 스토리에서 이런 역할은 예기되었다. 가인은 자신의 행동으로 인해 죽임을 당할지 모른다고 두려워하였다. 그러나 하나님께서는 인간에게 이런 역할을 주시지 않았고 가인의 살해를 막았다. 홍수 후에 하나님께서는(창 9:6) '다른 사람의 피를 흘리면 그 사람의 피도 흘릴 것이니 이는 하나님이 자기 형상대로 사람을 지으셨음이니라'고 하신 후에 공의를 집행하는 일을 노아에게 맡기셨다. 함에게 심판을 선언하면서 노아는 세상의 질서를 세웠다. 축복과 저주로, 그리고 악보다는 선을 택함으로, 죄인을 죄의 유혹을 극복하는 자의 노예가 되게 함으로 노아는 세상의 질서를 세운 것이다."[40]

---

40) Steinmetz, "Vineyard, Farm, and Garden: The Drunkenness of Noah in the Context of Primeval History," 206.

오늘날 현대인들은 축복과 저주의 개념으로 세상의 질서를 이해하지 않는다. 오직 부와 명예와 권력의 개념으로 세상의 질서를 이해하려고 한다. 그리고 돈과 지위와 군력을 얻으려고 애를 쓴다.

그러나 홍수 후의 세상은 이전의 세상과 마찬가지로 하나님이 정하신 축복과 저주의 두 축을 따라 움직인다. 왜냐하면 하나님께서는 축복과 저주로 세상을 운영하시기 때문이다.

"나 네 하나님 여호와는 질투하는 하나님인즉 나를 미워하는 자의 죄를 갚되 아버지로부터 아들에게로 삼사 대까지 이르게 하거니와 나를 사랑하고 내 계명을 지키는 자에게는 천 대까지 은혜를 베푸느니라"(출 20:5-6).

하나님을 향한 인간의 사랑과 미움, 인간을 향한 하나님의 축복과 저주는 지금도 구속사를 이끌어가는 네 가지 핵심 가치이다. 과연 오늘 우리는 어떤가? 우리는 하나님을 사랑하는가? 그리고 그분의 계명을 지키는가? 그렇다면 우리는 천 대까지 하나님의 은혜를 받을 것이다. 그러나 우리가 하나님을 미워한다면 하나님께서는 우리의 죄를 갚으실 것이고, 그 죄의 결과와 영향은 저주의 모습으로 삼사 대의 자녀에게까지 미칠 것이다.

에필로그

1. '발견의 드라마'의 긴 여정 끝에 서서

우리는 그동안 노아 홍수 내러티브를 읽게 되면 가질 수밖에 없는 22개의 질문들을 하나씩 던지고 성경 본문을 함께 살펴보면서 그 대답을 찾아보려고 하였다. 이런 식으로 성경을 읽게 되면 하나님의 진리를 독자들이 귀납적으로 깨닫게 된다는 것이 필자의 오랜 확신이다. 인생에서 우리가 알게 되는 대부분의 진리는 연역적으로 주어지는 것이 아니라 귀납적으로 깨닫게 된다. 이제 독자들이 직접 참여한 '발견의 드라마'의 긴 여정의 끝에 마침내 도달하였다. 이제 에필로그를 통해 우리가 발견한 진리들을 다시 한번 확인해 보도록 하자.

2. 건실한 주해와 스토리가 '이야기되는 방식'의 중요성

필자가 노아 홍수에 관한 책을 쓰기로 한 것은 '프롤로그'에서 밝혔듯이 노아 내러티브에 등장하는 인물인 하나님과 노아에 대한 오해는 물론 노아 대홍수의 성격 등에 대한 편견이 일반인들은 물론 그리스도인들에게도 널리 퍼져 있기 때문이었다. 이런 오해와 편견의 이유가 무엇일까? 노아 홍수 스토리에 대한 건전한 학문적 해석이 결핍되어 있는 것이 문제의 근원임을 알 수 있었다. 노아 홍수에 관한 대중적 해석들을 살펴보면, 성경의 역사적 배경 안에서 노아 홍수 본문의 문자적 의미를 찾아내는 과정을 통해 성경 저자의 원래의 의도를 찾고 이에 근거하여 현대의 삶에 적용하는 건실한 해석자의 태도를 쉽게 볼 수 없었다.

우리는 노아 홍수 본문의 원래적 의미를 찾기 위해서는 노아 홍수를 당시의 역사적 배경과 고대 근동의 홍수 설화를 염두에 두면서, 먼저 본문의 언어층(linguistic stratum)과 문예층(literary stratum)을 상세하게 살펴야 한다는 점을 다시 한번 확인했다. 그리고 나서 노아 홍수 본문의 앞뒤의 근접(近接) 문맥, 즉 창세기 1-11장의 시초사의 문맥을 염두에 둘 뿐 아니라 구약과 신약으로 이루어진 정경 전체의 원접(遠接) 문맥을 전망하면서 해석하는 정경적-신학적 접근 방법을 취해야 한다는 점도 알게 되었다.

특별히 이런 해석적 과정에서 우리가 명심해야 할 가장 중요한 점은 노아 홍수 스토리는 언어로 이루어져 있고, 내러티브라는 장르로 이루어졌다는 점이다. 성경 본문은 언어로 이루어진 텍스트이므로 무엇보다 성경 기자가 사용한 언어적 데이터와 문예적 장치들을 상세히 살펴보아야 성경의 원래 의미를 확인할 수 있음도 보았다.

그뿐 아니라 노아 홍수 스토리는 장르상 내러티브이므로 플롯과 성격 묘사를 주목해야 한다는 점도 알게 되었다. 내러티브는 나름의 의미 창출 메커니즘을 가지고 있으며, 스토리가 '이야기되는 방식'이 의미 창출의 가장 핵심적인 요소라는 점도 확인했다. '플롯'과 '성격 묘사'가 바로 '스토리가 이야기되는 방식' 중 하나인 것이다. '노아가 의인'이라고 했을 때, '의인'의 '사전적' 개념을 찾아 노아를 해석하기보다는 '스토리가 노아를 의인으로 묘사하는 방식'이 무엇인지를 먼저 찾아야 노아가 의인이라는 주장의 의미를 알게 된다.

따라서 우리는 고대 근동의 홍수 설화의 역사적 문맥과 성경 전체의 정경적 문맥을 확인하고, 성경 본문 자체의 언어적–문예적 장치들을 고려하면서 스토리가 이야기되는 방식인 플롯과 성격 묘사에 주의하여 노아 홍수 스토리를 상세하게 살펴본 것이다. 그 결과 우리는 다음과 같은 결론을 얻을 수 있었다.

3. 연구 결과

노아 홍수 스토리를 연구한 결과 알게 된 것은 다음과 같다.

1. 노아 홍수 이야기는 '세상을 향한 하나님의 신실하심과 사랑의 스토리'임을 확인했다. 노아의 하나님은 40일간 물 폭탄을 퍼부어 자신이 창조한 모든 인간을 지구에서 호흡하는 생물과 함께 진멸한 진노와 보복의 하나님이 아니시다. 오히려 인간으로 인해 마음에 고통을 당하시지만, 끝내 마음을 바꾸시며 우리를 긍휼로 대하시는 사랑의 하나님이시다.

2. 대홍수의 첫 번째 원인은 "사람의 죄악이 세상에 가득함 (רַב; 라브)과 그의 마음으로 생각하는 모든 계획이 항상 악할 뿐"(창 6:5–7)임을 알게 되었다. 사람의 죄악 (רָעַת הָאָדָם; 라아트 하아담)은 아담과 하와의 원죄의 반복으로 에덴 동산에서 쫓겨날 만한 죄요, 끝내는 지면으로부터 제거되어야 할 만큼 심각한 죄임을 확인했다.

3. 노아 홍수의 두 번째 원인은 '폭력'(חָמָס; 하마스)임을 알 수 있었다. 원래 땅은 하나님의 형상인 사람으로 가득 차도록(מָלֵא; 말레) 의도된 장소인데(창 1:27–28) 하나님

의 형상 대신 '폭력'으로 가득 차게 되자 세상에 '끝 날'(종말)이 다가올 수밖에 없었다.

4. 노아 대홍수는 하나님의 자의적이고 잔인한 보복의 산물이 아님을 알았다. 노아 홍수란 사람의 악함과 인간의 마음의 계획하는 바가 어려서부터 항상 악할 뿐 아니라 온 땅이 부패하여 생긴 '인간의 보편적 폭력'(human universal violence)에 대한 '신의 우주적 폭력'(divine cosmic violence)이었다.

5. 죽어가는 자들에 대해 일말의 동정도 보이지 않은 냉혈한으로 노아를 보는 대중적 해석은 잘못된 것임을 알게 되었다. 노아가 홍수로 진멸된 사람들에 대해 어떤 동정을 보이지 않은 것은 성경 기자가 홍수 내내 한마디도 이야기하지 않고 '철저하게 하나님의 말씀만 신뢰하며 순종하는 자'로 노아를 묘사했기 때문이다.

6. '시초론(protology)은 종말론(eschatology)'임을 알 수 있었다. '시초론'은 과거를 드러내고 미래를 보여줌으로 현재 하나님의 백성의 정체성과 사명과 운명을 정의하는 가장 중요한 핵심 가르침이다.

7. 하나님이 인간과 언약을 맺으시는 이유가 무엇인지, 하나님이 인간과 관계를 맺으시는 기본적인 태도가 무엇인지를 알 수 있었다. 하나님이 인간과 언약을 맺으시는 이유는 인간의 악함으로 말미암은 불확실성을 제거하기 위해서임을 살펴보았다. 노아 언약은 하나님이 인간과 세상과 연관을 맺는 가장 기본적인 방식은 분노와 심판이 아니라, '오래 참으심'과 '자비'임을 깨닫게 해주었다.

8. 노아 홍수 내러티브는 일차적으로 모세가 하나님의 계시를 받아 이스라엘 백성들에게 전해주기 위해 광야에서 기록한 하나님의 말씀이기 때문에 역사적–과학적 기준으로 증명해야 할 '과학적 담론'이 아니라, 일차적으로는 '듣고 순종'해야 할 신의 '계시'이므로 '종교적 담론'으로 풀어야 한다는 점을 알 수 있었다.

9. 노아 홍수는 창조의 해체임을 알 수 있었다. 정확하게 창조의 순서로 창조를 해체하시는 하나님의 무서운 손길을 홍수 스토리에서 보게 되었다. 이것은 마지막 심판 때에, 창조를 해체하는 힘으로 우리에게 불의 심판주로 임하실 주님에 대한 두려움과 경외감으로 하루하루를 살아야 한다는 사실을 깊이 느끼게 해주었다.

10. 하나님의 기억하심이 구속사의 결정적 전환점임을 알 수 있었다. 따라서 우리 역시 노아를 기억하여, 무지개를 보고 노아의 언약을 기억하시는 하나님만 의지해야 한다. 왜냐하면 하나님의 노여움은 잠깐이나 하나님의 인애는 영원하기 때문

이다.

11. 하나님의 '영'이 첫 창조 때뿐 아니라 노아 홍수 이후 새 창조 때도 결정적인 역할을 했음을 알았다. 여호와의 영은 악인을 심판하고 의인을 구원하실 뿐 아니라, 갇힌 자에게 자유를, 마음이 상한 자에게 치유를, 가난한 자에게 풍성함을 베푸시는 능력으로 오늘도 우리 안에 역사하심을 깨닫게 되었다.

12. 하나님께 예배하는 것이 얼마나 중요한지를 알게 되었다. 모든 것이 황폐화된 땅 위에서 노아가 한 첫 번째 일은 여호와를 위해 '단'을 쌓고 소중하기 그지없는 정결한 짐승을 하나님께 '번제'로 드린 것이었다. '예배가 제사가 아니라 삶이 제사'라고 하면서, 예배 드리는 일에 열심을 내지 않는 현대 교우들은 노아에게서 예배의 중요성을 배워야 한다.

13. 노아의 하나님은 잔인한 심판주가 아니라 오히려 인간의 생명을 소중히 여기고 출산을 장려하며 고기와 포도주를 식물로 주시는 축복의 하나님임을 알게 되었다.

14. 노아 홍수 후 시대를 살아가는 우리에게 가장 중요한 것은 생명의 존엄성임을 알 수 있었다. 하나님께서 홍수 후 노아에게 요구하신 것은 단 한 가지, 고기를 생명 되는 피째 먹어서는 안 된다는 것뿐이었다(창 9:3-4). 따라서 목회자들과 교우들은 생명 사수의 최전선에서 생명의 존엄성을 지키는 일을 해야 함을 깨닫게 되었다.

15. 노아의 방주가 오경 안에서 가장 중요한 건축물 중 하나임을 알게 되었다. 방주는 '장막'과 함께 오경 안에서 하나님께서 지으라고 명령한 유일한 건축물로서 구원의 하나님께서 자신의 백성과 만나는 장소로 끝내 예루살렘 성전과 교회로 이어지는 위대한 구속사의 도구임을 인식하게 되었다.

16. 성경 본문에 대한 영적 해석을 회복해야 함을 알게 되었다. 방주에 대한 중세의 해석을 통해 오늘 우리가 지어야 할 방주가 무엇인지 살피는 가운데 중세의 모형론적 해석이나 영적 해석은 폐기해야 하는 대상이 아니라, 우리가 배울 수 있는 교회의 영적 자산으로 간주해야 함을 깨닫게 되었다.

17. 노아의 가장 큰 특징은 하나님의 말씀에 순종한 사람이라는 점이다. 노아가 왜 말 한마디도 하지 않고 순종하는 모습으로만 묘사되고 있는지 이제는 이해할 수 있게 되었다. 하나님의 명령에만 절대적으로 순종하는 사람, 노아. 그 한 사

람으로 인해 대홍수 후에도 인류가 멸절되지 않고 살아남았고 새로운 생명을 얻게 된 것이다.

18. 성경 기자는 노아를 칭찬하려는 것보다 더 중요한 신학적 메시지가 있음을 보여준다. "노아는 의인이요 당대에 완전한 자라 그는 하나님과 동행하였으며"(창 6:9)라고 하기 전에 "그러나 노아는 여호와께 은혜를 입었더라"(창 6:8)가 나오는 이유를 깨닫게 되었다. 하나님께서 노아를 택한 1차적 원인은 하나님의 은혜이며, 이 은혜가 아니었다면 노아를 포함해서 모든 인간은 진멸을 당했을 것이다. 그런 점에서 노아 홍수 스토리는 끝내 복음을 선포하고 있다.

19. 인간은 '땅이 있을 동안에만 존재하는' 유한한 피조물임을 알게 되었다. 인간은 하나님께서 주신 시간만큼만 존재하다가 흙으로 돌아갈 운명으로 지음받은 자들임을 깨닫지 못하고 많은 사람들이 스스로 영원한 존재인 양 착각하며 살아가는 것을 여실히 보여주었다.

20. 인간과 생물은 리듬으로 살아가는 존재임을 알게 되었다. 인간과 생물은 땅만 있다고 해서 문제가 해결되는 것이 아니다. 인간과 동물과 식물이 생명을 유지하기 위해서는 낮과 밤의 교대와 계절의 변화가 필요하기 때문이다. 그러나 하나님께서 인간의 사악함에도 불구하고 심음과 거둠과 추위와 더위와 여름과 겨울과 낮과 밤의 순환을 약속하셨다. 이제 세상의 안전성은 인간의 마음의 악함에도 불구하고 하나님의 오래 참으심의 성품으로 확실하게 담보되었다는 사실에 감동을 느끼지 않을 수 없었다.

21. 인간은 하나님의 형상으로 땅을 다스리는 하나님의 대리자로서 동식물의 생명을 존중해야 함을 알 수 있었다. 심지어는 홍수 후에 고기를 식물로 주실 때에도 짐승의 생명을 존중할 것을 요구하셨다. 노아 스토리는 고기가 인간의 식품으로 애용되는 현대는 특별히 동물 생명에 대한 존중을 회복해야 한다는 학자들의 말에 귀를 기울여야 함을 보여준다.

22. 축복과 저주가 구속사를 움직이는 거대한 두 수레 바퀴임을 알 수 있었다. 오늘날 현대인들은 축복과 저주의 개념으로 세상의 질서를 이해하기보다는 오직 부와 명예와 권력의 개념으로 세상의 질서를 이해하려고 한다. 그러나 홍수 후의 세상은 이전의 세상과 마찬가지로 하나님이 정하신 축복과 저주의 두 축을 따라 움직

인다는 사실을 우리에게 알려준다.

23. 노아 스토리는 대재앙의 위기 속에서 '살아남은 자'로서 장차 임할 '불의 심판'으로부터 어떻게 살아남을 수 있는지를 보여주는 인류 구속의 드라마임을 알게 되었다.

24. 우리는 마지막 종말에 대한 대비를 제대로 해야 함을 깨닫게 되었다. 우리는 노아 홍수 스토리를 읽으면서 "과연 우리는 지금 재림주로 이 땅에 다시 오실 주님을 맞을 준비를 하고 있는가? 우리는 지금 불의 심판에서 피할 방주를 만들고 있는가?"라는 질문을 던져야 함을 깨닫게 되었다.

25. 노아 홍수 스토리를 제대로 이해하려면 고대 근동 아시아의 다른 홍수 설화들과 비교해 보아야만 한다는 사실을 알게 되었다. 성경 말씀은 역사적으로 실제 일어난 일에 근거하므로 당시의 역사적 배경을 이해하지 못하면 이 말씀이 이스라엘 백성들에게 어떤 의미로 다가왔는지 이해할 수 없다는 점이 드러났다.

26. 노아 홍수 내러티브는 이전 시초사의 문맥에서 이해해야 한다는 것을 알게 되었다. 이 스토리는 '창조-타락-구속'이라는 거대한 메타 역사 드라마의 한 부분이기 때문이다. 창조에서 종말에 이르는 위대한 구속의 드라마의 일부로서 전체 드라마를 이해하지 못하면 노아 스토리의 참 의미를 놓칠 수밖에 없음을 살펴보았다. 예를 들어 노아가 술에 취해 벌거벗은 채 있었다는 에피소드는 아담과 하와가 뱀의 꼬임을 받아 선악과를 먹고 벌거벗었음을 알게 된 스토리를 알아야 원래의 의미를 알 수 있다는 것을 알게 되었다.

27. 노아 홍수 이야기는 구약과 신약 전체 스토리 안에서 자주 명시적 언급이나 암시적 함축의 방식으로 자주 반복되면서 거대한 구속의 드라마를 이끌어가는 개념과 주제를 제공하는 핵심적 서곡임을 알 수 있었다. 따라서 우리는 끊임없이 노아 홍수 스토리에 나오는 단어와 개념과 주제가 어떻게 성경 전체를 따라 흘러가며 변주되는지도 살펴보면서 성경을 해석해야 한다는 점을 깨닫게 되었다.

4. 축자적 영감의 중요성

마지막으로 우리의 연구 결과 성경 말씀은 일점일획도 오류가 없는 무오한 하나님의 계시의 말씀임을 깨닫게 되었다. 예를 들어 노아가 내보낸 비둘기가 물이 많아 발 붙일 곳(מָנוֹחַ לְכַף־רַגְלָהּ; 마노아흐 르카프-라글라흐)을 찾지 못하고 돌아왔다(창 8:9)는 표현은 의미만 파악하고 넘어가서는 안 된다. 어떤 단어가 쓰여져 있는지 세심하게 살펴보아야 한다. 왜냐하면 후대에 요단강을 건너는 제사장들의 발이 요단 물을 밟고 멈추면(כְּנוֹחַ כַּפּוֹת רַגְלֵי הַכֹּהֲנִים; 케노아흐 카포트 라글레 하코하님) 물이 갈라져 마른 땅이 되었다(수 3:13)는 언급과 연결시키면 엄청난 신학적 의미가 드러나기 때문이다.

그 이유가 무엇인가? '쉴 수 있는 곳'이란 히브리어로 '마노아흐'(מָנוֹחַ)로서 노아의 이름(נֹחַ; 노아흐)과 소리가 유사하기 때문이다. 여호수아 3:13에서 제사장의 발바닥이 '밟고 멈추면'이라고 했을 때 동사는 '누아흐'(נוּחַ)로서 노아(נֹחַ)란 이름의 어근으로서 '쉬다'(rest)는 의미이다.

따라서 이 두 본문을 연결하면 성경 본문의 신학적 의미가 드러난다. 제사장의 발바닥은 요단 강물 안에서 발바닥이 쉴 곳을 얻자 요단 강물이 끊어지고 쌓여 서게 되었다. 온 지면에 물이 있어서 비둘기의 발이 쉴 곳을 찾지 못하여 돌아왔으나, 이제 제사장의 발바닥은 창일하는 요단 강물 안에서 쉴 곳을 찾았고 이로 인해 요단강을 마른 땅으로 건너게 된 것이다.

이렇게 성경의 문자는 하나님의 영감을 받아 하나님의 계시를 드러내는 수단이다. 만일 우리가 축자적 영감을 믿지 못하면 이렇게 두 본문을 연결할 수 없다. 그러나 오늘날 성경에 대한 문자적 해석을 조롱하는 이들이 복음주의 진영 안에도 등장하고 있다. 그러나 성경의 축자적 영감은 단순히 근본주의자들이 추종하는 교리가 아니라 경건한 그리스도인들이라면 누구나 가져야 하는 교리라고 필자는 생각한다.

성경의 축자적 영감(verbal inspiration)은 자구주의(verbatim)를 의미하는 것이 아니다. 다시 말해 성경을 저자의 원래의 의미와는 상관 없이 자구만을 가지고 해석하면 그것이 바로 자구주의이다. 성경이 '문자적으로' 영감되었다는 것은 성경 저자가 의도한 의미대로 해석한다는 뜻이다. 성경 저자의 의도는 성경 본문의 언어로 표현되어 있다. 따라서 성경 저자의 문자로 표현된 의미가 영감되었다는 것이 문자적 영감이다. 문자에 이르기까지 영감되었다는 것을 드러내는 가장 좋은 표현이 바로 '축자적(逐字的) 영감'이다. 하나님께서 언어로 영감하셨다면, 축자적으로 영감한 것으로 보아야 그 본래의 의미를 제대로 파악할 수 있는 가능성이 열리는 것이다.

이것은 현대 입법 체계에서도 사실이다. 국회나 의회에서 법안이나 의안을 만들 때 축조 심사를 한다. 도대체 '축조 심사'(逐條審査)가 무엇인가? 의안의 한 조항씩 낭독하면서 의결하는 것이 아닌가? 왜 굳이 의안의 한 조항씩 낭독하는가? 입법 과정에서 한 법률안이 발의되면 소관 위원회에서 심사를 하게 되어 있다. 여기서 체계 심사와 자구 심사를 하게 되는데, '체계 심사'가 법률안 내용의 위헌 여부, 관련법률과 저촉 여부, 균형유지, 자체 조항 간의 모순유무를 심사하여 법률형식을 정비하는 것이라면, '자구 심사'는 용어의 정확성, 적합성과 통일성 등을 심사하여 법률용어를 정비하는 것이다. 여기서 법률안을 만들 때 자구 심사를 하는 것은 바람직하다. 국회 위원들이 법률안을 자구 심사도 없이 졸속으로 만든다면 졸속 심사라고 비난하지 않는가?

이 세상의 입법을 담당하는 국회에서 법률을 제정할 때에도 축자적으로 심사하는 것이 이토록 중요하다면, 하나님의 계시의 말씀을 이야기할 때 어떻게 축자적 영감을 빼놓을 수 있을까? 성경을 영감된 하나님의 계시의 말씀으로 믿고 고백하는 교회라면, 성경이 최소한 문자로서 그 의미가 무엇인지를 자구적으로, 축자적으로 이해하려는 시도는 해야 하는 것이 아닌가?

그런 의미에서 성경 해석자는 본문에 매여 있어야 한다(Stick to the Text!). 특별히 종교개혁의 후예들은 더더욱 본문의 인도를 따라야 한다(Take the Lead of the Text!). 이것은 단순히 캐치 프레이즈가 아니라, 실제 해석에 있어서 그렇다. 이런 점을 강조하는 용어로 '축자 영감'이 정확하다고 보는 것은 너무 지나친 강변일까? 필자는 전혀 그렇지 않다고 생각한다. 성경을 심도 있게 주해해 본 사람은 누구나 문자 위에 기초해 있지 않고는 결코 본문의 의미가 무엇인지 확신있게 이야기할 수 없다. 따라서 루터는 본문의 '문자적 의미'(literal meaning)만이 '적법한 의미'(legitimate meaning)라고 이야기한 것이다.

지금까지 필자는 고대 근동의 홍수 설화의 역사적 문맥과 성경 전체의 정경적 문맥을 배경으로 하고, 성경 본문 자체의 언어적-문예적 장치들을 고려하면서, 스토리가 이야기되는 방식인 플롯과 성격 묘사에 주의하면서, 노아 홍수 스토리를 하나님의 무오한 계시의 말씀으로 종교적-신학적 담론으로 풀어내려고 하였다. 그 결과 노아 홍수 스토리는 하나님께서 왜 세상을 진멸하기로 결정하셨다가 다시는 그렇게 하지 않기로 선택하셨는지를 보여주는 구속의 대하 드라마로 일점일획도 오류가 없는 하나님의 말씀임을 깨닫게 되었다.

5. 회개하라! 아직 시간이 있을 때

하나님은 누구도 멸망하지 않고 모든 이들이, 세상과 그 안에 있는 모든 것이 불에 타기 전에 회개할 시간을 갖기를 원하시므로 지금도 심판을 연기하고 계시는 자비와 긍휼의 하나님이시다.

하나님께서는 아무런 언급도 하지 않으시거나 미리 회개할 기회를 주지 않으신 채 심판을 행하시는 분이 아니시다. 베드로는 이렇게 선언한다.

"옛 세상을 용서하지 아니하시고 오직 의를 전파하는 노아와 그 일곱 식구를 보존하시고 경건하지 아니한 자들의 세상에 홍수를 내리셨으며"(벧후 2:5).

비록 창세기에는 노아가 설교했다는 언급이 전혀 없지만, 베드로는 노아를 '의의 설교사'로 해석힌다. 베드로의 이런 해석은 잘못된 것이 아니다. 노아 스토리를 읽어보면 120년은 심판의 유예 기간으로, 회개할 수 있는 은혜의 시간으로 주어진 것이 분명해 보인다. 하나님은 회개의 시간을 주지 않고 바로 심판하시는 분은 아니시기 때문이다. 이에 베드로는 이렇게 선포한다.

"주의 약속은 어떤 이들이 더디다고 생각하는 것같이 더딘 것이 아니라 오직 주께서는 너희를 대하여 오래 참으사 아무도 멸망하지 아니하고 다 회개하기에 이르기를 원하시느니라 그러나 주의 날이 도둑같이 오리니 그날에는 하늘이 큰 소리로 떠나가고 물질이

뜨거운 불에 풀어지고 땅과 그 중에 있는 모든 일이 드러나리로다"(벧후 3:9–10).

베드로는 노아 홍수의 물이 방주에 탄 노아와 생물들을 제외하고 모든 호흡하는 생물을 진멸한 것처럼 최후의 심판의 불은 모든 것을 해체시킬 것이라고 선언한다. 그러나 이런 일들이 빨리 일어나지 않는 것은 인간을 대하여 '오래 참으사 아무도 멸망하지 아니하고 다 회개하기에 이르기를 원하시기' 때문이라는 것이다. 노아가 120년 동안 방주를 짓는 모습으로 설교를 다 마칠 때까지 홍수가 연기된 것처럼, 최후 심판의 불의 재앙 역시 사람들로 하여금 회개케 하기 위하여 연기될 것이라는 것이 베드로의 메시지이다.

그렇다면 오늘날 교회는 구원의 방주를 지으면서 의를 전파하는 설교자가 되어야 한다. 하나님께서는 먹고 마시고 장가들고 시집가는 일을 하면서 동물로 전락한 노아 시대의 인간들을 위해서 120년간의 유예 기간을 주셨다. 하나님은 형벌과 심판 이전에 반드시 회개를 촉구하신다. 노아 대홍수 이전에 하나님께서는 분명히 회개의 기회를 주셨고, 120년은 은혜의 기간이었다. 이것은 오늘날도 마찬가지이다.

"우리가 하나님과 함께 일하는 자로서 너희를 권하노니 하나님의 은혜를 헛되이 받지 말라 이르시되 내가 은혜 베풀 때에 너에게 듣고 구원의 날에 너를 도왔다 하셨으니 보라 지금은 은혜받을 만한 때요 보라 지금은 구원의 날이로다"(고후 6:1–2).

지금은 은혜받을 만한 때요 구원의 날임을 결코 잊어서는 안 된다. 그리고 이것을 끊임없이 선포해야 한다.

6. 마무리하면서

성경 스토리는 우리가 흔히 생각하는 것처럼 그저 단순한 도덕적 가르침을 담은 윤리적 교과서가 아니다. 삶과 죽음, 축복과 저주, 인류와 생물, 물과 육지, 구원과 멸망, 자유와 속박의 이야기를 통해 인간을 구속하시는 삶의 근원적 지혜를 담은 계시이다. 그런데 이 계시가 문자를 통해 우리에게 알려진 것이다. 그 중에서도 노아 홍수 스토리는 시초론으로서 종말을 보여줄 뿐 아니라 오늘을 살아가는 우리에게 근원적인 삶의 진리를 보여주는 하나님의 지혜의 말씀이요 인간을 사랑하시는 하나님의 감동적인 자기 계시이다.

본서가 독자들이 이 하나님의 거룩한 지혜의 말씀을 조금이라도 더 잘 이해하고, 하나님을 더 뜨겁게 사랑하고, 하나님의 명령에만 순종하여, 생명과 축복을 경험하고 진정한 구원과 자유를 맛보는 일에 조금이라도 보탬이 되었으면 하는 바람으로 글을 맺는다. 모든 영광을 우리의 유일하신 구세주요 주님이신 성삼위 하나님께 돌리면서….

사명선언문

너희가 흠이 없고 순전하여……세상에서 그들 가운데 빛들로
나타내며 생명의 말씀을 밝혀 _ 빌 2:15-16

1. 생명을 담겠습니다
만드는 책에 주님 주신 생명을 담겠습니다.
그 책으로 복음을 선포하겠습니다.

2. 말씀을 밝히겠습니다
생명의 근본은 말씀입니다.
말씀을 밝혀 성도와 교회의 성장을 돕겠습니다.

3. 빛이 되겠습니다
시대와 영혼의 어두움을 밝혀 주님 앞으로 이끄는
빛이 되는 책을 만들겠습니다.

4. 순전히 행하겠습니다
책을 만들고 전하는 일과 경영하는 일에 부끄러움이 없는
정직함으로 행하겠습니다.

5. 끝까지 전파하겠습니다
모든 사람에게, 땅 끝까지, 주님 오시는 그날까지
복음을 전하는 사명을 다하겠습니다.

서점 안내

광화문점 서울시 종로구 새문안로 69 구세군회관 1층
02)737-2288 / 02)737-4623(F)

강남점 서울시 서초구 신반포로 177 반포쇼핑타운 3동 2층
02)595-1211 / 02)595-3549(F)

구로점 서울시 동작구 시흥대로 602, 3층 302호
02)858-8744 / 02)838-0653(F)

노원점 서울시 노원구 동일로 1366 삼봉빌딩 지하 1층
02)938-7979 / 02)3391-6169(F)

일산점 경기도 고양시 일산서구 중앙로 1391 레이크타운 지하 1층
031)916-8787 / 031)916-8788(F)

의정부점 경기도 의정부시 청사로47번길 12 성산타워 3층
031)845-0600 / 031)852-6930(F)

인터넷서점 www.lifebook.co.kr